797,885 Books
are available to read at

www.ForgottenBooks.com

Forgotten Books' App
Available for mobile, tablet & eReader

ISBN 978-0-259-35232-7
PIBN 10663949

This book is a reproduction of an important historical work. Forgotten Books uses state-of-the-art technology to digitally reconstruct the work, preserving the original format whilst repairing imperfections present in the aged copy. In rare cases, an imperfection in the original, such as a blemish or missing page, may be replicated in our edition. We do, however, repair the vast majority of imperfections successfully; any imperfections that remain are intentionally left to preserve the state of such historical works.

Forgotten Books is a registered trademark of FB &c Ltd.
Copyright © 2017 FB &c Ltd.
FB &c Ltd, Dalton House, 60 Windsor Avenue, London, SW19 2RR.
Company number 08720141. Registered in England and Wales.

For support please visit www.forgottenbooks.com

1 MONTH OF FREE READING

at

www.ForgottenBooks.com

By purchasing this book you are eligible for one month membership to ForgottenBooks.com, giving you unlimited access to our entire collection of over 700,000 titles via our web site and mobile apps.

To claim your free month visit:

www.forgottenbooks.com/free663949

* Offer is valid for 45 days from date of purchase. Terms and conditions apply.

English
Français
Deutsche
Italiano
Español
Português

www.forgottenbooks.com

Mythology Photography **Fiction**
Fishing Christianity **Art** Cooking
Essays Buddhism Freemasonry
Medicine **Biology** Music **Ancient Egypt** Evolution Carpentry Physics
Dance Geology **Mathematics** Fitness
Shakespeare **Folklore** Yoga Marketing
Confidence Immortality Biographies
Poetry **Psychology** Witchcraft
Electronics Chemistry History **Law**
Accounting **Philosophy** Anthropology
Alchemy Drama Quantum Mechanics
Atheism Sexual Health **Ancient History**
Entrepreneurship Languages Sport
Paleontology Needlework Islam
Metaphysics Investment Archaeology
Parenting Statistics Criminology
Motivational

Geschichte
der
Reformation in Venedig.

Von

Karl Benrath.

Halle 1887.
Verein für Reformationsgeschichte.

BR
300
V5
J8.5

Vorwort.

Wer in das Wesen der Reformation, wie sie sich trotz aller Verschiedenheit in den Einzelerscheinungen als eine zusammenhängende Bewegung im 16. Jahrhundert darstellt, eindringen will, der darf nicht meinen, sie mit einer der aus oberflächlicher Beurteilung hervorgehenden beliebten Kategorieen — Auflehnung gegen die den schrankenlosen Freiheitsdrang einengende päpstliche Macht, bloße Reaktion gegen die Verweltlichung der Kirche, Auflösung der Lehrautorität durch die Kritik — umspannen und erklären zu können. Gewiß, die Reformation ist unverständlich, wenn man in ihr nicht einen Protest des Gewissens weiter Kreise der Christenheit gegen unwürdige Bevormundung durch die Priesterschaft sowohl wie gegen tiefeingewurzelte sittliche Schäden des bestehenden Kirchentums erblickt — aber es hieße ihre Bedeutung ungeschichtlich und darum ungerecht verkleinern, wenn man sie darauf beschränken, in ihr nicht mehr sehen wollte, als den Versuch, jene Bedrückung zu heben und jene Mißstände abzustellen. Ebenso ist es ja klar, daß dem Ausbruche der Reformation das Heranwachsen und Erstarken des wissenschaftlichen Geistes, der überall nach den Gründen fragt und in der Kritik sein vornehmlichstes Werkzeug findet, den größten Vorschub geleistet hat, daß sie ohne die Befreiung des Denkens von den Fesseln der Tradition geradezu unmöglich gewesen wäre. Allein ihr Wesen nun darauf beschränken, in ihr nur einen, wenn auch noch so bedeutsamen, Anstoß und Fortschritt auf dem Gebiete des wissenschaftlichen Erkennens erblicken zu wollen — das wäre nicht minder einseitig und würde uns ebenso hinderlich sein, ihrem Wesen Gerechtigkeit widerfahren zu lassen. —

Wenn man die Entwickelung der reformatorischen Bewegung im 16. Jahrhundert, wie sie sich in den einzelnen europäischen Ländern nach Maßgabe der bestehenden Verhältnisse mit mehr oder weniger Erfolg vollzogen hat, an dem Auge des Geistes vorübergehen läßt, so zeigt gerade die Geschichte der Reformation in Italien klarer als die manches andern Landes, wie ungehörig es sein würde, den Begriff derselben auf die eine oder andere jener Kategorieen, ja sogar auf eine Zusammenfassung derselben, zu beschränken. Wo haben die Bedrückungen durch die Priesterschaft und ihr Haupt in Rom schwerer auf dem Einzelnen und der ganzen Nation gelastet, als dort? Wo sind die Schäden des mittelalterlichen Kirchenwesens in zahllosen Beispielen so unverhüllt, so beleidigend zu Tage getreten, wie in Italien? Wo ist so früh wie dort, wo so laut und anhaltend Widerspruch dagegen erhoben worden, von Einzelnen und von ganzen Körperschaften, in Wort und That? Schien es nicht, daß Alles reif sei zum Gericht, als gegen das Ende des 15. Jahrhunderts der große Prophet in Florenz auftrat und von dem Oberhaupte der Kirche im Namen des verletzten Gewissens der Christenheit Rechenschaft forderte? — Und doch, in Italien ist der Ausbruch der ersehnten Reformation mit nichten erfolgt, und der Protest eines Savonarola ist verhallt, in den Flammen des Scheiterhaufens erstickt — das ist doch ein beachtenswerter Wink, der uns darauf hinweist, daß in dem Versuche, das Joch der Hierarchie abzuschütteln, in der Forderung, die Schäden des Kirchentums oder gar nur das Leben der Priester zu bessern, das Wesen der Reformation noch nicht beschlossen liegen kann.

Auch nicht in dem Aufkommen des wissenschaftlichen Geistes. Denn wie der Ruf nach Abstellung der Mißstände des Kirchenwesens gerade in Italien am ersten und anhaltendsten erschallt ist, so hat dort auch die moderne wissenschaftliche Kritik zuerst ihre Schwingen geregt und das Bestehende samt seinen Traditionen auf ihre Berechtigung hin untersucht. 'In Deutschland', sagt einer der hervorragendsten neueren Geschichtschreiber Italiens, Giuseppe de Leva, 'fing man kaum an, die bei uns in dem Studium des Altertums ausgebildete Kritik auf die heiligen Schriften anzuwenden und damit im Uebereifer bis zu den Anfängen des Christentums selbst zurückzugehen, als Italien schon nicht allein das Zeitalter seiner ruhmreichen Ueberlieferungen überschritten, sondern auch alle Stufen des religiösen, ethischen und politischen Indifferentismus bis zur Leugnung der vom Evangelium geheiligten sittlichen Persönlichkeit durchlaufen hatte'. In der Hand der italienischen Humanisten war es, wo die philologisch-historische Untersuchung zuerst zur Methode ausgebildet wurde — wer konnte nun deren Anwendung auch auf die kirchlichen Traditionen hindern? Waren es nicht gerade die maßlos gesteigerten päpstlichen Ansprüche, welche der Prüfung mit den neu geschaffenen wissenschaftlichen Werkzeugen sich zuerst darboten? So setzte denn ein Lorenzo Valla in seiner Schrift 'Von der fälschlich für wahr gehaltenen aber erlogenen Constantinischen Schenkung' das scharfe Messer historischer Kritik an, um zu erweisen, daß der Grundpfeiler, auf welchen die Tradition die Ansprüche weltlicher Papstherrschaft baute, erst nachträglich untergeschoben sei. Er lieferte damit eine Darlegung, welche, nach Form und Inhalt ein glänzendes Vorbild kritischer Untersuchung, den seltenen aber wohlverdienten Erfolg gehabt hat, den Gegenstand ein= für allemal zu erledigen, so daß ein beachtenswerter Widerspruch gegen Valla's Schlußfolgerungen sich nicht mehr hat hervorthun können. Und wie hier, so hat an zahllosen andern Stellen die Kritik schon im 15. Jahrhundert in Italien angesetzt, um kirchliche Ansprüche und Ueberlieferungen als morsch und haltlos zu erweisen. Zum Ziele hat das freilich nicht geführt. Und es konnte nicht zum Ziele führen, weil der Geist, welcher die unberechtigte und unwahre Autorität in Religion und Kirchenwesen stürzen will, nur um der berechtigten und wahren die Bahn frei zu machen, — dieser echt conservative und allein reformatorisch zu nennende Geist — doch nicht zum Durchbruch und zu allgemeiner Wirksamkeit in Italien gekommen ist, obwohl einzelne hervorragende Männer ihn vertraten und edle Seelen eine durchgreifende Besserung auf diesem Wege erhofften.

Aber man könnte sagen: der Grund, weshalb die Reformation in Italien nicht Wurzel zu fassen oder doch nicht durchzudringen vermochte, liegt darin, daß dort das Papsttum allzu mächtig, seine Interessen und die der anderen Staaten allzu sehr mit einander verquickt und in einander verschlungen waren, als daß eine reformatorische Bewegung sich hätte organisieren und dauernd hätte Fuß fassen können. Gewiß, das ist nicht gering zu schätzen. Ja, es kommt noch Eins hinzu: das Papsttum war nicht allein als sociale, kirchliche und politische Macht in der Lage, seine Gegner im Lande zu schrecken, zu verfolgen, zu strafen und zu vernichten, sondern es wohnte und wohnt ihm auch heute noch ein Moment inne, dessen Wertschätzung selbst Solche, die in ihm und seiner Kirche keineswegs die entsprechende Form christlichen Gemeinwesens erkennen können, doch hindert, eine

Schwächung seines geistlichen Einflusses zu wünschen oder anzustreben. Das Papsttum, wie es jetzt ist und wie es schon im 16. Jahrhundert war, stellt sich uns als eine wesentlich italienische Einrichtung dar — in ihm lebt der kluge Herrschergeist, ein Erbteil aus den Zeiten der römischen Kaiser, fort, deren würdige Nachfolger auf geistigem Gebiete die Päpste geworden und Jahrhunderte lang geblieben sind, als die Möglichkeit des Fortbestandes jenes weltlichen Römerreiches dahin war. Es ist gewiß, daß das Bewußtsein, auf diesem Wege, vermittelst des Papsttums, immer noch ein maßgebendes Gewicht in die Schale der Geschicke der abendländischen Christenheit zu werfen, Italienern, die in erster Linie solchen Erwägungen zugänglich waren, gerade am Ende des Mittelalters, wo Venedig's Glanzzeit zu Ende, Genua's Stern erblichen, die Lombardei und Neapel in fremden Händen waren, den Wunsch nahe legen mußte, die Macht des Papsttums unter allen Umständen aufrecht zu erhalten.

Aber alles das genügt noch nicht, um es zu erklären, weshalb die Reformatiom in Italien nicht Wurzel gefaßt hat. Die römische Kirche hatte trotz all ihrer Abweichungen von dem Boden des wahren, reinen, einfachen Christentums doch im Mittelalter Jahrhunderte lang durch ihren Kultus und durch ihre Lehren in den Gemütern der Gläubigen, ja mit verschwindenden Ausnahmen wohl in allen denen, die ihr zugehörten, das sichere Zutrauen hervorzurufen gewußt, daß sie eine genügende Garantie für die Erlangung des Heiles zu bieten in der Lage sei. Das ist es ja, was der Gläubige von seiner Kirche voraussetzt und fordert — so lange sie ihm das gewährt, kann sie auf seine Anhänglichkeit zählen. Ihrerseits hatte auch in der That die römische Kirche nichts verabsäumt, um jene Anschauung in den Gläubigen lebendig zu erhalten und zu befestigen. An den großen Kämpfen betreffs der Person Christi und seiner Stellung zum

VIII

Vater — Kämpfe, aus denen schließlich die Dreieinigkeitslehre und die Lehre von den zwei Naturen in Christo in der kirchlichen Feststellung hervorgingen — hatte die römische Kirche sich kaum in nennenswertem Maße beteiligen können. Dagegen war es ihrer mehr praktischen Begabung zugefallen, den Gläubigen einen festen Anker, gewissermaßen ein Pfand in die Hand zu geben bei Beantwortung der Frage, die jedes religiöse Gemüt in erster Linie beschäftigt und ängstigt: wie denn die Herstellung einer Beziehung zwischen dem Ewigen und dem Vergänglichen, dem Heiligen und dem Unheiligen, dem immateriellen Göttlichen und dem materiellen Menschlichen möglich und herbeiführbar sei? Die Kirche hatte auf diese Grundfrage aller Religiosität vornehmlich mit derjenigen Lehre geantwortet, welche den Namen der Lehre von der 'Wandlung' (Transsubstantiation) führt und die sich schon dadurch als die Centrallehre des mittelalterlichen Kirchentums kennzeichnet, daß sie die Ausgestaltung der Kultusformen, die Entwicklung religiöser Poesie, die Schöpferkraft der kirchlichen Baukunst, kurz, alle Lebensäußerungen des religiösen Geistes in jenem Zeitalter maßgebend beeinflußt hat. Indem nun die Kirche sich die Verwaltung eines so großen und wirkungsvollen Geheimnisses — Gott täglich von neuem in's Fleisch herabgerufen, geopfert und handgreiflich den Gläubigen dargeboten! — vorbehielt und in den Gemütern die Vorstellung fest blieb, daß die vorzüglichste Garantie der Seligkeit eben in der Teilnahme an diesem Geheimnisse beschlossen sei, konnte sie zwar Jahrhunderte lang allen Vorwürfen und Forderungen trotzen, die sich auf die äußere Form ihres Daseins, auf die Lebensweise ihrer Diener, die Berechtigung ihrer Ansprüche und die Begründung ihrer Lehren erstreckten, aber es war doch nur eine naturgemäße Entwickelung und bei der Eigentümlichkeit menschlicher Formen unvermeidbar, daß einmal das Maß der Beschwerden überliefe, und sei es im Ganzen, sei es an irgend einem Teile der Gesamtkirche eine vielleicht gewaltsame Reaktion des christlichen Volksgeistes gegen den Widerstreit von äußerem Sein und innerem Seinwollen sich erhöbe. Das ist denn auch zunächst in Deutschland in der Reformation erfolgt. Wenn dasselbe in Italien nicht erfolgt ist, so liegt der Grund, wie wir schon sahen, nicht darin, daß jener Widerstreit nicht empfunden, die Morschheit zahlloser Stützen des Systems nicht erkannt worden wäre, sondern er liegt vielmehr darin, daß in den maßgebenden Kreisen der Nation der religiöse Geist, das religiöse Bedürfnis selber in einem solchen Maße geschwächt worden war, daß man es entweder nicht mehr empfand, oder doch keine Veranlassung nehmen mochte, sich um seinetwillen in die schwierigen Auseinandersetzungen und Kämpfe einzulassen, welche von einer Reformation auf dem kirchlichen Gebiete untrennbar sind. Unsern deutschen Reformatoren und der Mehrzahl ihrer Volksgenossen kamen alle jene Schwierigkeiten nicht in Betracht gegenüber den hohen Zielen, denen ihr Streben galt: dem religiösen Bedürfnisse diejenige Befriedigung und Beruhigung wieder zu verschaffen, welche es in den ihm löchericht erscheinenden Einrichtungen und Lehren des römischen Kirchentums nicht mehr fand — in Italien tritt uns zwar an einzelnen hervorragenden Beispielen das nämliche, von gleichen Voraussetzungen ausgehende Streben entgegen, allein zu einer durchgreifenden Reaktion ist es nicht gekommen und konnte es nicht kommen, weil das religiöse Bedürfnis gerade in denjenigen Schichten allzu sehr durch Indifferentismus und Skepsis geschwächt war, welche zur Führung der Nation auch in diesem Kampfe berufen gewesen wären.

Dennoch ist von Einzelnen der Kampf aufgenommen worden. Und er ist aufgenommen worden unter den schwierigsten äußeren Verhältnissen: hat doch der Gegner Alles auf seiner Seite, was die Macht der Gewohnheit, was Besitz, Einfluß und weltliche Vorteile, ja was die Rücksichtnahme auf den eigentümlichen nationalen Vorzug, den er vertritt, in die Wagschale werfen kann. Alles das hätte nur durch den mächtigsten Hebel, welchen die Geschichte kennt, nämlich das erwachte religiöse Bedürfnis eines ganzen Volkes, überwunden werden können, — ehe dieses Bedürfnis in den unteren Schichten in Italien hinlänglich geweckt war, hatte brutale Gewalt die aufkeimende Saat vernichtet, die wenigen schon zur Reife gelangten Aehren zerstört. Trotzdem bleibt der Kampf selber vermöge der beiderseits eintretenden Faktoren von außergewöhnlich großem geschichtlichen und persönlichen Interesse.

Denn hier treten Momente zu Tage, welche die Reformationsgeschichte keines andern Landes aufzuweisen hat. Hier wird der Kampf im Hause des Gegners selbst geführt. Zum Teil werden die neuen Ideen von außen unter bemerkenswerten Umständen hereingebracht. Eine ganz neue Art der Verbreitung derselben und der Kampfführung entwickelt sich schon in Folge des Umstandes, daß das Vorgehen nur unter dem Deckmantel des tiefsten Geheimnisses erfolgen kann. Was für Gegenmaßregeln auch immer in den ersten Jahrzehnten die Gegner ergreifen mögen: die Bewegung breitet sich doch, und zwar vornehmlich in den höheren Ständen, aus. Erleuchtete Geister im Norden und im Süden der Halbinsel werden von ihr ergriffen, bis in die leitenden Kreise der Hierarchie hinein gewinnt sie Fortgang; in einer ganz neuen Literatur bildet sich von ihr ein Niederschlag, und im Lande umher gewinnt sie nun erst recht Boden. Da raffen die Gegner sich energisch auf und sammeln ihre Kräfte; die Führer der Bewegung ergreift man und bringt sie in den Kerker oder zu Tode, wofern es ihnen nicht gelingt, zu entfliehen; von auswärts her versuchen sie noch einzuwirken, aber ihr Einfluß ist mit dem Augenblicke, wo sie dem mütterlichen Boden verlassen haben, gebrochen. Alle Versuche, die Bewegung zu befestigen und einheitlich zu organisieren, schlagen fehl. Noch ängstlicher als früher birgt sie sich unter die schützende Decke der Verborgenheit, die doch nur zu oft durch die Spürkunst der Gegner und die Qualen der Folter gewaltsam gelüftet wird. Mittlerweile ist der ursprünglich orthodoxen reformatorischen Bewegung hier und da eine Concurrenz entstanden in der Bewegung, welche man im Auslande als die wiedertäuferische zu bezeichnen schon lange gewohnt war. Unter dem Drucke der Verfolgung flüchten sich Viele in die kleinen anabaptistischen Gemeinschaften und Conventikel, denen es besser gelingt, sich eine Organisation und Verbindung zu schaffen. Aber auch hier treten bald wieder zwei Strömungen zu Tage, eine gemäßigte und eine radikale — so laufen schließlich drei einander bekämpfende Richtungen der Opposition gegen das offizielle Kirchentum unter der Oberfläche fort: indem sie sich gegenseitig den Boden abgraben, werden sie um so leichter die Beute des gemeinsamen Feindes, und ehe das Jahrhundert seinen Abschluß erreicht, ist der tragische Kampf zu Ende. —

Es wird im Folgenden eine Darstellung davon geboten, wie sich die reformatorische Bewegung in dem Gebiete der Republik Venedig entwickelt hat. Wie überhaupt die Geschichte der Reformation in Italien eine befriedigende Darlegung noch nicht gefunden hat, so insbesondere nicht diese Entwickelung, die sich im ganzen und großen ohne merkliche Rückwirkung der sonstwo auf der Halbinsel zu Tage tretenden reformatorischen Bewegungen vollzogen hat. Nach Erwägungen mehrfacher Art habe ich mich entschlossen, die Geschichte der Reformation in Venedig hier gesondert zu behandeln — ich würde dies nicht gethan haben, wäre ich nicht in der Lage gewesen, mit Hülfe der eingehenden Untersuchungen, welche ich in dem Archive der venetianischen Inquisition angestellt habe, dem Leser nicht nur verhältnißmäßig Vieles zu bieten, wodurch das bisher allgemeiner Bekannte ergänzt wird, sondern auch die tiefer liegenden Ursachen aufzudecken, welche vielleicht mehr als die rohe Gewalt dazu beigetragen haben, der Bewegung in der zweiten Hälfte des Jahrhunderts ihre fernere Lebensfähigkeit zu nehmen.

Für die Ueberführung reformatorischer Anschauungen und Lehren aus Deutschland nach Italien bot sich Venedig als der geeignetste Ort zur Vermittelung dar. Mit dieser Stadt bestand längst ein schwungvoller Handelsverkehr. Die deutschen Kaufleute, insbesondere die aus den süddeutschen Handelsstädten, aus Augsburg, Ulm und Nürnberg, machten in Venedig persönlich oder durch deutsche Vertreter ihre Einkäufe in Baumwolle, Spezereien, Glaswaaren und dergleichen und begleiteten zu dem Zweck die großen Züge mit Artikeln in Eisen und Stahl und sonstigen zum Austausch verwendeten Waaren selbst über die Alpen. Sie waren es, welche die ersten Nachrichten über das Auftreten Luthers nach Italien brachten. Die Fragen, welche ganz Deutschland in Aufregung versetzten, trugen so ihre Wellen schon bald bis auf den Markt der Weltstadt.

Wo es sich um die kirchliche Stellung der eigenen Unterthanen handelte, hatte die venetianische Regierung sich von jeher unnachsichtig strenge gezeigt. Aber bezüglich der etwa abweichenden religiösen Ansichten der Fremden herrschte eine gewisse Nachsicht, welche freilich keineswegs auf bewußt toleranter Grundrichtung, sondern vielmehr auf der richtigen Berechnung beruhte, daß das Interesse des Handelsverkehrs, wenn derselbe den Charakter des Welthandels behaupten sollte, eine größere Freiheit im Denken und im Aeußern der Meinungen verlange. So kam es, daß Venedig unter den katholischem Staatswesen in der ersten Hälfte des sechzehnten Jahrhunderts nach Seiten der Duldung auf religiösem Gebiete eine ähnliche Stellung einnahm wie Holland sie im siebzehnten Jahrhundert unter den protestantischen Staaten innegehabt hat, und, soweit es sich nur um die im Lande vorübergehend oder auch dauernd anwesenden Fremden handelt, kann man Ranke beistimmen, wenn er von dem Venedig jener Zeit sagt: 'Hier gab es keine religiösen Verfolgungen, wie sie die übrige Welt mit Bitterkeit erfüllten; es war der Ort des Friedens, wo jedermann, von welcher Religion und Nation er auch war, ruhig sein Gewerbe betrieb'.¹)

Schon im Jahre 1518 kamen Schriften des Wittenberger Reformators nach Oberitalien. Wir erfahren das aus einem Briefe, welchen der angesehene Buchdrucker Froben in Basel unter dem 14. Febr. 1518 an Luther schrieb: Francesco Calvi, ein Buchhändler aus Pavia, den er auf der Frankfurter Messe getroffen, habe sie mit hinübergenommen und zwar 'einen großen Teil der Auflage', die Froben hatte herstellen lassen, offenbar lateinische Drucke.²) Mit Aufmerksamkeit folgte man jenseits der Alpen, wo alles für das Verständnis der strittigen Fragen vorbereitet war, der Entwickelung des Kampfes in Deutschland. Von den Streitschriften nahm man Kenntnis. Unter dem 5. Januar 1520 schreibt von Bologna aus ein deutscher Humanist, Crotus Rubeanus, an einen Freund in der Heimat: 'Bei hiesigen Bekannten habe ich Luther's Entgegnungen gegen Eck gelesen'.³)

Die früheste Spur davon, daß in Venedig selbst Schriften Luthers bekannt geworden sind, findet sich kurz hernach. Da hören wir durch einen deutschen Edelmann, Burkhard von Schenk, der ins Kloster gegangen war und als Lehrer der Theologie bei den Franziskanern in Venedig lebte, daß er die ihm von Spalatin, dem Hofprediger des Kurfürsten von Sachsen, empfohlenen Schriften des Reformators gelesen hat und daß "viele in der Stadt Luther schon seit längerer Zeit hochschätzen". "Aber", fährt Schenk fort, "es heißt allgemein: 'Er nehme sich vor dem Papste in Acht!' Vor etwas mehr als zwei Monaten wurden zehn Exemplare Luther'schen Schriften herübergeschickt und sofort, noch ehe ich Nachricht von ihrer Ankunft erhielt, verkauft. Aber zu Anfang dieses Monats (September 1520), wurde dem Patriarchen ein Erlaß vom Papste zugestellt, welcher sie verbot; als man dann bei den Buchhändlern nachsuchte, fand sich nur ein und zwar ein unvollständiges Exemplar — das wurde mit

Beschlag belegt. Ich selbst habe mir Mühe gegeben, ein Exemplar zu erhalten, aber der Buchhändler wagte nicht eins kommen zu lassen."[4])

Was Schenk hier und weiterhin über den Fall erzählt, wird durch anderweitige Nachrichten bestätigt und ergänzt. Der von ihm erwähnte 'Erlaß' des Papstes gegen Luther war nichts anderes als die unter dem 15. Juni 1520 in Rom erlassene Bannbulle, welche auch das Lesen seiner Schriften verbot. „Und weil viele Irrtümer in diesen Schriften enthalten sind", heißt es in der Bulle, „so verbieten wir kraft des heiligen Gehorsams und unter den vorbesagten Strafen allen Gläubigen, dergleichen Bücher oder Schriften, oder Predigten oder Blätter oder Abschnitte derselben zu lesen, zu behaupten, zu predigen, zu loben, zu drucken, zu veröffentlichen, oder zu verteidigen; auch sie im eigenen Hause oder anderswo zu haben — vielmehr sollen sie bei den oben angedrohten Strafen sofort nach der Veröffentlichung des Gegenwärtigen überall von den Bischöfen oder sonstigen Ortsgeistlichen sorgfältig zusammengebracht und öffentlich in feierlicher Weise in Gegenwart der Geistlichkeit und des Volkes verbrannt werden." So hoffte man der weiteren Ausbreitung der Anschauungen Luthers erfolgreich entgegenzutreten, und daß man von Rom aus großes Gewicht darauf legte, daß gerade in Venedig diese Vorschriften Beachtung fänden, erklärt sich aus der Bedeutung der Stadt an sich und als Hauptort für den Verkehr zwischen Deutschland und Italien.

So erschien denn am 16. August 1520 der Vikar des Patriarchen in dem Collegium des Rates der Zehn als der obersten ausführenden Behörde und beantragte, daß bei dem Buchhändler Giordani Haussuchung nach solchen Schriften gehalten werde. Das wurde bewilligt; die aufgefundenen Exemplare wurden mit Beschlag belegt — „aber ich hatte", sagt der Chronist Marino Sanuto, in dessen Tagebüchern diese Nachricht enthalten ist, „schon eines in Besitz und habe es noch in meinem Arbeitszimmer". Am 31. März 1521, also kurz vorher ehe Luther in Worms erschien, wurde dann durch den päpstlichen Legaten die Genehmigung nachgesucht, die Bulle selbst in Venedig zu veröffentlichen und damit in Kraft zu setzen. Auch das wurde gestattet: am 1. April erfolgte die Verlesung von den Kanzeln der Stadt, mit Ausnahme der von San Marco — ein Zeichen, daß der Rat doch nicht geneigt war, der Veröffentlichung die Bedeutung einer Staatsaktion zuzugestehen. Dem heimlichen Lesen der Schriften Luthers wurde dadurch begreiflicherweise nicht Einhalt getan. Das ergiebt sich schon aus der Thatsache, daß man immer wieder gegen sie vorging. Am 19. Januar 1524 erschien der Legat in Begleitung des Patriarchen wieder im Collegium und wies ein neues päpstliches Breve gegen dieselben vor, worin auch die Rede war von 'Conventikeln' — d. h. unerlaubten religiösen Versammlungen, — die man im deutschen Kaufhaus abhalte. Unter dem 18. Februar wurde abermals und mit Erfolg ein Einschreiten gegen diese Schriften nachgesucht. Zu gleicher Zeit befahl der Patriarch, daß alle Fastenprediger gegen Luther predigen sollten. Am 29. Juni 1524 wurde in S. Pietro di Castello, der Patriarchalkirche Venedigs, in Gegenwart des Patriarchen zur Vesper eine lateinische Rede gegen Luther gehalten und darauf eine Anzahl seiner Schriften verbrannt; unter dem 2. Juli wurde die Excommunikation gegen alle, welche Bücher von ihm besäßen oder ihm beistimmten, wiederholt. Da mittlerweile die religiöse Bewegung in Deutschland zahlreiche weitere Schriften zu Tage gefördert hatte, wurde das Verbot auch auf diese ausgedehnt. Am 15. Mai 1527 verbrannte man mitten auf der Rialtobrücke 'viele Bücher von Luther und seinen Gesinnungsgenossen'. Und das wiederholte sich noch mehrmals; es ist noch auf der Markusbibliothek in Venedig ein Verzeichnis von Schriften erhalten, welche so der Vernichtung anheimfielen — man liest auf ihm die Namen von Luther, Zwingli, Hus, Lonicer und andern.[5])

Und gerade um diese Zeit hören wir auch andrerseits, daß die Beschäftigung mit den Schriften der Reformatoren anfing Früchte zu tragen. Vor Ostern 1528 äußerte Luther seinem ehemaligen Klostergenossen Gabriel Zwilling gegenüber brieflich seine Freude darüber, daß dieser ihm meldete, 'die Venetianer nähmen das Wort Gottes auf'.[6]) Und im folgenden Jahr finden wir ihn selbst in Briefwechsel mit einem der Reformation zugeneigten, wenn auch nicht zu ihr übergetretenen, deutschen Gelehrten, Jakob Ziegler, welcher damals hochgeehrt in Venedig lebte. Durch diesen sowie durch dessen Adoptivsohn Theodor Veit, welcher in Wittenberg studiert hatte und dann Prediger in Nürnberg wurde, erhielt Luther Nachrichten über den Stand der Bewegung im Venetianischen.7) Eine bemerkenswerte Thatsache, die im Jahre 1530 vorfiel, zeigt deutlich, daß dieselbe nicht erloschen war.

Zwei Wochen nach der feierlichen Uebergabe der Augsburger Confession auf dem Reichstage, am 6. Juli 1530, richtete Melanchthon ein Schreiben an den päpstlichen Legaten, welches darnach angetan war, auf Seiten der Evangelischgesinnten die schwersten Besorgnisse zu erregen. Denn geängstigt durch die Haltung des Kaisers und von dem Wunsche geleitet eine Vereinbarung um jeden Preis herbeizuführen, versuchte Melanchthon in dem Schreiben nicht allein die zwischen der evangelischen und der katholischen Lehre vorhandenen Unterschiede abzuschwächen, sondern er erkannte auch die Autorität des Papstes in einer so unbedingten Weise an, daß man sich nur den damaligen Stand der Dinge in Deutschland, die gefährliche Krisis, welche der Protestantismus eben durchmachte, zu vergegenwärtigen braucht, um den vernichtenden Einfluß zu schätzen, mit dem ein solches Vorgehen die Zukunft der ganzen Bewegung bedrohte. Von Melanchthons Schreiben schickte der venetianische Gesandte Tiepolo sofort eine Abschrift ein.8) So gelangten denn schon im August zwei Briefe aus Venedig an den Reformator, von einem dortigen Freunde der evangelischen Bewegung verfaßt, welcher von dem Inhalte, vielleicht sogar von dem Wortlaute in Kenntnis gesetzt war. Unterzeichnet sind diese Briefe von Lucius Paulus Rosellius. Der Schreiber sagt von sich, daß er Melanchthon stets hochgeachtet habe; er ermahnt ihn, sich fest und als einen unerschrockenen Verteidiger des evangelischen Glaubens zu beweisen: 'Wo es sich um die Wahrheit handelt, darfst Du weder auf Kaiser noch auf Papst noch sonst einen Sterblichen Rücksicht nehmen, sondern allein auf den unsterblichen Gott ... Wisse, daß ganz Italien in ängstlicher Spannung dem Ausgange der Versammlung in Augsburg entgegen sieht. Was dort beschlossen wird, das werden um des Ansehens des Kaisers willen alle andern Länder gutheißen ... Deshalb beschwöre ich Dich als das Haupt und den Führer der ganzen evangelischen Streitmacht, das Seelenheil Aller im Auge zu halten. Solltest Du selbst um Christi Willen Leiden und Tod erdulden müssen — besser ist, in Ehren sterben als in Unehre leben ...' Und in dem zweiten Briefe ermahnt ihn Rosellius, für die Folge mehr Mut und Standhaftigkeit zu beweisen.[9])

Ueber die Verbreitung der reformatorischen Lehren in Venedig gegen 1530 läßt sich zwei gleichzeitigen Aktenstücken, von denen eins dem Papste Clemens VII. unterbreitet worden ist, einiges Bemerkenswerte entnehmen. Der Bischoff Giovanni Pietro Caraffa hatte nach der Plünderung Roms durch die kaiserlichen Truppen im Jahre 1527 diese Stadt verlassen. Er hatte sich nach Venedig begeben und dort, obwohl er keine amtliche Stellung einnahm, schon bald einen solchen Einfluß zu erringen gewußt, daß der sonst auf die eigene Selbständigkeit so eifersüchtige Senat von ihm ein Gutachten über die Reform der kirchlichen Zustände im Staate entgegennahm. Dieses Gutachten stellt an die Spitze die Forderung; vor allem möge man sich bemühen, 'die Ketzerei zu züchtigen und sich von jener stets fern zu halten, welche nicht allein den einzelnen Seelen, sondern auch dem Staate als solchen Gefahr bringe'. Der eifrige Caraffa drang damals mit seinem Gutachten nicht durch. Ja, sogar eine direkte Aufforderung seitens der von Bologna herübergekommenen kaiserlichen Gesandten, die Ketzerei abzuwehren, wurde abgelehnt. Unter dem 22. März 1530 wurde im Rat der Zehn beschlossen: — 'was die Lutheraner und Häretiker angeht, so ist unser Gebiet ein freies, deshalb können wir ihnen den Eintritt nicht wehren'.[10])

Noch bezeichnender ist das zweite Aktenstück Caraffa's: es ist ein Bericht an den Papst über die damaligen religiösen Zustände vornehmlich im Venetianischen, nebst Vorschlägen, wie durch ihn der 'Ketzerei' wirksam entgegengetreten werden könne. Die letztere habe, so führt der Bericht aus, wie dies die mangelhafte Teilnahme an Beichte und Communion zeige, sowie die Verbreitung ketzerischer Ansichten und das Lesen verbotener Bücher, bedenklich überhand genommen. Sie sei teils auf Apostaten, d. h. Mönche, die ihr Kloster verlassen haben und nun in der Welt umher schweifen —, teils auf Ordensangehörige selbst zurückzuführen. "Unter diesen", fährt Caraffa fort, "sind besonders Mitglieder des Ordens der Conventualen (Franziskaner), Schüler eines schon verstorbenen ketzerischen Mönches, die ihrem Lehrer Ehre machen wollen. Einer von ihnen ist Fra Galateo, dessen Angelegenheit Se. Heiligkeit im vorigen Jahr mir überwiesen hat. Ich habe ihn als rückfälligen und hartnäckigen Ketzer verurteilt. Man hält ihn noch gefangen und hat das Urteil noch nicht vollstreckt, weil der Senat sich damit entschuldigt, Se. Heiligkeit habe noch keine allgemeinen Maßregeln gegen die Ketzer angeordnet und es scheine ihnen, man brauche in unserm Falle nicht strenger als sonst zu verfahren ... Ein Gesinnungsgenosse des Genannten ist Fra Bartolomeo von demselben Orden, dem der verstorbene Bischof von Pola als Legat im vorigen Jahre wegen Verbreitung von Ketzereien auf der Kanzel das Predigen untersagte, der sich dann nach Augsburg begab, sein Ordenskleid bei Seite geworfen hat und dortzulande als Lutheraner lebt ... Ein dritter Genosse ist jener Fra Alessandro aus Pieve di Sacco, der wegen zahlreicher Ketzereien von seinem Vorgesetzten in Padua ins Gefängnis geworfen worden ist. Dort sitzt er noch, aber wie ich höre, wird auch seine Angelegenheit nur lau betrieben ..."

So fährt Caraffa fort, über die kirchliche Lage in Venedig und seinem Gebiete zu klagen und fordert den Papst dringend auf, außerordentliche Maßregeln zu ergreifen, um dem außerordentlichen Uebel zu steuern. Um so beachtenswerter mochten ihm diese Zustände innerhalb des Franziskanerordens erscheinen, als im Venetianischen die Handhabung der Inquisition gerade in den Händen dieses Ordens lag. Sein Bericht faßt aber auch noch besonders die Verbreitung 'ketzerischer' Schriften ins Auge und sagt darüber: "Hier in Venedig werden sie ohne Scheu feilgeboten und von vielen gekauft, von Ordensleuten und Laien, zum teil unter offenbarer Mißachtung der darauf gesetzten kirchlichen Strafen, zum teil unter dem Vorgeben, man befinde sich im Besitz der erforderlichen Erlaubnis".[11])

Dieser Bericht ist ein redendes Zeugnis dafür, daß die Ver=

breitung der 'Ketzerei' in Venedig gegen 1530 einem Vertreter der römischen Interessen, welcher wohl die Verhältnisse genau kannte, als nicht unbedenklich erscheinen mußte. Er blieb auch nicht ganz ohne Erfolg. Wenigstens richtete Clemens VII. unter dem 1. December ein Rundschreiben, wie an eine Anzahl katholischer Herrscher so auch an den Dogen und Senat, worin er ausführt, daß jetzt allgemeine Maßregeln zur Beseitigung der 'lutherischen Ketzerei' getroffen werden müßten. Aber er erblickt das vorzüglichste Mittel dazu in einem allgemeinen Conzil. Das war nicht Caraffa's Ansicht — der verlangte Gewalt und zwar ohne Zögern. Was die Bewegung im Venetianischen aber betrifft, so sind wir jetzt im Stande die Hauptvertreter derselben ans Licht zu ziehen. Daß dieselben zunächst innerhalb eines kirchlichen Ordens zu suchen sind, sagt uns Caraffa selbst.

Girolamo Galateo ist der erste, der genannt wird. Denn den Namen seines verstorbenen 'Lehrmeisters', der offenbar auch dem Franziskanerorden angehört hatte, erfahren wir nicht. Galateo war 1490 in Venedig geboren. Als Knabe schon in den Orden getreten, errang er dort durch seine ausgezeichneten Leistungen die Würde eines Lehrers der Theologie. In Padua verkündigte er mit Erfolg die reine biblische Lehre, wurde denunziert, aber freigesprochen und predigte weiter, bis Caraffa ihm die Kanzel verbieten ließ und im Mai 1520 den zweiten Prozeß gegen ihn einleitete, der mit Verurteilung zum Tode abschloß. Zur Ausführung dieses Urteils aber und zur öffentlichen Vornahme der Degradation, welche bereits auf einen bestimmten Tag im Januar 1531 festgesetzt worden war, bedurfte es der obrigkeitlichen Zustimmung — die wollte der Rat der Zehn nach mehrfacher Verhandlung doch nicht geben. So zog die Sache sich hin, und Galateo war noch im Kerker, als Caraffa seinen 'Bericht' schrieb. Ja, noch lange ließ man ihn dort schmachten. „Nach sieben Jahren aber", erzählt sein Biograph Salarino, „gefiel es der göttlichen Vorsehung, die sich an ihm verherrlichen und die barbarische Grausamkeit seiner Feinde kundthun wollte, daß ein Edelmann namens Antonio Paulucci von seinem Schicksale hörte und von Mitleid erfüllt es beim Senat durchsetzte, daß Galateo ihm gegen Bürgschaft übergeben und ihm gestattet würde ihn in seinem Hause zu beherbergen". Während dieses Aufenthaltes, der drei Jahre dauerte, schrieb Galateo eine Schutzschrift ('Apologia') an den Senat. Schon früher, vermutlich vor der Gefangenschaft, hatte er eine Abhandlung über die Bewahrung der Jungfräulichkeit Marias, ein Beichtbuch und verschiedene Bemerkungen und Erklärungen zu Stellen der h. Schrift verfaßt — Schriften, welche sämtlich verloren gegangen sind. „Nach Verlauf jener drei Jahre," fährt Salarino fort, „wußten seine Gegner unter den Geistlichen es dahin zu bringen, daß er nun wieder in den Kerker geworfen wurde, wo er, bis zu einem Schatten dahingeschwunden, in Folge von Entbehrungen und Kummer nach elfjähriger Haft ungefähr fünfzig Jahre alt am 7. Januar 1541 gottergeben und freudig gestorben ist. Seine Feinde aber haben ihren Haß gegen den Lebenden auch noch auf den Toten übertragen, indem sie seine Gebeine nicht in geweihtem Orte bestatten ließen, sondern sie auf den Acker hinaus verwiesen, wo man Juden und unehrliche Leute begräbt."

Galateo's 'Apologia' giebt uns hinreichende Auskunft über seine religiösen Ueberzeugungen, so daß wir berechtigt sind, ihn als Vertreter der reformatorischen Anschauungen zu betrachten. In eigentümlicher Weise tritt uns in seiner Schrift der Einfluß der deutsch-reformatorischen Lehren zugleich mit dem Bestreben entgegen, die alten traditionellen Wendungen und Ausdrücke zu bewahren und die eigene neu gewonnene Anschauung als den richtigen Sinn jener erst erschließend darzustellen. So bei den streitigen Lehrstücken von den 'guten Werken' und vom Fegfeuer: Bekanntlich behauptet Luther und mit ihm die strengorthodoxe Richtung nicht nur, daß die sogenannten 'guten Werke' nichts zur Seligkeit wirken, sondern auch, daß sie überhaupt den Namen 'gute Werke' nicht in irgend einem Grade verdienen. Galateo nun ist angeklagt worden, daß auch er von 'guten Werken' nichts wissen wolle. Er giebt zu, daß er eine erlösende Wirkung auch den 'guten Werken' nicht zugestehe, da nicht sie als Früchte, sondern der Glaube als ihre Wurzel die Verheißung habe. Damit ist freilich der herkömmliche mechanische Begriff von 'guten Werken' — wonach die Bezeichnung zunächst auf das kirchlicherseits geforderte und geregelte Almosengeben, Hersagen von Gebetsformeln, Schenkungen an die Kirche u. dgl. angewendet wird — beseitigt. Aber Galateo verfällt doch nicht in das Extrem solcher, welche dem Menschen seiner Natur nach auch nicht die geringste Fähigkeit zum Guten mehr zugestehen wollen; sondern fordert das sittlich=gute Handeln als unablösbare Begleiterscheinung und unbedingt erforderliche praktische Betätigung des rechtfertigenden Glaubens. So mag der Begriff 'gute Werke' bestehen bleiben, wenn er auch hoch über das Niveau der herkömmlichen Ansicht von dem Wesen derselben erhoben wird. Und noch bezeichnender tritt die Bemühung Galateo's, die alten Ausdrücke zu halten, aber sie mit einem neuen geläuterten Inhalte zu füllen, bei dem andern oben angedeuteten streitigen Punkte hervor — bei der Lehre vom Fegfeuer. Sofern der Sinn dieser Lehre der ist, daß die sündige Seele nicht ohne vorherige Läuterung von ihren Fehlern in das Paradies eingehen, vor das Antlitz des heiligen Gottes treten kann, so erklärt sich Galateo unbedingt für sie. Aber wo und unter welchen Umständen die Reinigung vor sich gehen werde, das wisse man nicht — und was den angeht, der sie vollzieht, so kennt Galateo keinen andern als Christus, der uns durch sein Blut rein gewaschen hat. Und so zeigt denn Galateo bezüglich aller streitigen Hauptlehren, auch der von der Vorherbestimmung, vom freien Willen, von den Sakramenten, der Anrufung der Heiligen, der Verehrung der Bilder und dem Ablaß, daß er im ganzen auf dem Boden steht, welchen die Reformatoren einnehmen. Sein Schlußwort über den damaligen Stand des Kirchenwesens im allgemeinen lautet folgendermaßen.

„Blicket hin", so ruft er dem Senate zu, „auf die Kirche der ersten Zeiten, als man nur Christum und das Evangelium in aller Aufrichtigkeit und Klarheit predigte — wie damals binnen kurzem der Glaube an den Herrn sich verbreitete, wie die Kirche blühte! Und nun vergleichet wie es jetzt steht. Das Wort und die Wahrheit der heiligen Schrift fehlen, und mit ihnen sind dahin der Glaube und die Liebe, die Frömmigkeit und die Schönheit der heiligen Kirche. Heutzutage ist die Religion erkaltet und fast erloschen. Die Feinde sind in das

Heiligtum gedrungen und haben die Kirche beschmutzt. Da ist kein Gesetz, keine Gerechtigkeit mehr — o Kirche! Kirche! Kirche! ... Und wenn nun ich, ihr Herren Senatoren, nichts gepredigt habe als heilige Lehre auf Gottes Befehl, um die verlorenen Schafe zu ihrem Heilande hin zu führen — was habe ich denn Uebles gethan? Man forsche doch nach, ob irgend jemand in Wahrheit sagen könne, daß Euer Knecht Galateo irgend etwas gesagt habe aus eigener Meinung, was nicht Gottes Wort gewesen wäre. Nicht zur Rechten und nicht zur Linken habe ich mich gewendet, Gott ist mein Zeuge. Nur eins habe ich erstrebt: das Gesetz des Herrn offenbar zu machen, den Glauben, die Frömmigkeit, die Liebe, den Frieden und die Einigkeit zu lehren, welche in der Christenheit abhanden gekommen sind, weil das Wort des Herrn fehlt ... Wenn uns aber aus der heiligen Schrift alles Gute, alles Leben und Heil herfließt — wie sollten wir da nicht alle mit Eifer, ohne jede Furcht vor Satan beständig diese heilige und notwendige Lehre predigen! Ihr nun, o Herren von Venedig, denen Gott dieses große und herrliche Reich gegeben hat doch nur damit sein Wort desto leichter und schneller sich verbreite, — Ihr, sage ich, sollet für Euren gekreuzigten Christus und sein Evangelium Partei ergreifen und nicht gestatten, daß etwas anderes als sein Wort gepredigt, gelesen und gelehrt werde. Und Gottes Wort wird durch Einigkeit und Frieden Euer Reich so stark machen, daß alle andern Reiche der Welt nicht imstande sein werden, es zu besiegen. Denn Christus wird Euer Führer sein, der allein lebt, allein herrscht und allein triumphiert von Ewigkeit zu Ewigkeit. Amen[12].“

So spricht sich der fromme Zeuge evangelischer Wahrheit aus, und wir ersehen aus Caraffa's Bericht, daß solche Anschauungen in Venedig in weiteren Kreisen Wiederhall fanden, wenn auch kein Zweiter in so ergreifender Weise wie Galateo seine Stimme für sie erhoben hat. Caraffa selbst macht noch zwei namhaft: Fra Bartolomeo und Fra Alessandro aus Pieve di Sacco. Von dem letztern ist nichts näheres bekannt, außer dem was Caraffa uns oben selbst mitgeteilt hat. Den ersteren kennen wir aus anderweitigen Nachrichten. Sein vollständiger

Name lautete Bartolomeo Fonzio; er stammte auch aus Venedig und gehörte ebenfalls dem Franziskanerorden an. Zum erstenmale taucht er gegen 1529 auf, wo er in der Kirche S. Geremia in Venedig eine Predigt hielt, die soviel Aufsehen machte, daß ihm mitten in der Fastenzeit durch päpstliches Breve das fernere Predigen untersagt wurde und daß noch nach dreißig Jahren der Pfarrer der dortigen Augustinerkirche auf sie als Beweis von Fonzio's ketzerischen Anschauungen hinweisen konnte. Schlimmere Folgen als diese Predigt sollte für Fonzio eine Besprechung mit Caraffa haben, bei welcher sich herausstellte, daß sie in betreff einer damals in kirchlichen Kreisen sehr lebhaft verhandelten Angelegenheit, nämlich der Ehescheidung Heinrichs VIII. von England, entgegengesetzter Ansicht waren: Fonzio verneinte, Caraffa bejahte die Gültigkeit der ersten Ehe des Königs und beide zogen dem entsprechend ihre Folgerungen betreffs der Möglichkeit und Gültigkeit der zweiten. „Seit dieser Zeit", sagt Fonzio, „hat Caraffa, der damals im Kloster bei S. Nicolo di Tolentino in Venedig lebte, mich stets verfolgt, weil ich den beiden englischen Gesandten, denen gegenüber Caraffa sich ganz anders geäußert hatte, seine wahre Ansicht mitteilte". Um sich der Verfolgung durch Caraffa zu entziehen, entfloh Fonzio gegen Ende des Jahres 1530 nach Dentschland und zwar nach Augsburg. Von dort aus unterhielt er noch Beziehungen zu Jacopo Salviati, dem venetianischen Gesandten in Rom, und bekam durch ihn sogar noch 1531 einen geheimen Auftrag seitens des Papstes. Wir wissen nicht genau, worauf sich dieser bezog; aber daß Fonzio daraufhin Einfluß in der Reichsstadt gewann und daß er diesen Einfluß zunächst zu gunsten der katholischen Sache verwendete, geht aus seinen eigenen Aeußerungen und denen des kaiserlichen Gesandten in Rom, Gianantonio Muscettola, über ihn hervor. Auch ein Brief, den er am 7. Aug. 1531 an den Edelmann Girolamo Marzello in Venedig schrieb und den Sanuto seinen Tagebüchern einverleibt hat, ist nach dieser Seite hin bemerkenswert. Einmal mitten zwischen die religiösen Parteien in Deutschland gestellt, konnte es nicht fehlen, daß Fonzio sich auch mit der theologischen Frage beschäftigte, welche damals so lebhaft erörtert wurde: der Frage, wie man sich die Gegenwart Christi im Abendmahl zu denken habe. Er schrieb darüber am 1. Dezember an den Reformator Butzer in Straßburg einen noch in der Markusbibliothek erhaltenen Brief, in welchem er die sophistischen Unterscheidungen tadelt, auf welche im Streit um die Abendmahlslehre einerseits Luther's, andrerseits Zwingli's Anhänger geraten seien. In der vom 17. Dec. 1531 datierten Antwort gesteht Butzer, der den Fonzio einen 'ausgezeichneten und wahrhaft frommen Theologen' nennt, zu, daß allerdings 'rücksichtslos, um nicht zu sagen, unfromm von manchen über die Abendmahlslehre gestritten worden, während Luther freilich und andere nichts im Auge gehabt, als dem Worte Gottes seine Ehre zu lassen'. So wirft schon zu dieser Zeit, wo erst die frühesten Anfänge evangelischer Bewegung in Venedig zu Tage treten, die für die Geschicke des ganzen Protestantismus verhängnisvoll gewordene Frage nach der Art der Gegenwart Christi im Abendmahle ihren Schatten voraus und beschäftigt den Mann, welcher den evangelischen Anschauungen sich mehr und mehr zuneigte und der Verbreitung derselben in Italien einen besonderen Dienst leisten sollte.[13])

Denn der Verdacht Caraffa's gegen Fonzio, wie er sich in dem Berichte an Papst Clemens VII. abspiegelt, war zwar verfrüht, aber nicht unbegründet. Fonzio's Entwickelung bietet eines der nicht seltenen Beispiele davon, daß die Beschäftigung mit den evangelischen Lehren, ursprünglich unternommen um sie zu bekämpfen, schließlich der Annahme derselben zuführt. Wir hören zunächst, daß Fonzio im Mai 1532, von Sehnsucht nach seinem Vaterlande getrieben, unter Berufung auf das Schreiben Salviati's von dem päpstlichen Legaten für Deutschland, Aleandro, die Gestattung sicherer Rückkehr nach Italien erbat. Da man ihn hinhielt, ging er nach Nürnberg, später nach Augsburg zurück. Damals berichtete der als außerordentlicher Gesandter Deutschland durchreisende Bischof Pier Paolo Vergerio, mit dem wir uns später eingehend zu beschäftigen haben werden, von ihm, er habe im Auftrage 'der Deutschen' eine italienische Schrift verfaßt 'von etwa hundert Blättern' betitelt 'Ueber die Besserung des christlichen Standes', welche voll von schlimmen Dingen und Ketzereien sei. Von der nämlichen Schrift spricht ein anderer der evangelischen Lehre zugewandter Venetianer, Giovan Angelo Odone, in einem Briefe an Butzer von 1534; indem er anfragt, ob nicht in Straßburg eine italienische reformatorische Schrift (Homilien über die Evangelien von einem Unbekannten, vielleicht ihm selber, verfaßt unter dem angenommenen Namen Renatus Eusebius) gedruckt werden könne, spricht er zugleich von Fonzio's Arbeit als einer Uebersetzung einer deutschen Schrift in's Italienische. Und in der That war sie das, und zwar war sie nichts anderes als die Uebersetzung von Luthers herrlichem Weckruf 'An den christlichen Adel deutscher Nation von des christlichen Standes Besserung'.[14]

Auch in der Schweiz, in Regensburg und Ulm und dann der Einladung Butzer's folgend in Straßburg nahm Fonzio seinen Aufenthalt, bis er endlich von Clemens VII. ein Breve erhielt, das ihn aus dem ersten in den dritten Orden des heiligen Franziskus versetzte, ihn damit der Pflicht im Kloster zu bleiben entledigte und zugleich ihm freie Rückkehr nach Venedig garantierte. So finden wir ihn denn nach abermaligem längerem Aufenthalt im Auslande seit dem 5. Januar 1536 in Rom, wohin Papst Paul III. ihn kommen ließ, damit er sich von dem Verdachte reinige, mit den Lutheranern in Beziehung zu stehen. Wenn ihm dies damals geglückt ist, so sollte er später doch noch in einen verhängnisvollen Conflikt mit der Inquisition geraten. Wenden wir inzwischen unsere Aufmerksamkeit einer andern für unsern Gegenstand nicht unwichtigen Thatsache zu.

Es ist auffallend, daß Caraffa, dessen Späherblicken doch sonst nichts von dem, was geeignet war, die 'Ketzerei' zu begünstigen, entging, sich über den gerade in Venedig schwunghaft betriebenen Druck von Schriften, welche das römische System angriffen, nicht äußert. Nur das eine bemerkt er, als mit zum Verfalle des Kirchentums wirksam, daß von Priestern sowohl wie von Laien das Verbot, solche Schriften zu lesen, vielfach übertreten werde. Nach dieser Seite hin verlangt er eine schärfere Aufsicht und wenn nötig Widerruf der schon erteilten Erlaubnis solche Schriften zu lesen. Daß aber die Schriften Luthers und anderer Reformatoren gerade über Venedig in Italien verbreitet, daß solche zum teil in Uebersetzung in Venedig gedruckt wurden, wie Melanchthon's Lehrbüchlein des Glaubens (Loci Communes Theologici), daß sogar Schriften von sehr entschieden polemischem Inhalte wie die 'Sechs Bücher der Riten oder heiligen Cärimonien der Römischen Kirche' (S. S. Rom. Eccl. Rituum Ecclesiasticorum sive sacrarum Caerimoniarum libri VI) vom J. 1526, dort hergestellt wurden — das erwähnt Caraffa merkwürdigerweise nicht. Noch auffallender könnte es erscheinen, daß er der neuen Bibelübersetzung in's Italienische, welche eben der Florentiner Brucioli in Venedig fertig stellte und von der schon 1530 das Neue Testament erschienen war, gar keine Erwähnung thut. Denn wenn auch diese Uebersetzung, in welcher die ganze heilige Schrift noch im Jahre 1532 erschien, sich auch keineswegs absichtlich mit Bedacht in den Dienst der Reformation stellt und wenn sie auch späterhin erst im protestantischen Sinne zugerichtet worden ist (Lyon 1551 durch Massimo Teofilo Fiorentino), so war es doch leicht erkennbar, daß Brucioli, auch ohne es zu beabsichtigen, der Bewegung einen wichtigen Dienst leisten mußte. Was die Person dieses Bibelübersetzers angeht, so kann Brucioli, obwohl er in manchen Punkten sich die reformatorischen Anschauungen zu eigen gemacht und in mehreren wichtigen Abschnitten seines Lebens auch um deswillen mit der Inquisition in Zusammenstoß geraten ist, doch nur in sehr bedingtem Maße als Vertreter der Bewegung angesehen werden.

Antonio Brucioli (Bruccioli) aus Florenz, 1522 in die Verschwörung gegen die Medici verwickelt, mußte seine Vaterstadt verlassen und kehrte nach längerem Aufenthalte in Frankreich und Reisen auch nach Deutschland, erst nach der Vertreibung der Medici 1524 dorthin zurück. Nicht für lange. Denn die Mißstände, wie sie im Leben der Kleriker und Mönche offen zu Tage traten, ließen ihn nicht schweigen. 'Wer die Wahrheit sagt, thut kein Unrecht', entgegnete er den Freunden, als sie ihn zur Vorsicht mahnten. So machte er sich der 'Ketzerei' verdächtig; man zog ihn gefänglich ein, begnügte sich dann aber damit, ihn auf zwei Jahre aus Florenz zu verbannen. Brucioli ging in die einzige Stadt Italiens, welche ihm eine gewisse Freiheit der Bewegung und zugleich ein Feld zu entsprechender

Thätigkeit zu bieten schien — nach Venedig. Das erste, was er in Venedig drucken ließ, waren 'Philosophische Gespräche' (1529), die er seinem Landsmann Giovanni Serristori widmete. Dann folgte der erste Teil der Arbeit, die seinen Namen vor allem bekannt gemacht hat. Die Uebersetzung des Neuen Testamentes ist nach dem Griechischen angefertigt und bei Giunti in Venedig gedruckt, der auch 1532 Brucioli's Uebersetzung des Alten Testamentes 'nach dem Hebräischen Grundtext', die er Franz I. von Frankreich widmete, herausgab. Späterhin ließ der Verfasser zwei Brüder nach Venedig nachkommen und errichtete mit ihnen eine eigene Druckerei, in welcher er seine weitschichtigen 'Erklärungen zu allen Büchern des Alten und Neuen Testaments' in den Jahren 1542 bis 1546 herstellte. In der Widmung des sechsten Bandes, welcher den Römerbrief enthält, an Herzog Cosimo versichert er: 'In keinem Falle habe ich mich von dem Ansehen der heiligen Doktoren der Kirche entfernt, und in meiner Erklärung ist nichts, was nicht seitens der heiligen Mutter Kirche approbiert wäre, deren Urteil ich mich auch in allen Dingen unterwerfe'. Soweit war Brucioli damals von Protestantismus entfernt.

Die Anzahl seiner übrigen gedruckten Schriften ist beträchtlich. Einige umfangreiche ungedruckte liegen noch in der Nationalbibliothek in Florenz. Darunter ein eigenhändiger Band religiöser Dichtungen, dem Herzog Cosimo I. gewidmet. Mit diesem Letztern trat Brucioli auch in geschäftliche Beziehung. Er diente ihm als politischer Agent in Venedig; Briefe an den Herzog aus den Jahren 1549 und 1554 sind noch im Florentiner Staatsarchiv erhalten. Inzwischen war Brucioli öffentlich und im geheimen wieder als 'Ketzer' angeklagt worden — öffentlich 1544 durch den Dominikaner Caterino Politi mit Bezug auf seine Bibelübersetzung, insgeheim durch einen Fra Cricassio im Jahre 1548 bei der venetianischen Inquisition. Die letztere beschlagnahmte und verbrannte die sämtlichen 'ketzerischen' Schriften, welche sie im Hause seines Compagnons Centani vorfand, und verurteilte Brucioli selbst, der gerade abwesend war, zu einer Geldstrafe und ewiger Verbannung aus Venedig und seinem Gebiete. Die letztere Bestimmung scheint aber zurück=

gezogen worden zu sein, da wir Brucioli später von neuem in Conflikt mit der dortigen Inquisition finden werden.¹⁵)

Am ersten Oktober des nämlichen Jahres, in welchem der fromme Galateo den Entbehrungen im Kerker erlegen war, erschien vor dem venetianischen Inquisitionstribunal ein gewisser Jacopo Curzula von der Insel Cherso und gab eidlich die Erklärung ab, daß Fra Baldo Lupetino aus Albona vom Orden der Conventualen im Verlauf der letzten Fastenzeit im Dom zu Cherso Ketzereien gepredigt habe; er, der Angeber, fühle sich in seinem Gewissen gedrungen, dies dem Tribunale mitzuteilen. Dieser Fra Baldo war 1502 oder 1503 geboren, einer vornehmen Familie angehörig und hochgeachtet wegen seiner Gelehrsamkeit und seines Charakters. Als Provinzial der Franziskaner hat er in verschiedenen Städten sowohl in slavonischer als in italienischer Sprache gepredigt und seine evangelischen Anschauungen auch in öffentlichen Disputationen verteidigt. Seine Gesinnungsgenossen hat er mehrfach beschützt. Auf seinen Rat hin änderte sein Neffe Matthias Vlacich (Flach, Flacius), dem wir die obigen Nachrichten über Baldo's Leben verdanken, seinen Entschluß in einen Orden einzutreten und ging nach Deutschland, wo er sich durch seine gelehrten Werke und durch die leidenschaftliche Teilnahme an den inneren Streitigkeiten der lutherischen Kirche einen Namen gemacht hat.

Jener Angeber Lupetino's teilte auf Befragen der Richter die folgenden 'Ketzereien' als in dessen Predigten vorgetragen mit: 'Er behauptete, Gott habe den einen zur Hölle vorherbestimmt, den andern zum Paradiese; der Ablaß sei nur dummes Zeug; der Papst und die Priester empföhlen Messen für die Verstorbenen nur um Geld zu erpressen, da es ein Fegfeuer nicht gebe und da Christus, indem er uns durch sein Verdienst erlöste, alle derartigen Fürbitten überflüssig gemacht habe; er leugne den freien Willen und wolle, daß man das Vaterunser an Gott allein und nicht an die Heiligen richte. Auch die Fastengebote, die Beichte und andere Ueberlieferungen der Römischen Kirche greife er an.'

Diese Anschauungen Lupetino's, wie sie sich dann auch in den Verhören vor dem Inquisitionsgericht abspiegelten, stimmen ganz mit denen überein, welche sich aus seinem schriftlichen Glaubensbekenntnisse aus etwas späterer Zeit ergeben. Der gegen ihn eingeleitete Prozeß machte großes Aufsehen. Sogar von Deutschland aus verwandten sich hohe Herren — teils durch des Flacius Bemühungen, teils durch ein später zu erwähnendes Schreiben aus Venedig veranlaßt — zu seinen Gunsten beim Senat und erbaten seine Freilassung. Da aber der Gefangene sich weigerte, zu widerrufen, was er als biblische Lehre erkannt hatte, so blieb die Verwendung ohne Erfolg; er wurde, wahrscheinlich im August 1543, zu lebenslänglichem Kerker und zur Zahlung von hundert Dukaten an die Kasse für das Arsenal in Venedig verurteilt. Seine Antwort war eine Berufung auf ein künftiges, allgemeines und freies Konzil — der letzte Protest und zugleich der letzte Hoffnungsanker so Vieler, die der Uebermacht des geistlichen Tribunales verfallen waren! [16])

Die evangelische Bewegung hatte inzwischen in Venedig merkliche Fortschritte gemacht. Es wird berichtet, daß ihre Anhänger schon gegen das Ende der dreißiger Jahre regelmäßige Zusammenkünfte zu gemeinsamer Erbauung an verschiedenen Stellen in der Stadt abhielten, wie denn auch schon weit früher von 'Conventikeln' im deutschen Kaufhause dort die Rede war. Unter dem 26. Juni 1540 schrieb der venetianische Gesandte vom kaiserlichen Hoflager in Brügge an seine Regierung, man habe in Rom, nach Angabe des päpstlichen Legaten Cervini, erfahren, daß in Venedig 'an vielen Stellen Zusammenkünfte von Leuten stattfänden, welche der lutherischen Sekte angehörten'. [17]) Ab und zu tritt ein Name aus der Zahl der damaligen Evangelischgesinnten ans Licht. Zwar darf man unter diese nicht weiter jenen Michele Braccietti rechnen, der im Anfang des Jahres 1538 nach Wittenberg kam und in persönliche Beziehungen zu Melanchthon trat.[18]) Denn dieser war vielmehr ein katholischer Priester, der im Interesse der Kurie sich bei Melanchthon einschlich, in der That auch sein Vertrauen gewann, ohne aber etwas von Bedeutung auszurichten. Er brachte ihm Nachrichten über den Stand der religiösen Bewegung in Venedig. Diese Nachrichten nun sollen Melanchthon Veranlassung gegeben haben, sich an den venetianischen Senat mit einem Schreiben zu wenden, welches 1538 oder 1539 in Nürnberg veröffentlicht wurde und noch in der neuesten Sammlung der Briefe des Reformators als von ihm herrührend wieder abgedruckt worden ist, dessen Abfassung aber Melanchthon selber gelegentlich dem venetianischen Gesandten Francesco Contarini gegenüber abgeleugnet hat.[19])

Aber wenn auch das Schreiben nicht Melanchthon zugehört, so ist es doch, da es offenbar von gut unterrichteter Seite herrührt und sein Inhalt auch von Melanchthon selber den venetianischen Gesandten gegenüber gebilligt worden ist, wohl zu beachten. Der Schreiber hat gehört, daß man in Venedig die Schrift des Spaniers Michael Servet 'Ueber die Irrtümer in der Dreieinigkeitslehre' verbreite; er ermahnt deshalb die Frommen, „auf die hinterlistigen Anschläge des Satans ihre Aufmerksamkeit zu richten" und „gerüstet zu sein, solchen Feind abzuwehren"; endlich „sich zu hüten, daß sie nicht den Trugschlüssen beistimmen, welche gemacht werden, um die echte Lehre der Schrift zu beseitigen". Es läßt sich also aus unserm Schriftstück, mag es an seine Adresse abgegangen sein oder nicht, mit Sicherheit schließen, daß Evangelischgesinnte derzeit in Venedig waren, welche vor der Lehre des Spaniers zu warnen man für gut hielt. Hier fällt zum erstenmal ein Lichtstrahl auf das Eindringen von Anschauungen, welche der protestantisch-orthodoxen Lehrentwickelung entgegenlaufen — ein erstes Vorzeichen von dem, was nach nicht gar langer Zeit weiteren Umfang gewinnen und zum Untergange der evangelischen Bewegung zunächst im Gebiete von Venedig nicht unwesentlich beitragen sollte.

Zur nämlichen Zeit wie dem Franziskaner Baldo Lupetino machte die venetianische Inquisition auch dem Augustiner Giulio aus Mailand (Giulio da Milano) den Prozeß wegen protestantischer Anschauungen und Lehren. Giulio della Rovere — so lautete sein Name — war zwischen 1520 und 1522 in den Orden eingetreten und hatte sich als tüchtiger Prediger hervorgetan, so daß man ihn in der Fastenzeit 1536 nach Tortona, 1537 nach Monza, 1538 nach Bologna, im Jahre 1540 nach Triest berief. Schon während des Aufenthalts in Bologna erregten seine Anschauungen Mißtrauen bei dem uns bekannten

Cardinal Campeggi; angeklagt, ja man darf sagen so gut wie überwiesen, die Lehre von der Rechtfertigung durch den Glauben und andere protestantische Lehren verbreitet zu haben, wurde er doch auf direkten Befehl des Papstes Pauls III. freigesprochen und ihm im Juni 1540 durch den General seines Ordens die Erlaubnis zum predigen wieder erteilt, von der er in Triest, dann 1541 in Venedig Gebrauch machte. Ganz außerordentlich war der Zudrang zu seiner Kanzel; aber die Erinnerung an den Prozeß vom Jahre 1538 und die Unvorsichtigkeit, welche er dadurch beging, daß er in dem Hause des vorübergehend in Venedig lebenden 'Lutheraners' Celio Secondo Curione Wohnung nahm, machten, daß Giulio abermals denunziert wurde. Die Inquisition hielt am 19. April bei ihm Haussuchung — da fanden sich 'lutherische' Bücher, nämlich Schriften von Butzer, Bullinger, Melanchthon u. A., auch Briefe, welche ihn verdächtig machten. Die Ankläger, meist dem Franziskanerorden angehörig, brachten aus seinen Predigten und sonstigen Aeußerungen noch weitere Belastungen bei, und so wurde Giulio trotz geschickter Verteidigung durch Urteil vom 9. August 1541 zu weiterer Untersuchung der Sache in das Gefängnis der Inquisition geführt, obwohl eine Anzahl von venetianischen Edelleuten für ihn Bürgschaft zu leisten sich bereit erklärt hatten. Man verlangte von ihm ein ausdrückliches öffentliches Bekenntnis seiner 'Irrtümer' und feierliche gleichzeitige Abschwörung; das wollte und konnte er nicht leisten. In seiner Angst machte er einen Fluchtversuch, der mißlang — da verlas er denn gezwungen am 15. Januar 1542 an einem Sonntag die ihm vorgeschriebene Formel des Widerrufes in 23 Kapiteln von der Kanzel. Jetzt glaubte er frei zu sein — aber noch in der Kirche ließ der päpstliche Legat ihm das Urteil verkündigen, welches ihn zum weiteren Gefängnis auf ein Jahr und, unter Entziehung der Erlaubnis zum predigen für immer, auf vier Jahre aus der Stadt verbannte. Ganz Venedig geriet in Aufregung über diese Behandlung des beliebten Predigers. Ein hervorragender Kanzelredner, Bernardino Ochino, dem wir noch begegnen werden, lieh der allgemeinen Entrüstung Ausdruck — aber an Giulio ward das Urteil vollzogen, erst später gelang es ihm zu fliehen; er fand seine Zuflucht in den Alpenthälern der italienischen Schweiz, wo er noch lange als Schriftsteller und Prediger segensreich gewirkt hat.[20])

Aus den Jahren 1542 bis 1544 ist uns ein in vier Schreiben niedergelegter Briefwechsel von Freunden der Reformation mit Luther erhalten, der gerade für unsern Gegenstand von leicht erkennbarer Bedeutung ist. Hier begegnet zum erstenmal eine Bezeichnung, welche auf das Vorhandensein eines gewissen festeren über die Mauern Venedig's hinausreichenden Verbandes von Evangelischgesinnten schließen läßt. Es sind 'Brüder' aus Venedig, Vicenza und Treviso, in deren Namen der Brief an Luther gerichtet ist, dessen in lateinischer Sprache abgefaßtes Original sich noch im Weimarer Archiv befindet. Ihren herzlichen Dank gegen Gott, daß Er in diesen schweren Zeiten einen solchen Mann gesandt habe, stellen sie an die Spitze. Bisher haben sie, so heißt es in dem Schreiben, nicht gewagt, auch diesem Manne selber ihren Dank zu sagen, jetzt aber dränge sie die Not und das Wüten des Antichrists gegen die Erwählten Gottes, das was sie so lange versäumt haben, beschämt nachzuholen. „Viele aus unserer Mitte werden verbannt, andere fliehen, viele werden eingekerkert und schmachten dort ihr Leben lang und niemand ist da, der den Unschuldigen herausrisse, den Armen und Waisen Gerechtigkeit verschaffte und einträte für die Ehre des Herrn ... Helft uns, soviel Ihr könnt. Fühlt an unsern Wunden, daß wir Glieder desselben Leibes sind, an welchem Christus das Haupt ist ... Auch Ihr habt viel gelitten, blos damit der Name Christi zu uns käme; nun wir ihn kennen und ihm folgen, könnt Ihr uns nicht verlassen, durch deren Stimmen wir zum Kampfe aufgerufen sind." Dann wenden sie sich unmittelbar an die evangelischen Christen in Deutschland mit der Bitte, beim Senat einzutreten für ihre verfolgten Glaubensgenossen und ihnen Duldung zu erwirken — eine Bitte, der man ja auch, freilich ohne Erfolg, zu Gunsten des Fra Baldo Lupetino damals entsprochen hat. „Sollten wir", fahren die Brüder fort, „mit Gottes Hülfe solche Nachsicht erlangen — welcher Zuwachs würde dem Reiche Christi an Gläubigen und an christlicher Liebe entstehen! Wie viele Prediger würden auftreten, um

Christum dem Volke der Wahrheit gemäß zu verkündigen! Wie viele Propheten, die jetzt aus allzu großer Verzagtheit in den Ecken lauern, würden dann hervortreten, um die Schrift auszulegen. Die Ernte ist groß, aber der Arbeiter sind wenige. Wir haben niemand, der uns speise, wenn Ihr uns nicht mit Eurem Ueberflusse aushelft!" — Dann erbitten die 'Brüder' noch eine Darlegung Luthers von der Abendmahlslehre, oder genauer, sie wünschen sein Urteil über die durch Butzer's Bemühungen damals herbeigeführte Vereinbarung in diesem Lehrstück zu hören und schließen in folgender Weise: „Sei unser eingedenk, gütigster Luther, nicht nur in Deinen Gebeten vor Gott, daß wir mit tieferer Erkenntnis Gottes erfüllt werden durch seinen heiligen Geist, sondern auch mit Deinen Schriften, welche Du gezeugt hast durch das Wort der Wahrheit. Hilf uns heranwachsen zum vollen Mannesalter Christi im Glauben" ... „Wir aber bitten inzwischen den Herrn, daß er das große und wunderbare Werk, welches er in Dir begonnen und zum großen Teil vollendet hat, durch Christi Gnade zu Seiner Ehre ganz vollende und Dir, der Du einen guten Kampf gekämpft und Glauben gehalten hast, die verheißene Krone der Gerechtigkeit gebe — uns aber, die wir noch dahinten sind, durch Dein Beispiel stärke dahin zu gelangen, wo unser Herr Jesus Christus mit dem Vater und dem heiligen Geiste lebet und regieret in Ewigkeit." Die Antwort möge er in das Haus des englischen Gesandten schicken — an Baldassare Altieri, der im Namen der Brüder diesen Brief geschrieben.[21]

Dieser Altieri gehört zu den bemerkenswerteren Vertretern der Reformation in Venedig, wie er denn auch offenbar zur Zeit der Abfassung des Briefes eine hervorragende Stellung unter ihnen einnahm. Altieri stammte aus Aquila im Neapolitanischen. Von seiner Familie ist nichts bekannt; jedoch taucht einer seines Namens späterhin unter der großen Schaar von Flüchtlingen auf, welche in der zweiten Hälfte des 16. Jahrhunderts Italien um ihres Glaubens willen verließen. Zum erstenmal tritt uns Baldassare in zwei Briefen vom Jahre 1536 entgegen, wo er von Modena aus an den berüchtigten Pamphletisten Pietro Aretino schreibt, der ihm Empfehlungen an den dortigen Grafen Ragnone gegeden hatte. Seit 1540 finden wir ihn dann in Venedig als Sekretär des englischen Gesandten Edmond Harvel. Als dieser im Jahr 1547 oder 1548 Venedig verließ, hat Altieri, ehe der Nachfolger Harvel's eintraf, selbst einige Depeschen an den Lord Protektor gerichtet. Man sieht, er war ein sähiger Mensch und in politischen Dingen bewandert. Auch das an Luther gerichtete Schreiben, welches Altieri am 29. November 1542 mit einem Begleitbrief an Veit Dietrich zur Besorgung übersandte, zeugt von Gewandtheit im Ausdruck nicht minder als von christlicher Denkart. Luthers Antwort ließ bis zum 13. Juni 1543 auf sich warten. Sie war recht eingehend, und ist, wenn auch keine neuen Nachrichten betreffs des Standes der evangelischen Bewegung in Venedig aus ihr zu entnehmen sind, doch in mehrfacher Hinsicht auch für unsern Gegenstand von Bedeutung. Luther dittet, das lange Zögern durch einen schweren Krankheitsanfall und andere Umstände entschuldigen zu wollen. . . . „Obwohl ich, vom Grade zurückgerufen, noch schwach bin und überschüttet mit allerlei Angelegenheiten, habe ich doch Euren Brief zur Hand genommen und darin so viel Trefflichcs nach der in Euch waltenden Gnade Gottes gefunden, daß ich mich fast meiner selbst schäme, der ich, obwohl so viele Jahre in Gottes Wort geübt, doch so ganz ungleich an Geist und Tüchtig= keit mich fühle." Nachdem er dann das ihm und seinen Schrif= ten erteilte Lob abgelehnt, fährt er fort: „Gott hat Euch reich begnadet. Denn was sehlt Euch durch Christum an geistlichen Gütern, die Ihr Christum den Sohn Gottes kennt und bekennt? die Ihr so hungert und dürstet nach der Gerechtigkeit? die Ilr um Christi willen in göttlicher Traurigkeit seid und Verfolgung leidet? die Ihr so gründlich die Feinde Christi hasset und den Antichrist? Wer von Euch hätte hoffen können, daß, sei es bei Euren Lebzeiten, sei es später, Solches einst geschehen werde mitten im Reich des Antichrists, der Euch am liebsten ganz aus der Welt schaffen möchte! Aber durch solche Erweise gebietet Gott Euch, zu hoffen und zu bitten, weil er thun kann über all unser Bitten und Verstehen hinaus, und weil er ohne Zweifel Sein Werk, das Er begonnen, auch vollenden wird zu Seiner Ehre und zu unserm Heil." Dann auf die besondern

Anliegen der 'Brüder' eingehend, erwiedert Luther, daß die erbetene Fürsprache der schmalkaldischen Verbündeten zwar noch nicht erfolgt sei, er aber hoffe, sie zu erlangen. Was die 'Sakramentierer', d. h. die in der Lehre vom Abendmahl nicht mit ihm übereinstimmenden Protestanten, angehe, so sei eben Frieden mit einem Teile derselben, nämlich mit denen in Basel, Augsburg und Ulm und anderen. „Aber die in der übrigen Schweiz und besonders die Züricher beharren als Feinde des Sakraments, brauchen nur gemeines Brot und Wein ohne Leib und Blut des Herrn, und obwohl sie gelehrte Männer sind, haben sie doch einen andern Geist als wir und man muß sich vor Berührung mit ihnen und der Ansteckung durch sie hüten." . . . . . „Hier habt Ihr meine Meinung, welche ich in Deutschland in mehr als einer Schrift offen und klar bezeugt habe. Im übrigen sind unsere Kirchen ruhig, die Lehre rein, lauter der Gebrauch der Sakramente, gelehrt und treu überall die Pfarrherrn, Gott sei Lob und Dank. Die Frucht aber des Wortes und der Mühe ist nicht gleich groß. Das Volk ist kalt und Viele mißbrauchen die Freiheit zu Gleichgültigkeit und fleischlicher Sicherheit. Der Herr Christus mehre seinen Geist in Euch; er bessere und vollende Alles und mache, daß der Tag unserer Erlösung bald komme. . . . . Wir hören nicht auf für Euch zu beten und zu danken, wie wir auch nicht zweifeln, daß Solches auch von Euch geschehe." Nachdem er dann noch bemerkt, daß sie die von ihnen gewünschten reformatorischen Schriften am besten durch Veit Dietrich besorgt erhalten würden, sendet er ihnen die herzlichsten Grüße und empfiehlt sie der Gnade des Herrn.[22])

Bezüglich der Bitte der 'Brüder' um Verwendung zu Gunsten der Verfolgten und besonders des gefangenen Lupetino geschah kurz nachher der gewünschte Schritt. Unter dem 26. Juni 1543 richteten in der That die Teilnehmer am Schmalkaldischen Bunde ein Schreiben an den Dogen Pietro Lando, welches in etwas abgekürzter Form hier folgt. „Es kommt uns die Kunde, daß bei Euch in Italien einige fromme und wackere, dem Glauben ergebene, Leute in Jammer gekommen sind und schwere Verfolgung leiden aus keinem andern Grunde, als weil sie das Evangelium Christi ergriffen haben und Seinen Ruhm zu preisen

25

und zu mehren trachten. ... Da wir nun gehört haben, daß auf Befehl des Papstes einige fromme Männer, besonders aber ein gewisser Baldo Lupetino, ein Mann ausgezeichnet durch Frömmigkeit und Gaben, bei Euch fast mit dem Tode bedroht und in Banden gehalten werden, so bitten und vermahnen wir Euch, daß Ihr ansehen wollet diese Männer, welche ein ehrbar Leben führend die Wahrheit des Evangeliums ergriffen haben und die Lehren der Kirche nicht zerstören, sondern allein neuere Irrtümer und Mißbräuche, welche wieder Christi Evangelien sich in die Kirche eingeschlichen haben, dem Volke aufzuweisen suchen. Eure Weisheit mag leicht erkennen, daß solche Leute als Glieder Christi nicht nur nicht unwürdig zu behandeln, sondern vielmehr zu schützen und zu fördern seien, zum Ruhme Christi und zur Mehrung der wahren Religion, welche offenbar durch viele Jahrhunderte mit Finsternis bedeckt war. Und obwohl Gott nach seiner Güte in diesen letzten Zeiten das Licht des Evangeliums von neuem hat leuchten lassen, so wird dasselbe doch vieler Orten durch der Päpste und Bischöfe Tyrannei und Hartnäckigkeit bedrückt und gehindert, was fromme und gute Gewissen nicht leiden können und woraus ihnen selbst Gefahr erwächst. Es sollen aber Solche von einer frommen und christlichen Obrigkeit beschützt und gefördert werden. — Das ist, was uns bewogen hat zum Schutze für fromme Prediger, und deshalb bitten wir Euch herzlich, daß Ihr jene frommen Leute und namentlich den erwähnten Baldo Lupetino Euch empfohlen sein lasset und ihnen Eure Freundlichkeit erweiset, indem Ihr sie aus ihren Banden befreiet, auf daß sie unter Eurem Schutze Gott dienen und Christum preisen mögen."

Daß diese Fürbitte der deutschen Fürsten doch ohne Erfolg blieb, wurde schon erwähnt. Der Senat war damals nicht in der Lage, sich, um dem Schmalkaldischen Bunde gefällig zu sein, in direkten Gegensatz zu der römischen Kurie zu bringen, und so lehnte er jede Einmischung in die geistliche Gerichtsbarkeit ab.

Nicht lange nachher, am 30. August 1543, richteten die 'Brüder' ein zweites Schreiben an Luther. Sie danken ihm herzlich für seinen Zuspruch und die Belehrung; sie lehnen das er=

teilte Lob bescheiden ab, obwohl sie es aussprechen, daß allerdings Funken vorhanden seien, die unter rechter Pflege 'ein Feuer gegen den Antichrist in ganz Italien anzünden könnten'. Sie geben auch genauen Bericht darüber, wie es gekommen, daß die von Flacius persönlich ausgeführte Ueberbringung des Schreibens zu Gunsten Lupetino's doch ohne Erfolg geblieben, und bitten Luther noch einmal um seine Fürsprache in derselben Angelegenheit.

Luther ließ diesmal noch länger auf Antwort warten. Erst am 12. November 1544 schrieb er an 'Altieri und seine Glaubensgenossen'; er drückte wieder seine Freude aus, sie so reich begnadet zu sehen, „also daß des Schreibens nicht not thäte und daß wir eher Trost schöpfen möchten aus Euren, als Ihr aus unsern Briefen". Er gede aber, fährt er fort, dem Drängen des Flacius nach, wie er denn auch um desselben willen die Schmalkaldener nochmals ersucht habe, für Lupetino einzutreten. Zum Schluß folgt eine heftige Wendung gegen die 'Sakramentierer' — man wird sich darüber nicht wundern, da es bekannt ist, daß Luther gerade in seinen letzten Lebensjahren in der rücksichtslosesten Weise die Vertreter jeder von der seinigen abweichenden Abendmahlslehre bekämpft hat.

Es war die Zeit, wo man in Deutschland die Wolken aufsteigen und sich ballen sah, welche bald darauf in dem Unwetter des Schmalkaldischen Krieges sich entladen haben. Da trat Altieri zu den protestantischen Fürsten auch in direkte Beziehung. Unter dem 5. Mai schrieb er an den Kaufmann Christoph Rembirt in Nürnberg einen Brief, welcher in einer gleichzeitigen Uebersetzung also beginnt: "Wollet mit Magister Veiten (d. h. dem Prediger V. Dietrich) conferieren, daß hie dieser Zeit ein Bologneser ist, so ein mutiger Herr und Fürnehmster ist, der ist des Papstes weidlicher Feind und läßt ihm auch gefallen die Lehr des Evangelii, wiewohl er ein Kriegsmann. Der wär auch sonderlich geneigt, Hochgedachten Fürsten unterthäniges Gefallen zu erweisen und in ihrem Dienst zu sein"... Die Augsburger Bürgermeister schickten diesen Brief in Abschrift und mit einer Empfehlung an den Landgrafen Philipp von Hessen. Dann, während die Reichsstände gerade in Speier versammelt waren, wandte Altieri sich direkt an die Leiter der evangelischen Partei mit dem Ersuchen, ihn als politischen Vertreter beim venetianischen Senat zu bestellen. Der Kurfürst von Sachsen war, wie er noch am 2. März 1546 schrieb, dem entgegen, aber die evangelischen Stände gingen darauf ein und teilten dem Dogen schriftlich mit, daß sie Altieri als 'Procurator' oder 'Agenten' bestellt hätten und seine Anerkennung nachsuchten. Ueber die Frage, ob man ihm diese gewähren solle oder nicht, erhob sich eine lebhafte mehrtägige Discussion im Senat. Der Eine wollte die Genehmigung versagt sehen, weil man einen 'ketzerischen' Agenten nicht dulden dürfe; der Andre erklärte, es handle sich hier nicht um eine Glaubensfrage, sondern um politische Interessen. Das schlug durch, Altieri wurde bestätigt, und als der Papst sich darüber beschwerte, antwortete man mit Hinweisungen allgemeiner Art auf die Ergebenheit der Republik gegenüber dem päpstlichen Stuhle. Vielleicht hat der Senat durch Maßregeln, welche er im Frühjahr 1547 behufs strengerer Durchführung der Inquisition auf dem religiösen Gebiete traf, die eigentliche Antwort auf die Beschwerde des Papstes geben wollen. Mittlerweile war in kurzem Feldzuge in Deutschland der Schmalkaldische Bund gesprengt, die protestantische Partei vom Kaiser vernichtet worden — so wurde denn die besondere Obliegenheit Altieri's schon bald hinfällig, wenn er auch als Sekretär des englischen Gesandten weiter in Venedig gelebt hat.

Die Folgen des Sturzes der protestantischen Partei wurden auch außerhalb des Reiches weithin verspürbar. Vergebens hatte die venetianische Diplomatie sich bemüht, die engere Verbindung zwischen Papst und Kaiser zu hintertreiben. Jetzt, wo der Papst als Verbündeter des siegreichen Kaisers eine so hervorragende und günstige Stellung in Italien gewonnen hatte, wie dies der Kurie seit Julius II. nicht mehr gelungen war, suchte man dieselbe von Rom aus auch gegen die protestantischen Regungen im Lande auszunutzen. Zunächst in Venedig, wo jetzt der Senat schon aus politischen Gründen sich dem Verlangen der Kurie willfähriger als je zeigte.

Schon im dreizehnten Jahrhundert war dort die Einrichtung getroffen worden, daß in dem Inquisitionstribunale neben den geistlichen Mitgliedern auch weltliche Vertreter der Staatsregierung als 'Beisitzende' ihre Stelle haben sollten. Hierauf griff der Senat zurück, um die erweiterte Thätigkeit der kirchlichen Inquisition, die man nicht mehr hindern wollte, wenigstens zu controllieren. Die Befugnisse und Pflichten der drei 'Beisitzenden' faßt ein Erlaß des Dogen Francesco Donato vom 22. April 1547 in folgender Weise zusammen: sie sollten fleißig den 'Ketzern' in der Stadt nachspüren, jede Denunciation gegen dieselben entgegen nehmen, sich bei den Sitzungen des Gerichts einfinden und dafür sorgen, daß die Urteile in entsprechender Weise gefällt werden. Der römischen Kurie war diese Bestellung von drei Laien als 'Beisitzenden' ein Dorn im Auge: sie wollte ganz ungehindert sein in ihrem Vorgehen gegen die Ketzer, sie widerstrebte dem Gedanken, daß durch die Teilnahme jener eine Beaufsichtigung des eigenen Gerichtshofes stattfinden solle, auf das äußerste und verlangte vom weltlichen Arm strikte Ausführung ihrer Urteile ohne Bedenken oder Prüfung. So ist es denn erklärlich, daß man von Rom aus immer wieder den Versuch machte, das Tribunal in Venedig, gerade so wie dies in den übrigen Staaten gelungen war, als ein rein geistliches zu gestalten — Versuche, welche unter Julius III. bis hart an die Grenze eines Bruches mit der Republik führten.

Und doch war schon die mit dem Jahre 1547 eingetretene Wendung für die protestantische Bewegung in Venedig von schlimmer Wirkung. Wie groß die Zahl der 'Brüder' damals in Venedig war, wissen wir nicht und wird sich nie mit Sicherheit feststellen lassen. Im Jahre 1550 hat einmal der Papst Julius III. dem venetianischen Gesandten Niccolo da Ponte gegenüber behauptet, sein Haushofmeister sei imstande, unter den Bewohnern Venedigs an tausend namhaft zu machen, welche der Sekte der Anabaptisten angehörten. Bei der Unbestimmtheit der damaligen Kenntnis der antirömischen Bewegung überhaupt mögen darunter wohl auch dem orthodoxen Protestantismus Zugeneigte in größerer Zahl sich befunden haben. Mit Namen führen uns die Akten der Inquisition zwar von Verdächtigen Viele, aber von Prozessierten nur Einzelne vor: vier für das Jahr 1548, drei für 1549, zwei für 1550 u. s. w. Gerade jetzt in Folge der veränderten allgemeinen politischen Lage erhielt die Bewegung einen Stoß, von dem sie sich nicht mehr erholt hat. Schon unter dem 21. Oktober des nächsten Jahres wurde vom Rate der Zehn die folgende Bestimmung getroffen: Seit April vorigen Jahres hat das Inquisitionsgericht sich dreimal wöchentlich versammelt, und dadurch „den guten Erfolg erzielt, welcher männiglich bekannt ist. Denn es haben aufgehört die (protestantischen) gottesdienstlichen Versammlungen, welche bis dahin an verschiedenen Stellen in der Stadt öffentlich und im geheimen stattfanden, und Viele, welche in jene teuflische Schlechtigkeit versunken waren, haben öffentlich abgeschworen." So wird denn bestimmt, daß auch in den übrigen zum Gebiete der Republik gehörigen Hauptorten die Rektoren ähnliche Einrichtungen behufs Verfolgung und Unterdrückung der 'Ketzerei' treffen sollen. Damit sind wir in die Periode systematischer Aufsuchung und Vernichtung der Bewegung im Gebiet von Venedig eingetreten.

Zunächst aber richtet die neue Bestimmung des Rates der Zehn unsere Aufmerksamkeit auf die religiösen Zustände in den übrigen Teilen des venetiaischen Gebietes. Es wird zu untersuchen sein, ob die reformatorische Bewegung auch in ihnen hervorgetreten ist, welcher Art sie war und in welchen Persönlichkeiten und Kreisen sie ihre Hauptvertreter gefunden hat.

Das sogenannte 'Dominium' oder festländische Gebiet Venedigs erstreckte sich in unserer Periode westlich bis fast vor die Thore Mailands, bis Bergamo einschließlich, und umfaßte in der großen und reichen oberitalienischen Ebene Städte wie Padua, Vicenza, Verona, Brescia und Rovigo. Die Republik hielt die Alpenzugänge von Norden durch den Besitz einerseits von Verona, andrerseits von Treviso, Udine und Cividale in Friaul in der Hand, und ihr Gebiet ging von Aquileja, durch eine Reihe von festen Punkten unterstützt, über Capo d' Istria, Pola, Zara und die Insel Lesina die ganze damaltinische Küste entlang bis nach Corfu. Weiterhin noch nach Osten beherrschte sie das Meer, freilich jetzt schon nicht mehr so unbedingt wie früher, durch ihre Festungen und Faktoreien und leitete den Handelsverkehr mit dem Orient in ihre Bahnen. Mit der größ=

ten Sorgfalt ließen Doge und Senat in allen Teilen des Dominiums durch ihre Statthalter Alles beobachten, was der einmal festgesetzten Ordnung auf den verschiedenen Gebieten des öffentlichen Lebens entgegen lief oder zu laufen drohte. Man war dort noch strenger als in der Hauptstadt selbst. Auch in Dingen, welche die Religion betrafen. Was in Venedig in der ersten Hälfte des Jahrhunderts nicht vorgekommen oder doch nicht nachweisbar ist, geschah in Vicenza: ein Fremder, ein Deutscher mit Namen Sigismund, wurde im Jahr 1535 unter Zustimmung des Dogen wegen 'lutherischer Ketzerei' dem Vikar des Bischofs zur Bestrafung übergeben — ein 'Akt kindlichen Gehorsams', um dessentwillen der Papst Paul III. dem Dogen Andrea Gritti in besonderem Schreiben seine Anerkennung aussprach.[23] Freilich, den gewünschten Erfolg hatte auch dieser 'Akt kindlichen Gehorsams' nicht aufzuweisen. Ob jener sonst unbekannte Sigismund bereits erfolgreich den Samen evangelischer Lehren eingestreut, oder ob Andere nach ihm das getan haben — kurz, wir wissen schon aus jenem 1542 an Luther gerichteten Schreiben, daß in Vicenza sich damals 'Brüder' befanden, welche an dem gemeinsamen Schritte teilnahmen; ja, zehn Jahre nach Erlaß jenes lobenden päpstlichen Schreibens war derselbe Paul III. in der Lage, eine dringliche Ermahnung an die Republik zu richten des Inhalts: gerade in Vicenza sei die böse Saat der Ketzerei reichlich aufgeschossen, weil dort die weltliche Gewalt es an der nötigen Bereitwilligkeit, mit dem Bischofe zur Ausrottung derselben Hand in Hand zu gehen, fehlen lasse — so möge denn der Senat rasch eingreifen, um die Ansteckung auch benachbarter Orte zu verhüten.[24]

Ueber einzelne Bewohner von Vicenza, welche in dem Rufe standen, 'Lutheraner' zu sein und deshalb von der Inquisition belangt wurden, geben die venetianischen Akten derselben Auskunft. Drei oder vier Namen begegnen unter denjenigen, gegen welche ein förmlicher Prozeß angestrengt wurde; viele andere lernen wir bei späteren Verhören oder durch Denunciationen gelegentlich kennen. Die hervorragendsten der Reformation zugeneigten Vicentiner gehörten merkwürdigerweise einer Familie an, welche noch in der ersten Hälfte des 16. Jahrhunderts der römischen Kirche einen Heiligen, San Gaetano Thiene, einen heftigen Gegner aller Ketzerei, gegeben hatte. Trotzdem hat diese Familie mehrere ebenso entschieden protestantisch gesinnte Mitglieder aufzuweisen: um 1550 den Grafen Giulio Thiene, dessen Gemahlin ebenso eifrig der Reformation anhing wie ihr Gatte, und später den Grafen Odoardo, für den der Kurfürst von Sachsen 1570 und der von der Pfalz 1571 sich vergebens beim Senat in Venedig verwandten, der dann 1576 nach Genf flüchtete, mit Vorliebe protestantische Flüchtlinge aus Italien unterstützte und sein Vermögen nur unter der Bedingung seinem Neffen Lionardo hinterließ, daß dieser gleichfalls zum protestantischen Bekenntnis überträte. Um 1550 waren außer dem Grafen Giulio noch mehrere angesehene Bürger in Vicenza 'lutherisch': zwei katholische Geistliche, der Erzpriester Monsignor di Trissino, der das Abendmahl unter beiderlei Gestalt im eigenen Hause austeilte und einen 'lutherisch' gewordenen früheren Mönch zum Diener hatte, sowie der Pfründner Monsignor del Gurgo, der viel 'ketzerische' Bücher besaß. Auch dessen Bruder Paolo, sowie der Doctor Giulio Capro und ein Färber Giovanni Battista nebst seinen Neffen waren der evangelischen Lehre zugetan. Außer den oben Genannten haben noch vierzig Vicentiner zwischen 1554 und 1589 in Genf Zuflucht gefunden — wie Viele von diesen aus religiösen Beweggründen eine solche suchten, läßt sich nicht ausmachen.

Die für Vicenza im Vorhergehenden einzeln Aufgezählten haben sich alle der orthodox-reformatorischen Lehre zugewandt. Daneben hat man versucht, noch von anderer Seite auf die dortige Bewegung einen eigentümlichen Lichtstrahl fallen zu lassen. Die Geschichtschreiber der antitrinitarischen Bewegung nämlich, welche im 16. und 17. Jahrhundert sich vornehmlich in Polen entwickelt hat, wollen die ersten Anfänge derselben auf gewisse Zusammenkünfte und Besprechungen zurückführen, welche gegen Mitte der vierziger Jahre des 16. Jahrhunderts gerade in Vicenza oder nahe bei dieser Stadt gehalten worden sein sollen. Die Nachrichten über diese Zusammenkünfte sind aber ganz unzuverlässig. Von den namhaft gemachten angeblichen Teilnehmern haben schon aus chronologischen Gründen mehrere gar nicht zu der Zeit sich in Vicenza einfinden können, und was die angeblich verhandelten religiösen Streitfragen angeht, so sind dieselben auch zum teil erst weit später überhaupt unter den Antitrinitariern erörtert worden.[25]) Trotzdem aber wird uns die Nachricht von den 'vicentinischen Collegien' — so werden jene Zusammenkünfte genannt — wie wenig genau sie auch ist, später erwünschten Anlaß geben, um eine Thatsache ins Licht zu stellen, welche für die weitere Entwickelung der reformatorischen Bewegung im Venetianischen von der größten Bedeutung gewesen ist und ihr einen eigenartigen Stempel aufdrückt. Aber wir stellen zunächst dasjenige zusammen, was über die reformatorische Bewegung auf dem festländischen Gebiete sonst unserer Kenntnis zugänglich geworden ist. Daß ihre Spuren zunächst in dem benachbarten Chioggia zu Tage traten, ist bei der engen Beziehung dieses kleineren Vorortes zu der Hauptstadt und dem täglichen Verkehre, den die Lagune von dorther vermittelt, leicht erklärlich. Fälle von Bedeutung weisen freilich die Akten für Chioggia nicht nach. 1549 wurde der Barkenführer Antonio von dort vor die Inquisition in Venedig gefordert wegen 'Lutheranismus'; der Fall erschien nicht als ein schwerer und man entließ den Angeklagten wieder. Dann finden wir 1552 einen Luigi Rosa, 1553 Vincenzo Quaiato, 1560 Bernardo Zacconato, 1571 Boscolo Boscoli wegen Ketzerei belangt: teils ziehen sie zurück, teils reicht das Material zur Verurteilung nicht hin. Fälle von größerer Bedeutung treten uns in dem westlich gelegenen Teile des venetianischen Gebietes entgegen.

Wenn man von Venedig aus der alten Heer- und Handelsstraße folgt, welche quer durch die Voralpen nach Trient führt, so hat man zur Linken kurz ehe man die ersten Höhenzüge erreicht, eine alte kleine Stadt, die 'Feste', Cittadella genannt. Hier wie an einigen benachbarten Orten hat es nicht an Männern gefehlt, welche sich der Reformation zuwandten. Ja, einer von ihnen behauptet, daß er die Lehre von der Rechtfertigung durch den Glauben, also das, was die Grundlehre der ganzen Bewegung in Deutschland war, schon vor dem Auftreten Luthers mit Bestimmtheit formuliert und niedergeschrieben habe. Das Letztere wird demjenigen, welcher die vorreformatorische dogmatische Entwicklung kennt, nicht als geradezu unglaublich erscheinen, obwohl Pietro Speziali — so lautete sein Name — diese Behauptung allerdings vorbringt, um vor der Inquisition den Verdacht von sich abzuwenden, als wäre er ein Schüler Luthers. Denn in der früheren theologischen Entwicklung liegen die einzelnen Momente, welche zur Bildung der Lehre notwendig waren und schließlich hinführten — die Anerkennung der Ohnmacht des Menschen, aus eigener Kraft Gottes Gebote zu erfüllen; die Weckung des Glaubens als einzigen Organes, um die Erlösung für den einzelnen fruchtbar zu machen u. s. w. — allerdings vor. Und warum sollte nicht schon vor Luther der Versuch gemacht worden sein, unter Verwendung dieser der Lehre der heiligen Schrift entsprechenden Momente die religiöse Frage der Zeit zu lösen? Auch wird dem deutschen Reformator durch die Anerkennung der Thatsache kein Abbruch gethan. Denn seine epochemachende Bedeutung besteht ja nicht darin allein, daß er diese Lehre aufgestellt, sondern darin, daß er sie mit großer Kraft in sich selber und in den Herzen der Besten seiner Nation zur belebenden und erwärmenden Flamme angefacht hat. Gerade im Vergleich mit einem Stubengelehrten wie Speziali tritt diese Bedeutung des Reformators in um so helleres Licht. Und andererseits ist nicht zu bezweifeln, daß des Ersteren, erst 1542 abgeschlossenes Werk 'Von der göttlichen Gnade', in welchem er die Lehre entwickelt, wenn auch der Grundgedanke schon in der frühesten, gegen 1512 gearbeiteten Niederschrift dargelegt war, doch durch die deutschen reformatorischen Schriften, welche in der Zwischenzeit erschienen, in manchen Einzelheiten beeinflußt worden ist.

Pietro Speziali, genannt Cittadella, wurde im Jahre 1542 als der 'Ketzerei' verdächtig seitens der Inquisition gefänglich eingezogen und durch ein von dem Nuntius Mignanelli, welcher im nämlichen Jahre dem Giutio aus Mailand den Prozeß gemacht hatte, unterzeichnetes Urteil zur Einziehung seiner Güter und, falls er nicht öffentlich widerrufen wolle, zu lebenslänglichem Kerker verurteilt. Das Werk, welches man bei ihm beschlagnahmte und welches handschriftlich in der Markusbibliothek in Venedig aufbewahrt wird, hatte Speziali eben vollendet; es ist unter dem

17. Oktober 1542 nebst zwei kleineren Schriften dem Kaiser Karl V. gewidmet worden — dem Kaiser, auf den gerade damals alle Augen verlangend sich richteten, weil er ernstlich und mit Erfolg bemüht war, die Zusammenberufung eines allgemeinen Konzils herbeizuführen. Acht Jahre blieb Cittadella im Kerker; er verfaßte mehrere Schriften, welche sämtlich religiöse oder kirchliche Fragen behandeln und noch mit seinem Hauptwerke aufbewahrt werden. Mehrfach schrieben an ihn und besuchten ihn auch Freunde, um ihn zu dem geforderten Widerruf zu bewegen; so Francesco Buonafede, der ursprünglich ganz seiner Meinung gewesen, dann aber von ihr abgefallen war. Endlich drangen sie durch. Cittadella erklärte sich bereit, vor dem Legaten Beccadelli die Abschwörung zu leisten, und zwar öffentlich in lateinischer und italienischer Sprache. Die Formel ist noch unter den Prozeßakten vorhanden und unterscheidet sich wenig von der allgemein gebräuchlichen. Cittadella schwört alles ab, was sich in seinen Lehren gegen die Verehrung der Bilder und Heiligen, das Verbot bestimmter Speise an gewissen Tagen, die Anerkennung des freien Willens, die Wirksamkeit der Exkommunikation, gegen den Primat des Papstes und seine Vollmacht, Ablaß zu erteilen, gegen Fegfeuer und Seelenmessen, gegen Ohrenbeichte und Wandlungslehre sowie gegen die Verbindlichkeit der neben der heiligen Schrift vorhandenen kirchlichen Tradition richtet. Unter dem 14. Juli 1550 wurde Cittadella freigesprochen; im Juni 1554 starb er im Alter von 76 Jahren. Er ist nicht der Erste gewesen und sollte nicht der Letzte sein, den die lange Haft bei vorgerücktem Lebensalter endlich mürbe machte und geneigt, sich den Forderungen der Inquisition zu beugen.

Die Verhaftung und Verurteilung Cittadella's hatte doch in seiner Vaterstadt den gewünschten Erfolg nicht. Während er selbst noch im Kerker saß, gelangte von dort aus eine neue Anklage auf Ketzerei an das Tribunal in Venedig, und zwar zugleich gegen zwei Bewohner Cittadella's, den Rechtsgelehrten Francesco Spiera und dessen Neffen Girolamo Faccio. Die Akten der gegen beide alsbald eingeleiteten Prozesse enthalten zunächst eine sehr in Einzelheiten sich ergehende Denunciation. Was die Lehrpunkte angeht, in denen ihnen Abweichung vorgeworfen wird, so

sind es ziemlich die nämlichen, betreffs deren Cittadella später jede Abweichung abgeschworen hat; ohnehin wird dem Einen von ihnen, Spiera, seine lange und enge Freundschaft mit jenem vor=
geworfen.²⁶)

Francesco Spiera war verheiratet, hatte acht Kinder und erwartete ein neuntes; sein Amt als Advokat allein bot ihm die Mittel zum Unterhalt seiner Familie. In den Verhören, die mit dem 25. Mai anfingen, tritt von vornherein Spiera's Bestreben hervor, die Abweichungen von der katholischen Lehre sei es zu leugnen, sei es abzuschwächen. Das half aber nicht, zumal da ihm auch der Besitz ketzerischer Schriften nachgewiesen wurde. In der allerdings begründeten Befürchtung, seines Amtes und damit der Möglichkeit die Seinigen zu ernähren, beraubt zu werden, erschien Spiera nach mehrmaligem Verhöre im Juni vor den Richtern, um 'reumütig' ein Geständnis abzulegen und von ihnen Gnade zu erflehen. Es war damals päpstlicher Legat in Venedig Giovanni della Casa, in Bezug auf die Verfolgung der Ketzerei, ein würdiger Nachfolger Caraffa's. Er nahm den Widerruf Spiera's entgegen, verlangte aber außer der üblichen Abschwörung in der Markuskirche in Venedig auch noch, daß der in seiner Vaterstadt hochangesehene Mann in Cittadella selbst und zwar in der Haupt= kirche gleich nach dem Sonntags=Hochamte die Abschwörung wieder= holen solle. Dann erst dürfe die Lossprechung seitens des Tri= bunals erfolgen. Das Urteil gegen Faccio lautete ähnlich. Beide leisteten außer der ihnen zuerkannten Geldstrafe auch die zwie= fache Abschwörung — Spiera am 1. Juli, Faccio im August 1548.

Von Faccio verlautet von da ab nichts näheres mehr. Spiera's Person aber tritt jetzt erst recht ins Licht. Von dem Augenblicke an, wo er seine Ueberzeugung öffentlich abgeschworen hatte, sollte er keine Ruhe mehr finden. „Du hast mich verleugnet vor den Menschen, ich werde dich vor meinem himmlischen Vater verleugnen" — so ertönte, als er aus der Kirche nach Hause zurückkehrte, in ihm eine Stimme, die sich nicht beschwichtigen ließ, und ein furchtbares Ringen begann in seinem Innern zwischen den Trostgründen, wie die Freunde und die Seinigen sie ihm immer wieder nahe brachten, und der hoffnungslosen Verzweiflung, wie sie ihn in dem Bewußtsein, die Sünde wider den heiligen Geist begangen zu haben, ergriffen hatte.

Man mag sich zu den Fragen, um die es sich handelte, stellen wie man will — unter allen Umständen bleibt eine so gewaltige Rückwirkung des verletzten Gewissens, wie dieser erschütternde Fall sie zeigt, eine ernste und ergreifende Thatsache, und man wird es denjenigen, deren Glaube eben das umfaßte, was Spiera verleugnet hatte, nicht verargen, wenn sie als ein sichtbares göttliches Strafgericht die schauerliche Tragödie betrachteten, welche sich nun mit ihm abspielte.

Vom Standpunkte des Pathologen aus mochte die Entwicklung, welche in dem unglückseligen Spiera vor sich ging, bis auf einen gewissen unerklärlichen Rest verständlich sein — aber zu helfen vermochte die ärztliche Kunst ihm nicht. Bisweilen schien es, als nähme er die Trostworte und die Bibelstellen von der Allgemeinheit der Gnade Gottes, wie die Freunde sie auf den vorliegenden Fall anwandten, entgegen; dann lag er still und wortlos da — aber plötzlich brach er wieder in die jammernde Klage aus: „Ich bin verloren, ich kann nicht mehr gerettet werden — es ist schrecklich, in die Hände des lebendigen Gottes zu geraten!" Als die Anfälle gar zu furchtbar wurden, brachte man den Kranken von Cittadella nach Padua in das Haus eines Verwandten, in der Hoffnung, daß die Vertreter der Wissenschaft an der Universität ein Heilmittel beschaffen könnten — vergebens. Dort nun, an dem Krankenbette Spiera's, dessen bisher kräftiger Körper binnen wenigen Monaten eine Beute der furchtbaren Gemütserregung werden sollte, fanden sich Mehrere zusammen, darunter der berühmte Rechtslehrer an der Universität Matteo Gribaldi aus Chiari in Piemont, der Schotte Scringer (genannt Enrico Scoto), der Pole Sigismund Gelous, endlich der Bischof Pier Paolo Vergerio aus Capodistria — Männer, welche sich innerhalb der religiösen Bewegung in der einen oder anderen Weise hervorgethan haben.

Gründe verschiedener Art veranlaßten die Rückführung des schon seiner Auflösung entgegengehenden Spiera in die Heimat. Dort ist er, von schrecklichen Visionen gequält, am 27. Dezember 1548 in Verzweiflung verschieden. Längst war die Nachricht von diesem merkwürdigen Falle in weitere Kreise, ja bis ins Ausland, gedrungen. Einer der vier oben namhaft gemachten Besucher an Spiera's Schmerzenslager in Padua, der Bischof Vergerio, hat eine Beschreibung veröffentlicht, auf welcher mehr oder weniger alle nachherigen Darstellungen beruhen. Für Vergerio selbst ist nach seiner eigenen, mehrfach wiederholten Aussage gerade die Erfahrung, welche er an Spiera's Lager machte, von entscheidendem Einfluß auf sein Leben geworden. Ehe wir hierüber berichten, müssen zunächst noch einige Vertreter evangelischer Anschauungen in Cittadella und an anderen Orten des Dominiums berücksichtigt werden.[27]

Mit Faccio zugleich war ein gewisser Giovanni Vaccaro wegen Aeußerung gegen die Lehre von der Brotverwandlung, dann ein Simone Baldraso wegen 'lutherischer Ketzerei' angeklagt worden. Auch der Neffe des Erzpriesters, Camillo Cauzio, selbst Priester im Ort, wurde vorgeladen, weil er das Fegfeuer und die Wirksamkeit der Seelenmessen leugne, Fleisch an Fasttagen esse und lutherische Bücher an mehrere verteilt habe. Sie kamen mit leichten Strafen ab, weil sie 'Reue' zeigten und abschworen; und den letztern finden wir nachher als heftigsten Verfolger und Aufspürer der 'Ketzer', die sich in Cittadella und den umliegenden Orten befanden.

Die als Besucher an Spiera's Krankenlager in Padua namentlich Bezeichneten waren sämtlich der Reformation zugethan. Wie weit dieselbe aber in den Kreisen der Hochschule, unter den Professoren und Studierenden, Aufnahme gefunden, läßt sich nicht mit Zahlen an der Hand feststellen. Soviel ist gewiß, daß der freie Geist, wie er sich naturgemäß an dieser Weltuniversität herausbildete, Jahrzehnte lang ein Gegenstand der Besorgnis für den römischen Stuhl gewesen ist und immer wieder den Gegenstand von Klagen der Kurie dem venetianischen Senate gegenüber gebildet hat. Trotzdem scheint es zu einem festeren Zusammenschluß der der Reformation Zuneigenden in Padua nicht gekommen zu sein, wenigstens nicht unter denen, welche in den Bahnen der orthodoxen deutschen oder schweizerischen Bewegung blieben. Was wir von diesen übrig haben, sind nur vereinzelte Namen und gelegentliche Notizen. Ein Padre Bartolomeo Testa wird schon

1531 als 'Bruder' bezeichnet; aus Padua stammte und hielt dort auch seine Beziehungen aufrecht der uns bekannte Lucio Paolo Roselli. Um 1550 werden noch andere genannt: Messer Federigo de' Dottori und sein Bruder Francesco; er hielt als Hauslehrer einen früheren Mönch aus Piemont, Namens Antonio; ferner Simon de Gazzo; Melchiorre Fusato; sodann jener Messer Angelo Oddone, 'ein arger Lutheraner', von dem wir schon hörten, daß er 1534 von Venedig aus an Butzer nach Straßburg schrieb; endlich Giuseppe der Gärtner, sein Bruder und sein Gevatter. Zwei von den evangelischen Paduanern finden wir später in Genf wieder: den Juristen Gribaldi (1558) und den Edelmann Giovanni Battista Rota (1577), der dann in Heidelberg, La Rochelle und von 1587 bis 1589 in Genf selber Prediger wurde. Außer ihnen sind noch 17 Personen als solche, die in Genf Zuflucht fanden, verzeichnet. Darunter zwei des Namens Bucella, die uns noch begegnen werden. Großes Aufsehen, weit über die Kreise der Universität hinaus, machte das Märtyrertum des jungen Pomponio Algeri aus Nola. Dieser studierte, etwa 25 Jahr alt, in Padua, wo in der Studentenschaft noch Erinnerungen an das Schicksal des Francesco Spiera lebendig sein mochten. Er scheint die evangelischen Anschauungen schon aus seiner Heimat, wo sie lebhaften Wiederhall gefunden hatten, mitgebracht zu haben; wenigstens hat er 'schon dort Seelen für Christus zu gewinnen gesucht', wie sein Biograph Pantaleon bemerkt. In Padua erregte er bald den Verdacht des Inquisitors. Gefänglich eingezogen, ward er langen Verhören unterworfen. So fragte man ihn, was er von der Obrigkeit halte. „Es giebt", antwortete er, „auf Erden zwei Arten von Obrigkeit: die eine für die weltlichen Dinge, den Schutz der Guten und die Bestrafung der Bösen; die andere, um zu belehren in der Gottesfurcht und dem reinen Glauben durch Worte und Werke. Als meine Vorgesetzten in den weltlichen Dingen erkenne ich den hohen Statthalter von Padua und die Herren von Venedig; aber in dem, was Gottes Wort betrifft, erkenne ich keinen aus der Synagoge des Papstes als meinen Hirten an." — „Wenn du nun nicht zur römischen Kirche gehörst, so bist du also ohne Kirche und ohne Hirten?" — „Keineswegs; denn ein Christ, sei er auch unter Türken oder Barbaren, bleibt doch ein Christ, wenn er nur Jesum Christum bekennet." — "Schweig", entgegnete der Richter, "geh' ins Gefängnis zurück. Während der Nacht wirst du Zeit haben, nachzudenken und wirst schon erkennen, daß du ohne Hirten bist, und deine Lästerungen abschwören." — "Ich gehe gern ins Gefängnis, selbst in den Tod, wenn dies Gott gefällt. Jesus Christus ist das Licht und der Trost der Angefochtenen. Ich bin Christ; ich wills bleiben und nicht Papist werden!"

Nach einigen Monaten brachte man ihn nach Venedig. Von dort schrieb er einen langen Brief an seine Freunde in Padua. Der Brief atmet eine Freudigkeit, für die gewonnene Ueberzeugung selbst in den Tod zu gehen, wie man sie bei einem so jungen Manne, der am Anfang einer vielversprechenden Laufbahn stand, nicht voraussetzen sollte. Hervorragende Männer demühten sich, den Angeklagten zu retten — alles vergebens. Aber der letzte Akt dieses Trauerspieles sollte sich nicht in Venedig, sondern in Rom abspielen. Die Republik lieferte Algeri an den Papst aus — der ließ ihn auf dem Platze vor der Engelsbrücke verbrennen.[28])

Daß das Schicksal eines jungen deutschen Magisters, Balthasar Weydacher aus Steiermark, des Präzeptors der in Padua studierenden Freiherren von Herberstein, sich später nicht ähnlich gestaltete, verdankte dieser nur seiner Nachgiebigkeit in Sachen des Glaubens. Der Bischof hatte ihn am 23. März 1571 verhaften und der Inquisition übergeben lassen. Ein Schreiben des Erzherzogs Karl von Oesterreich, dessen Oberhofmeister der alte Freiherr von Herberstein war, blieb ebenso erfolglos wie zwei Deputationen der deutschen Studenten aus Padua an den kaiserlichen Gesandten und an den Dogen selbst. An Hilfe verzweifelnd, schwur der Gefangene seinen Glauben ab — erhielt aber dennoch seine Freiheit nicht eher wieder, bis ein ausdrücklicher Erlaß Papst Pius' V. es gestattete.[29]) Dagegen wurde noch mehrmals, da man protestantische ausländische Studenten nicht von dem Besuche der Universität abhalten wollte und konnte, durch den Rat der Zehn öffentlich in Erinnerung gebracht, daß sie das Recht, sich als Protestanten zu erweisen, nicht besäßen. Unter dem 25. Februar 1579 wurde der akademischen Behörde eingeschärft, darauf zu halten, daß niemand zum Doktor gemacht würde, der nicht zuvor ein katholisches Glaubensbekenntniß abgelegt habe, und am 15. Februar 1580 befahl der Rat der Zehn derselben Behörde, sie solle die Häupter der verschiedenen 'Nationen' zu sich kommen lassen und ihnen sagen, es sei der Wille der Regierung, daß man in Padua katholisch lebe. Wir kehren damit zur Regierungszeit Papst Pauls IV. zurück, während deren die Thätigkeit des Inquisitionstribunales sich auch in Venedig zu einer ungemein lebhaften gestaltete.

Unter den Orten in der Nähe Paduas ist neben Cittadella das benachbarte schön gelegene Bassano zu erwähnen, eine kleine, aber lebhafte Stadt, welche schon infolge ihrer Lage an der großen Handelsstraße nach Trient fremden Einflüssen offen stand. Aus ihr ist eine der merkwürdigsten Persönlichkeiten unter den Vertretern der reformatorischen Bewegung, nämlich der im Jahre 1500 geborene Francesco Negri hervorgegangen, ein Mann, welcher bisher die gebührende Beachtung nicht gefunden hat. Höchst romantisch soll sich seine Jugend gestaltet haben. Da die Eltern seiner Geliebten der beabsichtigten Verbindung hartnäckig widerstreben, so gehen beide ins Kloster, und zwar er zu den Augustinern in Padua 1522. Dort eingetreten hörte er, daß jene ihm die gelobte Treue gebrochen, das Kloster verlassen habe und auf dem Punkte sei, in Bassano zu heiraten. Er verläßt Padua, eilt in die Vaterstadt zurück und tötet die Ungetreue in dem Augenblicke, wo sie nach der Heirat aus der Kirche tritt. Darauf ergreift er die Flucht, die ihn zunächst in die Schweiz und gegen Ende der zwanziger Jahre angeblich in persönliche Beziehungen zu Zwingli führte. Wie viel an dieser Erzählung wahr, wie viel romanhafte Zuthat ist, läßt sich nicht mehr unterscheiden.

Erst im Jahre 1530 fällt ein zuverlässiger Lichtstrahl auf Negri. Unter dem 5. August, gerade in den Tagen, wo die beiden denkwürdigen Schreiben Roselli's an Melanchthon von Venedig aus nach Augsburg ergingen, richtet Negri an denselben Roselli von Straßburg aus einen Brief, welcher zeigt, daß er inzwischen sich ganz den reformatorischen Anschauungen angeschlossen hatte, und der sonst mancherlei Mitteilungen und Aufschlüsse bietet. Der Schreiber bekennt, schon zwei Briefe Roselli's erhalten und dieselben bislang unerwiedert gelassen zu haben, nur weil ihm eine passende Gelegenheit zu sicherer Besorgung der Antwort gefehlt. Auf Roselli's Frage, wie er denn nun, fern von der Heimat, sich fühle, antwortet Negri: „Wenn auch das Fleisch streitet gegen das schwere Kreuz, welches ich hier zu tragen habe, so ist doch der Geist — Gott sei Dank dafür — gern bereit, selbst den Tod um Christi willen zu ertragen. Wollte ich alles schreiben, was mir nach der Abreise aus Italien zugestoßen ist — abgesehen davon, daß es nicht rätlich wäre, alles schriftlich aufzuzeichnen — so würde der Brief gar zu lang; und so beziehe ich mich auf das, was ich in der vergangenen Fastenzeit mündlich verschiedenen Brüdern in Italien berichtet habe. Als ich nämlich damals in Geschäften auf kurze Zeit nach Venedig ging, habe ich, obwohl die Reise geheim gehalten werden mußte, in verschiedenen Orten Brüder besucht, denen ich ganz ausführlich alle meine Erlebnisse erzählt habe."

Es ist wertvoll, daß Negri hier das Vorhandensein von 'Brüdern' 'an verschiedenen Orten' im Venetianischen zu so früher Zeit ausdrücklich bestätigt. Es ist aber noch schätzenswerter für uns, daß er auch eine Anzahl von diesen namhaft macht. „In Venedig", fährt er fort, „redete ich mit Padre Aloise dei Fornasieri aus Padua, der früher, solange er Mönch war, Don Bartolomeo hieß. In Padua mit Padre Bartolomeo Testa, dem ich meine Pfründe hinterlassen habe und der jetzt Hausmeister bei Monsignor Stampa ist. Dann in einer Villa im Veronesischen in der Nähe von Legnago, drei oder vier Miglien weit, deren Name mir nicht einfällt, habe ich mich zwei Tage lang eingehend mit Padre Marino Gujoto besprochen, der früher im Orden den Namen Don Pietro aus Padua führte. Endlich in Brescia verhandelte ich mit Don Vincenzo di Masi einen ganzen Tag lang." Die Namen und Persönlichkeiten dieser 'Brüder' sind sonst unbekannt. Nur von Fornasieri und von Testa, der übrigens auch später einigemal in den Akten der venetianischen Inquisition als verdächtig genannt wird, ergiebt sich aus andern Quellen, daß sie gleich Negri aus Bassano stammten. Haben sie sich je offen zur evangelischen Lehre bekannt, für sie gewirkt, gelitten? Oder sind sie angstvoll zurückgewichen, als der Sturm hereinbrach und es nun galt, die gewonnene Ueberzeugung mit Opfern zu vertreten? Soviel läßt Negri's Brief schon durchblicken und wird auch durch andere Nachrichten bestätigt, daß gerade in dem Striche, welcher von Vicenza aus, dem Rande der Alpen entlang, sich durch das gesegnete Hügelland der venetianischen Ebene hinzieht, die Reformation weit mehr Verbreitung gefunden hat, als man gewöhnlich annimmt und als die bisher zugänglichen Nachrichten dies verraten.[30])

Aus Bassano selbst stammte noch Domenico Cabianca, welcher im September 1550 in Piacenza den Märtyrertod um seines evangelischen Glaubens willen erlitt. Eine Beschreibung davon gab Francesco Negri. Es war die Zeit, in welcher man von Wiedereröffnung des Trienter Konziles sprach und die Protestanten zur Teilnahme einlud. „Hieraus kannst du, frommer Leser, erkennen, was von einem Konzil Römischer Bischöfe zu erwarten steht, wenn derselbe Papst, der es ansagt, in solcher Weise öffentlich die christliche Wahrheit zu schädigen wagt" — so setzt Negri auf den Titel der Schrift, und fügt das Wort aus dem 17. Kapitel der Offenbarung hinzu: 'Sie streiten gegen das Lamm, aber das Lamm wird sie besiegen.'

Ferner waren in größerer Zahl Evangelischgesinnte in Trevíso. Wir hörten schon, daß von dort aus 1542 und 1543 evangelische 'Brüder' sich dem Schreiben Altieri's an Luther anschlossen. Von dort aus wurde 1549 Giovanni aus Crespiano, 1551 ein gewisser Luca, 1560 Alvise dal Corno, 1566 Guido Frassonio, 1570 Bartolomeo Carpani, 1572 Giovanni Cambio, endlich noch 1579 Fra Domenico Luciani von seiten des Tribunales in Venedig wegen 'Lutheranismus' belangt. Auch hören wir, daß drei Trevisaner, Ortensio Tormento 1562, Antonio Galli 1570 und Domenico de Zacchi 1571 in Genf Zuflucht fanden. Aus Conegliano stammten der Kaufmann Giandonato und Riccardo de Peruccoli, welche 1549 wegen 'lutherischer Ketzerei' in Venedig prozessiert wurden; ebenso ein gewisser Canale, welcher 1568 in Genf Aufnahme fand. Aus Marostica Agostino Caratto (1563) und Matteo Perrot 1573.

43

In Belluno zeigt sich eine Spur der Bewegung schon frühe. Dort war seit 1530 ein Lehrer der Theologie bei den Franziskanern, Domenico Fortunato, der Lehre Luthers äußerlich zugethan. Dieser trieb gegen 1540 den eben von der Universität Bologna zurückgekehrten jungen Giulio Maresio an, die Schriften der deutschen Reformatoren zu lesen. Jahrelang blieb Maresio mit Jenem in Beziehung, 1551 aber war dieselbe so gründlich gelöst, daß Fortunato Gelegenheit suchte und fand, den jetzt in Padua zum Doktor der Theologie Ernannten bei dem Bischof von Belluno der Ketzerei zu beschuldigen. Dieser läßt den Prozeß durch das Tribunal in Venedig gegen Maresio einleiten; Maresio nimmt seine Zuflucht zu einem hohen Gönner, Giacomo di Montesalco, in Rom. Die Sache wird dem Tribunal zu Bologna überwiesen — das verlangt und setzt durch, daß Maresio feierlich Abschwörung seiner Ketzerei leiste. Auf fünf Jahre wird er verbannt. Vier davon bringt er in Polen zu. Dort lernt ihn Lismanin, der evangelischgesinnte Beichtvater der Königin Bona Sforza kennen und sendet ihn in die Schweiz, wo er fast sechs Jahre in Zürich lebte und mit dem Prediger der italienischen evangelischen Gemeinde Bernardino Ochino, sowie mit dem dort als Professor wirkenden Pietro Martire Vermigli verkehrte. 1558 kehrte er nach Krakau zurück. Dann taucht Maresio wieder auf 1566 in Belluno, wo ihm abermals wegen Ketzerei der Prozeß gemacht wird und zwar diesmal, wie es scheint, mit tötlichem Ausgange: denn wahrscheinlich ist er der 'Mönch aus Belluno' gewesen, welcher zugleich mit dem edlen Florentiner Pietro Carnesecchi am 1. Oktober 1567 in Rom an der Engelsbrücke hingerichtet worden ist.[31])

So sehen wir überall in dem westlichen Teile des Dominiums die Keime verstreut. In Einzelnen entwickeln sie sich bis zu einem gewissen Grade, um dann unter der Ungunst der Verhältnisse zu vergehen, ohne daß sie eine nennenswerte Frucht hätten zeitigen können.

Aber hier und da tritt eine Persönlichkeit von größerer Bedeutung in ein helleres Licht, ja in ein so helles, daß sie oft die Entwickelung der ganzen Stadt oder Landschaft, zu der sie gehört, vor unserm geistigen Auge plötzlich mit aufleuchten läßt. So ist

es der Fall bei einem Manne, der wie wenig andere die Aufmerk=
samkeit seiner Zeitgenossen auf sich gezogen hat, weil er eine der
höchsten Stufen der katholischen Hierarchie verließ, um den
Wanderstab der Verbannung zu ergreifen, und dann im fremden
Lande eine oft fieberhafte Thätigkeit in Reisen und Erstattung
von Ratschlägen, in Briefen und Schriften behufs der Bekäm=
pfung des ganzen katholischen Kirchenwesens entwickelt hat.

Es ist dies Pier Paolo Vergerio, derselbe, dem wir schon
an dem Krankenbette des unglücklichen Spiera in Padua be=
gegnet sind. Es giebt unter den Männern, welche zu Ver=
tretern der reformatorischen Bewegung in Italien geworden sind,
keinen, über den schon die Urteile der Zeitgenossen so sehr aus=
einander gehen wie über diesen früheren Bischof von Capodistria.
In dem Einen freilich stimmten sie überein, daß er ein hoch=
begabter, feuriger Geist war, wohlerfahren in den Dingen auch
des äußeren Lebens, voll von Thatkraft und bereit, für seine
Zwecke Außergewöhnliches einzusetzen. Fragt man aber den
innersten treibenden Gründen bei ihm nach, so lauten die Ur=
teile sehr verschieden. Da wollen die Einen seine Umwandlung
aus verletzter Eitelkeit oder unbefriedigtem Ehrgeiz, aus tiefer
Verbitterung und der Furcht des bösen Gewissens erklären, während
die Anderen gern seiner eigenen Versicherung Glauben schenken,
daß nicht solch' niedrige Beweggründe, wie sehr auch die Ent=
wicklung seiner Verhältnisse sie hätte nahe legen und wirksam
machen können, sondern die durch eifriges Studium der evange=
lischen Lehre gewonnene und dann durch das abschreckende Bei=
spiel des unglückseligen Spiera befestigte ehrliche Ueberzeugung
ihn getrieben habe, mit seiner ganzen Vergangenheit zu brechen.
Kaum ein anderes Ereignis in der Geschichte der Bekehrungen
hat je so großes Aufsehen gemacht, wie dieser Uebertritt eines
Mannes, der Jahrzehnte lang als einer der Hauptvorkämpfer des
päpstlichen Systems gegolten hatte. Kein Wunder, daß noch auf
lange Zeit hinaus das Urteil über dieses Ereignis schwankend
geblieben ist. Mit Hilfe der heutzutage zu Gebote stehenden
Mittel sind wir im stande, ein gerechtes Urteil über Vergerio zu
fällen, und es liegt in der Natur der Sache, daß wir dabei den=
jenigen Aktenstücken, welche die Entwicklung kurz vor und bis zur

Katastrophe abspiegeln, entscheidenden Wert vor allen späteren Aeußerungen von der einen oder der anderen Seite zuerkennen.

Pier Paolo Vergerio — 'der Jüngere' genannt, weil ein gleichnamiges Mitglied seiner Familie schon in der Literatur des 15. Jahrhunderts eine geachtete Stelle einnimmt — entstammte einem vornehmen und reichen Geschlechte in Capodistria; er studierte in Padua, wo er 1518 den juristischen Doktorgrad erworben haben soll, war dann in der juristischen Laufbahn in Verona als Richter, dann als Universitätslehrer 1522 vorübergehend in Padua, endlich fünf Jahre in Venedig als Rechtsanwalt thätig, wo er Beziehungen zu leitenden Persönlichkeiten schloß, insbesondere die Gunst des Patriarchen von Aquileja, Marino Grimani, erwarb und sich 1526 mit Diana Contarini vermählte. Der Verlust seiner Gattin nach kurzer Ehe, vielleicht auch die Wahrnehmung, wie schnell seine Brüder Giovanni Battista und Aurelio in der kirchlichen Laufbahn zu hohen Ehren gelangt waren — der Eine als Bischof von Pola, der Andere als päpstlicher Sekretär — bestimmten ihn, nun selbst diese Laufbahn einzuschlagen, die seinen Fähigkeiten und seinem Ehrgeiz baldigen äußeren Lohn versprach und auch zu teil werden ließ. So finden wir ihn zur Zeit des Augsburger Reichstages als Nuntius Papst Clemens' VII. bei dem römischen Könige Ferdinand, und hörten bereits, wie er im Jahre 1533 ein Urteil über Bartolomeo Fonzio und die von diesem übersetzte Schrift Luthers fällte. Als dann Paul III. den päpstlichen Stuhl bestiegen hatte, wurde der gewandte Unterhändler und scharfsichtige Beobachter abermals nach Deutschland geschickt — eine Gelegenheit, bei welcher er im November 1535 auch persönlich mit Luther zusammentraf. Und noch ein drittes, ja noch ein viertes mal überstieg er in gleicher Eigenschaft die Alpen, obwohl ihm mittlerweile 1535 das Bistum Modrusch in Kroatien, dann das in seiner Vaterstadt übertragen worden war. Es ist bezeichnend nicht sowohl speziell für ihn, wie für den kirchlichen Brauch der Zeit, welcher die alten auch gesetzlich festgestellten Bestimmungen über die Erteilung der Weihen nur zu leicht außer Acht ließ, daß er, trotz seiner Stellung noch Laie, sich 1536 an Einem Tage die Priester- und die Bischofsweihe erteilen lassen konnte. Und es ist bezeichnend für die enge Gemeinschaft der In-

teressen, wie sie zwischen den Brüdern bestand und sich dauernd
erhalten hat, daß eben Giovanni Battista es war, der ihm diese
Weihen erteilte, damit er das Bistum ohne Verzug antreten
könne.

Seit der Mitte der dreißiger Jahre finden wir also Ver=
gerio für einige Zeit in einer zwar beschränkten, aber auch ruhigeren
Thätigkeit, welche sich wesentlich von seiner bisherigen unter=
schied und ihm die Frage nahe legen mußte, ob denn wirklich
innerhalb des römischen Kirchenwesens, dessen Lehren, Ein=
richtungen und Ansprüche er bis dahin unbedingt vertreten hatte,
die Bedingungen zu einer dem Geiste des Christentums ent=
sprechenden Einwirkung auf das Volk hinlänglich gegeben seien.
Vergerio hatte viel erlebt und tiefe Einblicke in die Verhältnisse
gethan. Er war mit der vorgefaßten Ansicht, daß die lutherischen
Neuerungen verwerflich seien, an die deutsche Bewegung heran=
getreten. So lange er als Nuntius diesseit der Alpen den
Geschäften seines Herrn nachging, atmeten seine Berichte nichts
als Verachtung und Zorn gegen deren Vertreter. Aber es konnten
ihm die tiefen Schäden des ganzen Systems auf der eigenen Seite
nicht verborgen bleiben. So vorbereitet trat er noch einmal aus
der arbeitsvollen Stille seines bischöflichen Wirkens in der
Heimat, wo er nach dem Urteile eines Gegners „die ihm anver=
traute Heerde mit Wort und Vorbild geweidet, so daß selbst die
Aeltern sich über die gereifte Frömmigkeit des Jüngern verwundern
mußten", heraus und erschien zum letzten mal in Deutschland,
um an der Lösung der großen Frage mit zu arbeiten, welche
die Jahre 1540 und 1541 zu einem Wendepunkte in der ganzen
Entwickelung des Reformationszeitalters zu machen geeignet
schien.

Auf beiden Seiten war man nämlich damals des Streitens
müde, oder man schien doch lebhafter als je das Bedürfnis zu
empfinden, wenn möglich noch in letzter Stunde, ehe das schon
drohende Unwetter in Deutschland losbräche, zu einer Verständigung
zu kommen. Auf dem Hagenauer Reichstage im Juli 1540 war
bestimmt worden, daß man binnen 10 Wochen in Worms noch=
mals über die Anerkennung der Augsburger Konfession unterhandeln
solle. Bei dieser Wormser Zusammenkunft erschien auch Vergerio,

in einer Eigenschaft, welche ihm das Recht zu öffentlichem Auf=
treten daselbst gab, als Vertreter des französischen Königs. Ob
er zugleich direkt vom Papste beauftragt war, darüber herrscht
bei den Geschichtschreibern Meinungsverschiedenheit. Wie dem
auch sei, die Art seines Auftretens bezeichnet für den, der schärfer
zusieht, schon den eigentlichen Wendepunkt in seiner ganzen Ent=
wicklung. Denn durch die Rede, welche Vergerio in Worms
hielt, 'Ueber die Einheit und den Frieden der Kirche', trennte er
sich unwiderruflich von der Partei der schroffen Vertreter der
päpstlichen Ansprüche, an deren Spitze die Kardinäle Aleandro,
Cervini und Caraffa standen, und trat offen auf die Seite der=
jenigen, welche ein allgemeines freies Konzil verlangten zur Ab=
stellung der Mißbräuche im Kirchenwesen und zur Wieder=
vereinigung der getrennten Konfessionen.

Vergerio, der seit zehn Jahren die Entwicklung innerhalb
der Politik der Kurie zum teil selbst mitwirkend mit offenen Augen
verfolgt hatte, war sich zweifellos dessen bewußt, daß sein Auf=
treten ihn für immer bei der Partei, die täglich mehr Boden an
maßgebender Stelle in Rom gewann, unmöglich machen, ihm jede
Aussicht auf weitere Erfolge abschneiden mußte. Aber er fühlte
sich in seinem Gewissen dazu gedrungen, weil er eben einsah,
daß mit dem Ueberhandnehmen der schroffen Richtung in Rom
jede Hoffnung auf Verständigung mit den Protestanten schwand
und zugleich jede Aussicht auf gründliche Besserung des römischen
Kirchenwesens selber. Zwischen der Stellung, welche Vergerio
zu der kirchlichen Reformfrage einnahm und der Annahme der
protestantischen Lehren und Grundsätze ist natürlich noch ein weiter
Raum; aber die Gegner haben, einer beliebten Taktik folgend,
alsbald dafür gesorgt, den freimütigen Bischof, der vom Wormser
Gespräch ohne Hoffnung in seinen Sprengel zurückgekehrt war,
dadurch zu verdächtigen, daß sie behaupteten, er sei zu den
Lutheranern übergegangen. Das war gewiß verfrüht. Denn
Vergerio hat vielmehr, nach Capodistria zurückgekehrt, eine Schrift
'gegen die Apostaten in Deutschland' begonnen, die freilich wohl
nicht vollendet worden ist, da inzwischen in Folge der gemachten
Erfahrungen und durch das genauere Studium der protestantischen
Lehren, die er selbst zu bekämpfen beabsichtigte, ihm eine klare

Einsicht in die streitigen Fragen erwuchs und schließlich eine durchgreifende Sinnesänderung sich in ihm vollzog. Die Stadien dieser Aenderung, die nicht ohne heftiges Widerstreben im Verlauf der nächsten drei bis vier Jahre in ihm vor sich ging, sind wir außer Stande, im einzelnen nachzuweisen. Aber er hat uns doch selbst wertvolle Andeutungen über den in ihm sich vollziehenden Umschwung gegeben. In seinem 'Widerruf' schreibt er den Landsleuten von Capodistria, er habe, in dem Gefühle, 'daß ihm die Inquisition schon auf dem Halse sei', jene Schrift gegen die Lutheraner ausgehen lassen wollen. 'Und wie ich denn also ganz emsig an dieser Arbeit bin, und deshalb die Stellen und Sprüche der heiligen Schrift, welche des Papstes Gegner anziehen, fleißig untersuche und in allem gründlich erwäge, da hob sich mein Herz und Verstand allmählich an zu verändern und mir Klarheit zu kommen, also daß ich fast in allen Artikeln andere Ansicht bekam und in meinem Gewissen überwunden ward, lernte und erkannte, daß ich mich unterstanden, wie Paulus vor seiner Bekehrung wider den Stachel zu löcken, wider die unüberwindliche Wahrheit zu fechten und wider Christum, den Sohn Gottes, zu streiten.' Uebrigens ist es aus eigenster Erfahrung heraus gesagt, wenn er an anderer Stelle sich äußert: 'Gott offenbart seine Schätze nicht auf einmal, sondern nach und nach.'

Auf gegnerischer Seite aber sammelte man nunmehr alle Anzeichen seiner veränderten Stellung zum katholischen Kirchentum, um sie zu seinem Verderben zu verwerten.

Persönliche Feindschaft, welche Vergerio sich während seines amtlichen Wirkens in der Heimat zugezogen hatte, bot zum Vorgehen gegen ihn die Hand. Er hatte als Bischof mit großer Strenge die Reform der Klöster in Capodistria unternommen und dadurch die Mönche gegen sich aufgebracht — von hier ging der erste Streich gegen ihn aus. Unter dem 13. Dezember 1544 sandten die Priore und Guardiane der sämtlichen fünf Klöster der Stadt eine geheime Anklageschrift an den päpstlichen Nuntius Giovanni della Casa in Venedig: statt die Kirche zu erbauen, zerstöre Vergerio sie und säe in Stadt und Land die lutherische Ketzerei aus. Dem Nuntius, der sich später gleichfalls als sein persönlicher Feind kenntlich gemacht hat, mochte die Gelegenheit, zum Einschreiten, falls er nicht gar selber die Denunziation veranlaßt hatte, lieb sein; er meldete den Fall nach Rom. Dort hatte der Papst persönlich dem Gesandten der Republik Venedig gegenüber schon vor dem Januar 1544 darauf gedrungen, daß Vergerio festgenommen und in Anklage versetzt werde. So verlangte man denn nun um so eher, daß der Prozeß gegen den Bischof eingeleitet werde. Aber die erforderliche Zustimmung des Rats der Zehn, der große Verwicklungen voraussah, war nicht so leicht zu erlangen. Endlich erfolgte sie; sobald Vergerio davon Kenntnis erhielt, verließ er seinen Sprengel und begab sich nach Brescia und dann nach Mantua unter den Schutz seines Gönners, des Cardinals Ercole Gonzaga. Im August 1545 erreichte ihn dort der Notar der Inquisition und behändigte ihm die Vorladung. Vergerio weigerte sich, vor della Casa zu erscheinen; das sei für ihn eine Herabwürdigung, da jener nicht einmal die niederen Weihen aufzuweisen habe. Vor dem Vizelegaten in Bologna sei er bereit, sich zu stellen. In diesem Sinne schrieb er an den Cardinal Farnese und bat, wenn die römische Kurie auf seiner Gestellung in Venedig bestände, daß die Sache dann wenigstens dem Mitvorsitzenden des Tribunals, dem Patriarchen von Aquileja, Marino Grimani, allein übertragen werden möge. Man ging nicht darauf ein; ohnehin hatte della Casa die Angelegenheit schon in die Hand genommen und einen heftigen Gegner Vergerios, Annibale Grisone, mit dem Verhör der Zeugen an Ort und Stelle beauftragt.

Was diese Zeugen aussagten, war zwar voll Gift und Galle gegen den Bischof, wurde aber durch eine um mehrere Monate später eingereichte Verteidigungsschrift der von dem Angeklagten bestellten Vertreter so gründlich widerlegt, und die Glaubwürdigkeit der Zeugen trat dabei in ein so unvorteilhaftes Licht, daß gegen Ende des Jahres 1546, wo diese erste Periode der Verhandlungen gegen Vergerio ihr Ende erreichte, der Inquisitor selbst zu der Ueberzeugung gekommen war, daß alle jene Beschuldigungen auf Ketzerei und auf tadelnswertes Leben sowie auf verleumderische Bekämpfung des Papstes und der Kurie hin unbeweisbar seien.

Noch während die gerichtliche Untersuchung schwebte, erschien

Vergerio im Januar 1546 in Trient, um die ihm gebührende Stelle in den Reihen der Teilnehmer am Konzil, — dem lange und vielfach ersehnten nnd nun doch weder allgemeinen noch freien. — einzunehmen. Trotz einer Empfehlung seines Gönners an den einflußreichen Cardinal Madruzzi und trotz der warmen Fürsprache des Bischofs Vida von Alba verweigerten die Legaten del Monte und Cervini ihm als der Ketzerei Verdächtigen und als 'Rebellen' gegen den heiligen Stuhl nicht allein das Recht an den Beratungen teil zu nehmen, sondern zwangen ihn sogar, die Stadt zu verlassen. In berechtigter Erregung schrieb er protestierend von Riva am Gardasee aus, eilte dann nach Venedig, wo mittlerweile schon der Gang seines Prozesses ein für ihn günstiges Ergebnis voraussehen ließ, und begab sich in die Heimat zurück, wo er am 16. September 1546 die oben erwähnten Vertreter seiner Sache dem Auditor des Legaten bezeichnete. Obwohl nun die gerichtlichen Verhandlungen durchaus zu seinen Gunsten endigten, blieben nach wie vor seine Bemühungen, Zutritt zu den Sitzungen des Konzils zu erhalten, vergeblich.

In der Zeit, welche so Vergerio gezwungen in der Heimat zubrachte, entfaltete er dort eine Thätigkeit, welche zweifellos in ihrem letzten Ziele darauf ausging, die Kirche von Istrien, vielleicht auch von Friaul, von der römischen Allgewalt zu lösen und ihr Anschauungen und Einrichtungen einzupflanzen, welche der biblischen Lehre und dem Wesen einer christlichen Kirche mehr entsprächen. Daß dies nur in der Form einer Annäherung an den orthodoxen Protestantismus der Zeit geschehen konnte, ist klar, obwohl Vergerio selber damals schwerlich die Absicht verfolgt hat, welche seine Gegner ihm unterschieben: die heimatliche Kirche ohne weiteres 'lutherisch' zu machen. In öffentlicher Bethätigung seiner Hinneigung zu protestantischen Lehren war ihm sein Bruder Giovanni Battista, der Bischof von Pola, schon vorangegangen. Die verhältnismäßig große Zahl von Prozessen wegen 'lutherischer Ketzerei', welche in den folgenden Jahren gerade gegen Bewohner dieser Gegenden von der Inquisition in Venedig angestrengt wurden, zeigt, daß die Wirksamkeit der Brüder nicht fruchtlos geblieben war. Noch lange hat Vergerio von außen her in dieser Richtung auf die Bewohner von Istrien und Friaul einzuwirken gesucht; hat sie ermahnt durch Briefe und Boten und hat ihnen Schriften geschickt, vor allem seine eigenen, um die evangelischen Anschauungen in ihnen zu befestigen. Die erste, freilich ganz vereinzelt gebliebene, Spur von dem Vorhandensein evangelischer Anschauungen in Friaul geht in das Jahr 1531 zurück. Ein Bewohner von Cividale hatte drei Jahre in Deutschland verweilend, sich dem Protestantismus zugewandt, und suchte denselben nun, zurückgekehrt, in seinem engeren Vaterlande zu verbreiten. Aber Aufschwung nahm einigermaßen die Bewegung, wie es scheint, erst später durch Vergerios Erfolge in Istrien. Da hören wir schon im Juni 1549, daß in Dignano und Pola beinah alle oder doch der größte Teil der Einwohner lutherisch sind — in Dignano liest man nicht mehr als eine kurze Messe am Tage, Hirten und Landarbeiter reden und disputieren mit einander über religiöse Dinge, aus der Kirche hat man schon die Reliquien der heiligen Luzia weggebracht.' — Und Aehnliches zeigte sich in Friaul. Der Statthalter Franziskus Michiel schreibt am 23. Dezember 1551 über einen Besuch des Vikars in dem Kloster der heiligen Clara zu Udine: 'Er hat dort fünf Nonnen gefunden, die ganz verstockt und lutherisch sind gerade in den Hauptfragen des Glaubens — alle aus vornehmen Familien der Stadt und Umgegend. Eine alte Nonne, die zu Vergerios Zeit in Capodistria war und hierher zurückgekehrt ist, soll das ganze Kloster angesteckt haben, und außer ihr ein hiesiger jetzt verstorbener Dominikaner'. Uebrigens waren deutliche Spuren vom Vorhandensein 'ketzerischer Anschauungen' in Udine schon früher zu Tage getreten. Ja sie hatten schon 1543 das Einschreiten der venetianischen Inquisition gegen fünf Bewohner Udine's, darunter ein Mönch Francesco Gazzarotto, und ein Priester Namens Fabrizio veranlaßt. Und noch 1560, 1566, 1571, 1580 und 1584 kommen neue Anklagen auf 'Lutheranismus' oder Lesen verbotener Bücher, während inzwischen auf einmal vier Personen als 'Hugenotten' denunziert werden. Eine Beziehung von Udine aus zwar nicht nach Frankreich, aber nach Genf hin ist noch nachweisbar: 1558 floh ein Battista Avanzo, 1567 ein Giorgio Fracasso dorthin.[33])

Wenn man diese Ausbreitung einer gegen Rom gerichteten

Strömung in diesen Gegenden, von der sich heutzutage nur noch verstreute Anzeichen dem forschenden Blicke darbieten, erwägt, so erklärt sich der steigende Haß gegen das Brüderpaar Vergerio, denen man einen Teil der Schuld beimaß. Freilich, Giovanni Battista starb und ward noch als katholischer Bischof begraben. Aber Pier Paolo hat später erklärt, daß er mit ihm in Allem, auch bezüglich der religiösen Fragen, sich eins gewußt habe. Und das zeigt nicht allein ein von Jenem nachgelassenes und 1550 durch Pier Paolo herausgegebenes Schriftchen, eine Erklärung des 119. Psalms, sondern auch die Thatsache, daß später die Inquisitoren drohten, sie wollten die Leiche ausgraben und aus der Kirche werfen lassen, wie Pier Paolo berichtet.[34]

Als sein Bruder starb, hatte dieser längst die Heimat verlassen, und zwar diesmal, um sie nie wieder zu sehen. Er war nach Padua gegangen und hatte dort, gestützt auf seine vielfachen Verbindungen, in Erinnerung seiner früheren akademischen Lehrthätigkeit und seine hervorragende Stellung verwertend, Einfluß auch auf die Studentenschaft zu gewinnen versucht. Oft wandelte er mit Studierenden in der Halle der Universität in eifrigem Gespräche über religiöse Dinge umher, verteilte Schriften an sie oder führte sie zu dem Krankenlager des unglücklichen Spiera, an dem wir ihm schon begegnet sind. In diese Zeit, in das Jahr 1548, fiel vermutlich die Abfassung von 'Zwölf Abhandlungen', welche er unter dem Datum des 1. Januar 1550 in Basel herausgab. Sie gestatten uns einen klaren Einblick in den damaligen Stand seiner Anschauungen über einige wichtige religiöse Fragen, wenn auch freilich die Möglichkeit nicht ausgeschlossen ist, daß Vergerio sie bei der Herausgabe an einzelnen Punkten nochmals überarbeitet hat.

Die erste dieser Abhandlungen, an einen Ungenannten gerichtet, weißt nach, daß zwar, wie schon zu Christi Zeiten, Unruhe entsteht und Aergernis unvermeidlich ist, wo das reine Evangelium den bestehenden Irrtümern entgegen gepredigt wird, daß aber nicht der die Schuld davon trägt, welcher das Evangelium predigt, sondern der, welcher sich ihm widersetzt. Die zweite Abhandlung, über die sogenannten Fioretti des heiligen Franziskus, d. h. die Legenden, welche das Leben dieses Heiligen aus=

schmücken, mag wohl den ältesten Bestandteil der Sammlung bilden. Sie ist an eine Aebtissin gerichtet, die ihn um Rat gefragt, ob sie dieses Buch lesen solle. Vergerio rät ihr entschieden ab, indem er an zahlreichen Beispielen den Gegensatz, in welchem sich der mönchische Standpunkt der 'Fioretti' zu der christlichen Wahrheit und Sittlichkeit befindet, ans Licht stellt. Von mehreren der folgenden Abhandlungen ergiebt sich, daß sie unter Eindrücken, welche der Verfasser persönlich erhielt, niedergeschrieben sind: so die dritte, vierte und fünfte, welche von den Verfolgungen handeln, denen Christi Lehre ausgesetzt war, sobald die Apostel sie öffentlich verkündeten, aber auch von der in solchen Fällen erlaubten Flucht, zu der Christus selbst und die Apostel das Beispiel gegeben. Und so werden weiterhin verschiedene Gegenstände behandelt, auch zwei direkt polemische: 'Von den menschlichen Ueberlieferungen' und 'Von den durch die Bischöfe vollzogenen Weihen' — Vorzeichen und erste Proben der Art, wie Vergerio schon bald die im Dienste der katholischen Kirche selbst erworbene genaue Einsicht in ihre Gebrechen zur rücksichtslosen Bekämpfung derselben verwerten sollte. Die letzte dieser beiden Abhandlungen fällt auch zweifellos noch in die Zeit, wo Vergerio nicht ahnte, daß er schon bald sich von der katholischen Kirche trennen werde; sie enthält die Niederschrift von Gedanken, wie sie durch die Besprechung mit einem Bischofe, den er nicht namhaft macht, in ihm angeregt worden waren. Nicht die Einrichtung der Priesterweihe selber greift Vergerio an — wie er das später gethan hat —, sondern die mechanische Art der Amtsführung, welche bei den Geweihten nnd so mit besonderen Vorrechten Ausgestatteten zu Tage tritt, und die Ueberschätzung der Zeremonien, welche sie täglich vollziehen. Den Beschluß der Abhandlungen bilden zwei kurze Gespräche zwischen Petrus und Paulus 'Ueber des Petrus Berufung und Verleugnung' und 'Ueber des Paulus Bekehrung und Standhaftigkeit'. Der Titel derselben verrät schon, weshalb diese hier ihre Stelle gefunden haben.[35]

Derartig also waren die ersten literarischen Früchte seiner Umwandlung. Daß die letztere ihn bis zu dem Aeußersten, bis zu dem offenen Bruche mit dem Kirchensystem geführt hat, welchem er äußerlich noch als Bischof angehörte, das verdankte er

— immer wieder kommt Vergerio darauf zurück und es liegt auch gar kein Grund vor, daran zu zweifeln, — dem schrecklichen Schauspiele, wie es in dem Ende Spiera's sich vor seinen Augen entfaltete. In diesem erkannte er mit Spiera selbst einen Beweis der göttlichen Gerechtigkeit, welche die bewußte Verleugnung der Wahrheit straft; darauf wies er die Studenten hin, das machte er zum leitenden Gedanken bei der schriftlichen Darstellnng des Falles, und daraus zog er sich eine ernste Lehre für sein eigenes Verhalten.

Mittlerweile stiegen die Wolken abermals und in noch drohenderer Weise für ihn am Horizont auf. Daß er seinen Sprengel verlassen hatte, vermerkte man nicht als gar zu belastend; man war daran gewöhnt, daß die Bischöfe nur mit Unterbrechung 'Residenz' hielten, d. h. persönlich ihr Amt versahen, und erst nach heftigen Kämpfen ist es später auf dem Trienter Conzil gelungen, hier Abhilfe zu schaffen. Aber der belastenden Zeichen und Vorkommnisse waren sonst so viele, daß della Casa den Prozeß wieder aufzunehmen beschloß und unter dem 15. November 1548 den Kommissar Grisoni dazu anwies. Dieser brachte Einiges aus Capodistria bei; das bei weitem wichtigste Material lieferte diesmal der Inquisitor von Padua. Wiederum ließ Vergerio sich durch seine schon erwähnten Vertreter verteidigen, indem er jede einzelne seitens der Belastungszeugen aufgebrachte Anklage als nichtig erweisen ließ, nämlich: daß er die Heiligenverehrung verwerfe, die Legende vom Hause der heiligen Jungfrau in Loreto angreife, die Vorschriften der Kirche nicht achte, die Messe verspotte und dem Sakrament der Buße die Wirkung abspreche. Aber hier in dem zweiten Prozesse scheint es sofort durch, daß Vergerio viel weniger Gewicht darauf legte, seine Ansicht als mit der katholischen Lehre vereinbar herauszustellen. Dagegen trat andrerseits bei den in Padua angestellten Verhören ganz deutlich zu Tage, wie sehr er von der Kirchenlehre abwich. Das zeigen die Aussagen des Studenten De Negri vom 17. December 1548, die des Kanonikus Spadari und des Doktors Pancetti, welche jenen um wenige Tage folgten. Im Januar des folgenden Jahres wurden noch weitere Zeugen verhört, und besonders dem Bischof zur Last fiel dabei die Aussage des Jacopo Nardini, in dessen Hause Vergerio den unglücklichen Spiera so oft besucht hatte, weil aus derselben auf das klarste hervorging, daß Vergerio selbst den Fall Spieras ganz im Sinne eines gerechten Strafgerichts wegen Verleugnung der Wahrheit beurteilte.

Vom Papste erging im Februar an den Nuntius Befehl, die Akten einzusenden, da es sich um den Prozeß eines Bischofs handelte und solche Prozesse in Rom ihren Abschluß finden müssen. In 34 einzelne Punkte wurde dort die Anklage zusammengefaßt, und im Konsistorium vom 3. Juli 1549 erklärte Paul III. den Bischof von Capodistria als ketzerisch, entsetzte ihn seines Amtes und verurteilte ihn zum Verlust auch der bischöflichen und priesterlichen Würde und der Freiheit.[36] So blieb ihm, da die venetianische Regierung keine Miene machte, sich auf seine Seite zu stellen oder ihn zu schützen, nichts übrig, als die Flucht ins Exil zu versuchen; sie gelang. Vom Auslande her hat er dann weiterhin, wie schon angedeutet, auf die Förderung der reformatorischen Bewegung in seinem Vaterlande einzuwirken gesucht. Zunächst entfaltete er eine erstaunlich ausgiebige Thätigkeit als Verfasser von polemischen Schriften, meist in kurzer Form und in italienischer Sprache. Das Papsttum, sein Ursprung, seine Politik, die Jubiläen, der Heiligen- und Reliquiendienst und dergleichen bildete den Gegenstand seiner Darstellungen; daneben bekämpfte er mit dem sonstigen reichen seiner eigenen Erfahrung entstammenden Material rücksichtslos das System und seine Träger, von denen er freilich auch in der leidenschaftlichsten Weise angegriffen wurde. Durch ausgedehnten Briefwechsel mit den flüchtigen sowie mit den im Vaterlande verfolgten Italienern, durch Anknüpfung stets neuer Beziehungen unter diesen und auf jede sonst mögliche Weise suchte er die gegen Rom gerichtete Strömung, insbesondere in Istrien und in Friaul, zu stärken. Noch einmal, 1557, erschien er persönlich um denselben Zweck zu verfolgen, wenn auch nicht in Italien, so doch an dessen Grenzen. Mit einem Geleitsbrief vom Kaiser versehen, kam er nach Kärnthen, predigte in Görz und Gradisca und machte Miene, nach Aquileja vorzudringen. Wenigstens behauptete dies letztere der Patriarch von Aquileja, Giovanni Grimani, dem Cardinal Ghislieri gegenüber. Wie dem auch sei, wir werden nicht fehl gehen in der Annahme, daß die

Bewegung in Friaul, deren Fortbestehen bereits angedeutet wurde, nicht zum geringsten Teile durch Vergerios Bemühungen lebendig erhalten worden ist.

Der Fall des Bischofs von Capodistria bezeichnet den ersten großen Triumph, welchen die schroffe Partei in der Kurie über die ihr Widerstrebenden innerhalb des Gebietes der Republik davon trug. Um so verderblichere Rückwirkung auch auf die Sache der Reformation mußte dieser Schlag hier äußern, weil er der Zeit nach mit der ohnehin bereits zu Tage getretenen größeren Bereitwilligkeit des Senates, gegen die 'Ketzerei' vorzugehen, zusammentraf. Was vor der Entscheidung der Dinge im schmalkaldischen Kriege noch möglich war — daß man einen Altieri trotz des Widerstrebens der päpstlich Gesinnten als offiziellen Agenten annahm, obwohl man seine religiöse Stellung kannte — das wäre jetzt undenkbar gewesen. Es trat nun zu Tage, daß die früher bewiesene Toleranz der Republik nicht auf festen Grundsätzen, sondern auf Berechnung beruht hatte, da man jetzt bereit war, die ganze Richtung der inneren kirchlichen Politik zu ändern, weil die Verhältnisse dies rätlich machten. Ein empfindlicher Rückschlag auf die weitere Entwickelung, ja das Bestehen der reformatorischen Bewegung in Stadt und Land überhaupt konnte nicht ausbleiben. Was die 'Brüder' schon 1542 in ihrem Briefe an Luther beklagten und wovon sie noch Schlimmeres voraussahen, trat in weitem Maße ein: Verfolgung der Anhänger der evangelischen Lehre mit der deutlichen Absicht, die 'Ketzerei' gänzlich auszurotten.

So begann denn, wie wir schon andeuteten, das Inquisitionsgericht in Venedig nun erst recht seine Thätigkeit. Heute noch liegen die Akten der Prozesse vor, welche seit dem Jahre 1548 dort geführt worden sind. Sieht man die Angeklagten oder Denunzierten auf ihre gesellschaftliche Stellung an, so ergiebt sich, daß es zum größten Teile Mitglieder der unteren Klassen sind, Handwerker, kleine Krämer, ab und zu auch ein Mönch. Solcher Leute finden wir prozessiert im Jahre 1549 fünf, in den folgenden bis zum Ende der siebziger Jahre ungefähr hundertfünfzig. Die Bewegung flüchtete nun in noch geheimere Verborgenheit — aber das Gericht, welches jede Denunziation, auch ohne daß der Angeber sie mit seinem Namen unterzeichnete, annahm und verfolgte, wußte alle ausfindig zu machen und lud sie zur Bestrafung vor, wenn es ihnen nicht gelungen war zu entfliehen. Von solchen Flüchtlingen finden wir dann manche in den folgenden Jahren hier und da, während von Anderen jede Spur sich verwischt hat.

Einer ist uns schon bekannt, Baldassare Altieri. Ein Brief, den er von Venedig aus am 24. März 1549 an Bullinger in Zürich schrieb, entwirft ein trauriges Bild von der damaligen Lage. „Hier werden die Verfolgungen alle Tage furchtbarer. Viele sind verhaftet und zu den Galeeren oder zu lebenslänglichem Gefängnis verurteilt. Manche lassen sich aus Furcht vor der Strafe verleiten zu widerrufen, — so schwach ist noch Christus. Viele werden mit Weib und Kind ausgewiesen, andere entziehen sich durch die Flucht. Unter ihnen der fromme und gelehrte Bischof Vergerio. Wenn der zu Euch kommt, so nehmt ihn herzlich auf. Auch ich werde wohl bald in die Lage kommen, da Gott durch solche Anfechtungen den Glauben der Seinigen prüfen will." Mittlerweile bemühte sich Altieri, da der neue englische Gesandte ihn aus seiner Stellung entlassen zu haben scheint und die Anstellung im Dienste der Schmalkaldener hinfällig geworden war, ein neues Amt und damit größeren Schutz zu erhalten, nämlich als politischer Agent der protestantischen Schweizerkantone. Es gelang ihm auch, wenigstens empfehlende Schreiben von einigen Kantonen zu erhalten; aber auf den venetianischen Senat blieb das ohne Eindruck. Weil Altieri als Protestant bekannt war, so wollte man ihm den ferneren Aufenthalt nur unter der Bedingung gestatten, daß er sich offen zur römischen Kirche bekenne. Da er das nicht thun zu können erklärte, gab man ihm den Rat, lieber die Stadt zu verlassen. Das that er im Sommer 1549, ungewiß, wohin er sich wende mit Weib und Kind, und ganz mittellos. Eine Zeitlang blieb er verborgen bei Gianandrea degl' Ugoni in Calzinato in der Nähe von Brescia. An den Herzog Ercole von Ferrara, sowie an den von Toscana wandte er sich — keiner von Beiden wollte ihm den Aufenthalt gestatten, oder doch der Letztere nur, wenn er als Katholik leben wolle. Das klagt er am 31. Oktober dem befreundeten Bullinger. Noch mehrere Briefe richtete er an diesen, den letzten am 10. Mai 1550. Von da ab fehlt jede Nachricht — unter dem 25. Oktober d. J. machte Francesco Bonetti aus Bergamo an Bullinger die Anzeige: 'Baldassare Altieri ist im Herrn entschlafen, im verwichenen Monat August.' —

Auch über einen zweiten uns schon bekannten Vertreter der evangelischen Anschauungen in der Stadt brach jetzt die Verfolgung herein, und wir hören, daß er sie nicht standhaft ertrug, sondern sich der Gewalt beugte — Lucio Paolo Roselli, der 1530 jene Schreiben an Melanchthon richtete. Nachdem er im Briefwechsel mit Francesco Negri noch einmal vor uns getreten war, verschwand für lange Jahre jede Spur von ihm. Da taucht 1551 sein Name wieder auf, und zwar in den Aktenbündeln der venetianischen Inquisition. Man leitete einen Prozeß wegen 'Ketzerei' gegen ihn ein und verhaftete ihn. Zugleich ließ man Haussuchung bei ihm halten; da fanden sich zahlreiche Schriften, welche die Anklage bestätigten. Von jener Uebersetzung der Schrift Luthers 'An den christlichen Adel,' welche Negri besorgt hatte, besaß Roselli 'sehr viele' Exemplare. Das Verzeichnis der bei ihm mit Beschlag belegten Schriften ist auch sonst von Interesse: zwei Abdrücke von der Erstlingsschrift unseres deutschen Reformationsgeschichtschreibers Johann Sleidan, welche in der Uebersetzung den Titel 'Il Capo finto' bekam, dann die uns bekannte Verteidigung nebst kurzer Biographie des edlen 1541 im Kerker umgekommenen Märtyrers Girolamo Galateo, ferner das 1545 in Mailand gedruckte 'Trostbüchlein für die um der evangelischen Wahrheit willen Verfolgten' in italienischer Sprache, sodann Schriften deutscher Reformatoren in lateinischer — diese und andere weist das Verzeichnis auf. Auch einige Schriften und Abhandlungen, welche Roselli selber verfaßt und unter denen ein Band Gespräche 'Vom christlichen Glauben und der Wahrheit' hervorgeragt zu haben scheint. Der Prozeß nahm ein für Roselli klägliches Ende. Wie dringend hatte er einst den deutschen Reformator ermahnt, standhaft in den Hauptfragen des evangelischen Glaubens zu sein, ja den Tod, wenn es sein müsse, um der Wahrheit willen nicht zu scheuen! Und jetzt — wo an ihn die ernste Frage heran tritt, weicht er selbst zurück. Er stellt zwar auch auf Verlangen des Tribunales die einzelnen Lehren auf, in denen er von der römischen Kirche ab-

gewichen — aber nur, um sie feierlich zu widerrufen und abzu=
schwören und sich damit statt des raschen Todes ein Hinsiechen
im Kerker zu erkaufen, wie die Inquisition es solchen 'Reuigen'
aus dem Priesterstande zu bereiten gewohnt war [37])

Wenn Altieri in seinem Vaterlande eine rettende, wenn auch
verborgene und unsichere Zuflucht, gefunden hat, so zogen die
Meisten es vor, lieber Italien ganz zu verlassen und in der Ferne
eine neue Heimat zu suchen. Am leichtesten erreichbar waren
die von italienischer Bevölkerung eingenommenen, der Schweiz
unterstehenden südlichen Alpenthäler, in welche seit den Tagen
Giulio von Mailands zahlreiche Anhänger der Reformation
hinüber flüchteten. Bessere Aussicht aber für Existenz und Fort=
kommen boten die größeren Städte der Schweiz, Zürich, Bern,
Basel, vor allen Genf. Hier hat sich schon zu Anfang der vier=
ziger Jahre eine Anzahl um ihres Glaubens willen flüch=
tiger Italiener zusammengefunden. Als der berühmte Capuziner=
general Ochino im Jahre 1542 sein Vaterland verlassen und eine Zu=
flucht dort suchen mußte, fand er bereits soviel evangelischgesinnte
Landsleute in Genf vor, daß er ihnen eine Zeitlang regelmäßig
predigte. Nach zehn Jahren war die Zahl solcher Italiener so
groß, daß eine förmliche Flüchtlingsgemeinde gebildet werden
konnte. Venedig hat auch zu der Zahl dieser Flüchtlinge beigetragen.
Im Jahre 1556 traf von hier Costantino Spada, 1558 trafen
Pompeo Avanzo, Domenico Maraveglia, Faustino di Zanone
dort ein; 1559 Giorgio Romei, Giuliano Salvioni, Francesco
Foresta, der Edelmann Giulio Bardaro. Im Jahre 1560 sogar
der Bruder des regierenden Dogen, Andrea del Ponte, sodann
Antonio Marangone und der aus Lucca gebürtige Edle Nicolao
Paruta. Und so lieferten auch die folgenden Jahrzehnte nach
dem Ausweise der Genfer Bürgerlisten stets neuen Zuzug aus
Venedig — freilich mögen Manche darunter sein, bei welchen
nicht religiöse Beweggünde oder doch diese nicht allein maßgebend
gewesen sind.

Mittlerweile nahm die Verfolgnng in Venedig ihren Fort=
gang. Einen Zeugen des evangelischen Glaubens verließen wir
im Kerker — Baldo Lupetino. Jetzt wurde ihm das Urteil ge=
sprochen. Im Oktober 1547 überwies ihm das Tribunal ein

Verzeichnis von sechzehn Fragen aus dem Bereiche der katholischen Glaubenslehre mit dem Befehl, sich schriftlich über diese Fragen zu äußern. Einfach und klar, mit ja oder nein, solle er 'bis zum nächsten Dienstag' darauf Bescheid geben — oder vielmehr, er solle erklären, ob er in den betreffenden Punkten abschwören wolle — wo nicht, werde das Schlußurteil erfolgen. Das war die letzte Antwort auf die Verwendung der protestantischen Fürsten Deutschlands zu seinen Gunsten — freilich, dazwischen lag auch der für diese vernichtende Ausgang des schmalkaldischen Krieges.

Lupetino's Antworten auf jene sechzehn Fragen liegen gedruckt vor; sie sind bald nach ihrer Niederschrift von unbekannter Hand veröffentlicht worden. Es handelt sich in ihnen um die Lehre von der Brotverwandlung, von der Ohrenbeichte und Absolution, von der zu leistenden Genugthuung, von der Wirkung des Ablasses auf die Seelen im Fegfeuer; um die päpstliche Gewalt, die Anbetung des Kreuzes Christi, der Mutter des Herrn und der Heiligen, endlich um die Wertschätzung einer Anzahl von Einrichtungen und Gebräuchen des römischen Kirchenwesens. Lupetinos Antworten zeigen ihn in allen diesen Punkten als Gegner der römisch-katholischen Lehre. Wenn die Richter nur beabsichtigten, diesen Gegensatz möglichst schroff heraus zu stellen, so haben sie ihren Zweck erreicht. Aber die Begründung der eigenen Ansichten, die sich freilich mit den protestantischen decken, erlaubte ihm doch zum Schluß noch die Möglichkeit einer Verständigung wenigstens anzudeuten. 'So habe ich denn', sagt er nämlich am Schluß, 'auf die Artikel geantwortet, welche der Herr Inquisitor mir zugehen ließ, und ich habe geantwortet gemäß der heiligen Schrift und nicht nach eigenem Gutdünken ... Wenn ich etwas sagte, was nicht aus der heiligen Schrift wäre, so möchte ich als Lügner erfunden werden. Ich würde das dann gern zurückziehen — im andern Fall aber rede man mir nicht davon, etwas zu widerrufen. Das Wort Gottes, auf das ich hoffe, sei mein Schild, damit ich nicht in Schrecken gerate dadurch, daß Ihr Herren zugleich Richter und Gegner in meiner Sache sein wollt.' Für das Gericht war mit dieser Antwort Lupetino's alles entschieden. Aber man gab ihm noch sieben Tage Frist, 'damit er auf andere Gedanken käme'; er solle nun sagen, ob er gute katholische Bücher wünsche oder persönlichen Rat. 'Ich glaube nur und brauche auch nur zu glauben', entgegnete er, 'was in der heiligen Schrift steht; das Ansehen der Konzilien, der Päpste und der Kirchenlehrer ist für mich hinfällig, weil menschlich.' Da erging am 27. Oktober 1547 das Urteil: als hartnäckiger Ketzer solle er zunächst öffentlich seiner priesterlichen Weihe und Würde entkleidet und sodann der weltlichen Gewalt übergeben werden, damit er zwischen den beiden Säulen des Markusplatzes enthauptet, dann verbrannt und die Asche ins Meer geworfen werde 'zur Ehre und Verherrlichung Jesu Christi'.

Der Senat war doch nicht gewillt, dieses Urteil ohne weiteres auszuführen. Es widerstrebte seiner Politik, das immerhin bedenkliche Schauspiel einer öffentlichen Hinrichtung und Verbrennung eines 'Ketzers' zu veranstalten — wie hätte das abschreckend wirken müssen auf die fremden Kaufleute, von denen vielleicht mancher sich auch in Sachen des Glaubens nicht sicher wußte. So beschloß man denn, den Verurteilten — ohne daß das Urteil formell aufgehoben worden wäre — vorläufig im Kerker zu belassen, 'bis er seinen Sinn ändere'; es konnte sich ja im Lauf der Zeit doch eine Gelegenheit bieten, bei welcher es geraten schiene, dem Papsttum die gewünschte Konzession zu machen. Und diese Gelegenheit kam, freilich erst im Jahre 1556. In der Zwischenzeit war über das Schicksal der Reformation im Venetianischen das entscheidende Loos gefallen. Ihre Anhänger waren teils gewaltsam zum Schweigen gebracht worden, teils aus dem Lande geflohen. Mit mehr Nachdruck als irgend einer der vorhergehenden Päpste bestand Paul IV., der uns schon bekannte Caraffa, darauf, daß auch die venetianische Regierung äußerste Strenge gegen die Ketzer anwende. So führte er jetzt durch, was er ein Vierteljahrhundert vorher vergeblich versucht hatte.

Zahlreiche Prozesse wurden wieder aufgegriffen und beendigt. So der des noch immer im Kerker sitzenden Lupetino. Veranlassung dazu hatte er selbst geboten; denn er konnte es sich nicht versagen, im Kerker seinen Mitgefangenen die Grundzüge seiner evangelischen Anschauungen darzulegen. Man brachte dies zur Anzeige — der Rat der Zehn erteilte daraufhin, 'weil Fra Baldo im Gefängnis verbotene Reden führt und vieles gegen den Glauben sagt', die Genehmigung zur Wiederaufnahme des Prozesses. Das war im September 1555. Sofort wurden jene Mitgefangenen verhört. Den Einen hatte er in seinem evangelischen Glauben gestärkt, Andere ermahnt von ihrem schrecklichen Fluchen und losen Reden abzulassen; von dem Gelde, welches ihm selbst durch Glaubensgenossen, besonders aus Deutschland, im geheimen zugeschickt wurde, hatte er Allen mitgeteilt, auch nach auswärts hin noch durch Briefe gewirkt. Die neuen Verhöre und Verhandlungen zogen sich bis in den September 1556 hin. Die früher schriftlich gegebene Auskunft über seinen Glauben hielt er allen Versuchen gegenüber, ihn zum Widerruf zu bewegen, fest, obwohl sein Leib geschwächt war durch die Entbehrung der langen Haft, insbesondere durch heftige, in dem feuchten Kerker doppelt qualvoll gewordene Gichtschmerzen, und obwohl vor seinem Geiste das unausweichlich drohende Schicksal klar genug dastand. Unter dem 17. September erging das Urteil: 'Unter Anrufung des Namens Jesu Christi, das heilige Evangelium vor Augen, damit unser Urteil vor Gottes Angesicht erfolge und nur Rücksicht nehme auf ihn und den heiligen Glauben: erklären wir, daß Fra Baldo ein offenbarer und hartnäckiger Ketzer gewesen und geblieben ist; und als solchen verurteilen wie ihn zum Verlust der priesterlichen Weihe und des Lebens'. In der Sitzung vom 20. August war schon festgesetzt worden, daß man ihn 'im geheimen, ohne Geräusch zu Tode bringen sollte', durch Ertränken im Meer. — So geschah es.

Zu der nämlichen Zeit, als die Aussagen von Mitgefangenen gegen Lupetino zum vernichtenden Anklageakte gesammelt wurden, zogen auch von neuem drohende Wolken über dem Haupte eines andern uns schon bekannten, ebenfalls dem Mönchsstande angehörigen, Vertreters der evangelischen Anschauungen auf — des Fra Bartolomeo Fonzio. Wir verließen diesen im Jahre 1536, als es ihm gelungen war, sich in Rom von der Anschuldigung auf Ketzerei zu reinigen. Was 1536 noch möglich gewesen war, sollte ihm jetzt nicht mehr gelingen; Gasparo Contarini, der sich damals mit Erfolg für ihn verwendet hatte, war mittlerweile selbst am päpstlichen Hofe in Ungnade gefallen und in Trauer über das Fehlschlagen seiner versöhnlichen Absichten und die Unterdrückung der von ihm vertretenen vermittelnden Richtung 1542 gestorben. Damals war Fonzio in Venedig; dann finden wir ihn an verschiedenen anderen Orten wieder, unter anderm von 1546 bis 1547 in der Abtei Farfa unweit Roms, wo er einen Leitfaden für den Unterricht der Kinder in der Religion in Form eines Zwiegesprächs verfaßte — ein Lehrbüchlein, welches ganz unverfänglich war, so daß man es im Waisenhause in Rom einführte. Dann wirkte Fonzio drei Jahre von 1548 bis 1550 als Lehrer, der eine öffentliche Schule hielt, in Padua. Als der dortige Inquisitor Fra Adriano auf Befehl von Fonzio's altem Gegner, dem Cardinal Caraffa, ihn zu einer vor zwei Zeugen zu leistenden Abschwörung aller Abweichungen von der katholischen Lehre zwingen wollte, verließ Fonzio lieber die Stadt und wohnte und wirkte nun wieder einige Jahre lang unter angenommenem Namen als Lehrer in Cittadella. Die venetianische Inquisition spürte ihn freilich auch dort bald aus; schon 1552 machte sie den Versuch, ihn gefangen nehmen zu lassen, aber erst den wiederholten Bemühungen des uns schon bekannten, aus einem 'Ketzer' zum Ketzerfeinde gewordenen Erzpriesters Camillo Cauzio gelang dies am 27. Mai 1558. In der Schule selbst wurde Fonzio, der beliebte und hochgeachtete Lehrer, verhaftet und nach Venedig abgeführt. Die ganze Bürgerschaft geriet in Aufregung; der Rat schickte eine Deputation an den Senat in Venedig um die Freilassung zu erwirken — vergebens. Als Unterlage für die Anklage auf Ketzerei diente hauptsächlich eine Zusammenstellung von 44 angeblichen Irrlehren aus dem Katechismus des Fonzio und aus einer Verteidigungsschrift, welche derselbe 1556 in Form eines öffentlichen Briefes an Bernardino Scardeone hatte ausgehen lassen — eine Zusammenstellung, die keinen geringeren zum Verfasser hatte, als den damaligen Inquisitor von Vicenza, den Minoriten Felice Montalto, der später unter dem Namen Sixtus V. den päpstlichen Stuhl bestieg.[38])

Vier Jahre lang zog der Prozeß gegen Fonzio sich hin. Die Gelegenheit war günstig und wurde seitens des Tribunales ausgenutzt, um durch Aufspüren von Gleichgesinnten und Mitschuldigen auch die äußersten Verzweigungen der 'Ketzerei' in Cittadella aufzudecken und ihnen endgültig den Todesstoß zu versetzen. Daß der Prozeß sich so lange hinzog, hatte übrigens zumteil seinen Grund darin, daß Fonzio nicht mit solcher Entschiedenheit wie etwa Lupetino den protestantischen Standpunkt einnahm. Nicht allein, daß er in den Verhören mehrfach erklärte, er unterwerfe sich der Lehre der Kirchenväter und der unter der Leitung des heiligen Geistes versammelten allgemeinen Konzilien, — sondern er gab auch die Existenz des Fegfeuers zu und behauptete, nie etwas gegen den Ablaß gelehrt zu haben. Das Letztere ging auch aus den in Cittadella angestellten Verhören zahlreicher Zeugen hervor; ja es wurde dadurch unwiderleglich dargethan, daß Fonzio während der ganzen Zeit seiner dortigen Wirksamkeit nie die katholischen Lehren oder Einrichtungen bekämpft und stets ein musterhaftes Leben geführt habe. Aber das hatte keinen Einfluß auf den Ausgang der Sache. Es blieben ja die 44 'ketzerischen' Sätze bestehen, und zu 23 derselben machten die Theologen der Inquisition noch ihre Bemerkungen. So z. B. wo Fonzio behauptete, der Christ dürfe in steter Hoffnung auf die Seligkeit leben, vermissen sie die Hinweisung auf den fleißigen Gebrauch der Sakramente. Wo Fonzio darauf hinweist, daß man Gott im Geist und in der Wahrheit anbeten solle, da tadeln sie, daß er nicht zugleich den Bilderdienst empfehle. Ueberhaupt, der Tadel geht viel mehr auf das, was nicht gelehrt werde, als auf die von Fonzio aufgestellten Grundsätze und Lehren. Und so beschloß denn am 18. April 1561 das vollzählig versammelte Tribunal, daß Fonzio als Ketzer zu verurteilen sei, wenn er nicht die als falsch bezeichneten Lehren widerrufe. Ehe man jedoch gegen ihn vorging, veranlaßte man noch andere, auch auswärtige, Theologen, sich über seine Lehre zu äußern. In welch parteiischem Sinne dies geschehen, zeigt das Gutachten des Einen unter diesen, des Priors Camillo Spiera in Venedig. Ueder das von Fonzio betonte Anbeten Gottes im Geist und in der Wahrheit bemerkt dieser: 'Ich erkenne daraus, daß Fonzio ein schlimmer Ketzer ist, weil man Gott auch anbeten muß gemäß der Einrichtung der heiligen Kirche, indem man die Heiligen verehrt und die apostolischen und kirchlichen Ueberlieferungen beobachtet.'

Noch einmal griff Fonzio zur Feder, um solche Verdrehungen und Mißverständnisse abzuwehren, und setzte ein lateinisches noch bei den Akten liegendes Schriftstück auf — aber es scheint, daß diese letzte Verteidigung ganz ohne Beachtung blieb. Er solle ohne Umschweif, jene 'Artikel' abschwören, forderte das Tribunal, vor das man ihn am 16. Juli 1562 wieder führte. Einige Tage Bedenkzeit gestattete man ihm noch. Da erklärte er, er könne die Artikel nicht abschwören in dem Sinne, in welchem er sie geschrieben: das sei nach seiner Ueberzeugung die biblische Lehre; wohl wolle er sie widerrufen, wenn ihm nachgewiesen werde, daß sie dieser entgegen ständen. Aber auf Weiterungen ließ sich das Tribunal nicht mehr ein — Ja oder Nein verlangte es: da schrieb er mit großen Buchstaben Nein! Am 26. Juni las man ihm das Todesurteil vor: er sollte im Kerker erdrosselt, dann der Leichnam zwischen den beiden Säulen am Markusplatze aufgehängt und verbrannt werden 'nicht allein zur Strafe für seine Vergehen, sondern auch Anderen zum Beispiel sowie zu Ruhm und Verherrlichung der heiligen Mutterkirche und unseres Glaubens.' Im Angesicht des Todes schwankte er einen Augenblick und erklärte sich bereit, zu widerrufen, so daß man die Ausführung des Urteils verschob. Als er aber zur Besinnung kam und hörte, wie schon in der Stadt das Gerede ginge, nicht Meister Pisani oder Donato, sondern 'Meister Strick' habe den Wechsel seiner Ansichten zuwege gebracht, da ermannte er sich und schrieb an die Richter einen Brief, der als letztes Zeugnis für die Wahrheit und als Denkmal, welches Fonzio sich selber gesetzt hat, hier im Auszug eine Stelle finden mag. 'Ich bin mir', schreibt er, 'bei gewissenhafter Prüfung keines Irrthums bewußt, den ich ehrlich abschwören könnte. Im Angesichte der heiligen Kirche aber will ich nicht heucheln, lügen oder falsch schwören, da in jener der heilige Geist als in seinem lebendigen Tempel wohnt ... Nun gut, mögen Eure Herrlichkeiten nur das Urteil nach Ihrem Gutdünken ausführen, indem Sie Sich höchstens damit trösten können, daß ich gegen die Lehre der Apostel übel handeln will, damit doch Gutes daraus entstehe — ich bitte Sie zu verzeihen, daß ich da, wo es sich um das Heil der Seele handelt, mehr Rücksicht nahm auf das, was Leib und Seele gänzlich verderben kann, als auf diejenigen, welche nur gegen den Leib streng oder grausam sein können. Und da ich nun weiter nichts zu sagen habe, so befehle ich Sie Gott dem Herrn, den ich Tag und Nacht um Verzeihung für meine Verfolger bitte und der die im Irrtum befindlichen, solange es Zeit ist, auf den rechten Weg zurückführen möge. Mir aber verleihe er die Stärke, zu Seiner Ehre und zum Heil meiner Seele dies mein Kreuz zu tragen.' Der Brief ist vom letzten Juli 1562. Am 4. August wurde das Urteil an Fonzio vollzogen; aber auch diesmal vermied man es, das Schauspiel einer öffentlichen Hinrichtung oder gar Ketzerverbrennung zu geben. Bei finsterer Nacht fuhren zwei Barken hin zum Lido; man band den Verurteilten auf ein Brett, das durch Steine beschwert mit den Enden je auf einer der Barken ruhte — auf ein Zeichen fuhren die Barken auseinander — für immer verschwand das Opfer in den Gewässern, deren Strömung den Leichnam in das hohe Meer hinaus führte. Das war die übliche Weise. 'Nur die Lagune erfuhr das Geheimnis dieser Todesart'.

Ehe Fonzio die Barke bestieg, hatte er dem dienstthuenden Beamten ein von ihm geschriebenes Heft, 103 Blätter stark, übergeben mit der Bitte, dasselbe an den Rat der Zehn gelangen zu lassen. Statt an diesen gelangte dasselbe aber an das Inquisitionstribunal, und unter dessen Papieren ist es mit den übrigen Akten des Prozesses noch erhalten. Fonzio giebt darin eine kurze Darlegung seines Glaubens, welche ihn durchweg in den wichtigen Fragen als auf der Seite der Evangelischen stehend zeigt. Nur in zwei Punkten entfernt er sich bewußt von der Mehrzahl der damaligen Protestanten: erstens, sofern er die Mönchsgelübde, wenn einmal abgelegt, für den, der sie gethan hat, auch als dauernd verbindlich ansieht; und zweitens darin, daß er seine Lehre dem in Trient versammelten Konzile zu endgültigem Urteile unterbreitet. Dies sollte unter Vorlegung jenes kurzen Glaubensbekenntnisses geschehen, durch einen voran geschickten Appell an das Konzil unter Berufung darauf, daß eben dieses durch Beschluß der ersten Sitzung als das höchste Glaubensgericht in der Christenheit erklärt worden war. Zur Kenntnis der in Trient Versammelten ist dieser letzte Notschrei des Unglücklichen nicht gebracht worden. Wenn sich in der Einleitung und Führung des Prozesses gegen Fonzio ein sei es unmittelbarer sei es mittelbarer Einfluß seines alten Feindes Giovanni Pietro Caraffa, der seit 1555 den päpstlichen Stuhl inne hatte, wohl verspüren ließ, so war dies nur ein Fall unter vielen; es war nur eine Rückwirkung des rücksichtslosen, der Vernichtung aller Abweichungen vom römisch-katholischen Kirchentum zustrebenden Geistes, der eben in Papst Paul IV. Person geworden war. Wie sehr dieser Geist nun sich auch in der ganzen Haltung des venetianischen Senates geltend zu machen begann, zeigt ein Fall, der in dieselbe Zeit fiel, welche Fonzio's Gefangennahme und andere Maßregeln auf dem Gebiete der Inquisition gesehen hatte. Was in der ersten Hälfte des Jahrhunderts geradezu undenkbar gewesen, was den Ueberlieferungen und dem bis dahin in Venedig herrschenden Geiste schnurstracks zuwiderlief, das trat im Jahre 1556 ein: protestantische Ausländer, welche in Handelsgeschäften nach Venedig kamen, wurden als Ketzer verhaftet, weil sie nicht vorsichtig in ihren Reden waren. Mit Bezug darauf schrieb der als Gesandter an den Senat geschickte Friedrich von Salis an die heimische Regierung von Graubünden im Jahre 1557: 'Hierzulande und überall da in Italien, wo der Papst die sogenannte geistliche Gerichtsbarkeit hat, unterwirft man die Gläubigen der strengsten Inquisition. Weitreichende Vollmacht haben die Inquisitoren, jeden Beliebigen, auch auf das geringste Anzeichen hin, zu ergreifen, ihn der Tortur zu unterwerfen und ihn — was schlimmer als der Tod selbst ist — nach Rom zu senden; das Letztere kam nicht vor, ehe der jetzige Papst den Stuhl bestieg. Ich muß länger hier bleiben als mir lieb ist und weiß noch nicht, wann ich mich aus diesem Labyrinthe frei machen kann'. Kaum war Friedrich nach Hause zurück gekehrt, so machte die Einkerkerung eines Graubündner Kaufmanns in Vicenza neue Maßregeln erforderlich. Man schickte diesmal Hercules von Salis, dessen Bemühungen so lange erfolglos blieben, bis er vor dem Senate selbst in so unerschrockener Weise die unerträgliche Anmaßung der sich in alles mischenden päpstlichen Ansprüche geißelte, daß der Senat sofort die Freilassung des Gefangenen verfügte.[39])

Pius V. wußte es zu erreichen, daß die Willfärigkeit des Senates in allen Fragen, wo es sich um Ketzer handelte, gegen die Traditionen der Republik sich noch mehr steigerte. Er schickte den Bischof von Nicastro als Legaten nach Venedig im Frühjahr 1566. Die Depeschen des Legaten nebst den jedesmaligen

Antworten des Cardinalsekretärs, welcher ein Neffe des Papstes war, sind im Vatikanischen Archiv erhalten. Sie bringen den Eindruck hervor, daß der Papst dem Senate gegenüber vor keiner Forderung mehr zurück schreckt und durch zähes Festhalten, durch Versprechungen, Winkelzüge und zeitweises Zurückweichen schließlich alle Absichten durchzusetzen weiß.[40])

Das zeigt unter anderen Fällen der des Guido da Fano, welchen der Legat bei seiner Ankunft in Venedig schon unter Prozeß wegen Ketzerei vorfand. Der Papst verlangte die Auslieferung des Angeklagten an das römische Inquisitionsgericht. Der Senat verweigerte sie: es hieße, so antwortete man dem Legaten am 20. Juli 1566, das Ansehen des heimischen Gerichtes untergraben und würde zugleich einen sehr schlimmen Eindruck unter der Bevölkerung hervorbringen, wenn man dem Papste nachgäbe; wenn dieser aber irgend einen besondern Richter zur Verhandlung abordnen wolle, so würde man das gestatten. Trotz aller Vorstellungen, fügt der Legat hinzu, hielten sie an ihrer Weigerung fest aus vier Gründen: erstens: weil sie keinen Angeklagten an ein auswärtiges Tribunal ausliefern könnten; zweitens: weil Guido viele Gönner habe; drittens: weil man den früheren Nuntius vor den Unannehmlichkeiten bewahren wolle, in welche eine solche Untersuchung des Falles vor dem römischen Tribunal ihn nachträglich noch bringen könnte; und endlich, weil sie in Venedig gerade andere wichtige Staatsangelegenheiten, nämlich die schleunigste Ausrüstung einer Flotte gegen die Türken, zu betreiben hätten. Aber in Rom ließ man nicht nach und kam immer wieder auf das Verlangen der Auslieferung zurück. An dem nämlichen Tage, an welchem der Legat den Bescheid des Senates meldete, schrieb ihm von Rom aus der Staatssekretär und schickte einen Brief des Papstes an den Dogen mit, welcher die Bitte wiederholte. Abermals trug der Legat die Sache nachdrücklich im Collegium vor. Heftig werdend verstieg er sich sogar bis zu der beleidigenden Anspielung: man sage, die gegen Christus widerspänstigen Ketzer lebten unter stillschweigendem Schutze im venetianischen Staate. Aber die Senatoren entgegneten, daß sie jenen Guido nicht ausliefern würden. Da richtete der Papst einen zweiten, eigenhändigen, Brief an den Dogen. Indem er diesen überreichte, trug der Legat zum drittenmal die Sache vor. Man schob sie von der Hand: jetzt eben habe man zuviel mit der Ausrüstung der Flotte zu thun. Endlich am 10. August meldet der Legat triumphierend: die Herren hätten sich nun doch anders besonnen; der Angeklagte solle ausgeliefert werden und zwar nach Ravenna, wo man ihn in Empfang nehmen könne. Das geschah denn auch, und als Guido gegen Ende des Monats in Rom angelangt war, drückte der Staatssekretär durch den Legaten seine besondere Befriedigung dem Senate gegenüber aus.

Daß man gegen Einheimische nicht weniger strenge vorging, wenn der Verdacht der Ketzerei auf sie gefallen war, ist erklärlich. Mitglieder der vornehmsten Familien wurden belangt: die Akten weisen solche Namen auf. Aber — so groß war die Rücksicht gegen patrizische Familien in Venedig und das Bestreben, sie als von aller Ketzerei unbefleckt späteren Geschlechtern erscheinen zu lassen — diese Namen sind später unleserlich gemacht worden. So bezeugte der im Jahre 1568 zu Tode gefolterte evangelisch=gesinnte Padre Fedele Vigo aus der Mark, daß er in früheren Jahren als 'wahre Brüder' in Venedig kennen gelernt habe den Edelmann Domenico Contarini genannt Roncinetto, sowie den Edelmann Marcantonio da Canale; ferner einen Messer Aluise Mocenigo, Neffen des Monsignor Mocenigo; endlich Messer Pompeo d' Avanzo, der zwar nicht einer der altaristokratischen, aber doch einer hervorragenden Familie angehörte. Dieser Avanzo war schon 1558 nach Genf geflohen[41]); 1559 wurde er als 'notorischer und entwichener Ketzer' auf ewig aus der Stadt und dem Gebiete verbannt. Auch ein Mitglied des edlen Geschlechts der Canale findet sich unter denen, welche in Genf eine Zuflucht suchten — Gontardo Canale, dessen Aufnahme 1572 erfolgte. Ferner sind für 1557 ein Girolamo Baldi, für 1560 ein Guilio Barbaro für 1560 sogar ein Bruder des regierenden Dogen, Andrea da Ponte, für 1573 ein Edelmann Andrea da Prato in den Listen der in Genf aufgenommenen venetianischen Flüchtlinge verzeichnet. Jener Mocenigo wurde 1565 von der Inquisition in Capo d'Istria belangt nnd leistete am 15. December Abschwörung; er gesteht darin, daß er bezüglich der Lehre von der Brotverwandlung, des Ablasses, des Fegefeuers, der Autorität des Papstes, der

Heiligen- und Bilderverehrung, sowie des freien Willens geirrt habe. Aber damit war sein Schicksal noch nicht besiegelt. Nach einigen Jahren geriet er von neuem in die Hände des Tribunals und diesmal lautet das Schlußurteil (vom 31. März 1569) folgendermaßen: ... „Monsignor Mocenigo ist überführt, rückfälliger Ketzer zu sein; seine Reue und Bekehrung bei dem ersten Prozesse war erheuchelt, und wahre Bekehrung ist nicht mehr von ihm zu erhoffen. Deshalb erklären wir ihn von neuem seiner kirchlichen Einkünfte verlustig; bestimmen, daß er seiner priesterlichen Weihe entkleidet und degradiert werde; schneiden ihn als unnützen Schößling vom Baume der Kirche ab und übergeben ihn dem Arme der weltlichen Gerechtigkeit". Damit war ihm das Todesurteil gesprochen. Des Marcantonio da Canale wurde die Inquisition erst 1568 habhaft: achtmal stellte sie Verhöre mit ihm an, ließ ihn auch eine schriftliche Darlegung seiner Ansichten aufsetzen und verurteilte ihn dann unter dem 9. Oktober 1568, da er ebenfalls erklärte abschwören zu wollen, zu den üblichen kirchlichen Strafen sowie zu vierjähriger Haft im Kloster der Franziskaner in Venedig.

Neben diesen auch sonst bekannten Namen begegnen auch minder bekannte unter der Zahl der venetianischen Flüchtlinge in Genf, Namen, die sich zum Teil in den Akten der Inquisition wiederfinden. Die mit Genf so hergestellten Beziehungen würden noch zahlreicher sein, wären nicht andere Länder für das Entweichen aus Venedig günstiger gelegen gewesen als die westliche Schweiz. Nach Norden und nach Osten hin sehen wir Venetianer, um der kirchlichen Verfolgung zu entgehen, die Flucht versuchen. So wurde — der Fall geht in das Jahr 1549 zurück — der Arzt Francesco Stella aus Oderzo, wohnhaft in Portobuffalo, denunciert als Einer von denen, welche Vergerio verführt habe; Stella bewahre, so hieß es in dem noch erhaltenen Urteil, im Palaste Grimani in Venedig verborgen viele ketzerische Bücher auf. Das Letztere erwies sich als richtig. Bei dort angestellter Haussuchung fand sich eine Kiste mit Schriften, deren Titel von Interesse sind; so hat er die 'Tragödie vom freien Willen', die Francesco Negri verfaßt hatte; den Dialog zwischen Mercurio und Charon, verfaßt von Valdes; 'Pasquino in Verzückung' von Celio Secondo Curione; Schriften von Luther, Westphal, Melanchthon, Erasmus, Vermigli, Ochino, Giulio da Milano u. A. Unter den bei ihm mit Beschlag belegten an ihn gerichteten Briefen war einer von Vergerio (vom 25. Mai 1549); und zwei von Baldassare Altieri (vom 28. März und 1. April 1549); auch ein an die Herzogin Renata von Ferrara, die Beschützerin der Evangelischgesinnten, gerichtetes Schreiben vom 3. Mai 1549, welches Stella überbringen sollte. Stella entwich damals nach Görz; aber man behielt ihn im Auge, und nach zehn Jahren, unter dem 14. November 1559, meldet der Bischof von Ceneda, es sei ihm endlich gelungen, diesen 'Hauptketzer' durch kaiserlichen Befehl festnehmen zu lassen. Als Vergerio — damals längst in Sicherheit in Deutschland — die Gefangennahme seines alten Freundes erfuhr, ersuchte er den Herzog Christoph von Würtemberg um seine Verwendung zu Gunsten Stella's beim venetianischen Senat. Der Herzog willfahrte, allein die Verwendung blieb ohne Erfolg.[42])

Paolo Moscardo, Rechtsanwalt in Venedig, im April 1568 als Ketzer denunciert, weil er gegen die Brotverwandlungslehre geredet und den Papst mit Schmähworten belegt habe, sollte noch am nämlichen Tage verhaftet werden. 'Ich fand ihn zu Hause', berichtet der Beamte der Inquisition, 'und ließ ihm sagen, er solle herabkommen. Da er aber merkte, daß wir ihn verhaften wollten, lief er hinauf auf den Söller und kletterte von da über eine Mauer hinunter, so daß wir ihn nicht fassen konnten'. Moscardo entkam so, aber bei der Haussuchung fanden sich ketzerische Bücher in einem Versteck. Paolo's Bruder Marcantonio stellte sich freiwillig dem Tribunal und nannte noch einige 'Mitschuldige': Giacomo Negron, den Arzt Teofilo Panarelli und seinen Schwager Leandro. So wurde denn unter dem 16. Mai ein Bann und Aufruf gegen diese erlassen: Paolo und die eben genannten sollten sich binnen drei Tagen stellen, Giuseppe Moscardo, der in Villach als Arzt lebte, binnen vierzehn Tagen.[43]) Weitere aktenmäßige Nachrichten in dieser Sache sind nicht vorhanden; nur ergiebt sich aus einem mit dem Edelmann Marcantonio Canale angestellten Verhöre vom 3. Juli 1568, daß der Edelmann Angelo Foscarini damals die Absicht hatte, einen Geleitsbrief für Moscardo vom Senat zu erwirken. Moscardo floh nach Genf, wo er im Jahre 1569 Aufnahme fand. Am 12. Mai befand er sich — das ist das Letzte, was wir von ihm wissen — noch in einem Versteck in Venedig. Denn an diesem Tage schrieb er dort an seine Brüder Marcantonio und Stefano einen Brief, den jener alsbald der Inquisition eingereicht und so vor dem Untergange gerettet hat. Er erinnert darin an das Schicksal des Hus, dem sich zu unterziehen er sich nicht gewachsen fühle. Ohne zu ahnen, daß der Eine der Brüder ihn und die gemeinsame Sache schon verraten hatte, spricht er ihnen Trost ein: . . . 'Liebe Brüder, bekümmert Euch nicht. Ich hoffe auf meinen Gott und meinen Herrn Christus. Wenn der mir hier in Venedig geholfen hat, wird er mir auch anderswo helfen. Und ob auch meine arme Familie meiner Gegenwart beraubt sein wird, so wird doch der Herr ihr beistehen, wird uns bald wieder vereinigen und uns Trost bringen als Der, welcher wahrhaftig ist und Sein Versprechen nicht unerfüllt lassen wird.' Die Brüder bittet Moscardo, sein Weib und seine Kinder zu besuchen. Man werde ihn für einen Thoren halten, weil er geflohen — aber um Christi willen wolle er das gern sein. 'Im übrigen', so schließt sein Brief, 'meine geliebten Brüder, nehmt das, was Gottes Wille ist, geduldig hin; haltet fest daran und gehorchet Ihm in Allem und zweifelt nicht, weil alle Haare auf unserm Haupte gezählt sind. Ich hoffe, daß auch ihr eines Tages erleuchtet sein werdet'. Dem Briefe ist noch eine Nachschrift vom 13. Mai beigesügt: Moscardo hat erfahren, daß am Vormittag dieses selben Tages ein Erlaß vom Senate ergangen sei, wanach Alle, gegen welche wegen Ketzerei Anklage erhoben ist, ohne daß ihr Prozeß schon im Gange sei, Venedig und sein Gebiet binnen 14 Tagen verlassen sollen.

In das Jahr 1568 fällt auch der Prozeß gegen den schon erwähnten Padre Fedele Vigo aus Penna bei Fermo in der Anconitanischen Mark. Dieser hatte in Venedig jahrelang als Lehrer in vornehmen Familien, bei Massimo Valier, bei Girolamo und Giovanni Grimani, endlich bei Marcantonio Canale gewirkt, war dann auf des Letzteren Empfehlung von einigen Edelleuten als Lehrer ihrer Kinder nach Dulcigno berufen worden — im März 1568 finden wir ihn, als Ketzer denunciert, vor dem Tribunal, welches nach mehreren vorläufigen Verhören am 26. Juni 1568 dazu schritt, ihn der Tortur zu unterwerfen, um weitere Geständnisse, insbesondere die Namen von 'Mitschuldigen' aus ihm zu erpressen. Die Akten des Prozesses, die Niederschriften der mit ihm angestellten Verhöre, die sich noch bis in den Juli hineinzogen, sind vollständig erhalten. Ohne die tiefste Bewegung kann man nicht davon Kenntnis nehmen, wie dieser Unglückliche um seines Glaubens willen mißhandelt worden ist. Und als dann durch die wiederholte Anwendung der Folter die Standhaftigkeit des Mannes gebrochen, der schwache Leib unter unsäglichen Schmerzen der Auflösung nahe gebracht ist — da gesteht Fedele 'reuig' seine Schuld, unterwirft sich in Allem dem Urteil des Tribunals und den Lehren der römischen Kirche. Aber es war zu spät. Und nicht einmal den Trost konnte er sich durch seine Verleugnung erkaufen, daß man ihm die Communion gereicht hätte — nur die Applicierung der sogenannten letzten Oelung wurde vom Tribunal gestattet. 'Am 6. August', so lautet der Schluß des Berichtes über ihn, 'hat er das Leben mit dem Tode vertauscht; und wurde begraben in dem Friedhofe bei San Giovanni a Templo'.[44]

In das nämliche Jahr fallen auch noch andere Verfolgungen. Der Schulmeister Bartolomeo Fontana, der mit Fedele Umgang gehabt, wird im Mai 1568 belangt und unter dem 2. Oct. d. J., weil er sich bereit erklärte abzuschwören, nur mit kirchlichen Strafen belegt; seine Schule aber wieder zu eröffnen, wurde ihm erst unter dem 15. December 1569 gestattet. Ein anderer Schulmeister in Venedig, Aluise Leoni, wird vorgefordert, verhört, und am 11. Dezember 1568, weil er sich bereit erklärte, öffentlich mit brennender Kerze in den Händen abzuschwören, zu vierjähriger Haft und den üblichen kirchlichen Strafen verurteilt. Gleichzeitig wurde belangt und schon am 28. September 1568 verurteilt Francesco Andrea, Schreiber und Miniator — d. h. Schönschreiber, der Handschriften oder Documente mit Miniaturen versieht — und mit ihm Giacomo da Serravalle, 'weil sie in viele Ketzereien verfallen, aber auf den rechten Weg zurückgekehrt seien', verurteilt zu öffentlicher Abschwörung, sechsjährigem Gefängnis und den üblichen Kirchenstrafen. Im folgenden Jahre wurde auf eine Bittschrift der 'trostlosen Franceschina, der Gattin des Miniators Francesco' hin diesem die Haft verkürzt — er solle bis Palmsonntag 1570 im Gefängnis bleiben und dann zu Hause arbeiten dürfen, übrigens unter strenger Aufsicht stehen.

Und so lernen wir aus den Akten noch manche Personen kennen, welche um ihres Glaubens oder um gelegentlicher Aeußerung von Ansichten willen, welche dem römischen Kirchenwesen entgegen waren, in Conflikt mit der Inquisition gekommen sind. Je mehr wir uns dem Ende des Jahrhunderts nähern, um so mehr schwindet für die Angeklagten der Rückhalt, den das Bewußtsein, in geistiger Gemeinschaft mit andern, Gleichgesinnten und Freunden, zu stehen, dem Einzelnen gewährt, und um so eher wirkt die eiserne Strenge des Tribunals, wirken die abschreckenden Beispiele, welche dieses aufgestellt hat. So erregt es denn fast Verwunderung, wenn wir ab und zu doch noch einmal einem Manne begegnen, der sein Leben auf's Spiel setzt, um nicht seine Ueberzeugung preis zu geben, wie der Zeichner Gaspare, welcher am 9. Februar 1585 zu lebenslänglichem Gefängnis — an Stelle des gewaltsamen Todes — verurteilt wurde, weil er seinen Widerspruch gegen Lehren und Einrichtungen der katholischen Kirche nicht zurück nehmen wollte.

Die Gesamtzahl der im sechzehnten Jahrhundert in Venedig selbst gegen Venetianer wegen 'Lutheranismus' oder Lektüre ketzerischer Bücher eingeleiteten Prozesse beträgt — sofern die mit 1547 einsetzenden Akten der Inquisition davon Zeugnis geben — nicht weniger als 219.[45] Bei manchen von diesen ist man freilich nicht über das erste Entwickelungsstadium, nämlich die Annahme der sei es schriftlichen, sei es mündlichen Denunciation, hinausgekommen. Denn mit wie großer Vorliebe und mit wie sichtbarem Erfolge auch das Tribunal dieses bedenkliche Mittel, um stets neue Anklagen in's Werk setzen zu können, gepflegt hat — noch heute sieht man an der Straßenseite einer Kirche in der Nähe des Arsenales eine Oeffnung in der Mauer, deren Ueberschrift anzeigt, daß sie zur Aufnahme solcher Denunciationen bestimmt war —, so ist das Tribunal doch, weil es ebenso wohl namenlose wie mit Namen versehene Anklagen entgegennahm, nicht selten in die Irre geführt worden. Anderseits aber diente auch oft das, was ein einzelner Prozeß an neuem Material lieferte, dazu, zahlreiche und weithin verstreute Beziehungen aufzudecken und anderer Tribunale oder Behörden Beihülfe durch Nachweisung von 'Ketzern' in deren Bezirk anzurufen oder ihrer Wirksamkeit die Richtschnur zu geben.

Was aber den eigentlichen Zielpunkt der Thätigkeit der Inquisition betrifft, so zeigt der von uns eingehend dargelegte Fall des Bartolomeo Fonzio klarer als mancher andre, daß es derselben trotz der frommen Phrasen von angeblicher Besorgnis um das Seelenheil der Angeklagten, mit welchen sie gern ihre Urteile einleitet, weit weniger darauf ankam, den Betroffenen von der Unrichtigkeit seiner 'ketzerischen' Ansichten zu überzeugen, als vielmehr durch ihr Vorgehen abschreckende Beispiele zu geben und die gegnerischen Ansichten mit Gewalt zu unterdrücken. Daß ein solches Vorgehen in zahlreichen Fällen von dem gewünschten Erfolge begleitet war, zeigen die Akten der venetianischen Inquisition zur Genüge. Ihr Vorgehen hat zweifellos in hohem Maße zur Vernichtung der reformatorischen Bewegung beigetragen.

Und doch würde sie vielleicht das Ziel völliger Ausrottung der Bewegung nicht erreicht haben, wenn sich nicht gerade zu der Zeit, als die Verfolgung weitere Ausdehnung im venetianischen Gebiete gewann, auch zugleich innerhalb der protestantischen Bewegung selbst eine Teilung, ja bald eine mehrfache schroffe Scheidung vollzogen hätte.

Der angebliche Brief Melanchthons 'An den venetianischen Senat' vom Jahre 1538 oder 1539 hat uns zuerst darüber einen Wink gegeben, daß in der Republik religiöse Ansichten sich verbreiteten, welche der orthodox-protestantischen Lehre nicht minder entgegen waren als der römisch-katholischen. Daß aber die in jenem Schreiben angedeuteten Abweichungen in wichtigen Lehrpunkten schon damals zur Bildung von besonderen religiösen Gemeinschaften geführt hätten, wird nicht berichtet und ist auch unwahrscheinlich. Dagegen treten im Laufe, vornemlich gegen Ende, der nächsten zehn Jahre allerdings auch in Venedig im protestantischen Lager anderweitige Ansichten hervor, welche diesseits der Alpen schon längst die Bildung geheimer religiöser Gemeinschaften bewirkt hatten und nun auch dort gemeindebildende Kraft an den Tag legten.[46])

Das stand mit einer allgemeineren Bewegung im Zusammenhang. Zu Anfang der vierziger Jahre war in das Alpenthal, welches von der Nordspitze des Comersees sich aufwärts in der Richtung auf die Tyroler Alpen hin zieht, das Velltin, ein Sicilianer Camillo eingewandert, der sich den Beinamen 'Renato' der Wiedergeborene, beilegte, als er dem römischen Kirchenwesen den Rücken gewandt hatte. Camillo war zunächst als Hauslehrer bei Raffaello Paravicini, dann seit 1545 in Traona, Chiavenna und Vicosoprano als Lehrer thätig. Er war einer der ersten italienischen Vertreter derjenigen religiösen Richtung, welche man heutzutage noch in Ermangelung eines treffenderen Namens die 'wiedertäuferische' zu nennen pflegt, obwohl die Ablehnung der Kindertaufe und die Vollziehung der Taufe an Erwachsenen bei ihr nur ein äußerliches, für viele ihrer Anhänger nebensächliches, Kennzeichen bildet. Nicht übel hat man Camillo mit dem Engländer George Fox verglichen und ihn einen 'calvinistischen Quäker' des 16. Jahrhunderts genannt, obwohl die strengen Calvinisten manches an ihm ausgesetzt haben würden. Den Mittelpunkt seines theologischen Denkens bildet die Lehre von der Vorherbestimmung: wer 'erwählt' ist, hat den 'Geist', und kein Andrer kann ihn gewinnen. Diejenigen Seelen, welche der heilige Geist nicht zum Leben erweckt, sterben; aber die Kinder des 'Geistes' schlummern nur im Tode, um dann in eine erneuerte rein geistige Form des Daseins einzutreten. Wer des 'Geistes' Kind ist, bedarf keines äußeren Gesetzes; denn das Gesetz ist nur für diejenigen, welche den 'Geist', das innere Licht, entbehren. Die Sakramente sind nichts als Sinnbilder von Wahrheiten, welche den Erben des Reiches schon verliehen sind. So ist das Abendmahl ein Gedächtnismahl, sein Zweck die Erinnerung an Christi Tod, es ist das äußere Zeichen davon, daß die gläubige Seele Christi Leib und Blut genießt. Und die Taufe ist auch nichts anderes als die äußere Bezeugung der Thatsache, daß der alte Mensch abgelegt werden soll oder schon abgelegt ist. Daß diese letztere Ansicht dann zur Verwerfung der Kindertaufe führte, ist erklärlich; übrigens hat Camillo sich öffentlich nur gegen die mit der römisch-kirchlichen Taufvollziehung verbundenen widerbiblischen und abergläubigen Zuthaten ausgesprochen und nie auf den Vollzug einer zweiten Taufe gedrungen.

Diese und ähnliche Lehren drangen in den vierziger Jahren auch in Italien ein. Um 1547 oder 1548 zeigt sich ein ihnen anhangender Tiziano, der um seines Glaubens willen Italien hatte verlassen müssen. Er stellte die unmittelbare Erleuchtung durch den 'Geist' über die Unterweisung durch die heilige Schrift und griff eine Anzahl von Glaubenslehren, auch die Einrichtung der Kindertaufe an, — um dann freilich in Chur, durch Todesdrohung gezwungen, Alles zu widerrufen. Inzwischen hatte, wie es scheint, Tiziano den Samen der 'wiedertäuferischen' Lehren in Italien ausgestreut. Diese Thatsache und zugleich der überraschend große Erfolg, den solche Lehren sich in kurzer Zeit im Lande zu erringen wußten, ergiebt sich aus einem erst neuerdings bekannt gewordenen Aktenstücke aus den Papieren der venetianischen Inquisition: einem von Don Pietro Manelfi aus San Vito im Oktober 1551 in Bologna vor dem Inquisitor abgelegten Bekenntnis über dessen eigene Teilnahme an der wiedertäuferischen Bewegung. Lassen wir ihn berichten.

Vor etwa zehn oder elf Jahren, sagt Manelfi, als er noch Priester der katholischen Kirche war, sei er durch die Fastenpredigten eines Kapuziners, Fra Hieronimo Spinazola, zu der Ueberzeugung gekommen, daß die römische Kirche der heiligen Schrift entgegen, daß sie etwas Teuflisches und von Menschen erfunden sei. In Ancona sei er durch jenen Kapuziner zu Bernardino Ochino geführt worden, der ihm das bekräftigt und mit Schriftstellen belegt habe, der Papst sei der Antichrist. Ochino habe ihm auch 'ketzerische' Bücher geliehen, Luthers Auslegung des Galaterbriefes, Melanchthons Erklärung zum Evangelium des Matthäus. Manelfi ließ nun seine Stelle — er war Priester in dem Sprengel von Bologna — im Stich und begann ein längeres Wanderleben, welches ihn in persönliche Beziehung zu den Evangelischgesinnten in Vicenza, Treviso, in Istrien, dann in Rovigo, Ferrara und an andern Orten brachte. Zwei Jahre lang zog er durch diese Orte, überall die 'lutherische' Lehre im geheimen verkündigend. Da geschah es in Florenz — die Zeit wird nicht genauer angegeben, aber mehreres spricht dafür, daß der dortige Aufenthalt in das Jahr 1548 oder 1549 fiel —, daß er mit drei Männern, darunter jener Tiziano, zusammentraf, die ihn mit den wiedertäuferischen Lehren bekannt machten. Hauptsächlich, führt er aus, seien es die folgenden gewesen: die Taufe ist von Wert nur für die bereits Glaubenden und auch nur bei Solchen in Anwendung zu bringen; die Obrigkeit ist nicht christlich, weil sie mit Gewalt ihre Herrschaft führt und mit dem Schwerte straft; die Sakramente sind nur Zeichen, übertragen aber selbst keinerlei Gnadengaben; die römische Kirche ist teuflisch, ganz und gar wider Christum — wer in ihr getauft ist, muß, um Christ zu werden, erst wieder getauft werden. Das sind die Lehren, denen Manelfi sich nun anschloß. Nach einigen Monaten hat er denn auch nebst vier Andern — darunter ein früherer Mönch Namens Francesco aus Lugo bei Ravenna — durch Tiziano die zweite Taufe an sich vollziehen lassen. Darauf gingen sie alle zusammen nach Vicenza, wo die wiedertäuferische Bewegung bereits vorher Wurzel gefaßt hatte. Sie besprachen dort mit andern Vertretern der Bewegung — es mag Ende 1549 oder Anfang 1550 gewesen sein — wichtige religiöse Fragen. Als man an die Frage nach der Gottheit Christi kam, trat Meinungsverschiedenheit zu Tage: da beschloß man, alle Vorsteher der bereits in Oberitalien vorhandenen Gemeinden zu einer gemeinsamen Beratung zusammen zu berufen. Man erwählte Zwei, welche umherreisen und so die Einladungen überbringen sollten: je zwei Abgeordnete sollten von jeder Gemeinde geschickt werden zu einem im September 1550 in Venedig zu haltenden förmlichen Conzil der Wiedertäufer.

Wir stehen damit vor einer höchst merkwürdigen Erscheinung, die ein überraschendes Licht auf die religiöse Bewegung der Zeit wirft. Ohne daß irgend welche Merkzeichen nach außen hervorgetreten wären, ohne daß bis dahin mehr als hie und da ein vages Gerücht oder etwa ein aus dem Zusammenhange gerissener Name aufgetaucht wäre, der uns hätte aufmerksam machen können, begegnet hier plötzlich eine Thatsache, welche beweist, daß neben der der Richtung der deutschen Reformation entsprechenden Strömung seit längerer Zeit und mit Erfolg eine nicht in den Bahnen der orthodoxen Anschauung laufende Bewegung nebenher gegangen ist, welche um die Mitte des Jahrhunderts beachtenswerte Erfolge in Gestalt von zahlreichen Gemeindebildungen in Oberitalien aufzuweisen hatte. Denn die Anzahl derjenigen, welche sich nun wirklich zu dem 'Conzil' zusammenfanden, war nicht gering. Obwohl jede Gemeinde nur zwei Vertreter zu senden hatte und obwohl gewiß nicht alle in der Lage gewesen sind, deren zwei zu senden, so belief sich die Zahl der Teilnehmer doch auf ungefähr sechzig. Freilich darunter auch Vertreter von Gemeinden aus der Schweiz, aus Basel und St. Gallen und besonders aus Graubünden. Von den Teilnehmern zählt Manelfi im Einzelnen auf: jenen Tiziano, der ihn selbst zuerst in die wiedertäuferischen Lehren eingeführt hatte, und Iseppo von Vicenza; Nicolao und Giacometto aus Treviso; den früheren Abt Girolamo Buzzale aus Neapel, in Padua wohnhaft; Benedetto vor Asolo, Giulio und Girolamo Speranza aus Vicenza; je Einen aus Verona und Padua, deren Namen Manelfi nicht mehr weiß; endlich Celio Secondo Curione, der aus Basel, und 'il Nero' (Francesco Negri), der aus Chiavenna kam. Diese beiden Letzteren sind uns schon bekannt. Daß Negri, der mit Camillo Renato befreundet war, und schon 1547, als im Vetlin Lehrstreitigkeiten ausbrachen, seine von den orthodoxen abweichenden Ansichten nicht verhehlte, hier erscheint, ist nicht zu verwundern. Anders verhält sich das mit Curione, der zwar auch gewissen orthodoxen Lehren gegenüber stets größere Freiheit bewahrte, von dem aber bisher nicht bekannt war, daß er sich selbst der wiedertäuferischen Richtung angeschlossen hatte. Unter den Uebrigen ragt der frühere Abt Buzzale hervor. Er war Vorsteher der Wiedertäufergemeinde in Padua; er hatte seine auf tausend Dukaten jährlich sich belaufende Pfründe der Gemeinde überweisen wollen — aber die wollte 'von dem Blute der Bestie' nichts nehmen.

Die Teilnehmer wurden in verschiedenen Häusern einquartiert, höchstens drei bis vier zusammen. Die 'Brüder' in Vicenza, Padua, Treviso und Cittadella brachten die Kosten für den Unterhalt auf, aber die Reisekosten wurden seitens der Gemeinden für ihre Abgeordneten bestritten. Fast täglich versammelte man sich; die heilige Schrift des Alten und Neuen Testaments ward allen Besprechungen zu Grunde gelegt. Mit Gebet eröffnete der Vorsitzende die Verhandlung; dann forderte er auf: wer die Gabe des Wortes hat, möge auftreten und, was er für richtig hält, vorbringen zur Erbauung und zur Erledigung der Fragen, die uns hier versammelt haben. Ueber alle einzelnen Punkte erfolgte gemeinsame Besprechung. Dreimal feierte die Versammlung das heilige Abendmahl. Vierzig Tage lang dauerten die Verhandlungen. Endlich war die gewünschte Einigung erzielt, man stellte die folgenden Sätze auf: Christus ist nicht Gott, sondern Mensch, gezeugt von Joseph und Maria; aber er ist voll göttlicher Kräfte. Maria hat nachher noch andere Kinder geboren, wie dies aus mehreren Stellen des Neuen Testamentes erhellt. Es giebt keine Engel als besondere Klasse von Wesen; wo die heilige Schrift von 'Engeln' redet, meint sie 'Diener', d. h. Menschen, welche von Gott zu bestimmten Zwecken gesandt werden. Es giebt nur Einen Teufel, nämlich die fleischliche Klugheit; unter der Schlange, die nach Moses Bericht Eva verführte, ist nichts Andres als jene zu verstehen. Beweis: wir finden in der Schrift nicht, daß irgendein von Gott geschaffenes Wesen Gott feindlich sei mit Ausnahme der fleischlichen Klugheit, wie Paulus im Römerbriefe sagt. Ferner: die Gottlosen werden nicht auferweckt am jüngsten Tage, sondern nur die Erwählten, deren Haupt Christus gewesen ist. Es giebt keine andere Hölle als das Grab. Wenn die Erwählten sterben, so schlummern sie bis zum Tage des Gerichts, wo Alle auferweckt werden sollen. Die Seelen der Gottlosen gehen mit dem Leibe zu Grunde, wie dies bei den Tieren der Fall. Der menschliche Same hat von Gott die Fähigkeit erhalten, Fleisch und Geist hervorzubringen. Die Erwählten werden durch Gottes ewige Barmherzigkeit und Liebe gerechtfertigt, ohne irgend ein äußeres Werk, auch ohne die von Christus etwa erworbenen Verdienste; Christus ist nur gestorben, um die Gerechtigkeit Gottes zu erweisen — unter Gottes Gerechtigkeit aber verstehen wir den Gipfel aller seiner Güte nnd Barmherzigkeit und seiner Verheißung.

In dieser Zusammenstellung der wiedertäuferischen Lehren fehlt eine Aeußerung über die Taufe — offenbar nur, weil über deren Bedeutung und Anwendung überhaupt keine Verschiedenheit der Ansichten vorhanden war. Und aus dem nämlichen Grunde fehlen auch besondere Festsetzungen über sonstige wichtige Lehren. Uebrigens wurde auch betreffs der obigen Punkte eine völlige Einigung in Venedig nicht erzielt: der Vertreter von Cittadella, Messer Agostino, erklärte, daß er diese Artikel, insbesondere den ersten, nicht annehmen könne, und schied daraufhin nebst der von ihm geleiteten Gemeinde aus dem Verbande der auf dem Conzil vertretenen, der radikalen Richtung unter den Wiedertäufern angehörigen Gemeinden aus. Denn das war ausdrücklich zum Schluß festgesetzt worden: wer die Artikel nicht annimmt, wird von dem Gemeindeverbande ausgeschlossen.

Somit ergiebt sich, daß wir in dem venetianischen Conzil von 1550 einen wichtigen Wendepunkt in der Entwickelung der wiedertäuferischen Bewegung in Italien vor uns haben. Hier ist es, wo die beiden bisher neben einander laufenden Strömungen, die dogmatisch-radikale und die gemäßigte, welche bloß in der Tauflehre von der orthodox-reformatorischen Lehre abweicht, sich scheiden. Denn außer der Gemeinde von Cittadella gab es noch andere in Venedig nicht vertretene, in welchen die radikale Anschauung nicht durchdrang. Und nicht allein für die wiedertäuferische, sondern auch für die reformatorische Bewegung im allgemeinen ist dieses Conzil von Bedeutung gewesen. Denn von jetzt an laufen nachweisbar in Oberitalien nicht weniger als drei verschiedene Strömungen von Reformbestrebungen unter der Oberfläche hin, die sich zwar in manchen Punkten berühren, aber doch mehr und mehr sich von einander entfernen und sich gegenseitig das Gebiet durch ihre Propaganda streitig machen: die 'lutherische', d. h. orthodoxe, die gemäßigt-wiedertäuferische und die radikale. Dem Zwiste dieser drei Richtungen verdankt der Protestantismus vielleicht mehr als der rohen Gewalt der Gegner, daß er in Italien die Stürme seit der Mitte des sechszehnten Jahrhunderts nicht hat überdauern können.

Angesichts der Wichtigkeit der Enthüllungen Manelfi's kommen wir wieder auf seine 'Beichte' zurück. Auch über die damalige Organisation der wiedertäuferischen Bewegung giebt sie uns erwünschten Aufschluß. An der Spitze der einzelnen Gemeinden stehen 'Diener am Wort' (ministri); diese werden eingesetzt und eingeführt durch 'Bischöfe' (episcopi oder vescovi), die man 'apostolische' nennt, wohl zum Unterschied von den römisch-katholischen, und denen es obliegt, das Wort Gottes zu verkünden und die Gemeinden zu besuchen. Daß zur Zeit des Conzils schon ein fester Verband zwischen den einzelnen Gemeinden bestand, geht daraus hervor, daß eben diejenigen, welche sich den Beschlüssen desselben nicht unterwerfen, ausgeschlossen werden sollen. Die Verbindung zwischen den Gemeinden nun wurde, natürlich im geheimen, durch fleißige Besuche seitens der 'Bischöfe' oder sonst damit Beauftragten gepflegt. Manelfi selber hat längere Zeit dieses Amt eines Wanderpredigers versehen und verdankt ihm eine große Personenkenntnis innerhalb des Bestandes der Gemeinschaft. So hat er in Begleitung eines Marcantonio von Asolo die Gemeinden in Vicenza, Padua, Treviso, sowie die in Istrien, in Begleitung des 'Bischofs' Lorenzo Nicoluzzo aus Modiana im Winter 1550 auf 1551 nach dem Conzil die in der Romagna, in Ferrara und Toscana besucht, während er im Sommer 1550, also vor dem Conzil, eine kleine Rundreise in Oberitalien mit dem Gerber Pasqualino von Asolo aus Treviso gemacht hat. Solche stets wiederholte persönliche Berührungen mit den leitenden Gliedern erhielten das Gemeinschaftsleben, trotz aller äußeren Schwierigkeiten, lebhaft wach. In dem Verhöre vom 18. November 1551 gab dann Manelfi mündlich noch fernere Auskunft; wir hören von einer geheimen Organisation, der gemäß die Brüder einander zu benachrichtigen pflegten, sobald Gefahr drohte, wo nötig durch besondere Boten: er selbst ist dadurch einmal in Bagnacavallo der auf Befehl des Herzogs von Ferrara vorzunehmenden Verhaftung entgangen und nach Ravenna und Venedig entwichen. Ja, Manelfi bringt Beispiele dafür bei, daß die 'Brüder' sogar von dem Erlaß geheimer Haftbefehle seitens des Rates der Zehn in Venedig, der Regierung in Florenz und gewisser Statthalter und Bischöfe im Venetianischen rechtzeitig unterrichtet gewesen sind — selbst in die Gefängnisse wissen sie einzudringen, um gefangene Brüder zu stärken. Er selbst habe, erzählt Manelfi, vor zwei Jahren in Begleitung eines mittlerweile in Rovigo hingerichteten Benedetto in Venedig Einlaß in's Gefängnis zu finden gewußt und habe einen 'Lutheraner' aus-

Cittadella dort belehrt und getauft, nachdem sie die Wächter bestochen hatten. Auch zu jenem Benedetto seien Brüder in den Kerler gedrungen. Hauptzweck der Reisen blieb natürlich die Kräftigung des Bewußtseins der Gemeinschaft auf Grund der täuferischen Lehren, Untersuchung des Zustandes der einzelnen Gemeinden und gelegentliches weiteres Betreiben der Ausbreitung ihrer Sekte. So stieg Manelfi im September 1551 bei Bartolomeo della Barba in Verona ab, der von Jacometto dem Seilspinner in Vicenza getauft, ihn im Namen der dortigen Brüder gebeten hatte zu kommen. Es waren ihrer ungefähr 25; sie trafen sich vor dem Thore der Stadt an einer abgelegenen Stelle in den Bergen, und als er ihnen die Tauflehre der Gemeinschaft dargelegt hatte, stimmten Alle bei. Als er nun aber die Frage nach der Gottheit Christi und zwar in der radikalen Weise, wie das Conzil von 1550 sich darüber ausgesprochen hatte, behandelte, da erhob sich Einsprache, da wollten sie nicht beistimmen, — so ist es denn damals nicht gelungen, eine eigentliche Gemeinde in Verona zu stiften.

Mochte die Uneigennützigkeit aufseiten der Leiter dieses weit ausgedehnten Gemeinwesens noch so groß sein, so mußte doch die Art der Verwaltung große Kosten verursachen. Um so schwerer lasteten diese auf den Gemeinden, als ihre Angehörigen zum größten Teile den unteren Ständen, besonders dem der kleinen Handwerker, angehörten. Doch gab es auch begüterte Mitglieder; so war in Treviso ein Niccola aus Alessandria, welcher in der ausgiebigsten Weise für die Deckung der Bedürfnisse beisteuerte: er gab Manelfi 14 Dukaten, der Gemeinde zu Ferrara sogar 40, und ebensoviel dem uns bekannten Tiziano.

Man mag sich vorstellen, mit welcher Begierde solche Nachrichten, wie Manelfi sie aus genauer persönlicher Kenntnis hier mitteilte, seitens der Inquisition aufgenommen wurden. Endlich bekam sie so Gewißheit über eine Bewegung, der sie längst nachgespürt, endlich bot sich die Möglichkeit, diese tödlich zu treffen. Von Bologna aus schickte der Inquisitor Manelfi vor das Tribunal nach Rom — so wichtig erschien der Fall. Am 10. November 1551 langte er dort an; schon am 12. fand das erste Verhör statt. Man richtete dabei, wie stets in solchen Fällen, das Hauptaugenmerk darauf, möglichst viele Namen von 'Mitschuldigen' durch ihn zu erfahren. Ob dieselben der wiedertäuferischen oder der orthodox-reformatorischen Richtung angehörten, war dabei natürlich gleichgültig. Und in der That gelang es Manelfi aus seiner Erinnerung und vielleicht mit Hülfe von Aufzeichnungen, eine reichhaltige Liste von Personen aus verschiedenen Städten Oberitaliens zu geben, welche in der einen oder andern Richtung sich von dem römischen Kirchenwesen abgewandt hatten. Hier kommt für uns zunächst die Aufzählung von Wiedertäufern in Betracht, da wir diese Bewegung bis zu ihrem Ausgange zu verfolgen haben.

In Venedig, berichtet Manelfi, seien ihm von Wiedertäufern erinnerlich ein Messer Bartolo, Holzschuhmacher im alten Ghetto; ein Giovanni Maria, Degenschmied, in der Frezzeria wohnhaft, nebst seiner Frau; ein Teppichweber im alten Ghetto; mehrere Samtweber außerdem und eine Frau. Zwei habe er selbst getauft und im letzten September noch das Abendmahl mit ihnen gefeiert. In Vicenza betrug die Zahl der Wiedertäufer sechzig. Er nennt von ihnen: den Schneider Giuseppe mit dem Beinamen 'der Zigeuner'; den Schuster Messer Giovanni aus Poschiavo und dessen Gehilfen; den früheren Priester Messer Antonio, der jetzt verheiratet ist und gleichfalls das Schusterhandwerk betreibt; Giovanni Maria Bagazzo; den Wollschläger Matteo della Maddalena nebst Frau und Schwägerin; den in Venedig beim Conzil gewesenen Hieronimo Speranza nebst drei Schwestern; den Seilspinner Jacometto, Bischof und Vorsteher der Gemeinde, welcher Viele in Vicenza getauft hat; dann einen Schneider Aloisetto, einen Färber Matteo, einen Schuhmacher Giulio, einen Knopfmacher Jacopo, einen Brotverkäufer, einen Lumpensammler und viele Andere. Einen bestimmten Betsaal haben sie nicht, sondern versammeln sich bald hier bald dort. Die Beschlüsse des venetianischen Conzils haben sie angenommen und halten fest daran. Auch in Padua kennt Manelfi eine Anzahl Wiedertäufer mit Namen; Vorsteher der Gemeinde ist — nach dem Weggange des früheren Abtes Buzzale, den wir unter den Teilnehmern des Conzils fanden — ein Bartolomeo aus Padua geworden. Zu den Mitgliedern gehört der Bruder des Buzzale, Benedetto, Student der Universität. Ferner gehören zu ihnen: ein Degenschmied Messer Francesco, ein Krämer Salvatore aus Venedig; ein Schuhmacher Biagio; ein Schneider Bernardino nebst Frau und Andere. Und so fährt Manelfi fort, die ihm in den verschiedenen Orten, in Treviso, Asolo, Cologna, l'Abbazia bei Verona, in Rovigo, Cittadella, in Capo d'Istria, Pirano, Conegliano, Momarano und Cherso bekannt gewordenen Wiedertäufer namentlich aufzuzählen.

Eine merkwürdige Thatsache ergiebt sich aus einem nicht lange nachher confiscirten Briefe, welcher nach Padua an den Nestelmacher Jacometto gerichtet war und vom 18. April 1552 datiert. Wir hören, daß der Schreiber, Giulio aus Alessandria, mit anderen 'Brüdern' wohlbehalten in Castel Nuovo in der Türkei angelangt sei und dort die ihnen schon vorangegangenen 'Brüder' getroffen habe. Giulio soll dies Allen mitteilen und diejenigen, welche die Reise machen wollen, nach Salonich senden; dahin wollten sie, weil das ein betriebsamer Ort sei, an dem Alle ihr Geschäft betreiben könnten. Dem Briefe ist noch hinzugefügt ein Gruß von einem Bartolomeo aus Padua, welcher bittet, daß man bei Gelegenheit auch seine Schwester, die einen guten Namen unter der Gemeinschaft habe, mitbringen möge. Endlich noch ein Gruß von einem Nicolao mit der Bemerkung, die Weiterreise werde noch nicht sobald stattfinden.

So hatte denn schon die Flucht in größerem Maße begonnen: es ist bezeichnend, daß die 'Brüder' unter der türkischen Herrschaft die Gewissensfreiheit suchen, welche die Republik ihnen versagte. Noch ein Lichtstrahl fällt später auf diese Wiedertäufercolonie in Salonich: unter dem 8. Juni 1563 schreibt von dort eine arme Mutter, Catarina de Porti, der die Tochter gestorben ist, an ihren Schwiegersohn Bartolomeo in Padua, er möge kommen und sie zurückbegleiten, da sie jetzt niemand mehr dort habe: Paula (die Verstorbene) gehe der Auferstehung nun entgegen, bestattet neben ihrem Vater; der 'Flamänder' habe sich auf das liebevollste ihrer angenommen und die Begräbnißkosten getragen.

Das ist eine vorübergehende Beleuchtung, in welche das Schicksal solcher Flüchtlinge tritt. Durch Zufall ist diese Erinnerung für uns erhalten geblieben. Dann versinkt alles in tiefes Dunkel.

In ausgedehntem Maße hat nun die Inquisition die von Manelfi gegebenen Winke benutzt. Eine beträchtliche Anzahl der von ihm namhaft Gemachten begegnet uns in der nächsten Zeit in den Akten des venetianischen Tribunals wieder. Man kann genau verfolgen, wie dieses nach bestimmtem Plane vorgegangen ist, um die ganze Bewegung nun mit einem Male zu vernichten. Schon im Dezember 1551 erging an den Statthalter in Padua Befehl, die sämtlichen von Manelfi Bezeichneten gefangen zu nehmen und nach Venedig überzuführen. Einen schickt dieser schon am 20. ein, dann zwei fernere am 22. und schreibt dazu: ein Dritter — es war der Student Benedetto Buzzale — sei nicht mehr da, und zwei, nämlich den Krämer Salvatore, sowie Giangiorgio Patrizio, habe er noch nicht fassen können. Später hat er auch diese eingeliefert. Zur selben Zeit erging ein gleichlautender Befehl an den Statthalter in Vicenza: der schickte am 22. Dezember den als Hauptketzer genannten Bartolomeo della Barba. Auch nach Treviso und Asolo erging gleicher Befehl mit ähnlichem Erfolge. So war der erste Hauptschlag im Dezember 1551 gelungen, und im Lauf der folgenden Jahre spielten sich nun teils vor dem venetianischen Tribunale, teils vor den Tribunalen des festländischen Gebietes eine Menge von Prozessen ab, deren Akten noch heute im Staatsarchiv in Venedig aufbewahrt sind. Einige Beispiele lasse ich folgen.

Der von Manelfi genannte Schuhmacher Pietro von Asolo ist eingezogen und durch Todesdrohung zum Abschwören gebracht worden. Er sagt aus, daß er verführt worden sei durch den inzwischen in Rovigo als Ketzer verbrannten Benetto aus Borgo; daß er Sonntags mit Anderen gegangen sei, dem Gottesdienste beizuwohnen, wo ein 'Diener am Wort' eine Stelle aus dem Neuen Testamente italienisch vorlas, und erklärte, daß er sich dann nach vier Monaten von dem uns bekannten Niccola aus Alessandria habe wiedertaufen lassen.[47])

Ein Priester aus Buongiorno della Cava, Don Giovanni Laureto, klagt sich in einer nicht mit Datum versehenen Selbstdenunciation an, daß er sich den Wiedertäufern angeschlossen, an der Wirksamkeit der von der römischen Kirche erteilten Taufe gezweifelt, überhaupt die Taufe nur als ein Zeichen angesehen habe, das zum Heile nicht beitrage. „Während ich dieser Sekte angehörte" sagt er, „zweifelte ich, daß Christus wahrer Gott und von einer Jungfrau geboren sei, und ich glaubte, daß die Evangelien verderbt seien. Und da unter den Wiedergetauften über diese Frage gehandelt wurde und Einige sie bejahten, Andere sie verneinten, wir aber dem Abte Buzzale, dem das Amt der Schrifterklärung oblag, nach mehreren Besprechungen und Vorträgen darüber Folge leisteten — so fing auch ich an, diese Lehre wie die Uebrigen zu bekennen und sie andern vorzutragen." Es ist klar, daß dies in die Zeit vor dem 'Conzil' fällt, als über die Frage nach der Gottheit Christi noch nicht entschieden worden war, und zugleich weist dies auch darauf hin, daß der frühere Abt Buzzale eine hervorragende Stellung innerhalb der Gemeinschaft einnahm und ihm wohl ein bestimmender Einfluß auf die Beschlüsse des 'Conzils' zugeschrieben werden muß.

Gleichfalls in die Zeit vor dem 'Conzil' fällt des Girolamo Allegretti aus Spalatro Irrfahrt und Prozeß — ein Prozeß, welcher von besonderem Belange ist, weil er uns einen Blick auf die damaligen Beziehungen zwischen Anhängern der orthodox-reformatorischen und der wiedertäuferischen Bewegung thun läßt und uns eine Anzahl von Männern vorführt, welche für beide Richtungen von Bedeutung gewesen sind. Allegretti, oder wie er seit seinem Eintritt in den Dominikanerorden genannt wurde, Fra Marco, war Lehrer der Theologie im Kloster zu Spalatro, lernte dort reformatorische Schriften kennen, verließ Kloster und Orden im Jahre 1559, ging über Venedig nach Poschiavo, wohin er eine Empfehlung an den eben dorthin geflüchteten Vergerio mitbrachte, dann nach Chiavenna, wo er Zeuge von der Entzweiung in gewissen Lehren zwischen dem Pfarrer Agostino Mainardi auf der einen und Camillo Renato nebst Francesco Negri auf der andern Seite wurde. Er ging dann auf Baldassare Altieri's Rat nach Basel, wo Celio Secondo Curione und Andere freundlich mit ihm verkehrten, bis er mit Curione in Streit geriet, „weil dieser die Gottheit Christi leugnete", und nach Chiavenna zurück kehrte. Da berufen ihn die 'Lutheraner' in Cremona als Prediger; er folgt dem Rufe der Gemeinde, erwirbt sich bald ihre innigste Zuneigung, bleibt aber nicht lange, da er sich mit ihrer Anschauung von der Person Christi doch nicht eins weiß; so geht er nach Gardone in der Nähe von Brescia und von dort aus — wirst er sich im August des Jahres 1550 reumütig abbittend dem Vorsteher seines Klosters in Spalatro zu Füßen! Ein absonderlicher Entwicklungsgang, doch nicht ohne anderwärtige Beispiele. Allegretti's Abschwörung erfolgte am 18. November 1550. Unter den bei ihm mit Beschlag belegten Papieren befanden sich vier Briefe an ihn aus dem Jahre 1550, darunter einer von jenem Giulio aus Mailand, der zu Anfang der vierziger Jahre, wie wir wissen, in Venedig in's Gefängnis geworfen sich durch die Flucht rettete und nun als evangelischer Pfarrer in Poschiavo wirkte. Zu dem Schreiber ist das unbestimmte Gerücht gedrungen, Allegretti sei vom Glauben abgefallen und zu den Wiedertäufern übergegangen; Giulio beschwört ihn um Christi und der Gemeinde willen, sich von diesem Verdachte zu reinigen — könne er das aber nicht, verwerfe er wirklich die Kindertaufe, dann müsse der Schreiber sich freilich von ihm scheiden und erkläre vor Gottes Angesicht, daß er nichts mehr mit ihm zu thun haben wolle. Der Brief bildet trotz dieser entschiedenen Wendung ein herrliches Zeugnis für die Milde und Frömmigkeit ebenso wie für den Eifer und sittlichen Ernst seines Verfassers. Die beiden folgenden Briefe sind von je einem hervorragenden Mitgliede der evangelischen Gemeinde in Cremona, wo Allegretti sich trotz der kurzen Dauer seiner Wirksamkeit die Liebe und das Vertrauen Aller erworben zu haben scheint — auch diese Briefe sind Zeugnisse für ein hohes Maß christlicher Einsicht und warmer Liebe zur evangelischen Wahrheit auf Seiten der Verfasser. Der vierte Brief endlich ist ein Gesamtschreiben der Vertreter jener Gemeinde vom 3. Juli 1550. Gegen alle Verläumdungen, welche Allegretti erfahren, stellen sie sich auf seine Seite — er hatte ihnen offenbar seine wahren Ansichten oder die Zweifel, die ihn betreffs der Kindertaufe und anderer Fragen quälten, nicht enthüllt: sonst würden auch sie schwerlich gezaudert haben, sich entschieden von ihm los zu sagen.

Aus den Verhören Allegretti's und Anderer, wie sie unter den Akten seines Prozesses aufbewahrt sind, ergiebt sich auch Einiges über die Art, wie die wiedertäuferische Bewegung nach

Gardone verpflanzt worden ist. Ein Arzt aus Cremona, Messer Stefano de' Giusti, brachte sie hinüber; dann hat sich in dem Hause eines Giovanni Marco Rampini ein Mittelpunkt für ihre weitere Entwickelung gebildet. Einige Namen sind noch in den Akten verzeichnet. Die Inquisition hat sofort zugegriffen und die Bewegung erstickt. Außer Allegretti's Abschwörung, welche aus Rücksicht auf den mächtigen Orden, dem er angehört hatte und in dessen Schoß er zurückkehrte, im Geheimen geleistet wurde, liegt noch der Wortlaut der öffentlichen Abschwörung des Arztes de' Giusti vom 29. Dezember bei den Akten. Seitdem verlautet nichts bestimmtes mehr von wiedertäuferischen oder auch orthodox=evangelischen Bewegungen in Gardone — nur einmal noch, nach Jahren, klingt es an, sofern der Rat der Zehn von Venedig aus dem Gesandten der Republik am 14. Oktober 1563 die Mitteilung macht: es sei schon Auftrag gegeben, daß 'jene schändlichen Ketzer zu Gardone eingezogen und mit dem Tode bestraft werden sollten'.

Mittlerweile war das Schicksal der wiedertäuferischen Reformation in den östlich gelegenen Teilen des festländischen Gebietes schon längst entschieden. Wie bemerkt, begann die Verfolgung an den von Manelfi bezeichneten Orten. Da er selbst der radikalen Richtung angehörte und zumeist deren Anhänger namhaft gemacht hatte, so wandte man sich zuerst gegen diese. Das Vorgehen war, wie auch die Akten aufweisen, im ganzen stets das nämliche: auf Antrag des Inquisitors oder auch des päpstlichen Legaten erteilt der Rat der Zehn Befehl an die Statthalter zur Verhaftung der bezeichneten Ketzer; die Voruntersuchung wird entweder an Ort und Stelle durch die Beamten des zuständigen Bischofs geführt, oder der Angeklagte wird nach Venedig geschickt, um dort verhört und abgeurteilt zu werden.

So geschah es, wie wir schon sahen, in Padua und Vicenza. So in Verona, wo schon im Sommer 1550 eine Untersuchung gegen achtzehn, meist dem Handwerkerstande angehörende, Mitglieder der dortigen Gemeinde eingeleitet worden war. Aus der Formel, mit deren öffentlicher Vorlesung Bartolomeo della Barda seinen Glauben abschwor, ergiebt sich, daß die dortigen Wiedertäufer nicht allein in der Lehre von der Taufe und von der

Person Christi, sondern auch in anderen, besonders der von der Erlösung, von den 'Lutheranern' abwichen. Ueberhaupt, die von ihm widerrufenen Lehren stimmen durchweg mit denen, die auf dem 'Conzil' festgesetzt worden waren, überein.

Und so ging die Verfolgung fast gleichzeitig auf der ganzen Linie vor und brachte es zu Wege, daß schon binnen kurzem die ganze Bewegung an all den von Manelfi verzeichneten Punkten entweder gänzlich vernichtet, oder bis auf unbedeutende Ueberbleibsel zerstreut war. Seit 1552 hören wir für längere Zeit nichts mehr von bemerkenswerten Fällen — wir wissen auch z. B. nicht, was aus jener zahlreichen Gemeinde in Vicenza geworden ist; daß 1553 noch 'Brüder' dort waren, geht freilich aus der Thatsache hervor, daß damals Gribaldi den 'Brüdern zu Vicenza' Mitteilung von der in Genf vollzogenen Hinrichtung des Spaniers Michael Servet gemacht hat. Freilich mag zu dem Umstande, daß diese wie die übrigen von Manelfi gekennzeichneten Gemeinden und ihre Vertreter sich nun ganz unsern Blicken entziehen, auch die geschärfte Vorsicht und Heimlichkeit beitragen, mit welchen sie nun den Maßregeln der Inquisition gegenüber ihr Dasein zu verbergen suchten.

Selbstverständlich richteten sich diese Maßregeln ebensowohl gegen die Gemäßigten wie gegen die Radikalen unter den Wiedertäufern. Ja, die Inquisition kennt gar keinen Unterschied zwischen ihnen — ihr genügte es, daß auch jene in wichtigen Punkten sich von der katholischen Lehre entfernten und grundlegende Einrichtungen der katholischen Kirche, wie Kindertaufe und Priesterweihe, verwarfen. Während aber zur Zeit des 'Conzils' von 1550 offenbar die Mehrzahl der Richtung der Radikalen angehört hat, scheint dieses Verhältnis sich im Laufe des folgenden Jahrzehntes gerade umgekehrt zu haben. Das verdankte die gemäßigte Richtung dem Umstande, daß in der Zwischenzeit eine Verbindung hergestellt wurde zwischen ihr und dem auswärtigen starken und lebendigen Mittelpunkte der gemäßigt-wiedertäuferischen Richtung, nämlich der in Mähren ansässigen äußerlich und innerlich festgegründeten Gemeinschaft der sogenannten huterischen Brüder. Wir treten damit an eine ganz neue Phase, und zwar an die letzte, des Wiedertäufertums in Italien heran. Durch einen

Mann von großer Frömmigkeit und großer Thatkraft ist jene Verbindung herbeigeführt und der reformatorischen Bewegung in Italien so in einer, freilich nach Ort und Zeit sehr beschränkten, Verzweigung auch dieser eigentümliche Stempel noch aufgedrückt worden. Wie uns das Geständnis des abtrünnigen Manelfi sehr brauchbare Auskunft gegeben hat, um eine Uebersicht für die Zeit bis 1551 zu gewinnen, so mag eine Liste von 'Brüdern', welche ein treuer, bis zum Tode festbleibender Zeuge um das Jahr 1559 aufgestellt hat, für diese letzte Entwicklung der wiedertäuferischen Bewegung Winke geben.

Giulio Gherlandi, auch Guirlanda genannt, ist es, dem wir dieses Verzeichnis verdanken. Er stammte aus Spresiano bei Treviso, war um 1520 geboren und von seinem katholischen Vater zum geistlichen Stande bestimmt worden, auch schon mit den niederen Weihen versehen. Während ihn aber — so berichtet sein am 21. Oktober 1561 aufgestelltes 'Bekenntnis' — der Gegensatz, in welchem er Amt und Leben lasterhafter Priester stehen sah, lebhaft beschäftigte, fiel ihm eines Tages das Wort Matth. 7 ins Auge: „Hütet euch vor den falschen Propheten, die in Schafskleidern zu euch kommen, inwendig aber reißende Wölfe sind — an ihren Früchten sollt ihr sie erkennen." Das brachte ihn zu ernster Selbstprüfung — endlich entschied er sich: „Ich verließ Rom", sagt er; „denn wer Sklave ist, kann nicht die Freiheit predigen, und wer die Sünde thut, ist ihr Knecht. Ich suchte nach einem Volke, welches durch das Evangelium der Wahrheit von der Knechtschaft der Sünde frei wäre und in einem neuen Leben wandelte — nach einem Volke, welches Seine heilige, unbefleckte Kirche ist, geschieden von den Sündern, ohne Runzel und Fehler"... Dieses wahre Volk Gottes nun glaubte er in der Gemeinschaft der mährischen Wiedertäufer zu finden. Wie er zu ihrer Kenntnis kam, berichtet er selber. Um das Jahr 1549 hatte der uns bekannte Niccola aus Alessandria ihn auf Villa Lancenigo bei Treviso wiedergetauft. Später hat er selbst einige Andere getauft, darunter einen gewissen Filippo aus Sicilien und einen Leonardo aus Verona. Kein Zweifel, daß Gherlandi sich zunächst der Richtung anschloß, welcher Niccola bereits angehörte, der radikalen, die 1550 in Venedig den Sieg davontrug.

Das erkennt man noch aus einzelnen Punkten der Anklage in dem gegen ihn gefällten Urteile, wo ihm mehrfache Ketzereien gegen die 'Zwölf Artikel', d. h. gegen das sogenannte apostolische Glaubensbekenntnis, vorgeworfen werden, obwohl er von solchen Abweichungen jetzt nichts mehr hören will und sie alle der früheren Periode zuweist. Wann er die radikale Richtung verließ, um sich der gemäßigten anzuschließen, ist nicht ersichtlich. Da wir aber erfahren, daß er schon 1557 einmal von Mähren nach Italien gesandt worden ist, so ist der Anschluß spätestens in diesem Jahre, wahrscheinlich aber früher, erfolgt. Uebergeführt zu den lutherischen 'Brüdern' hatte ihn Franzesco della Sega aus Rovigo — dieser ist es, welcher die letzte Phase des Wiedertäufertums in Italien herbeigeführt hat.

Ehe wir diese letztere hervorragende Persönlichkeit und ihr Schicksal ins Auge fassen, folgen wir dem weiteren Geschicke Gherlandi's. Die Nachrichten, welche seine Prozeßakten über ihn enthalten, werden ergänzt durch Notizen in den 'Chroniken' oder Denkbüchern der mährischen Wiedertäufer, welche den verehrten treuen 'wälschen Brüdern' dankbare Erinnerung weihen.

Es mag in den ersten Märztagen des Jahres 1559 gewesen sein, als Gherlandi zum zweiten Male Nikolsburg in Mähren verließ, um die 'Brüder' in Italien zu besuchen. Zwei Gleichgesinnte, offenbar auch Italiener, begleiteten ihn. Die 'Gemain', d. h. die Vorsteher der Huter'schen Gemeinschaft, gaben ihnen ein Empfehlungsschreiben mit, dessen Eingang folgendermaßen lautete: „Wir, die durch Christum geheiligte und in die Gemeinschaft Gottes des Vaters und seines Sohnes Jesu Christi aufgenommene Gemeinde, zusammen mit den Aeltesten und Dienern wünschen allen denen, die in Italien sind und in der vollkommenen Wahrheit leben wollen, Einsicht in den göttlichen Willen, damit sie mit aufrichtigem Gemüte Christum in seiner Kraft erkennen, ihn umfassen, ihm sich hingeben und dadurch seiner Gemeinschaft und des ewigen Lebens teilhaftig werden mögen. Also sei es!" Das Schreiben geht nun davon aus, daß einige aus Italien sich der Gemeinschaft angeschlossen haben und nun wünschen, den Frieden, den sie selbst gefunden haben, auch ihren Volksgenossen zu bringen. Die 'Gemain' sei gern darauf eingegangen und habe ihnen die

Erlaubnis dazu erteilt; sie halte aber für nötig, einiges hervor=
zuheben, worauf besonders zu achten sei. Zunächst betreffs der Lehre
von der Menschwerdung Christi. Diese Lehre habe viel Verwirrung
angerichtet, sofern die Ansichten schwankten zwischen den beiden Be=
hauptungen: einerseits, daß Christus sein Fleisch vom Himmel mit=
gebracht habe — andrerseits, daß er durch Josephs Samen gezeugt sei.
Beide Behauptungen seien falsch. Die Wahrheit liege auch hier in
der Mitte und werde in der evangelischen Vorgeschichte gefunden.
„Wenn nun", so schließt das Schreiben unter deutlicher Anspielung
auf die durch das 'Conzil' 1550 festgesetzten Lehren — „auch
noch andere Irrtümer sich unter euch finden, betreffs der Auf=
erstehung der Toten, der Lehre von den Engeln und Teufeln,
oder in anderen Dingen, so denken wir doch, daß, wenn ihr an
diesen Hauptartikel glaubt, ihr auch bald bezüglich der anderen
euren Sinn ändern und euch von Gottes Geist in der Kirche leiten
lassen werdet."

Um nun die Bekämpfung der radikalen Richtung und über=
haupt die Propaganda zu Gunsten der gemäßigten wirksam in
die Hand nehmen zu können, brachte Gherlandi das schon erwähnte
Verzeichnis von Solchen mit, welche, in verschiedenen Orten wohn=
haft, bereits der letzteren angehörten. Das Verzeichnis, übrigens
von Gherlandi selbst als unvollständig bezeichnet, ist nachträglich
noch durch eine Liste von 'Mitschuldigen' ergänzt worden, welche
der Notar der Inquisition aus Angaben in den Verhören Gher=
landi's aufgestellt hat. Wir lernen hier wieder eine große Anzahl
von Anhängern der Bewegung kennen; für Venedig hat Gherlandi
sechs verzeichnet, darunter einen Handschuhmacher, einen Zimmer=
vermieter und einen, der Fenstervorhänge macht; für Padua einen
Bäcker und seine Frau; für Vicenza fünf, von denen Einer, der
Bechermacher Giovanni Pietro, noch einen besonderen, von Fran=
cesco della Sega unter dem 5. März 1559 geschriebenen Brief
erhalten sollte. Die übrigen Orte, für welche Adressen mitgegeben
wurden, sind folgende: Malborghetto, Gemona, Riva Rotta, Tisana
di San Michele, Villa Nova, San Mauro, Cinto, Noventa,
Spresiano, Treviso, Villorba, Arcade, La Mira, Mezzastrada, Villa
Verla, Isola in Val Sugana, Pieve, Valdagno, Verona, Castel
S. Felice, Bergamo, Maderno, Feltre, Fonzas, Görz, Casnol,

Cittadella, San Bastian, Trieste, Lugo, Borgo, Mantova, Viadana, Guastalla, Dose, Lucera e Rejuol (?), Mestre, Gazo, Scandolara, Gesalte (?), Rivasecca, Formegan (zwischen Feltre und Cividale), Ca del Ponte, Primer, Pol (?) und zwei nicht näher bezeichnete Orte bei Poschiavo und San Maurizio, endlich Ferrara und Udine. Man sieht, es war auf eine umfassende Rundreise, meist im festländischen Gebiet Venedigs, abgesehen. Wenn man nun dazu noch die 'Mitschuldigen' aus der Ergänzungsliste des Notars rechnet, die sich in Capo d'Istria, Oderzo, Bassano, le Tezze, Musolenta, Marostega, Serravalle bei Cividale, Asolo, San Zenone und Musastretta befanden, so erhellt eine erstaunlich weite Verbreitung der Anhänger der gemäßigten Richtung schon aus den Akten dieses einen Prozesses. Aber es scheint, daß Gherlandi nicht in die Lage gekommen ist, von jenen Adressen und Empfehlungen viel Nutzen zu ziehen. Vor dem 5. März 1559 hatte er offenbar die Reise von Nikolsburg aus nicht angetreten, da Sega's Brief dieses Datum trägt. Dann hören wir gar nichts mehr von ihm bis zum 8. Oktober 1561, wo er an die 'Gemain' aus dem Gefängnisse heraus in einem, den Akten beiliegenden, also nicht an seine Adresse gelangten, Briefe schreibt, daß ihn ein Bandit aufgegriffen und nach Venedig geliefert habe. Ueber seine Wirksamkeit im Interesse der Propaganda hören wir nur in dem gleichfalls bei den Akten liegenden 'Bekenntnis', daß diejenigen, welche sich der 'Gemain' anschlossen und sich von der radikalen Richtung trennen wollten, den Beschluß gefaßt, nach Mähren hinüber zu ziehen, weil keine 'Diener am Wort' dieser Richtung in Italien vorhanden waren.

Gherlandi setzte das gedachte 'Bekenntnis' am 21. Oktober 1561 auf. Das Tribunal nahm Kenntnis davon und schickte den Minoriten Padre Giovanni Maria aus Cremona, sowie später noch zwei Theologen, um den Gefangenen auch mündlich vernehmen zu lassen. Die Verhöre und Verhandlungen zogen sich bis zum 17. September 1562 hin; im Oktober sprach man ihm das Urteil. Es lautete auf Degradation, d. h. gewaltsame sinnbildliche Wegnahme der einst ihm erteilten niederen priesterlichen Weihen, sowie Tod durch Ertränkung.

Mittlerweile war am 1. September 1562 in das nämliche

Gefängnis, in dem Gherlandi schmachtete, der Mann gebracht worden, welcher die Ueberreste der gemäßigt=wiedertäuferischen Richtung in Oberitalien gesammelt, gekräftigt und zum Anschluß an die 'Gemain' in Mähren hingeführt hatte — Francesco della Sega. Sega stammte aus Rovigo, war 1532 geboren, und war als Student in Padua nach schwerer Krankheit durch das ernste Wort eines dortigen Handwerkers zum Nachdenken über sein bis dahin weltlich gerichtetes Leben und zur Umkehr veranlaßt worden. Gegen Ende der fünfziger Jahre finden wir ihn als Mitglied der Huter'schen Brüdergemeinde in Mähren, wo er das Hand= werk eines Schneiders betrieb und sich der allgemeinsten Achtung und Liebe erfreute. Damals starb sein Vater in Rovigo, und die Erbschaftsangelegenheiten riefen ihn mehrmals nach Italien — Reisen, die er jedesmal auch zu Gunsten der Propaganda nutzbar machte, wie denn im Verhör ausgesagt wird, daß er oft in das Polesine gekommen sei, um dort 'Brüder' zu besuchen und solche, auch weibliche Mitglieder der Gemeinden, nach Mähren hinüber zu führen. Als solche werden genannt: Donna Lucia, Schwiegertochter eines Giovanni Beato aus der Villa Conca di Rame; Donna Caterina, dessen Frau, und ein Mädchen von zehn Jahren. So war Sega auch 1562 mit bestimmten Absichten über die Alpen gegangen. Mit ihm war Antonio Rizzetto aus Vicenza. Ihre Bemühungen waren von Erfolg. Der Herr, so schreibt Sega an die 'Gemain', habe ihnen eine offene Thür gezeigt, ihrer Viele auch in Wälschland groß zu machen und zur 'Gemain' zu bringen. Die Ursache ihrer Gefangennahme aber sei diese. Der Schweizer Alexius von Belnitz (Alessio Todeschi aus Bellinzona), der einmal bei der 'Gemain' gewesen, um sich ein Modell einer Ochsenmühle zu erbitten, sei zu ihnen gestoßen und habe erst freundschaftlichen Umgang mit ihnen gepflogen, dann aber plötzlich an sie die ganz unbegründete Forderung ge= stellt, ihm 50 Kronen zu zahlen, die ihm angeblich der Bruder des Arztes Buccella, der ein Mitglied der Gemeinde in Padua sei, schuldete. Mit seiner Forderung abgewiesen, habe er sie ver= folgt und verklagt und habe es zu Wege gebracht, daß, als sie mit zwanzig Gesinnungsgenossen gerade in einem Schifflein von Capo d'Istria abstoßen wollten, um über Triest nach Mähren zu reisen, die drei Führer, Sega, Rizzetto und Buccella, gefänglich eingezogen und dem Rat der Zehn in Venedig übersandt worden seien. Ein Bericht des Statthalters von Capo d'Istria an den Rat bestätigt die Angaben Sega's und sagt, daß jene zwanzig Gefährten aus Cittadella stammten — also aus der Gemeinde, deren Vertreter auf dem 'Conzil' von 1550 die radikalen Lehren nicht angenomen hatte — und unbehelligt weiter gezogen sind.

Als nun — so fährt Sega's Schreiben an die 'Gemain' fort — die Gefangenen in das Gefängnis von San Giovanni in Bragora zu Venedig eingeführt wurden, erkannte Gherlandi aus seiner Zelle den Freund und rief ihm erst in deutscher, dann in italienischer Sprache zu. Seitdem haben sie vielfach mit einander geredet und Sega hat viel Trost und auch Belehrung darüber, wie er sich dem Tribunal gegenüber zu verhalten habe, von jenem empfangen. Nach ungefähr Monatsfrist führte man Sega zum erstenmal vor das Gericht. Ehe Sega zum zweitenmale vorgefordert wurde, erging in Gherlandi's Sache das Urteil. 'Und ob sie diesen wohl nächtlicherweil heimlich ertrenkt haben, so wird doch Solchen sein Tod nichts destoweniger zur Verderbnis der Lügen und zur Offenbarung der Wahrheit bei allen zum Leben Erwählten nicht verhalten bleiben, sondern kund und offenbar werden. Welcher uns Allen ein großer Trost und Spiegel der Kraft, zu thun ein gutes Bekenntnis bis in den Tod, gewesen ist.'

Die 'Brüder' haben Gherlandi's Andenken hoch in Ehren gehalten, wie das ihre Chronikeln darthun, welche seinen Märtyrertod preisen. In das große protestantische Märtyrerbuch ist wenigstens sein Name eingeschrieben, wenn auch etwas entstellt, als Guirlanda. Die Geschichtschreiber der antitrinitarischen Bewegung haben auch ihn willkürlich den Teilnehmern an den vorgeblichen Collegien zu Vicenza vom Jahre 1546 beigezählt und mit ihm den damals erst 14 jährigen Sega![48)

Kehren wir zu diesem zurück. In dem zweiten Verhöre am 20. Oktober 1562 fragten die Richter nach der Tauflehre der 'Brüder', und ob er selbst wiedergetauft habe? Seine Antworten erschienen als so gekünstelt und unwahr, daß Einer die Frage an ihn richtete: 'Willst du Gherlandi nachfolgen?' „Meine

Absicht", erwiderte er, „ist wohl nicht, hinzugehen und mich zu ertränken; aber wenn ich gewaltsam ertränkt werde, muß ich mir's schon gefallen lassen." Bei dem dritten Verhör am 5. November erhielt Sega den Eindruck, er werde sein Gefängnis nicht mehr verlassen, es sei denn, daß er zum Tode hinaus geführt werde. Von diesem Augenblicke an erfüllte ihn, wie er der 'Gemain' schreibt, nur der eine Wunsch und der eine Gedanke: 'mit aller Gewalt durch Gottes Kraft dem Teufel entgegen zu stehen und ein lauteres Bekenntnis der Wahrheit zu thun.' Aber viel Anfechtung noch blieb ihm, der so in der Blüte der Jahre den Tod vor Augen sah, nicht aus, wenn auch die von dem Tribunale veranstalteten mehrfachen Besprechungen mit katholischen Theologen — später sogar mit dem bekannten spanischen Jesuiten Salmeron — ohne jeden Erfolg waren. 'Er ist wie der Fontius', sagte bei einer dieser Gelegenheiten einer von den Richtern — jener Bartolomeo Fonzio, der unüberwunden am 4. August 1562 ertränkt worden war.

Das Schicksal des Fonzio sollte denn auch ihn treffen. Im Frühjahr 1563 schrieb er jenen ausführlichen Bericht an die 'Gemain'. Trotz mancher Wiederholungen und Weitschweifigkeiten ist das ein überaus ergreifendes Schriftstück, eine Beichte im großen Stil von dem treuen Zeugen der Wahrheit, der auch die eigenen Anfechtungen nicht verbirgt, Alles aber Gott anheimstellt und den Brüdern die herzlichste Liebe auch in Trübsal und Banden bewahrt. Dann hören wir über ein Jahr lang nichts mehr von Sega's Schicksal. Da bot sich ihm Veranlassung, ein Schreiben an die drei weltlichen Beisitzer des venetianischen Tribunales zu richten. Er hatte Nachricht erhalten, daß der Rat der Zehn befohlen habe, alle 'Ketzer' sollten binnen einer bestimmten Frist das Gebiet der Republik verlassen. Dies begrüßte Sega als ein Zeichen davon, daß der Rat hinfort sich nicht mehr mit dem Blute der Andersgläubigen, bloß wegen ihrer Abweichung in Sachen des Glaubens, beflecken wolle, und richtete unter dem 18. Juli 1564 eine beredte Zuschrift an die Beisitzer mit der Bitte, daß auch den um des Glaubens willen Eingekerkerten die Wohlthat des Ediktes zu Gute kommen möchte. „Dieser weise Beschluß", sagt er, „ist nicht ohne Gottes Eingebung und Willen in eure Herzen gekommen — so hat noch nie in der ganzen Christenheit eine Obrigkeit gehandelt." Es ist beschämend für das christliche Kirchentum, daß Sega darin Recht hatte. Aber sein Appell blieb ohne Erfolg. Der nächste Schritt, welcher in seiner eigenen Sache geschah, bestand darin, daß man ihm den Inquisitor Fra Adriano nochmals schickte, damit der einen neuen Bekehrungsversuch mit ihm anstellen sollte. Vielleicht steht die Wiederaufnahme von Sega's Prozeß, wie sie sich dadurch kennzeichnet, in unmittelbarem Zusammenhang mit der Klage über Lauheit des Senates gegen die Ketzer, wie sie Pius IV. gerade 1564 gegenüber dem Gesandten der Republik Marco Soranzo erhoben hat. Der Bericht des Fra Adriano läuft darauf hinaus: Sega und Rizzetto, die sich wiederholt als hartnäckige Ketzer erwiesen hätten, sollten nun endlich abgeurteilt werden. Der dritte der Gefangenen zeigte sich gefügiger: er leistete Abschwörung am 5. December 1564 und wurde darauf hin unter Auflage der üblichen kirchlichen Strafen mit Verbannung aus dem Gebiete der Republik bestraft.

Dann ging auch der Prozeß der Beiden mit raschen Schritten seinem Ende zu. Vielleicht fällt in diese Zeit Sega's 'Testament', ein an seine Mutter und seine leiblichen Brüder in Rovigo gerichtetes letztes Schreiben. Diese hatten sich nach seinem Uebertritt gänzlich von ihm abgewandt; selbst als sie nun hörten, daß er in Venedig im Kerker liege, hatten sie sich nicht um ihn bekümmert und keine Gelegenheit ergriffen, um ihm Unterstützung oder Trost zukommen zu lassen. Um so rührender ist die herzliche Liebe, welche aus Francesco's 'Testament' spricht, eine eifrig suchende Liebe, die noch im letzten Augenblick, schon im Angesicht des Todes, das Ihre thut mit Ernst und Freundlichkeit, um die Seelen der ihm am nächsten Stehenden zu retten. Das 'Testament' ist in jeder Beziehung, nach Form und Inhalt, so hervorragend, daß wir in ihm eins der bemerkenswertesten Schriftstücke überhaupt vor uns haben, welche die reformatorische Bewegung in Italien hervorgebracht hat.

Endlich am 8. Februar 1565 ward das Urteil über die Beiden gesprochen. Nach dem üblichen fromm gehaltenen Eingange heißt es: „Sie sind schuldig und geständig vielfacher ketzerischer und wiedertäuferischer Irrlehren und Schlechtigkeiten; sie sind verstockt geblieben und wollen Leib und Seele ins Verderben stürzen. Zur Strafe, und damit sie nicht Andern diese ansteckende Seuche bringen, verurteilen wir sie, daß sie den Händen der Diener dieses heiligen Gerichtes überliefert werden. Von diesen sollen sie dann, nachdem mündlich Tag und Stunde dazu bestimmt worden, in ein Boot gesetzt und ins Meer gestürzt werden, so daß sie ertrinken und sterben. Diese Todesart und nicht die gewöhnliche durch Feuer setzen wir fest aus bestimmten Gründen in Kraft der diesem Tribunale durch den heiligen Stuhl besonders verliehenen Vollmacht".

Als man den Verurteilten die verhängnisvolle Kunde gab, schwankte Sega einen Augenblick. 'Ich will nicht ertränkt werden; ich will als guter Christ sterben', sagte er dem Beamten, welcher ihm die Mitteilung machte. Rizzetto dagegen erklärte: 'Ich widerrufe nicht!' Und an seinem Beispiele ermannte sich Sega wieder. So ward denn an einem der nächstfolgenden Tage, Abends zehn Uhr, das Urteil an Beiden vollstreckt — „und sind allda zu Venedig im mer ertrenckht und versenckht worden, im 65. Jahr", berichten die Denkbüchlein der Wiedertäufer; „aber das mer wird seine Todten wiedergeben am Gerichtstag Gottes". —

Das Schicksal eines Gherlandi, Sega und Rizzetto mochte denjenigen Wiedertäufern, welche bisher noch nicht dem Befehle des Senates Folge geleistet und das Land verlassen hatten, eine dringende Mahnung sein. In welchem Umfange freilich von dem gewährten freien Abzuge Gebrauch gemacht worden ist, läßt sich nicht feststellen, da die Denkbüchlein ebensowohl wie die Akten Genaueres darüber vermissen lassen. Doch geben die letztern immerhin noch Einiges an die Hand. Die Gemeinde von Cittadella mag in dem kleinen uns bei Capo d'Istria begegnenden Zuge vollzählig ausgewandert sein — wenigstens ist in der Folge kein Prozeß mehr und keine Anklage wegen Wiedertäuferei gegen Dortige angestrengt worden, während die Akten deren nicht weniger als acht für die Jahre 1552 und 1553 nachweisen. Noch während Sega's Prozeß schwebte, wurden drei andere gegen Wiedertäufer aus Cinto in dem Sprengel von Concordia geführt, einem Ort der sich auch in unserm oben benutzten Verzeichnisse vorfindet. Die Angeklagten sind nach erfolgter Wiedertaufe in Mähren gewesen, dann aber nach Cinto zurückgekehrt; sie beweisen nicht die Festigkeit der Märtyrer, sondern leisten Widerruf und werden um die Mitte des Jahres 1563 zu den üblichen kirchlichen Strafen, Hersagen von Gebeten und Psalmen u. drgl., verurteilt. In Treviso kam im Jahre 1565 noch ein Prozeß vor, gegen einen gewissen Antonio Colombani aus Crespano — ein Ort, der auf unseren Listen fehlt. Für Chioggia, Conegliano und Udine sind zwar in den venetianischen Akten für die folgenden Jahrzehnte noch manche Prozesse wegen 'Lutheranismus', aber keiner wegen 'Wiedertäuferei' verzeichnet.

Ueber den Rest des Wiedertäufertums in Padua geben die Nuntiaturberichte des vatikanischen Archivs noch einige Auskunft. Unter dem 15. Februar 1567 schreibt der Bischof von Nicastro aus Venedig: 'In Padua hat man acht Wiedertäufer entdeckt; sechs davon waren in der Stadt und Umgegend und sind gefangen genommen worden; zwei haben bereits Geständnis abgelegt. Ihr Haupt war ein gewisser Battista aus Parma, Schulmeister in Padua.' In einem Schreiben vom 22. März kommt der Nuntius auf die Sache zurück. Es geht aus seinem Schreiben hervor, daß diese Wiedertäufer der gemäßigt-orthodoxen Richtung angehörten. 'Zwei Wiedertäufer aus Padua sind hier im Kerker der Inquisition; sie leugnen nicht die Jungfrauschaft Maria's, aber sie bestreiten daß die Kirche das Recht habe, Todesstrafe zu verhängen. Der Eine ist jung, erst seit einem Monat verführt; er bittet um Gnade. Der Andere ist seit langen Jahren Ketzer, und wenn er auch anscheinend Reue zeigt, so hätte man ihn doch gern zu lebenslänglicher Galeerenstrafe verurteilt; aber weil er schwächlichen Körpers und ein leiblicher Bruder desjenigen ist, der aus Eifer ihn und die ganze Sippschaft in Padua zur Anzeige gebracht hat, so haben die Herren beschlossen, abgesehn von der öffentlichen Abbitte, die er im Büßergewande in der Kirche leisten muß, ihn für zwei Jahre in einen sehr schweren Kerker zu schließen, wo er denn in Folge seiner Leibesschwäche vermutlich sterben wird, wenn man ihm keinen andern anweist.' (!)

Gegen Rinaldo Fabris aus Ferrara ist wegen Ketzerei 1564 Anklage erhoben worden, und der gegen Giovanni Sambeni eben deshalb angestrengte Prozeß hat 1567 mit Ertränkung geendet. Bernardino Barbano aus Vicenza ward 1573 'wiedertäuferischer Irrlehren' angeklagt. Aus der Chronik der mährischen 'Brüder' geht noch hervor, daß im Jahre 1566 ein 'wälscher Bruder' vou gräflichem Geschlechte, welcher einige Jahre Mitglied der 'Gemain' war und 'sich gar niederträchtiglich (leutselig) und wohl geschickt im Christenthumb' bewiesen, hinunterzog, um sein Weib aus Wälschland zu holen. „Da ist er verrathen und angeben worden, und sein gesante Leut von Venedig komen, die haben ihn gefenkhlich angenommen und ins mer versenkt und ertrenkht und ihn also vertuscht, auf daß es in der Still hingehe und nit vil Hendel geb, so sie ihn gen Venedig brächten, weil er aines hohen stames gewesen." Dieser 'Graf von hohem Stamm', dessen Vornamen 'Hans Jörg' allein angegeben werden, scheint der einzige Edelmann gewesen zu sein, welcher sich der gemäßigten Richtung anschloß und unter den Huter'schen Brüdern in Mähren Wohnung nahm. Ein anderer Edelmann, der in Venedig gelebt hatte, aber aus Lucca stammte, Nicolao Paruta, begegnet zwar auch unter den Wiedertäufern in Mähren, allein er hatte sich einer der kleineren dort bestehenden radikalen Gemeinschaften angeschlossen. Wir finden dies bestätigt durch das 'Geständnis', welches ein gewisser Antonio Varotto aus Venedig am 21. Januar 1568 dem Vikar des Patriarchen einreichte. Dieser Varotto war nach langem Umherschweifen nach Mähren gekommen und hatte Paruta in Austerlitz besucht; außer ihm nennt er noch andere Namen von Italienern, welche sich der wiedertäuferischen Bewegung, und zwar der radikalen, angeschlossen und dort Zuflucht gefunden hatten: einen Venetianer Don Malaveglio; einen Mantuaner Messer Vincenzo; einen Barettmacher aus Verona, Namens Tommaso; einen früheren Mönch Juan aus dem Königreich Neapel; einen vierzehnjährigen Knaben ans Udine. Er fand sogar zwei ganze 'Haushaben' — d. h. größere Gemeinschaften, wie sie dort auf Grund ihrer communistischen Grundsätze mit einander lebten —, deren Mitglieder aus Vicenza hinüber gezogen waren und unter denen sich der uns durch Manelfi's Mitteilungen bekannte Seilspinner Antonio sowie ein Knopfmacher Messer Antonio befinden. So treffen hier Anhänger der beiden

Richtungen auf fremdem Boden zusammen. In ihrem Vaterlande haben sie sich um dogmatischer Abweichungen willen bekämpft und gemieden — aber die Not der Verfolgung treibt die Einen so gut wie die Andern hinaus in die Ferne, um den einzigen Boden aufzusuchen, auf welchem es in jenen Tagen, wenigstens bis zu einem gewissen Zeitpunkte, erlaubt war, Wiedertäufer zu sein. Dort in Mähren war es also, wo der letzte compakte Rest des italienischen Wiedertäufertums sich zusammenfand, welches nicht allein eine merkwürdige Episode in der reformatorischen Bewegung in Italien bezeichnet, sondern wesentlich dazu gewirkt hat, die Widerstandsfähigkeit der Bewegung überhaupt zu schwächen und sie dem immer rücksichtsloser gegen sie vorgehenden Gegner zur leichteren Beute werden zu lassen. —

Indem wir uns nun den ferneren Schicksalen der orthodox-protestantischen Bewegung in dem Gebiete Venedigs zuwenden, muß wieder darauf hingewiesen werden, daß unsere desfallsigen Nachrichten sehr lückenhafte und der Art sind, daß sie nur gelegentlich ein Streiflicht auf unsern Gegenstand werfen. Für einzelne Punkte jedoch läßt sich das Eine und Andere beidringen.

Dürftig sind die Nachrichten bezüglich Verona's. Zwar wissen wir, daß der aus Verona stammende Regularkleriker vom Lateran in Rom Paolo Lazise oder Lazisio während seiner Wirksamkeit in Lucca zu Anfang der vierziger Jahre sich der reformatorischen Bewegung zuwandte und 1542 Italien verließ, um diesseit der Alpen seines Glaubens frei zu leben und in Straßburg als Professor der griechischen Sprache zu wirken; aber es wird nicht berichtet und ist auch kaum anzunehmen, daß er nach der religiösen Seite hin irgend welchen Einfluß auf seine Vaterstadt gesucht oder geübt habe. Vielmehr erst in der zweiten Hälfte des 16. Jahrhunderts, wo die Verfolgung der Reformation in ganz Italien überhand zu nehmen begann, treten auch gewisse Personen und Verhältnisse in Verona ans Licht, die uns einen Rückschluß darauf gestatten, daß dort bereits seit einiger Zeit die religiöse Bewegung Wurzel gefaßt hatte. Die einzigen Nachrichten darüber verdanken wir den Akten der venetianischen Inquisition, welche durch den Bischof von Verona und den Rektor gewissen 'Ketzern' nachspüren ließen, deren Vorhandensein und

Namen ihr durch Denunciation oder durch Zeugenaussagen verraten worden war. So ward dort 1550 Bartolomeo della Barba wegen 'lutherischer Lehren' eingezogen und rettete sich nur durch Abschwörung. Aber wenn man genauer zusieht, so ergiebt sich, daß es sich hier nicht eigentlich um 'lutherische' Lehren handelte, sondern daß dieser della Barba, den wir schon kennen, das Haupt einer kleinen wiedertäuferischen Gemeinde war. Einzelne Veroneser finden wir in den folgenden Jahren als Flüchtlinge in Genf: ein Giovanni Ugalis kommt dorthin im Jahre 1554; drei mit dem Namen Clerici 1557 und 1558; fünf des Namens Grande zwischen 1557 und 1559. Ein Edelmann Giacomo Campagnola mit seiner Familie erscheint 1557; einen Costantino Foresta finden wir 1559, einen Antonio Gazzotto 1564 verzeichnet und noch Andere nach ihm. Wie Viele aber von diesen Verona lediglich deshalb verließen, um in Genf frei ihres protestantischen Glaubens leben zu können, ist natürlich nicht mehr auszumachen. Dagegen geben uns die Akten der venetianischen Inquisition wenigstens noch einige Namen von Veronesern, die von ihr wegen 'Lutheranismus' belangt wurden: im Jahre 1567 zwei Avogari, 1568 Bartolomeo Ascardi, 1570 der Priester Francesco Manfredi, 1572 Antonio dal Bon, 1573 Francesco Guerra und 1585 Giovanni Battista Miotti.

Wenn wir nun betreffs Verona's vorderhand nur so dürftige Nachrichten bieten können, so ist es mit unserer Kenntnis der Bewegung in anderen Städten in dem westlichen Teile des Dominiums doch etwas besser bestellt.

Nach Brescia hatte schon am 13. Juli 1528 Clemens VII. eine Bulle an den Bischof und an den Inquisitor gerichtet, welche Aufschluß über das Vorhandensein einer gegen die römische Kirche gerichteten Opposition giebt, die protestantischen Charakter trug. Die beiden Adressaten sowie den Rat der Stadt lobt Clemens VII. wegen des Eifers, den sie an den Tag gelegt haben, um ihrer Stadt den Namen einer gut katholischen zu erhalten. Man habe, so hebt die Bulle rühmend hervor, weil in Brescia Einige sich nicht schämten, der lutherischen Ketzerei im Geheimen anzuhangen, drei Bürger erwählt, welche derselben nachspüren, sie ausreißen und ihre Anhänger zur Bestrafung ziehen sollen. Die löbliche Wirksamkeit dieser Bürger sollen nun der Bischof und der Inquisitor unterstützen, um in dem ganzen Sprengel die reine Lehre wieder herzustellen: insbesondere sollen sie den wegen lutherischer Lehren, die er in der letzten Fastenzeit in Brescia von der Kanzel herab vorgetragen hatte, in Anklagezustand versetzten Carmelitermönch Gianbattisto Pallavicino aburteilen ohne jede Rücksicht nnd ohne seine etwaige Berufung an den heiligen Stuhl zu beachten. Endlich giebt die Bulle noch Anweisung über die Art, wie vermittels Androhung kirchlicher Strafen die Zeugen zu serneren Aussagen gedrängt und die schuldig Befundenen behandelt werden sollen.

Außer jenem Carmelitermönche wird in so früher Zeit kein 'Ketzer' in Brescia oder seiner Umgegend genannt; wohl aber begegnen uns Mehrere in späteren Jahren. So ein Abkömmling einer vornehmen Familie, welcher sich mit Entschiedenheit der Reformation zuwandte: Graf Celso Martinenghi. Gleich dem vorhin erwähnten Paolo Lazise aus Verona war Martinenghi, als Prediger hoch angesehen, Regularkleriker, als er gegen 1540 als Lehrer des Griechischen nach Lucca berufen wurde und zwar durch Pietro Martire Vermigli, dessen Einfluß auch auf Jenen entscheidend eingewirkt hatte. Jetzt stellte Martinenghi seine reiche Begabung in den Dienst der Reformation. Einer der ausgezeichnetsten protestantischen Theologen, welche Italien im 16. Jahrhundert hervorgebracht hat, Girolamo Zanchi, auf den wir unten zurückkommen werden, giebt über Martinenghi die folgende Auskunft: „Ich hatte damals" — das Jahr 1553 ist gemeint — „kürzlich Italien um der Religion willen verlassen, veranlaßt durch das Beispiel des berühmten, frommen und gelehrten Grafen Martinenghi, meines geliebten Bruders im Herrn, mit dem ich enger verbunden beinahe sechzehn Jahre in heiliger Freundschaft gelebt hatte. Wir waren nämlich Beide sogenannte Regularcanoniker vom Lateran, im Alter übereinstimmend und fast von der nämlichen Geistesrichtung; Beide den gleichen Studien hingegeben, nämlich dem des Aristoteles, der Sprachen und der scholastischen Theologie. Beide fingen wir zur selden Zeit, als wir Petrus Martyr in Lucca den Brief an die Römer öffentlich auslegen hörten, an, unsere Aufmerksamkeit auf das Studium der heiligen Schrift zu richten; sodann auf das Studium der weit alle Scholastiker übertreffenden älteren Kirchenväter, besonders des Augustinus, und zuletzt auch der gelehrten neuesten Erklärer. Und so haben wir einige Jahre lang so rein wie wir konnten das Evangelium Jesu Christi verkündigt." Als Zanchi dies schrieb, war sein Freund, der erst nach Basel geflohen, bereits einem Rufe nach Genf gefolgt, um dort, wo die Zahl der flüchtigen der Reformation zugewandten Italiener mehr anwuchs, das Amt eines Predigers an der neu gegründeten Gemeinde zu übernehmen. Im März 1552 war er dort eingetroffen, von dem Genfer Pastorencollegium geprüft und als geeignet befunden worden, und hat nun ungefähr fünf Jahre bis zu seinem Tode in dieser Stellung gewirkt. Mehrfach noch ist er in der Lage gewesen, Landsleute aus Brescia in die genfer Flüchtlingsgemeinde aufzunehmen, der schon vor seiner Ankunft der sonst unbekannte Brescianer Bernardo Loda angehörte. 1555 trat Pietro Maria Valenti (Velante) ein; und 1557 der Edelmann Andrea Merenda, sowie ein Giovanni oder Giustino aus Brescia. Nach Celso Martinenghi's Tode fanden sich auch noch eine Anzahl von Flüchtlingen aus seiner Vaterstadt in Genf ein — zunächst seine gleichnamigen Verwandten, die Grafen Giulio (1563) und Ulisse (1554), sodann Giovanni Andrea Rocca 1563, der Edelmann Vincenzo Mange 1565 und Andere. Freilich, ob diese sämtlich aus religiösen Gründen ihre Stadt verlassen haben, ist ebensowenig auszumachen, wie uns dies bei gewissen Flüchtlingen aus Verona möglich war. Daß aber die venetianische Inquisition scharf hinter den Anhängern der 'lutherischen Lehren' in Brescia her war, zeigen ihre Akten. Da wird schon 1543 ein gewisser Lodovico de'Medeghini, dann 1548 der Doktor Giovanni Battista Bressan vorgeladen, sowie Fra Daniele Baratta und Francesco Gandini im Jahre 1550. Dann finden wir 1552 einen Fra Bernardino Quinziano und Andrea Ugoni aus Calzinato, den wir schon kennen — er war es, bei welchem 1550 Baldassare Altieri eine Zuflucht fand — 1553 einen Giovanni Battista aus Gardone, Vincenzo und Girolamo Donzelino, 1556 Filippo aus Calcinato, Fra Pomponio; 1558 Fra Basilio und Fra Giulio, Ercole Cattaneo; 1567 ward Giovanni Paolo Buttamin als Ketzer hingerichtet, doch ließ die

Regierung sein Vermögen seinen Kindern übergeben. Und so wurden noch in weiterer Folge Bewohner von Brescia wegen lutherischer Lehren oder auch wegen des Lesens verbotener Bücher von dem Gerichte belangt und verurteilt. Der religiösen Bewegung in Gardone bei Brescia ist in anderem Zusammenhang bereits gedacht worden. Ueber einen sehr bezeichnenden Fall giebt der Briefwechsel des Nuntius in Venedig mit Rom Aufschluß. Unter dem 31. August 1566 schreibt dieser: in Brescia seien zwei rückfällige Ketzer; der Fall des Einen sei etwas verwickelt, so daß auf Bericht des Rektors hin der Senat sich nicht entschließen könne, das bereits ergangene Todesurteil vollstrecken zu lassen. Dazu komme noch, daß die Herren vom Rat der Zehn Schwierigkeiten machten über die Art der Vollstreckung des Urteils: sie wollten öffentliche Verbrennung nicht zugeben, da dies zuviel Aufsehen erregen würde. Der Papst möge deshalb mit dem venetianischen Gesandten reden. Die Verhandlungen zogen sich noch monatelang hin. Unter dem 2. November meldet der Nuntius: Die Herren vom Rat seien überhaupt nicht gewillt, das Todesurteil an dem Einen vollstrecken zu lassen in welcher Form auch immer. Es sei, sagten sie, jedem Gefühle der Menschlichkeit zuwider, den Verurteilten, der schon zehn Jahre im Gefängnis und in hohen Alter sei, zu Tode zu bringen. 'Ich habe' setzt der Nuntius hinzu, 'ihnen dagegen bemerkt, es stehe zwar nicht in ihrer Gewalt, hier Gnade ergehen zu lassen, weil die weltlichen Richter und Fürsten verpflichtet seien, ohne irgend eine Rücksicht diejenigen Ketzer zu töten, welche von den kirchlichen Richtern dem weltlichen Arme übergeben worden seien. Fügten sie sich dem nicht, so verfielen sie der weiteren Excommunication. Da blickte Einer den Andern an, und sie erwiderten: sie wollten die letzte Antwort Sr. Heiligkeit erst abwarten.' Diese Antwort nun kam in einem vom 9. November datierten Briefe des Cardinals von Alessandria, dessen geheimen Vorschlägen entsprechend am 23. November das Folgende beschlossen wurde: dem Angeklagten soll mitgeteilt werden, daß sein Tod beschlossen ist und er an seine Seele denken soll. Verlangt er nun von selbst einen Beichtvater und die Communion und zeigt er Reue über seine falschen Meinungen, so soll man ihm ausnahmsweise das Leben schenken, aber ihn lebenslänglich im Gefängnis halten. Im andern Falle soll man die Todesstrafe an ihm vollziehen. So geschah es. Man legte es dem alten Mann nahe, daß er 'Reue' zeige, und der Nuntius giebt bei dieser Gelegenheit am 30. November 1566 den Rat nach Rom hin: nur fest bleiben, die Herren vom Senat thun dann schon, was Se. Heiligkeit verlangt!

War es bei Brescia die Nähe der schweizerischen Grenze, welche die Verbreitung der reformatorischen Anschauungen erleichterte, so waren es in Bergamo die wechselnden politischen Verhältnisse, welche in der ersten Hälfte des Jahrhunderts wenigstens eine erfolgreiche Verfolgung derselben in hohem Grade erschwerten. Der Reihe nach ging Bergamo binnen kurzem in die Hände der Venetianer, der Franzosen, des Kaisers, dann wieder der Venetianer über. Schon 1527 und dann wieder 1533 ergriff der Bischof Pietro Lippomano Maßregeln gegen die 'Ketzer', und sorgfältig ließ er sich's angelegen sein, die Verbreitung verdächtiger und zweifellos 'lutherischer' Schriften, welche auch hier durch die Nähe der schweizerischen Grenze erleichtert wurde, zu verhindern. Als Hauptvertreter der 'lutherischen Lehre' wird ein Giorgio Medolago de' Vavassori, also einem der alten Geschlechter angehörend, genannt, welcher, 1537 eingekerkert, entwich, dann abermals gefangen sich zum zweitenmal durch die Flucht zu retten wußte. Auf diesen zweiten Fall bezieht sich ein am 4. Juli 1539 von dem Bischof Matteo Giberti in Verona erlassenes Urteil, welches gegen den Priester Giovanni Pietro de' Vavassori gerichtet ist, welcher seinem Verwandten zur Flucht behülflich gewesen. Hatte der Bischof Lippomano sich als entschiedenen Gegner und Verfolger der reformatorischen Bewegung in seinem Gebiete erwiesen, so schien derselben unter dem einer edlen venetianischen Familie angehörenden 1547 ernannten Bischof Vittorio Soranzo eher ein Beschützer erwachsen zu sein. Freilich hat dieser noch in dem Jahre seines Amtsantritts durch besondere Verfügung das Lesen 'ketzerischer' Schriften verboten, insbesondere der 'Summa der heiligen Schrift', die, wie die Verfügung besagt, von Priestern seines Sprengels gelesen wurde. Aber das schützte ihn nicht gegen die Anklage, selbst der Ketzerei zuzuneigen. Soranzo geriet dabei in harten Zusammenstoß mit dem Manne, welcher in nicht geringerem Maße als Giovanni Pietro Caraffa den Geist der Gegenreformation in sich verkörperte und der in ähnlicher Laufbahn wie dieser späterhin vom Generalinquisitor zum Papste geworden ist: Michele Ghislieri aus Bosco bei Alessandria.

Nicht aus der Stadt Bergamo, aber aus ihrer Landschaft stammt ein Mann, welcher sich unter den protestantisch-reformierten Theologen der Zeit einen geachteten Namen erworben hat — Girolamo Zanchi — 1516 in Alzano geboren. Er ist uns schon begegnet. Er hat uns von seinem Freunde Martinenghi aus Brescia berichtet, der gleich ihm Regularcanoniker und gleich ihm durch Pietro Martire Vermigli in Lucca zur Kenntnis der evangelischen Lehre gelangt war. Fast gleichzeitig mit Martinenghi verließ Zanchi sein Vaterland, wandte sich zuerst nach Graubünden, dann nach Genf; im Herbst 1552 beriefen ihn die Schulherrn zu Straßburg als Professor der Theologie. Seine dortige Wirksamkeit, die in jeder Hinsicht eine bedeutsame und hervorragende war, zu schildern, würde über unsere Aufgabe hinausgehen. Er ist in schwierige Auseinandersetzungen mit den dortigen Theologen geraten. Wahrlich nicht zur Unehre gereicht es ihm, daß die erste Zwistigkeit dadurch entstand, daß er, obwohl Flüchtling um des Glaubens willen und obwohl Italiener, der das Papsttum aus Erfahrung kannte, doch nicht in das unbedingte Verwerfungsurteil über dessen Träger einstimmen wollte, wie es in Straßburg üblich war. Später in ernstlicheren Streit mit Jenen über die Lehre von der Vorherbestimmung geraten, hat Zanchi 1563 Straßburg verlassen, ist als Prediger nach Chiavenna, 1568 als Professor nach Heidelberg gegangen und als solcher 1590 in Neustadt gestorben.

Trotz der nicht unbedeutenden Ausdehnung, welche die reformatorische Bewegung in Bergamo gewonen hatte, bis nach Soranzo's anfänglichem Schwanken mit rücksichtsloser Strenge gegen ihre Anhänger vorgegangen wurde, ist die Zahl derjenigen Bergamasken, welche als Flüchtlinge um des Glaubens willen später in den sonst von ihren Landsleuten bevorzugten Städten nordwärts der Alpen erscheinen, nur gering. So zählt man zwischen 1551 und 1587 nur dreizehn Personen aus Bergamo, welche in Genf eine Zuflucht suchten. Das mag wohl aus der großen Nähe der Alpenthäler italienischer Zunge, aber schweizerischer Oberherrschaft zu erklären sein, in welche gerade jenen der Weg so sehr leicht offen stand. Die Spuren der Flüchtlinge aber im Veltlin und den anstoßenden Thälern zu verfolgen, sind wir in den meisten Fällen außer Stande. Daß sie auch in der deutschen Schweiz Zuflucht suchten, zeigt die Thatsache, daß im Frühjahr 1564 der Bischof Federigo Cornaro aus Bergamo nach Basel schrieb und die Frau eines Arztes, die mit ihrem gleichfalls geflüchteten Gatten schon zehn bis fünfzehn Jahre dort lebte, unter Androhung des Verlustes ihrer Güter zurück berief. —

Die Nachrichten, welche wir so über die Verbreitung der reformatorischen Bewegung in dem festländischen Gebiete Venedigs haben beibringen können, sind zwar weit davon entfernt, Anspruch auf Vollständigkeit zu erheben, aber sie zeigen doch, daß die Bewegung in weitere Kreise gedrungen ist und größeren Umfang gehabt hat, als man bisher anzunehmen geneigt war. Sie zeigen uns, daß auch hier wie in der großen Stadt selber die Reformation ihre Anhänger unter den Gliedern der verschiedensten Stände, vom Edelmann bis zum Handwerker, unter Kaufleuten, Juristen, Aerzten, Schulmeistern gefunden hat, daß eine nicht unbeträchtliche Anzahl von katholischen Priestern und Mönchen und selbst Nonnen sich ihr zugewandt und daß eine Reihe von Männern ihr angehörte, welche in der geistigen Entwickelung der Nation eine hervorragende Stellung einnahmen. Ueberschaut man die Verbreitung der Bewegung im Dominium mit einem Blick, so zeigt sich, daß die Teilnahme durchweg um so lebhafter ist, je näher die Beziehungen der betreffenden Orte zu Venedig selbst sind: Vicenza, Cittadella, Padua, Treviso — das sind die Orte, in denen sich die lebhafteste und vielgestaltigste Bewegung kund thut. Daß dies dem direkten und stetigen Verkehr mit der Hauptstadt zuzuschreiben ist, dürfen wir ohne Bedenken voraussetzen.

Aber weit über das festländische Gebiet der Republik hinaus dehnt sich der Umkreis, in welchem von Venedig aus weiter wirkend die protestantische Bewegung sich geltend gemacht hat. Erinnert man sich der einzigartigen Stellung im Welthandel, welche Venedig damals einnahm, der engen Beziehungen, in welchen die großen dortigen Handlungshäuser mit den Stapel=

plätzen im Mittelmeer standen, so wird es erklärlich, daß einzelne Keime der neuen Anschauungen bis weit in den Osten hin getragen worden sind. In den gleichzeitigen Aufzeichnungen der großartigen Chronik des Sanuto, der wir Manches über die ersten Anfänge der Bewegung in Venedig selber entnehmen konnten, spiegelt sich in bezeichnender Weise der Eindruck ab, welchen Luther's Auftreten, indem es die Aufmerksamkeit der ganzen Welt erregte, selbst bis nach Constantinopel hin machte. Zweimal kommen venetianische Gesandte in ihren Berichten von dort aus auf Luther zurück. Im Juni 1523 berichtet Andrea Prioli, Achmed Pascha habe ihn nach Martin Luther gefragt: er habe geantwortet, daß Luther 'einige Schriften verfaßt, die seine besonderen Meinungen verbreiten sollten, aber er habe nichts ausgerichtet.' Im Juli 1525 kam der Pascha nochmals auf Luther zurück; er hatte selbst neue Nachrichten über Luther's Vorgehen erhalten, unter Anderem: Luther sei zum Papste gemacht worden als Gegenpapst des römischen und habe viel Geld und Anhänger. Selbstverständlich lagen jenem auch jetzt noch die theologischen Streitpunkte fern, aber für Einen Punkt zeigte er Verständnis: 'Luther steht auf unserer Seite', so äußerte er dem Gesandten Piero Bragadin gegenüber; 'denn er will, daß man keine Bilder in den Gotteshäusern habe, wie auch wir nicht.'

Neben solchen Zeichen eines nur vorübergehenden Aufsehens, wie es durch Luthers Vorgehen fern im Osten hervorgerufen wurde, fehlen auch nicht einzelne Nachrichten davon, daß seine Sache an einigen Stellen auf den Inseln des Mittelmeeres, wo venezianische Kaufleute ihre Niederlassungen hatten, einen dauernderen Eindruck gemacht hat.

Es ist uns bereits, als wir das Schicksal Maresio's verfolgten, Francesco Lismanin (Lismany) begegnet. Dieser Franziskaner stammte von der Insel Corfu, der wichtigsten venetianischen Colonie, und wandte sich, ob schon vor oder erst bei seinem Aufenthalt in Krakau, vermag ich nicht zu sagen, der evangelischen Lehre zu. 1554 erschien er in Genf. Er hat eine wechselvolle Rolle in der Bewegung gespielt, sich gegen Ende der fünfziger Jahre von der orthodoxen Fassung ab und der antitrinitarischen zugewandt und ist 1563 in Königsberg, wie es heißt, durch

Selbstmord, umgekommen. Auch die zweitwichtigste Colonie der Venetianer im Mittelmeer, nämlich die Insel Cypern, darf nicht unerwähnt bleiben. Ein dortiger Kaufmann, Marco Zaccaria, schickte seinen Sohn Andrea nach Padua zur Universität. Ein ungenannter Römer und der Graf Ulisse Martinenghi aus Brescia führten den jungen Mann dort seit 1558 zu evangelischen Anschauungen hinüber; die Inquisition nahm ihn in's Verhör, erst in Padua, dann in Venedig. So erfahren wir denn, daß auf die Aussagen des Sohnes hin auch die Verhaftung des Vaters beschlossen wurde: die Rektoren von Cypern erhielten Befehl, dieselbe auszuführen und erstatteten darauf Bericht auch über das Ergebnis der Haussuchung. Aus den Titeln der vorgefundenen Bücher darf man schließen, daß dieser Kaufmann weitgehende theologische Interessen hatte; außer Heiligenleben, Werken von Kirchenvätern, einer Ausgabe der Dekretalen, also der canonisch-kirchlichen Gesetze, fanden sich Teile der Bibel, eine 'Pantheologie' und eine Anzahl theologischer Abhandlungen bei ihm vor, darunter eine von zweifellos evangelischer Richtung: 'Wie die Eltern ihre Kinder dem Evangelium gemäß erziehen sollen. Wenn wir dem weiteren Ergehen dieses Zaccaria und seines Sohnes nachfragen, so lassen die Akten uns in Stich, aber Eins enthalten sie noch, was nicht ohne Bedeutung ist: eine Sammlung von Briefen, welche Martinenghi, der mittlerweile Padua wieder verlassen hatte, 1562 an den jungen Zaccaria schrieb, um ihn zu festem Bestehen in der evangelischen Wahrheit zu ermuntern. Ob der Landsmann dieses Zaccaria, Francesco Singlitico, welcher unter den im Jahre 1562 nach Genf Geflüchteten namhaft gemacht wird, aus religiösen Gründen diese Zuflucht gesucht hat, bleibt dahingestellt.

Dagegen kamen von Candia, wo ebenfalls eine blühende venetianische Niederlassung war, mehrere Freunde der Reformation. Im Jahre 1559 ließ sich Tiberio Dandolo von dort in Genf nieder. Von dort stammte auch der berühmte Lehrer des Griechischen Francesco Porto, welcher eine glänzende Stelle in Ferrara verließ, um, von 1561 an, in Genf zu wirken. Fragen wir aber bei diesen Männern — der Erste ist gar nicht bekannt — nach, ob sie schon in der Heimat irgend welche direkte Anregung erhalten hatten, welche sie auf den später eingeschlagenen Weg führen konnte oder mußte, so lassen unsere Quellen uns ganz im Stiche. Und dies ist auch noch bei einigen anderen Männern der Fall, die von den Inseln oder Küsten des östlichen Mittelmeeres stammten und später irgendwo als in Beziehung zu der reformatorischen Bewegung stehend betroffen werden. Immerhin aber bleibt die Thatsache bestehen, daß die Weltstadt Venedig, wie wenig auch ihre Herren ein Verständnis für die Reformation oder gar Hinneigung zu ihr gezeigt haben, doch vermöge ihrer umfassenden Verbindungen dazu hat dienen müssen, daß der Name Luthers und die Kunde von seinem Werke bis an die äußersten Grenzen der damaligen Kulturwelt im Osten getragen worden ist.

Anmerkungen.

Anm. 1. (Seite 2.) Ueber die von der Republik Venedig geübte Duldung in religiöser Hinsicht stellt B. Cecchetti (La Repubblica di Venezia e la Corte di Roma, Venedig 1874) Behauptungen auf, welche durch Th. Elze in der Abhandlung I Protestanti in Venezia (Rivista Cristiana, Florenz 1875, S. 20 ff.) auf das richtige Maß zurückgeführt worden sind. Das Urteil Ranke's in: Zur Venetianischen Geschichte (Ges. Werke, Bd. XLII) S. 33. Ganz ausnahmslos gilt es im 16. Jahrhundert selbst von den Angehörigen fremder Nationen nicht, wie wir sehen werden.

2. (2.) Der Brief Froben's an Luther vom 14. Februar 1519 bei Enders, Luther's Briefwechsel, I, 420. Ueber den nämlichen Gegenstand schreibt Wolfgang Capito unter dem 18. Februar 1519 (vgl. Sculteti Annales Ref. S. 44).

3. (2.) Den Brief des Crotus hat Krafft (Briefe und Dokumente aus der Zeit der Reformation im XVI. Jahrhundert, Elberfeld 1876, S. 15) mitgeteilt.

4. (3.) Burkhard Schenk an Spalatin: Seckendorf, Historia Lutheranismi I, S. 115. Näheres über Schenk und seinen Briefwechsel mit Spalatin, welcher im Archiv zu Weimar aufbewahrt wird, s. bei Hase, Bald. Altieri (Jahrbb. für Prot. Theologie III, S. 427). Sonstige Zeichen von Sympathie mit Luther's Sache fehlen auch nicht. Ueber das Auftreten eines Fra Andrea aus Ferrara in Venedig, der gegen Weihnachten 1520 'lutherische Lehren' von der Kanzel herab verkündigte und dies, nachdem Suspension und Excommunikation ihn getroffen, auf öffentlichen Plätzen fortzusetzen suchte, auch eine 'lutherische' Schrift verfaßte, deren Druck der Papst inhibieren ließ, geben die Tagebücher Marino Sanuto's Aufschluß. Diese umfangreiche Sammlung ist bekanntlich jetzt im Druck begriffen. Mittlerweile aber hat anläßlich der Lutherfeier des Jahres 1883 Dr. Georg Thomas aus ihr alle diejenigen Notizen mitgeteilt, welche sich auf die Geschichte der Reformation zwischen 1520 und 1532 beziehen (Martin Luther und die Reformationsbewegung in Deutschland u. s. w. Ansbach, 1883.) Dort auch Näheres über Confiskation und Verbrennung von Schriften Luthers. Aus den in der Markusbibliothek zu Venedig (Mscr. Lat. XIV. cod. 201) befindlichen gleichzeitigen Aufzeichnungen hat Th. Elze (Geschichte der protestantischen Bewegungen u. s. w. in Venedig

S. 3 f. [1883]) die Titel dieser und anderer dem gleichen Schicksal verfallenen reformatorischen Schriften mitgeteilt.

5, (4.) Walch, Luther's Werke XXI. S. 1162 ist zu lesen 'misit ad me Vitum fratrem, sibi. adoptatum' (Brief Luthers an J. Jonas vom 6. Mai 1529) und damit ein altes Mißverständnis, als ob Veit ein Adoptivbruder und nicht Adoptivsohn Ziegler's gewesen, zu beseitigen. Ueber Ziegler vgl. Schelhorn's Einleitung zu dem Abdruck von dessen Historia Clementis VII. (Amoenit. Liter. II, 210); Burkhardt, L.'s Briefe, 162.

6. (4.) De Wette, Luther's Briefe, III, 289: Laetus audio de Venetis ... quod verbum Dei receperint.

7. (5), Wie häufig Luther im Gespräch Venedig's Erwähnung zu thun pflegte, zeigen Lauterbach's und Cordatus' Tagebücher und die Tischreden.

8. (5.) In Melanchthons Schreiben an Campeggi heißt es: Dogma nullum habemus diversum ab Ecclesia Romana ... Parati sumus obedire Ecclesiae Romanae, modo ut illa pro sua clementia pauca quaedam (nämlich Priesterehe und beiderlei Gestalt im Abendmahl) vel dissimulet vel relaxet.... Eine solche Sprache im Munde desjenigen, welchem die Vertretung der Interessen des Protestantismus in erster Linie anvertraut war, ist den Späteren als so unglaublich erschienen, daß Manche, wie Chyträus, lieber die Echtheit des ganzen Schreibens in Abrede gestellt haben. Daß aber das Schreiben zweifellos echt ist, habe ich in dem Artikel 'L. P. Roselli' (Jahrbücher für Protest. Theol. 1882, S. 179 f.) nachgewiesen. — Wie schnell der venetianische Gesandte und durch ihn der Senat den Wortlaut des Schreibens kannte, ergiebt sich aus Sanuto (vgl. bei Thomas, a. a. O. n. 264).

9. (6.) Roselli's Schreiben an Melanchthon: Corpus Reff. II, 226 u. 243 (N. 801 und 816).

10. (6.) Die Notiz über den Beschluß vom 22. März 1530 giebt Sanuto (bei Thomas, a. a. O., n. 253).

11. (7.) Caraffa's Gutachten und Bericht finden sich in dessen Lebensbeschreibung von A. Caracciolo (Vita del Sommo Pontefice Papa Paolo IV., handschriftl. im Britischen Museum, der Casanatensischen und Barberinischen Bibliothek in Rom); vgl. m. Aufsatz: Giov. Pietro Caraffa u. s. w (Jahrbb. für Protest. Theol. IV, S. 134). Der Bericht an den Papst ist in der Rivista Cristiana (Florenz 1878) zum Abdruck gelangt, jedoch nicht ohne Fehler. — Einige fernere bisher ganz unbekannte Nachrichten bieten die im vatikanischen Archiv aufbewahrten, freilich nur zu lückenhaften, Berichte der pästlichen Nuntien in Venedig. Im März 1533 langte dort der vom Wormser Reichstag her bekannte Aleander an. Schon in einem seiner ersten Schreiben, 12. April 1523 (Nunziatura di Venezia I), beantragt Aleander, daß ihm Vollmacht gewährt werde di absolvere i Lutherani et quelli che per legger li libri (eretici) sono incorsi in censure, et poter dar facolta ad alcuni dotti di legger detti libri ad confutandum ... In ogni modo molti da se

si pigliano la licentia cum peccato et induriscunt ad desperationen. Bald darauf giebt Aleander folgende Auskunft: 'In dieser Stadt ist ein Schreiner Vorsteher der Lutherischgesinnten, ein Mann von Talent, freilich von schlechtem, der einen nicht geringen Anhang unter den Handwerkern und in den sonstigen niederen Klassen findet, aber auch Beschützer unter den höheren ... Er leugnet das Fegfeuer, die göttliche Einsetzung der Beichte, den freien Willen u. s. w. Während nun früher jeder sich darüber lustig zu machen schien, faßt die Bewegung jetzt augenscheinlich Fuß. Deshalb habe ich bei dem Rath der Zehn die Gefangennahme des Mannes beantragt; dieselbe soll heute erfolgen'. Eine Nachricht vom 10. Mai bemerkt, daß jener Lutheraner eingezogen worden sei, sich bei der Vernehmung mit Bibelsprüchen verteidigt, auch eine italienische Uebersetzung der 'Hundert Beschwerden der deutschen Nation' zur Verteidigung mitgebracht habe. Ueber ein Jahr zog sich der Prozeß hin — unter dem 3. Juni 1534 meldet Aleander nach Rom: 'Heri con la gratia del Signor io con l'Inquisitor et altri dottori feci la sententia contro quello marangone lutherano, il quale dopo longa ostinatione tandem ha confessato parte della heresia sua'. Das Urteil lautet auf 'lebenslängliche Gefangenschaft'. Aleander setzt noch hinzu: 'Jetzt wollen wir sehen, was die Herren vom Rat dazu sagen; es giebt hier so viele Gönner nicht seiner Person, aber der Sekte, die hier so stark angewachsen ist, daß man es kaum glauben sollte'. Ob der Rat das Urteil bestätigt hat, erfahren wir nicht; wohl aber klagt Aleander in den folgenden Depeschen noch mehrfach sowohl über das Anwachsen der Ketzerei wie über die Lauheit des Senates in der Unterdrückung derselben.

12. (11.) Ueber Galateo giebt Eugenio Salarino aus Bologna, dem man die Veröffentlichung der 'Apologie' verdankt, Einiges. Auch Sanuto's Diarien erwähnen ihn unter dem 16., 18. und 19. Januar 1530 (resp. 1531) (vgl. bei Thomas, a. a. O. auch n. 311—313). Die in Bologna 1541 erschienene Apologie (Exemplare in der Universitätsbibliothek in München und der Guicciardini'schen Bibliothek in Florenz) hat Comba in der Rivista Cristiana 1873 ihrem Hauptinhalte nach mitgeteilt. Vgl. dazu E. Cicogna, Iscrizioni Venete V, 398; 399; 571; ferner: Eusebius Captivus, per Hieronymum Marium (Massarium), Basel 1553 (p. 249), sowie: Curione, Pasquillus ecstaticus p. 34.

13. (13.) Aleander's und Vergerio's Schreiben bei Lämmer, Monumenta Vaticana XCII, XCVIII, CXXXI. Odone's Brief notiert Schmidt, P. Martire Vermigli S. 32, A.***

14. (14.) Die Guicciardini'sche Bibliothek in Florenz besitzt zwei Exemplare (fernere in München, Staatsbibliothek; Wolfenbüttel u. a.) von diesem Libro | de la Emenda | tione & corretione dil | stato Christiano. | Anno MDXXXIII. Auf der Rückseite des Titelblattes liest man: Al christiano Lettore. Lettor Christiano, per esser lhumano giudicio fallace e vario, leggi releggi et doppo loda, che nō si deue lodare le cose che non si conoscono: dello condennare non ti parlo, per essere di qualunque

huomo acerba passione. Vale e viue. — Ueber die Urheberschaft des Fonzio vgl. m. Bemerkungen in der Zeitschrift für Kirchengeschichte 1881, 467 f.; auch die obige Anm. 11. Guiseppe de Leva hat Einiges über Fonzio in seinen 'Eretici di Cittadella' (Estratto dal vol. II, ser. VI. degli Atti dell' Istituto Veneto 1873) S. 50 ff. beigebracht, was dann auch in den 3. Band seiner 'Storia documentata di Carlo V. etc.' aufgenommen worden ist. Ueber Fonzio's Stellung in Augsburg vgl. a. a. O. S. 52. Der Brief bei Thomas, a. a. O. n. 320. Fonzio's Brief an Butzer und die Antwort: Biblioth. Marciana in Venedig, lat. class. XIV, cod. 201, fol. 188, 189. — Den Depeschen des damaligen päpstlichen Nuntius, Aleander, entnehme ich noch das Folgende. Am 12. März 1524 hat Fonzio ihn besucht und den Wunsch geäußert, als Weltgeistlicher zu leben und soviel nötig zum Unterhalt zugewiesen zu erhalten; er sei schon mit neun Jahren in den Orden gesteckt worden. Betreffs der von Vergerio getadelten Schrift: 'il Ponzio si è molto scusato, che non ne sia autore ne interprete ... et che altre fiate gia assai prima fu portato da un frate thedesco in Cypro, dove tradotto da lui in latino assai grossamente fu poi in queste parti fatto italiano da un frate Tomaso de Casal, Minorita'. Der Nuntius bemerkt dazu, daß er der Ableugnung Fonzio's keinen Glauben beimesse, da er 'indizii non mali' dagegen habe (Dep. vom 14. März 1534). Unter dem 3. Juni desf. J. sendet Aleander auf Fonzio's Wunsch eine Eingabe desselben an den h. Stuhl, in welcher jener dreierlei fordert: 1) che voleva stare apertamente sicuro in Venetia senza alcuna previa satisfatione o reparatione del scandalo dato; 2) stare in abito di sacerdote seculare; 3) che Santità prouedesse di qualche cosa per vivere, promettendo di fare et vivere a beneficio della Fede. Der Nuntius setzt aber hinzu, daß Fonzio mittlerweile mit den Ketzern in Venedig Umgang pflege, denen er freilich als abschreckendes Beispiel die in Deutschland durch die Neuerungen entstandenen Unordnungen schildere, und sich jetzt an einer, dem Nuntius selber unbekannten, Stelle verborgen halte. Se. Heiligkeit möge Fonzio auf ein oder zwei Jahre nach Rom entbieten, dann könne man ja den Schein erwecken, als habe Fonzio widerrufen, wozu der stolze Mann sich jetzt nicht verstehen werde. Er habe die größte Lust gehabt, jenen ins Gefängnis zu werfen 'coi ferri ai piedi, sicchè non vedeva il sole per molti giorni', aber gewisse Rücksichten hätten ihn davon abgehalten. Endlich schreibt Aleander am 20. Juni 1534 an den damaligen päpstlichen Sekretär Carnesecchi: 'Fra Bartolomeo è stato visto di la da Ragusa, andare a trovar il Sgr. Aluise Gritti per infettar non dico Turchi ma gli maltrauersi Christiani.' Vgl. noch Reusch, Index I, 580 f.

15. (17.) Ueber Bruccioli: Rivista Crist. 1875, S. 273 ff.; 363 ff. ebb. 1879, S. 3 ff.; 49 ff.; 100 ff. — Richard Simon's abfälliges Urteil über seine Uebersetzung des A. Testaments (Hist. Crit. du V. Test. l. II. chap. 12) wird von Schelhorn (Ergötzlichk. II, 535—551) beanstandet.

16. (18.) Auszüge aus den Lupetino betreffenden Akten der venetianischen Inquisition giebt Comba: Riv. Crist. 1875, S. 6 ff. — Vgl. auch Ritter,

Vita Flacii Illyrici p. 8; Gerdes, Specimen Italiae ref. 58, 172—174; Preger, M. Flacius Illyricrs S. 13 ff.

17. (18.) Contarini's Bericht in Bibl. Marc. it. class. cod 802 (vgl. de Leva, Carlo V·, III, S. 327, A.). Von dem angeblichen Versuche, eine Organisation herbeizuführen, redet Gerdes, Specimen It. Ref. S. 57.

18. (19.) Braccietti's Name (erwähnt bei Melanchthon, ad Vitum a. 1538 Coll. Sauberti IV, S. 46; Corpus Reff. III, 481) wird noch immer in den landläufigen Erwähnungen verdreht, seit Schelhorn (Ergötzlichk. I. S. 420 ff.) statt seiner Brucciolus einsetzen zu sollen glaubte und in ihm einen Bruder des Bibelübersetzers finden wollte. Daß wir es hier mit einer ganz andern Persönlichkeit zu thun haben, geht aus einem Briefe des Cardinals Rorario an den von Veroli vom 21. Februar 1539 hervor, bei Lämmer, Monum. Vatic. n. CLXIII. Rorario nennt ihn 'compatriotta mio' und weiß, daß er schon 'si è con gran familiarità intrinsecato con Philippo Melanthon, di modo che li ha aperto tutto il suo cuore et fallo conoscere la bona mente sua verso la sede Apostolica' u. s. w. Man glaubt wieder in die Zeit des Augsburger Reichstages von 1530 versetzt zu sein.

19. (20.) Zweifel an der Echtheit des angeblich von Melanchthon an den Senat gerichteten Schreibens, welches seit 1541 in den 'Declamationes selectae' des Reformators sowie in allen Ausgaben seiner Briefe abgedruckt ist, hat zuerst Schelhorn (Amoenit. liter. I. S. 422) erhoben. Aber Schelhorn beanstandet nur die Adresse Ad senatum Venetum, und will statt ihrer eine andere, die sich auch findet, gesetzt sehen: Ad Venetos quosdam Evangelii studiosos. Dem steht aber entgegen, daß das Schreiben sich offenbar nicht an Private richtete, sondern an eine Behörde, da es öffentliche Maßnahmen von dieser erbittet. Damit fällt auch der Einwand, welchen A. Hase (Jahrbb. für Protest. Theol. III, S. 488) erhebt. Ueber die ganze Frage vgl. die einleitenden Bemerkungen zu m. Abhandlung 'Wiedertäufer im Venetianischen' (Theol. Studien u. Krit. 1885 H. 1.).

20. (21.) Ueber Giulio da Milano's Leben und Prozeß vgl. den Aufsatz 'Giulio da Milano' im Arch. Veneto VII, 1. Die Akten im Archivio di Stato in Venedig, Sant' Uffizio B. 1.

21. (22.) Das Schreiben der 'Brüder' vom 26. Nov. 1542 zuerst von Seckendorf, Hist. Luth. III, 401 mitgeteilt. Der Begleitbrief Altieri's an Veit Dietrich bei Neudecker, Merkwürd. Aktenstücke, 697. Luthers Antwort vom 13. Juni 1543 zuerst durch Hummel (Bibliothek selt. Bücher, 1775, B. I, 239) bekannt gegeben. Altieri's zweites Schreiben: Zeitschrift für Kirchengeschichte 1877, S. 150 ff. Die Antwort darauf: de Wette, Luthers Briefwechsel V, 695. Das Schreiben der Schmalkaldener an den Dogen und Senat: Strobel, Miscell. I, 203.

22. (24.) Ueber Altieri vgl. Hase's Abhandlung (Jahrbb. für Prot. Theol. III, S. 469—517). Die dort S. 492 begegnende Angabe, Altieri sei 'aus Aquileja in Istrien' gebürtig gewesen, ist nach dem Obigen und noch Mehreres gemäß meiner Besprechung des Aufsatzes (Zeitschr. für Kirchengesch.

IV, S. 401—403) richtig zu stellen. Die Briefe an Aretino in Lettere a P. Aretino. Die beiden Depeschen an den Lord Protector: Calendar of State Papers, Henry VIII: Bd. IX (11. und 26. August 1548). Zwei kurze Briefe von Altieri, an Francesco Stella gerichtet (1549), kurz ehe er im geheimen Venedig verließ, finden sich unter den Akten von Stella's Prozeß (Archivio di Stato, Sant' Uffizio B. 7). Der Bericht bei Romanin, Storia docum. di Venezia, VI, S. 214 ff. (Venezia 1857) über die Altieri's Zulassung betreffenden Verhandlungen im Senat ist aus cod. DCCVII it. class. VII der Markusbibliothek geschöpft.

23. (30.) Das Breve an Gritti bei Raynaldus, Aunales ad a. 1535.

24. (30.) Ebdas. ad a. 1545 das zweite Breve.

25. (32.) Ueber die 'Collegia Vicentina', welche 1546 unter Teilnahme von Lelio Sozini, Bernardino Ochino u. v. A. gehalten worden seien, berichtet Wiszowaty (Narratio compendiosa, quomodo in Polonia a Trinitariis Reformatis separati sint Christiani Unitarii, [1678]) und nach ihm Bock, Sand, Lubieniecky u. A. Trechsel hat (Protest. Antitrinit. vor Faustus Sozin, S. 391—408) die Sache untersucht und ist zu dem richtigen Schlusse gelangt, daß hier zwar irgend ein historischer Kern zum Grunde liegen möge; daß aber schon die Darstellung selbst bei Wiszowaty, mehr noch bei seinen Nachfolgern, mit ungehörigen Zuthaten ausgestattet sei. In meiner Abhandlung 'Wiedertäufer im Venetianischen um die Mitte des 16. Jahrh.' (Theol. Studien und Kritiken 1885, S. 9—67) wird der Nachweis geliefert, welcher Art jener 'historische Kern', sowie die Schicksale der antitrinitarisch Gerichteten im Bereich der Republik gewesen sind. Die Abhandlung ist zumteil in die gegenwärtige Darstellung aufgenommen worden.

26. (35.) Ueber die 'Eretici di Cittadella' s. Näheres bei de Leva in der gleichnamigen Abhandlung (Atti dell' Istituto Veneto, vol. II, ser. IV); vgl. auch dessen 'Carlo V.' Bd. III, cap. 5. — Was Pietro Speziali's Werke und Schicksal betrifft, so geben die auch von de Leva benutzten Originalakten seines Prozesses bis ins Einzelne Auskunft. Vgl. auch Valentinelli, Bibl. manuscr. ad S. Marci Venetarum, I, 2, p. 110. Endlich beschäftigt sich mit ihm Vergerio in den Noten zu della Casa's Katalog vom J. 1549 (Sign. e III a). Als Vergerio dieselben schrieb, war Speziali noch im Kerker. So preist jener seine Standhaftigkeit. Zwei Jahre später war der Greis mürbe.

27. (37.) Francisci Spierae, qui quod susceptam semel evangelicae veritatis professionem abnegasset damnassetque, in horrendam incidit desperationem, historia a quatuor viris summa fide conscripta, cum clarissimorum virorum praefationibus Coelii S. C. et Joh. Calvini, et Petri Pauli Vergerii Apologia. (o. O. u. J.)

28. (39.) Ueber Algeri hat Pantaleon (Historia Rerum in Ecclesia gestarum p. II, f. 329 sp.) Mitteilungen gemacht als Einleitung zu dem ihm durch Celio Secondo Curione übermittelten und von ihm (ebb.) veröffentlichten Briefe Algeri's vom 21. Juli 1555.

29. (39.) Vgl. Elze, Gesch. d. protest. Beweg. in Venedig S. 30.

30. (42.) Ueber Francesco Negri vgl. Carrara, Dizionario istorico (Bassano 1796) s. v.; Verci, Notizie storico-critiche degli Serittori Bassanesi (Raccolta nova [Calogeriana] d'opusculi scient. e filol., T. 24 (Venezia 1773); Roberti: Notizie storico-critiche della vita e delle opere di Fr. Negri. Bassano 1839. Der Brief an Roselli: Rivista Crist. 1874, S. 122 f. Negri's Schrift De Martyrio Panini Faventini et Dominici Bassanensis ist alsbald auch deutsch erschienen (Expl. auf der Bremer Stadtbibl.).

31. (43.) Giovanni da Crespiano und die Nächstfolgenden mit Ausnahme Maresio's sind in den Verzeichnissen (der Prozesse des Venetianischen Tribunales, welche die Rivista Crist. veröffentlicht hat, enthalten; vgl. Elenco generale u. s. w., 1875, passim. Ueber Giulio Maresio und den Franziskaner Dom. Fortunato, der übrigens 1546 selbst Inquisitor in Belluno wurde, vgl. die Deposition des Erstern bei Cantu, Eretici, III S. 168 ff.

32. (45.) Unter Vergerio's Zeitgenossen sind es vor allem zwei, die sich als seine heftigsten Gegner hervorgethan haben, Girolamo Muzio (Mutio), sein engerer Landsmann (vgl. Le Vergeriane del Mutio Justinopolitano, Venez. 1550), sowie Giovanni della Casa, zur Zeit der Katastrophe päpstlicher Nuntius in Venedig (Oratio in P. P. Vergerium). Die Angriffe des Letzern hat J. G. Schelhorn in der 'Apologia pro P. P. Vergerio episcopo Iustinopolitano adv. Joa. Casam archiepisc. Benevent'. Ulmae et Memmingae 1760, zurückzuweisen versucht. Ihm ist H. Sixt (P. P. Vergerius päpstl. Nuntius, kathol. Bischof und Vorkämpfer des Evangeliums. Braunschweig 1855; 2. [Titel-] Ausg. 1872, 602) gefolgt. Beide waren nicht in der Lage, die in Venedig befindlichen Akten von Vergerio's Prozeß einzusehen — Akten, welche für ein abschließendes Urteil von leicht ersichtlicher Bedeutung sind. Comba hat aus denselben Einiges veröffentlicht (Riv. Crist. 1873, Heft 8, 9, 10). Sodann hat L. A. Ferrai 'Il processo di P. P. Vergerio' im Archivio Storico Italiano (1885, disp. 2, 3, 4, 5) abdrucken lassen, nicht die Akten selbst, sondern eine mit genauer Rücksicht auf sie zusammengestellte Studie über den Prozeß und die bei der Katastrophe in Betracht kommenden Fragen. Daten über seine Lebensgeschichte bis 1549 giebt Vergerio selbst in 'Di un libro di fra Ippolito Chizzuola' (1563); zum Vergleich bieten sich zahlreiche von ihm und an ihn geschriebene, in der Markusbibliothek aufbewahrte Briefe dar. Der Briefwechsel zwischen Herzog Christoph von Württemberg und ihm ist durch von Kausler und Schott (Stuttgart, Publik. des liter. Vereins, 1875) herausgegeben worden. Eine genaue, wenn auch nicht ganz vollständige, 'Uebersicht der liter. Thätigkeit des P. P. Vergerio' hat E. Weller in Serapeum (1858, 65 und 1866, 314) gegeben. Vgl. noch Reusch, Index I, S. 377 ff. — Einzelnes: das Jahr 1518 als Termin der Promotion giebt Papadopoli an: Historia Gymn. Patav. (Venet. 1726) II, p. 66. Von Vergerio's Vorlesung gab Ferrai (Arch. Stor. per Triste etc., 1883, disp. 2, p. 203) Kunde. Der Nämliche

läßt (Arch. Stor. Ital. 1885, disp. 2, p. 203) Vergerio zur Ausbildung nach 'Würtenberg' gehen — soll heißen 'Wittenberg', denn das kann allein in Frage kommen —; doch ist schon von Cantu, Eretici II, 104 gesagt, daß der Kurfürst die Reiseentschädigung nicht zahlte und deshalb Vergerio 'rimase a Padova'. Die Sache war schon von Sixt, a. a. O. S. 8 richtig gestellt. Dagegen bestreitet Sixt mit Unrecht die schon von della Casa gegebene Notiz, daß V. verheiratet gewesen sei. Die Markusbibliothek bewahrt heute noch das Testament der Gattin V.'s, von ihr selbst geschrieben, sowie einen notariellen Akt auf (vom 1. Okt. 1526), durch welchen Vergerio seiner Gattin ihre Mitgift sicher stellt (Bibl. Marc. cod. lat. class. IX, LXIII, c. 50 und 51). — Die Rede, welche V. in Worms 1540 hielt, erschien in Venedig 1542; neu gedruckt bei Röber, Disquis. de Colloquio Wormat. (Nürnberg 1774); teilweise bei Lämmer, Monum. Vatic. p. 312 f. — Die Denunciation von 1544 wörtlich in Rivista Crist, 1875, S. 301—303; dort auch Auszüge aus Verhören. — Was V.'s Einwirkung auf die kirchlichen Zustände in Istrien und Friaul angeht, so vgl. die im Text verwertete Aussage eines Zeugen in V.'s Prozeß, vom 24. Juni 1549, sowie M'chiel's Bericht in 'Lettere ai Capi del Consiglio dei Dieci' filza I, bei Ferrai (Arch. Stor. Ital. 1885. disp. 4, S. 32, A.) Uebrigens machte sich in der istrischen Hafenstadt Pirano schon zu einer Zeit, als Vergerio noch der ergebenste Diener der römischen Kirche war, die Bewegung geltend. Der päpstliche Nuntius in Venedig, Aleander, berichtet darüber (28. Juni 1534): Nuovamente si è scoperta una terra di questi Signori in Histria, chiamata Pirano, per la magior parte et li primi di quel luoco lutherani, et si teme che non facciano il medesimo li luochi intorno, per essere contermini alla Almagna et hungheria. La qual heresia gia piu di 4 anni nata et di in di piu augmentata in quel luoco, finalmente queste feste di Natale si è scoperta piu manifestamente per le prediche di due frati ... Am besten würde es sein, wenn Se. Heiligkeit mit den Orator (venetianischen Gesandten in Rom) redete, 'ma non come informato da mie lettere — nihil nempe prorsus deterius — ma d'hauere inteso da alcuni frati minori de observantia della cosa di Pirano.' (Nuntiaturbericht im Vatik. Archiv).

33. (51.) Die erste Spur von dem Vorhandensein protestantischer Anschauungen in Friaul weist Albanese nach, L'Inquisizione, S. 178. Die Angabe über die aus Friaul nach Genf Geflohenen bei Galiffe, Refuge S. 145 f.

34. (52.) Giov. Batt. Vergerio's Schrift 'Esposizione e Parafrasi sopra il Salmo 119: Beati etc.' (1550). Von ihm notiert noch Gesner's Bibliotheca (Tig. 1555): Tractatus de avaritia ministrorum Ecclesiae papisticae.

35. (53.) In der Biblioteca della Riforma Ital. sind Vergerio's 'Dodici Trattatelli' neu gedruckt, Bd. I. u. II. (Florenz, Tipografia Claudiana 1884).

36. (55.) Ueber das Breve vgl. Raynaldi Annales Eccles. ad a.

1549 § 23; Bernini, Storia di tutte l'heresie (Venez. 1615) vol. IV, col. 515 ff.

37. (59.) Roselli's Prozeß im Archivio di Stato (Venedig), Sant' Uffizio, Busta 10.

38. (63.) Fonzio's Conflikt mit Scarbeone und Montalto, sowie die ganze weitere Entwickelung bei de Leva, Gli Eretici di Cittadella, S. 60 ff.

39. (67.) Die Verwickelungen der Graubündner mit dem Senate im J. 1557 bei de Porta, Hist. Eccles. Rhaet. II, 299.

40. (68.) Die Depeschen des Bischofs von Nicastro an den Carb. von Alessandria im Vatik. Archiv, Nunziatura di Venezia III ff.

41. (69.) Avanzo 1558 in Genf: Galiffe, Refuge, 139.

42. (71.) Ueber Herzog Christoph's Verwendung zu Gunsten Stella's: von Kausler und Schott, Briefwechsel etc. S. 214; vgl. Fr. Albanese, L' Inquisizione S. 177.

43. (71.) Die Nachrichten über Moscardo: in den Akten seines Prozesses, Archivio di Stato (Venedig) Sant' Uffizio, B. 23. Seine Aufnahme in Genf 1568: Galiffe, Refuge, S. 175. (Der auf S. 173 notierte Moscardo ist vermutlich der Nämliche).

44. (73.) Fedele's Prozeß: Busta 23; eingehend dargestellt in m. Aufsatz im Historischen Taschenbuch: Aus den Akten der Venetianischen Inquisition (1880).

45. (74.) Das Verzeichnis in Rivista Crist. 1875.

46. (76.) Ueber die wiedertäuferische Bewegung in Italien um die Mitte des 16. Jahrh. vgl. Trechsel, die protest. Anttirinitarier etc., II, dazu meinen Aufsatz 'Wiedertäufer im Venetianischen' etc. (Theol. Stud. u. Kritiken 1885, S. 9—67) Die in Betracht kommenden Prozesse finden sich, wie auch dort bemerkt, in verschiedenen Fascikeln des Staatsarchivs.

47. (86.) Manelfi's schriftliche Beichte sowie die Selbstdenunziation des Priesters Don Giovanni Laureto in Busta 25 des Arch. di Stato, S. Uffizio. Der Prozeß Allegretti's ebb. Busta 22.

48. (96.) Gherlandi's Bekenntnis habe ich in deutscher Uebersetzung im Anhang zu dem Artikel über 'Wiedertäufer im Venetianischen', Theol. Studien u. Krit. 1885 (S. 58 ff) mitgeteilt. Sein Name als Guirlanda bei Crespin, Histoire des Martyrs, p. 680. — Sega's Eingabe an die Inquisitoren: Theol. Stud. u. Kritik. 1885, 61.

49. (107 f.). Aus Bergamo sind nach Ausweis der Akten (Riv. Crist. 1876, 1'.) noch eine Anzahl Bewohner wegen 'Lutheranismus' belangt worden. Der aus der Nähe stammende Theologe Zanchi ist in seinem Vaterlande unbehelligt geblieben. 1570 kam er auf den Index der verbotenen Bücher (s. Reusch, I, 409); über seine Schicksale diesseit der Alpen giebt Hautz (Gesch. der Univers. Heidelberg II, 51, u. a. a. O.) Auskunft. Vgl. auch Hagen, Briefe Heidelb. Gelehrten, (Bern, 1886) 112.

Verzeichnis der Personen- und Ortsnamen.

Abbazia, l', bei Verona, 85.
Adriano, Fra, Inquisitor 98.
Albona, 17.
Alessandria, Nicolao aus, 83.
Alessandro, Fra, 11.
Algeri, Pomponio, aus Nola; sein Bekenntnis und sein Tod, 38 f.
Allegretti, Girolamo, Prozeß und Abschwörnng 87 f.
Aloisetto, 84.
Altieri, Baldassare, 22; Briefwechsel mit Luther 23 ff.; Beziehungen zu den schmalkaldener Verbündeten, 24; 27; fernere Schicksale und Tod 58.
Andrea, Franc., 73.
Antonio aus Chioggia 32.
Antonio, Messer, 84: 101.
Arcade, 95.
Arcadi, aus Verona, 103.
Asolo, 85.
Asolo, Benedetto aus, Wiedertäufer 79.
Avogari, aus Verona, 103.

Balbi, Girolamo, 69.
Barratta, Fra Daniele, 105.
Barba, Bart. della, 89; 103.
Barbano, Bernardino, aus Vicenza, 101.
Barbaro, Giulio, 69.

Bartolo, Messer, 84.
Bartolomeo, Fra, 7, (11) vgl. Fonzio, Bart.
Bartolomeo aus Padua, 84.
Bassano, 40; 94.
Basilio, Fra, 105.
Bastian, San, 94.
Battista, aus Parma, 100.
Beato, Giovanni, 95.
Belluno, 43.
Benedetto, Student, 85.
Benetto, aus Borgo, Wiedertäufer, in Rovigo verbrannt, 86; 93.
Bergamo, 93; 107. Flüchtlinge in Genf 108.
Bernardino, 85.
Biagio, Wiedertäufer in Padua 85.
dal Bon, Antonio, 103.
Boscoli, Bosco, aus Chioggia 32.
Braccietti, Michele, 18.
Brescia, 103 f.
Bressan, Doktor, 105.
Brucioli, Antonio, 15; übersetzt die Bibel ins Italienische 16.
Buccella, Wiedertäufer, 95.
Bullinger, H., Brief an ihn 57.
Buonafede, Franc., 34.
Buttamin, Giov. Paolo, hingerichtet, 105.
Buzzale, Abt aus Neapel, nimmt teil am Wiedertäuferconzil, 79.

Cabianca, Domenico, aus Bassano, 42.
Ca del Ponte, 14.
Campanola, Giacomo, 103.
Canale, Gontardo, 69.
Canale, Marcantonio da, 69; 70;
Candia, 111.
Capo d'Istria 85; 95 f.
Capro, Doctor Giulio, 31.
Caraffa, Giov. Pietro (Papst Paul IV.) sein Gutachten 6 f. Reaktion durch ihn 61.
Carnesecchi, Pietro, 43.
Casnol, 93.
Castel San Felice, 93.
Cattaneo, Ercole, 105.
Cauzio, Camillo, 37.
Cherso, 85.
Chioggia, 32.
Cinto 93; 99.
Cittadella, 32. — Pietro Cittadella s. Speziali. — Wiedertäufer in C. 79; 93.
Clerici, aus Verona, 103.
Cologna, Wiedertäufer in, 85.
Colombani, Antonio, 100.
Conegliano, 42; 85.
Contarini, Domenico, 69.
Corfu, 110.
Cremona, Gemeinde in, 87.
Crispano, 100.
Crespiano, Giovanni da, 92.
Curione, Celio Secondo, 20; 87. — Teilnehmer am Wiedertäuferconzil 79.
Cypern, 111.

Dandolo, Tiberio, 111.
Dominium der Republik, 29.
Donzelino, Vinc. und Girol., 105.
Dose, 94.

Fabris, Rinaldo, aus Ferrara, 100.
Faccio, Girolamo, aus Cittadella, 33.

Fano, Guido da, 68.
Feltre, 93.
Ferrara, 77; Wiedertäufergemeinde dort 83; 94.
Filippo, aus Calzinato, 105.
Fontana, Bart., 73.
Fonzas, 93.
Fonzio, Bart., 12; übersetzt Luther's 'An den Adel', 14; sein Prozeß 62 ff.; Verantwortung und Appellation 64. Tod 66; 97.
Foresta, Costantino, 103.
Formegan, 94.
Fornasieri, Padre Aluise, 41.
Francesco, Messer, in Padua, 85.
Francesco, Mönch aus Lugo, Wiedertäufer, 78.
Friaul, Spuren der reformat. Bewegung, 51.

Galateo, Girol., erster Märtyrer der Ref. in Venedig, 8 f.; seine 'Apologie', 9.
Gandini, Francesco, 105.
Gardone, Wiedertäufer in, 89.
Gazo, 94.
Gazzotto, Antonio, 103.
Gefalte, 94.
Gelous, Sigismund, 36.
Gemona, 93.
Genf, Flüchtlinge dort, passim.
Gherlandi (Guirlanda), Giulio, aus Spresiano, 91; erst der radikalen (91), dann der gemäßigten Richtung angehörend 92; in Mähren (ebb.); in Venedig prozessirt, 93 f.; ertränkt 95.
Giacometto, Seilspinner, 84.
Giacometto, Nestelmacher in Padua 85.
Giacometto aus Treviso, beim Wiedertäuferconzil 79.
Giovanni Battista, Färber, in Vicenza, 31.

Giovanni aus Garbone, 105.
Giovanni Maria in Venedig 84.
Giulio aus Alessandria 85.
Giulio, Schuhmacher, 84.
Giulio, Fra, 105.
Giulio da Milano, s. Milano.
Giuseppe 'der Zigeuner', 84.
Giusti, be', Wiedertäufer in Cremona, 89.
Giustino (Giovanni) aus Brescia, 105.
Görz, 93.
Grande, aus Verona, 103.
Gribaldi, Professer in Padua, 36; in Genf 38; 90.
Guastalla, 94.
Guerra, Francesco, 103.
Gujoto, Padre Marino, 41.
Gurgo, del, Monsignor, 31.

Hans Jörg, Wiedertäufer, 101.

Jacometto, s. Giacometto.
Jacopo, Knopfmacher, 84.
Iseppo, Wiedertäufer aus Vicenza, beim Conzil, 79.
Isola in Val Sugana, 93.
Juan, gewes. Mönch aus Neapel. 101.

Laureto, Don Giovanni, 86.
Lazise, Paolo, aus Verona, 102.
Leoni, Aluise, 73.
Lismanin, Franc., 110.
Loba, Bern., aus Brescia, 105.
Lucera, 94.
Lucia, Donna, 95.
Lugo, 94.
Lupetino, Fra Baldo, 17; Prozeß 18; Fortsetzung 59 Verantwortung 60; Tod 62.
Luther, Martin, s. Schriften in Venedig 27; Briefwechsel mit Altieri 23. ff.

Maddalena, Matteo della, 84.
Maderno, 93.

Mainardi, Apostino, ev. Pfarrer in Chiavenna, 87.
Malaveglio, Don, 101.
Malborghetto, 93.
Manelfi, Pietro, aus San Vito, 77; seine Beichte, 78 ff.
Manfredi, Franc., 103.
Mantova, 94.
Marco, Fra, 37.
Maresio, Giulio, aus Belluno, 43.
Marostica (Marostega), 42; 94.
Martinenghi, Graf Celso, 104; Prediger in Genf, 105; Verwandte von ihm, ebd.
Masi, Don Vincenzo, 41.
Matteo, Färber, 84.
Medeghini, Lodov. 105.
Melanchthon, Brief Roselli's an ihn, 5; sein angebl. Schreiben an den Senat, 18.
Merenda, Andrea, 105.
Mestre, 94.
Mezzastrada, 93.
Milano, Giulio da, (Giulio della Rovere), 19 f.; Pfarrer in Poschiavo, 88,
Miotti, Giov. Bart., 103.
Mira, la, 93.
Mocenigo, Monsignor, 69 f.
Mocenigo, Aluise, 69.
Momarana, 85.
Montalto, Felice (Papst Sixtus V.) 63.
Moscardo, Paolo, 71 f.
Moscardo, Marcantonio, 71.
Moscardo, Stefano, 72.
Musastretta, 64.
Musolenta, 94.

Negri, Francesco, aus Bassano, 40; beim Conzil, 79.
Nicastro, Bischof von, päpstlicher Legat, 67; 100.
Nicolao, aus Alessandria, beim Conzil, 79.

Noventa, 93.

Ochino, Bernardino, 20; 43; 59; 77.
Oderzo, 94.
Odone, Giov. Angelo, 14.

Padua, Protest. Bewegung, 37 f.; Wiedertäufer, 84; Unterdrückung 86; 100.
Paruta, Nicolao, 101.
Paul III., Papst, 14; 30.
Paul IV., Papst s. Caraffa.
Paulucci, Antonio, 8.
Pieve, in Valdagno, 93.
Pirano, 85.
Pol, 94.
Pomponio, Fra, 102.
Ponte, da, Andrea, 69.
Porto, Francesco, 111.
Porti, Caterina, 85.
Poschiavo, 87; 88.
Prato, da, Andrea, 69.
Primer, 94.

Quajato, Vincenzo, 32.
Quinziano, Fra Bernard., 105.

Rampini, Giov. Marc. 89.
Renato, Camillo, 76; 87.
Riva Rotta, 93.
Riva Secca, 94.
Rizzetto, Antonio, 96. Prozeß und Tod, 95 ff.
Rocca, Giov. Andrea, 105.
Rosa, Luigi, 32.
Roselli, Lucio Paolo, Briefe an Melanchthon, 5; spätere Schicksale 58 f.
Rovere, della s. Milano.
Rovigo, 77; 92.

Salarino, Eusebio, 8.
Salis, Friedrich von, 67.
Salis, Hercules von, 67.
Salvatore, aus Venedig, 85.
Salonich, 85.
Sambeni, Giovanni, 108.
Scandolara, 94.
Schenk, Burkhard von, 2; 3.
Scrimger, in Padua, 38.
Sega, Franc. della, 95; Gefangennahme und Prozeß, 95 ff. Tod 99.
Serravalle, 94.
Sigismondo, in Vicenza bestraft, 31.
Singlitico, Franc. 111.
Spalatro, 87; 88.
Speranza, Giulio und Hieronimo, beim Conzil, 88.
Speziali, Pietro, gen. Cittabella, 33; sein Werk 'Von der göttlichen Gnade', ebd.
Spiera, Francesco, sein Prozeß, 35 sein Untergang 36.
Spinazola, Hieronimo, 77.
Spresiano, 93.
Stella, Francesco, 70. f.

Testa, Padre Bartolomeo, 41.
Tezze, le, 94.
Thiene, Odoardo Graf, Anhänger der Reformation, 31; Lionardo sein Neffe, ebd.
Tisana di San Michele, 93.
Tiziano, Wiedertäufer, 77; beim Conzil, 79.
Tommaso, Barettmacher, 101.
Treviso, Evangelischgesinnte dort, 42; Wiedertäufer, 93.
Trieste, 93.
Trissino, Monsignor, 31.

Udine, Spuren reform. Bewegung 51; Wiedertäufer 94.
Ugalis, Giovanni, aus Verona, 103.
Ugoni, Gian Andrea degli 57; 105.

Valenti, Pietro Maria, 105.
Varrotto, Antonio, 101.
Vavassori, in Bergamo, 107.

Veit Dietrich (Vitus Theodoricus) 5.
Venedig, Ueberführung ref. Anschauungen 1; Verbreitung durch Schriften 2 ff.; Caraffa über die Lage 6 f.; Melanchthon's angebl. Schreiben an den Senat 18; Wendung in der Kirchenpolitik Rom gegenüber 28; Verstärkung der antievangelischen Richtung 56; Gesammtzahl der wegen 'Lutheranismus' angestrengten Prozesse 74; Conzil der Wiedertäufer (1550) 78 ff; Namen dortiger Wiedertäufer 84.
Vergerio, Pier Paolo, 13; 45 ff; an Spiera's Lager 36. Sein Prozeß 48; Flucht und spätere Wirksamkeit 55.
Vergerio, Giov. Battista, 45; 52.
Vermigli, Pietro Martire, 43; 104.

Verona, 93.
Viadana, 94.
Vicenza, reformat. Bewegungen 30; die 'Collegia Vicentina' 31; Wiedertäufer dort 84.
Vigo, Padre Fedele aus, 69; 72 f.
Villa Nova, 93.
Villa Verla, 93.
Villorba, 93.
Vincenzo, Messer, aus Mantua, 101.

Weydacher, Balthasar, 39.

Zaccaria, Marco und Andrea, 111.
Zacconato, Bern., aus Chioggia. 32.
Zanchi, Girolamo, hervorragender reformirter Theolog, 104; 108.
Zenone, San, 94.
Ziegler, Jakob, 5.

Druckfehler.

S. 2. Z. 7. und 10. l. 1519
   6. Z. 11. l. Bischof.
   „ Z. 19. l. Forderung:
   „ Z. 22. l. solchem
 29. Z. 18. v. u. l. venetianischen
 45. Z. 3. fehlt hinter 'Vergerio' die Verweisung [32])

Nachtrag.

Ueber den S. 13 erwähnten Erasmianer Giov. Ang. Odone findet sich bei Christie, Etienne Dolet, le martyr de la Renaissance, traduit par C. Stryienski (Paris 1886) einiges (S. 212, 214, 218, 224 u. a. a. St.).

Halle, Druck von Ehrhardt Karras.

Inhalt.

Vorwort . . . . S. III—XII.

Einführung der Reformation in Venedig 1. — Verbreitung von Schriften Luthers 2. — Schreiben Roselli's an Melanchthon 4. — Gutachten Caraffa's 6.

Girolamo Galateo der erste Märtyrer 8; seine 'Apologia' 9. — Bartolomeo Fonzio 12. — Antonio Brucioli 15; übersetzt die Bibel 16. — Baldo Lupetino 17.

Melanchthons angebliches Schreiben an den Senat 18. — Giulio da Milano 19. — Briefwechsel der Evangelischgesinnten mit Luther 21 ff. — Baldassare Altieri 22. — Folgen des Sturzes der protestantischen Partei in Deutschland 27. — Neuordnung der Inquisition 28.

Die Bewegung im Dominium 30. — Cittadella 32; Pietro Speziali 33; Franc. Spiera 35. — Padua 37. — Bassano 40; Franc. Negri, ebb. — Treviso 42. — Belluno 43. — Istrien: Pier Paolo Vergerio, sein Leben und sein Prozeß 45 ff. — Friaul 51; Udine ebb. — Altieri's Ausgang 57. — Lupetino abermals prozeſſirt 61; zu Tode gebracht 62. — Fonzio zum Tode verurteilt 65; appelliert ans Conzil 66. — Guido da Fano 68. — Sonstige Prozesse 69; Paolo Moscardo 71; Padre Fedele aus Vigo 72 f.

Wiedertäufer in Oberitalien 75 ff. — 'Conzil' derselben in Venedig (1550) 78 ff. — Organisation der Gemeinschaft 82. — Verbreitung in Venedig, Vicenza, Padua und an andern Orten 84 f. — Verfolgung 86 ff. — Gir. Allegretti 87. — Beziehungen zu den mährischen 'Brüdern' 90. — Giulio Gherlandi 91; sein Prozeß und Tod 94 ff. — Francesco della Sega 95 ff.; sein und Rizzetto's Prozeß und Tod 95 ff. — Vernichtung der wiedertäuferischen Bewegung 100 ff.

Spuren der reformatorischen Bewegung in Verona 102; in Brescia 103; Celso Martinenghi 104; in Bergamo 107; Girolamo Zanchi 108. — Spuren derselben in den Kolonieen: Corfu 110; Cypern 111; Candia 111.

Anmerkungen . . . . S. 113—121.

Verzeichnis der Personen- und Ortsnamen . . . . S. 122—126.

Nr. 19. Preis: Mk. 1,20.

Schriften
des
Vereins für Reformationsgeschichte.
Fünfter Jahrgang. Zweites Stück.

Luther
und
seine Beziehungen zu Schlesien,
insbesondere zu Breslau.

Von

D. Erdmann.

Halle 1887.
In Commissionsverlag von Max Niemeyer.

Satzungen
des Vereins für Reformationsgeschichte.

§ 1. Der Verein hat zum Zweck, die Resultate gesicherter Forschung über die Entstehung unserer evangelischen Kirche, über die Persönlichkeiten und Thatsachen der Reformation und über ihre Wirkungen auf allen Gebieten des Volkslebens dem größeren Publikum zugänglicher zu machen, um das evangelische Bewußtsein durch unmittelbare Einführung in die Geschichte unserer Kirche zu befestigen und zu stärken.

§ 2. Diesen Zweck sucht der Verein durch Herstellung und Verbreitung von Publikationen, namentlich und zunächst durch Herausgabe kleinerer, in sich abgeschlossener historischer Schriften zu erreichen, die durch gemeinverständliche und ansprechende Darstellung und mäßigen Preis zur Verbreitung in weiteren Kreisen geeignet sein sollen. Jährlich soll eine Anzahl größerer oder kleinerer Hefte in freier Reihenfolge erscheinen.

§ 3. Die Mitgliedschaft verpflichtet zu einem jährlichen Beitrag von mindestens **3 Mark,** wofür die Schriften des Vereins unentgeltlich geliefert werden. Freiwillige höhere Beiträge sind erwünscht. An- und Abmeldung der Mitglieder erfolgt beim Schriftführer. Der Austritt kann jedoch nur am Schlusse des Jahres erfolgen.

§ 4. Der Vorstand des Vereins besteht aus wenigstens 15 Mitgliedern, die je auf 3 Jahre von der ordentlichen Generalversammlung gewählt werden. Derselbe ist befugt, sich nach Bedürfnis durch Cooptation aus der Zahl der Vereinsmitglieder zu erweitern. Scheiden Mitglieder in der Zwischenzeit aus, so ergänzt sich der Vorstand ebenso durch Cooptation. Die Wahl eines Vorsitzenden und die Verteilung der Geschäfte, namentlich die Einsetzung eines Redaktionskomitees, bleibt dem Vorstande überlassen.

§ 5. Die Mitgliederbeiträge sind alljährlich zu Ostern an den Schatzmeister abzuführen. Derselbe hat das Recht, sie durch Postauftrag einzuziehen, falls ihre Übersendung nach einmaliger Aufforderung nicht erfolgt ist.

§ 6. Der Vorstand legt alljährlich den Mitgliedern einen gedruckten Jahresbericht vor, der zugleich ein Verzeichnis der Mitglieder enthält.

§ 7. Der Vorstand bestimmt Zeit und Ort der Generalversammlungen. Die ordentliche Generalversammlung findet alle drei Jahre statt. Eine außerordentliche wird vom Vorstande einberufen, wenn er

Luther
und
seine Beziehungen zu Schlesien,
insbesondere zu Breslau.

Von

D. Erdmann.

Halle 1887.
Verein für Reformationsgeschichte.

Inhalt.

	Seite
Einleitendes Wort	1
I. Eindringen der Lehre und der Schriften Luthers in Schlesien und besonders in Breslau	1—8
II. Luthers erste Beziehungen zu Johann Heß und zum Herzog Karl von Münsterberg	9—21
III. Johann Heß' Berufung als Pfarrer zu St. Maria Magdalena in Breslau und als erster Prediger des Evangeliums. Luthers Beziehungen zu ihm und dem Magistrat von Breslau bei der Einführung der Reformation	21—26
IV. Die Gestaltung des evangelisch-kirchlichen Lebens in Breslau durch Johann Heß und Luthers Einfluß darauf	26—31
V. Luthers Ratschläge an Johann Heß mit Bezug auf dessen schwierige Verhältnisse in Breslau	31—34
VI. Ambrosius Moibanus, Pfarrer an St. Elisabeth, und Johann Heß, in steter Verbindung mit Luther. Verkehr Schlesiens mit Wittenberg. Luthers Fürsorge für die Ausbildung junger Prediger und Lehrer, und für die Anstellung tüchtiger Prediger	34—42
VII. Luthers Anteil an dem Kampf des Moibanus und Heß wider die schwärmerisch-sectirerischen Bewegungen in Schlesien. Seine Beziehungen zu Schwenckfeld	42—54
VIII. Luthers Correspondenz mit den Breslauer Reformatoren in Betreff der gefahrvollen inneren und äußeren Verhältnisse der Kirche	54—63
XI. Ratschläge, Belehrungen und Trostworte Luthers in allerlei Angelegenheiten. 1. Luther an Heß und Moiban über Ehefragen. 2. Antwort an die Breslauer Geistlichen auf die Frage: Ob einem Christen gezieme zu fliehen in Sterbensläuften. 3. Luther und die Gemeinde in Freistadt. Sein Brief an Hans von Rechenberg über das Seligwerden. 4. Luthers Trostbrief an Frau Dr. J. Metzler in Breslau wegen ihres in Wittenberg gestorbenen Sohnes	63—73
Schlußwort	73—74

Es ist gewiß von hohem Interesse, neben Luthers mächtiger Einwirkung auf die allgemeine Gestaltung des Reformationswerkes auch seine viel zu wenig bekannte Bedeutung und Wirksamkeit für einzelne Gebiete der Christenheit, und den tiefgreifenden Einfluß, den er durch seine unmittelbaren und mittelbaren persönlichen Beziehungen, namentlich durch seine Correspondenz, nach allen Seiten hin in engeren Kreisen ausgeübt hat, genauer zu erforschen. Es gilt hier, die wunderbare Glaubens- und Geisteskraft, die er als auserwähltes Rüstzeug in solchen engeren persönlichen und localen Beziehungen durch seinen beratenden, warnenden, entscheidenden Einfluß entfaltet hat, zur Anschauung zu bringen. Von hier aus gewinnt das Gesammtbild Luthers an Mannigfaltigkeit der Farben. Aber auch die einzelnen speziellen Verhältnisse und Verbindungen, in denen er uns hier vor Augen tritt, empfangen ihre rechte Beleuchtung und Würdigung von der allgemeinen Bedeutung seiner Persönlichkeit und Wirksamkeit in dem weiten Bereich der reformatorischen Bewegung. Auch Breslaus und Schlesiens Reformationsgeschichte kann von solchen mittelbaren und unmittelbaren Beziehungen Luthers und seines großen Werkes zu diesem Ländergebiet, welches zwar außerhalb des deutschen Reiches lag, aber durch seine Verbindungen mit der böhmischen Königskrone und durch seine Grenznachbarschaft von dem Strom der deutschen Reformation berührt oder erfaßt werden mußte, ein mannigfaltiges Zeugnis geben.

I.

Der Boden des geistigen und des kirchlichen Lebens war auch in Schlesien und besonders in Breslau zur Aufnahme des

Samens der evangelischen Wahrheit vorbereitet, als Luther mit seinen 95 Thesen in die Oeffentlichkeit trat. Dieselben liefen nach seinem eigenen Ausdruck, „schier in vierzehn Tagen durch ganz Deutschland; denn alle Welt klagte über den Ablaß und sonderlich über Tetzels Artikel". So wurden sie auch in Breslau mit Jubel begrüßt, wo der Unwille des Volkes gegen das Ablaßunwesen und gegen die Zusammenschlagung so vielen Geldes für Rom sich schon längst kund gegeben hatte. Im Frühjahr 1518 sah sich das Domcapitel genöthigt, bei dem Bischof die Einstellung des Ablaß= handels zu beantragen, da die Ablaßprediger „schon so oft im Lande und in Breslau gewesen seien, daß das Volk ihrer über= drüssig sei und seinen Spott mit ihnen und ihrer Waare treibe, auch zu arm sei, um für den Ablaß viel zu geben."

Einen tiefer gehenden Einfluß sehen wir Luther schon durch seine frühesten reformatorischen Schriften auf Schlesien, insbe= sondere auf Breslau, ausüben. Wie in Görlitz, so wurden sie auch hier schon 1519 durch Nachdruck verbreitet. So der „Ser= mon von Ablaß und Gnade" und die „Resolutionen zur Leipziger Disputation", in denen er die Lehre von dem rechtfertigenden Glauben und von der Autorität der heiligen Schrift, welche über alle kirchliche Autorität, auch die der Concilien, die in den wichig= sten Glaubensfragen geirrt hätten, erhaben sei, und die Lehre von dem Ursprung des wahren Glaubens eines Christen nicht aus irgend welcher menschlichen Autorität, sondern aus dem Quell des göttlichen Worts durch den Geist Gottes in den Herzen dar= legte. Breslau stand mit den Hauptherden der Reformation in Deutschland durch den Handelsverkehr in reger Verbindung. Der Chronist Pol erzählt in den Jahrbüchern der Stadt Breslau, daß aus Wittenberg und Leipzig viele Schriften Luthers „gen Breslau Etlichen, die im Schweidnitzer Keller gesessen, zugeschickt worden, welche sie andern Einwohnern mitgeteilt hätten, also daß in kurzer Zeit die ganze Stadt von Gottes Wort erfüllt worden sei". Von jungen Breslauern, die in Wittenberg studierten und mit Begeisterung Luthers Lehren in sich aufnahmen, wurden seine Schriften in die Heimat gesandt.

In Breslau und von hier bis nach Polen hinein wurde ein lebhafter Handel mit Luthers Schriften getrieben, den auch ein königliches Verbot vom 24. Dezember 1521 nicht unterdrücken konnte. Aus dem Inhalt dieses strengen Mandats erhellt, in welchem Umfang und mit welchem Erfolg bereits Luthers Schriften und Lehren in Breslau und in Schlesien Eingang fanden. Die schlesischen Stände werden darin aufgefordert, die lutherische Lehre nicht einwurzeln zu lassen, sondern auszurotten und die Anhänger derselben an Leib und Gut zu strafen, auch Brüder, Freunde und Verwandte nicht auf Universitäten zu schicken, wo solche vermeßliche Lehren vorgetragen würden, oder sie, wenn sie dort wären, unverzüglich heimzufordern, auch das Feilbieten von Schriften Luthers in keinem Fall zu dulden[1]). Der Herzog Karl von Münsterberg, der Oberlandeshauptmann von Böhmen, und der Markgraf Georg von Brandenburg, der Vetter des jungen Königs Ludwig von Böhmen und Ungarn, der 1522 mit den Breslauern wegen politischer Angelegenheiten zu verhandeln hatte, ließen das königliche Mandat unausgeführt, weil sie selbst der Wahrheit des Evangeliums innerlich schon zugeneigt waren. Trotz jenes Mandats nahm sich der Breslauer Rat eines Breslauer Bürgers an, der außer Luthers Schriften auch Melanchthons loci, die erste evangelische Glaubenslehre, entstanden aus seinen Vorlesungen über den Römerbrief, in Posen verkauft hatte, und dem seine Waare confiscirt worden war. Er erklärte, „jenes Buch enthalte nichts als die ganze und reine Theologie des Apostels Paulus; dem Melanchthon und allen Andern sei Luthers Ansehn ohne die heilige Schrift nichts bedeutend; auch ihnen, den Ratsherren, gelte der einige Glaube an Christum unendlich mehr als Luther." Das war ganz in Luthers Geist und Sinn gesprochen.

Der Breslauer Rat begrüßte Luthers Lehre mit voller Zustimmung, weil er darin „die reine Wahrheit des Evangeliums erkennete". Er ließ es nicht blos gern geschehen, daß junge Studierende die Wittenberger Universität bezogen, sondern unterstützte und förderte solches Studium in dem durch die reformatorische Bewegung mächtig aufblühenden Wittenberg, wo und wie er nur konnte. Er ließ sich dies um so lebhafter angelegen sein, als die Gründung einer Universität in Breslau, welche eine städtische

---

[1]) Klose Reform. Gesch. von Breslau (Manuscript) IX.

Anstalt werden sollte, und deren Professoren nur der Rat ernennen wollte, durch den Mangel an jeglicher Unterstützung seitens des reichen Klerus gehindert und vollends an dem Widerstande Roms gescheitert war.

Unermeßlich ist der persönliche Einfluß, den Luther neben Melanchthon auf die zahlreichen jungen Männer aus dem abligen, bürgerlichen und geistlichen Stande ausübte, die von Breslau und aus Schlesien überhaupt nach Wittenberg zogen und einen nicht kleinen Bruchteil der großen Schaar von Studierenden bildeten, welche aus den verschiedensten Ländern und Zungen dort zusammenströmten. Melanchthon schreibt einmal an einen Freund: „Heut hatte ich eilf Sprachen an meinem Tisch: Latein, Griechisch, Ebräisch, Deutsch, Panonisch, Wendisch, Türkisch, Arabisch, Neugriechisch, Indisch und Spanisch". Wie an Melanchthon so wurden an Luther viele dieser jungen Schlesier empfohlen. Oefters empfiehlt Luther schlesische und polnische Studierende an Melanchthon und läßt sich das Wohl derselben am Herzen sein. Wir sehen, mit welch liebreicher Fürsorge sich die Reformatoren dieser ihrer Zöglinge aus „den Grenzmarken der Teutonen und Sarmaten, wo der Quade in kurzer Hose das Land debaut", annehmen. Melanchthon, der in dem „schönen reichen Schlesien mit seinen fruchtbaren Aeckern und seinen edlen Metallen die „Elisii" des Tacitus sieht", wünscht dem „Sarmatenlande" Glück dazu, daß es „nicht blos unter seinen Priestern, sondern auch unter der Zahl derjenigen Männer, welche ihr sonstiger Beruf von den Wissenschaften abzuziehen pflege, mehr Gelehrte habe, als irgend eine andere Nation".

Diese Worte Melanchthons gehören einem Briefe desselben an, welcher an einen in der Stadtverwaltung hervorragend wirksamen Mann gerichtet war und demselben von einem jungen Gelehrten, Namens Troger, der vom Rat an die Elisabethschule nach Breslau berufen war, überbracht wurde.[1]) Melanchthon bewundert den durch Troger ihm gerühmten, nicht genannten Empfänger, mit dem er auf dessen Veranlassung in nähere Verbindung zu treten wünschte, als einen Mann, „der in den schwierigsten Geschäften der Stadtverwaltung auch die guten Wissenschaften

---

[1]) 19. Febr. 1521. Corp. reform. I, 283.

und am meisten die frommen so sehr zu Freunden habe." Er ermahnt ihn: "Fahre fort unentwegt zu thun, was du thust, und den rechten Studien günstig zu sein, vor Allem aber denen der Frömmigkeit. Doch nenne ich nicht Studien der Frömmigkeit diejenigen, welche jene Mönche, diese Art von neuen Christen, ausdenken, und die mehr abergläubisch, als fromm sind. Die Gestalt des Christentums mögest du lieber aus Christus selbst, als aus irgend welchen Abbrücken seiner, schöpfen. Ich fürchte nämlich, daß du diesen Ueberlieferungen der Menschen noch ein wenig zu viel Wert beilegst". Der Empfänger des Briefes ist wahrscheinlich der aus Neumarck in Schlesien gebürtige Breslauer gelehrte Humanist und Stadtschreiber Laurentius Corvinus, der zuerst durch das Studium der platonischen Philosophie den Weg zu einer tieferen religiösen Weltanschauung fand und dann ein treuer Bekenner des Evangeliums und Förderer der Reformation wurde. In einer dem Platonismus huldigenden poetisch=prosaischen Schrift[1]) thut er schon den Ausspruch, daß man "durch kein ander Ding Gott wohlgefälliger werden könne, als wenn man sich der allerhöchsten Wohlthat der göttlichen Milde erinnere, nämlich daß er trotz seiner allmächtigen, unaussprechlichen Majestät zu den Menschen herabgestiegen ist, um sie durch sein heiliges Leiden aus ewiger Knechtschaft zu befreien und zu Teilnehmern seines Reichs und seiner Seligkeit zu machen". Als Luthers Lehre dann mehr und mehr in Breslau Eingang fand, sehen wir ihn für die Sache der Reformation mit entschiedenem Bekenntnis eintreten und in seiner einflußreichen Stellung wirken, so daß er von seinem Schüler und Amtsnachfolger in Breslau, Franziskus Faber, als der "erste Vertreter der evangelischen Wahrheit in Breslau" genannt werden konnte. Er gehört in erster Reihe zu den humanistischen Gelehrten Breslaus, welche in Verbindung mit ihren wissenschaftlichen Studien die von Luther an das Licht gebrachte Wahrheit des Evangeliums mit lebendigem Glauben erfaßten und in ihren Wirkungskreisen zur Geltung brachten.[2])

---

[1]) Dialogus de Mentis saluberrima persuasione. Lips. 1516.
[2]) Ueber ihn und die ihm gleichgesinnten Humanisten Breslaus s. den anziehenden Aufsatz von Dr. G. Bauch in d. Zeitsch. d. Vereins für Gesch. u. Alterth. Schles. XVII. 230 f.

Aus diesen Kreisen neu erwachten Geisteslebens wurde der Verkehr mit Wittenberg immer lebhafter. Luthers und Melanchthons Einfluß auf dieselben wurde immer mächtiger. Von Wittenberg holten sich die in die evangelische Wahrheit eingeführten Geistlichen Breslaus und Schlesiens ihre Ordination, die Theologen und Schulmänner ihre akademischen Grade und Würden. In die von Luther ausgehende mächtige Geistesbewegung wurde Breslau und Schlesien immer weiter hineingezogen.

Hervorragende Schulmänner, die mit gründlicher humanistischer Bildung freudigen Eifer für das von Luther an's Licht gebrachte Evangelium verbanden, zogen wiederholt nach Wittenberg, um unter Luthers und Melanchthons persönlichem Einfluß in der Erkenntnis der evangelischen Wahrheit sich zu fördern, und dann ein Salz und Licht für ihre Heimat zu werden. So der große berühmte Schulmeister Schlesiens, Valentin Trozendorf, der 1519 der Leipziger Disputation Luthers mit Eck beiwohnte, in Wittenberg selbst als Docent thätig war, und unter dessen Rektorat später die Schule in Goldberg eine gesegnete Pflanzstätte des Evangeliums für viele Schüler auch aus fernen Ländern wurde. So der Breslauer Schustersohn Ambrosius Moibanus, der aus Wittenberg, von Luthers Empfehlungen und Segenswünschen begleitet, dem Rufe an die Elisabethkirche als erster evangelischer Prediger derselben folgte und um die innere Einrichtung der Breslauer Schulen an St. Elisabeth und Maria Magdalena sich großes Verdienst erwarb. In innige persönliche Beziehung trat zu Luther in Folge seiner Leipziger Disputation der aus einer reichen Familie stammende Breslauer Doktor beider Rechte Johann Metzler, der in Leipzig als Professor der griechischen Sprache wirkte, und dann nach Breslau zurückkehrte, wo er an der Elisabethschule den Unterricht im Griechischen und Lateinischen übernahm und dann als Ratsherr und seit 1534 als Landeshauptmann bis zu seinem Tode 1538 mit seiner Familie Luther befreundet war. Für das Schulwesen Breslaus hat er als Hauptmitglied der Oberschulbehörde Großes geleistet.

Besonders bemerkenswert sind noch die freundschaftlichen, persönlichen Beziehungen, in welche Luther mit humanistisch gebildeten und reformatorisch gesinnten Breslauer Domherren kam, die in Wittenberg zu seinen Füßen saßen, um die Theologie des reinen Evangeliums zu studieren. Gruß und Brief sendet er (1520) dem Breslauer Domherrn Wittiger, den wir später als evangelischen Dorfpfarrer im Fürstentum Liegnitz finden. Er teilt ihm mit, wie er „in giftigen Schmähschriften von eselhaftesten Eseln angefeindet werde."[1]) Wiederholt grüßt er unter seinen schlesischen Freunden den Neisser Kanonikus Valentin Krautwald, der von Herzog Friedrich von Liegnitz als kirchlicher Lektor in Liegnitz angestellt, später aber, von Schwenckfeld auf seine Seite gezogen und als dessen Anhänger, sich mit Luther entzweite. Zu derselben Zeit, 1520, knüpft sich ein Freundschaftsband an zwischen Luther und dem Breslauer Domherrn und bischöflichen Rat Dominicus Schleupner, einem Breslauer Kinde, der gleichfalls in Wittenberg studierte. Durch ihn erhielt Luther die von Ulrich von Hutten herausgegebene Schrift von Laurentius Valla über die sogenannte Schenkung Konstantins, in der nachgewiesen wurde, daß die Sage von einer schon durch Konstantin den Großen dem Bischof von Rom gemachten Schenkung an Länderbesitz eine historische Unwahrheit sei.[2])

Durch ihn setzte sich der Bischof von Breslau selbst mit Luther in Verbindung. Derjenige nämlich, der Schleupner veranlaßte, nach Wittenberg zu gehen, um dort zu studieren und Luthers Lehre in sich aufzunehmen, war kein anderer als der Breslauer Bischof, Johann von Thurzo, der nicht blos ein Freund der neuen wissenschaftlichen Studien war, sondern sich auch der evangelischen Wahrheit zugeneigt zeigte. Er hatte schon 1517 dem abergläubischen Unwesen ein Ende gemacht, welches in Breslau mit einem götzendienerisch verehrten und von den Mönchen zu schnödem Gelderwerb ausgebeuteten Marienbilde getrieben wurde. Durch Schleupner ließ er Melanchthon und Luther ermunternde Worte freundlicher Anerkennung für ihre Wirksamkeit aussprechen. Luther schrieb infolge dessen einen Brief an den Bischof, in welchem er ihm, dem schwer leidenden, Trost zuspricht

---

[1]) De Wette Briefe Luthers 1, 473.
[2]) De W. 1, 420.

und herzliche Teilnahme bezeugt.¹) Er sagt darin, daß der Kirche Gottes solche Bischöfe selten gegeben würden, wie er einer sei. Er habe das Vertrauen, daß die Hand Gottes, die ihn mit Krankheit geschlagen, ihn auch wieder heilen werde, und daß der Herr, der ihn mit so ausgezeichneten Gaben geschmückt habe, es ihm auch nicht an Kraft und Stärke fehlen lassen werde, alles mit standhaftem, christlich-bischöflichem Mut zu ertragen und in den heiligen Willen Gottes sich zu schicken. Er schreibe aber nicht, weil er es für nötig erachte, daß sein Mut im Herrn gestärkt werde, sondern weil der, der für uns alles geworden, wolle, daß einer des andern Last trage, damit nicht irgend einer seiner Gläubigen allein lebe oder allein sterbe, sondern in der Gemeinschaft der Heiligen in allem Thun und Leiden sich wohl geborgen wisse. Bei aller Betrübnis über sein Leiden und über seinen vielleicht erfolgenden Tod freue er sich doch der Gemeinschaft des Lebens und Leidens mit ihm in der Gemeinschaft mit Jesu Christo, unseres Herzens Mittelpunkt. So zeugt Luther hier mit Wort und That von der allein im lebendigen Glauben an den Herrn Jesum Christum als Mittelpunkt des einzelnen Christenlebens begründeten Gemeinschaft, in der die Glieder des Leibes Christi unter ihm, dem Haupte, stehen. Dieses durch Schleupner bei dessen Rückkehr nach Breslau auch mit einem Brief Melanchthons dem Bischof zugesandte Schreiben traf diesen nicht mehr am Leben. Thurzo starb am 2. August 1520. Luther erklärte bald nach Empfang dieser Todesbotschaft: in Thurzo sei der beste aller Bischöfe des Jahrhunderts gestorben und zwar im seligmachenden Glauben an Christum.²) Schleupner aber, der vom Breslauer Rat vergeblich zum Pfarrer an St. Elisabeth begehrt ward, folgte einem Ruf nach Nürnberg, wo er eine Zeit lang mit seinem Freunde Johann Heß sich aufhielt und wo er zu den hervorragenden Predigern des Evangeliums auf der Kanzel von St. Sebaldus gehörte. Statt seiner gelang es dem Breslauer Rat seinen und Luthers Freund, den Nürnberger Johann Heß, einzutauschen. Dieser war der Sohn eines wohlhabenden Kaufmanns in Nürnberg und 1490 daselbst geboren.

---

¹) D. W. 1, 472.   ²) D. W. 1, 524.

II.

Wenn von Luthers Beziehungen zu Breslau die Rede ist, so steht hier die edle Erscheinung des Breslauer Reformators, Johann Heß, im Vordergrunde. Sein Bild am Pfeiler links vom Altar der Magdalenenkirche zeigt uns die Züge eines treulich festen, sorgenvoll ernsten, feierlich ruhigen, angestrengt denkenden und arbeitenden Mannes. Von den ersten Anfängen der reformatorischen Bewegung an sehen wir ihn, der Luther als seinen geistlichen Vater ehrte, mit diesem wie mit Melanchthon in herzlicher Freundschaft verbunden. Wir sehen, wie Luther bis zu seinem Ende ihm als seinem „in dem Herrn teuersten Bruder" durch alle Stadien seines ruhigen, besonnenen, aber auch mühevollen und arbeitsreichen Wirkens für die Sache des Evangeliums das Geleit giebt. Breslaus Reformationsgeschichte in allen Stadien ihres im ganzen stetigen und friedlichen Verlaufs hat von Luther lebhafte Teilnahme und kräftige Förderung durch seine innigen, brüderlichen Beziehungen zu Johann Heß erfahren.[1]

Johann Heß widmete sich auf den Universitäten in Leipzig und Wittenberg, hier freilich nur kurze Zeit während Luthers Abwesenheit in Rom, den humanistischen wissenschaftlichen Studien und stand im Verkehr mit zahlreichen ausgezeichneten humanistischen Gelehrten. Im Jahre 1513 trat er, wir wissen nicht, aus welcher Veranlassung, als Sekretär in den Dienst des Breslauer Bischofs Johann Thurzo, der seine Residenz in Neisse hatte. Dieser zählte ihn unter die ersten aller seiner Freunde. Aus dem bischöflichen Dienst ging er dann in den des Herzogs Karl von Münsterberg-Oels über, welcher sich später unter seinem Einfluß der Reformation und den Wittenberger Reformatoren zugeneigt zeigte. Freilich ist dieser Fürst nie als ein offener Vertreter der reformatorischen Lehren aufgetreten.[2] Und in seiner Korrespondenz

---

[1] Vergl. C. A. J. Kolde, (Past. in Langenöls, Kr. Nimptsch) Dr. J. Heß, d. schlesische Reformator, Breslau 1846. Besonders aber Dr. J. Köstlin, Joh. Heß, der breslauer Reformator. Zeitschrift für Gesch. u. Altertum Schlesiens, VI. 1, 97 f. 2, 181 f. 1865. u. VII. 2, 410 f. (Nachträge). 1875.

[2] Dr. Schimmelpfennig, Herzog Karl I. v. Münsterberg-Oels und seine Schwester Margaretha von Anhalt in der Zeitschrift für Geschichte u. Altertum Schlesiens Bd. XVIII. 117 f.

stehen neben der Zustimmung zu dem Werk Luthers die Versicherungen des Festhaltens an dem bestehenden Kirchentum. In seiner Stellung als Oberlandeshauptmann von Böhmen und später als Oberlandeshauptmann in Niederschlesien (seit Juni 1527) sah er sich durch politische Interessen und Rücksichten gebunden. So hat er sich nie förmlich von der alten Kirche losgesagt, aber trotzdem der Sache der Reformation in Schlesien wenigstens im Anfang manchen Vorschub geleistet. Johann Heß wurde der Erzieher des Sohnes desselben, Joachim, des späteren evangelischen Bischofs von Brandenburg.

Im Dienst dieses Fürsten verblieb er auch, als er zu seiner weiteren wissenschaftlichen Ausbildung in den Studien des klassischen Altertums, wie so viele strebsame Humanisten seiner Zeit, nach Italien zog. Dort in Italien kam er in persönlichen freundschaftlichen Verkehr mit humanistischen Gelehrten aus Deutschland, namentlich mit Krotus Rubeanus, jenem alten Freunde Luthers aus den Erfurter humanistischen Kreisen, und Hauptverfasser der Briefe der Dunkelmänner, durch welche die Mönchstheologie und das mönchische Treiben verspottet wurde. Während seines Aufenthaltes in Rom empfing er, wie zuvor Luther, die tiefsten Eindrücke von dem herrschenden kirchlichen Verderben. In Bologna ließ er sich zum Doktor der Theologie creiren. In den humanistischen Kreisen Italiens fand er, wie er berichtet, schon viele Anhänger Luthers und seiner Sache. Er fand dessen Thesen weit verbreitet. So kam es, daß auch er ein begeisterter Verehrer und Anhänger Luthers wurde. Den entscheidendsten Einfluß übte aber auf ihn der Sieg Luthers in der großen Leipziger Disputation über Eck aus. Er empfing über dieselbe einen eingehenden Bericht, und dieser bewirkte bei ihm freudige Zustimmung zu Luthers Bestreitung des göttlichen Rechtes des Papsttums auf Grund der heiligen Schrift, und zu seiner Geltendmachung der Autorität des Wortes Gottes über allen menschlichen Worten und Autoritäten.

Begeistert für Luthers Sache, wie die zahlreichen Liebhaber des Dr. Martinus in Italien, denen er den Bericht von dessen Leipziger Triumph über Dr. Eck mitteilte, verließ er Italien, um ohne Wissen seiner schlesischen patroni nach Wittenberg zu ziehen und dort ihn selbst zu hören. Ueber Nürnberg, von wo er dies alles seinem Freund Johann Lange in Erfurt berichtet[1]), kam er im Dezember 1519 nach Wittenberg, wo wir ihn alsbald mit Luther[2]) und Melanchthon in innigster Verbindung und der großen Sache Luthers von Herzen zugethan finden. Doch die Pflicht rief ihn bald nach Breslau zurück.[3]) Nur kurze Zeit konnte er sich in Wittenberg aufhalten, wie wir aus Briefen Luthers[4]) und Melanchthons[5]), die an ihn nach Breslau gerichtet sind, ersehen.

Aber diese kurze Zeit reichte hin zur Schließung des innigsten Herzensbundes mit beiden! „Noch ehe sie einen Scheffel Salz mit einander hätten essen können, hätte er mit ihm Freundschaft gemacht", sagt Melanchthon, und beklagt nur, daß er schon seit vielen Monaten nicht geschrieben habe. „Ob wohl die Genüsse Schlesiens, oder die Freunde, deren er dort genieße, Schuld daran seien?" Melanchthon nennt ihn „seinen süßen Freund und teuersten Bruder" und begrüßt ihn als „die andere Hälfte seiner Seele." Es gäbe keinen, schreibt er, der ihm teurer wäre; mit solcher Liebe habe er ihn von der ersten Bekanntschaft an umfaßt. Wie das Herz eines Christen volle Offenheit habe, so glaube er ihn auf einmal ganz erkannt zu haben. Er versichere ihm das nicht rhetorischer Weise, sondern in Einfalt und Wahrheit. Mit solchen Freundschaftsbezeugungen, die ihre Quelle in der Geistes- und Herzensverwandtschaft hatten, vermöge deren sich Melanchthon zu dem in seiner Ruhe, Besonnenheit, Milde und Friedensliebe ihm gleichgearteten Heß hingezogen fühlte, verbindet er das freudig anerkennende Zeugnis von der festen Position, die Heß auf dem Grunde des Wortes in der evangelischen Wahrheit gefunden habe. „Bei der heiligen Schrift sei er jetzt angelangt. Ihre Schätze genieße er; da fühle er sich ja wohl in einer ganz anderen Welt als ehedem, fühle in sich den neu gestaltenden Geist Christi statt des Geistes der Schulen".

---
[1]) 19. Nov. 1519. S. Krafft, Briefe und Dokumente aus der Zeit der Reform. im 16. Jahrh. 1875. Kolde analecta Lutherana Goth. 1883. S. 9.
[2]) S. De W. 1. 373.
[3]) Corp. Reform. I. 140 f.
[4]) 27. April 1520. bei Fischer Ref. Gesch. der Haupt- und Pfarrkirche zu Mar. Magd. in Breslau 1817. S. 48. — Krafft a. a. O. S. 72. — Kolde S. 19. — 7. Juni 1520. Fisch. 48. Krafft 92.
[5]) Corp. Ref. I. 146. 159.

Melanchthon ermuntert Heß zu fleißigem Schriftstudium, besonders der Briefe Pauli, indem er ihm seinen Vortrag über die Lehre dieses Apostels mit einer derselben beigedruckten, an ihn gerichteten Zuschrift zusendet. Besonders empfiehlt er ihm, mit Hilfe von Luthers Kommentar zum Galaterbrief vor dem alten das neue Testament durchzuarbeiten. Im Blick auf die Anfeindungen, die Heß wohl jetzt schon wegen des Bekenntnisses zum Evangelium in Breslau erfahren würde, ermuntert er ihn, tapfern Christenmut zu beweisen und bereit zu sein, dem Vorbilde Christi als ächter Theologe, namentlich auch unter dem Kreuz, nachzufolgen.

In gleichem Herzensverkehr finden wir Heß zur selbigen Zeit mit Luther, dessen neu erscheinende Schriften er sich unausgesetzt aus Wittenberg kommen läßt, und dem er wiederum Schriften aus Breslau sendet. Luther dankt ihm für die ihm verheißenen „Gebete", und bezeugt ihm, wie er dieser seiner Gebete bedürfe.[1]) Die Wittenberger Freunde sind wiederholt unzufrieden mit seinen spärlichen Briefen und wünschen eine lebhaftere Korrespondenz von seiner Seite. Recht launig und humoristisch schreibt ihm Luther einmal einen Klagebrief über sein Schweigen[2]): „Wenn Schweigen je einen Menschen zum Mönch und Klosterbruder gemacht hat, so bist du, lieber Heß, für mich der mönchischste und klösterlichste aller Menschen geworden. Aber ich werde mich hüten, zu dir viel zu reden, bis du dein Schweigen brichst und uns Gewißheit darüber giebst, was aus dir geworden ist, und uns von dem Verdacht befreist, in dem wir vermuten, daß du unserer vergessen habest und unsere Briefe verachtest."

Solche Mahnungen scheinen nicht ohne Erfolg geblieben zu sein. Denn es sind doch nicht wenige Spuren brieflichen Verkehrs mit Luther und Melanchthon vorhanden. Wiederholt wendet er sich an sie um ihren Rat. Danach müssen sich seine Briefe auf die mannigfaltigsten Dinge, nicht blos auf religiöse und kirchliche, sondern auch auf theologisch wissenschaftliche, namentlich exegetische und dogmatische Fragen bezogen haben.[3])

---

[1]) 27. April 1520. Fischer 48. Vergl. De W. 1, 474.
[2]) 3. Aug. 1520. Fischer 49.
[3]) Vergl. Corp. Ref. 1, 202. Köstlin S. 113.

13

Wie sehr sich Johann Heß des Rates und der Belehrung Luthers bedürftig fühlte, beweist ein Brief, in welchem er vor seiner Priesterweihe, die er am Tage vor Trinitatis 1520 empfing, mehrere Fragen an ihn richtete, die sich auf dieselbe bezogen. Luther verwies ihn in seiner Antwort[1]) wegen der dabei üblichen Ceremonien an seine Kollegen, in Betreff des „Geistes des Glaubens" aber an seinen deutschen „Sermon vom hochwürdigen Sakrament" v. J. 1519, den er ihm bereits durch Melanchthon zugeschickt hatte[2]), und dem er einen andern „vom Gebrauch der Messe" folgen zu lassen verspricht.

In dem ersteren fand Heß im Gegensatz gegen die römische Lehre von einem durch den Priester zu vollbringenden Opfer die Lehre Luthers darüber, wie die wahre Bedeutung des Sakraments „in der Gemeinschaft Christi und aller Heiligen" liege, wie es aber nicht genüge, das bloße Wissen davon zu haben, sondern auf den festen Glauben ankomme, „da die Macht anliege", und wie durch die Uebung und Stärkung solchen Glaubens der Christ empfinde und erfahre, welch ein fröhlich, reich hochzeitlich Mahl und Wohlleben ihm sein Gott auf dem Altare bereitet habe. In dem anderen Sermon von der Messe (1520) fand Heß sich darüber belehrt, wie im Gegensatz gegen das klerikale Priestertum es ein allgemeines Priestertum gebe, durch welches alle Christen sich selbst im Glauben zum Opfer darbrächten. „Du mußt also", schreibt Luther, „im Gebrauch des Sakraments keinen Unterschied machen zwischen den Priestern und Laien. Ein Brod, Ein Glaube, Eine Kommunion ist beiden gemeinsam, und nur der Unterschied besteht, daß der Priester vermöge des geordneten öffentlichen Dienstes das Sakrament spendet, der Laie aber nicht." Mit solcher Belehrung verbindet Luther die Versicherung, daß er seiner Fürbitte sehr bedürftig sei und das Vertrauen habe, er werde mit seiner Fürbitte ihn begleiten.[3])

Der neue Bischof, Jakob von Salza, am 2. September 1520 zum Nachfolger Thurzos gewählt, war seinem Vorgänger ähn-

---

[1]) 27. April 1520. Fischer S. 38.
[2]) C. R. I, 164.
[3]) 27. April 1520. Fischer 48. — Krafft in den theologischen Arbeiten des rheinischen wissenschaftlichen Predigervereins II. S. 92.

lich und wandte Johann Heß, dessen evangelische Gesinnung und Beziehungen zu Wittenberg ihm nicht verborgen sein konnten, dasselbe Vertrauen zu. Der Bischof war wie sein Vorgänger ein Freund der neu aufgelebten humanistischen Studien, ein Mann von religiös-sittlichem Ernst, von Mäßigung und Milde. So betraute er denn seinen Günstling, Johann Heß, weit entfernt, die reformatorische Bewegung irgend wie mit Gewalt niederzuhalten, mit dem Dienst des Predigens.

Aber schon vorher hatte es Heß nicht an Anfeindungen gefehlt, die er von verschiedenen Seiten wegen seiner evangelischen Richtung erfuhr. Das war den Wittenbergern nicht unbekannt geblieben. Und so ließen sie es ihm an Tröstung und Stärkung nicht mangeln. Luther hält ihm vor, wie er selber von allen Seiten den Angriffen der Feinde des Evangeliums ausgesetzt sei. Nach der Leipziger Disputation hatte sich der Sturm desto heftiger gegen ihn erhoben. Er schreibt an Johann Heß, wie sein Widersacher Dr. Eck in Rom gegen ihn alle feindlichen Mächte in Bewegung setze, um dort der erstrebten Ehren teilhaftig zu werden. Durch vier Kardinäle sei er beim Papst eingeführt, und dafür, daß er dessen heilige Füße geküßt, habe er zu allgemeinem Staunen wieder einen Kuß empfangen. „Mögen sie sich so einander lecken. Es giebt für Luther in Rom nur gnädige Götter, aber keinen gnädigen Menschen. Was meinst du, wird daraus werden? Mag der Himmel vielleicht einstürzen und mögen viele Köpfe zerschlagen werden. Du aber thu indessen, was du thust."[1] Ebenso stärkte und ermutigte ihn Melanchthon. Er sprach ihm seine Freude darüber aus, daß Gott jetzt ihn solche Uebungen im Glauben und Bekennen bestehen lasse. Er solle Gott, schreibt er ihm, dafür danken und Christi Lehre selbst wider die Pforten der Hölle behaupten, sei doch Wittenberg noch nicht vom Fluche verschlungen.[2] Die gewaltig einschlagenden Schriften Luthers vom Jahre 1520 ließ Heß aus Wittenberg, z. B. durch den jungen Breslauer Sebastian Helmann, der dort studierte, nicht blos für sich kommen, sondern auch unter seinen Bekannten und Freunden verbreiten.

---

[1] 7. Juni 1520. Fischer a. a. O. 48. Krafft a. a. O. 92.
[2] 8. Juni 1520.

Er hatte bisher in allem seinem Auftreten und Verhalten die äußerste Vorsicht, Ruhe und Mäßigung bewiesen, und dadurch sogar in den Augen der Wittenberger sich den Schein der Zaghaftigkeit zugezogen. Da geriet er plötzlich mit seinen Kollegen, und durch diese mit dem Bischof selbst in heftigen Konflikt[1]), und zwar vermutlich in Folge einer unter seiner Adresse eingetroffenen Sendung für ihn gekaufter lutherischer Schriften, die in Breslau schnelle Verbreitung fanden.

Im December 1521 finden wir ihn wieder bei seinem Gönner und Beschützer, dem Herzog Karl von Münsterberg, in Oels, als dessen Hofprediger.[2]) Melanchthon nannte ihn dessen „Hoftheologen". Dort in Oels predigte er frei und unumwunden die Wahrheit des Evangeliums, indem er noch viel rückhaltloser und offner, als bisher, mit dem Zeugnis für die Lehre Luthers unter Zustimmung seines Herzogs hervortrat. Von diesem ermuntert, ja gedrängt, sah er sich vor die Frage gestellt, ob er mit einer durchgreifenden Aenderung des Gottesdienstwesens durch Einführung des Gebrauchs des Abendmahls unter beiderlei Gestalt vorgehen solle. Er wendet sich auch jetzt wieder an Luther mit einem Bericht, in welchem er ihm, wie auch Melanchthon, den Eifer des Herzogs für das Evangelium pries und über den „Brauch der Messe" Fragen vorlegte. Luther antwortete ihm voll Freude über die Fortschritte des Evangeliums und den Eifer seines Fürsten für dasselbe. Er schreibt: „Ich freue mich, daß Du ein Evangelist geworden bist; der Herr bewahre Dich und stärke Deinen Dienst zum Völligwerden im Glauben, sowohl Deiner selbst, wie derer, die Dich hören.[3])"

Die Belehrung, die ihm Luther jetzt hinsichtlich der äußeren kirchlichen Gebräuche und Formen des gottesdienstlichen Wesens neben solchem Ausdruck seiner Freude über sein entschiedenes Hervortreten mit der Verkündigung der evangelischen Wahrheit zu Teil werden ließ, war für ihn für alle folgende Zeit von maßgebender Bedeutung. Es handelte sich hier in Oels um dieselbe

---

[1]) Vergl. Köstlin, Johann Heß a. a. O. S. 125 f.
[2]) Corp. ref. I, 566.
[3]) 25. März 1522. De W. 2, 158. 159.

große Frage, wie in Wittenberg. Es handelte sich darum, ob die der Reformationsbewegung sich beimischende schwärmerisch-revolutionäre Richtung auf sofortige radikale Beseitigung der bisherigen äußeren kirchlichen Formen und Gebräuche, in denen man die Darstellung römischer Irrtümer erblickte, wie sie in Wittenberg während Luthers Aufenthalt auf der Wartburg in der Bilderstürmerei Karlstadts und seiner Genossen, der Abschaffung der Messe und Einführung einer neuen Gottesdienstform mit Abendmahl unter beiderlei Gestalt sich darstellte, den Sieg gewinnen sollte.

Fast gleichzeitig drang von zwei Seiten an Heß die Versuchung zu solchem gewaltsamen reformatorischen Vorgehen heran. Von Wittenberg her geschah dies durch jenen jungen Breslauer, Sebastian Helmann. Dieser war mit vielen jungen Leuten ein begeisterter Anhänger Karlstadts und der Zwickauer Propheten geworden. Als ein feuriger Lobredner der von denselben stürmisch vollbrachten Neuerungen erstattet er ihm einen begeisterten Bericht darüber: „Wir besuchen keine Messe mehr, hören dagegen treulich Gottes Wort und genießen das Abendmahl unter beiderlei Gestalt." Erfreut darüber, daß Heß Prediger des göttlichen Wortes geworden sei, ermahnt er ihn, nun auch diesem Wittenberger Beispiel nachzufolgen und Christum offen vor den Menschen durch Abschaffung der Messe und der alten götzendienerischen Gebräuche, namentlich der Anbetung des Sakraments und durch Einführung des Abendmahls unter beiderlei Gestalt zu bekennen.[1] Von der anderen Seite war es der reich begabte, von edlem sittlichen Ernst erfüllte, für eine Reformation nicht blos der Lehre, sondern auch des Lebens durch den Geist von oben begeisterte schlesische Edelmann, Kaspar Schwenckfeld von Ossig bei Lüben, welcher noch eindringlicher Johann Heß zu energischem Angriff gegen das bestehende Kirchenwesen und zur Abschaffung der äußeren kirchlichen Ceremonien zu bewegen suchte. Er ermahnt ihn, endlich mit einem offnen Zeugnis gegen die falschen Priester hervorzutreten und seinen Kleinmut abzulegen.[2]

---

[1] 8. Oct. 1521. S. Koffmane in den Studien u. Krit. 1885. 1. S. 135. Korrespondenzblatt des Vereins für evangel. Kirchengeschichte Schlesiens II, 16.

[2] 14. Oct. 1521. Rhedigersche Briefsammlung auf der Breslauer Stadtbibliothek. B. 7. Nr. 4. — Köstlin a. a. O. S. 122 f.

17

Er erinnert ihn daran, daß auch einmal ein Prophet von einem Esel eine heilsame Ermahnung empfangen habe.

Dazu kam jetzt noch die schwer wiegende Bedeutung, welche für den Herzog Karl von Münsterberg als den Enkel des Königs Georg Podiebrad, den seiner Zeit der Papst wegen seiner hussitischen Ketzerei verdammt hatte, die althussitische Frage wegen des Kelches beim Abendmahl haben mußte. Obgleich er sich nicht öffentlich von der bestehenden Kirche lossagen mochte, schien ihm doch die sofortige Einführung des Kelches beim Abendmahl durch die schlesischen Erinnerungen an die hussitische Bewegung und durch das ehrende Andenken des Hauses Münsterberg an jenen utraquistischen König, seinen Ahnherrn, geboten.[1])

Es ist unzweifelhaft, daß bei dem Herzog das persönliche und das Familieninteresse für die Genugthuung, die er durch die Einführung des Laienkelches dem Andenken des wegen desselben vom Papst verfluchten Podiebrad und dem hierdurch in Mitleidenschaft gezogenen Hause Münsterberg geben wollte, mindestens gleichen Schritt hielt mit der Ueberzeugung, daß die Feier des Abendmahls nach dem Gebot des Herrn gestaltet werden müsse. Er schreibt an Luther: er habe unter anderen christlichen Schriften und Lehren desselben als eins der wichtigsten Stücke eins angesehn, welches dem heiligen Evangelium gemäß sei, nämlich das h. Testament unseres Seligmachers Christi gänzlich als unter beider Gestalt zu empfangen und zu genießen. Er habe zwar schon vor dieser Zeit nach seinem geringen Verstand allewege dem Worte Christi mehr Glauben gegeben, als er der Verlockung des päpstlichen Stuhles gefolgt sei. Aber er sei um hohen Titels, Namens und Gewalt päpstlicher Heiligkeit willen kleinmütig und mit Andern ohne Licht gewesen, bis durch ihn, Luther, die Wahrheit unseres Seligmachers Christi an den Tag gebracht, sein Evangelium hervorgezogen und der papistischen Pracht die evangelische Lehre entgegengestellt worden. Dadurch habe er Mut geschöpft und Trost und Stärkung gewonnen.

---

[1]) Vergl. den Brief des Herzogs an Luther vom 29. Juni 1522 in L. W. Wittenb. A. Bd. 9. S. 154. und die Auszüge daraus bei Dr. Schimmelpfennig a. a. O. 127 ff.

Erdmann, Luthers Bez. zu Schlesien.

Nicht nach Uebung fürstlichen Standes, sondern wie ein Bruder dem andern wolle er ihm, seinem christlichen Vater, seines Herzens Beschwerung darüber klagen, daß sein lieber Herr und Ahnherr allein aus dieser Ursach, daß er nach dem teuren Wort Christi sein heiliges Testament gänzlich unter beiderlei Gestalt zu empfangen bekannt habe, vom päpstlichen Stuhl bis in die vierte Generation vermaledeit worden sei. Darum richte er an Luther um der Ehre Christi willen, zur Erhaltung seines heiligen Wortes und zum Trost seines Gewissens, zur Dämpfung des dem Hause Münsterberg dadurch obliegenden Nachteils und zur Schutzwehr seiner und seiner Erben fürstlichen Würde das emsige Begehren, er wolle dies christlich, und dagegen das päpstliche Geschäft klärlicher und baß mit seinen Schriften verneuen, ausstreichen und zu Licht kommen lassen, sofern solches sein Eid und seine Pflicht, mit denen er der heiligen Schrift zugethan sei, neben dem Evangelio erheischen und fordern würden, damit also beim Volke dieser böse Wahn seines Ahnherrn halder beseitigt werde. Aber es ist bezeichnend für die Stellung des Herzogs in dieser für ihn wohl vorwiegend hauspolitischen Angelegenheit, daß er Luther „um beweglicher Ursachen" willen, die er jetzt nicht, sondern bei einer persönlichen Zusammenkunft ihm darlegen würde, bittet, „seine Person in den Schriften, so er möchte ausgehen lassen, nicht zu nennen". Offenbar lagen diese Ursachen in der politischen Stellung, welche der Herzog zum Könige hatte, von dem jenes strenge Mandat gegen Luthers Schriften und Lehre erlassen worden war.

So sah sich Heß einerseits von einer Richtung, die unter falscher Geltendmachung des Geistesprinzips die objective Bedeutung des Worts und der Sakramente antastete, durch welche eben der heilige Geist wirkt, und andererseits durch mehr äußere politische Interessen seines Fürsten vor die Frage gestellt, ob er mit der Abschaffung der überlieferten gottesdienstlichen Formen, insbesondere der Spendung des Abendmahles in der einen Gestalt vorgehen solle.

Die „überstürzigen" Bestrebungen Schwenckfelds wies Heß mit Ernst und Spott zurück, indem er sich gegen die Zumutung eines voreiligen ungestümen Handelns erklärte. Aber des Her=

zogs aus ganz anderen Motiven fließende Forderung veranlaßte ihn, sich Luthers Urteil in Betreff des Sakraments zu erbitten. Luther ließ es ihm an Rat und Belehrung nicht fehlen. Aus seinen nach der Rückkehr von Wittenberg gehaltenen Predigten, aus seinen Schriften und Briefen zu dieser Zeit (1522) entnehmen wir, wie er vom Standpunkt des Evangeliums aus hinsichtlich der Abschaffung der äußeren Gebräuche und Einrichtungen dachte. Er legte vor Allem darauf Gewicht, daß das Evangelium kräftig und eindringlich gepredigt, mit lebendigem Glauben in das Herz aufgenommen und dadurch die rechte Liebe gewirkt werde. Die äußeren Gebräuche, soweit sie dem Wort Gottes geradezu widersprächen, wollte er freilich abgethan wissen, so auch das Verbot des Laienkelches. Aber nicht gewaltsam, nicht so, daß für die Gewissen daraus eine Belastung und ein Aergernis entstehe, solle es geschehen. Was von den äußeren Dingen irgendwie mit der Wahrheit des Evangeliums noch bestehen könne, das solle, bis es durch die Macht des heiligen Geistes, der durch das Evangelium wirke, von selbst fallen würde, in seinem Bestande belassen werden. Der Laienkelch solle beim Abendmahl, wie ihn die Stiftung Christi erfordere, selbstverständlich in Gebrauch genommen werden, wo man auf dem Wege des Glaubens zu der festen Ueberzeugung von der Notwendigkeit der Erfüllung dieser Forderung gekommen sei. Sonst aber solle man „kein Gezwang draus machen", und nicht „mit dem Kopf durchfahren und Jedermann dazu zwingen". Man solle die wenn auch irrenden Gewissen der Schwachen noch schonen und solche kirchlichen Neuerungen, auch die Einführung des Laienkelches, nicht sofort allgemein und gewaltsam vornehmen; man solle sich hüten, auf diese Weise den Schwachen ein Aergernis zu bereiten; man solle in Rücksichtnahme auf ihre Schwachheit, vermöge deren sie mit ihrem Gewissen noch an die alten Formen gebunden seien, die christliche Liebe, die eine Frucht dieses Sakraments sei, über Alles walten lassen.[1])

---

[1]) S. Luthers Schrift: „Von beiderlei Gestalt das Sakrament zu nehmen und anderer Neuerung" 1522. — An Nik. Hausmann 17. und 26. März 1522. De W. 2, 151. 161. — An Joh. Friedr. v. Sachsen 18. März 1522. De W. 2, 154f. — 30. März 1522 an Spalat. De W. 2, 176. 12. April an Joh. Lange. De W. 2, 180.

In diesem Sinn hatte Luther in einem Briefe auch schon den Herzog von Münsterberg belehrt.[1]) In diesem Sinn belehrt er Johann Heß auf seine Frage, indem er ihn auf seine zu derselben Zeit geschriebene Schrift „von beiderlei Gestalt das Sakrament zu nehmen und anderer Neuerung" 1522, zu weiterem Unterricht verwies. Er schreibt nach seiner Rückkehr von der Wartburg an Heß: er sei nun wieder in Wittenberg, um nach Kräften den dortigen Sturm zu beschwichtigen, obgleich Kaiser und Papst ihn verdammt hätten und er allein unter himmlischem Schutz lebe. „Ich lobe den Eifer Deines Fürsten für das Evangelium", ruft er ihm zu, „aber Du siehe zu, daß Du sein Gemüt mehr zum Glauben und zur Liebe entflammst, als zu solch äußerer Behandlung des Sakraments. Ich sehe nämlich, daß auch die Unsrigen sich überstürzen mit dem Gebrauch beiderlei Gestalt, indem sie dabei Glaube und Liebe nichts achten. Es macht in Wahrheit beiderlei Gestalt im Abendmahl keine Christen, sondern sind eines Christen Gebrauch und Werk. Vielmehr der Glaube und die Liebe machen einen Christen auch ohne beiderlei Gestalt. Jene aber halten sich dann erst für Christen, wenn sie diesen Gebrauch befolgen. Der Papst ist ja zu verdammen, der durch seine Satzung die andere Gestalt, den Kelch, im Widerspruch mit dem Evangelium aufgehoben. Aber auch uns gereicht es nicht zum Lobe, wenn wir den Glauben und die Liebe bei Seite lassen, wie sehr wir auch im Recht sind, dem Evangelio gemäß beiderlei Gestalt zu empfangen."[2])

So gab hier Luther und zwar ganz in Uebereinstimmung mit Melanchthon[3]) den Rat, daß man bei solcher Aenderung der äußern Mißbräuche in der Liebe und vermöge der wahren Einheit des Geistes auf die Schwachen Rücksicht nehmen müsse. Dasselbe gelte von dem Fasten und anderen Uebungen. Heß möge sie der Schwachen wegen noch mitmachen; es werde gegenwärtig so leicht nach der rechten und nach der linken Seite hin gesündigt.

Dieser von Luther dem Joh. Heß gegebene Rat, der auch

---

[1]) 30. März 1522 an Spalatin. De W. 2, 176.
[2]) 25. März 1522. De Wette 2, 159. f. Vgl. Luther an Nic. Hausmann D. W. 2, 160 f.
[3]) Corp. Ref. I, 566. 584 f.

dem ruhigen, besonnenen Wesen desselben entsprach), und der unter fortgesetztem Briefwechsel von Luther auf ihn ausgeübte Einfluß war schon jetzt von entscheidender Bedeutung für den im Ganzen ruhigen Gang der Reformation in Breslau und in Schlesien auf dem Wege des positiv gepredigten Evangeliums ohne gewaltsames Abbrechen der äußeren Formen. Es entsprach ganz jenem Rat Luthers, daß Heß den Weg der konservativen Gestaltung der Reformation durch das ohne herausfordernden Kampf verkündigte Wort, unbeirrt durch jene Versuchungen, streng inne hielt. Das gab freilich Anlaß zu dem Vorwurfe der Furcht und Unentschiedenheit, der ihm von den Heißspornen der reformatorischen Bewegung gemacht wurde. Selbst Melanchthon hielt es für nötig, ihn wiederholt zur Tapferkeit und Standhaftigkeit zu ermahnen. Aber Luther nahm ihn gegen solche Anklagen in Schutz. So schreibt er um diese Zeit einmal an einen gemeinsamen Freund:[1] „Von Heß denken wir anders, als Du schreibst; Beweis sind uns zwei Briefe von ihm an uns."

III.

Noch mannigfaltiger und einflußreicher werden die unmittelbaren Beziehungen zu Heß und durch ihn zu Breslau, nachdem derselbe von dem Breslauer Rat am 22. Mai 1523 als Prediger des Evangeliums hierher berufen worden war. Er erhielt diesen Ruf in Nürnberg, seiner Vaterstadt, wohin er sich von Oels, wir wissen nicht aus welchem Grunde, am Ende des Jahres 1522 oder Anfang 1523, begeben hatte. Er hatte neben den dortigen hervorragenden Männern das Evangelium auf der Kanzel seines Freundes Dominikus Schleupner in der Sebalduskirche mit solchem Erfolge gepredigt, daß man ihn dort als Prediger festhalten wollte.

Der Rat von Breslau war in deutschen Landen einer der ersten, der ganz entschieden und fest, ohne Unruhen und Kämpfe, auf den einträchtigen Sinn der Bürgerschaft gestützt, ja selbst vom Bischof Jacob von Salza in gewisser Weise unterstützt, dem

---

[1] Johann Lange in Erfurt 26. Juni 1522. De W. 2, 214.

Evangelium Thor und Thür öffnete. Nach Beratung mit dem Bischof beschloß er angesichts des traurigen Zustandes der Elisabeth- und Magdalenengemeinde beide Pfarrstellen gleichzeitig mit Predigern evangelisch-reformatorischer Richtung zu besetzen und lud auf des Bischofs Empfehlung Johann Heß und Dominikus Schleupner, von denen jener Canonikus an der Kreuzkirche, dieser am Dom war, zur Uebernahme beider Pfarrämter ein. Schleupner mußte, weil in Nürnberg gebunden, ablehnen. Desto mehr mußte dem Rat daran liegen, Johann Heß zu gewinnen.[1]) Kaum hat er von Heß' Erfolgen gehört, da beeilt er sich, um der Gefahr, ihn für Breslau zu verlieren, vorzubeugen, ihn in die Pfarrstelle der Magdalenenkirche zu berufen, obwohl die Verhandlungen wegen seines Patronats an dieser wie an der Elisabethkirche noch schwebten. Er sei nicht das geringste Glied ihrer eigenen, der Breslauer, Kirche, schrieben ihm die Ratsherrn[2]), und demnach sei er vermöge seines Amts schuldig, hier die Schäflein zu nähren und denselben mit seinem Leben und mit christlicher Lehre voranzugehen. Der Bischof selbst habe mit ihm über lautere Predigt des Evangeliums verhandelt und selbst auf ihn als einen dazu tüchtigen Mann sie hingewiesen. In der That bewies der Bischof solch ein in der Hauptsache der Verkündigung des reinen Evangeliums günstiges Verhalten. Er hegte zu Heß das Vertrauen, daß derselbe als ein ruhiger und besonnener Mann bei der Verkündigung des Evangeliums jedes tumultuarische und offenen Unfrieden anrichtende Vorgehen in der auch ihm nötig erscheinenden Reformation des kirchlichen Lebens vermeiden und verhindern werde. Und so forderte er denn Heß ausdrücklich dazu auf, dem Rufe des Rats zu folgen. Indem er wohl einsah, daß ein Widerstand gegen das unabänderliche Vorhaben des Magistrats vergeblich sein würde, stimmte er um so bereitwilliger der Berufung des Heß zu, als er dadurch wenigstens formell die Besetzung der Pfarrstelle in seiner Hand behalten konnte.[3]) Auch der Herzog von Münsterberg, in dessen Dienst Joh. Heß als Hofprediger in Oels bisher noch gestanden hatte, gab seine Zustimmung. Die Königin

---

[1]) Klose, Reformationsgeschichte X, f. — Köstlin a. a. O. VI. 2. S. 181 f.
[2]) 20. Mai 1523.
[3]) S. Köstlin 191.

Maria von Böhmen und Ungarn, Schwester des Kaisers Karl, deren Gemahl, König Ludwig, von der römischen Partei an seinem Hofe gedrängt, ein scharfes Edikt nach dem anderen gegen die lutherische Ketzerei erließ, war der Lehre Luthers unter dem Einfluß des Markgrafen Georg von Brandenburg, der am königlichen Hof die evangelische und die deutsche Partei vertrat und jene Edikte möglichst wenig zur Ausführung kommen ließ, von Herzen zugethan. „Sie war sehr begierig geworden Heß in ihrem Amte zu haben", wie es in einem Schreiben des Herzogs Karl an den Rat von Breslau heißt.[1]) Um so mehr beeilte sich dieser, dafür Joh. Heß dem Bischof förmlich zu präsentieren, der sich in der That auch für seine Investitur ihm gegenüber erklärt hatte. Es heißt in dem Schreiben der Ratsherrn: „Wir haben aus der heiligen Schrift gelernt, daß wir schuldig sind, die durch Mißbräuche und Unglauben in Abnahme gekommene christliche Kirche nach Vermögen wieder zu bauen. Wir dürfen den erbärmlichen Stand der Magdalenenpfarrei, deren Mietlinge die Herde nicht weiden, sondern schinden, als die den verlorenen Schäflein vorgesetzte Obrigkeit nicht länger mehr dulden, damit Gott nicht Rechenschaft ihres Verderbens fordere". So hätten sie denn, heißt es weiter, einmütig Heß zum Hirten berufen; und zwar hätten sie das, wenn man sie nach der Befugnis dazu fragen wollte, kraft der Vollmacht gethan, die für sie als Christen in den göttlichen Rechten der apostolischen Lehre und Exempel liege, welchen alles von Menschen dawider Geordnete billig weichen müsse und welchen allein sie bei diesem Schritt gefolgt seien. Und um hierin nächst dem Gehorsam gegen Gott auch den gegen Menschen zu erfüllen, präsentierten sie nun ihren Heß dem Bischof, damit dieser ihn nach Uebung des bischöflichen Amtes in die Pfarrei einsetze und ihm die Sorge des göttlichen Worts und des Seelenheils befehle.[2])

Diese feierliche Einsetzung durch den Bischof erfolgte zwar nicht; denn im Widerspruch mit dem Verhalten des Bischofs beharrte das Domkapitel im Widerstand gegen das Vorgehen der Ratsherren. Das Domkapitel erhob gegen sie den Vorwurf der

---

[1]) 14. Sept. 1523 bei Fischer a. a. O. S. 50.
[2]) 19. Okt. 1523. S. Klose Abschn. XI.

Ketzerei. Dagegen erklärten sie, sie verhielten sich als evangelische Männer, treu den Fußtapfen ihrer Vorväter folgend, wenn sie auch menschlichen Traditionen nicht allewege folgten. Aber der Magistrat hatte doch durch sein bisheriges Verhalten bewiesen, daß er seinen neuen Pfarrer nicht von der bestehenden Ordnung lostrennen, sondern ihn vielmehr unter die kirchliche Autorität des Bischofs gestellt sehen wolle. Der Bischof sah die Sache ebenso an, weit entfernt, Heß und seine Gemeinde für Ketzer zu erklären. Und die Gemeinde war in Breslau schon recht zahlreich geworden, wie aus den Worten Sebastian Helmanns an Heß in dem angeführten Briefe erhellt: „Grüße die ganze Versammlung Deiner Gemeinde." Im Volk fing es an zu gähren gegen die feindliche Haltung des Domkapitels. Da hielt der Rat jene denkwürdige Sitzung[1], in der beschlossen wurde, auf eigne Hand die Einsetzung Heß' zu vollziehen. Die Ratsherren versammelten sich im Rathause und zogen in feierlichem Zuge in die Kirche zu St. Maria Magdalena. Dort wurde Heß vor einer großen Volksmenge in der Sacristei zum Pfarrer eingesetzt. Am Sonntag darauf[2] hielt er vor einer zahlreichen Versammlung seine Antritts= predigt.

Wir haben schon gesehen, wie Rat und Bürgerschaft von Breslau den Schriften Luthers freien Zugang und ungehinderte Ausbreitung gestatteten. Ein gegen die lutherischen Bücher und Lehren erlassenes königliches Mandat hatte der Magistrat zwar veröffentlichen müssen, aber nicht zur Ausführung gebracht. Auf dem Fürstentage zu Grottkau[3] rechtfertigte er sein reformatorisches Vorgehen durch seine Abgeordneten. Diese erklärten, der Rat habe Heß mit der ganzen Stadtgemeinde erkoren. „Derweil wir, sagten sie, die Pfarrkirchen und Schulen selbst bauen, ist unseres Bedenkens nicht unbillig, daß wir auch Pfarrer und Schulmeister, die uns und den Unsern das Wort Gottes treulich und klar verkündigen, nichts anderes denn unserer Seelen Trost suchen und unsere Kinder fleißig, nicht wie zuvor geschehen, mit Spreu, sondern

---

[1] Am 21. Oktober 1523.
[2] Den 21. n. Trin., den 25. Oktober 1523.
[3] Frühjahr 1524.

mit heilſamer Lehre unterweiſen, ſelbſt lieſen."¹) Die Annahme dieſer Lehre begründeten die Stadtväter Breslaus mit feſter und entſchiedener Berufung auf das in Luthers Schriften gelehrte Wort Gottes als ihre höchſte Autorität, die ihnen auch weit über Luther gehe. Luthers Schriften gäben ihnen gar nichts zu ſchaffen; wo Luther oder ein Anderer dem Evangelio gemäß ſchriebe, nähmen ſie das nicht als ſein, ſondern als Gottes Wort an.

Das war echt evangeliſch und ganz in Luthers Sinn geſprochen. Während alle dieſe Dinge geſchahen, ſtand er mit Breslau und Heß in fortgeſetzter Verbindung und war über Alles unterrichtet. In dem wunderbar friedlichen und erfolgreichen Entwicklungsgange, den die Wiederherſtellung des reinen Evangeliums in Breslau nahm, erblickte er Gottes Hand und Chriſti Macht. Angeſichts alles deſſen, was er in Breslau geſchehen ſah, rief er in einem Brief an ſeinen Freund Spalatin aus:²) „Was in Breslau ſich zugetragen hat, wirſt Du gehört haben. So mögen denn endlich einmal die thörichten Fürſten und Biſchöfe ſehen, daß nicht Luther, der nichtige Menſch, ſondern der allmächtige Chriſtus dieſe Sache führt."

Der Magiſtrat von Breslau ging auf dem betretenen Wege der ruhigen, friedlichen Erneuerung des Kirchenweſens weiter. Es war für dieſe von hoher Bedeutung, daß er trotz des Widerſtandes des Domkapitols in Breslau eine öffentliche Disputation veranſtaltete, die auf den 20. April 1524 angeſetzt wurde, und auf der Johann Heß die neue Lehre auf Grund der heiligen Schrift zu verteidigen bereit war. Er hatte Luther ſeine Theſen zugeſandt. Sie handelten in drei Abſchnitten erſtens von dem Wort Gottes, welches als das reine, von Gott uns geſchenkte Licht durch keine Menſchenſatzung verunreinigt werden dürfe, zweitens von dem Prieſtertum Chriſti, der ein für alle mal ſich für uns zum Opfer gebracht habe, ſo daß es keinerlei andere Opfer für die Sünden, noch ein wiederholtes Opfer Chriſti gebe, und drittens von der Ehe, welche, von Gott eingeſetzt, von Chriſto gebilligt, und von

---

¹) Markgraf, Beiträge zur Geſchichte des evangeliſchen Kirchenweſens in Breslau. 1877. 32 f.
²) 1. Febr. 1524. De W. 2, 474.

den Aposteln und Märtyrern angenommen sei, und darum Niemand von irgend Jemand gewehrt werden dürfe.

Luther begrüßte ihn zu diesem wichtigen Schritt mit dem Wunsche, daß er mit diesen Thesen den Sieg gewinnen möge.[1] Der Sieg war ein vollständiger, durchschlagender. Und Luther konnte seine Freude darüber aussprechen, daß die Disputation solch einen glücklichen Verlauf unter dem vergeblichem Widerstand so vieler Gesandten des Königs und Ratgeber des Bischofs gehabt habe.[2] Der Rat wies darauf alle Prediger der Stadt an, in der Verkündigung des Wortes dem Beispiel des Heß und des Pfarrers an der Elisabethkirche (welcher damals noch der Pfarrer Quiker war, der also der neuen Lehre beigetreten sein mußte,) zu folgen und „nur den sicheren Inhalt der heiligen Schrift ohne Rücksicht auf die Tradition und Auslegung der Väter vorzutragen".

IV.

Johann Heß ließ sich's nun nach Luthers Rat und Vorgang vor allem angelegen sein, das kirchliche Leben in Bezug auf den öffentlichen Gottesdienst und die Verwaltung des Wortes und Sakramentes aus dem Quell des reinen Evangeliums ohne gewaltsames, überstürzendes Vorgehen zu erneuern. Als seine nächste und wichtigste Aufgabe mußte er nach Luthers wiederholter Mahnung, fleißig das Wort als die Hauptsache zu treiben, die kräftige Verkündigung der Wahrheit von der Gnade Gottes in dem Hohenpriestertum Christi und von der Rechtfertigung des Sünders allein aus dieser Gnade durch den Glauben erkennen.

Auch für die evangelische Gestaltung des Gemeindegottesdienstes wurde ihm Luthers Beispiel und Vorschrift maßgebend. Nach Luthers Schriften von der Ordnung des Gottesdienstes und der formula missae aus dem Jahre 1523, die Heß direkt aus Wittenberg bezogen und in Breslau verbreitet hatte, wurde im Sonn- und Festtagsgottesdienst der Predigt die ihr gebührende Stellung

---

[1] 21. März 1524, b. Fischer 49.
[2] An Spalat. 11. Mai 1524. De W. 2, 54.

und Bedeutung zugewiesen, aber auch auf alle Tage der Woche für kleinere Versammlungen in den Kirchen Morgen= und Abend=gottesdienst mit Schriftlektionen und hinzugefügter Auslegung ein=gerichtet, „damit durch tägliche Uebung der Schrift die Christen in der Schrift geläufig und verständig würden." Johann Heß ließ es sich vor allem angelegen sein, den Dienst am Wort so einzurichten und selbst zu verrichten, wie es von Luther gerade zu dieser Zeit mit allem Nachdruck gefordert ward, indem er sagte: „Die Summe ist die, daß es alles geschehe, daß das Wort im Schwang gehe, und nicht wiederum ein Lören und Tönen daraus werde. Es ist alles besser nachgelassen, denn das Wort, und es ist nichts besser getrieben, denn das Wort."

Aber nicht blos die gottesdienstliche Gemeinde bemühte sich Heß durch Predigt und tägliche Lesung und Auslegung der hei=ligen Schrift in die Erkenntnis der evangelischen Heilswahrheit einzuführen. Er hielt auch öffentliche Vorträge für solche Ge=meindeglieder, die auf Grund tieferer Schrifterklärung in ihrer evangelischen Ueberzeugung und Erkenntnis weiter gefördert sein wollten, namentlich auch für solche junge Leute, die sich den wissenschaftlichen Studien widmeten und zu diesem Zweck dann meist nach Wittenberg gingen.

So hielt er schon 1523 lateinische Vorlesungen über die heilige Schrift. Luther bezeugt ihm in einem Briefe aus diesem Jahr[1]) seine lebhafte Teilnahme an dieser Thätigkeit und will auch für sich davon etwas profitieren. „Sei gegrüßt, Du Prediger des Predigers", ruft er ihm mit Bezug auf den Prediger Salomo zu, über welchen Heß Vorlesungen hielt. Er ermahnt ihn: „Siehe zu, daß du und der Prediger eine Person sei; denn auch wir wollen ihn durch Dich hören oder wenigstens lesen. Daher sorge dafür, daß wir Deine Auslegung des Buches be=kommen und daß es auch in deutscher Sprache dargeboten werde." Er erinnere ihn, fügt er hinzu, schon vorweg bei Zeiten daran, damit er ihm desto eher mitteilen könne, was der Geist ihm ein=geben würde.

Ganz nach Luthers und Melanchthons Weisung befolgt er deren Grundsätze in Bezug auf die einstweilige Aufrechthaltung

---

[1]) Ohne Dat. 1523. De W. 2, 446.

alter kirchlicher Gebräuche. „Man müsse", schreibt er einmal ganz übereinstimmend mit Luthers wiederholten Aeußerungen darüber, „in den Ceremonien, um welche andere so viel zerren, Geduld haben mit dem Volke, man müsse fahren, wohin Wagen und und Pferde ohne Schaden kommen können; wenn nur die Rechtfertigung durch den Glauben und die Gnade Gottes in Christo recht gepredigt werde, so werde das Vertrauen auf Werke, Ablaß, Heiligendienst u. s. w. von selbst fallen".[1]

So hat Heß denn ganz behutsam und schonend die Reformation des Gottesdienstes vollzogen. Die Winkelmessen schaffte er ab, die Stellen, die sich in dem Meßcanon auf das schriftwidrige Opfer bezogen, strich er nach Luthers Vorbild und Weisung, da Christus ein für alle Mal sich selbst geopfert und als Hoherpriester eine ewige Erlösung erfunden habe. Aber ebenso ging er nach Luthers Vorbild und Belehrung nicht sofort mit der allgemeinen Einführung des Laienkelches beim Abendmahl vor, wie es zu dieser Zeit, im Frühjahr 1524, in Freystadt und in Liegnitz schon geschehen war. Den entschieden evangelisch Gläubigen gab er allerdings das Abendmahl unter beiden Gestalten. Dagegen denen, die im Glauben und in der evangelischen Erkenntnis noch schwach waren und noch mit ihren Gewissen am alten Brauch hingen, reichte er es während der Uebergangszeit aus Schonung ihrer Schwachheit noch in einer Gestalt. Luthers deutsches Taufbüchlein war 1524 in Breslau gedruckt worden. Ganz unvermerkt wurde darnach die Taufhandlung fortan vollzogen. Die Taufe wurde nicht mehr in lateinischer, sondern in deutscher Sprache gehalten, und niemand nahm Anstoß daran. Luthers Lieder waren es, die dem deutschen evangelischen Kirchenlied und dem deutschen Kirchengesang in Breslau den Weg bereiteten. Es geschah dies durch ein 1525 in Breslau erschienenes deutsches Gesangbüchlein, welches überhaupt das erste daselbst gedruckte evangelische Kirchengesangbuch ist, „gedruckt — durch Adam Dryon, ausgegangen am Mittwoch

---

[1] Bei Köstlin a. a. O. 206 an den übergetretenen Prediger Gallinarius oder Hanisch in Olmütz, ehemaligen Bernhardiner in Breslau. Aus Henel. Siles. Tog. 1. III. n. 8.

nach Ostern 1525." Sein Titel lautet: „Ein Gesangbüchlein geistlicher Gesänge und Psalmen, einem jeglichen Christen fast nützlich bei sich zu haben in steter Uebung und Trachtung. Auch etliche Gesänge, die bei dem vorigen nicht sind gedruckt. Mit diesen so trostreichen Gesängen sollte man billig die junge Jugend auferziehn." Dieses Gesangbüchlein stimmt in Bezug auf die Lieder und deren Anordnung bis auf den Titel und sogar die in demselben enthaltene, auf Breslau nicht passende Notiz: „auch etliche Gesänge, die bei dem vorigen nicht sind gedruckt", wesentlich mit dem in Nürnberg 1525 bei Herrgott erschienenen „Enchiridion oder Handbüchlein geistlicher Gesänge und Psalmen, einem jeglichen Christen u. s. w." überein.[1]) Dieses aber wieder enthält alle die Lieder, welche teils in der ersten von Luther selbst veranstalteten Sammlung von geistlichen Liedern, die in Wittenberg 1524 unter dem Titel „geistliches Gesangbüchlein" erschien, teils in dem 1525 in Wittenberg unter dem Titel: „Etliche christliche Gesänge und Psalmen" gedruckten Nachtrag zu dem „Enchiridion oder Handbüchlein", welches 1524 in Erfurt gedruckt war, enthalten sind. Die Vorrede, mit welcher Luther die von ihm selbst veranstaltete Sammlung herausgab, steht sowohl vor dem Nürnberger wie vor dem Breslauer Gesangbüchlein. Da der Breslauer Drucker Dryon aus Nürnberg nach Breslau gekommen war und mit Nürnberg, wo von ihm schon früher weltliche Lieder gedruckt worden sind, ebenso wie Johann Heß, fortwährend Verbindung hatte, so liegt die Vermutung nahe, daß die Herübernahme jenes Nürnberger Gesangbüchleins dieser Verbindung zuzuschreiben ist. Johann Heß ließ Luther selbst durch seine diesem Büchlein vorgedruckte Vorrede von 1524 zu der Gemeinde der evangelisch Gesinnten in Breslau reden. Er wollte damit Luthers Absicht fördern, durch das geistliche Lied dem Evangelium weitere Wege zu den Herzen zu eröffnen, die mit den übrigen Künsten in den Dienst Gottes zu stellende Musik für das Werk der Reformation zu verwerten und nament=

---

[1]) Köstlin a. a. O. S. 208. Wackernagel: Das deutsche Kirchenlied 1841. S. 728. und Bibliographie zur Geschichte des deutschen Kirchenliedes 1855. S. 70. Wackernagel: Luthers geistl. Lieder 1848. S. 88.

lich auch die heranwachsende Jugend mit Sang und Klang aus Gottes Wort zu unterweisen und zu erziehen. Da sagt denn Luther auch den Breslauern: „wie es gut und Gott angenehm sei, geistliche Lieder zu singen, nicht allein nach dem Exempel der Propheten und Könige im alten Testament, die mit Singen und Klingen, mit Tichten und allerlei Saitenspiel Gott gelobt hätten, sondern auch nach dem Brauch gemeiner Christenheit von Anfang an und nach der Weisung St. Pauli an die Corinther (1. Cor. 14) und an die Colosser, denen er gebiete, von Herzen dem Herrn geistliche Lieder und Psalmen zu singen, auf daß dadurch Gottes Wort und christliche Lehre auf allerlei Weise getrieben und geübt würden". „Demnach, fährt er fort, hab ich auch, samt etlichen andern, um guten Anfang und Ursach zu geben denen, die es besser vermögen, etliche geistliche Lieder zusammengebracht, das heilige Evangelium, so jetzt von Gottes Gnaden wieder aufgegangen ist, zu treiben und in Schwang zu bringen, daß wir auch uns möchten rühmen, wie Moses in seinem Gesang thut, 2. Mos. 15, daß Christus unser Lob und Gesang sei, und nichts wissen sollen zu singen noch zu sagen, denn Jesum Christum unsern Heiland, wie St. Paulus sagt 1. Cor. 2.

Und sind die Lieder dazu auch in vier Stimmen gebracht, nicht aus anderer Ursach, denn daß ich gern wollte, daß die Jugend, die doch sonst soll und muß in der Musika und anderen rechten Künsten erzogen werden, etwas hätte, damit sie der Buhllieder und fleischlichen Gesänge los würde, und an derselben statt etwas Heilsames lernete, und also das Gute mit Lust, wie den Jungen gebührt, einginge; auch weil ich nicht der Meinung bin, daß durchs Evangelium sollten alle Künste zu Boden geschlagen werden und vergehen, wie etliche Abergeistliche vorgeben, sondern ich wollt alle Künste, sonderlich die Musika, gern sehen im Dienst dessen, der sie gegeben und geschaffen hat. Bitte deshalb, ein jeglicher frommer Christ wolle solches ihm lassen gefallen, und wo ihm Gott mehr oder desgleichen verleihet, helfen fördern; es ist sonst leider alle Welt allzu laß und zu vergessen, die arme Jugend zu ziehen und zu lehren, daß man nicht allererst darf auch Ursach dazu geben. Gott gebe uns seine Gnade. Amen."

Mit diesen Worten rief Luther auch den Breslauern zu,

daß mit den Gesängen ihres Gesangbüchleins, wie auch dessen Titel besagte, „billig die Jugend sollte auferzogen werden", und daß die Gemeinde am besten von der Jugend aus zum Gesang der geistlichen Lieder in ihren Gottesdiensten heranzubilden sei.

V.

Aber während Heß in dieser Weise auf dem Gebiet des inneren kirchlichen Lebens in steter Verbindung mit Luther, seinem Vorbild und Rat folgend, durch seine Schriften in der Erkenntnis der Wahrheit und im Wachstum des Glaubens gefördert, der Lehre Luthers die Wege bahnte, finden wir ihn noch in diesem entscheidenden Jahr mit seinem Patron, dem Magistrat, in einen Konflikt wegen äußerer kirchlicher Dinge, und zwar wegen einer nach seiner Meinung unberechtigter Weise erfolgten Einziehung und Verwendung von kirchlichen Gütern geraten. Er hatte sich über des Rates nach seiner Meinung eigennützige Aneignung kirchlicher Güter, die damit ihrem kirchlichen Zweck entzogen seien, bei Luther beschwert und diesen gebeten, an den Magistrat deswegen einen Mahnbrief zu schreiben und ihm sein Unrecht vorzuhalten. Wieviel hat Luther über die Habsucht der Machthaber den kirchlichen Gütern gegenüber und über den dadurch der Sache der Reformation verursachten Unglimpf zu klagen gehabt! Auch der oberschlesische Reformator, Markgraf Georg von Brandenburg, seit 1523 Herr von Jägerndorf mit den Städten Jägerndorf und Leobschütz, und schon Anfang 1523 mit Luther in vertrautem Briefverkehr stehend, klagt in dieser Hinsicht über seinen übereifrig reformatorischen Schwager Herzog Friedrich II. von Liegnitz. Er schreibt aus Oderberg an seinen Bruder Casimir nach Anspach den 12. Juli 1526: „Was Herzog Friedrich betrifft, der bleibt auf seiner alten Geigen. Es dünkt mich aber nit evangelisch sein, daß er der Geistlichkeit Güter genommen hat; denn das Evangelium sagt: Hilf deinem Nächsten, und sagt nit, daß man ihm nehmen soll; aber die Welt ist viel geschickter zu nehmen als zu geben." Er ermahnt seinen Bruder Casimir: „So schon etlich Evangelisch nit wohl handeln, so laß uns bei Gottes Wort bleiben, der wird uns ohne allen Zweifel den Lohn geben."

Es kam auch Schlesien zu gute, daß Markgraf Georg von Luther sich Rats erholte wegen Verwendung der vacant werdenden Kloster- und Kirchengüter. „Errichtet hohe und niedere Schulen dafür, riet Luther, stiftet Stipendien daraus, daß jegliche Stadt einen oder zween Studenten habe." Das war auch Georgs Meinung; aber man hörte oft aus seinem Munde den Spruch: „Gottes Wort wär' nit so schwer, wenn nur der Eigennutz nit wär'." Das traf freilich auch den Breslauer Magistrat, wir wissen nicht, um welcher Angelegenheit willen. Luther antwortete Heß: „es sei kein Wunder, wenn die Fürsten im Evangelio ihren eignen Vorteil suchten und wenn so die neuen Räuber über die alten Räuber herfielen". „Das Licht ist aufgegangen, damit wir sehen, was die Welt ist, nämlich des Satans Reich. So klagt auch Paulus, daß alle das Ihre suchen. Grade das aber soll unsern Mut stärken, weil Alles dem entspricht, was das Evangelium von Alters erfahren hat."

Aber doch lehnt Luther jetzt ab, an den Rat von Breslau das von Heß gewünschte Schreiben zu richten, zumal „da er bei seinen so vielen Briefschulden dazu nicht im Stande sei, und so viel müsse ungeschrieben lassen". Und in einem zweiten bezüglichen Schreiben an Heß sagt er, daß er sich durch eine innere Stimme von solchem Schreiben an den Rat abgemahnt finde, und giebt ihm den Rat, lediglich als Prediger des Evangeliums geduldig und standhaft in dieser Sache noch länger mit dem Wort zu kämpfen und nicht zu schnell zu Frieden und heiterem Himmel gelangen zu wollen. Christus habe auch den Gottlosen geschaffen zu dem bösen Tage, darin er schaden, verführen, betrügen und verderben mag, die es wert sind. Wenn er erst eine Zeit lang gehörig mit der Waffe des Wortes werde gekämpft haben, dann werde Christus ihm zur Hülfe sein, und dann werde auch er, Luther, soviel an ihm sei, ihm zu Hülfe kommen. Die Sache schien Heß persönlich zu betreffen. Vielleicht wollte der Rat geistliche Güter und Einkünfte über das Maß hinaus verwenden zum Ersatz dafür, daß er, wie er auf dem Grottkauer Landtage 1524 erklären ließ, „dem Heß und seinem Kapellan wöchentlich Geld zum Unterhalt gebe, um die vorige Schinderei mit den Spolien und die Beschwerung der Armen abzuwenden."

Unter solchen Kämpfen und Widerwärtigkeiten bedurfte und erbat sich Heß den Trost Luthers. Dieser antwortete ihm mit Hinweisung auf den von dem Herrn an ihn ergangenen Beruf: "Der Dich berufen hat, wolle Dich stärken und völlig machen. Siehe, das ist mein Trost für Dich, liebster Heß. Lebe wohl in dem Herrn und singe das Lied: Seid getrost und unverzagt und harret des Herrn Alle, die ihr auf ihn hoffet."

Heß fühlt immer wieder unter solchen Bedrängnissen und und schwierigen Verhältnissen das Bedürfnis ausführlicher Belehrung über wichtige Fragen des pastoralen Verhaltens und Thuns. Luther aber weist ihn ziemlich kurz an seine Schriften, an die Pastoralbriefe und an die Instruktion, die der Herr allen Aposteln gegeben. "Alle meine Weisheit ist in meinen Büchlein ausgeschüttet; die besitzest Du ja; da siehe zu. Und dann hast Du ja die Unterweisungen Pauli an Timotheus und Titus und des Herrn selbst an alle Apostel. Was willst Du mehr?" Herrliche Worte sind's, mit denen Luther als Seelsorger dem unter allerlei Anfeindungen schwer angefochtenen Heß Mut und Trost zuspricht: "Du bist also mit Christo in das Schiff getreten. Was erwartest Du? Heiteren Himmel? Nein, vielmehr Wind und Stürme und Fluten, die das Schiff bedecken, daß es zu sinken beginnt. Aber mit dieser Taufe mußt Du zuerst getauft werden; dann erst wird heiterer Himmel folgen, wenn Du Christum aufgeweckt und angerufen hast, der wohl einmal schläft."[1]

Luther wußte wohl, was für eine schwierige Stellung Heß hatte. Einerseits hatten die katholischen Autoritäten, insbesondere sein Bischof, ein wachsames Auge auf ihn. Gegen sie mußte er alle Vorsicht anwenden, um der Sache des Evangeliums nicht Schaden zuzufügen und Hindernisse zu bereiten. Andrerseits hatte er auch gegen den ihm sonst innerlich fest verbundenen Rat die Autorität des göttlichen Wortes wegen des die Feindschaft des Domkapitels erweckenden Eingriffs in die kirchlichen Besitztümer kampfesweise geltend zu machen. Luther hat einmal Veranlassung, ihn wegen trüber Erfahrungen mit Menschen, die in fleischlichem

---

[1] Ohne Dat. 1524. De W. 2, 591—593.

Erdmann, Luthers Bez. zu Schlesien.

Sinn ein Gewerbe aus der Sache des Evangeliums machten, zu trösten. "Das ist, schreibt er, nichts Neues; das ist schon zu St. Pauli Zeiten gewesen; wie vielmehr jetzt zu unserer Zeit, wo man die Freiheit zum Deckel der Bosheit macht."[1]) Ein zügelloses Fleischesleben fing an vor seinen Augen sich breit zu machen, unter dem Deckel der mit hohlen Phrasen, namentlich in den Schenken, gepriesenen neuen Freiheit, wie z. B. nicht blos Schwenckfeld, sondern auch Ambrosius Moibanus später über solch libertinistisches Maulheldentum sich beklagten.[2]) Die Nachrichten aus dem Reich über die schrecklichen Folgen des Mißbrauchs der fleischlich verstandenen Freiheit beunruhigten Heß um so mehr, als die Widersacher des Evangeliums auch hier in seiner nächsten Nähe, vor Allem das Domkapitel, desto bereitwilliger davon Anlaß nahmen, das Werk Luthers als Revolution und Empörung gegen die von Gott gesetzten Autoritäten zu verunglimpfen. Da macht es Luther Freude, seinem lieben Heß von der überall erfolgten Niederwerfung des Bauernaufstandes zu berichten.[3])

VI.

Unter der immer drückender werdenden Last seines ungemein in Anspruch genommenen Berufslebens sehnte sich Johann Heß nach einem gleichgesinnten Mitarbeiter. Einen solchen hatte ihm inzwischen Luther schon zubereitet. Es war dies jener Ambrosius Moibanus, der Sohn eines Breslauer Bürgers und Schuhmachermeisters, der nach Vollendung seiner Studien auf mehreren Hochschulen, — er war in Krakau zum Bakkalaureus und in Wien zum Magister promoviert, — schon seit 1518 vom Bischof Thurzo als Lehrer an der Domschule und darauf nach kurzem Aufenthalt in Wittenberg 1520 vom Rat als Lehrer des Griechischen an der Maria-Magdalenenschule angestellt war, dann aber, durch Luthers Lehre mächtig angezogen, 1522 und 23

---

[1]) 1523. De W. 2, 445.

[2]) Wuttke, Besitzergreifung Schlesiens I, 168. — Moiban i. Katechism. Art. 5. Vergl. Dr. Soffner der Minorit M. Hillebrant. Breslau 1885. S. 44 f.

[3]) 19. Juli 1525. De W. 3, 18.

in Wittenberg Theologie studierte.[1]) Nachdem er hier auf Wunsch des Rats und auf Kosten der Stadt zum Doktor der Theologie promoviert worden war, empfing er seitens des Rats den Ruf in das Pfarramt zu St. Elisabeth.[2]) Luther war bei dieser Berufung persönlich beteiligt; sah er doch in ihm einen seiner tüchtigsten Schüler. Er entließ ihn bei seiner Rückkehr nach Breslau mit einem Schreiben an Heß, worin er diesem anzeigt, daß Moibanus in Wittenberg zum Doktor der Theologie „zum Dienst der Brüder und des Evangeliums" creiert worden sei.[3]) Moiban wurde ordnungsmäßig dem Bischof präsentiert. Dieser ließ ihn in seine Residenz nach Grottkau kommen, um ihn in einer Unterredung persönlich kennen zu lernen. Die Unterredung hatte ein für Moiban günstiges Ergebnis. Der Bischof erteilte ihm am 3. August die Investitur.[4]) Moiban trat, nachdem er durch diese Bestätigungsurkunde seitens des Bischofs mit seinem Pfarramt in den kirchlichen Verband eingefügt war, dasselbe noch in demselben Monat an. Er nahm es sehr ernst mit der Erfüllung des Wortes: „So gehe hin und predige das Evangelium", mit welchem der Bischof ihm „das Amt, das Evangelium zu lehren, auf die Schulter gelegt".

Die Ermahnung des Bischofs in jener Urkunde, „das Wort Gottes ohne Tumult und Aufruhr zu predigen, in den kirchlichen Gebräuchen nichts leichtfertig und ohne sein Wissen zu ändern und ihn als Vorgesetzten in dieser Sache und als seinen Ordinarius anzuerkennen", sah er mit aller Treue befolgt. Unter großem Beifall predigte Moiban mit gleicher Kraft und Begeisterung wie Heß das Evangelium von der Kanzel der St. Elisabethkirche, an deren Aufgang der Rat mit goldener Schrift das Wort Pauli geschrieben hatte: „Das Evangelium ist eine Kraft Gottes, die da selig macht alle, die daran glauben", und an deren Rückwand mit goldenen Buchstaben die Worte geschrieben standen: „Selig sind, die Gottes Wort hören und bewahren.

---

[1]) Köstlin a. a. O. 118f. 212f. Schönborn, Beiträge zur Gesch. der Schule zu M. Magd. II, 1844. 22.

[2]) 8. Mai 1525.

[3]) 19. Juli 1525.

[4]) Schmeidler, die Haupt- und Pfarrkirche zu St. Elisabeth 1857. S. 216.

Dafür halte uns Jedermann, nämlich für Christi Diener und Haushalter über Gottes Geheimnisse." An den Eingängen sämtlicher Thüren der Kirchen waren gleichsam als Thürhüter die vier Evangelisten gemalt.[1])

Wie Heß so blieb auch Moibanus, der Wittenberger Doktor, mit seinem großen Lehrer in Wittenberg in brüderlichem Verkehr. Daß dieser zu zwei Schriften Moibans Vorreden schrieb[2]), bezeugt die Geistesgemeinschaft, in der er sich mit ihm verbunden wußte. Beide folgten dem Beispiel Luthers in der Begründung eines christlichen Hausstandes. Bald, nachdem dieser in den Ehestand getreten war, thaten sie den gleichen Schritt, Heß, indem er im Jahre 1525 sich mit einer Breslauer Ratstochter, Moiban, indem er 1526 sich mit einer Bürgerstochter aus Schweidnitz verheiratete.

Beide waren in ihrer gemeinsamen Wirksamkeit Ein Herz und Eine Seele, und wurden dem entsprechend von Luther in allen seinen Kundgebungen an sie gleichsam als Eine Person angesehn. Gemeinsam wenden sie sich an ihn um Rat und Weisung; an sie beide zugleich richtet Luther seine Antworten.

Beide waren und blieben eins in der Befolgung der Reformationsmethode, bei der nach Luthers Weisung soviel, als irgend mit dem Evangelium verträglich war, von den bestehenden Formen und Gebräuchen des kirchlichen Lebens erhalten, dagegen die Lehre von der Rechtfertigung allein aus Gnaden durch den Glauben desto eifriger in Predigt und Unterricht getrieben wurde. Der öffentliche Gottesdienst wurde definitiv nach Luthers Schrift „von der deutschen Messe" 1526 geordnet, sodaß die Predigt hinter dem auf die Gebete und Verlesung von Epistel und Evangelium folgenden Glauben die ihr gebührende Stelle hatte und dann die Feier des Abendmahls folgte. Trotz alledem und weil sie die Sache der Reformation nach Luthers Rat in das Centrum der Heilswahrheit von der Rechtfertigung allein aus Gnaden verlegten, hatten sie äußerlich Frieden mit dem Domkapitel und dem Bischof, dessen bischöflicher Oberaufsicht sie ja amtlich unter-

---

[1]) Schmeidler S. 233 f.
[2]) Erlang. A. 63, 341 f. 344 f.

stellt waren. Um dieser letzteren willen waren sie verhindert, jungen Theologen die Ordination zu erteilen. Diese wurde von Wittenberg geholt, mit dem der Verkehr Breslaus und Schlesiens nach der Durchführung der Reformation immer lebhafter wurde. Es studierten später durchschnittlich jährlich 36 Schlesier in Wittenberg.[1]) Die Zahl der evangelischen Prediger Breslaus mehrte sich; diese traten aber gegen die beiden Hauptpfarrer zurück, welche Luther feierlich als „Bischöfe der Breslauer Kirche", d. h. als die Hauptpastoren derselben tituliert.[2])

Es kam zunächst auf die Heranbildung tüchtiger junger Kräfte zu evangelischen Predigern an. Nach der oft mit seinen eignen kräftigen Worten angeführten Meinung des großen Reformators und seines Genossen Melanchthons wollte man auch in Schlesien die Vorbereitung und Ausrüstung für den evangelischen Kirchendienst nicht anders als auf dem Wege des gründlichen Studiums der alten Sprachen und der innern geistigen Aneignung der klassischen Bildung geschehen lassen. Heß und Moiban, beide selbst gewiegte Humanisten, förderten kräftig die edlen Bestrebungen des Magistrats um die Hebung der beiden Breslauer hohen Schulen. Hervorragende Humanisten, wie Troger, Niger, Lor. Rabe, Joh. Metzler, lehrten an denselben. Welch einen weithin strahlenden Ruhm erlangte die Goldberger Schule auf dem Wege der evangelisch-humanistischen Bildung, die der große Pädagog Valentin Trotzendorf seinen zahlreichen Schülern, die dann meist nach Wittenberg zogen, erteilte! Die Ratsherrn von Löwenberg, Hirschberg, Bunzlau, Freistadt und Görlitz ließen sich ebenfalls die Pflege des höheren Schulwesens angelegen sein. So stellte Schlesien, Breslau und Goldberg mit ihren blühenden Schulen an der Spitze, ein zahlreiches Contingent von wissenschaftlich tüchtig vorgebildeten Schülern für die Wittenberger Universität. So konnte Melanchthon denn auch später einmal bezeugen: „Kein anderer deutscher Stamm habe mehr in der ganzen Philosophie bewanderte Stämme; nirgends in Deutschland lernten und verstünden mehr Leute aus dem Volk die Wissenschaften als hier. Viele Lehrer in den Städten seien der lateinischen, griechischen und hebräischen Sprache kundig und bezeugten dazu eine lautere

---

[1]) Von 1538—1559.
[2]) De W. 4, 429.

Frömmigkeit; ein freigebiger Rat befördere in Breslau das Studium der Wissenschaften und Künste".[1])

Ein gleich lebhaftes Interesse für das Blühen der schlesischen gelehrten Schulen bewies dann auch Luther. Selbst in seinen Tischgesprächen fehlt eine solche Beziehung nicht. Als eines Tags das Gespräch auf die Aufführung lateinischer Schauspiele in den höheren Schulen kam, fragte Jemand Luther um seine Meinung darüber. Ein Schulmeister in Schlesien, ein nicht ungelehrter Mann, habe sich vorgenommen, ein Schauspiel von Terenz zu agieren und zu spielen; es ärgerten sich aber viele daran, gleich als gebühre einem Christen nicht solch Spielwerk aus heidnischen Poeten. Luther antwortete mit folgendem guten Rat für die Schlesier: „Komödien spielen soll. man um der Knaben in der Schule willen nicht wehren, sondern gestatten und zulassen, erstlich darum, daß sie sich üben in der lateinischen Sprache, zum andern darum, daß in Komödien sein künstlich erdichtet, abgemalet und fürgestellt werden solche Personen, dadurch die Leute unterrichtet und ein Jeglicher seines Amtes und Standes erinnert und ermahnt werde, was einem Knecht, Herrn, jungen Gesellen und Alten gebühre und wohl anstehe. Zudem werden darin beschrieben und angezeigt die listigen Anschläge und Betrug der bösen Bälge, dergleichen was der Eltern und jungen Knaben Amt sei, wie jene ihre Kinder und jungen Leute zum Ehestand ziehn und halten sollen, wenn es Zeit mit ihnen ist, und wie die Kinder den Eltern gehorsam sein sollen."

Beide Breslauer Pfarrherrn ließen es sich im Bunde mit ausgezeichneten Lehrern der klassischen Wissenschaften angelegen sein, die jungen Leute durch den von ihnen mit erteilten Unterricht im Hebräischen und Griechischen und durch ihre biblischen Vorlesungen für den Kirchendienst vorzubilden. Wir wissen, daß Johann Heß bei diesen biblischen Vorträgen die durch seinen Freund Veit Dietrich zu Coburg 1530 niedergeschriebene Psalmenerklärung Luthers ausbeutete. Teils ließen sie dann die

---

[1]) Sendschreiben an Herzog Heinrich von Schlesien vor Trocedorfii catechesis 1558.

jungen Theologen in Wittenberg ihre Studien vollenden, teils suchten sie dieselben unmittelbar zu Predigern für die Landgemeinden auszubilden. Zu diesem Zweck wurden für unbemittelte junge Leute auf ihren Rat Unterstützungen und Stipendien von dem freigebigen Rat gestiftet.

An Luther wurden von Heß oft studierende Jünglinge empfolen. Wenn Luther einmal klagt[1]), daß Heß nicht schreibe, hält er ihm vor, daß er ihm wenigstens doch durch die nach Wittenberg ziehenden Landsleute hätte Nachricht geben können. Manch junger Schlesier ist als Tischgänger bei Luther und Melanchthon aus- und eingegangen, oder hat wohl auch in des Ersteren Hause gewohnt. So der junge Breslauer Johann Krafft.[2]) In Luthers Hausrechnungen 1536 findet sich die Notiz: „gebawet im Hause Kraffts Stüblin, 5 Gulden."[3]) Luther verwandte sich auch selbst um Unterstützungen für die jungen Leute beim Breslauer Magistrat. So schreibt er einmal einen Brief „an die lieben Herrn und Freunde im Rat von Breslau"[4]) wegen desselben Krafft, der bereits 6 Jahr mit einem Stipendium desselben als Luthers Haus- und Tischgenosse gelebt hatte. „Da er wegen seiner Komplexion zu schwach zum Predigen sei, so müsse er ihn, der ein seiner gelehrter Mann geworden, in der Schrift sehr wohl verständig, sittig und tüchtig sei, und ein trefflicher Mann in der Kirche sein würde, zu seinem Bedauern von dem Studium der Theologie abgehn sehn. Er habe ihm nun zur Medizin geraten, und bitte daher um Erhöhung des bisherigen Stipendiums, weil solche Wohlthat hier so wohl angelegt sei und doch sonst so groß Gut in aller Welt übel angelegt werde." Dieser Breslauer Bürgersohn, Magister Johann Krafft oder Crato genannt, später kaiserlicher Leibarzt, war es, der durch seine Aufzeichnungen von Luthers gelegentlichen Aeußerungen bei Tisch mit den Grund zu der nachher von seinem

---

[1]) 14. Sept. 1528. De W. 3, 388.
[2]) Vergl. über ihn Gillet Crato von Krafftheim und seine Freunde. Frankf. 1860. 2 T.
[3]) De W. 6, 327.
[4]) 9. Mai 1541. De W. 3, 357.

Freunde Johann Aurifaber besorgten Sammlung von Luthers berühmten Tischreden legte.

Ein anderes Beispiel von Luthers Fürsorge für in Wittenberg Studierende bietet ein Brief desselben an den Rat zu Görlitz dar.[1]) „Seinen günstigen Herrn und Freunden" hält er vor, welche Not jetzt allenthalben um Personen sei, die zum Kirchenamt und andern Aemtern tüchtig und nützlich seien. So will er sich denn zu ihnen, als die Gottes Ehre und sonst weltlichen Standes Wohlfahrt und Gedeihen gern fördern helfen, wie sich rechten Christen gebührt, der tröstlichen Hoffnung versehn, daß sie nicht blos seine Bitte um ein Stipendium für den Studiosus Andreas Hinderthür, ein armes Görlitzer Stadtkind, erfüllen, sondern viel andern mehr mit Hülfe und Steuer sich willighlich erzeigen werden. Er stellt dabei „seinem guten Gesellen" das Zeugnis aus, „daß er ein sehr feiner, geschickter, undrießlicher Gesell sei," sie also wohl sicher sein könnten, daß das, was sie an ihn wenden würden, alles Gott zum gefälligen Opfer gegeben werde, welcher müsse, wie sein lieber Sohn sagte, Arbeiter in seine Erndte haben, die jetzt fürwahr groß sei und der Arbeiter wenig. „So ihr nun solches wisset, so wird Euch Euer Herz wohl lehren solches gute Werk mit Lust und Liebe zu vollbringen."

Mit Heß korrespondiert Luther nicht blos über die Ausbildung junger Männer, die er empfiehlt oder die ihm empfohlen werden, darunter auch Polen und Oberschlesier, sondern auch über ihre Anstellung. So schreibt er ihm einmal in Angelegenheit der vom Breslauer Rat eifrig betriebenen Berufung des Magister Ambrosius Berndt aus Jüterbogk, der an der Universität in Wittenberg angestellt und nachher in zweiter Ehe mit einer Nichte Luthers verheiratet war, zum evangelischen Pfarrer in Schweidnitz.[2]) Er ist im Grunde nicht einverstanden damit gewesen, da er in der Person desselben Schwierigkeiten für jene Stellung zu finden meinte. Indessen auf der Breslauer Drängen, schreibt er, habe er ihm zur Annahme des Rufs geraten, und

---

[1]) 5. Juli 1541. De W. 5, 380.
[2]) 5. Dec. 1530. De W. 4, 198. Vergl. Köstlin, 248 f. u. Anmerk. 4.

er möge nun selbst zusehn, ob er sich lösen oder binden könne. Luther hatte Recht mit seiner Befürchtung. Jener lehrte bald wieder aus Schweidnitz nach Wittenberg zurück. Hierbei sei noch erwähnt, daß in vielen Fällen von Luther und den Wittenberger Theologen ordinierte Geistliche in schlesische Gemeinden abgeordnet und mit förmlicher Instruktion in das geistliche Amt gewiesen wurden. Solch eine Instruktions= und Berufungsurkunde liegt uns z. B. für die Gemeinde Ochelhermsdorf bei Grünberg vor, unterzeichnet von den Wittenberger Theologen, Luther an der Spitze.[1]) Da dieselbe als ein gedrucktes Formular mit offenen Stellen für den Namen des zu berufenden Geistlichen, — in diesem Fall des „Caspar Lignicensis" — sich darstellt, so ist zu vermuten, daß mit gleichen Worten auch sonst die für Schlesien in Wittenberg geprüften und ordinierten Geistlichen von dort aus in ihre Aemter gewiesen wurden.[2]) Es heißt darin: „Caspar Lignicensis ist allhie öffentlich nach Befehl göttlicher Schrift in der Kirchen ordiniret und ihm befohlen, das heilige Evangelium zu predigen und die heiligen Sakramente, da er berufen, zu reichen. Wir bitten von Herzen, daß der ewige Gott, Vater unseres Herrn Jesu Christi, seinen Kirchen tüchtige Lehrer geben wolle, wie er uns befohlen zu bitten und gnädiglich zu geben zugesagt, und wolle auch diesem Caspar Lignicensis seine Gnade und heiligen Geist verleihen, daß er zu Ehr und Preis dem Heiland Christo, und der Kirchen zur Seligkeit dienen möge. Wir vermahnen ihn auch samt seiner Kirchen, daß sie der christlichen Lehre Reingkeit treulich pflanzen, für und für erhalten, und auf die Nachkommen erben und bringen wollen. Denn diesen Dienst fordert der ewige Gott fürnehmlich von allen Menschen, wie Christus spricht, Joh. 15: „Damit wird mein Vater geehret, so ihr Frucht bringet und meine Jünger werdet." Und wo man dieses Licht erhält, da bleibet die Kirch, bei dieser „Kirchen ist Gott und will ewiges Leben geben", u. s. w. Die Ordinationsurkunde ist unter dem 5. November 1544 aus=

---

[1]) Dr. J. Hentschel, die Ochelhermsdorfer Luther=Vocation. B. Fried. Weiß in Grüneberg. 1883.

[2]) Die ausgefüllten Stellen und eine, die Amtsaufsicht betreffende Nachschrift lassen Melanchthons Handschrift erkennen.

gestellt und außer der lateinischen Unterschrift: „Der Pastor der Kirche zu Wittenberg und die übrigen Diener des Evangeliums an derselben" von Luther, Bugenhagen und Caspar Cruciger unterzeichnet.

Aus Wittenberg sandte Luther einen neuen Prediger M. Henrikus nach Löwenberg, der dort die Reformation durchführte. In einer gleichen Angelegenheit schreibt Luther einmal an einen Dr. med. Franz Herzenberger in Sagan. Er bittet ihn wegen seiner bedrängten Zeit um Entschuldigung wegen unterbliebener oder verzögerter Antworten auf seine Briefe, und setzt damit wiederholtes Schreiben an ihn voraus. Er wisse ja, schreibt er, ein wie kurzweiliges Leben er führe, so kurz, daß er wohl drei Stunden und mehr bedürfte, wo er eine habe; wo ein anderer eine Stunde oder zwei habe, da müsse er aus einer Stunde drei oder zwei machen. „Ist das nicht ein kurzweiliges Leben?" Er scherze jetzt mit ihm so, weil er eben jetzt unter Essens müßig sei. Und nun kommt die Hauptsache: „Ich empfehle euch aber treulich diesen Johann Halsbrot, von uns ordiniert, hoffe, es soll viel Frucht schaffen, als der unsere Weise gesehn und Alles erfahren hat." Diese letzten Worte, denen sich noch ein Gruß Luthers an seine „liebe Hausehre" und an den würdigen Herrn Paulus Lemberg, den für das Evangelium entschiedenen Abt des Augustinerklosters zu Sagan anschließt, lassen es uns an Licht darüber nicht fehlen, wie nicht blos in Breslau durch Heß und Moiban, sondern auch in den schlesischen Landen unmittelbar von Wittenberg aus unter Luthers Einfluß mit dem Gepräge seiner Lehre und seines Werks das neue kirchliche Leben sich gestaltete.

VII.

Die reformatorische Bewegung war im vollem Gange und Fortschritt. Das evangelische Kirchenwesen fand seine Ausgestaltung in Oberschlesien durch den mit Luther befreundeten und ihm mit festem Vertrauen anhangenden Markgrafen Georg von Brandenburg. In Breslau geschah dies unter dem direkten und indirekten Einfluß Luthers auf Heß und unter dem festen ruhigen Vorgehen des Rats. In den piastischen Fürstentümern Liegnitz und Brieg wurde Luthers

Lehre freudig aufgenommen und verbreitet durch den Herzog Friedrich II. von Liegnitz, den Schwager Georgs, den Schwenckfeld schon 1522 als „den Patron der evangelischen Lehre" rühmt. In dem Fürstentum Münsterberg=Oels gewann sie Eingang durch den trotz seines äußeren Verbleibens bei dem offiziellen Kirchentum der Sache Luthers zustimmenden und mit diesem in unmittelbare Beziehung tretenden Herzog Karl. In den unmittelbaren Fürstentümern, Schweidnitz, Jauer und Glogau wurden dem reinen Evangelium durch Prediger, die Luther gesandt, und durch evangelischgesinnte Edelleute, Magiſträte und Bürgerschaften die Wege bereitet.

Da traten auch auf schlesischem Boden der Wittenberger Reformation innerhalb der evangelischen Bewegung selbst Gefahr drohende Bestrebungen entgegen, die von einer spiritualistisch=schwärmerischen Geistesrichtung ausgingen und Luther Veranlassung gaben, seinen direkten persönlichen Einfluß dagegen aufzubieten und seine Beziehungen zu Heß und Moiban, den Breslauer Reformatoren, nicht blos für die Sache des Evangeliums in Breslau, sondern auch in ganz Schlesien in dieser Hinsicht fruchtbar zu machen.

In Breslau war schon während der Unruhen, die in Wittenberg durch Karlstadt und die Zwickauer Propheten angestiftet waren, durch begeisterte Anhänger Karlstadts der Versuch gemacht worden, dieser schwärmerischen und revolutionären Richtung Eingang zu verschaffen; freilich vergebens. Außerdem waren Schriften Zwinglis hier verbreitet worden. Der Streit über das Abendmahl zwischen Luther und Zwingli, der dasselbe mit seiner Erklärung: „das bedeutet" nur als ein Mahl der Erinnerung und der geistigen Gemeinschaft gelten lassen wollte, war seit dem Ende des Jahres 1524 entbrannt. Auf diese Bewegung hinweisend richtete Luther an Heß in dem Briefe, mit dem er Moiban das Geleit zur Rückkehr nach Breslau gab,[1] die Mahnung, auf seiner Hut zu sein gegen „die Propheten, die umherschwärmten und unter Berufung auf Karlstadt und Zwingli die schlimmsten Lehren über das Abendmahl ausbreiteten", indem er bemerkt, daß er an Karlstadt noch immer nicht verzweifle und Gott anheimstelle zu thun, was ihm wohlgefalle. Auf Moibans Veranlassung richtete Bugenhagen seinen „Sendbrief wider den neuen Irrtum beim

---

[1] 19. Juli 1525. De W. 3, 18.

Sacrament des Leibes und Blutes Christi, Wittenberg 1525", an Johann Heß, in welchem Zwingli's Lehre, unter gleichzeitiger Beziehung auf Carlstadt, bekämpft und die Lehre Luthers verteidigt wurde. Auf die Zwinglische Sakramentslehre bezieht sich auch Luthers Wort an die Breslauer Prediger vom Herbst 1527[1]), in welchem er sie ermahnt und bittet nm Christi willen, daß sie samt ihm helfen möchten kämpfen mit Bitten zu Gott und mit Lehren wider die rechte geistliche Pestilenz des leidigen Satans, damit er jetzt die Welt vergifte, sonderlich durch die Sacramentsläfterer. Der Satan sei zornig; er fühle vielleicht den Tag Christi vorhanden. „Darum tobt er so greulich und will uns den Heiland Jesus Christ nehmen durch seine Geisterei. Unter dem Papsttum war er eitel Fleisch, daß auch Münchskappen mußten heilig sein, daß auch Christi Fleisch und Wort nichts seien. Christus, unser Herr und Heiland, behalte Euch alle im reinen Glauben und in brünstiger Liebe unbefleckt und unsträflich bis auf diesen Tag, samt uns Allen."

Einen viel weiter gehenden Einfluß aber suchte in Schlesien Caspar von Schwenckfeld zu gewinnen, der aus einem begeisterten Anhänger Luthers, als welcher er 1522 von einem Besuch, den er Luther in Wittenberg abgestattet hatte, zurückgekehrt war, und für die Ausbreitung der neuen Lehre durch Schriften und durch Privaterbauungsstunden unter dem Schutz des Herzogs Friedrich von Liegnitz eifrig gewirkt hatte, mit seinen Gesinnungsgenossen, besonders dem gelehrten Valentin Krautwald, sein entschiedener Widersacher wurde. Dem Dringen Luthers auf das objektive Gotteswort setzte er die unmittelbare Einwirkung des heiligen Geistes auf das innere Leben der Gläubigen entgegen. Er klagte Luther an, daß er mit seiner Lehre von der Rechtfertigung der fleischlichen Zügellosigkeit Vorschub leiste, und betonte die Heiligung der Gesinnung und des Wandels im Gegensatz gegen die Rechtfertigungslehre. Dem angeblich fleischlichen Christentum Luthers stellte er die Forderung, daß unter dem unmittelbaren Einfluß des heiligen Geistes eine reine, von dem Volk und dem großen Haufen der Namenchristen gesonderte Gemeinde von Heiligen gebildet werden müsse, entgegen. Im Sacrament des Abendmahls, wie der Taufe, erblickte

---

[1]) De W. 3, 206 f.

er nur eine geistige Vereinigung mit Christo im Gegensatz gegen die objective Bedeutung des Sacraments als eines Gnadenmittels. Die Einsetzungsworte: „Das ist mein Leib" deutete er im rein geistigem Sinn. Christus habe, auf Brod und Wein hinweisend, nicht sagen wollen: „dies ist mein Leib", sondern: „mein Leib ist dieses", nämlich Speise und Trank für die Seele in geistlichem Sinn. Vergeblich hatte er Luther bei einem Besuch in Wittenberg im December 1525 für diese Auffassung, die er in schwärmerischer Weise wie durch eine „Heimsuchung von Oben" empfangen zu haben behauptete, zu gewinnen gesucht.

Luther wies ihn ab als einen Schwärmer mit aufgeblasenem fleischlichem Sinn und erklärte ihn neben Karlstadt und Zwingli für „den dritten Kopf der verderblichen sacramentirerischen Sekte".[1]) Nochmals wandte sich Schwenckfeld an Luther, indem er ihm eine Schrift Krautwalds über den blos geistlichen Abendmalsgenuß, wie er im 6. Kapitel des Johannesevangelium dargestellt sei, zusandte. Da schrieb Luther gleichzeitig an diese beiden Schlesier[2]) energisch abweisende Briefe. Mit der Versicherung, „daß er ihre Schrift nicht rips raps so überhin gelesen, sondern ernstlich geprüft habe", ermahnt er sie, von solcher gewaltsamen Deutung der Worte des Herrn bei Johannes von dem Genießen seines Fleisches und Blutes abzustehen, und bittet freundlich, von diesem öffentlichen Irrtum zu lassen und sich nicht in die Zahl derer zu mengen, die jetzt die Welt so jämmerlich verführten. Er bleibe bei der einfachen Auffassung der Einsetzungsworte Christi und wisse sich, wenn sie bei ihrem Irrtum verblieben, rein von ihrem Blut und derer, die sie damit verführten.

Inzwischen hatte Heß sich an Luther gewandt mit einem Schreiben, worin er sich über die von Seiten der schwenckfeldschen Schwärmerei der Sache des Evangeliums in Schlesien drohenden Gefahren ausgelassen hatte. Es seien „disher eitel saule Teufel gewest", mit denen sie außerhalb der Schrift über profane Angelegenheiten, wie Papsttum, Fegfeuer und andere Thorheiten, gestritten hätten. Luther antwortete:[3]) „Du hast Recht mit

---

[1]) 4. Januar 1526 an die Christen zu Reutlingen. De W. 3, 81.
[2]) 14. April 1526. De W. 3, 122 f. Vergl. Köstlin 221.
[3]) 22. April 1526. De W. 3, 104.

solchen Worten. Nun ist's zu ernsten Dingen gekommen und zu hartem Kampf über Sachen, die in der Schrift enthalten sind und darauf beruhen. Da werden wir nun den Drachen streiten sehen, oder vielmehr selbst in dem Kampf wider ihn auftreten unter der Führung Michaels im Himmel, wenn er den dritten Teil der Sterne mit seinem Schweif auf die Erde ziehen wird. Hier wird nun Kraft in Christo die Sache selbst erfordern. Hier wirst du nun deß inne werden, wer dieser Satan sei und von wie großer Macht, nachdem Du ihn bisher noch nicht genug gesehen, noch nicht genug erkannt hast. Schwenckfeld ist zu diesem Uebel gefristet worden mit seinem Krautwald, was ich überaus bedaure. Aber der Grund Gottes stehet fest und hat dieses Siegel: Der Herr kennet die Seinen! Das sei unser Trost und unser Anlauf wider jene Pforten der Hölle. Der Sieg ist uns gewiß; aber dennoch müssen die Sieger schwach erscheinen, die Besiegten aber als Triumphatoren gepriesen werden, gemäß dem heutigen Wort im Evangelium:[1] Ueber ein Kleines so werdet ihr mich nicht sehen. Darum ermahne ich Dich, mein Bruder, sei tapfer, und erweise dich männlich und mache stark Dein Herz. Man muß auch solch Geschick durch Geduld ertragen und überwinden. Christus wird zu seiner Zeit uns beistehen. Ich lasse mich solch höchstes Toben des Satans, wie ich hoffe, nicht schrecken, und bin gewiß, daß auf solches Schmähen und Wüten bald die Stimme des Hauptmanns folgen werde: Dieser ist wahrlich Gottes Sohn gewesen. Lebe wohl, grüße und stärke Deinen Bruder Ambrosius Moibanus und alle die Andern in dem Herrn. Du aber fürchte Dich nicht; denn Christus lebet und regiert auch."

Unterdessen war die schwenckfeldsche Schwarmgeisterei in Liegnitz, wo fast alle evangelischen Geistlichen von derselben hingenommen waren, zu einer eifrigen Agitation im Lande, die besonders auch in Breslau Boden zu gewinnen suchte, gediehen. Krautwald und Genossen drangen mit ihrer Geistestreiberei stürmisch auf Heß und Moiban ein und waren ungehalten ob ihres

---

[1] Sonntag Jubilate.

langen Schweigens. Die Breslauer antworteten endlich[1]) „Val. Krautwald und den übrigen Dienern der Kirche zu Liegnitz, den geliebten Brüdern in dem Herrn", ganz in dem Sinn Luthers, ohne sich auf specielle Widerlegungen der schwärmerischen Ideen und auf dogmatische Erörterungen einzulassen. Ihre Antwort war ein ruhiges, entschiedenes Zeugniß wider das „falsche Rühmen vom Geist". Sie wiesen hin auf die „Wahrheit der einfachen Worte Christi", welche unter Erleuchtung des wahren Geistes durchs lebendige Wort offen und klar zeigten, daß im Sakrament auf Grund der Einsetzung Christi das wahre Brot, das ist Christus selbst, empfangen werde. „Wenn ihr sagt, ihr predigtet, von einem höheren Geist geleitet, nur Geistliches, so geht das uns nicht an, denn es ist besser, wir haften an den einfachen Worten Christi, als an einer Auslegung, für die wir keinen andern Grund sehen, als den vielgerühmten Geist."

Die schwenckfeldsche schwärmerische Bewegung stand in Geistesverwandtschaft und floß hier und da zusammen mit der wiedertäuferischen Bewegung, welche ihren Hauptheerd an der Grenze Schlesiens in Mähren hatte. Die schwärmerischen Ideen der Wiedertäufer drangen durch den Verkehr vieler Bauern und Edelleute mit mährischen Schwärmern in Schlesien ein. Ihr Widerspruch gegen das geistliche Amt war manchen Herren, die die geistlichen Güter an sich zu reißen suchten, recht sympathisch. Wiedertäuferische Agenten fanden mit ihrer Verkündigung von dem höheren, über Bibel und Sakramente und kirchliche Formen erhabenen Geist, durch dessen Erleuchtung ohne das tote, geschriebene Wort der Einzelne ein Heiliger Gottes werde, und durch welchen in der argen Welt das himmlische Reich in der Gemeinde der Heiligen alsbald unter ihrer prophetischen Leitung und Verkündigung zur Erscheinung kommen werde, in Schlesien nicht wenig Beifall. Sie drohten nicht blos mit ihren revolutionären Umtrieben hier wie anderswo in deutschen Landen die Ordnungen des kirchlichen und bürgerlichen Lebens zu erschüttern, sondern auch mit ihren schwärmerischen Ideen vom Reiche Gottes die

---

[1]) 29. November 1526. Bresl. Stadtbibliothek, Rhedigersche Briefsammlung 7, 2. abgedruckt in Schneiders Progr. über d. geschichtl. Verlauf der Reform. in Liegnitz. Berlin 1860. S. 34 f.

Fundamente des evangelischen Christentums und Kirchentums zu untergraben.

Auch diese Bewegungen gaben Luther Veranlassung zu weiterem Verkehr mit Schlesien. Johann Heß berichtete ihm aus Breslau von den ungeheuerlichen Dingen, die die Schwärmer trieben. Luther antwortete darauf in einem Sendschreiben[1]), worin er im Blick auf die gleichen wiedertäuferischen Bewegungen in Baiern, die nicht durch Schwert und Feuer gehemmt werden konnten, den Wunsch ausspricht: „Möge dieses Ungeheuer unser Herr Christus nach seiner Barmherzigkeit bändigen und sich seiner armen Menschen, des Satans Gefangenen, erbarmen. So wütet der Satan zu dieser Stunde als der letzten Stunde. Es ist mit dem allen noch Münzers Geist wirksam, der die Vernichtung der Gottlosen und die Herrschaft der Frommen auf Erden herbeiführen will: in Wahrheit ein durch und durch aufrührerischer Geist."

Luther gab indessen Heß den Rat, die Anstifter dieser Bewegung dem Magistrat nicht anzugeben. „Sie würden sich wohl bald selbst verraten, und dann würde der Rat sie schon aus der Stadt verweisen." Der Breslauer Rat verfuhr bald so, wie Luther geraten. Die bloße Ausweisung der aufrührerischen Schwärmer aus Breslau, die von dem Rat als Inhaber und Verwalter der Landeshauptmannschaft an den Herzog von Liegnitz gestellte Forderung, dem Treiben der anabaptistischen Aufwiegler unter seinen Unterthanen ein Ende zu machen, die Unterlassung öffentlicher Bekämpfung der Schwärmer von der Kanzel her, die positive lebendige Verkündigung des Worts und ruhige Handhabung der festen kirchlichen Ordnungen, und schließlich die kräftige Warnung vor den im Lande sich verbreitenden anabaptistischen Verächtern des Predigtamts und der Sakramente, welche auf Heß' Veranlassung Moiban in einer Druckschrift an die evangelische Christenheit Schlesiens ergehen ließ, — das alles zusammen setzte der Bewegung, die bei der leicht erregbaren Natur der Schlesier besonders in den Landgemeinden hoch ging, einen Damm entgegen, an dem sich ihre wilden Wogen brachen. Da

---

[1]) Vom 27. Jan. 1528. De W. 3, 263.

ließ auch Luther seine mächtige Stimme in den Sturm hinein erschallen durch die Vorrede, mit der er die Schrift Moiban's an die Oeffentlichkeit begleitete.[1]

Diese Schrift erschien 1537 zu Wittenberg, gedruckt unter dem Titel: „Das herrliche Mandat Jesu Christi unseres Herrn und Heilandes: Gehet hin in die ganze Welt und prediget das Evangelium Marci 16, denen zu einem Unterricht, so das Predigtamt und die Sakramente Christi für unnötig zur Seelen Heil achten wollen, gehandelt", und war dem Herzog Friedrich II. von Liegnitz gewidmet. Moiban bezeugt dem Herzog in der Einleitung, wie er vor anderen Regenten in Schlesien sich fleißig der Sache des Evangeliums angenommen und unter viel Mühe und Arbeit dahin getrachtet habe, daß den armen Unterthanen der heilsame Schatz desselben aufs treulichste vorgetragen werde. Aber während er bei seinem Ernst und Eifer für das göttliche Wort es an sich selbst nicht habe mangeln lassen, daß nach dem Mandat des Königs des ewigen Reiches durch die Predigt des Evangeliums und die heiligen Sakramente die Ehre Gottes und sein heiliges Wort aufs Fleißigste gefördert werde, habe er ja selbst erfahren, wie der Teufel bald, wo kaum eine Hand voll Weizen sei gesät worden, mit Gewalt etliche Scheffel Unkraut ausgesät habe. „Es kann Eure Fürstliche Gnaden selber spüren, daß ihrer viele sich heute hören lassen, es sei keine Not zur Seelen Seligkeit, daß man Predigt höre und die heiligen Sakramente empfange, und damit die Pfarren verwüsten und das Predigtamt samt den Sakramenten gar zu Boden schlagen. Doch werden sie dem Herrn Christo an seiner Herrlichkeit wenig abpochen. Es ist allein um das arme Völklein zu thun, daß dadurch in großen Mutwillen fällt. Das wolle Gott, Fürsten, Herrn und Prälaten erbarmen. Es stehet fürwahr auf dem, daß Gott gar ernstlich das Blut aller derer, so durch uns mit dem Wort nicht versorgt werden, von unsern Händen fordern wird. Aber Gott der himmlische Vater verleihe durch Christum Jesum seinen Sohn allen Menschen in hohen und niederen Ständen, daß seinem herrlichen Mandat alle unsere Länder,

---

[1] B. Walch. 9, 2576 ff. Erlang. A. 63. S. 344 f.

Erdmann, Luthers Bez. zu Schlesien.

Städte, Schlösser, Vesten, Dörfer und Häuser weit offen stehn, und er selber, der König der Ehren, hineingehe, darin herrsche, wirke, und kräftiglich an uns armen Menschen erweise, daß er allein der Held sei".

Luther wies in seiner Vorrede auf diese Zeichen der Zeit hin als auf einen Beweis, daß der jüngste Tag nahe sei. Die alte Sage, daß nach Offenbarung des Endechrists die Leute so wild werden würden, daß sie hinfort von keinem Geist was wissen wollten, sondern ihres Gefallens ein jeglicher thun und lassen würden, wie der Teufel und das Fleisch lehrten, sei vor aller Augen erfüllet. Nachdem durch Gottes wunderbarliche Gnade des leidigen Endechrists, des Papsttums, gräuliche, schreckliche Lügen und Verführung nun offenbart und an den Tag gekommen sei, fingen die Leute an, gar nichts mehr zu glauben. „Und weil sie sich von den Banden und Stricken des Papsttums los und ledig fühlen, wollen sie auch des Evangelii und aller Gebote Gottes ledig und los sein und soll nun forthin gut und recht sein, was ihnen gelüstet und gut dünkt. Also gehts denn, daß weder Evangelium noch des Papst's Lehre bei ihnen Kraft hat, gilt eins so viel als das andere." Luther bekräftigt mit diesen Worten das Zeugnis Moibans von der der Sache des Evangeliums und dem christlichen Glaubensleben auch in Schlesien durch falsche Freiheit, sowie durch die Lehren und Umtriebe der Schwarmgeister drohenden Gefahr. Das fortwährende Reden und Schreiben ihrer Stimmführer, einerseits der Schwenckfeldianer, andererseits der Wiedertäufer, von der unvermittelten Einwirkung des Geistes auf den menschlichen Geist ohne Wort und äußere Zeichen hatte die Verachtung und Vernachlässigung der Predigt und Sakramentsverwaltung zur Folge. Mit der Verwerfung der Gnadenmittel und dem steten Betonen des Geistes erfolgte bald eine Vereinerleiung von Gottes Geist und menschlichem Geist. Mit der Objektivität des Wortes Gottes war auch im Prinzip die des Geistes Gottes verworfen und der Willkür des Menschengeistes Thor und Thür geöffnet. Darauf hinweisend sagt Luther in seinem Vorwort weiter: „Wer kein Wort Gottes achtet, der achtet auch keinen Gott; denn Gott hat mit den Menschen nichts zu thun, ohne durch sein Wort; und ohne sein Wort ist er uns nicht bekannt als ein Gott, sondern ist gar kein Gott. Darum wer weder das Evangelium noch des Papstes Lehre achtet, der hat gar keinen Gott, weder den rechten, noch den falschen, sondern solche sind die feisten Säue und faulen Hunde, die auf das künftige Leben nichts geben." Aber er schließt trotzdem mit einem köstlichen Aufruf zum Lob und Preise Gottes. „Weil denn auch unter uns selbst Teufels Samen und Unkraut wachsen muß, so laßt doch uns arme Sünder und klein Häuflein Gott preisen und loben, so lange wir können und leben. Singe und sei fröhlich in dem lieben Herrn Christo, wer da kann; wer weiß, wie lange es währet. Ihrer ist doch sonst allzu viel, die dem Teufel und seinem Reich dienen, hofieren, tanzen und springen. Es will nicht anders sein, denn daß ein recht Deo gratias Wildpret im Himmel für Gott ist, und der fromme liebe Vater schier froh werden muß, wo er auch einmal gepreist und gelobt wird."

Während Ambrosius Moibanus unter Luthers Begleitung gegen die Irrgeister seine Stimme erhob, ließ sich Johann Heß auf keinen Streit mit denselben ein, indem er zur Widerlegung derselben einfach auf die Schrift des Justus Menius „von dem Geist der Widertäufer" (Wittenberg 1544) hinwies. Wir erwähnen dies, weil mit dieser Schrift wiederum ein kräftiges Wort Luthers über diese Angelegenheit in einer von ihm dazu geschriebenen Vorrede in Schlesien durch Heß zur Geltung kam. „In diesem Büchlein, schreibt er, ist der Wiedertäufer Ketzerei so gewaltig widerlegt, ohne was er und Andere vorhin dawider geschrieben haben, daß, wenn eine Kuh Vernunft hätte, müßte sie sagen, es wäre ja Wahrheit und könnte nicht anders sein. So ist's ja auch gut rein deutsch, daß man nicht sagen kann, es sei nicht deutlich noch verständlich genug geredet, gleichwie sie (die Wiedertäufer) und die Sakramentsfeinde so schändlich deutsch reden, daß nicht allein ihre Theologie, sondern auch ihre Rede nicht wohl zu verstehn ist. Und ist die Wahrheit, daß Wiedertäufer- und Schwärmergeist Ein Geist ist; denn ob sie sich wohl äußerlich stellen, als seien sie nicht Eines Geistes, wie der Zwingel und die Seinen sich stellten, als wären sie der Wiedertäufer Feind in etlichen Artikeln, war doch in der Taufe und Sakrament ganz und gar Ein Geist in beiden. Denn sie alle beide lehrten die große Kunst, nämlich daß in der Taufe schlecht Wasser und im Sakrament schlecht Brot und Wein sei. Und in Summa wie das Büchlein saget: Kein Irrtum noch Ketzerei ist allein. Wo der Teufel einen Fuß einsetzet, da gehet er hintennach mit dem ganzen Leibe. Wer zuläßt, daß Taufe eitel Wasser sei, der muß zulassen, daß Sakrament eitel Brot und Wein sei. Und fortan wollen wir wehren, so viel wir können nach unserm Befehl und Amt; und ist unser Wehren nicht umsonst, hat auch diese gewisse Hoffnung, daß doch zuletzt solche Lügengeister müssen untergehn, und die Wahrheit bleiben, wie Jesaj. 40, 8 saget: Gottes Wort bleibt ewig. Wir aber müssen zu unsrer Zeit halsstarrige Rotten haben, die uns üben und plagen, wie unsere Vorfahren von Ketzern zu ihrer Zeit und die Propheten zu ihrer Zeit von falschen Propheten geplagt sind. Denn die Welt muß und will betrogen sein, und die Auserwählten müssen versucht, probiert und durchläutert werden, alles Gott zu Lob und Ehre." [1])

Mit welcher Zuversicht und Kühnheit diese Schwärmer ihre Sache betrieben, ersieht man aus dem merkwürdigen Umstande, daß sie sich schon 1529 mit einer Petition [2]) an die auf dem schlesischen Landtage versammelten Fürsten und Stände um Gewährung freien Geleites behufs der Rechtfertigung und Verteidigung ihrer Sache mit Gründen der Schrift wandten, indem sie versicherten, daß sie dem Kaiser gäben, was des Kaisers, und Gotte, was Gottes sei. Bezeichnend für ihre innere Organisation ist's, wie sie sich „der fürstlichen Gnaden und Herrlichkeiten getreue Unterthanen und gehorsame Brüder, und des Bundes Jesu Christi eingeleibte Glieder" nennen.

Während Heß und Moiban in der positivsten und sachlichsten Weise den Sakramentirern und wiedertäuferischen Schwärmern, unter Luthers stetiger Teilnahme an ihrem Kampf, mehr und mehr Boden abgewannen, machte er auch sie durch seine brieflichen Mitteilungen über diese Bewegungen, die in Deutschland noch viel weitere Dimensionen annahmen und weit größeren

---

[1]) Erl. A. 63. S. 382 f.
[2]) Vom 18. Juli 1529. Kastner Archiv für die Gesch. des Bistums Breslau. S. 61.

Schaden anrichteten, als in Schlesien, fort und fort zu Teilnehmern an seinen Kämpfen. Er ermuntert sie, die Gebetsgemeinschaft mit ihm zu pflegen und mit ihrer Fürbitte ihn zu stärken. Beweis dafür ist das schon angeführte Schreiben vom Januar 1528: „Ich stehe wider die Sakramentirer im frischesten Kampf und ziehe auch auf die Wiedertäufer los, um die Unsrigen zu befestigen."

Er schrieb damals (1528) an seinem „großen Bekenntnis vom Abendmahl" und an seinem Sendschreiben „über die Wiedertaufe an zwei Pfarrherrn."[2]) „So glaube ich", schreibt er seinen Breslauer Freunden zum Vorbild und zur Stärkung, „Christo zu dienen und zu gefallen, dem Satan aber zu mißfallen und den mehr als tollsten Geist, der gegen mich wütet, noch mehr zu reizen. Ich befehle mich, sagt er zu Heß im Gefühle des Bedürfnisses, in diesem Kampf durch betende Hände unterstützt zu werden, Deiner und Deiner Gemeinde Fürbitte; und laßt uns mit allem Ernst kämpfen, denn der Satan scherzt nicht mit uns, wie Du in solchen Ungeheuern siehst. Christus sei mit seinem Geist mit Dir." Mit einem Gruß an Moibanus und von Dr. Pomeranus schließt er.

Aber immer wieder hatte Luther bei der Fortdauer schwärmerischer grundstürzender Umtriebe Ursache, mit Blicken und Worten sich nach Schlesien umzusehen. Er erfuhr durch Freunde aus Schlesien, wie der von ihm überwundene und durch sein Versprechen, fortan zu schweigen, gebundene Carlstadt trotzdem hinter seinem Rücken durch Correspondenz mit Schwenckfeld und Krautwald voll gehässiger Aeußerungen gegen ihn sein agitatorisches Treiben auch in Schlesien fortsetzte. Da schreibt Luther:[3]) „Ich hab einen Brief überkommen, den er in die Schlesing geschickt hat, daraus ich gemerkt, daß er meinen guten Willen und Barmherzigkeit für einen Spott halte." Er hatte bisher auf Besserung für den unruhigen, fahrigen und unwirschen Mann gehofft. „Seit der Zeit", schreibt er jetzt, „ist mein Herz von ihm gefallen."

[1]) März 1528.
[2]) Februar 1528.
[3]) 24. Sept. 1528 an den Kanzler Brück. De W. 3, 379.

Viel später bezeugt er nochmals, wie er nach Schlesien hin in Briefwechsel stand aus Anlaß der Nachwirkung der Carlstadtschen Sectiererei. So schreibt er einmal:¹) „Ich habe gestern Briefe aus Schlesien bekommen, die ich hier zur Rückgabe beifüge; die haben mir beinahe den Tod gebracht, da ich sah, wie der Sohn Gottes mit Füßen getreten wird in seinem Wort und Sacrament. Das sind die Ungeheuerlichkeiten des Carlstadt." Indem er auf die wieder drohende Türkengefahr anspielt, bricht er dieser Irrgeisterei gegenüber, die da sage: „Ich bin nun Papst, was frage ich nach Dr. Martino", in die Klage aus: „Wenn man nun einmal von Türken geknechtet sein soll, so möcht's doch noch besser sein, den feindlichen und ausländischen Türken, als den befreundeten und einheimischen Türken zu unterliegen. Und wenn sie in ihren Sünden Gott verlachen, so möge Gott auch ihrer lachen in ihren Sünden. Man wills so haben. Sie wissen, daß es Gott ist, dessen Wort wir reden, und sagen doch: ‚Wir wollen nicht hören.' Von wilden Furien werden sie getrieben, weil der Zorn Gottes über sie gekommen bis zum Ende. Ich will ausgesorget haben für solche schändliche furias."

Schwenckfeld mußte endlich 1529, auf einen vom Herzog Friedrich, der ihm persönlich wohlgesinnt war, aber von seinen Gegnern zu seiner Entlassung gedrängt wurde, ihm gegebenen Wink mit seinem Anhang, der sich dann teils nach Preußen, teils nach der Grafschaft Glatz zog, Liegnitz und Schlesien verlassen.²) Fort und fort beschäftigt und umherreisend, seine spiritualistisch=mystischen Ideen in Wort und Schrift weiter zu spinnen und auszubreiten, blieb er mit seinen zahlreichen verborgenen Anhängern in Schlesien in Verbindung. Auch an Luther wandte er sich wieder mit naiver Zudringlichkeit und Anpreisung seiner neuen phantastischen Spekulation über das Wesen der Leiblichkeit Christi, die keine kreatürliche sei, sondern aus Gottes Wesen stamme. Er sandte Luther einige seiner Schriften zu, in denen er sich des Kunstgriffs bediente, Stellen aus Luthers Schriften für seine An=

---

¹) An J. Jonas 25. Febr. 1542. De W. 5, 439.
²) S. Erbkam Gesch. d. protest. Sekten 1848. S. 380.

sichten zu verwenden. Luther antwortete ihm gar nicht, sondern ließ ihm durch den Boten, der die Sendung überbrachte, in einem offnen, an diesen Boten gerichteten Zettel eine derbe Abfertigung zu Teil werden, die an Grobheit und leidenschaftlicher Heftigkeit kaum übertroffen werden kann.[1]) „Mein Bote, lieber Mensch", heißt es darin, „du sollst Deinem Herrn Kaspar Schwenckfeld zur Antwort sagen, daß ich von dir den Brief und die Büchlein empfangen habe. Und wollt Gott, er hörete auf. Denn er hat zuvor in der Schlesien ein Feuer angezündet wider das heilige Sakrament, welches noch nicht gelöscht, und auf ihm ewiglich brennen wird. Und wenn er, der unsinnige Narr, nicht ablassen wolle, die Kirchen mit seinen unberufenen Lehren wirr zu machen, so solle er mit seinem vom Teufel ausgespienen Büchlein wenigstens ihn unangefochten lassen. Das sei sein letzt Urteil und Antwort für den Mann, auf den samt den Sakramentirern und Eutychianern das Wort des Herrn anzuwenden sei: „Sie liefen dahin, und ich sandte sie nicht; sie redeten, und ich habe ihnen nichts aufgetragen." Jerem. 23, 21.

VIII.

Die der kirchlichen und bürgerlichen Ordnung gleich gefährlichen Agitationen der wiedertäuferischen Schwärmer gaben den Widersachern des Evangeliums auf der römisch-katholischen Seite willkommne Gelegenheit zu der mit Hinweisung auf die Bauernkriege immerfort wiederholten Anklage, die Sache der Reformation sei nichts als Revolution, und die Lehre von der christlichen Freiheit sei nichts als freventliche Entfesselung der bösen Geister der Empörung wider die bestehende Kirche. Die Wahrheit und Freiheit des Evangeliums wurde von den Widersachern, besonders von den römisch-katholischen Machthabern, sei's unwissentlich, sei's wissentlich, nur unter der Gestalt ihrer Entstellung und ihres Mißbrauchs, nämlich der grundstürzenden Schwärmerei und empörerischen Willkür, angeschaut, beurteilt und bekämpft. Auch die hieraus, sowie aus der Feindschaft des römischen

---

[1]) 1543. De W. 5, 613 f.

Klerus entstehenden Widerwärtigkeiten und Anfechtungen waren Gegenstand der brieflichen Herzensergießungen zwischen den Breslauern und Luther. Unter der Herrschaft des jungen Königs Ludwig von Ungarn und Böhmen hatten sich, wie wir schon gesehen haben, die Lehre und die Schriften Luthers in Schlesien immer weiter verbreitet. Die wiederholten scharfen Verordnungen gegen das Eindringen der neuen Lehre waren unwirksam geblieben. Am königlichen Hofe mußte die klerikale und ungarische Partei den Erlaß solcher Verordnungen trotz des dagegen aufgebotenen Einflusses des Markgrafen Georg von Brandenburg von Zeit zu Zeit durchsetzen. Aber des Markgrafen Klugheit und Energie hinderten doch die Ausführung derselben.[1]) Nachdem er zunächst der neuen Lehre am königlichen Hofe Zugang verschafft und die Berufung hervorragender Vertreter der evangelisch-humanistischen Richtung, z. B. eines Grynäus, Windheim, Cordatus, als Lehrer an die Ofener Universität vermittelt hatte, übte er auch auf die junge Königin Maria, eine Enkeltochter Kaiser Maximilians und Schwester Kaiser Carls des V. und Ferdinands, zu Gunsten der deutschen Reformation einen solchen Einfluß aus, daß dieselbe Luthers Schriften, die er ihr verschaffte, mit Eifer studierte. Seinem Einfluß ist es wohl auch zuzuschreiben, daß sie in der Person des Dr. Johann Henkel, des Pfarrers von Kaschau, nachdem schon vorher ihre Aufmerksamkeit von Herzog Carl von Münsterberg auf Johann Heß gelenkt worden, einen der evangelischen Lehre anhangenden Hofprediger erwählte.[2]) Dieser erzählt von ihr, daß sie immer eine lateinische Bibel bei sich geführt, und wenn ein Prediger sich nicht auf die Schrift bezogen, solches getadelt habe.[3]) Das Ansehn, in dem Luther bei ihr stand, nachdem sie aus seiner Lehre und seinen Schriften die tiefsten Eindrücke in ihren lebendigen Geist aufgenommen hatte, kam auch der Lage der Evangelischen in den entfernten schlesischen Landen zu Gute.

---

[1]) Dr. Neustadt Markgraf Georg von Brandenburg als Erzieher am ungarischen Hofe. 1853. S. 83 f.

[2]) Dr. G. Bauch. Dr. Johann Henckel, der Hofprediger der Königin Maria von Ungarn. Aus der „ungarischen Revue" Budapest 1884.

[3]) Spalat. annal. reform. p. 140.

Wir finden Luther selbst mit ihr in direkter Verbindung. Als ihr Gemahl in der Schlacht bei Mohacz 1526 umgekommen war, widmete er ihr die Auslegung der vier Trostpsalmen (37. 62. 94. 109)[1]), indem er dabei eine tröstende Zuschrift an sie richtete. Es war nicht zu verwundern, daß die römischen Theologen darüber sehr erzürnt waren. Emser macht seinem Aerger darüber Luft, indem er sagt: Luther habe jene Psalmen in dem Kropf, den er wider die christliche Kirche und päpstliche und weltliche Obrigkeit gefaßt habe, mit eitel ketzerischen und falschen Glossen vermengt, und wolle dadurch seine Ketzereien bei dem baldglaubenden weiblichen Geschlecht verbreiten.[2]). Luther schrieb der Königin zuerst, daß er sich bereits früher vorgenommen habe, „durch frommer Leute Umgebung" ihr diese vier Psalmen zuzuschreiben zur Vermahnung, daß sie sollte frisch und fröhlich anhalten, das ewige Gotteswort im Ungarland zu fördern, weil ihm die gute Mähr zugekommen, daß sie dem Evangelium geneigt wäre und doch durch die gottlosen Bischöfe sehr verhindert und abgewendet würde. Aber nun sich indeß leider die Sache durch Gottes Gewalt und Vorsehung also gekehret, daß der Türke diesen Jammer und Elend angerichtet habe und das junge Blut, König Ludwig, niedergeschlagen, habe sich sein Vornehmen müssen umkehren. Hätten nun die Bischöfe das Evangelium lassen gehen, so müßte jetzt alle Welt voll des Geschreies sein, daß solcher Fall über Ungarland kommen wäre der lutherischen Ketzerei halben. „Welch ein Lästern sollt da geworden sein!" „Da jedoch nach St. Pauli Wort die heilige Schrift eine tröstliche Schrift ist und Geduld lehret, so habe ich darnach fortgefahren in der Auslegung der Psalmen und sie ausgehen lassen, um Eure Majestät zu trösten in diesem großen plötzlichen Unglück, damit der allmächtige Gott Sie heimgesucht nicht aus Zorn oder Ungnaden, sondern um Sie zu züchtigen und zu versuchen, daß sie lerne, auf den rechten Vater trauen, der im Himmel ist, und sich trösten des rechten Bräutigams, Jesu Christi, der auch unser Bruder, ja unser Fleisch und Blut ist, und sich ergötzen mit den rechten Freunden und treuen Gesellen, den lieben Engeln, die um uns

---

[1]) Köstlin, Luther II. S. 113.
[2]) Erlang. A. 38, 369.

sind und unserer pflegen. Gegen das schwere bittere Leid, so früh eine Wittwe zu werden, wird die Schrift, sonderlich die Psalmen, viel Trost geben und den süßen, lieblichen Vater und Sohn gar reichlich zeigen, darin das gewisse und ewige Leben verborgen liegt. Und fürwahr wer des Vaters Liebe gegen uns in der Schrift kann sehen und fühlen, der kann auch leichtlich ertragen alles das Unglück, das auf Erden mag sein. Es kann ja keinem Menschen solch groß Unfall widerfahren, als Gott dem Vater selbst widerfahren ist, daß man sein liebstes Kind für alle seine Wunder und Wohlthat zuletzt verspeit, verflucht und des allerschändlichsten Todes am Kreuz tödtet, wiewol einem Jeglichen sein Unglück als das größeste dünkt und mehr zu Herzen geht, denn Christi Kreuz, wenn er gleich zehn Kreuze hätte erlitten. Das macht, wir sind nicht so stark von Geduld, als Gott ist, darum thun uns geringere Kreuze mehr wehe, denn Christi Kreuz. Aber der Vater der Barmherzigkeit und Gott alles Trostes wolle Eure Majestät trösten in seinem Sohn, Jesu Christo, durch seinen heiligen Geist, daß Sie dieses Elendes bald vergesse oder es doch männlich trage.[1]

Diese Stellung der Königin Maria zu Luther und seiner Lehre konnte ihren Brüdern nicht verborgen bleiben. Sie wurde deswegen heftig getadelt und fortan sorgfältig überwacht. Als ihr Bruder Ferdinand den durch das traurige Ende ihres Gemahls erledigten böhmischen Königsthron bestiegen hatte, fing alsbald an, ein scharfer Wind gegen die evangelische Lehre zu wehen. König Ferdinand erließ bei seinem Besuch in Breslau (Mai 1527) an die Stände, nachdem diese ihm die geforderten Steuern bewilligt, den Befehl, die lutherische Ketzerei abzuthun. Im folgenden Jahr erließ er wieder ein scharfes Mandat.[2] Der Bischof bewahrte seine gemäßigte Haltung. Die Breslauer Ratmannen wiesen darauf hin, daß wenn dem wahren Evangelium freier Lauf gelassen würde, die von ihnen ja nicht beschönigte Schwärmerei und Irrgeisterei bald ungefährlich und unwirksam werden, dagegen, wenn man das Volk zum Alten wieder zwingen wolle,

---

[1] De Wette 3, 133 f.
[2] Vom 1. Aug. 1528.

Empörung drohen würde. Sie würden das eble Brot des göttlichen Wortes nicht wieder durch menschliche Zuthat sich verunreinigen lassen. Ihnen stehe trotz alles Dringens auf gute Werke und Liebe doch die Gerechtigkeit allein aus dem Glauben fest, während ihre Gegner ohne Liebe die armen Wittwen und Waisen auspreßten und daneben alle mögliche Ketzerei, wie z. B. die Ketzerei von einer nur unvollständigen Genugthuung Christi für unsere Sünden und von einer Gerechtigkeit aus selbsterdachten Werken duldeten und förderten. Aber der König brauchte die Breslauer. Aus politischer Klugheit ließ er es daher nicht zum Aeußersten kommen. Ja, er erkannte sogar ausdrücklich an, daß der Breslauer Rat anders handle, als der Herzog Friedrich von Liegnitz, der den Schwenckfeld dulde, und sprach seine Befriedigung darüber aus, daß der Rat „in diesen gefährlichen Zeiten den schrecklichen Irrtum vom Sakrament und die Wiedertäufer und Conventikel nicht dulde."

Luther fühlte sich bewogen, mit Bezug auf dieses und anderes feindseliges Verhalten Ferdinands gegen die Sache des Evangeliums, sowie überhaupt mit Bezug auf die Bedrängnis der Evangelischen durch die List und Macht der Gegner an Heß Trostbriefe zu schreiben, die als Zeugnisse seines starken Glaubens und mächtigen Gebetsgeistes seinem Freunde Stärkung und Ermunterung bringen mußten. Dabei machen sie sich gegenseitig Mitteilungen über staunenerregende Weltbegebenheiten und über allerlei seltsame Ereignisse als Zeichen schwerer Drangsale und großer Gerichte Gottes. Wie sonst tritt auch hier bei Luther angesichts der Bedrängnis und der Verfolgungen, welche um des Evangeliums willen zu erleiden waren, die Neigung zu solcher Ausdeutung auffallender Himmelserscheinungen stark hervor. In allen diesen Briefen klingen seine Worte aus in dringende Ermahnungen zu Gebet und Fürbitte.

Im Jahre 1528 entstand unter den Evangelischen eine große Aufregung durch das übrigens als nicht begründet erwiesene Gerücht, welches der Abenteurer Otto von Pack, ein Rat des dem Evangelium feindlichen Herzogs Georg von Sachsen, in Umlauf gebracht hatte. Es hieß nämlich, die katholischen Fürsten und Bischöfe, König Ferdinand an der Spitze, hätten sich verschworen, Land und Leute des Kurfürsten von Sachsen und des Landgrafen von Hessen zu überfallen, diese ihrer Herrschaft zu berauben, und in den geraubten Ländern das alte Kirchenwesen mit Gewalt wieder herzustellen.

Darauf bezieht sich ein Brief von Luther[1]) an Heß. Er kann sich nicht denken, daß solche Dinge völlig erdichtet und aus der Luft gegriffen seien und schenkt den Beteurungen der Gegenpartei, daß nichts davon wahr sei, keinen Glauben. Uebrigens aber sei gewiß, daß sie noch jetzt bereitwillig und gern solche Gewaltthat verüben würden; denn sie hätten es bisher mit Edikten und Waffen und allerlei List und Gewalt an den Tag gelegt, so daß sie sich nicht entschuldigen könnten. Luther teilt Heß dann mit, wie der Landgraf in Folge der Enthüllungen über jenen Geheimbund gegen Mainz unter Waffen stehe.

Er hatte alle Ursache von den Gegnern solche Gefahren zu befürchten. Darum schreibt er noch in demselben Jahr tröstend und zum Gebet ermunternd an Heß[2]), nachdem er ihm seine Verwunderung darüber ausgesprochen, daß dieser ihm durch die ab- und zureisenden Breslauer Bürger keine brieflichen Nachrichten über den Stand der Dinge in Breslau habe zukommen lassen. Er habe gehört, wie König Ferdinand oder vielmehr seine Hofschranzen gegen Christum wüteten. „Aber, ruft er aus, der zweite Psalm: „Warum toden die Heiden?" ist ihr Tyrann und wiederum auch unser Trost. Ich bitte anzuordnen, daß für uns alle von Deiner Gemeinde gebetet werde; denn Satan verfolgt uns mit vereinten Kräften und allen seinen Truppen; darum thut's Not, daß auch wir Herzen und Hände vereinigen zu dem inbrünstigen Gebet, daß der Herr den Satan unter unsere Füße trete".

Noch schlimmer gestaltete sich die Lage der Evangelischen am Anfang des Jahres 1529. Ferdinand drohte mit rücksichtsloser Ausführung des Wormser Edikts. Der Kaiser und sein Bruder drohten alle ihre Macht gegen die Anhänger der lutherischen Ketzerei aufzubieten. Mit schwerem Herzen, und außerdem

---

[1]) Vom Jahre 1528, De W. 3, 351.
[2]) 14. Okt. 1528. De W. 3, 388.

von körperlichen Leiden geplagt, — er weiß nicht ob „in Folge von Ermüdung oder durch des Satans Versuchung" — schreibt Luther über „dieses Wüten des Tyrannen", welches überdies durch dessen Hofprediger Faber geschürt wurde, der noch vor 2 Jahren in Breslau auf verschiedenen Kanzeln gegen die neue Lehre von der Gnade und dem freien Willen und der Rechtfertigung gepredigt hatte, an seinen Freund Joh. Heß. „Es thut daher", schreibt er, „auch jetzt wieder allen frommen Leuten emsig anhaltendes Gebet not. Denn unter dem Papsttum sind wir nicht an das Gebet gewöhnt worden, da Niemand den Satan, wie er das Seine im Frieden bewahrte, merkte. Alles war Spiel und Scherz. Jetzt aber aufgeschreckt durch den Stärkeren, der über ihn kommt, wütet und tobt er ernstlich, und nicht ohne Grund; denn er hat viel von uns zu leiden in der Zerstörung seiner Waffen. Trauen wir also: der ist größer, der in uns ist, der gesagt hat: Seid getrost, ich habe die Welt überwunden; in der Welt habt ihr Angst, in mir aber Frieden".

Und nun erzählt er, wie in Wittenberg und weithin an vielen anderen Orten ein großes Nordlicht, welches die ganze Nacht erleuchtete, erschienen sei. „Was das bedeutet", sagt er, „weiß Gott. Uns wird gesagt: fürchtet euch nicht vor den Zeichen am Himmel. Die Gottlosen mögen sehn, was sie ver= achten". Er schließt wieder mit dem Verlangen nach der Für= bitte seiner Breslauer Freunde, indem er ausruft: „Betet für mich, damit ich stark sei im Glauben. Christus sei mit Euch mit seiner Macht und mit seinem süßen Troste".[1])

Kurz vorher hatte auch Heß ihm sein Herz ausgeschüttet und über ein schreckenerregendes Himmelszeichen berichtet; wie näm= lich in einer Nacht über der höchsten Kirche in Breslau[2]) der Him= mel in rotem Feuerschein geglüht habe, und an einem andern Tage ein doppeltes feuriges Gebälk mit einer feurigen Rute in der Mitte am Himmel zu sehen gewesen sei. Für Luther be= deuten diese Feuerzeichen, daß der jüngste Tag vor der Thür sei. „Es stürzt das Reich, es stürzen die Könige, es stürzen die Päpste, und vollends die Welt bricht zusammen, wie ein großes Haus,

---

[1]) 31. Januar 1529. De W. 3, 420.
[2]) Im Dezember 1528.

welches bald einfallen wird und zuerst mit kleinen Rissen seinen Sturz zu beginnen pflegt".[1])

Nachdem der Reichstagsabschied von Augsburg erlassen war, gab Luther seinem Freunde Heß Nachricht von der feindseligen Stellung des Kaisers und des römischen Anhangs.[2]) Der Kaiser befehle einfach, daß alles auf den alten Stand zurückgebracht werde; das Reich des Papstes solle nun fester denn je stehen. Aber er sehe auch schon in Folge dieser Härte eine mächtige Bewegung im deutschen Volk entstehen, die dem Papst und dem Clerus zum Verderben ausschlagen müsse. Er sehe, wie die großen protestantischen Städte Nürnberg, Ulm, Augsburg, Straßburg, Frankfurt mit noch 12 anderen Städten des Kaisers Dekret abwiesen und beständig und tapfer mit den protestantischen Fürsten zum Worte ständen. Er sehe andrerseits sicher als nahe bevorstehend die Wahl Ferdinands zum römischen Könige, die auch am 5. Januar 1531 erfolgte, und er erkenne die erhöhte Gefahr, die darin der Sache des Evangeliums drohe. Indem er sich so über seine Befürchtungen gegen Heß ausspricht, erwähnt er die schrecklichen und großen Ueberschwemmungen, die in Rom, Brabant und Flandern sich zugetragen. So gebe Gott viele große Zeichen, aber die Gottlosen achteten ihrer nicht. Er berichtet an Heß weiter, wie nach Brenz' Mitteilung bei Baden in der Luft ein Heer Fußvolk gesehen worden und zur Seite desselben ein Heerführer, seine Lanze werfend und schwingend und wie im Triumphe sie erhebend; und so sei diese Erscheinung über die Grenze und über den Rhein dahingezogen. Er deutet dies auf den Türkenkrieg. Schreckliche und wundersame Dinge würden vom Türken erzählt, und er wundere sich, daß die Breslauer ihm nichts über die Türkengefahr schrieben. "Lasset uns Christum bitten", schließt er, "daß er diesen Ungeheuern ein Ende mache und mit Ehre und Herrlichkeit komme, um uns aus diesen Schrecken zu erretten."

Es ist an dieser Stelle noch zu erwähnen, wie Luther auch später, 1536, die Gelegenheit, welche ihm eine Schrift Moibans darbot, benutzte, um im Einklang mit dem Verfasser gewaltige Naturereignisse, die Schlesien, besonders die Breslauer, in Schrecken

---

[1]) An Wenc. Link 7. März 1529. De W. 3, 427.
[2]) 5. Dezember 1530. De W. 4, 200.

versetzt hatten, als Zeichen drohender göttlicher Gerichte und als Mahnrufe Gottes zur Buße zu deuten. Die gedachte Schrift Moibans, welche Luther mit einem Vorwort begleitete, ist eine „Erklärung des 29. Psalms Davids von der Gewalt der Stimme Gottes in den Lüften an die hohen Regenten, samt etlichen schrecklichen Ungewittern, so sich im nächst vergangenen Jahre in der Schlesien begeben haben, gedruckt in Wittenberg 1536". Sie ist mit einer Vorrede dem Herzog Karl von Münsterberg gewidmet.[1]) Moiban läßt hier die gewaltige Stimme Gottes im Reich der Natur nach dem Grundton des ersten Artikels als Mahn= und Weckruf zur Buße und zum Glauben an das Wort des zweiten Artikels erschallen. „Bedenkt doch und besinnt euch, wer der Herr ist, der da kommt mit solchem großem Schall. Es ist der Gott, euer Herr und Schöpfer selber; er will euch auf= wecken von eurem Schlaf und Unglauben, zu hören das Wort und die Stimme der Seligkeit. Und gewiß sind das die rechten Glocken Gottes, nämlich Donnern und Brausen in der Luft, da= mit er die Gewaltigen aufwecke und zur Predigt treibe, dieweil sie es so gar schwer ankommt, das Reich Gottes zu suchen." Insbesondere deutet er die gewaltigen Wetterereignisse, die sich in Schlesien zugetragen, in geistlichem Sinn. Zum Schluß führt er aus, wie Gott seinem Volk die drei Geschenke: Stärke, Segen und Frieden, spende. In seiner Vorrede sagt Luther mit Be= zug auf die erzählten merkwürdigen Naturereignisse: „Man kann wohl auch zu unsern Zeiten manch Wunder lesen und hören." Er sei nun durch viel Uebung dahin gekommen, daß er schier anhebe zu glauben, Gott sei Schöpfer Himmels und der Erden. „Obwohl diesen Text nun und allezeit Jedermann versteht und Jedermann seine Schöpfung siehet, bin ich der groben Gesellen auch einer, die solch sein Geschöpf noch nicht begreifen, und habe kaum angefangen, solches zu glauben, daß mich alten Schüler und nun fast einen verlebten Doktor billig möcht wundern, wie zu unsern Zeiten die Leute, sobald sie ein Buch riechen, alles wissen, was der heilige Geist weiß. Gehen gleichwohl dahin und sehen nichts, was Gott täglich vor unsern Augen thut, das

---

[1]) Breslauer Stadtbibliothek. 4. S. 1360.

beide schrecklich und tröstlich ist, kehren sich auch nicht daran, als wäre es alles Gaukelspiel. So gar tief ist die menschliche Natur durch Adams Sünde gefallen von Gott und seinem Bilde, das ist von seinem Erkenntnis, daß wir auch nicht erkennen unser selbst Leid und Leben, wie wunderlich dasselbe täglich von Gott geschaffen, gegeben und erhalten wird. Doch läßt Gott seine Güte nicht und thut immerdar Wunder über Wunder, Zeichen nach Zeichen, ob er damit unsere unbußfertigen stolzen Herzen demütigen könnte. Aber er bleibt allezeit verachtet, wenn er da ist. Also wirds diesen Historien, in diesem Buch beschrieben, zuletzt auch gehen. Lesen werdens viele; aber vergessen wird mans balde, obs wohl solche schreckliche Zeichen sind, die billig sollten unvergessen bleiben, wo wir nur nicht so gar unbußfertige und verstockte Leute wären".

IX.

Außer den bisher ins Auge gefaßten inneren und äußeren Verhältnissen des evangelisch-kirchlichen Lebens sind noch mehrere andere Punkte zu berühren, in denen man sich mit mancherlei Anliegen aus Schlesien, und namentlich von Breslau aus, an Luther wandte. Es waren meistens einzelne bestimmte Fragen, über die man seinen Rat und seine Belehrung einholte. Wir sehen, wie namentlich die beiden Breslauer Reformatoren, Heß und Moiban, sich hier fort und fort als Schüler des großen Reformators ansahen und ihn als ihren Freund, Lehrer und Ratgeber verehrten.

So finden wir, daß sich beide zusammen einmal an Luther mit einer Frage wenden, welche ein Verlöbnis betraf, zu dem der Vater der Braut nachträglich auf Einreden eines andern aus verwerflichen Gründen die Einwilligung verweigerte, während alle sonst beteiligten Autoritäten, die Blutsverwandten wie die Obrigkeit, für die Aufrechthaltung des Verlöbnisses eintraten. Luther verwies sie auf seine 1530 im Druck erschienene Schrift „von Ehesachen", in der er seine Lehre von der Ehe und insbesondere seine Meinung von den Verlöbnissen dargelegt hatte. Er erklärte seinen Freunden, daß die Verwerfung des hartnäckigen Widerspruchs des Vaters, unbeschadet der sonstigen väterlichen Autorität desselben, völlig gerechtfertigt sei; denn derselbe sei in diesem Fall nicht als ein Vater, sondern als ein Tyrann anzusehen, der um des Reichtums eines anderen willen, den er als Bräutigam seiner Tochter wünsche, das Glück seiner Tochter zerstören wolle. Denn in der Ehe müsse der Liebe und nicht dem Reichtum der Vorzug gegeben werden, wie denn auch die Eltern Simsons die Ehre ihres Volkes der Liebe ihres Sohnes hintangestellt hätten. Richt. 4."[1])

In einem andern Fall hatte Heß ihn in Ehesachen in Betreff zu naher Verwandtschaftsgrade um Rat gefragt. Luther antwortet ihm zunächst im Blick auf den vorgelegten Fall: „Wie? sind in eurem Lande nicht Frauen und Jungfrauen genug, daß man so nahe muß freien im anderen, oder in schier noch näherem Grad, als die Schwestertochter, oder zwo Schwestern nacheinander?" Im Uebrigen verweist er Heß auf den Grundsatz, den er stets und stetig von Anfang an gelehrt habe, daß in solchen Dingen die bestehenden Gesetze und Ordnungen maßgebend sein müßten. Auf Grund der Anerkennung des bürgerlichen Rechts und des Schwerts der Obrigkeit als von Gott geordneter Gewalt nach Römer 13 und 1. Petri 2 könne es sich im Allgemeinen nicht um die Wiedereinführung der Bestimmungen des mosaischen Gesetzes, sondern nur um die Anwendung der bestehenden bürgerlichen Gesetze handeln. „Wir stellen uns, schreibt er, auf die Ordnungen der Obrigkeit; denn es ist nicht Sache der Diener des Worts, Gesetze zu machen. Das steht der bürgerlichen Obrigkeit zu, die über Erbschafts- und Nachlaßangelegenheiten, die sich aus der Ehe ergeben, zu bestimmen und zu entscheiden hat. Darum müssen auch die Ehesachen durch Gesetze geordnet werden."

Wir finden ferner, daß Moiban sich einmal auch in einer jüdischen Eheangelegenheit an Luther wandte, um seine Entscheidung zu erbitten. Der eine Teil war durch die Taufe Christ geworden, der andere wollte sich in Folge dessen von ihm scheiden. Luther antwortet: wenn der ungläubige Teil die Scheidung verlange, so sei der gläubige Teil nicht gebunden, sondern möge die

---

[1]) Aus dem Jahre 1538. De Wette Br. 4, 498.

Erdmann, Luthers Bez. zu Schlesien.

Scheidung aussprechen; aber der Scheidebrief sei nicht in einer von den Juden vorgeschriebenen Form auszustellen, damit diese sich nicht einbilden möchten, ein Recht über die Christen zu haben, sondern in einer von der christlichen Obrigkeit gebilligten Fassung. Seien die Ungläubigen mit dieser Form nicht zufrieden, so möge man sie nicht weiter hören; die Gläubigen aber möchten in Gottes Namen heiraten, wo sie könnten. Die Zahl der Juden war in Breslau schon damals nicht gering. Es kamen hin und wieder Uebertritte zum Christentum vor. Luther mahnt aber zur Vorsicht. Bedeutsam ist für die damals schon in Form der individuellen Seelsorge beginnende protestantische Judenmission der kurze Zusatz, mit dem er den Ratschlag an Moiban schließt: „Sieh nur zu, daß sie nicht blos zum Schein erdichtete Christen werden."[1]

In einer andern Eheangelegenheit spricht sich Luther gegen einen Schlesier, Namens Georg Schub, von dem er wegen der Ehe, die ein Mann mit der Frau seines verstorbenen Bruders geschlossen hatte, befragt worden war, in den stärksten Ausdrücken gegen die Ehe mit der Witwe des verstorbenen Bruders aus. Er sieht darin einen „Greuel des Teufels", verlangt die Trennung der Ehe und das Auseinandergehen der beiden als Abtrünnige von Christo anzusehenden Eheleute ins Ausland nach entgegengesetzten Seiten, damit das Aergernis gründlich beseitigt werde; „Wenn deine Schlesier, schließt er, so fortfahren Gott zum Zorn zu reizen, so ists sichrer, ihnen den Rücken zu kehren."[2]

In einer anderen Frage von allgemeiner Bedeutung finden wir Luther in der unmittelbaren Beziehung eines seelsorgerlichen Ratgebers zu sämtlichen evangelischen Predigern Breslaus und ihren Gemeinden. Unter den Schrecken der Pest, die in der zweiten Hälfte des Jahres 1527 wie in Wittenberg so auch in Breslau wütete, wurde hier vielfach die Frage wegen Bleibens oder Nichtbleibens des Christen an seinem Ort, insbesondere wegen Bewährung der pastoralen Treue unter solchen Sterbensgefahren, verhandelt. Als die Universität aus Wittenberg wegen der Pest nach Jena verlegt wurde, blieb Luther, der beim Ausbrechen derselben eben erst von schweren

---

[1] 20. April 1539. De W. 5, 180.
[2] 16. Febr. 1542. De W. 5, 436.

Anfechtungen Leibes und der Seele genesen war, von den Professoren allein zurück, um Bugenhagen, dem Pfarrer an der Stadtkirche, als dessen Hilfsprediger er sich gern betrachtete, in der pastoralen Versorgung der Kranken und Sterbenden zu unterstützen. Da kam an ihn die Frage der Breslauer Geistlichen: „Ob einem Christenmenschen zieme zu fliehen in Sterbensläuften?" Die Bitte um Luthers Rat und Belehrung wurde wiederholt, als seine Antwort sich verzögerte. Er entschuldigt sich dann wegen dieser Verzögerung damit, „daß Gott der Allmächtige ihn etliche Zeit her in der Zucht und Staupe so hart gehalten habe, daß nicht viel Lesens und Schreibens bei ihm hätte sein mögen". Aber er habe auch geglaubt, da Gott sie so reichlich mit allerlei Verstand und Wahrheit in Christo begabt habe, so würden sie wohl durch desselbigen Geist und Gnade selbst ohne sein Zuthun solche und wohl noch größere Fragen entscheiden können. Offenbar lag den Breslauer Geistlichen daran, bei dem Vorhandensein verschiedener Meinungen über diese vielbesprochene Frage Luthers Autorität den Gemeindegliedern gegenüber für sich geltend zu machen. Und daß auch Luther der an ihn gerichteten Frage eine allgemeine Bedeutung beilegte, sieht man aus dem ausführlichen Inhalt seiner Antwort und aus dem Umstande, daß er diese zugleich als ein Büchlein gedruckt ausgehen ließ, „ob, da auch anderswo des Sterbens Geschrei gehe, vielleicht auch andere solchen seinen Unterricht begehren und brauchen würden".[1]) Wir können hier nicht in die Einzelheiten seiner Beantwortung der Frage eingehn. Nur einige Hauptgedanken mögen hervorgehoben werden, die erkennen lassen, mit welchem Ernst ohne rigorose Forderung, und mit welcher Schonung, ohne der Strenge der christlichen Pflicht Abbruch zu thun, er seine pastoralen Weisungen erteilt.

Er unterscheidet zwischen den Starken, die fest darauf stehn: man dürfe nicht fliehen in Sterbensläuften, sondern man müsse um unsrer Sünde willen der von Gott uns zugeschickten Strafe geduldig stille halten in rechtem festem Glauben, — und solchen, die da sagen: man möge fliehen, sonderlich die nicht mit Aemtern behaftet seien. Die ersteren, sagt er, könne er ihrer guten Mei-

---

[1]) Sept. ob. Oktob. 1527. De W. 3, 205 f. Walch W. 10, 2321 f.

nung halben nicht tadeln, denn es gehöre auch nicht ein Milch=
glaube dazu, daß man des Todes gewarte. Wer wollte die nicht
loben, die mit Ernst so gesinnt seien, daß sie des Todes nicht
groß achteten, sofern solches geschehe ohne Gottesversuchung?
Aber es seien doch nun einmal unter den Christen der Starken
wenig und der Schwachen viel. Darum dürfe man nicht einerlei
allen aufladen zu tragen. „Stark im Glauben konnte Petrus
auf dem Meer wandeln; aber als er zweifelte und schwach ward
im Glauben, sank er unter und wollte ersaufen. Ein Starker,
so er mit einem Schwachen wandelt, muß sich schicken, daß er
nicht nach seiner Stärke laufe; er liefe sonst den Schwachen bald
zu Tode. Christus aber will seine Schwachen nicht verworfen
haben. 1. Corinth. 8, 9. Röm. 15, 1."

Das Sterben und den Tod fliehen könne geschehn auf zweier=
lei Weise, entweder wider Gottes Befehl und Gebot, oder ohne
wider Gottes Willen und Gebot zu sündigen. Prediger und
Seelsorger seien schuldig zu bleiben in Sterbensnöten. Denn da
stehe der öffentliche Befehl Christi: Ein guter Hirt läßt sein
Leben für die Schafe, aber ein Mietling siehet den Wolf kommen
und fleucht. Joh. 10, 12. Denn im Sterben bedürfe man des
geistlichen Amts am allerhöchsten, um die Gewissen zu stärken
und zu trösten und den Tod im Glauben zu überwinden. Auch
die in weltlichen Aemtern ständen, als Bürgermeister, Richter,
seien schuldig zu bleiben; denn es sei eine große Sünde, eine
Gemeinde in irgend einer Gefahr ohne Haupt und Regiment sitzen
zu lassen. Dasselbe gelte auch von solchen Personen, die mit
Dienst und Pflicht einander verbunden seien. Dagegen wer in
solchem Pflichtverhältnis nicht zu Andern stehe und diese schon
versorgt sehe, der möge in Gottes Namen fliehen, wenn er sich
schwach fühle und sich fürchte, weil er solches thue ohne Nach=
teil seiner Pflicht gegen den Nächsten. Denn das Sterben und
den Tod fliehen und das Leben erretten, sei natürlich von Gott
eingepflanzt und nicht verboten, wo es nicht wider Gott und
den Nächsten sei. Sei aber Jemand so stark im Glauben, daß
er willig bleiben könne und, ohne Gott zu versuchen, sich der Ge=
fahr nicht entziehen wolle, ob er es wohl könnte, der möge auch
seines Weges fahren, aber die nicht verdammen, die solches, ohne

Gottes Gebot und des Nächsten Wohl zu verletzen, nicht thäten oder nicht thun könnten.

Dem Beispiele Breslaus folgend, oder doch gleichzeitig mit ihm selbständig vorgehend, hatten außer dem Herzog Friedrich II.[1]) von Liegnitz auch die Stände und Städte Niederschlesiens der Lehre Luthers sich schon früh zugewendet, und eine Kanzel nach der andern hatte sich der Predigt des reinen Evangeliums geöffnet. Auch aus Niederschlesien wendet man sich alsbald mit Fragen über wichtige religiöse Fragen an Luther, um unmittelbar von ihm Belehrung zu empfangen. So finden wir ihn schon im Jahre 1522 in Verkehr mit Freistadt, und zwar mit dem Hauptbeförderer der Reformation in dem Teil Niederschlesiens, für welchen Freistadt den Ausgangspunkt der neuen reformatorischen Bewegung bildete. Es war dies der allgemein in hohem Ansehn stehende Freiherr Hans von Rechenberg, Pfandherr von Freistadt und Herr von Schlawa und Windisch-Bohrau, ein Freund und Verehrer Melanchthons. Gleichzeitig mit Liegnitz und Goldberg wurde schon 1522 in Freistadt von einem Prediger, den Hans von Rechenberg berufen hatte, das Evangelium gepredigt und das Abendmahl unter beiderlei Gestalt eingeführt. Als auf dem Landtage zu Grottkau (April 1524) der siegreiche Fortschritt, den das Evangelium in Schlesien genommen, sich darin kund gab, daß sämtliche weltliche Fürsten und Stände Schlesiens an den Bischof, sein Kapitel und die gesamte Geistlichkeit die einmütige Forderung stellten, „daß man das heilige Evangelium frei und ungehindert predigen lasse nach Deutung der heiligen Schrift und demselben frei nachlebe unangesehn aller Menschen," da war der Freiherr von Rechenberg einer der Wortführer der Stände. Auf die Frage des Bischofs Jakob, ob mit dieser Forderung der schriftgemäßen Predigt des Evangeliums auch die Forderung des Kelches für die Laien im heiligen Abendmahl gestellt werde, war er es, der unter Zustimmung aller übrigen Stände als beredter Verteidiger der „Einführung des wahren Abendmahls nach Christi Einsetzung" auftrat. In gleichem Sinn sprach sich unter Bezeugung der in Freistadt bereits eingeführten Spendung des Abendmahls unter

---

[1]) Vergl. Dr. C. Grünhagen, Geschichte Schlesiens II. 23. f.

beiderlei Gestalt der Freistädter Ratsherr Petzold aus, den man von dort an den Bischof abgesandt hatte. Als er die in dieser Beziehung an ihn gerichteten Fragen des Bischofs mit Ja beantwortete, sagte dieser: „Dann seid ihr ja schon halbe Lutheraner", worauf jener schlagfertig erwiderte: „Darum wird auch unser neuer Prediger bei uns nur halbe Arbeit haben."

Schon zwei Jahre vor diesem öffentlichen Auftreten der Freistädter Zeugen des Evangeliums hatte die Verkündigung der neuen Lehre in der Freistädter Gemeinde eine lebhafte Bewegung der Geister hervorgerufen, bei welcher unter Anderem die Hauptfrage, das Seligwerden durch den Glauben, Gegenstand eingehender Erörterungen wurde. Auf welche Abwege man dabei geraten konnte, bezeugt eine auf Veranlassung des Grafen Albrecht von Mansfeld von Rechenberg an Luther gerichtete Frage, zu der er sich durch die in den Freistädter Kreisen auftretende Meinung von einem Seligwerden auch der ungläubig Verstorbenen genötigt sah. Er begehrte darüber einen „schriftlichen Unterricht" von Luther zu empfangen. Er wollte, wie dieser in seinem Sinn sich ausdrückt, einen „geistlichen Harnisch zum Kampf gegen den Irrglauben haben, nachdem er als Kriegsmann viel mit den Ungläubigen leiblich gestritten". Derartige Meinungen, wie sie hier als Irrglaube bezeichnet werden, konnten wohl unter den Schwarmgeistern, mit denen Luther nach seiner Rückkehr von der Wartburg in Wittenberg und weiterhin zu kämpfen hatte, im Zusammenhang mit der Verwerfung des Glaubens an die Autorität des in der heiligen Schrift geschriebenen Wortes Gottes auftreten. Vielleicht war es schon damals, als Luther von Rechenberg um jenen „schriftlichen Unterricht" angegangen wurde, der wiedertäuferischen Bewegung gelungen, auch in Niederschlesien mit ihrem Irrglauben Eingang zu finden[1]), so daß dadurch jenes Verlangen Rechenbergs zu erklären wäre. In diesem Fall würde denn das Jahr 1523, nicht das Jahr 1522, wie es in der Titeleinfassung des ersten Druckes[2]) sich findet, als das Jahr der Veröffentlichung der Schrift durch den

---

[1]) Köstlin, Joh. Heß, 186.
[2]) Wittenberg 1 Bog. 1522. S. 4. Panzer Annal. II. S. 152, der nur die Ausgabe von 1523 kennt. Ebenso die Jenenser Ausgabe der Werke Luthers. De Wette, 2, 453 f.

Druck, während sie schon 1522 konnte geschrieben sein, anzunehmen sein. Doch das bleibt dahin gestellt. Sie erschien unter dem Titel: „Ein Sendbrief M. Luthers über die Frage: ob auch Jemand, ohne Glauben verstorben, selig werden möge. An Er Hansen von Rechenberg zur Freystadt". Jedenfalls hat Luther am Eingang der Schrift mit den Worten: „auch bei uns allhie hat es etlichen allzu hart, gestreng und göttlicher Güte allzu ungemäß gedäucht, daß er die Menschen so dahin werfen und zur ewigen Pein geschaffen haben sollt", deutlich zu erkennen gegeben, daß er in Wittenberg und Sachsen mit gleichen Ansichten zu kämpfen hatte, bei denen man zuletzt sogar dahin gekommen sei zu behaupten, daß auch der Teufel noch endlich werde erlöset werden, weil solche auf ewig verdammende Gerechtigkeit Gottes mit seiner Barmherzigkeit unvereinbar sei.

Luther belehrt den schlesischen Edelmann, wie angesichts solcher schweren Fragen zwischen starkem und schwachem Glauben zu unterscheiden sei. Wenn die im Glauben schwachen und ungeübten Christen mit dem Licht der Natur solche Fragen wegen der Vereinbarkeit der Gerechtigkeit und Gnade Gottes ansehen wollten, so ständen sie in Gefahr, einen großen Sturz und Fall zu thun und in heimlichen Widerwillen und Haß gegen Gott zu geraten. Luther giebt solchen Leuten den seelsorgerlichen Rat, mit Gottes Gerichten unverworren zu bleiben, „bis sie baß im Glauben erwachsen würden, und derweilen sich nach Petri Weisung mit der Milch der einfachen Lehre von Christi Leiden und Menschheit zu nähren und solch starken Wein zu sparen, damit der Spruch Salomos: Wer nach der Majestät forschet, den wird die Herrlichkeit erdrücken, sich nicht bei ihnen erfülle."

Daß in der Freistädter Gemeinde die Frage eine hochgehende Bewegung hervorgerufen hatte, läßt sich aus den weiteren Ratschlägen erkennen, die Luther dem Herrn von Rechenberg erteilt. Er solle darnach sehen, schreibt er, wer von dieser Sache handle und mit wem darüber gehandelt werde. Seien es naturvernünftige, hohe, verständige Leute, so möge er nur bald diese Frage meiden; seien es aber einfältige, tiefe, christliche und im Glauben versuchte Menschen, so könne man mit denen nichts nützlicheres, denn solches handeln.

Die Antwort selbst aber auf jene Frage erteilt er kurz und bündig. „Wir haben gar starke Sprüche", sagt er, „daß Gott ohne Glauben Niemand will und kann selig machen. Wenn Gott selig machte ohne Glauben, so strafte er sich selbst Lügen und verleugnete sich selbst. So wenig es möglich ist, daß göttliche Wahrheit lügen kann, so wenig ist es möglich, daß er ohne Glauben selig mache."

Noch eine andere Frage war in den Freistädter evangelischgesinnten Kreisen aufgeworfen worden. Man stritt darüber, „ob Gott Etlichen noch im Sterben oder nach dem Sterben den Glauben könne geben und also sie doch durch den Glauben könnte selig machen." Luther antwortet darauf: „Wer wollt daran zweifeln, ob er das thun könne? Aber daß er es thue, kann man nicht beweisen. Er möge nun hierin thun, was er thue, er gebe Glauben oder nicht, so ist's doch unmöglich, daß ohne Glauben Jemand selig werde. Die Einwendung mit dem Wort Pauli 1. Tim. 2, 4: „Gott will daß alle Menschen selig werden", weist er zurück mit der Hinweisung auf den Zusammenhang, in dem Paulus ermahnt, zu bitten für alle Stände und Jedermann die Wahrheit zu lehren und zu predigen, weil es Gottes Wille sei, daß Jedermann genese; denn ohne seinen Willen geschehe es nicht; aber daraus folge noch nicht, daß er alle Menschen selig mache. „Sonst, sagt er, wäre die göttliche Fürsehung und Erwählung von Ewigkeit nichts, darauf doch St. Paulus hart dringt."

Zum Schluß richtet Luther an Hans von Rechenberg die Bitte, er wolle „die hohen fliegenden Geister" in solchen Sachen nicht handeln lassen, sondern sie binden an Christi Menschheit, sie vorher stärken und lehren, bis daß sie genugsam erwachsen würden. „Denn was sollt uns," sagt er, „der Mensch Christus gegeben sein zu einer Leiter zum Vater, wenn wir ihn lassen liegen und über ihn hinfahren und mit eigener Vernunft gen Himmel fahren und Gottes Gericht messen wollen. Es wird nirgends baß, denn in Christi Menschheit gelernt, was uns zu wissen not ist, sintemal er unser Mittler ist und Niemand zum Vater ohne durch ihn kommen kann."

Doch nicht blos in solchen pfarramtlichen, pastoralen und dogmatischen Fragen sehen wir Luther im Verkehr mit Schlesien. Auch das Haus und die Familie sind unter den Lebensgebieten vertreten, auf denen man seine persönliche Teilnahme in Rat und Trost sucht und findet. Wo sich Anlaß und Gelegenheit dazu bietet, da leuchtet er mit dem Licht des Evangeliums in das Dunkel der Trübsal hinein. Ein solcher Fall liegt uns vor in der Familie des schon oben erwähnten Patriziers und ausgezeichneten humanistischen Gelehrten Dr. Johann Metzler. Wir wissen, wie dieser entschieden evangelisch gesinnte Mann, welcher humanistische Bildung und echt christlichen Sinn in sich vereinigte, und 1536 an die Spitze des Rats von Breslau und zur Würde des Landeshauptmanns berufen ward, zuerst als Lehrer der alten Sprachen um seinen Lehrstuhl an der Elisabethschule die lernbegierige Jugend und bejahrte Ratsherrn versammelte, und dann seit 1532 als Mitglied des Rats den Breslauer Reformatoren zur Befestigung des evangelischen Kirchen- und Schulwesens die kräftigste Hülfe leistete.[1]) Der Tod dieses Mannes am 2. Oktober 1538 bedeutete für Breslau in jeder Hinsicht einen schweren Verlust. Sein Sohn Kilian Metzler bezog bald darauf die Wittenberger Universität. Da nahm sich Luther seiner treulich an und giebt ihm das Zeugnis, daß er „ein frommer, stiller Mensch" gewesen. In kurzer Zeit starb auch er. Luther ließ sich gern bewegen, der nun doppelt verlassenen Frau Katharina Metzler, „als seiner günstigen guten Freundin", einen Trostbrief zu schreiben, der ein wahres Muster pastoraler Tröstung darbietet.[2])

Luther bezeugt ihr sein Mitempfinden darüber, wie das von Gott durch den Tod ihres Sohnes ihr auferlegte Kreuz sie härtlich drücke und schmerze. Es sei ja natürlich und billig, daß ein Mensch sich solle betrüben, sonderlich bei so nahem Fleisch und Blut. Denn Gott habe uns nicht geschaffen, daß wir nichts fühlen oder Stein und Holz sein sollten, sondern er wolle haben, daß wir die Toten beweinen und beklagen; sonst wäre es ein Zeichen, als hätten wir keine Liebe. Doch müsse das auch ein

---

[1]) Pol Jahrb. 3, 71. 78. Vgl. Gillet Crato I, 18 f.
[2]) 3. Juli 1539. S. De Wette-Seidemann Br. 6, 446 f.

Maß haben. Denn der liebe Vater versuche uns dadurch, ob wir auch ihn könnten lieben und fürchten, beide in Liebe und in Leid, und ob wir ihm auch könnten wiedergeben, was er uns gegeben hat, auf daß er Ursach habe, mehr und Besseres uns zu geben. Und nun ermahnt er die trauernde Witwe, des Herrn gnädigen und guten Willen zu erkennen, ihm zu Gefallen solch Kreuz geduldig zu tragen und mit herzlichem Glauben daran zu denken, welch ein Kreuz er selbst für sie und uns alle getragen habe, gegen welches unser Kreuz gar nichts oder gar geringe sei. Insbesondere sucht er sie noch damit zu trösten, daß ihr Sohn, der ein stiller frommer Mensch gewest, sehr christlich und selig von dieser schändlichen Welt geschieden sei, daß es Gott sehr wohl mit ihm gemeint und ihn vielleicht vor größerem Uebel habe sichern und behüten wollen. Denn es sei ja böse, fährliche Zeit, daß man billig sollte mit Elias und Jonas sagen: Ich wollt lieber tot sein, denn leben. Er schließt sein Trostschreiben mit den Worten: "Euer Sohn ist bei unserem Herrn Christus, in welchem er entschlafen ist, und danket Ihr nun dem Gott der Gnaden, daß er Euer Kind so gnädig zu sich genommen hat, welches ihm besser ist, denn daß er in Kaisers und Königs Hofe am allerhöchsten wäre. Gott der Vater alles Trostes stärke Euren Glauben mit seinem Geist reichlich! Amen."

Wir haben in dem letzten Abschnitt an mehreren Beispielen gezeigt, wie Luther auch in mancherlei besonderen Fällen, in denen man in Schlesien seines Rates, seiner Belehrung und seines Trostes bedürftig war, bereitwillig davon Veranlassung nahm, mehr oder weniger eingehend brüderliche Handreichung zu thun. Auch diese vereinzelten persönlichen Beziehungen glaubten wir in die Darstellung des Verkehrs, in welchem Luther seit dem Anfang seiner reformatorischen Wirksamkeit und seit dem Beginn der reformatorischen Bewegung in Schlesien und besonders in Breslau mit den Vertretern derselben gestanden hat, mit aufnehmen zu müssen, um der Forderung möglichster Vollständigkeit zu entsprechen. Alles aber, was wir über die Beziehungen Luthers zu Schlesien zu berichten im Stande waren, soll besonders dazu dienen, der evangelischen Kirche in Schlesien in Erinnerung zu bringen, wie Luther auch hier durch mittelbaren oder unmittelbaren persönlichen Einfluß auf den eigentümlichen Entwicklungsgang, den die Reformation namentlich in Breslau genommen, bestimmend eingewirkt und das Werkzeug der göttlichen Gnade zur Erneuerung des christlichen und kirchlichen Lebens aus dem von ihm wieder eröffneten Quell des reinen Evangeliums gewesen ist. Die dankbare Erinnerung daran blieb der evangelischen Kirche Schlesiens unter den schweren Bedrückungen und Verfolgungen, welche sie nach dem Zeitalter der Reformation fast zwei Jahrhunderte lang zu erdulden hatte. Und nicht am wenigsten waren es neben der heiligen Schrift Luthers Schriften, durch welche die schlesische evangelische Kirche unter dem Kreuz und in der Zerstreuung immer wieder im Glauben und in der Geduld gestärkt und um das Panier des Kreuzes Christi gesammelt wurde. Mit Luther hat sie in aller ihrer Not die Worte seines Lieblingspsalms (Pf. 118) zu ihrer Losung gemacht: „Man stößet mich, daß ich fallen soll; aber der Herr hilft mir. Der Herr ist meine Macht und mein Psalm und mein Heil. Ich werde nicht sterben, sondern leben und des Herrn Werk verkündigen". Und dieser Wahlspruch soll ihr auch für alle Zukunft zum Trost, zur Stärkung und zur Mahnung dienen.

Halle, Druck von Ehrhardt Karras.

Nr. 20.　　　　　　　　　Preis: Mk. 2,40.

Schriften
des
Vereins für Reformationsgeschichte.
Fünfter Jahrgang. Drittes Stück.

Die Vorgeschichte
des Bauernkrieges.

Von

Wilhelm Vogt.

Halle 1887.
In Commissionsverlag von Max Niemeyer.

Subskriptionen auf:

Briefwechsel Melanchthons mit Joachim Camerarius

herausgegeben
von
Lic. Dr. **Nic. Müller,**
Privatdocenten an der Universität Kiel.

erden noch angenommen, der Druck hat noch nicht begonnen. Jede nmeldung wird vorgemerkt und s. Z. pünktlich von unserem Schatzeister ausgeführt.

Verzeichnis der bisher erschienenen Vereinsschriften.

Erstes Vereinsjahr: Ostern 1883—1884.

1. Kolde, Th., Luther und der Reichstag zu Worms 1521.
2. Koldewey, Friedr., Heinz von Wolfenbüttel. Ein Zeitbild aus dem Jahrhundert der Reformation.
3. Stähelin, Rudolf, Huldreich Zwingli und sein Reformationswerk. Zum vierhundertjährigen Geburtstage Zwinglis dargestellt.
4. Luther, Martin, An den christlichen Adel deutscher Nation von des christlichen Standes Besserung. Bearbeitet sowie mit Einleitung und Erläuterungen versehen von K. Benrath.

Zweites Vereinsjahr: Ostern 1884—1885.

5/6. Bossert, Gust., Württemberg und Janssen. 2 Teile.
7. Walther, W., Luther im neuesten römischen Gericht. I.
8/9. Buddensieg, Rud., Johann Wiclif und seine Zeit. Zum fünfhundertjährigen Wiclifjubiläum (31. December 1884).

Die Vorgeschichte
des Bauernkrieges.

Von

Wilhelm Vogt.

Halle 1887.
Verein für Reformationsgeschichte.

# August Kluckhohn

gewidmet.

Vorwort.

Der große Bauernkrieg der Jahre 1525 und 1526 ist nicht zu verstehen ohne eine genaue Kenntnis seiner Vorgeschichte, die bis an den Anfang des fünfzehnten Jahrhunderts zurückreicht. Es handelt sich zunächst darum die Stellung des Bauernstandes in jeder Beziehung und die Agrarverhältnisse, wie sie sich auf Grund der mittelalterlichen Gesellschaftsordnung herausgebildet haben, zu untersuchen, um darüber Klarheit zu verschaffen, ob diese sociale Frage künstlich erzeugt worden ist oder ob sie das Ergebnis historischer Entwickelung, also ein natürlicher Prozeß ist. Eine zweite Aufgabe besteht darin nachzuforschen, welche Vorschläge zur Besserung und Umgestaltung der Verhältnisse gemacht worden sind, wie weit diese Reformversuche sich mit dem Bestehenden abzufinden verstanden und im Bauernstande selbst Billigung und Annahme fanden. Wenn man oft behauptet hat, daß die Reformation die Bauernfrage verschärft habe, so lehrt die Vorgeschichte des Bauernkrieges, daß eine Verschärfung kaum mehr möglich war, zugleich aber auch daß diese Frage mit sanften Mitteln überhaupt nicht mehr gelöst werden konnte. Gesellschaftsordnungen von dieser Tragweite sind niemals ohne Gewalt umgeändert worden.

Augsburg. **Dr. Wilhelm Vogt.**

Inhalt.

	Seite
Erstes Kapitel. Die rechtliche Stellung des Bauernstandes. Die Bodenbelastung. Das Erträgnis der landwirtschaftlichen Arbeit.	1
Zweites Kapitel. Die sociale Stellung des Bauernstandes. Die Kirche und die communistischen Ideen.	38
Drittes Kapitel. Das „böhmische Gift" und seine Verbreitung in Deutschland.	57
Viertes Kapitel. Die Vorspiele des Bauernkrieges.	84
1. Die ersten Tumulte.	84
2. Der Pauker von Niklashausen.	92
3. Neues Wetterleuchten.	109
4. Der Bundschuh zu Lehen und der arme Konrad.	121
Rückblick und Ausblick.	140

Erstes Kapitel.

Die rechtliche Stellung des Bauernstandes. Die Bodenbelastung. Das Erträgnis der landwirtschaftlichen Arbeit.

Das christlich-germanische Rechtsbewußtsein forderte für die Menschen die persönliche Freiheit; in der That war sie auch in der alten Zeit ein Gemeingut der Deutschen[1]). Aber gerade germanische Einrichtungen, der Heerbann und das Lehnswesen nämlich, wurden die Feinde dieses alten volkstümlichen Besitzes und führten wie von selbst für einen Teil der Bevölkerung und zwar für die breite Masse der Landbevölkerung die Unfreiheit frühzeitig herbei. Dieser Zustand wurde für ein großes Uebel angesehen und als eine schwere Last empfunden, weil aus dem Volksbewußtsein die Erinnerung an das hohe Gut, das einst alle besaßen und sich nur ein geringer Teil zu erhalten gewußt hatte, nicht zu tilgen war. Die beiden Rechtsbücher des 13. Jahrhunderts, der Sachsenspiegel und der Schwabenspiegel, stellen die Freiheit als den ursprünglichen Zustand dar und leiten das Recht derselben aus der heiligen Schrift ab. Gott habe alle Menschen

---

[1]) Es ist dies nicht so zu verstehen, als ob es bei den Germanen keine Unfreie gegeben hätte; aber diese Unfreien waren ursprünglich fast ausnahmslos Kriegsgefangene oder Nachkommen derselben. Wenn schon Tacitus in seiner Germania (c. 24 u. 25) erzählt, daß freie Männer beim Würfelspiel sogar ihre Person und Freiheit auf den letzten Wurf einsetzten, so darf diese Notiz sicher nicht zu allgemein genommen werden. Diese Tollheit beschränkte sich auf Ausnahmsfälle und bildete nicht eine stehende Regel. Vergl. hier und über das folgende: Meitzen, der Boden und die landwirtschaftlichen Verhältnisse des preußischen Staates I, 365 ff.

Vogt, Vorgesch. d. Bauernkrieges.

erschaffen, sagt das ältere derselben[1]), und alle durch seinen Tod erlöst: der Arme gilt ihm soviel als der Reiche. Die Eigenschaft (Leibeigenschaft) komme von Zwang und Gefängnis und von unrechter Gewalt: und dieses Unrecht möchte man jetzt zum Recht stempeln. Der Schwabenspiegel spricht[2]) denselben Grundsatz aus: „Wir haben in der Schrift, daß niemand soll eigen (leibeigen) sein. Doch ist es also dahin gekommen mit Gewalt und mit Zwang, daß es nun Recht ist, daß eigene Leute sind." Diese Auffassung ging nicht verloren: das Volk betrachtete je und je die Leibeigenschaft als eine Sünde wider Gottes Gebot. In der sogenannten Reformation des Kaisers Sigmund heißt es: „Es ist eine unerhörte Sache, ein Unrecht, über welches man der Christenheit die Augen öffnen muß, daß es Leute giebt, die zu jemand sprechen: du bist mein eigen. Hat Christus so schwer gelitten, um uns frei zu machen und von allen Banden zu erlösen, so ist hierin niemand vor dem andern erhoben. In gleichem Stand hat er uns gefreit, es sei einer edel oder unedel, arm oder reich, groß oder klein; wer getauft ist und glaubt, gehört zu den Gliedern Jesu Christi."

Wenn also in der Reformationszeit die Bauern nicht mehr „eigen, sondern allein Christus sein (Christo gehören)"[3]) wollten, wenn die Bauernbeschwerden und Bauernklagen fast alle diesen Ton anschlagen, daß sie keine Leibherren mehr haben wollen, und nicht wie die Kühe und Kälber verkauft werden sollen, „dieweil wir alle nur Einen Herrn, das ist Gott den Herrn im Himmel, haben"[4]), wenn 1513 die Breisgauer nach ihrem ersten Artikel keinen Herrn als Gott, den Papst und den Kaiser anerkennen

---

[1]) Sachsenspiegel III, 42: Na rechter warheit so hevet egenscap begin von gedwange und von vengnisse und von unrechter walt, die man von aldere in unrechter wonheit getogen hevet unde nu vore recht haben wel.

[2]) Landrecht, Artikel 57: „Wir haben an der schrift, daz nieman sol eigen sin. Doch ist es also dar komen mit gewalt unde mit twancsal, daz es nu recht ist, daz eigen liute sin.

[3]) Brief des bayr. Kanzlers Dr. Leonhard von Eck vom 15. Februar 1525, siehe Vogt, bayrische Politik S. 384.

[4]) Vogt, Korresp. des U. Arzt Nr. 891, Beschwerde der Gotteshausleute von Ochsenhausen, ebb. noch viele Beispiele.

wollen, wenn weiter der dritte von den berühmten zwölf Bauernartikeln es ausspricht, daß die Leibeigenschaft etwas unbilliges sei, „angesehen, daß uns Christus all mit seinem kostbarlichen Blut vergossen erlöst und erkauft hat, den Hirten gleich als wohl als (sowohl als) den Höchsten, keinen ausgenommen", so sind diese Forderungen samt ihrer Begründung nicht etwas neues, sondern uralte Anschauungen des christlich-germanischen Volksrechts. Nicht die Reformation also hat den gemeinen Mann zu einem falschen Verständnis der christlichen Freiheit verleitet und durch ihr Evangelium vorher unbekannte Anschauungen in ihm geweckt, sondern diese Rechtsanschauungen waren so alt, ja älter, als das Unrecht, und wurden wacherhalten durch die Lage, in welche die Bauernschaft durch die Not der Zeiten geraten war. Je mehr sich dieselbe verschlimmerte, um so sehnsüchtiger blickte man nach der bessern Vergangenheit zurück, um so zornmutiger wurde es ausgesprochen, daß die Unfreiheit eine Sünde wider Gottes Gebot sei. Dieser Sachverhalt muß mit dem größten Nachdruck hervorgehoben werden. Denn eine beliebte, aber falsche Anschuldigung der Reformation geht immer wieder dahin, daß sie geflissentlich die Unzufriedenheit des gemeinen Mannes durch ihre Predigt von der evangelischen Freiheit erregt habe. Im Gegenteil aber ist wahr, daß diese Volksanschauung ein viel höheres Alter hat als die kirchliche Reformbewegung und daß der verdrieße Nachweis hievon bereits in den angezogenen Rechtsbüchern klar und deutlich zu lesen ist.

Die Kreuzzüge sollen auch dem Bauernstand Vorteile gebracht haben, indem viele Bauern wieder die Freiheit erlangt hätten.[1] Allein dieselbe ging jedenfalls im Laufe der folgenden Zeit wieder dem größten Teile verloren. Die Freiheit wurde nicht die Regel, sondern die Ausnahme. Die freien Markgenossenschaften d. h. Gemarkungen, in denen ganze Sippen vollfreier Bauern patriarchalisch zusammenwohnten, jeder neben seinem persönlichen Besitz an urbarem Land noch seinen Anteil am Gesamteigentum

---

[1] Die weitverbreitete Ansicht, daß die Kreuzzüge eine wesentliche Aenderung zu Gunsten der deutschen Bauernschaft herbeigeführt habe, ist nicht so sicher erwiesen, als manche zu glauben scheinen.

(Allmende), an Wald und Weide, Wasser und Weg hatte, verschwanden allmählich mehr und mehr.¹) Nur einzelne Dörfer und Höfe erhielten sich da und dort ihre Freiheit selbst bis auf die neuere Zeit. Solche vollfreie²) Bauern gab es noch im Norden und Süden: in Oesterreich, Tyrol, Steiermark, Kärnthen und Bayern; in Schwaben und Franken; am Rhein, bei den Niedersachsen und Friesen: unter den letzteren ein Vorbild, wie man mit der sozialen auch die wirtschaftliche Freiheit schützen müsse, die Dithmarschen, welche im Jahre 1500 auf dem Damme zu Hemmingstedt den Dänenkönig Johann mitsamt seinem stolzen Heere besiegten Den Oberdeutschen aber leuchtete mit den glänzenden Bergspitzen der Schweiz das Andenken an den fast hundertjährigen Kampf herüber, in welchem die unerschrockenen Männer das Gelüste der Habsburger bei Morgarten, Näffels und Sempach blutig abgewehrt hatten. Indessen erwies sich die zerstörende Macht der Verhältnisse stärker als Beispiel und Wille. Um die Wende des 15. und 16. Jahrhunderts genossen, ein Zeichen der Vollfreiheit, nur noch die Landgemeinden in Tyrol und Friesland ständische Rechte. In Tyrol hatten sich die Städte und Bauern durch die standhafte Treue, mit der sie den in Acht und Bann stehenden Friedrich mit der leeren Tasche schützten, das Sitz- und Stimmrecht in der Landtafel erworben. In Friesland hatte der stolze und unbeugsame Sinn der Bauerngemeinden der Marsch darüber gewacht, daß ihnen ihre Stellung auf den Landtagen nicht genommen wurde.³) Und in beiden Fällen war die Bauernschaft, wie sonst keine in Deutschland, von der Natur geschützt: hier wie dort verhinderte sie die starke Entwickelung landesherrlicher und gutsherrlicher Gewalt.⁴)

Zwei Faktoren zeigten sich dem Freibauerntum besonders

---

¹) K. Fischer, deutsches Leben urd deutsche Zustände v. d. Hohenstaufen bis zur Reformationszeit. S. 56 ff. u. 109.

²) Man unterschied Großgüter, Mittelgüter, Kleingüter je nach der Anzahl von Mansen oder Hufen (Mansus eig. das Wohngebäude, Hofraithe. Hufe = das Pflugland). Großgut 10 Mansen, Mittelgut 2, Kleingut darunter. Manse oder Hufe 3—4 Morgen. Vergl. Meitzen a. a. O. S. 370.

³) Unger, Gesch. der deutschen Landstände II, 110.

⁴) Zöllner, z. Vorgesch. d. Bauernkriegs S. 67.

gefährlich: die Einführung des wirklichen Zehnten und der Rückgang der königlichen Gewalt, beides Erscheinungen, die weit in das Mittelalter hinauf reichen. Der Bauer brauchte Rechtsschutz und Sicherheit für seinen Besitz und seine Arbeit, und da beides nicht mehr mit starker Hand vom Kaiser gewährt wurde, so sah sich jener gezwungen sich an den Mächtigsten in seiner Nachbarschaft, an Feudalherren oder Klöster zu wenden und für die Gewährung des Schutzes sich des Vollmaßes seiner Freiheit zu begeben, ihre „Herrlichkeit" anzuerkennen und gewisse Lasten zu übernehmen. So wurde auf dem platten Lande das bäuerliche Eigentum „pfleghaft", zinsbar. Oder es ließen sich freie Bauern von reichbegüterten Herren Grundbesitz mit der Verpflichtung übertragen, dafür einen kleinen Zins zu entrichten.[1]) In diesen Fällen war das Eigentum nicht mehr echt; das echte, das Obereigentum stand den Herren zu, die Bauern wurden Zinsbauern. Zu solchen Zinsbauern kamen weiter solche, welche auf den den Ritterbürtigen verliehenen Ding- oder Haupthöfen Besitz und Nutzungsrecht besaßen. Auf sie wurde das Lehnssystem in der Art angewendet, daß sie mit Diensten verschiedener Gattung, mit Botendiensten, mit Hand- und Spanndiensten d. i. mit Fronden belastet wurden.[2]) In dem Maße, als die bäuerliche Bevölkerung zunahm, erschien es als das Einträglichste für die Grundherren, statt ihre Güter selbst zu bebauen, sie als kleine Bauernlehen

---

[1]) Dieser geschichtliche Prozeß ist allerdings nicht überall der gleiche gewesen. Aber er führte fast allenthalben zum gleichen Ziel. Beinahe jede deutsche Landschaft hat, soweit sich heute diese dunkle Sache noch nachweisen läßt, ihre eigenartige Entwicklung. Grundverschieden gestalteten sich insbesondere dort, so z. B. im Nordosten Deutschlands, die Verhältnisse, wo ganze Länderstriche erst germanisirt werden mußten. Der Eroberer erwarb da auch den Grund und Boden und vergab ihn nach Gutdünken; immerhin aber führte auch dies zu agrarischen Verfassungen, unter welchen die bäuerliche Bevölkerung sich in der abhängigsten Stellung befand. Mit Recht sagt also Meitzen a. a. O. S. 372: Es gebe eine solche Mannigfaltigkeit agrarischer Verfassungen und Rechtsverhältnisse, „daß den eingehenden archivalischen und rechtsgeschichtlichen Forschungen, so reichhaltige Materialien dieselben auch bereits beigebracht haben, eine vollständige Sichtung doch noch keineswegs gelungen ist."

[2]) Stobbe, deutsches Privatrecht II, 532 ff.

gegen Zins und Fronden an Bauern zu verleihen und also von diesen Abgaben und Renten, dem modernen Rentier vergleichbar, zu leben. Die Zeit solcher Vergabung oder Verpachtung stand im Belieben des Besitzers, der durch die Fortdauer seines Geschlechts (Adels) oder seiner Gemeinschaft (Klöster, auch Städte) für sein Eigentumsrecht nichts zu fürchten hatte, es also jeder Zeit wahren konnte. Diese Pächter, welche persönlich frei oder unfrei sein konnten und Colonen oder Grundholden genannt wurden, saßen auf ihrer Pacht in mannigfaltigen Abstufungen als unbeschränkte Erbpächter oder als Pächter auf mehrere Generationen oder als Zeitpächter auf Lebensdauer oder kürzere Frist. Nach dem geschlossenen Vertrage konnten sie entweder jeder Zeit entlassen werden oder die Entlassung war in aller Form ausgeschlossen. Wie dem Vertrag in jedem einzelnen Falle diese und andere Bestimmungen zufielen, so war demselben auch die Feststellung der Leistungen vorbehalten und daraus erklärt sich die fast unabsehbare Mannigfaltigkeit derselben. „Alle diese Bauern, mochten sie Leibeigene, besitzlose oder behauste Freie mit oder ohne Grundbesitz, die sich in den Schutz der Grundherren begeben hatten, oder Zinsleute sein, sie alle standen als dienstpflichtig der Herrschaft gegenüber." Die oben erwähnte Verleihung der Herrengüter in der Form von Bauerlehen vollzog sich im 15. Jahrhundert am meisten im südwestlichen Deutschland, also da wo die Bauernunruhen als Vorläufer des großen Bauernkriegs und dann dieser selbst, ihren hauptsächlichen Herd hatten. „Die Zahl der kleinen Bauern, denen namentlich Stücke geistlicher Besitzungen zur Bewirtschaftung übergeben wurden, wuchs fortwährend." Mit dem steigenden Angebot verschärften die Grundherren ihre Bedingungen. Die von Baltringen[1]) z. B. klagen bezüglich der Zinsen und Gülten, daß sich Güter fänden, „die jetzt eines als viel (so viel) geben, als vor zwei." Die Elmensweiler klagen, daß sie die Zinsen und Gülten nicht mehr „verschwingen" können. An Abnehmern fehlte es dennoch nicht; bei dem Wachstum der bäuerlichen Bevölkerung gab es besitzlose Bauernsöhne genug, die nach solchen freilich sehr stark belasteten Lehen

---

[1]) Korrespondenz b. U. Arzt Nr. 882. 887.

griffen. Sie mußten, auch im Norden Deutschlands z. B. in der Mark Brandenburg, einen Ackerzins entrichten, den Zehnten und zwar den Feld= und Fleischzehnten geben und außerdem auch sich zu Heer= oder Burgdiensten und Gemeindelasten verflichten.[1]) Allein diese starke Belastung mit harten Abgaben und Fronden verspürte der Uebernehmende doch, sobald er die Leistungen zu erfüllen hatte. Was blieb aber dem Betroffenen, wenn er durch die Sorge für Weib und Kind auf den Erwerb angewiesen und ohne Aussicht sein Loos verbessern zu können an die Scholle ge= bunden war, anders übrig, als das Schwerste, so gut es eben ging, zu ertragen und wenn er Gelegenheit fand, mit andern Leidensgenossen den Versuch zu machen, ob sich das Joch nicht vom Halse schütteln lasse? Zweifellos sehen wir hier sich volks= wirtschaftliche und soziale Verhältnisse entwickeln, die ungesund sind und deshalb keinen ruhigen Verlauf der Dinge erwarten lassen. Eine Lebensordnung, die auf kranken und unnatürlichen Grundlagen beruhte, mußte, wenn die ausgleichende Gerechtigkeit dies nicht irgendwie vorher verhinderte, zur Revolution des ge= drückten Standes führen.

Noch deutlicher erkennt man das, wenn man die bäuer= lichen Lasten, das „Chaos der bäuerlichen Lasten", wie sich der Nationalökonom W. Roscher[2]) ausdrückt, etwas näher be= trachtet. Im Ganzen kann man sie in zwei Klassen einteilen, und zwar in Natural= oder Geldleistungen und in Fronden oder Dienste: rechtlich betrachtet fallen sie entweder unter das Privat= oder unter das öffentliche Recht. Die Leibeigenschaft berechtigte ursprünglich den Herrn zur unbeschränkten Ver= fügung über den ganzen Erwerb und die ganze Zeit des Knechtes. Allein dies sklavische Verhältnis wurde allmählich durch Sitte und Recht dahin gemildert, daß der Hörige von den ihm über= wiesenen Grundstücken bestimmte Abgaben zu leisten oder auf den Liegenschaften seines Herrn bestimmte Arbeiten zu verrichten hatte. Daß aber außer in Hinterpommern die Leibeigenschaft im übrigen Deutschland — natürlich unter dem Einfluß der Kirche —

---

[1]) Meitzen a. a. O. S. 378.
[2]) W. Roscher, Nationalökonomik des Ackerbaues. S. 288 ff.

aufgehoben war, ist eine falsche Behauptung.[1]) Dagegen spricht nicht nur der fast einmütige Protest fast aller Bauernbeschwerden, die sich nicht mit der Illusion befaßten, was schon außer Gebrauch gesetzt war, noch abschaffen zu wollen, sondern auch thatsächliche Verhältnisse. Die Kemptener beschweren sich z. B., daß man freien Zinsern, wenn sie sich mit Leibeigenen des Abtes verheiraten, so lange den Gottesdienst verbietet, bis sich der freie Teil in die Eigenschaft des Abtes begibt, also ihm die „Freiheit und Gerechtigkeit genommen und in einen harten Staut (Staat) oder Stand wider Recht eingeführt" wird. Zu jenen Abgaben gehörten Zins, Gülten und Zehnten. Die Zinsen und Gülten sind Geldsteuern und vertreten ihrer Natur nach die Kapitalzinsen für Darlehen, mochten dieje nun in Geld oder Gut bestanden haben. Bei dem herrschenden Mangel an baarem Geld und der Schwierigkeit seine Produkte um Geld abzusetzen zog es der Hörige oder Zinser vor durch Naturalleistungen seinen Verpflichtungen nachzukommen. Aber er mußte gar bald gewahren, daß er sich damit selbst eine Rute auf den Rücken gebunden hatte. Denn in demselben Verhältnis, als er durch Fleiß und Einsicht die Ertragsfähigkeit seiner Grundstücke steigerte, wuchs die Belastung, mochte die Abgabe nun schon gar in der dritten Garbe oder im Zehnten bestehen. Deshalb versuchte der Bauernstand im 15. Jahrhunderte an die Stelle der Naturalleistung vielfach wieder fixirte Geldabgaben zu setzen, wogegen die Herren, bei der steigenden Geldentwertung sich lebhaft sperrten, ein Widerstreit, der sich schließlich bis zu der Forderung der fast gänzlichen Abschaffung des Zehnten in den ersten Jahrzehnten des 16. Jahrhunderts auswuchs. Dieses Bestreben der deutschen Bauernschaft die Fixirung der Abgaben herbeizuführen war durchaus sachgemäß und hätte als allgemeine Reform durchgeführt zweifellos der Revolution den Boden entzogen, wenigstens dem gemäßigten Teil der Landbevölkerung durchaus genügt. Auch anderwärts wurde diese Forderung schon früher gestellt, aber hier wie dort abgewiesen. Die zahlreiche mährische Sekte der „Gemäßigten" z. B. wäre in den Zeiten des Husitentums gern bereit gewesen

---

[1] Janssen, Gesch. des deutschen Volkes I, 277.

einen fixirten Jahreszins zu zahlen.¹) In der Tha „bewirkte die Zehntform der Abgaben, welche dem Gewerbfleiß und Handel kaum auferlegt werden konnten, eine Ueberlastung des Ackerbaues."²)

Dreierlei Zehnten hatte der Bauer³) zu entrichten: 1) den großen oder Kornzehnten d. h. die zehnte Garbe (den zehnten Teil) von Allem, was Halm und Stengel treibt; auch der Wein gehörte dazu; 2) den kleinen oder Krautzehnten von Gemüse, Obst und Wurzelfrüchten und 3) den Fleisch- oder Blutzehnten von den landwirtschaftlichen Tieren. Diese Belastung war sicherlich schon für sich genug, selbst wo es der Kirche nicht gelang dazu noch auf Grund von 3. Mose 27, 26 ff. den Levitenzehnten hinzuzufügen⁴) und wo der sogenannte Rutscherzins, der in der Lieferung von Hühnern zu bestimmten Zeiten, Fastnachts-, Ernte-, Martinshühnern, bestand,⁵) entweder nicht im Gebrauch war oder mild gehandhabt wurde. Nimmt man sogar an, daß der Grundholde schuldenfrei war und keinerlei schwere Schläge weder ihn noch seine Familie noch seinen Stall noch seine Feldfrüchte trafen, so waren 10%, die von dem Brutto-Ertägnis vorweggenommen wurden, eine zu starke Abgabe; denn er hatte doch auch seinen Haushalt, den Wirthschaftsbetrieb mit den Auslagen für Samen und lebendes wie totes Inventar zu bestreiten und obendrein noch seine Steuern an den Landesherrn (Teritoritalherrn, Fürsten 2c.) zu entrichten und anderes mehr. Es ist daher sehr zu bezweifeln, ob bei diesem System etwas nennenswertes erübrigt werden konnte. Wohl umsoweniger, als dasselbe auch noch die harte Einrichtung des Sterbefalls aufweist. Starb nämlich der Grundholde, so stand dem Lehnsherrn ursprünglich ein Erb-

---

¹) Bezold, z. Geschichte des Hussitentums S. 59.
²) W. Roscher, Gesch. der Nationalökonomie S. 21.
³) W. Roscher, Nationalökonomik des Ackerbaues S. 298.
⁴) Wenn Janssen I, 280 vom Zehnten gar nicht spricht, so hat ihn offenbar dazu der Umstand bewogen, daß ihn die Berührung dieses Punktes sowie manches andere verhindert hätte sein idyllisches Bild von der Lage der bäuerlichen Bevölkerung zu entwerfen. Vergl. Meitzen a. a. O. S. 384.
⁵) Runde, deutsches Privatrecht S. 447 versteht darunter den sich verdoppelnden oder wenigstens anwachsenden Zins für den, welcher seine Abgaben nicht zur rechten Zeit entrichtete.

recht auf das gesamte Vermögen des Verstorbenen zu, woraus sich zusammen mit der Abgabe für den Besitzwechsel der Hauptfall, das Besthaupt d. i. das Todfallgeld¹) gestaltete. Diese Erbschaftssteuer betrug in den verschiedenen Gegenden nicht gleichviel, sie wurde aber wohl allenthalben, wie in den österreichischen Herzogtümern, als „eine unzulässige Bedrängnis" angesehen. In Niederösterreich, Salzburg, Bayern, Mähren machte sie 5, in Steiermark und Oberösterreich 10, in Kärnthen 14 2/7, in Würtemberg (Ehrschatz) 10—15, aber auch bis 30 Prozent vom Wert des Bauernhofes²) aus. Man darf doch wohl annehmen, daß diese Steuer einen großen Teil des Erworbenen, vielleicht in gar manchen Fällen das Ganze verschlang und zwar in dem Augenblick, wo vielfach der Tod des Vaters an sich schon ein großes Unglück für die Familie war. „Wann Einer stirbt", klagen z. B. die von Attenweiler,³) „so kommt dann er (der Abt von Weingarten) und teilt mit der Frau oder mit dem Mann. Wir meinen, es sei wider die göttliche Gerechtigkeit, daß er unsere Kinder erben soll. Das erbarm Gott im ewigen Reich." Die von Beuren⁴) verlangen die Abschaffung des Ehrschatzes. Die Odenwalder und Neckarthaler Bauernhaufen erklären in ihrem elften Artikel:⁵) „Den Todfall betreffen(d), soll laut des Artikels von jetzo an

---

[1] Das Mortuarium betraf das beste Stück Vieh (Besthaupt, Hauptfall) oder das beste Kleid, das Laudemium die Abgabe einer Quote vom Gutswert bei jedem Besitzwechsel. W. Roscher, Nationalökonomie S. 290. Im Bistum Augsburg (Langenerringen) hieß diese Erbschaftssteuer Handlohn und betrug bis in 40 oder 50 Gulden. Baumann, Akten S. 161. „Das Laudemium besteht im zehnten Theil des Kaufgeldes und galt als Zeichen frei veräußerlicher Güter und als deutsches Recht." Meitzen a. a. O. S. 381.

[2] W. Roscher, ebd. S. 292. Wenn Janssen I, 281 sich damit behilft, daß er meint, die Erbschaftssteuer in den Städten sei noch viel höher — oft bis 25% — gewesen, so findet sich nirgens eine Spur davon, daß sich die Bauern durch diesen Vergleich getröstet hätten. Wenn er weiter anführt, daß in Tyrol die Grundherrschaft vom ganzen Nachlaß nur einen Ochsen erhielt, so übersieht er, daß dort der Boden zumeist sehr wenig wert ist und war und das ganze Vermögen eben der Viehstand ausmachte.

[3] Korrespondenz d. U. Arzt Nr. 881.
[4] Ebd. Nr. 883.
[5] Oechsle, Gesch. des Bauernkrieges S. 290.

tobt und ab sein und furohin niemants zu geben nichts schuldig (sein)."

Neben den Geld= und Naturalleistungen bestanden noch die Fronden:[1] Hand= und Spanndienste, Jagd=, Fischerei= und Baufronden (letzteres Scharwerk).[2] Für diese gab es ebensowenig eine gleiche Norm wie für jene. Die ungemessenen Fronden gehören der Zeit der vollen Leibeigenschaft an und bestanden fast nirgends mehr. An ihre Stelle waren die gemessenen getreten. Die gemessenen Fronden sind nach Zeit und Gegenständen (Zeit= und Stückfronden) in jedem einzelnen Fall genau bestimmt. In Oesterreich hatte kein Fröner über zwölf Tage im Jahr Frondienste zu leisten. Diese Milde herrschte nicht überall. In manchen Gegenden mußten die Fröner im April und Mai vier Wochen lang Dienste thun, hernach bis Johannis täglich Nachmittags; andere hatten einen Tag Heu zu mähen, einen Tag Heu zu rechen, einen Tag Korn zu schneiden und fünf Karren einzuführen; wieder andere mußten eine gewisse Anzahl von Morgen von der Bestellung der Saat bis zur Einheimsung der Ernte besorgen, zuweilen sogar das nötige Saatkorn selbst liefern. Wenn die Unterthanen der Herrschaft Stadion sich beklagen, daß sie „mit täglichen Diensten und Dienstgeld" hart beschweret seien, und um Milderung und Verringerung derselben bitten, weil gar oft „Einer das sein(ige) muß liegen lassen und großen Schaden durch solches empfangen", so sieht man, was es selbst mit den gemessenen Fronden zuweilen für eine Bewandtnis hatte. Eine mildernde Einrichtung war es, daß die Fronden Tags vorher angesagt werden mußten und nicht nachgefordert werden durften. Viele Herrschaften hielten auch darauf, daß die Fröner während ihrer Arbeit entsprechend verköstigt wurden.[3] Es lag das wohl in ihrem eigenen Interesse, denn der hungrige Arbeiter ist wider=

---

[1] W. Roscher, Nationalökonomik S. 290.

[2] Keinen wirtschaftlichen Charakter trugen Fronden, wie das „Stillen der Frösche" (Grimm, Rechtsaltertümer S. 355.), oder das Flöhesuchen im Bett der Herrschaft. Roscher ist geneigt, diese Dienstleistung mehr aus altertümlicher Symbolik, als durch Uebermut zu erklären. Es macht aber doch den Eindruck, als ob zuweilen der Uebermut dabei auch nicht gefehlt habe.

[3] Janssen I, 281.

willig und leistungsunfähiger. Verpflegungspflichten existirten auch noch in andern Fällen. Wenn die Hörigen ihre Abgaben, sei es an Geld oder an Naturalien, überbrachten, wurden sie gütlich bewirtet, hie und da gekleidet und selbst mit Musik und Tanz erheitert.¹) Es bildeten sich auch bei diesen „Ergötzlichkeiten" durch das Herkommen Rechtsbräuche heraus, die zu Pflichten seitens der Herrschaften wurden und auf deren Erfüllung dann die Grundholden ebenso bestanden, wie sie selbst ihre Leistungen zu entrichten gehalten waren. Wo beiderseits der gute Wille vorhanden war, verlor selbst das harte System durch das persönliche Entgegenkommen etwas von seinem Druck. Die Erkenntlichkeit der Herrschaft, die sich in den erwähnten Gegenleistungen ausdrückte, versüßte dem Bauer doch ein wenig die Bitterkeit seiner zahlreichen Leistungen und Reichnisse. Aber man würde sich täuschen, wenn man annehmen wollte, daß die Grundherren überall so menschenfreundlich dachten. Die Langenerringer²) z. B. machten andere Erfahrungen, sonst hätten sie sich nicht „ernstlich" zu begehren veranlaßt gesehn: „So wir die Gülten heimsühren, daß man uns und auch den Rossen zu essen und trinken nach ziemlicher Notdurft zu schaffen gede und verordne." Die Kißlegger Bauern,³) sehr häufig als Treiber bei den herrschaftlichen Jagden herangezogen, empfingen am Abend zum Lohn für ihre Arbeit Beschimpfungen und Schläge. „So einer gleich ein ganzen Tag gejagt, . . . ongessen und ontrunken oft Einer kaum gehen (zu gehen vermochte), dannoch lausen müssen, sein Dank und Belonung in Schelten, Fluchen und Anschwören gewest, oder gleichwohl alsbald darzu umb den Kopf geprügelt und geschlagen worden, darzu auch unser Frucht im Feld mit Beizen verheert und vertriben, das doch billich zu beschechen nit sein solle."

Als sicher kann angesehen werden, daß die Grundholden viel schwieriger sich ihren Verflichtungen entziehen konnten als die Grundherren. Die letzteren hatten die Gewalt und je nach ihrem Besitzstand eine entsprechende Anzahl dienstbeflissener Be-

---

[1]) Ebd. 282. Die Bringzinsen sind die Regel; es gab aber auch einzelne Holzinsen, die der Herr selbst abholte oder abholen ließ.

[2]) Baumann, Akten Nr. 167.

[3]) Ebd. Nr. 104.

amter. An wen aber sollten sich die Hintersassen, mochten es nun freie oder unfreie sein, mit ihren Beschwerden wenden bei der völligen Auflösung, der das Gerichtswesen verfallen war? Im achten Artikel ihrer Beschwerden sagt die Gemeinde zu Baltringen:[1] „So sind wir beschwert mit Boten und Verboten. Darum so ist jetzt unsere Bitt und Begehr, welcher das Recht begehrt und anruft, das soll ihm nit abgeschlagen werden und nit übereilt." Selbst wenn eine Beschwerde die ganze Gemeinde traf und in Aufregung versetzte, so daß sie sich entschloß gegen die Plackerei irgend welcher Art aufzutreten, — so war noch nicht ausgemacht, ob selbst dann sich ein Erfolg voraussehen ließ, denn der Einspruch gegen die Competenz der Vertretung der Gemeinde und die Verschleppung auf dem Rechtsweg sorgten schon für die Erfolglosigkeit. Die Herrschaft war auch in dieser Beziehung besser daran. Sie erhob sofort gegen jeden Mißbrauch Einspruch und griff zu Strafen, denen der Hörige sich nicht entziehen konnte.

War er frei, so konnte ihn freilich der Grundherr nicht hindern den Hof zu verlassen, allein zuvor mußte er seine Verpflichtungen an etwa rückständigen Zinsen und sonstigen Leistungen und Schulden bereinigt haben. Den Aebten von Kempten gefiel dieses Recht freilich nicht. Auch dort[1] hatten ursprünglich die freien Zinser den „freien Zug" im ganzen Reich ohne „alle Schatzung"; aber plötzlich war es den Prälaten eingefallen eine neue „Gerechtigkeit" zu machen und demjenigen, der sich aus des „Gotteshauses Herrlichkeit und Obrigkeit" ziehen wollte, den dritten Pfennig seiner beweglichen und unbeweglichen Güter abzunehmen. Der Abt, zur Rede gestellt, konnte dies nicht ableugnen. Der dritte Pfennig sei schon lange im Gebrauch und freien Zug hätten sie nicht, außer nach Kempten. „Der Zinser (ist) seins Leids halben nit frei und ledig seines Willens zu handeln." Verfuhr man so schon mit den freien Grundhörigen, welcher Bedrängung werden dann erst die Leibeigenen ausgesetzt gewesen sein? Die unfreien Hintersassen waren an die Scholle gebunden, denn darin bestand vor allem die Leibeigenschaft, daß

---

[1] Baumann, Akten Nr. 62.

sie das Freizügigkeitsrecht völlig ausschloß, und das galt hier auch für die Kinder.[1]) Die von Bußmannshausen,[2]) dem Hans von Roth zugehörig, wollen aus diesem Grund die Leibeigenschaft aufgehoben wissen. „Wenn einer von uns," klagen sie, „einen Sohn oder Tochter ihnen zu Nutzen außerhalb der Güter des Herrn verheiraten will, so gestattet es derselbe nicht außer um Geld." In der „Beschwärnuß" der Gemeinde Baustetten, dem Kloster Heppach unterthänig, liest man: „Dieweil kein Biedermann seine Kinder verheiraten darf, er köffs (kaufe sie) denn (zu)vor dem Herrn ab, . . . vermeinen wir nit mehr leibeigen sein (zu sollen)." Daß die Leibeigenschaft diese Bedeutung, wie wir sie angegeben haben, wirklich besaß, beweist am deutlichsten die Milderung, welche 1525 der Rat zu Biberach auf die Forderung mehrerer ihm unterthänigen Bauergemeinden, die Leibeigenschaft aufzuheben, eintreten ließ.[3]) „Darinnen will ein Rat," so lautet der Beschluß, „gegen ihnen als sein selbst eignen armen Leuten die Milderung suchen und pflegen und ihnen das in dem Stuck zu= und nachlassen, daß sich ein jedes derselben leibeigen Menschen, es seien Mann als Frauen, wohl gegen andere Personen, wer und wo sie seien, ehrlich wohl verheiraten mögen, doch daß dieselben Eigenleut nichts destoweniger für und für dem heiligen Geist zu Bibrach jährlich mit Richtung (Reichung) der Leibhennen bleiben und (z)war also, so sie ersterben, daß dann ihre verlaßnen Erden für Fall= und Hauptrecht dem Spital nit mehr zu geben schuldig sein sollen, dann ein(e) Salzscheiben. Und so sich auch dieselben Eigenleute vor ihrem Tod vom Spital wollten erlausen, so soll ihnen dasselb gestattet und von einer Frauen nit mehr dann vier Gulden und von einer Mansperson nit mehr dann zwei Gulden, aber wohl darunter, genommen werden." Es lag also lediglich im guten Willen der Herrschaften, die Härte der Leibeigenschaft zu mildern oder in allen ihren Folgen walten zu lassen.

Nicht anders verhielt es sich mit den Strafen, denen pflicht=

---

[1]) Zu vergl. selbst die spätern Bauernordnungen von 1570 u. s. w. bei Meitzen a. a. O. S. 381: „homines proprii et glebae adscripti."

[2]) Korrespond. d. U. Artzt Nr. 55.

[3]) Korrespondenz d. U. Artzt Nr. 886.

säumige Hörige verfielen. Es ist wahr, daß die Hofrechte und Weistümer über solche, die nicht zur rechten Zeit ihre Abgaben leisteten, meistenteils nur eine unbedeutende Geldbuße oder die Strafe in einigen Broden oder Maas Wein bestehend aussprachen.[1]) Die schonenden Bestimmungen beweisen nun, wo sie galten, nicht nur den milden, sondern auch den vernünftigen Sinn der Gesetzgebung, denn ein säumiger Schuldner, dessen Saumsal in den meisten Fällen in seinem Unvermögen seinen Grund hatte, würde kaum dadurch leistungsfähiger geworden sein, daß man ihm zu hohe Strafen auferlegte. Indessen sprachen diese Rechte auch höhere Strafen aus z. B. die Auspfändung, ja sogar den Verlust des Gutes. Man sollte freilich „bey Allem nit leichtfertig zu Wercke ghen, sonder dem Säumigen Zeit lassen und nit zu hart bestrafen; und wenn er arm ist, Barmherzigkeit mit im üben, ußgenommen die eigentlich schuldbaren, die ir Sach versümen und widerspenstig sint."[2]) Diese menschliche Nachsicht ist ohne Zweifel vielfach geübt worden, besonders von begüterten Herrschaften und da wo die Landesgewalt ein wachsames Auge darauf hatte, wie z. B. im bayrischen Herzogtum, daß der Bauer nicht unmäßig geplagt wurde. Aber wo der landesherrliche Schutz fehlte und die Herrschaft auf die Gefälle weniger Güter angewiesen waren, da war häufig Schonung und Erbarmen zu vermissen. Die Gemeinde von Rißtissen, dem Junker von Stotzingen zugehörig[3]) führt Klage darüber, daß Renten und Gülten mit Drohungen gefordert und mit Spießen eingetrieben werden. „Sollich Ueberlaufung und Drohung außerhalb des Rechten will ein ganze Gemein fürohin nit mehr leyden keineswegs." Die von Alberweiler[4]) beschweren sich, daß man ihnen bei Pfändungen das Recht, wie sie es verlangten, verweigert habe.

---

[1]) Im Sachsenspiegel dagegen (B. 1 Art. 54) findet sich die äußerst strenge Bestimmung: „Swer seinen Zins zu rechten Tagen nicht engibt, zwei Gelde sal er in geben des andern Tages und alle Tage also, biwile er in under ime hat."

[2]) Janssen I 284, wo noch einige derartige milde Bestimmungen angeführt sind.

[3]) Korrespondenz d. U. Arzt Nr. 893.

[4]) Korresp. d. U. Arzt Nr. 880.

Die Billigkeit der Herrschaften gegen ihre Unterthanen war wie es scheint, nicht so groß und allgemein, als man uns von mancher Seite glauben machen möchte. Denn sonst würden die Klagen hierüber in den verhältnismäßig sehr wenigen Bauernbeschwerden, die auf uns gekommen sind, nicht immer wiederkehren. Dahin gehört auch, daß auf die unverschuldete Not keine Rücksicht genommen wurde, wenn Naturereignisse, wie Hagelschlag oder Mißwachs, den Landmann um die Ernte brachten und er dennoch Zins und Gülten in vollem Umfang zu zahlen angehalten wurde. Wenn durch Ungewitter, durch Wasser oder Feuer ein armer Mann seine Früchte verliert — schreiben die Gemeinden Oepfingen und Griesingen[1]) über ihren Junker Ludwig von Freiberg — so besteht doch der Lehnsherr darauf, daß ihm die Gülten gegeben werden; da sollte doch „der Lehenherr umb die Gült komen sein, als wohl als (so gut als) der arm Mann umb sein Frucht." Auch die von Langenschemmern[2]) meinen, wenn Feuer, Wasser oder Hagel Schaden bringen, „so soll es dem Lehenherrn als wohl geschehen sein, als uns." Derselben Ansicht war die Gemeinde Brunnen: „Wenn der Hagel schlägt, daß er soll dem Herrn als wohl schlagen als den andern." Man kann es nicht billig nennen, wenn die Gemeinde Thannheim[3]) dem Kloster Ochsenhausen Gülten und Zins im vollen Betrag für Aecker und Wiesen zahlen mußte, welche die Iller weggerissen hatte.

Große Mißbräuche schlichen sich auch ein durch neue Steuern, die man den Unterthanen auferlegte. In den Abgaben und Leistungen, welche die Herrschaften empfingen, lag schon eine Vergütung für Schutz und Schirm, die sie auch in Kriegsläuften ihren armen Leuten zu gewähren hatten. Dennoch kam noch mit der Zeit eine eigene Kriegs- oder Reißsteuer auf, mit der allerlei Unfug getrieben wurde. Es genügen einige Beispiele. Die Baustetter mußten diese Steuern bezahlen, gleichviel ob ein Landeskrieg ausgebrochen war oder nicht. Die Unterthanen des Klosters Kempten[4]) beklagen sich nicht darüber, daß sie Reisgeld

---

[1]) Korresp. d. U. Arzt Nr. 889.
[2]) Ebd. Nr. 888.
[3]) Ebd. Nr. 891.
[4]) Baumann, Akten S. 70.

zahlen müssen, so oft ihr Abt dem Reiche oder dem schwäbischen Bund im offenen Kriege Hilfe thut, sondern darüber, daß „viel mehr von uns beshalb erfordert und genommen wird", als das Gotteshaus dafür ausgibt. Als ein eklatantes Beispiel, wie manche Herren mit ihren Leuten umgingen, sei noch die Schilderung hergesetzt, welche die Gemeinde Rottenacker[1]) von dem Verfahren ihres Grundherrn, des Abtes von Blaubeuren, entwirst. Es „hat ein Hube geben vier Pfund Zins oder Heugeld; jetzt so hat man uns dreißig Schilling darauf geschlagen und uns dabei zugesagt; wir dürfen weder reisen (Kriegsdienste thun) noch dienen. Wir müssen aber jetzt die dreißig Schilling geben und darzu reisen und dienen". „So hat es sich begeben in Jahresfrist, daß uns unser Herr, der Abt von Blaubeuren, hat zuentboten, wir sollen zwen bestellen, die sollen warten auf den Krieg. Wir haben (ge)than als die gehorsamen und zwen bestellt und jedwedem geben ein Gulden, wie ein Zeitlang der Brauch ist gewesen, doch nit lang. Nun bald darnach ist unser Herr eines andern zu Rath worden, ehe dann in acht Tagen, und uns sein(en) Schreiber zugeschickt, er woll die Leut nit, sie sollen ihm schicken drei Gulden. Do das ist kumen für ein Gemeind, hat es sie unbillig gedünkt und ihrem Herrn zugeschickt und ihn freundlich lassen bitten, er soll darvon stan (abstehen) und soll annehmen die zwen, die sie ihm bestellt haben; wann (denn) sie haben ihnen geben zwen Gulden, und müßten sie ihm jetzt drei geben, so wären die zwen verloren, die sie den zway bestellten hätten geben. Darzu so wär ein Gemeind arm und hätt jetzt zumal nit Geld; es wär auch vor(her) solches in ihrem Dorf nie erhört worden. Aber da war kein Gnad; er wollt haben dry Gulden. Und do wir uns also hand (haben) gewehrt der dry Gulden, ward er über uns erzürnt, und darnach wollt er nit minder dan (als) fünf Gulden. Und wollten wir mit Fried mit ihm sein, haben wir ihm müssen fünf Gulden geben, das doch von Niemand erhört ist. Und do wir ihm die fünf Gulden geben (haben), hat er uns treulos Lyt (Leut) gescholten, darob ein Dorf nit ein kleine Beschwerd hat, wann (denn) wir haben alweg thon (gethan) als

---

[1]) Korrespondenz des U. Artzt Nr. 896.

die gehorsamen und wolltens noch gern thuen, wenn man uns ließ(e) bleiben bei zymlichen Dingen." Dieser an sich unbedeutende Vorfall wirft mit allen seinen Einzelheiten ein helles Licht auf das ganze Verhältnis zwischen Grundherren und Grundholden: boshafte Willkürlichkeit, Mangel an Billigkeitsgefühl und Gewaltthätigkeit auf der einen Seite, auf der andern erzwungenes Sich=Fügen und Nachgeben um des Friedens willen und um noch Schlimmeres abzuwenden.

Rechtlos waren die Hörigen allerdings nicht, aber sie kamen vielfach nicht zu ihrem Recht, indem die Herren sich nicht um das, was Rechtens war, kümmerten oder sogar mit Gewaltmaßregeln vorgingen, die wider Gesetz und Herkommen stritten. Das konnte nur in einer Zeit geschehen, wo die öffentliche Rechtspflege, das gesamte Gerichtswesen sich im kläglichsten Zustand, in der größten Unordnung befand. Durch das römische Recht wurde das deutsche verdrängt: das „alte einfeltig Recht durch fremde Recht verdruckt". Die Advokaten haßte der arme Mann nicht mit Unrecht als Rechtsbieger, Beutelschneider und Blutsauger, welche wahrhaft erfinderisch waren neue Lasten auszuklügeln und mit Spitzfindigkeiten das klare Recht in sein Gegenteil zu verkehren. Es widersprach z. B. dem Recht, daß ein Grundherr die Verlassenschaft eines Hörigen an sich zog, so lange noch Verwandte desselben lebten, denen es zustand den Verstorbenen zu beerben. Dennoch schlich sich dieser Mißbrauch auch in Deutschland ein. Von Böhmen wissen wir genau, daß dies dort schon Ende des 14. Jahrhunderts so in Uebung war, daß sich der Erzbischof Johann von Prag dagegen einzuschreiten veranlaßt sah. In einem Erlaß schreibt er, schon seit längerer Zeit habe er erfahren, daß auf den Kirchengütern eine heidnische Gewohnheit herrsche. Man gestatte nämlich nicht, daß die Zinsbauern, die doch frei seien, wenn sie kinderlos sterben, ihre beweglichen und unbeweglichen Güter und Rechte an ihre Verwandten vererben, sondern die Kirche (d. h. die geistlichen Herren) zöge alles ein, ohne irgend eine testamentarische Verfügung oder ein Erbrecht anzuerkennen. Dies streite aber gegen das göttliche, menschliche und canonische Recht. Es wird ausdrücklich berichtet, daß diese edelsinnige Verfügung wirkungs=

los geblieben ist.[1]) Die Kemptener Gotteshausleute bezeichnen in ihrem siebenten Artikel[2]) diese Erbschaftsentziehung als ein schon seit längerer Zeit von mehreren ihrer Prälaten geübtes ungerechtes Verfahren. „Nämlich wann ein ledige Person, dem Gotteshaus verwandt, abgestorben ist, weder Vater noch Mutter hinter ihr verlassen, so hat in solchem Fall ein Prälat der abgestorbnen Personen verlassen Gut gar genomen, weder Brüdern noch ihr verlassen Schwestern oder derselbig Kinden von gefallner und gebührlicher Erbschaft nichts geben". Der Abt konnte in seiner „Verantwortung" die Thatsache nicht in Abrede stellen, sondern berief sich auch hierin auf den „langwierigen, ruhigen Gebrauch und Inhaben". Aehnliche Erfahrungen muß auch die Brigthaler[3]) Bauernschaft gemacht haben, denn sie fordert, daß ihr Herr keinen erben soll, der noch Verwandte hat.

Eine schlechte Rechtspflege zeigt sich in willkürlicher Verhaftung, in willkürlichen hohen Strafen, in einem ungeordneten willkürlichen Rechtsgang und darin, daß einer seinem ordentlichen Richter entzogen wird. Bedenkt man, daß die Nachrichten, in denen der Bauernstand seine Lage schildert, nichts weniger als zahlreich sind, und daß sich gerade in diesem Punkt viele Klagen vorfinden, so darf man wohl den Schluß ziehen, daß wir es nicht blos mit vereinzelten Erfahrungen zu thun haben. Wir unterlassen es dabei, schon jetzt z. B. auf das tyrannische Regiment eines Herzogs Ulrich von Würtemberg einzugehen. Die Rappersweiler[4]) z. B. beklagen sich, daß man ohne geordnete Gerichtsverhandlung und ohne Urtheil ein Vergehen mit Gefängnißstrafe ahnde. „Ob sich Einer (oder mehr) übersehe und handelte, darumb er gefänglich angenomen werden möcht, derselbig oder dieselbig, sofer sie das Recht anrufen und desselbig haben zu vertrösten, dieselbigen dabey gehandthabt und in kein Gefängniß geführt werden: und was zu Recht von einem ehrsamen Gericht erkant wird, dabey soll es bleiben". Die Neckarthaler

---

[1]) Zöllner, z. Vorgeschichte des Bauernkrieges S. 23.
[2]) Baumann, Akten S. 63.
[3]) Ebd. S. 97.
[4]) Korresp. b. U. Artzt Nr. 895 zu vergleichen ebda Nr. 55 Art. 11. Nr. 880. 882, Artikel 8. 883 Ari. 7 und 12.

und Odenwalder Bauern[1]) sehen sich veranlaßt zu verlangen, „daß ein Jeder mit Recht umb sein Verschulden gestraft werden soll, wie von Alter herkomen!" Am schlimmsten benahmen sich auch in dieser Beziehung die kleinen Gewalthaber gegen ihre Unterthanen; in empörender Weise setzten sie sich über Gesetz und Recht hinweg und mißhandelten schamlos die Leute, die ein unglückliches Loos zu ihren Hörigen gemacht hatte. Ein solcher Herr muß der schon genannte Ludwig von Freiberg gewesen sein; von ihm berichten zwei ihm zugehörige Bauerngemeinden:[2]) „Es sind etlich Lut (Leute) von dem ihren gedrungen worden, das ihr eigen ist und recht und reblich und theuer erkauft haben, und daß sie das nit können noch dürfen genießen noch brauchen nach ihrem Nutz und Notdurft; und sind um das ihre türnt und plekt (in den Thurm geworfen und in den Block gelegt) worden, das Gott erbarm. Und haben die Wahrheit nit dürfen reden und das Recht nit (be)gehren, damit und dadurch wir Armleut worden sind. Und ist also die Meinung: dem Armen auch Recht soll gon (soll der Rechtsweg offen stehen) und die Obrigkeit kein Gewalt brauchen. Item es ist aber gewesen und ist noch: wann ein Armmann (armer Mann) Recht begehrt hat, so hat der Edelmann den Armen beim Koller genommen und gesagt: Ich will dir Recht thun, und hat ihn in einen Turm gelegt. Das hat der Arme müssen leiden, so (auch wenn) ihm dreifältig Unrecht geschah". Aehnliche heillose Zustände waren auch im Gebiet des Kemptener Abtes seit geraumer Zeit („von vil abgestorbnen Prälaten, Ambtleuten") an der Tagesordnung. Diese geistlichen Herren entblödeten sich nicht „ohne vernünftige, rechtmäßige Ursachen" freie Zinser so lange in den Turm zu sperren, in Stock und Block zu legen, bis die gequälten Opfer sich dazu verstanden durch Verschreibung auf ihre Freiheit zu verzichten. Bei einem solchen System kann es nicht wundernehmen, wenn auch die Strafrechtspflege sich haarsträubende Ungerechtigkeiten zu Schulden kommen ließ, wenn „mancher fromme Bidermann aus großem Neid und Haß ohn all vernünftig und

---

[1]) Oechsle, Gesch. d. Bauernkriegs S. 374.
[2]) Korresp. d. U. Arzt Nr. 889.

rechtmäßig Ursachen gefänglich angenommen und ihm in derselbigen seine Glieder errissen worden". Ohne zwingende Gründe konnten sicherlich diese „armen Leute" solche Aussagen nicht machen und um eine geordnete Untersuchung und gesetzliches Urteil bitten: „Wann sich auch der Fall begeben, daß des Gotteshauses Kempten Unterthon(en) mit einem oder mehr Malefizhandel oder Händel verargwohnt oder verleumdet würden, ist unser unterthänig, demüthig Bitt und Begehren, derselbigen verleumdeten Personen Nachbarn zu fragen und an (von) denselbigen vormals fleißig zu erfahren, was Wandels, Sitten und Wesen die verleumdete Person ihr Leben lang von Jugend auf gewesen sei, damit kein arm Mann unbeschuldet (ohne Schuld) größer und mehrer verleumdet und mit harter Gefängniß seine Glieder errissen und erbrochen werden".

Der Zweifel daran, ob diese Anschuldigungen, ja Anklagen auf Wahrheit beruhen, wird durch den Umstand widerlegt, daß der Abt in seiner „Verantwortung" nicht einmal den Versuch wagte, diese Vorwürfe zu beschönigen und in ein besseres Licht zu setzen, sondern mit vielsagendem Stillschweigen darüber hinwegging. Die Art, wie diese Dinge berichtet werden, schließt aber auch die Annahme aus, daß es sich blos um Ausnahmsfälle handele: es sind vielmehr mißbräuchliche Zustände, welche die Zeit und das ganze Rechts- und Gerichtswesen überhaupt charakterisiren. Denn sogar die Einrichtungen des Kaisers Maximilian I., das Kammergericht und Anderes, an sich gut gemeint, schufen nur geringen Wandel. Dazu hätte es anderer Kräfte und Anstrengungen bedurft. Der arme Mann blieb gegen den Reichen und Mächtigen rechtlos; und deshalb ist die Klage über parteiische Rechtspflege allgemein[1]). „Das edel Recht ist worden krank, dem Armen kurz, dem Reichen lang" lautete ein hergebrachtes Sprichwort, das damals in aller Munde war. Die allgemein herrschende Unordnung, den Mangel eines stärkern Armes der Gerechtigkeit hatten am allermeisten die unteren Bevölkerungsklassen zu spüren, und unter ihnen nahm die bäuerliche Bevölkerung den weitesten Raum ein.

Eine dritte bedeutsame Frage, um von der Lage einer

---

[1]) Bezold, in Sybel's hist. Zeitschrift Band 41, S. 21.

Bevölkerungsklasse ein den Thatsachen entsprechendes Bild zu entwerfen, ist die finanzielle. Wie war in dieser Beziehung der Bauernstand in den letzten dem Bauernkrieg vorausgehenden hundert Jahren gelagert? War der Ertrag der ländlichen Arbeit lohnend und zufriedenstellend, so daß sich derselbe im Einklang mit dem Ertrag der bürgerlichen, oder sagen wir, städtischen Arbeit befand oder nicht? Sah sich der Bauernstand in Folge dessen in einer materiellen Lage, die von derjenigen der übrigen Stände nicht allzusehr abstach oder war das Gegenteil der Fall? Es ist klar, daß diese wichtigen Fragen sehr schwer zu beantworten sind, wenn es sich um eine Bevölkerungsklasse handelt, die auf einem so ausgedehnten Raume, unter verschiedenartigen Besitz- und Bodenverhältnissen lebt, wie die gesamte deutsche Bauernschaft; zudem haben sich auch in dieser Hinsicht bestimmte und unzweifelhafte Nachrichten nur in spärlicher Anzahl erhalten.

In dem Buch „von den Früchten"[1]) wird der Rheingau als ein äußerst fruchtbarer und bevölkerter Landstrich geschildert: „Wenn man sehen will, was der Reichtumb des Bodens und der Fleiß der Menschen zu wege bringt, muß man dies Land sehen. Da ist Armut wenig zu finden bei solchen, die da wollen arbeiten." Der Minorit Bartholomäus stimmt in dieses Lob strotzender Fruchtbarkeit der Rheingegend ein. Im Wanderbüchlein des fahrenden Schülers Johannes Butzbach finden sich ähnliche Stellen. Auch er preist das reichgesegnete Land am Rhein und das Volk, das „hier tapfer und wohlhabend" ist. „Ich kannte — erzählt er — dort einen Bauersmann, der in einem einzigen Jahr aus seinen Kirschen allein auf dem Markte zu Mainz dreißig Gulden gelöst hat." Kantzow schildert die reiche Ergiebigkeit des pommerischen Landes an Getreide aller Art. Nur der zwanzigste Teil werde im Land selbst verbraucht, der Ueberfluß nach Schottland, Seeland, Holland, Schweden und Norwegen ausgeführt. Indessen lassen gerade diese günstigen Schilderungen erkennen, daß die in Frage stehenden Gegenden sich der besten Verkehrswege, wie Fluß und Meer, erfreuten, eine vorteilhafte Situation, welche mehr als die Ausnahme denn die

---

[1]) erschienen Mainz 1498. Janssen I, 310.

Regel anzunehmen ist. Diese bestand vielmehr darin, daß die Bodenprodukte wie die vom Bauern gezüchteten Tiere keinen leichten und einträglichen Absatz hatten, weil lohnende Absatzgebiete, wie z. B. größere Städte sind, weitab lagen und nicht zu erreichen waren. Dazu kam noch, daß die wirtschaftliche Arbeit damals einen weit größeren Teil des deutschen Volkes als heutzutage beschäftigte: nicht blos die ganze Masse der Landbevölkerung ernährte sich von diesem Geschäfte, sondern auch ein sehr beträchtlicher Prozentsatz der städtischen. Dadurch wurden Feldfrüchte und Schlachtvieh in großen Massen, also mehr als notwendig war, erzeugt; woraus folgte, daß die Preise gedrückt und niedrig sein mußten. Rechnerisch genau kann hiefür allerdings der Nachweis nicht geführt werden, weil Buchführungen über den landwirtschaftlichen Betrieb und seinen Erfolg nicht auf uns gekommen sind, d. h. weil aller Wahrscheinlichkeit nach überhaupt in jener Zeit kein Bauersmann zu finden war, der sich in dieser Weise Rechenschaft von seinem Besitz und Erwerb gegeben hätte. Was wir wissen, beschränkt sich zumeist auf zufällige Notizen, so z. B. in den Chroniken deutscher Bürger. Der Augsburger Chronist Burkard Zink hat eine Preisliste von einem besonders wohlfeilen Jahr (1419) hinterlassen, in welcher er unter anderm sagt, daß ein Schaff Korn 10 Groß, ein Schaff Roggen 1 Pfund dn., ein Metzen Erbsen 16 dn., 1 Pfund Schmalz 4 dn. gekostet habe.[1]) Derselbe Schriftsteller berichtet aber auch

---

[1]) Chroniken deutscher Städte V, 147 und 130, zu vergl. S. 437. Wir setzen der Uebersicht halber die Liste her und fügen dem damaligen Geld zur Erklärung den heutigen Wert desselben bei:

Ein Schaff Roggen galt	1 ℔. dn.	= 2,35 ℳ	heutiger Wert in Silber.
Ein Schaff Korn	10 Groß	= 3 ℳ	" " "
Ein Schaff Haber	15 Sch. dn.	= 1,75 ℳ	" " "
Ein Metzen Erbsen	16 dn.	= 0,62 ℳ	" " "
Ein Pfund Fleisch	1 dn.	= 3½ Pfennige	" " "
6 bis 7 Eier	1 dn.	= 3½	" " "
Eine Maas Wein	1½ dn.	= 5½	" " "
Guter Frankenwein	2—3 dn.	= 8—11	" " "
Elsäßer Wein	4 dn.	= 15	" " "
Welschwein (ital. Wein)	6—8 dn.	= 20—25	" " "
Ein Pfund Schmalz	4 dn.	= 12	" " "
Eine Fuhre Holz	9—12 Sch.	= 1—1,40 ℳ	" " "

von einem teuren Jahre, dem Jahr 1465;[1]) damals habe das Schaff Korn in Augsburg 5 Pfund dn., das Schaff Roggen 4 Pfund dn., ein Metzen Erbsen 6 Groß (etwa 45—50 dn.), ein Pfund Schmalz 10 dn. gekostet. Er fügt hinzu: „alle Ding (waren) den dritten dn. (Pfennig) teurer als vor, Wein war wohlfail." Vergleichen wir die Preise beider Jahre, so war das Getreide in der teuren Zeit etwa drei= bis viermal so hoch im Preise. Es ist bekannt, daß gerade die Kornpreise den stärksten Schwankungen unterlagen; und wir dürfen annehmen, daß die angeführten hohen Preise den höchsten Punkt bezeichneten, den die Lebensmittel selbst in teuren Zeiten erreichten. Denn es fehlte viel, daß solche Zeiten der Landwirt nach seinem Belieben hätte ausnützen können. Im Gegenteil hielten sich die Obrig= keiten in diesem Falle für berechtigt, ja verpflichtet, die Preise polizeilich festzusetzen. Gerade die eben angeführte Preisliste enthält die vom Rat der Stadt Augsburg durch Verordnung bestimmte Taxe. Das gleiche that der Nürnberger Rat z. B. im Kriege gegen den Markgrafen. Wer um höheren Preis verkaufte, der mußte den Ueberschuß und 30 dn. vom Metzen als Strafe zahlen. Man wird daher nicht fehlgreifen, wenn man annimmt, daß die bäuerliche Arbeit nur in seltenen Fällen zu reichlichem Vermögen führte, dagegen wohl hinreichte einem Manne mit seiner Familie sein Auskommen zu verschaffen, so lange keine störenden Zwischenfälle eintraten und das Gut nicht viele Dienst= boten erforderte, denn die Löhne der „Ehehalten" waren sehr hoch. So bezog[2]) in Mosbach im Jahre 1483 eine Viehmagd einen jährlichen Lohn von dreizehn Gulden sechsunddreißig Kreuzer, ein Oberknecht 23 Gulden und ein Kleidungsstück, ein Karren= knecht 19 Gulden außerdem „Schuh gnug, vier Eln rystins Tuchs und sechs Ellen Zwilichs." Von einem sächsischen Schloß wird berichtet, daß ein Wagenknecht jährlich neun Gulden, der Esel= treiber sieben Gulden und vier Groschen, die Viehmägde drei Gulden und zwölf bis achtzehn Groschen erhielten.[3]) Rechnet man dagegen, daß ein fetter Ochs drei bis vier Gulden, vier Schafe

---

[1]) Ebd. S. 256.
[2]) Janssen I, 312.
[3]) Ebda.

zusammen nur einen einzigen Gulden kosteten, so ist ersichtlich, wie überaus teuer die Arbeitslöhne zu stehen kamen und in welchem Grade sie den Ertrag der landwirtschaftlichen Einnahme schmälerten. Diese an sich auffallende Erscheinung findet ihre Erklärung darin, daß, wie schon angeführt wurde, die Gutsherrschaften ihren Boden in möglichst viele, wenn auch kleine Parzellen austeilten und diese an Zinser und Pächter vergaben. Es kam dadurch wie in unsern Tagen auf dem Gebiet des Handwerkes durch die Einführung der Gewerbefreiheit: Alles benützte die Möglichkeit sich selbstständig zu machen. Statt in den Dienst anderer zu treten, zog auch der Aermste den Versuch vor, auf eigene Rechnung zu wirtschaften. Ob dadurch der Einzelne besser fahre, fragte man sich nicht und ist auch hier nicht zu untersuchen. Allein auf diese Weise wurde das Angebot der Arbeitskräfte in bedeutendem Maße vermindert und wer Handarbeiter brauchte, mußte sie mit hohen Preisen bezahlen.

Eine andere Verteuerung des landwirtschaftlichen Betriebes, die man nicht aus den Augen lassen darf, lag in der damaligen Kapitalwirtschaft. Ohne fremdes Geld kam in den meisten Fällen der Bauer nicht aus: zum Ankauf von Samengetreide für den Acker, von Vieh für den Stall, von Gerätschaften für die Arbeit brauchte er es. Diese Anlehen, deren Rückzahlung von der guten Ernte abhingen, wurden nur gegen Zinsen gewährt und diese letzteren waren bis ins Maßlose gestiegen. Wenn man die geradezu haarsträubenden Zustände der mittelalterlichen Geldwirtschaft kennen lernt, begreift man, wie Luther und andere, Zinsnehmen und Wuchern als eine Gottlosigkeit verdammten. "Mit Geld wuchern, sagt Geiler von Kaisersberg, heißt nicht arbeiten, sondern andere schinden in Müßiggang." Der Zinsfuß überstieg alle Schranken. Man liest nicht blos von 30 Prozent, von 40 und 50 Prozent, sondern der gesetzliche Zinsfuß stieg in Regensburg, Augsburg, Wien und anderwärts nicht selten sogar über 80 Prozent ($86^2/_3 \%$)[1]. Man kann leicht ermessen, welche Zinsen der gemeine Mann unter solchen Umständen für seine Darlehen, die er meist von Juden empfing, zu zahlen hatte.

---

[1] Stobbe, die Juden in Deutschland bei Janssen I, 382 f.

„Das ist ein Rauben und Schinden des armen Mannes durch die Juden, schreib Schenk Erasmus zu Erpach 1487,[1]) daß es gar nicht mer zu liden ist und Gott erbarm. Die Juden-Wucherer setzen sich fest bis in den kleinsten Dörfen und wenn sie fünf Gulden borgen, nemen sie sechsfach Pfand und nehmen Zinsen von Zinsen, daß der arm Man komt um Alles, was er hat."

Uebrigens ließen sich nicht blos die Juden diese Wucher-„Schinderei" zu Schulden kommen, es mangelten auch unter den Christen ihre Gesinnungsgenossen nicht. Der Reichstagsabschied von Augsburg (1500) bezeugt dies und hebt Namens von Kaiser und Reich die Rechtsverbindlichkeit wucherischer Geschäfte und Verträge auf. Artikel XXXII[2]) lautet: „Nachdem auch durch wucherliche und andere gefährliche unziemliche Contract, so dieser Zeit Christen und Juden üben, Landen und Leuten merklicher Schaden zugefügt wird, ordnen wir ...., daß sie (die Reichsstände) solche wucherliche und gefährliche Contract in ihren Landen allenthalben bey ziemlichen Poenen ernstlich verbieten und wehren", daß sie diese Verträge „für kraftlos und unbündig erkennen" und denselben keine „Vollnziehung" thun. Bevor es zu diesen, wahrscheinlich wirkungslosen Maßnahmen kam, war längst unendlicher Schaden angerichtet worden. Der grimmige Haß gegen die Juden, der mehrfach die Bauern zu blutigen Thaten geführt hat, wird durch diese Sachlage zur Genüge erklärt.

Noch von einer andern Seite her gereichte das Kapital der Landwirtschaft zum Nachteil, nicht zwar durch Verteurung des Betriebs, aber durch Beschränkung des Ertrages. Die Handelsgesellschaften, die während des ganzen fünfzehnten Jahrhunderts den Markt nach jeder Richtung beherrschten, waren durch ihre bedeutenden Geldmittel im Stande irgend welche Produkte gänzlich aufzukaufen und mit Ausschluß jeder Concurrenz die Preise festzusetzen. Hartnäckige Producenten konnten sie ohne Mühe unschädlich machen, ja ruiniren. Zunächst wurden sie nur gegründet für die „fremden, eingebrachten Waaren" d. h. die Colo-

---

[1]) Ebd. S. 383.
[2]) Senkenberg I. Bd., 2. T., S. 81.

nialartikel, insbesondere Gewürze; aber bald zogen sie doch auch die inländischen Erzeugnisse der Landwirtschaft, Wein und Getreide, in den Bereich ihres Handels, indem sie nicht erst nach der Ernte, sondern schon im Sommer kauften — der sichere Ruin für den bäuerlichen Wohlstand. „Sie ziehen nit allein den gar entbehrlichen Blunder an fremden Waaren, sunder auch was zum Leben not, als Korn, Fleisch, Weyn und sunstiges in ir Monopolium und schrauben die Preise nach irer Geltgir und Geitzigkeit und neren sich mit der sauren Arbeit der Armen."[1] „Die Blutsauger, Korn- und Weinaufkäufer schädigen die ganze Gemeinde; man solt ußziehen sie zu vertreiben als die Wölff." Auf Territoriallandtagen und Reichstagen wurde gegen diese Gesellschaften losgezogen und Abhülfe gesucht. Auf dem vereinigten Reichstage zu Trier und Köln (1512) gelang es das Monopolisiren und Fürkaufen der Handelsgesellschaften strengstes zu verbieten.[2] Allein dieses Verbot kam sehr spät, um nicht zu sagen, zu spät; das lehrt schon die eine Thatsache, daß die Handelsgesellschaften schon im 14. Jahrhundert entstanden waren.[3] Der Schaden, den sie bis zu diesem Zeitpunkte mittelbar und unmittelbar auch der Landwirtschaft und dem Bauernstande zugefügt haben, läßt sich nicht berechnen.

Sehen wir auch davon ab, was übrigens auf die materielle Seite der Landwirtschaft von ganz bedeutendem Einfluß ist, daß keine andere menschliche Thätigkeit so sehr allerlei unvermuteten und von Menschen unabwendbaren Heimsuchungen ausgesetzt ist, wie der Ackerbau, daß Mißwachs, Hagelschlag und Viehseuchen empfindliche Schädigungen herbeiführen und daß jene Zeiten diese Schläge noch nicht durch gegenseitige Hilfe und Versicherungen zu mildern verstanden, so muß doch noch auf einen Uebelstand hingewiesen werden, welcher gerade für die Bevölkerung des offenen Landes zur schwersten Last wurde. Das Fehde-

---

[1] Geiler von Kaisersberg bei Janssen I, 391. Vgl. Falke, Gesch. des deutschen Handels I, 128, II, 59. und Kluckhohn in „historische Aufsätze dem Andenken an G. Waitz gewidmet", S. 666 ff.

[2] Senkenberg a. a. O. S. 144. Vgl. §. 27 des Reichstagsabschied von Nürnberg (1524), ebb. S. 257. Vgl. Kluckhohn a. a. O.

[3] Falke a. a. O. I, 247.

unwesen gedieh im fünfzehnten Jahrhundert zu entsetzlicher Blüte. Der Bauernstand aber hatte darunter am meisten zu leiden, denn er mußte in diesen heillosen Plünderungs- und Mordbrennerkriegen die Zeche der streitenden Herren bezahlen. Man fand das ganz in der Ordnung. Der Bauer mit seiner Habe galt dem Feind als vogelfrei; den Gegner zu schädigen, brannte man dem Bauern Haus, Scheune und Stall nieder, raubte sein Vieh und zerstörte ihm die Frucht, die ihm nach harter Arbeit und reichlichem Schweiß auf seinem Acker gewachsen war, zu geschweigen von den noch größeren Greueln, die man an ihm und den Seinen verübte. Es genügt einige Beispiele anzuführen. In der Fehde des Kurfürsten Friedrich von der Pfalz mit Graf Ulrich von Würtemberg, Markgraf Karl von Baden, Bischof Georg von Metz und andern wurden die Feindseligkeiten mit der Verbrennung pfälzischer Dörfer eröffnet. „Do sach wir (sahen wir) unsere Feint — schreibt Friederich selbst[1]) — (ver)brennen Dörfer bei Heidelberg." Wie die Einbrecher selbst rühmten, wollten sie die um das Schloß gelegenen Weinberge aushauen, nachdem sie bereits die Spuren ihres Heereszuges durch greuliche Verwüstungen hinreichend bezeichnet hatten. Ihren bösen Willen vollständig auszuführen, gelang ihnen aber nicht, denn der Pfalzgraf besiegte sie am 30. Juni 1462 bei Seckenheim, nahm sie gefangen und gab ihnen durch ein berühmtes Mahl auf dem Heidelberger Schloß eine eindringliche Lektion für ihre Verwüstungen.[2]) — Die Stadt Köln erhielt innerhalb einiger 30 Jahre 700 Fehdebriefe, von denen sie einen ansehnlichen Teil

---

[1]) Deutsche Städtechroniken X, 270. Vgl. Liliencron, hist. Volkslieder I Nr. 112—115.

[2]) Gustav Schwab schildert in seinem „Mahl zu Heidelberg" diesen Vorfall mit lebhaften Farben. Der Kurfürst ließ den Gefangenen die ausgesuchtesten Speisen vorsetzen, nur das Brot fehlte. Und als Ulrich von Würtemberg dies begehrte, hieß er ihn ans Fenster treten:

„Da rauchten alle Mühlen
Rings von des Krieges Brand;
Kein Hof ist da zu schauen,
Wo nicht die Scheune dampft;
Von Rosses Huf und Klauen
Ist alles Feld zerstampft."

mit den Waffen austrug.¹) — In dem Kriege, welchen Markgraf Albrecht von Ansbach mit der Stadt Nürnberg 1449—50 führte, wurde über ein Jahr lang weit und breit alles zerstört. „Es waren lauter kleine Raub= und Streifzüge."²) Eine kleine Aus= lese aus dem zeitgenössischen Bericht gibt ein Bild von der da= maligen Art der Kriegsführung und davon, wer den größten Schaden zu tragen hatte. „Am Suntag nach vincula Petri (1449) des Nachts zugen hie aus bei 80 Fußgengel (Fußgänger, Fußsoldaten) und hatten 10 Wagen und zugen in ein Dorf, heißt Lerstetten, uud brannten das Dorf aus und namen, was sie guts in dem Kirchhof funden, und brachten ein großen Raub. Und auf dieselbe Zeit branten ander(e) unser Fußgengel etlich Dörfer ab bei dem Kamerstein." Am Lorenzi Abend (9. August) zogen von Nürnberg wieder 600 Trabanten aus „und brenten am Montag viel Dörfer und etlich Herrenhäuser herein gegen der Stadt und brochten ein großen Raub Küe, Schwein, Schaaf und viel Wagen mit allerlei geladen." Am 17. August zogen Reisige aus und „branten am Montag frühe ab den Markt Schnaittach unter dem Rottenberg und sünst etwa viel Dörfer." „In der Zeit branten unser Feind unser armen Leut Häuser und Städel ab allenthalben, wo sie die hetten, wiewol sie vor= mals mit ihn(en) abgeteidingt hetten; das half sie als nit. Auch hackten sie unsern Bauern ihre Hölzer ab und führten das Holz auf ihre Güter, daß sie meinten, wenn Fried würd, daß sie ihre Güter damit bauten; auch brachen sie ihnen ihre Häuser und Städel ab an etlichen Enden und führten das Zimer (Zimmer= holz) auf ihre Güter, auch hackten sie den unsern ihr(e) Baum ab an etlichen Enden, wo sie die hetten, und gruben ihnen auch die Baum aus. Solcher unziemlicher Sach begunnen sie gar viel." Gleiche Greuel meldet der Kriegsbericht fast auf jeder Seite ohne Ende. Auch anderwärts ging es ebenso. Burkard Ziuk³) erzählt uns ganz ähnliches aus dem Reichskrieg von 1462. Herzog Ludwig von Bayern fiel mit 8000 Mann in die Reische= nau und das Zusamthal und „brannten überall und nahmen,

---

¹) Fischer K., deutsches Leben S. 127.
²) Chroniken deutsch. Städte II, 95. 156. 157. 200.
³) Chroniken deutsch. St. V, 265.

was sie funden, Roß, Kühe und ander Ding." Andererseits fielen dessen Feinde wieder in das Bayerische ein, „gewunnen Offingen und Scherneck, die zwai Schloß, und verbranten die und zugen fürbaß in das Land und verbranten 21 Törfer und nahmen Alles, das sie funden, Roß, Kühe u. s. w und anders, es waren bei 400 Hauptkühe und 300 Roß und bei 600 Hauptsäu, Schaaf und Geis, und brachten 95 gefangen, eitel Bauren und ein Edelmann selbander." Selbst der Friedensschluß brachte dem Bauernvolk noch keine Ruhe. „Item[1]) als der Frid nun angegangen war überall zu Bairn und Schwaben, da wollten die von Wertingen auch so thun als ander Leut und ihr Korn abschneiden, dann es zeitig war. Da schickt Herzog Ludwig zu ihnen und begehrt an sie, daß sie ihm sollten schwören als ander(e) sein Eigenleut, dann er wollt es haben, oder sie sollten das Korn nit anrühren und also stan lassen. Das die von Wertingen aber nit thun wollten, sondern das an ihr Herrn von Augsburg bringen und ihrs Rats darin pflegen. Also was das Korn ein Theil abgeschnitten und lag uf den Aeckern. Da ward ihnen geboten, daß sie das Korn mueßten liegen lan uf den Aeckern und getorsten das nit aufheben und niendert (nirgends) hinführen, und das Korn, das noch stund, das getorsten sie nit abschneiden, wiewol es ein steter Fried sein. Darzu so hand (haben) sie auch Fried gekauft und sind dennoch ganz und gar verbrennt worden. Das ist ein elend Ding; den von Wertingen geschieht sicher gar unrecht."

Von solchen greulichen Händeln ist das ganze 15. Jahrhundert erfüllt. Als um die Wende des Jahrhunderts auf Andringen der Fürsten der Kaiser das Fehderecht gänzlich aufhob und einen allgemeinen Landfrieden aufrichtete, da wurde es freilich besser; aber es fehlte doch viel, daß mit einem Schlag das Uebel beseitigt worden wäre. Man darf nur ein wenig in der Selbstbiographie des ungeschlachten Ritters Goetz von Berlichingen blättern. Im Jahre 1500 fing er auf dem Kapfenhard bei Heilbronn elf reiche württembergische Bauern und dann in der nämlichen Fehde alles, „was württembergisch war". So diente der

---

[1]) Ebd. S. 286.

Bauer als Faustpfand und Geisel. Oder ritterliche Genossen des Goetz brandschatzten im Landshuter Erbfolgekriege Bauern nach Herzenslust einfach zu dem Zweck, um sich Rheinfall¹) kaufen und zechen zu können. Das Heillose war, daß der Adel dieses Treiben ganz in der Ordnung fand: er war in Rechtsanschauungen befangen, die jeder Beschreibung spotten. „Nun war ich des Sinnes, — schreibt Goetz harmlos — daß ich die Landsart eine Weile gesegnen (wollte) und wollt wieder mein Heil versuchen .... und brannte in einer Nacht an drei Orten, das war Ballenberg, zu Oberndorf und das Schafhaus zu Krautheim." Es ist klar, die bäuerliche Bevölkerung war in diesen Zeiten recht- und schutzlos.

Nimmt man alle diese Umstände zusammen, so kann es nicht wundernehmen, daß die materielle Lage des Bauernstandes sich nicht als eine günstige darstellte. Und trotzdem mangelt es nicht an Zeugnissen, welche von bäuerlicher Wohlhabenheit und Vermöglichkeit zu berichten wissen²). „In Pommern und Rügen — meldet der schon erwähnte Kantzow — sind die Bauern reich. Sie tragen nur englisch und ander gut Gewant, ja so schön, als ehemals der Adel und Bürger gethan haben". Von den Altenburgern wird erzählt, daß sie Mützen von Bärenpelz trugen, Korallenketten mit angehefteten Goldstücken und seidene Bänder. In Westfalen sollen die Adeligen geklagt haben, daß: ‚Ein Bauer schon mehr geliehen bekommt als zehn von uns zusammen oder thut Kapitalien aus, wie er will". Wimpheling schreibt von den elsässischen Bauern: „Durch Reichtum sind die Bauern in unserer Gegend und in manchen Teilen Deutschlands üppig und übermütig geworden. Ich kenne Bauern, die bei der Hochzeit von Söhnen oder Töchtern oder bei Kindtaufen so viel Aufwand machen, daß man dafür ein Haus und ein Ackergütchen nebst einem kleinen Weinberg kaufen könnte. Sie sind in ihrem Reichtum oft wahrhaft verschwenderisch in Nahrung und Kleidung und trinken kostbare Weine". Auch in Franken schließt man aus verschiedenen Anzeichen auf bäuerliche Wohlhabenheit.

---

¹) Rainfall-Wein von Rivoglio in Istrien. Schmeller-Frommann.
²) Janssen I, 305.

Der Volksprediger Hans Böhm von Niklashausen eiferte nämlich gegen den Kleiderluxus von seidenen Gewändern und spitzigen Schuhen und goldenem Halsgeschmeide. Ohne Grund hat er dies nicht wohl thun können. In einem Volkslied[1]) auf die Bauern und ihre Verschwendung wird von ihnen gesagt: „Das Lied, das sei gesungen Den Bauern zu guter Nacht, Sie sind grob, stolz unnütze, Treiben jetzt die größte Pracht". Ingleichen wird berichtet, daß es in Franken bei Hochzeiten und Kirchweihen hoch hergegangen und Speise und Trank nicht gespart worden sei. Ferner wird die Küche der Bauern öfter gerühmt, „der Bawerntisch (sei) als der gesundest geschätzet". In dem Büchlein von den Früchten heißt es: „Dieweil der Bauer arbeitet so hat er auch rychliche Nahrung und isset vollauf Fleisch aller Art und Visch, Brot und Obst, und trinket Wein often im Uebermaß, das aber nit zu loben". In einer österreichischen Chronik[2]) wird zum Jahr 1478 erzählt: „Zu den Zeyten hat Nyemant Gewin gehabt dann die Bauern. Das erkenn man bey dem: sy tragen nun besser Klayder und trinken bessern Wein, dann ihre Herren". Die Reichstagsabschiede des ausgehenden Mittelalters beschäftigen sich wie mit dem überhand nehmenden Luxus aller Stände, so auch mit dem des Bauern; ihm wird verboten Tuch zu tragen, von dem die Elle mehr als einen halben Gulden kostet; sie sollen auch „keinerley Gold, Silber, Perlen, Sammt, Seiden, noch gestückelt Claider tragen, noch ihren Weibern noch Kindern zu tragen gestatten" bei kaiserlicher „Ungnad und Straff"[3]).

Diese Zeugnisse könnten noch durch viele andere vermehrt werden. Es ist gar nicht zu leugnen, daß der Bauer so gut zu leben sich angelegen sein ließ, als ihm möglich war, daß er sich in der Kleidung besser trug als ehedem, daß er bei der Arbeit sich gut nährte und daß er bei festlichen Gelegenheiten die Ausgaben nicht scheute und sich sogar im Genuß übernahm. Allein dies Alles beweist noch nichts für die Wohlhabenheit des Bauern-

---

[1]) Uhland, alte hoch- und niederdeutsche Volkslieder I, 651—653.

[2]) Unrest in Hahn's Collectio monum. I. S. 652. Unrest ist bauernfeindlich.

[3]) Reichstagsabschied von Augsburg im Jahre 1500 Artikel 2.

standes und die Glückseligkeit seiner Lage. Die meisten Nachrichten stammen ja von solchen, die nicht selbst Bauern waren, die entweder vom sittlichen Standpunkt aus gegen Hoffahrt und Luxus auftraten oder die mit einem gewissen Neid und Aerger auf den Bauern hinblickten, welcher nun wagte es auch den übrigen Ständen gleichzuthun. Wie im ersteren Falle Einzelerscheinungen verallgemeinert werden, dafür dient uns eine Stelle bei Wimpheling zum Beweise. Oben (S. 31) sprach er vom Reichtum der Bauern im Elsaß und in manchen andern Gegenden Deutschlands. In seiner Schrift über die Buchdruckerkunst rühmt er: „Deutschland war niemals so reich und glänzend als in unsern Tagen". „Auch die Bauern wurden reich". So schlechtweg galt das keineswegs; allein Wimpheling will dieser summarischen Schilderung eine allgemeine beherzigenswerte Ermahnung hinzufügen. „Aber der Reichtum hat auch große Gefahren.... er erzeugt übertriebene Kleiderpracht, Ueppigkeit und Schwelgerei. Diese Uebel zeigen sich in allen Ständen". Wenn nun wirklich der Bauernstand über seine Kräfte hinausging und das Maß, welches andern berechtigt schien, zuweilen überschritt, so legt das viel weniger Zeugnis ab vom wirklich guten Vermögensstand, als vielmehr von Genußsucht, d. h. einem allgemeinen, allen Ständen gemeinsamen Zug jener Tage. Die Lebsucht am Ausgang des Mittelalters war eine ganz andere geworden als früher. In den Städten, besonders den Handelsstädten, war im Laufe der letzten Jahrhunderte Reichtum und Vermögen erworben worden. Der Besitz äußerte auch hier seine natürliche Wirkung: die Zunahme des Luxus in allen Dingen. Das vielleicht übertreibende Wort eines Aeneas Sylvius, in welchem er den Reichtum deutscher Städte preist[1]), ist so bekannt, wie manches andere diese Thatsachen bestätigende Zeugnis. Die Ansprüche an das Leben nahmen aber nicht blos in den Kreisen zu, wo das täglich wachsende Vermögen dies gestattete, sondern sie gingen auf die

---

[1]) In seiner Schrift de ritu, situ etc. preist er mit hohen Worten Köln und die niederländischen Städte, Speier, Straßburg und Basel, Augsburg und Nürnberg, München und Wien: „offen gestanden, kein Land in Europa hat bessere und freundlichere Städte als Deutschland".

ganze damalige Gesellschaft, auf alle Stände über, obwohl nicht alle sich des gleichen Besitzuwachses zu rühmen hatten, wie jene erwerbenden Bürger. Von den höheren Ständen besaß eigentlich nur die Geistlichkeit ein hervorragendes Vermögen in Grund und Boden, an Land und Leuten, an Geld und Kostbarkeiten. Man hätte nun denken sollen, daß sie durch ihren Beruf sich hätte verhindern lassen müssen an der sich steigenden Lebsucht, am Prunk und Luxus Teil zu nehmen. Allein das gerade Gegenteil ist der Fall. Abgesehen von andern zahllosen Zeugnissen wird dies durch dieselben Reichstagsabschiede bestätigt, welche nicht nur gegen den Luxus der Bürger und Bauern einen Damm aufwerfen wollten, sondern auch gegen die nämlichen Sünden des Adels und der Geistlichkeit sich richteten[1]). Die Vermögensverhältnisse des Adels waren im Ganzen sehr ungünstig geworden: es ging damit seit langem abwärts und vielen adeligen Gutsherrschaften wurde es schwer mit ihrem Einkommen die Ausgaben zu bestreiten. Dies hielt aber diesen Stand durchaus nicht davon ab am Wohlleben der Zeit Teil zu nehmen. Die meisten sahen es — eine häufige Erscheinung sinkender Größe — für einen Ehrenpunkt an, den andern Ständen in Pracht und Prunk nichts nachzugehen, obwohl die Einkünfte zur Sparsamkeit ermahnt hätten. Wer aber aus den Schilderungen adeligen Wohllebens in Essen und Trinken, in Kleidung und Schmuck den Schluß ziehen wollte, daß dasselbe den entsprechenden Reichtum beweise, der würde in den größten Widerspruch mit den verbürgten Thatsachen von der allmählichen Verarmung des Adels geraten. Aus dem nämlichen Grund dürfen auch die Nachrichten über das bessere Leben der Bauern nicht als ein unumstößlicher Beweis ihrer Wohlhabenheit angesehen werden:

---

[1]) Solche Verbote enthalten die Reichstagsabschiede von Lindau 1497, Freiburg 1498, Augsburg 1500 und 1530. Im Augsburger Abschied v. 1500 heißt es unter XXIII Art. 10: „Item sollen alle Erzbischofe, Bischofe und Prälaten ihre Geistlichen dahin halten und weisen, daß sie sich mit Kleidung ehrbarlich und geistlich, wie ihrem Stand wohl ansteht, kleiden und halten und unziemliche Köstlichkeit abstellen." Senkenberg, Reichstagsabschiede I. Band.

sie thun nur das Eine zweifellos dar, daß auch die ländliche Bevölkerung vom Strom der Zeit ergriffen und mitgerissen wurde. Zudem sind jene Nachrichten meist zu allgemein gehalten und rühren nicht von unparteiischen Berichterstattern her, die ohne Vorurteil die Verhältnisse geschildert hätten. Mit welcher Verachtung Standeshochmut und vornehmer Dünkel auf den arbeitenden Stand herabschaute, werden wir noch sehen. Ueberblicken wir die geschilderten Verhältnisse der bäuerlichen Bevölkerung in Deutschland, so vermögen wir aus dem auch bei ihnen eingerissenen Wohlleben nicht schon den Schluß zu ziehen, daß sich der Bauernstand in günstiger Vermögenslage befand. Treffend sagt ein Geschichtschreiber des Bauernkriegs[1]) gelegentlich der Schilderung einer fröhlichen Kirchweih', welche fränkische Bauern angeblich halten wollten: „Denn so gedrückt auch der Bauer war, so gab es doch jährlich einen Glanzpunkt in seinem Leben, wo er alle Ersparnisse aufwendete. Dieser war die Kirchweih. Da legte jedes Haus eine ungewohnte Fülle zur Schau, und auch die Nachbarn aus andern Dörfern kamen herbei, um Blutsfreunde und Gevattern zu besuchen. Man ging im geordneten Zug, mit fliegenden Fahnen und Trommeln, in guter Rüstung, den Sackpfeifer und den Pickelhäring an der Spitze. Denn die Franken waren ein fröhliches Volk, und die Waffen gehörten auch bei den Bauern zu dem besten Schmuck. Ebenso lustig ging es auf großen Hochzeiten her, wenn ein begüterter Mann seine Tochter ausstattete. Da schmausten Alle so ausgelassen auf Kosten des jungen Ehepaars, daß sie es oft lange nicht verwinden konnten[2])." Ein altes deutsches Sprichwort bezeugt die hohe Bedeutung, welche man im Volk den Kirchweihen beilegte: „Es ist kein Dörflein so klein, Es wird eins Jahrs einmal Kirchweihe darinnen sein," und Agrikola[3]) fügt dem in seiner Erklärung bei: „Zu den Kirchmessen oder Kirchweihen gehn die Deutschen vier, fünf Dorf-

---

[1]) Bensen, Gesch. des Bauernkrieges in Ostfranken S. 89.

[2]) Janssen, der I, 306 Bensens Schilderung citirt, unterläßt es geflissentlich diese Bemerkung beizufügen. Uebrigens verhält es sich heute noch so in Franken.

[3]) Sibenhundert und fünfzig deutscher Sprüchwörter Nr. 346, S. 193.

schaften zusammen; es geschieht aber des Jars nur einmal, darumb ist es löblich und ehrlich."

Vielleicht läßt man für die dem Bauernkriege vorangehenden hundert oder achtzig Jahre nicht gelten, was der Prediger Berthold von Regensburg[1]) über die Notlage der bäuerlichen Bevölkerung sagt: „Nun seht ihr armen Leut, wie mancherlei sie auf eure Arbeit setzen, und deshalb seid ihr so arm, weil diese Unseligen so manche List des Geizes gegen euch anwenden, und müßt das alles erarbeiten, das die Welt bedarf, und von dem Allen wird euch kaum in euren Nöten so viel, daß ihr etwas besser leben könnt, als eure Schweine." Dagegen wird man gegen ein anderes Zeugnis der Art keine Einwände erheben können. Die auf dem Tag zu Gelnhausen 30. Juni 1502 versammelten Kurfürsten des Reiches bekannten, die Lage des gemeinen Mannes sei bereits so unerträglich geworden, daß falls keine Abhülfe geschehe, eine Empörung desselben befürchtet werden müsse, denn er „mit Frondiensten, Atzung, Steuern, geistlichen Gerichten und andern also merklich beschwert ist, daß es in die Harre nicht zu leiden seyn wird".[2]) Die Lage des Bauernstandes forderte gebieterisch eine Verbesserung: das erkannten nicht blos einzelne Einsichtige, sondern dieses Bewußtsein durchdrang seit langem den ganzen Stand wie ein ungestilltes Sehnen. Der zunehmende nationale Reichtum kam dem Bauern nicht zu statten, denn zu denen, welchen sich die günstige Gelegenheit bot, leichter und rasch ein Vermögen zu erwerben, gehörte er nicht. Dagegen bekam er die Schattenseiten und Wirkungen davon um so mehr zu spüren. Die oberen Stände, besonders der zahlreiche Adel, glaubten ein Recht zu haben, daß für die erhöhten Ansprüche, die sie an das Leben machten, ihr Untertan, der Bauer, aufkommen müsse.[3]) Mit Recht ist gesagt worden: „die Anschläge des Reichs, die wachsenden Bedürfnisse bewirkten, daß Alles seine

---

[1]) Kling, Bertholds von Regensburg Predigten S. 129.
[2]) Ranke, Reform. Gesch. I, 143 (4. Aufl.)
[3]) Auf diesen Punkt hat ganz neuerdings Delbrück in den Preuß. Jahrbüchern 53, 529—550 hingewiesen, freilich mit einer nicht ganz richtigen Begründung.

Ansprüche an ihn (den Bauern) steigerte, der Landesherr, die geistliche Gutsherrschaft, der Edelmann". Bei diesem aber erzeugte das Beispiel der andern Stände, ihre Lebsucht und der überhandnehmende Luxus Neid und Begehrlichkeit. Beides aber gereichte dem Bauernstande nicht zum Vorteil, sondern schuf Verhältnisse, welche weit entfernt waren einen ruhigen Bestand der Dinge zu gewährleisten.

Zweites Kapitel.
Die sociale Stellung des Bauernstandes. Die Kirche und die communistischen Ideen.

Als ein charakteristischer Beweis für die Stellung der Bauernschaft in der menschlichen Gesellschaft muß die allgemeine Verachtung, mit welcher alle Stände auf ihn herabsahen, besonders hervorgehoben werden. Die Litteratur der einschlägigen Zeit, der zweiten Hälfte des 15. und zu Anfang des 16. Jahrhunderts, bietet hierfür überreichliche Belege. Daß man die Bedeutung dieses arbeitenden Standes für die Gesellschaft zu würdigen verstanden oder zu verstehen sich nur bemüht hätte, davon sucht man vergebens eine Spur. Hingegen fließt der Strom des Spottes, des Tadels und der Verachtung, der sich über den Bauernstand ergoß, breit einher. Der Bauer erscheint z. B. in den Schwänken und Fastnachtsspielen jener Zeit immer in einer der beiden Rollen entweder eines albernen Tölpels oder eines dummdreisten Gesellen.[1] Sein unbeholfenes Benehmen, seine rauhen, oft rohen Sitten dienten zur Zielscheibe des Spottes. Das schöne urdeutsche Wort „Bauer" mußte sich zu einem Schimpfwort stempeln lassen, mit dem man alles, was niedrig und verächtlich schien, bezeichnete. Wenn der Adel die Städter ärgern wollte, nannte er sie Bauern, ummauerte Bauern.

> Sie (die Städte) bedünkt, er (der Adel) sei nit ihr gleich,
> Und nennen sich das römisch Reich,
> Nun sind si doch nur Pauren:
> Sie stand (stehen) mit Ehrn hinter der Thür,

---

[1] Zöllner, z. Vorgesch. des Bauernkriegs S. 70.

So die Fürsten gand (gehen) herfür,
Die Land und Leut beschauren (beschützen).¹)

Besaß der Bauer etwas, so ärgerte man sich darüber; ließ er von Selbstbewußtsein etwas spüren und daß er keine Lust habe, sich ohne weiteres drücken und schinden zu lassen, so nannte man das Anmaßung und höhnte über sie als „grobe", „unnütze", „üppige" Bauern, als „Flegel" und „Ackertrappen" mit ihren „groben Filzhüten." Sebastian Brant wirft dem Bauernstand in seinem Narrenschiff²) vor, daß er seine Einfalt, Ehrlichkeit und Bescheidenheit verloren habe, seit er reich geworden sei. Durch Wucher und Fürkauf hätte er sich sein Geld verdient — freilich ein Vorwurf, der auf seine Stichhaltigkeit nicht geprüft werden darf, denn die Wucherer und Fürkäufer der Lebensmittel saßen in den Städten. „Die Bauern stecken ganz voll Geld", klagt der nämliche Prediger. Darum eifert Geiler von Kaisersberg in seiner 93. Predigt über das Narrenschiff, Gott möge dem Faß den Boden ausschlagen und das Korn die Würmer fressen lassen, die gefüllten Weinkeller und Scheuern zerstören. Pamphilus Gengenbach geißelt die Genußsucht und Hoffart des Landvolkes:

„Niemands me halten will sin Stot (seinen Stand);
Der Bur (Bauer) dem Edelman glich got (gleich geht).

Ein anderer Dichter³) erzählt, wie sie sich ausländisch kleiden und einander mit feierlichen Verbeugungen grüßen:

„Als wärens Landherrn und Herzogen,
Mit Handschuhen und mit langen Spießen,
Sein (das) möcht den Teufel verdrießen."

Zieht der reiche Bauer in die Stadt, so lauft er sich in den Rat ein, trägt kostbares Pelzwerk und will sich nicht mehr Bauer nennen lassen.

Wenn diese Vorwürfe und Spöttereien zum Teil wohl im Einklang mit der Wahrheit standen, so darf nicht vergessen werden, daß die übrigen Stände um kein Haar besser waren, daß Lebsucht und Freude am Genuß und Vergnügen, Uebermut und

---

¹) Kurz H., Litteraturgesch. I, 618.
²) Herausgegeben von Zarncke 79. 89.
³) Bezold, Sybels hist. Zeitschr. 41. Bd., S. 10.

Ueberhebung, wenn man es so nennen will, ein Uebel war, an dem die gesamte damalige Gesellschaft krankte, und daß die Sitten der oberen Stände, weit davon entfernt mustergiltig genannt zu werden, viel eher dazu beigetragen hatten dem Bauern als das schlechteste Beispiel zu dienen und ihn zu gleicher Sitten- und Schrankenlosigkeit zu verleiten. Ein Gelehrter von Ruf und Bedeutung, der Tübinger Bebel, beklagt mit Sebastian Brant das unziemliche Weintrinken der Bauern, in der guten alten Zeit hätten sie blos Wasser getrunken. Gerade daß der Bauer die andern nachahmte, verargte man ihm mit Unrecht so sehr. Es ist ein sehr schlimmes Zeichen der Zeit, daß man auf den Bauern mit solchem Neid und Haß herabsah; daß man ihm nichts gönnte und von ihm das an Einfachheit des Lebens, Sparsamkeit und Bescheidenheit verlangte, was man selbst nicht besaß. Der Bauer, so scheint es, galt in den Augen solcher nicht mehr als ein Mensch. Ein Wort, das umging, lautete:

"Der Bauer ist an Ochsen Statt,
Nur daß er keine Hörner hat."

Gegen ihn hielt man Gewaltthat und unmenschlichen Druck für völlig berechtigt. Schonung und Milde wären thörichte Schwäche.

"Er tuot (thut) alleine, das er muos (muß);
Gewalt, der ist sein rechten Buß."[1]

Einen wahrhaft empörenden Ausdruck dieser gemeinen Gesinnung und Denkweise zeigt ein Lied aus dem 15. Jahrhundert, das Uhland unter dem Titel Edelmannslehre mitteilt;[2] darin wird der Bauer als wie ein Wild hingestellt, das der Adelige nach Belieben hetzen, würgen und erlegen darf.

Der Wald hat sich belaubet,
Des freuet sich meine Muot (Mut, Sinn)
Nun hüet sich mancher Bure (Bauer).
Der wähnt, er si behuot (sei behütet)!
Das schafft des argen Winter Zorn,
Der hat mich beraubet:
Das klag ich hüt und morn (heute und morgen).

---

[1] Heinrich Wittenweiler, Zöllner S. 70.
[2] Volkslieder Nr. 134. cf. Kurz. Litt. Gesch. I, 619.

Willtu dich ernehren.
Du junger Edelmann,
Folg du miner Lehren,
Sitz uf, trab zum Bann!
Halt Dich zuo dem grünen Wald:
Wann der Bur ins Holz fert (fährt)
So renn ihn freislich (gewaltig) an!

Derwisch ihn bi dem Kragen,
Erfreu das Herze bin,
Nim ihm, was er habe,
Spann us die Pferdelin sin!
Bis (Sei) frisch und darzu unverzagt!
Wann er nummen Pfennig (keinen Pf. mehr) hat,
So riß ihm d'Gurgel ab!

Heb dich bald von dannen
Bewahr din Lib (Leib), bin Gout,
Daß du nit werdest zu Schanden,
Halt dich in stäter Huot!
Der Buren Haß ist also groß,
Wann der Bur zum Tanze gat,
So dunkt er sich Fürsten Genoß.

. . . .

Ich weiß ein richen Buren,
Uf den han ichs gericht,
Ich will ein Wile luren (lauern),
Wie mir darumb geschieht,
Er hilft mir wohl us aller Not.
Gott grüeß dich, schöns Jungfreuwelin,
Gott grüeß bin Mündlin rot."

Solche verwerfliche Grundsätze auf seiten des Adels, die gar manchmal zu unerhörten Gewaltthaten führten, mußten in den Herzen der Bauern dieselben Gefühle, Zorn und Haß hervorrufen oder aber jenes stolze Bewußtsein erzeugen, daß ihre Beschäftigung einen Wert, diejenige ihrer Gegner aber keinen habe. Und beides findet sich, was nicht überraschen kann, ebenfalls in Stimmen jener Zeit ausgesprochen: so der blutige Haß und die Hoffnung auf einen bevorstehenden Tag der Rache:

"Das wird Gott nit vertragen
Die bösen schwärlich Plagen,

>Sie werden noch erschlagen
>Von dem gemein Bauersmann,
>Es facht jetzt darzu an."¹)

Wurden in Westfalen, wie Werner Rolewinck²) um das Jahr 1478 in seinem „Lob auf Sachsen" schreibt, junge Adelige des Landes zur Freibeuterei mit den Worten erzogen:

>„Ruten, roven, bet en is gheyn Schande,
>Dat dohnt die besten van dem Lande",

so begreift man auch die Antwort, welche die Bauern darauf gaben:

>„Hangen, raben, koppen, stecken en is gheyn Sunde."

Verglich der Bauer seine ehrliche, harte Arbeit mit dem Thun und Treiben der Herren, dann empfand er nicht ohne Gebühr einen Stolz, wie ihn das Volkslied: „Der Ritter und Bauer"³) zum Ausdruck bringt:

>Der Ritter sprach: „Ich bins geborn
>Von Art ein edel Chunne! (Geschlecht)
>Der Baurmann sprach: Ich bau das Korn!
>Das dünkt mich besser Wunne
>Dein Edel macht du nicht lang verhügen, (an deinen Adel magst du nicht lang denken)
>Wär ich nicht Ackermann:
>Ich när dich mit des Pfluoges Zügen,
>Wär mir des Hailes gan. (das Glück zu gönnen.)
>
>R.: Hofzucht und ritterliche That,
>Die steht mir wohl zu Preise,
>So nähr ich mich in Heldes Kraft
>In soliches Handels Weise.

---

¹) Uhland a. a. O. Nr. 143. Aehnliche Klagen der englischen Bauern überliefern englische Volkslieder: Gesetz herrscht nicht mehr, nur Unrecht und Gewaltthat; mit seinem Schweiße und seiner letzten Kraft muß der Arme dem schlemmenden Prälaten und hartherzigen Barone dienen.

>„Weg führten sie die treue Kuh,
>Doch waren's keine Dänen —
>Das treue Tier, denk' ich daran,
>Da kommen mir die Thränen."

Buddensieg, Wiclif und seine Zeit. S. 23.
²) Janssen I, 222.
³) Uhland a. a. O. Nr. 133.

>   Ich bien ben zarten Frauen gern,
>   Die wollen sein haben recht;
>   So mußtu, Bauermann, dienen mir
>   Recht als mein aigen Knecht.
>
> B.:   Umb dein Hofieren geb ich nit
>   Als klein, als um ain Bese (was so wenig wert ist wie Spreu),
>   Ich han des Baurechts ainen Sit (die gute Sitte des Bauernrechts)
>   Das dünkt mich besser wesen (zu sein).
>   Was hilft dein Stechen und dein Tanz?
>   Darin ich kain Gut spür (nichts Gutes spür):
>   Mein harte Arbeit, die ist ganz,
>   Und trägt die Welt baß für (besser vorwärts).

Das gegenseitige Heruntersetzen, in welchem der Bauer dem Adeligen nichts nachgab, beweist deutlicher als Alles, wie ungesund die gesellschaftlichen Verhältnisse beim Ausgang des Mittelalters in Deutschland waren. Die einzelnen Gesellschaftsschichten standen sich mit der feindseligsten Gesinnung gegenüber. Keine Brücke führte über die weite Kluft, welche die Stände von einander trennte. Von Eigennutz, Eigensucht und beschränkter Eigenliebe war die ganze Gesellschaft durchseucht. Die Fürsten waren wider den Kaiser, der Adel gegen die Fürsten, die Bauern und Bürger wider den Adel, den hohen und niedern. Eine seltsam anmutende allgemeine Zwietracht und Feindschaft loderte wie eine Flamme im Innern der Gesellschaft. Mit der glänzenden Schilderung, welche eine tendenziöse Geschichtsschreibung[1]) von der letzten Zeit des Mittelalters entworfen hat, als wäre sie ein Höhepunkt in der nationalen Entwickelung gewesen, stimmt der schneidend grelle Mißton nicht, der aus dem gegenseitigen Murren und Zanken, Zürnen und Schmähen unaufhörlich an unser Ohr tönt, stimmt der trübselige Eindruck nicht, den die Zerrissenheit dieser Gesellschaft noch heute hervorruft. Alles befand sich in Gährung, nicht blos die Geister, sondern auch die Leidenschaften. Die innere Zerrissenheit und haßerfüllte Spaltung hätte gar nicht größer sein können: jedes Gefühl der Zusammengehörigkeit, soweit es über die Schranken des eigenen Standes hinausging, war

---

[1]) Vergl. den Gesammteindruck des ganzen ersten Bandes von Janssen's deutscher Geschichte.

geschwunden. Hielten doch selbst diejenigen nicht zusammen, welche durch die Gesellschaftsordnung einander sehr nahe gerückt waren: der Bürger und der Bauer, der Städter und der Landbewohner. Bezeichnend ist die Thatsache, daß im 15. Jahrhundert nur sehr wenige selbst der bürgerlichen Dichter Mitgefühl für den Bauernstand an den Tag legen. Nur Rosenblüt erhebt seine Stimme für ihn. In seinem „Türkenspiel" (1456) läßt er den Boten vom Rhein sagen:[1] „Sage deinen Herren, daß ihre Küchen zu feist stehen, darum der Arbeiter schwitzt und schweißt und sein Hemd im Koth umwälzt, bis er ihre Kuchen geschmalzt weiß. Ihre Rosse stehen satt und glatt im Stall, statt am Pflug zu ziehen; den Bauern erhöhen sie die Zinsen und wagt es einer, sie drum zu schelten, so schlagen sie ihm die Rinder tot, mögen ihm Weib und Kinder drob verhungern!" Die andern Dichter, wie der schon genannte Pamphilus Gengenbach und Heinrich Wittenweiler, sind den Bauern durchweg ungünstig gesinnt.

Bis zu welcher Höhe aber die feindselige Gesinnung gegen den Bauern schon gediehen war, dafür liefert den besten Beweis ein adelsfreundliches Buch, welches der züricher Chorherr Felix Hemmerlin unter dem Titel: „Der Adel" (de nobilitate) verfaßte.[2] Darin wird es geradezu als das Beste hingestellt, wenn der Bauernstand sich so befinde, daß er seine Lage zu beweinen habe: es wäre gut, wenn etwa alle fünfzig Jahre den Bauern Haus und Hof zerstört würden, damit die üppigen Zweige ihres Hochmuts beschnitten würden. Nicht wie ein Mensch, sondern „wie ein scheußliches, halb lächerliches, halb furchtbares Gespenst tritt der Bauer dem Adeligen entgegen. Ein Mensch mit bergartig gekrümmtem und gebuckeltem Rücken, mit schmutzigem verzogenem Antlitz, tölpisch dreinschauend wie ein Esel, die Stirn von Runzeln durchfurcht mit struppigem Bart, graubuschigem verfilztem Haar, Triefaugen unter den borstigen Brauen, mit einem mächtigen Kropf; sein unförmlicher, rauher, grindiger, dicht behaarter Leib ruht auf ungefügen Gliedern; die spärliche und unreinliche Kleidung ließ seine mißfarbige und thierisch zottige Brust unbe-

---

[1] Liliencron a. a. O. I No. 109 Einleitung und S. 505 Anm.
[2] Bezold a. a. O. S. 17.

deckt." Dies Bild stimmt freilich nicht im mindesten mit der Wahrheit; allein grade aus dieser Karikatur erkennt man den innern Abscheu, mit welchem der Adel auf den Bauern herab= sah. Der nämliche Hemmerlin bezeugt aber auch die Gesinnung des Bauern, indem er denselben mit zornigen Worten die Raub= wirtschaft des Adels und die Rechtsverdreherei der Juristen geißeln läßt. Es wäre gut, sagt der Bauer, wenn es keine Pferde und Maultiere auf der Erde gäbe, sondern nur Acker= und Lastvieh, dann würden die Kriege und Fehden aufhören. Wenn der adelsfreundliche Verfasser mit solchen und besonders auch biblischen Argumenten seinen Bauern hervortreten läßt, so wird dadurch bewiesen, daß diese Argumente volkstümlich d. h. in Aller Munde waren; denn Hemmerlin konnte sich nicht be= wogen fühlen für die Sache seiner Gegner, der Bauern, neue und zugkräftige Waffen zu schmieden. Er läßt z. B. den Rustikus mit Selbstgefühl sich darauf berufen, daß Adam schon ein Bauer war, also Gott diesen ersten und edelsten Stand selbst geschaffen habe, während die übrigen Stände dies nicht von sich rühmen könnten. Deshalb ruft der Bauer, dem seine Freiheit genommen, mit den Worten des Psalmisten die Rache Gottes auf sie herab, „denn ich weiß, daß der Herr wird des Elenden Sache und des Armen Recht ausführen."

Diese Erbitterung war im höchsten Grade schädlich und verderbenbringend. Indem sie jedes gerechte Urteil von vorne= herein ausschloß und eine verständnisvolle Teilnahme an den Bedürfnissen und Bedrängnissen der einzelnen abschnitt und un= möglich machte, mußte sie Unheil gebären. In dieser gegenseitigen Ungerechtigkeit Aller gegen Alle lag eine ungeheure Gefahr für das ganze Volk: an eine Beseitigung der unleugbaren Schäden war nun nicht mehr zu denken. Der schnödeste und beschränkteste Egoismus verdunkelte den freien Blick: ein schlimmerer Kasten= geist hat niemals in Deutschland geherrscht. Das Unglück des anderen Standes betrachtete man als sein eigenes Glück. Von dem Volkslied „Die Städte"[1]) lauten die drei letzten Verse charakteristischer Weise also:

---
[1]) Liliencron a. a. O. I, 417.

Wirtemberg, das edel Blut,
Verdreußt der Ulmer Uebermut,
Er wil sie visitieren,
Sie süllen fürbaß Wollseck binden;
Gott wöll, daß si mit ihren Kinden
Land und Leut verlieren!

Und soll der Krieg noch länger währen,
So werden zwar der Stangen geren (in Wahrheit sich unterwerfen)
Die Städt an allen Enden.
Es gat in (geht ihnen), als si hand verschuldt,
Die Gmaind hat billig Ungeduld,
So Glück sich nit will wenden.

Gelück bestand dem Adel bei,
Verbiet den Bauern ihr Geschrai:
Wünsch ich von ganzem Herzen;
Daß sie sich vor dem Adel schmiegen
Und nicht(s) gewinnen an den Kriegen
Dan Reue, Laid und Schmerzen.

Man müßte es als ein Wunder ansehen, wenn die Bauern diese gehäßige Gesinnung nicht erwidert hätten. Denn abgesehen davon, daß man von ihrem Bildungsstand eine solche Bekämpfung der Leidenschaft, eine solche Seelenstärke am wenigsten zu erwarten berechtigt wäre, mußten die wirkliche Not, der sie ausgesetzt waren, die Verachtung und die täglichen Plackereien seitens ihrer Herren, ihre Hilflosigkeit in streitigen Sachen, die harte Arbeit ihres Berufes gegenüber dem leichteren Leben der Oberen sie zu dem Glauben führen, daß sie ein sittliches Recht zu ihrem Neid und Haß und Trotz hätten.

Diesen Widerstreit der Stände zu beseitigen, die Mißstände der Zeit zu mildern, diese Gegensätze auszusöhnen, dem Reichen seinen Hochmut, dem Armen seine Bitterkeit zu verweisen, wäre Beruf und Aufgabe der Kirche und der Geistlichkeit gewesen. Aber es geschah nichts von Bedeutung und Wirkung. Ein großer Teil des Klerus, besonders der höhere, welcher vorwiegend aus Adeligen bestand, hatte kein Herz für das niedere Volk, ja erwies sich häufig als schlimmster Feind der Bauern und als unbarmherziger Bedrücker der Untertanen. Schon sein durch und durch weltliches Thun und Treiben war eine grobe Sünde. Das

Beispiel dieses gottentfremdeten Lebens mußte bei ernsten Gemütern Anstoß erregen, bei den Armen und Verachteten im Lande aber den letzten Halt, allen Glauben erschüttern. Klagt doch selbst ein Wimpheling: „Auch im geistlichen Stand ist die Ueppigkeit weit verbreitet, besonders bei den Geistlichen von Adel, die keine Seelsorge haben und es im Prassen den reichen Kaufleuten gleichthun wollen". Und die Sünden der Ueppigkeit waren keineswegs die einzigen. Es war weit davon entfernt, daß überall unter dem Krummstab gut zu wohnen gewesen wäre. Wer z. B. die Leidensgeschichte der Gotteshausleute von Kempten, deren Aebte das Recht beugten und alles was die Gerechtigkeit forderte, verhöhnten, sich näher ansieht, wird dies bestätigen. Aber auch die niedere Geistlichkeit stand nicht durchweg auf Seiten des Volkes, die wie sein Leben so auch seine Leiden und Schmerzen geteilt und gekannt hätte. Durch den Unfug der Pfründenhäufung zerfiel sie in zwei streng geschiedene Klassen: Die Pfründenbesitzer und die, welche im Namen derselben die Seelsorge übten. Jene zogen sich vom Amte zurück und genossen die Erträgnisse ihrer Pfarreien nach dem Beispiel von oben. Diese dagegen bildeten ein geistliches Proletariat, das oft noch ärmer und abhängiger war als der Bauersmann. Sie hatten mit der Not des Lebens zu kämpfen, wie dieser, waren der Willkür der Pfarrherren ausgesetzt, denen nichts daran lag, wie oft sie diese ihre Diener wechselten. Am Angebot solcher Kräfte war kein Mangel. Es ist begreiflich, daß solche Seelsorger wenig Einfluß in den Gemeinden gewannen und durchaus ungeeignet waren durch ihre Wirksamkeit die Gemüter zu besänftigen, erwachende Leidenschaften zu zügeln und durch ihren Zuspruch die Leute willfähriger und geduldiger zu machen. Im Gegenteil, sie nährten gar oft die Unzufriedenheit des gemeinen Mannes durch Reden in seinem Sinne, sie schlugen sich auf seine Seite, gaben ihm Recht und haßten mit ihm die oberen Stände als Urheber dieser ihrer gemeinsamen Not. Aus den Reihen dieses Teils der Geistlichkeit erhielt der Bauernstand viele Bundesgenossen in seinem Streite mit seinen Herren: vom ersten Anfang der Bewegung an bis zum Bauernkrieg in der Reformationszeit.

Die Kirche aber als solche und die von ihr völlig abhängige

Wissenschaft that nichts zur Lösung dieser bedeutsamen Frage. Man hatte sich mit anderm zu beschäftigen; vor Allem galt es die kühnen Forderungen der freieren Geister und der großen Concilien des Jahrhunderts zu beseitigen und zum Schweigen zu bringen. Jedes Zugeständnis würden die Päpste als eine Einbuße ihrer unbeschränkten Machtfülle angesehen haben. Mit dem größten Eifer und leider nicht ohne Erfolg strebten sie darnach den bedenklichen Ausspruch von Constanz und Basel wieder aus der Welt zu schaffen, daß ein Concil über dem Papste stehe und auch über ihn Macht habe. Daß dies wirklich gelang, entscheidet am besten die Frage, ob von oben herab irgendwie eine Förderung der allenthalben nötigen Reform zu erwarten war oder nicht. Die Wissenschaft aber, zu unfrei und gebunden, als daß sie selbstständig ihre Wege gegangen wäre, huldigte mit der Kirche eher dem Rückschritt als dem Fortschritt. Es ist bezeichnend, daß das gesamte Mittelalter nicht im Stande war eine wissenschaftliche Wirtschaftslehre zuwege zu bringen, erst der reformatorischen und nachreformatorischen Zeit blieb es vorbehalten die Wissenschaft der Nationalökonomie zu begründen und auszubilden. Gerade dadurch aber, daß die Kirche in Bezug auf die Fragen des wirtschaftlichen und socialen Lebens nichts that Klarheit zu schaffen und einen sichern Standpunkt zu gewinnen, hat sie den subjektiven Meinungen hierüber nicht blos Thür und Thor geöffnet, sondern ein gewisses Recht zugestanden. Man sollte nicht heute noch diejenigen anklagen, die hierüber selbstständig zu denken wagten, sondern die Kirche und die Wissenschaft, welche beide teilnahms- und verständnislos in kaltem Schweigen verharrten.

In erster Linie ist hier die Frage nach dem Mein und Dein d. h. nach dem Recht des Privateigentums, des „Sondereigens" zu nennen[1]). Sie mußte sich, von allem andern abgesehen, schon deshalb immer wieder in den Vordergrund drängen, weil die Bibel von einem Zustande der ersten christlichen Gemeinde berichtete, von dem die Kirche längst völlig wieder abgewichen

---

[1]) Vergl. die lehrreiche Studie von Uhlhorn in der Zeitschrift für Kirchengeschichte Bd. 4.

war und der vielleicht gerade aus diesem Grunde als das zu erstrebende Ideal von Manchen angesehen wurde. Der Verfasser der Apostelgeschichte erzählt bekanntlich von der Gemeinde zu Jerusalem im vierten Kapitel (Vers 34): „Es war auch keiner unter ihnen, der Mangel hatte; denn wie viele ihrer waren, die da Aecker oder Häuser hatten, verkauften sie dieselben und brachten das Geld des verkauften Guts und legten es zu der Apostel Füßen; und man gab einem jeglichen, was ihm not war". Einzelne Denker kamen während des ganzen Mittelalters immer wieder auf dieses Bibelwort zurück und erblickten in der Wiederkehr eines solchen Zustandes, der ihnen möglich schien, ein Heilmittel für die Gebrechen ihrer Zeit, sofern dieselben in der ungleichen Verteilung der irdischen Güter ihren Grund hatten. Das Privateigentum erschien als eine Schöpfung des Eigennutzes, der in liebloser Weise sich gerne zur Unterdrückung des Nächsten steigert. Dem Gebot der allgemeinen Christenliebe läuft unstreitig ein solches Verhalten schnurstracks zuwider; sie fordert vielmehr die Beseitigung menschlicher Not und Armut, soweit dies auf Erden möglich ist. Weil in den ersten Zeiten der christlichen Gemeinschaft dies wirklich erreicht worden war, so wies man mit stets neuem Eifer auf dieses Beispiel hin, d. h. keiner Periode des Mittelalters fehlt die communistische Idee und damit die Polemik gegen das Recht des Besitzes. „Durch die Einführung der Gütergemeinschaft, sagt schon Chrysostomus[1]), würde der Himmel auf die Erde kommen, Arm und Reich miteinander in Frieden leben und der Staat selbst der Engel würdig werden können". Ambrosius erklärt aus dem Naturrecht die Notwendigkeit des gemeinsamen Besitzes, Gott habe den Menschen die Erde als gemeinsamen Besitz überlassen, das Privatrecht sei durch Gewalt gekommen. Lactantius[2]), Tertullian[3]) und die andern Kirchenväter sprachen ähnliche Ansichten aus, sie hielten „das Leben im Paradies und in der Christengemeinde zu Jerusalem ihrer Zeit als einen Spiegel vor, in welchem sie ihre Selbstsucht

---

[1]) Hom. in acta apost. VII. XI.
[2]) instit. de justitia lib. V.
[3]) Apolog. cap. 38.

und Herzlosigkeit und die daraus entspringende Massennot erblicken und zugleich erkennen sollte, daß nur die Liebe jene arge Ungleichheit der Stände und das drückende Elend der untern Volksklassen aufzuheben vermöge".

Die Wirkung der Aussprüche dieser Autoritäten war, daß auch die Scholastiker diesen Ansichten im Ganzen beipflichteten. Nur Thomas von Aquino bekämpft von seinem aristotelischen Standpunkt aus die Meinung, daß das Privateigentum irgendwie Folge der menschlichen Sündhaftigkeit sei; das Sondereigen habe die größten Vorzüge vor dem Gemeineigen: die aufmerksame Pflege des irdischen Besitzes, der Wert und die Lust der Arbeit würden ebenso verschwinden wie die Ordnung, der Friede und die Harmonie der menschlichen Gesellschaft. Allein selbst das große Ansehen, in welchem dieser tiefe Denker stand, konnte nicht bewirken, daß seiner wolbegründeten Meinung Zustimmung und Beifall zu Teil wurde. Die alte Lehranschauung blieb herrschend und wurde sogar von Kaisern wie Friedrich II. und Karl IV. adoptiert, welche es anerkannten, daß nach dem „Naturrecht" alle Dinge anfänglich Gemeingut gewesen und daß erst durch den Sündenfall eine Teilung des Besitzes herbeigeführt worden sei. Von Wiclif und Hus wird besonders zu reden sein. Gabriel Biel, ebenfalls ein Anhänger des Aristoteles, über dessen Ethik er Predigten hielt, lehrte noch gegen das Ende des 15. Jahrhunderts, obwol ihm ein hohes Maß nationalökonomischer Einsicht nachgerühmt wird, daß im ursprünglichen Zustand der Unschuld nach dem Naturrecht Allen Alles gemein gewesen sei; durch den Sündenfall sei dieser Communismus aufgehoben und das Privateigentum eingeführt worden. Zwingli[1]), der sich von Schwärmereien frei zu halten wußte, hatte die gleiche Ansicht, wenn er sagte: „Darum nun alle Dinge in Eigenschaft kommen sind, so lernen wir, daß wir Sünder sind, und ob wir von Natur nicht wüst wären, so wäre doch die Eigenschaft eine große Sünde, genug, daß uns Gott verdammte; dann das er uns frei gibt, das machen wir eigen". Selbst dem Zerrbilde, das von

---

[1]) Zöllner a. a. O. S. 8 ff. Schmoller, Zeitschrift. f. d. ges. Staatswissenschaft Bd. VI, 711.

diesen. communistischen Ideen die Wiedertäufer lieferten, indem sie dieselben in die Praxis übersetzten, darf man nicht abstreiten, daß sein Grundgedanke, aus dem es entsprungen ist, die allgemeine Christenliebe war.

Diese communistischen Anschauungen blieben schon in der mittelalterlichen Zeit nicht ohne Wirkung. Aus ihnen entsprang die Verherrlichung der Armut, die Forderung eines armen Lebens, die Bekämpfung des Reichtums und damit der Klassenhaß der Besitzlosen gegen die Begüterten. Auch dabei fehlt es nicht an Beziehungen auf die Bibel. Im Freidank z. B. wird gefragt:

"Was frumt dir, richer Mann, dein Guot,
So dich der Tod nimmt in sein Huot?"

Arm war ja der Heiland selbst und arm sollten seine Jünger sein. Wer arm ist, so folgerte man, steht ihm also näher. Im Lucidarius, einem im Mittelalter vielgelesenen Buche, wird ausgesprochen, daß die Bauern deshalb am meisten Aussicht auf die Seligkeit hätten, weil sie das ganze Volk im Schweiße ihres Angesichts ernähren[1]). In einer Kölner Chronik wird behauptet, Christus sei auf Erden als Bauer gewandelt; im Evangelium sage Jesus: "Mein Vater ist ein Baumann"[2]), sich selbst nenne er einen "Schafhirt". "Gleichwie von dem edeln Ackersmann alle Stände, geistlich und auch weltlich, gespeiset und gefüttert werden, so thut auch Gott der Vater". Der saure Beruf im Schweiße des Angesichts war also mit nichten verächtlich, sondern ein edler: ohne den armen Stand der Bauern könnte die Welt gar nicht bestehen:

"Ich lob dich, du edler Baur
Für alle Kreataur,
Für alle Herrn auf Erden;
Der Kaiser muß dir gleich werden",

rühmt der schon angeführte Rosenblüt in seinem Spruche: "der Bauern Lob"[3]). Unter den drei von Gott geschaffenen Ständen,

---

[1]) Bezold, Sybels hist. Ztschr. Bd. 41, 28.
[2]) Joh. 15,1. Pater meus agricola est.
[3]) Bezold a. a. O. S. 33.

dem Nahr=, Wehr= und Lehrstand steht nach einem Worte im Freidank der Nährstand obenan:

„Gott hat driu (drei) Leben (Stände) geschaffen:
Gebure (Bauern), Ritter und Pfaffen".

Der erste Mensch war ein Ackersmann und die erste menschliche Beschäftigung den Boden zu bestellen; die übrigen Stände sind erst später geworden. Dieser Stolz wagte sich sogar bis zum Kaiser empor, daß er einen Maximilian I. fragte:

„Als Adam grub und Eva spann,
Wo war denn da der Edelmann?"

Ja die bäuerliche Arbeit, scheinbar nur bestimmt für die leibliche Notdurft zu sorgen, hat den hohen Beruf das Brot des Lebens zu schaffen, mit dem der Erlöser dem Menschen im heiligen Abendmahl seinen Leib, sein Fleisch darreichen läßt:

„Ich bau die Frucht mit meiner Hand,
Darein sich Gott verwandelt
In des Priesters Hand[1])"

So tröstete sich der Bauer über sein entbehrungs= und arbeitsreiches Leben, indem er es im Lichte mystisch=religiöser Verklärung anzusehen suchte. Aber es war freilich nur ein Trost.

Und im Schoße der Kirche selbst gewann eine Richtung Boden, welche durch ihr „armes Leben" als ein Protest gegen die bestehenden Verhältnisse anzusehen ist. Die Zulassung der Bettelmönche, d. i. der beiden Orden des heiligen Franciscus und des heiligen Dominicus, ist im Grunde doch ein Zugeständnis, daß das Weltleben des Klerus und sein Reichtum sogar ein kirchliches Gegengewicht gegenüber den Massen unbedingt verlange. Ihre Forderung der Armut ging von den communistischen Anschauungen aus und bezweckte durch ein Beispiel die Versöhnung derer, die am Besitz und Reichtum Anstoß nahmen. Aber die neue Einrichtung versagte so sehr ihre conciliante Wirkung, daß dadurch erst recht der latente Streit in die christliche Welt hineingetragen wurde. Denn das Gelübde der Armut fand innerhalb des Franciscanerordens eine doppelte Auslegung, eine laxere und eine schärfere, indem jene zwar nicht den Besitz, aber doch den Nieß=

---

[1]) Bezold a. a. O. S. 28.

brauch weltlicher Güter gestattete, die strengere dagegen ohne Umschweif beides verwarf und auf die buchstäbliche Erfüllung der gelobten Armut drang. Diese strengere Richtung derer, welche sich als Spiritualen, Fraticellen, Apostelbrüder u. s. w. zusammenschlossen, den weltlichen Besitz verwarfen und die Gleichheit vor Gott als den unumstößlichen Fundamentalsatz hinstellten, von welchem aus eine Reform der Kirche vorzunehmen sei, erntete den ungeteilten Beifall des niederen Volkes. Im Jahre 1342 lehrte ein Priester Namens Herman Küchner im Bistum Würzburg neben andern Artikeln, daß „die Päpste und Bischöfe ihres Amtes halber nicht größer oder mehr wären, denn andre Priester." Er mußte seine Lehren vor dem Ketzermeister widerrufen. Ein Laie, Konrad Hager, eiferte ebendaselbst zur gleichen Zeit gegen das Meßopfer und die Meßfronden. Man solle, riet er, den Priestern kein Opfergeld mehr geben, „es sei lauter Grempelei, Pfaffengeiz, Simonie, Raub des Almosens, welches denen armen hungrigen und dürftigen Leuten gebühre. Er wolle gern leyden, was ihm gebühret, wenn er nur das Meßfronen abbringen möchte." Auch er verfiel dem Ketzergericht.[1]) Daß aber päpstlicher Machtspruch diese als Ketzer brandmarkte, vermehrte nur ihren Anhang. Es war eine unerhörte Erscheinung, daß der nämliche Papst Johann XXII. welcher dieses Verdammungsurteil ausgesprochen hatte, von dem deutschen Kaiser Ludwig dem Bayern und seinen kirchlichen Streitgenossen, den Minoriten d. h. eben der strengeren Partei im Franciscanerorden, selber der Ketzerei angeschuldigt, mit allen Mitteln literarischer Polemik bekämpft und als Ketzer abgesetzt wurde. Wenn es auch der päpstlichen Partei gelang, diesen Sieg ihrer politischen und socialen Gegner wieder in sein Gegenteil zu verwandeln, so bedeutete dies doch noch keine Niederlage der Theorieen und Lehren derselben. Im Gegenteil, man darf sagen, die Sekten aller Art schossen wie Pilze aus dem Boden. Von den energisch kämpfenden Paterenern und Dolcinianern in Italien, von den Begharden, den Brüdern vom armen Leben, den Lollharden, der Sekte des freien Geistes, den Brüdern und Schwestern

---

[1]) Lor. Fries, Historie der Bischöffen zu Wirtzburg bei Ludwig, Geschichtsschreiber v. d. Bischofthum Wirtzburg S. 626.

der freiwilligen Armut an, lauter extremen Vereinigungen, welche nicht nur das Privateigentum verwarfen, sondern auch die Sakramente z. B. des Abendmahls und der Ehe, und von einem leidenschaftlichen Haß gegen die höhere Geistlichkeit erfüllt waren — von allen diesen schon aus der Kirche gedrängten Sekten bis zu den frommen „gelassenen" Mystikern und den Brüdern vom gemeinsamen Leben herab zieht sich wie ein roter Faden die Verachtung, ja die gänzliche Verwerfung des zeitlichen Besitzes. Der Erwerb zeitlicher Güter, sagt der Mystiker Ruysbroek, hindert die Vergöttlichung der Seele; jedoch beugen vor ihnen auch die Päpste, Fürsten und Prälaten ihre Kniee und haben nicht die Besserung und Zucht der Seelen, sondern den Beutel im Auge; die Kirche selbst ist dem Reichtum zugänglich und bietet für Geld ihre Gaben. Denn für die Reichen liegt alles Geistliche bereit, ihnen wird gesungen und gelesen; was in der Kirche äußerlich geschehen kann, ist für sie da; leicht erhalten sie Ablaßbriefe für die Strafen des Fegefeuers und für alle Sünden; nach ihrem Tod hört man überall singen und läuten, und sie werden vor dem Altar begraben und selig gesprochen. Den Geistlichen haften besonders drei Fehler an: Trägheit, Fresserei und Schwelgerei. Man findet unzählige Bettelmönche, aber wenige, welche die Statuten ihres Ordens beobachten; sie wollen Arme heißen, aber sie saugen alles Land, was auf sieben Meilen um ihr Kloster herumliegt, aus und leben im Ueberfluß; ja unter ihnen selbst giebt es wieder Abstufungen, was gar nicht vorkommen sollte: einige haben vier, fünf Röcke, die andern kaum einen; die einen schmausen im Refektorium, die andern müssen sich mit Gemüse, Häring und Bier begnügen, diese werden dann neidisch, um so mehr, da sie meinen, alle Güter sollten gemein sein.[1])

In solchen Worten eines unantastbaren Mannes, der selbst Geistlicher war, lag des aufstachelnden und aufreizenden Stoffes genug. Das niedere Volk sah sich dadurch in seinem Haß gegen den verweltlichten Clerus, wie gegen den Reichtum außerordentlich bestärkt; denn „es fühlte sich in seiner Armut auch in geistlichen Dingen von den Reichen bedroht und bedrückt." Den commu-

---

[1]) Ullmann, Reformatoren vor der Reformation II, 57 f.

nistischen Wahngebilden, denen sich der Arme so gerne hingibt, wurde dadurch Thür und Thor geöffnet. Der Boden ward so seit lange, man kann sagen, sorgsam für eine weitere Entwickelung dieser gefährlichen Doktrinen bereitet, als die husitische Bewegung in Böhmen jene communistischen Theorieen nicht blos weiterbildete, sondern auch nicht davor zurückschreckte, sie in böse Thaten umzusetzen. Wir sehen aber aus dem gesagten, daß auch die Husiten das neue sociale Evangelium nicht erst in die Welt gebracht und erfunden haben, sondern daß auch die böhmische Revolution nur ein Glied, wenn auch ein bedeutsames, in einer langen geschichtlichen Kette bildet. Schon im 16. Jahrhundert hat allerdings ein Feind der Reformation[1]) und Luthers insbesondere folgende Behauptung aufgestellt: „Auf Johannes Hus und seine Anhänger lassen sich fast alle jene falschen Grundsätze über die Gewalt geistlicher und weltlicher Obrigkeit und über den Besitz irdischer Güter und Rechte zurückführen, welche wie früher in Böhmen, so jetzt bei uns Aufruhr und Empörung, Raub, Brand und Mord und die schwerste Erschütterung des ganzen Gemeinwesens hervorgerufen haben. Das Gift dieser falschen Sätze fließt schon seit langer Zeit aus Böhmen nach Deutschland und wird überall, wohin es sich verbreitet, dieselben verheerenden Wirkungen ausüben." Diese Behauptung ist neuerdings mit einem nicht mißverständlichen Nachdruck wieder aufgenommen worden. Aber sie enthält einen groben Irrtum. Die husitische Bewegung hat nicht die Wurzel des Communismus gelegt, die sich im Gegenteil schon in viel früherer Zeit findet, sondern sie ist selbst schon eine Frucht, freilich eine hervorragend große und gereifte Frucht eines alten Baumes.

Geleugnet aber kann nicht werden, daß der Husitismus außerordentlichen Einfluß auf die deutsche Bauernschaft gewonnen hat. Die Lage und die Anschauungen des Bauernstandes waren eben der Art, daß er begierig auf die Worte eines Mannes lauschen mußte, der die Absicht kund that, Wandel in den hergebrachten Dingen zu schaffen, und der mit einem Freimut sonder-

---

[1]) Contra M. Lutherum et Lutheranismi fautores zu vergl. Janssen II, 393.

gleichen nicht blos auf einen Punkt seine Angriffe richtete. Gerade da und hauptsächlich da, wo die Lage der Agrarbevölkerung sich bis zum unerträglichen gestaltete, fand „das böhmische Gift" Eingang — nicht über Nacht, sondern langsam und allmählich, wie es dem bedächtigen Sinne des Bauern entsprach. Bevor jedoch dieser Prozeß der Vermittelung und des Eindringens der husitischen Lehren in Deutschland geschildert wird, muß ein flüchtiger Blick auf diese selbst geworfen werden.

Drittes Kapitel.
Das „böhmische Gift" und seine Verbreitung in Deutschland.

Keinem Zweifel unterliegt es, daß Hus, wie er im Ganzen von dem Engländer Wiclif abhängig ist, so besonders in seinen wirtschaftlichen Auslassungen sich streng an denselben anschloß: ein Punkt, auf den wir noch zurückkommen müssen. Aber auch bei Wiclif selbst ist die Verbindungslinie nachweisbar, die ihn in seiner Lehre vom Eigentumsrecht mit den bestehenden Verhältnissen und mit anderen mittelalterlichen Schriftstellern verband. Seine Anschauung von der wahren Kirche wurde bedingt durch die Schäden der Kirche seiner Zeit, des Papsttums insonderheit, wie es in Avignon geworden war.[1]) Er zog daraus um so sicherer den Schluß, daß die wahre Kirche arm und machtlos in den Dingen dieser Welt, aber reich an geistlichen Gütern sein müsse, daß also weltlicher Besitz für sie eher schädlich, als nützlich sei. Gerade aber in diesem Punkte sah er als seine Vorgänger und Bundesgenossen die Minoriten Occam und Marsilius von Padua, d. h. jene Männer, deren Protest gegen die Verweltlichung der Kirche zumeist in Deutschland Beifall und Anknüpfungspunkte gefunden hatte. Ihre Lehre vom Eigentum namentlich hat Wiclif weitergebildet oder, wenn man will, gesteigert. Hatten diese behauptet, Gott, nicht der Papst ist der Herr aller weltlichen Herrschaft, so ging Wiclif von diesen Vordersätzen noch zu weiteren Schlußfolgerungen über. Jeder Mensch

---

[1]) Buddensieg, Johann Wiclif und seine Zeit. S. 130 ff.

sagt er, trägt also seinen irdischen Besitz von Gott zu Lehen; wenn er nun gegen Gott sich Ungehorsam durch eine Todsünde zu Schulden kommen läßt, so verliert er Besitz und Recht. Dieser Schluß ist, die Richtigkeit des Vordersatzes von dem Lehen alles irdischen Gutes zugegeben, unanfechtbar. Die Todsünde scheidet den Sünder unwiederbringlich von Gott. Der Lehensmann muß also auch seines Lehens verlustig gehen, er hat kein Recht mehr darauf. Inwieweit Hus den Lehren des Wiclif gefolgt ist, wird sich hernach zeigen. Hier kommt es aber vor allem darauf an hervorzuheben, daß er diesen „ketzerischen" Aussprüchen seines Meisters nicht etwa aus purer Verblendung beifiel, sondern daß die bäuerlichen Verhältnisse dazu hinreichend angethan waren, in ihm Gedanken von ihrer Unhaltbarkeit zu erwecken. Es wird sich bestätigen, daß auch hier das Thatsächliche die Theorie, nicht umgekehrt der Fanatismus eines Einzelnen die Unzufriedenheit der Masse erzeugte. Wenn bei der Betrachtung irgend eines geschichtlichen Prozesses an einer Erkenntnis fest zu halten ist, so gilt dies ganz besonders für das Verständnis des durch das ganze Mittelalter sich hinziehenden wirtschaftlichen Prozesses, an dessen Ausgang der Bauernkrieg steht. Die bäuerlichen Verhältnisse hatten sich in Böhmen, im Laufe der Zeiten vielleicht noch schlimmer gestaltet wie in Deutschland. Dadurch, daß die Grundherren zugleich die Gerichtsbarkeit besaßen, hatten sie Verträgen und Gesetzen zum Trotz ein Mittel, das ihnen jede Gewaltthat möglich machte. In der That scheint auch die Behandlung der Landbevölkerung vielfach über alles Maß barbarisch und grausam gewesen zu sein; denn sonst würde Karl IV. den Adeligen nicht verboten haben, ihren Hörigen die Augen auszustechen oder Nase, Hand und Fuß abzuschneiden.[1] Es war schon mehr als genug, wenn den Bauern ein Recht um das andere abgezwackt wurde. Die Bauern, sagt ein böhmischer Gelehrte jener Zeit, seien auf den kirchlichen Gütern elende Tröpfe und Sklaven, die nichts als die bloße Nutznießung hätten. Die freien Bauern waren zu Zinsbauern herabgesunken, die zwar noch das Freizügigkeitsrecht besaßen, aber als sie davon einen ausgedehnten Gebrauch

---

[1] Bezold, z. Geschichte des Husitentums. S. 57.

zu machen suchten, durch königliche Machtsprüche uud Landtags= beschlüsse daran verhindert wurden. Neben ihnen saßen noch Hörige, die schon früher ihre Selbstständigkeit eingebüßt hatten. Alle Reformversuche seitens der Bauern, selbst seitens wohlmei= nender Männer, wie des Erzbischofs Johann von Prag oder seines Vikars Kunes von Trebovel (1386), scheiterten an dem unnachgiebigen Sinn der Herren, der weltlichen und der geistlichen. Aus diesem Grunde fanden die communistischen und demokratischen Lehren frühzeitig einen fruchtbaren Boden in Böhmen: Begharden und Dolcinianer wirkten hier mit solchem Erfolge, daß selbst päpstliche Bullen sich mit der Sache besaßten und zur Ausrottung des sektirerischen Irrwahns aufforderten. Da aber nichts zur Hebung des Uebels geschah, so wucherte diese Aussaat wie Un= kraut: von allen Seiten strömten „unzählige Ketzer, meist Deutsche und Fremdlinge herbei." Das Bemerkenswerte ist aber, daß hier in Böhmen sehr bald, schon vor den Husiten, Gewalt gegen Ge= walt gesetzt wurde. Daß man 14 Männer nnd Frauen wegen Ketzerei verbrannt hatte, beantworteten die Gesinnungsgenossen der Gerichteten mit der Ermordung des päpstlichen Inquisitors, des Pre= digermönches Gallus von Neuburg im Jahre 1341 — ein unheil= volles Beispiel. Statt die Gemüter zu versöhnen, waren sie erst recht entzweit worden. Der nachmalige wütende Haß der Husiten gegen den Clerus mag zum Teil aus diesen Vorgängen sich erklären.

Man hatte die Bauern nicht blos von Seiten ihrer geist= lichen Oberen mit mehr als unziemlicher Härte behandelt, sondern auch von Seiten der kirchlichen Autorität wegen ihrer begründeten Proteste als Ketzer gescholten, verfolgt und wo es ging gestraft. Diese schlimme Aussaat mußte aufgehen. Wer gegen die be= stehende Kirche und gegen die Verweltlichung des Klerus sei es protestirend oder revoltirend auftrat, durfte auf den Beifall der böhmischen Bauern rechnen. Das erfuhren zunächst die Volks= prediger Milic von Kremsier und Konrad von Waldhausen, dieser ein Deutscher, jener ein cechischer Priester. Waldhausen berührte zwar die Frage des weltlichen Besitzstandes der Kirche nicht, aber er eiferte gegen die Schenkung an Klöster, die man besser den Armen zufließen lasse; er predigte gegen Verschwendung und Geiz und verdammte den Wucher. Mit radikaleren Lehren trat

Milic auf, die geeignet waren, die Menge in die größte Aufregung zu versetzen; denn was er wollte, widersprach einem integrirenden Teile der damaligen Gesellschaftsordnung: er verwarf eigentlich Handel, Kapital und geistliches Eigentum. Wer Abgaben einer Gemeinde kaufe, wer Sachen erhandle, um sie teurer zu verkaufen, müsse aus der Kirche gestoßen werden. Die Zinsen, welche die Geistlichkeit für Grund und Boden erhebt, sind ihm nichts als Wucher; Priester sollen, wie er meint, überhaupt kein persönliches Eigentum, sondern nur gemeinsames besitzen. Zu diesen und ähnlichen Worten, welche Milic selbst durch seine Wanderpredigten mitten unter das Volk trug und die auf den fruchtbarsten Boden fielen, brauchte im Grund Hus einige Dezennien nachher nichts Neues hinzuzufügen; er durfte sie nur in Erinnerung bringen, sie enthielten genug Zündstoff. Wenn darauf hingewiesen worden ist, daß durch Hus das ganze Privatrecht in Frage gestellt wurde[1]) so kann man getrost noch einen Schritt weiter gehen und behaupten, daß schon Milic einen totalen Umsturz des Privatrechtes herbeigeführt hätte, wenn seine Lehren in die That umgesetzt worden wären. Daß dies erst unter oder vielmehr nach Hus geschah, hatte seinen Grund in verschiedenen Umständen. Mehr noch als Hus' Lehre, führte sein Tod die Katastrophe in ihrem ganzen Umfange herbei; aber von außerordentlicher Wirkung blieb doch sein Wort, das wie ein Evangelium verehrt wurde, selbst noch über die blutige Zeit der Husitenkriege und weit über die böhmische Grenze hinaus. Als das wesentlichste Element des Husitismus, hinter welchem trotz Allem des Politische und Nationale bedeutend[2]) zurücktritt, müssen seine religiösen und socialistischen Bestandteile angesehen werden: sie waren wahrhaft international, denn sie trafen allerwärts auf ähnliche Anschauungen und Richtungen. Dieser propagandistische Zug des Husitentums und die Empfänglichkeit für seine Forderungen wird durch

[1]) Zöllner a. a. O. S. 35.
[2]) Nur so ist es zu verstehen, daß der cechische Deutschenhaß und die spätere Verwüstung deutscher Nachbarländer seitens der Husiten selbst von einem großen Teil der Zeitgenossen so leicht vergessen oder übersehen werden konnte, weshalb nicht allein Hus auf seinem Zug nach Constanz in vielen deutschen Städten wie ein Held gefeiert wurde, sondern auch die husitischen, sozialistischen Doctrinen vielfachen Beifall gewannen.

manche Dinge bezeugt:[1]) Schon 1420 fordern die Prager und Taboriten, daß ihre vier Artikel. 1) freie Predigt des göttlichen Wortes, 2) die Kommunion unter beiderlei Gestalt für alle Gläubigen 3) Einzug aller Kirchengüter, weil der weltliche Besitz die Geistlichkeit hindere ein wahrhaft evangelisches Leben zu führen, 4) Einführung des göttlichen Gesetzes und Bestrafung aller Todsünden nach demselben, daß diese vier Artikel in die böhmische, deutsche, ungarische und lateinische Sprache übersetzt und verkündigt würden, und Procop will später geradezu dieselben zum gemeinsamen Programm der Gleichgesinnten aus allen Nationen erhoben wissen. Ziska wendet sich in seiner Kriegsordnung an die Gemeinden aller Länder und fordert zum Beitritte auf. Die Taboriten versäumten nicht ihren volkstümlichen Manifesten eine möglichst weite Verbreitung zu geben; selbst in Spanien, so wird uns berichtet, wurden ihre Aufrufe an alle Christen, Herren und Knechte, Reiche und Arme, sich nicht länger von den verderbten Pfaffen betrügen zu lassen, gelesen. Natürlich wurde zumeist das deutsche Nachbarland das Absatzgebiet für ihre Ketzerbriefe. Trotz der blutigen Kriege, die sie mit deutschen Ländern nicht zu ihrem Ruhme führten, riefen sie den Deutschen zu: „Wir wünschen, daß unter uns dieses Rauben, Morden und Blutvergießen aufhören und eine heilige und göttliche Einigung hergestellt würde." So lange freilich die Böhmen diese göttliche Einigung nicht einmal unter sich zu wege brachten, indem Taboriten und Utraquisten in wachsendem Haß sich entgegenstanden, konnte man kaum annehmen, daß andere Völker ihrer Einladung zur Verbrüderung Folge leisten würden, selbst abgesehen von ihren feindseligen Kriegszügen. Aber diese siegreichen Züge schadeten dem Husitentum selbst am meisten, nicht blos, weil sie ihre Sache als eine entsetzliche „Büberei" erscheinen ließen, sondern auch weil durch sie der böhmischen Nation die Gelegenheit genommen wurde zu zeigen, inwieweit die Theorien Hus' sich praktisch verwenden ließen. Die Störung dieses ruhigen Prozesses fällt nun nicht lediglich den husitischen Ideen als Schuld zu, so wenig als der mörderische Krieg. Denn es muß anerkannt werden, daß „damit

---

[1]) Bezold, z. Geschichte d. Husitentums S. 111. 112.

der Anfang von den Katholiken und Deutschen in der entsetzlichsten Weise gemacht" wurde.¹) Die Kurfürsten hielten es für kriegsrechtlich erlaubt, 1421 dem Kreuzheere den Auftrag zu geben, „daß man im Lande der Böhmen männiglich todtschlagen solle, ausgenommen die Kinder, die ihre Vernunft nicht haben." Dieser Befehl wurde gewissenhaft vollführt. Nach einem Bericht eines Augenzeugen, des Nürnberger Ratsfreundes, Peter Volckamer, meldet der Nürnberger Rat dem von Ulm über die Einnahme der Stadt Maschau²) (4. September 1421) Folgendes: „Und darnach des Morgens fru lüd man die Büchsen und wollt arbeiten. Do sie das auf dem Sloß (Schloß) sehen, do ruften sie zustund um Frid, also griff man zu teidingen, daß sie sich (er)geben. Der Hauptmann auf dem Sloß und acht mit ihm blieben bei Leben und sein der Fürsten Gefangen(e), die andern wurden jämmerlich zu todt geschlagen und verbrant, der(en) waren an einem Sail 84. Ein Pfaff und drei fand man danach im Haus, die wurf man über die Maur aus und wurden auch verbrant. Item das Fußvolk, das da auslauft, was nicht deutsch kann oder einem Böhmen gleich ist, das wurde gefangen, zu todt geschlagen und verbrant.' Wenn man ferner die grauenhaften Thaten in Betracht zieht, welche von den Katholiken in Kuttenberg, von dem österreichischen Herzog Albrecht, von den deutschen Kreuzfahrern und den Ungarn an den Husiten verübt wurden, wenn man ferner bedenkt, daß selbst im größten Siegestaumel die Taboriten die Weiber und Kinder verschonten, „den Frauen nichts taten', wie ihnen sogar eine deutsche Chronik bezeugt,³), so muß man dem böhmischen Geschichtsschreiber Palaky zustimmen, welcher behauptet, daß die Husiten sich in der Regel menschlicher benommen hätten. Und selbst wenn der Fanatismus und die Grausamkeit sich auf beiden Seiten die Wage hielt und die Husiten ihren Gegnern hierin nichts nachgaben, wird man das Urteil abgeben müssen, daß auch die „Büberei und das Ungefährdt" auf beiden Seiten gleich war. In diesem Falle hat wie in so manchem andern die geschichtliche Würdigung nicht die

---

[1]) Bezold, z. Gesch. d Husitentums S. 102.
[2]) Deutsche Städtechroniken II, 38.
[3]) Bezold, a. a. O. S. 20. Thüring. Geschichtsquellen III, 666.

sogenannten Früchte, sondern die treibenden Ideen auf ihren Gehalt, ihre Wirkungsfähigkeit und Berechtigung zu prüfen.¹)

Hus benützte vor allem den Haß des cechischen Adels gegen das mächtig gewordene deutsche Bürgertum und seine ständigen Rechte in dem Wahn, daß dasselbe am meisten der gedeihlichen Entfaltung der cechischen Nationalität zu blühender Größe hinderlich im wege stehe. Das war sein erster Fehler; denn er verkannte damit die Verdienste, welche das Deutschtum sich um Böhmen erworben hatte. Nicht minder gewichtig erscheint der andere Fehlgriff, daß er bei seinen socialen Reformideen nur auf die Enteignung des kirchlichen Besitzes bedacht war und, um die Aristokratie für sich zu gewinnen, die Vorrechte des Adels in keiner Weise antastete. Auf dieser Grundlage aber konnte thatsächlich eine sociale Reform, welche eine Besserung der Lage der Landbevölkerung bezwecken mußte, nicht erreicht werden. Denn schließlich zog von einer solchen Umgestaltung der Dinge einzig der Adel Nutzen, während der Bauernstand leer ausging und nur seinen Herrn wechselte, ja sogar seine Lage verschlimmert sah, so daß er hinterher „tief und tiefer in den leibeignen Stand herabsank" und sich nicht einmal mehr des Schutzes der anfangs so gehaßten „deutschen Rechte" zu erfreuen hatte.²) Die Keime hiezu lagen schon in den Doktrinen des Hus.

Wiclif³), dem Hus auch in der Frage über das Eigentum folgte, hatte in seiner Schrift de dominio divino eine ideale Gesellschaftsordnung entworfen, die nach seinen eigenen Worten „in vielen Punkten unverträglich mit dem gegenwärtigen Stande der Gesellschaft" sei, zugleich aber darauf hingewiesen, daß er praktische Zwecke nicht im Auge habe, und vor einem Mißbrauch

---

¹) Wollte man z. B. von der Grausamkeit der gegen die Böhmen aufgebotenen Kreuzheere einen Schluß auf die christliche Lehre und kirchliche Moral ziehen, so müßte das Urteil vielleicht gerade so über die Kreuzfahrer lauten, wie es Sigmund Meisterlin über die Husiten in seiner Chronik (deutsche Städtechroniken III, 177) ausspricht: „Also großen freien Mutwillen trieben die verlornen teuflischen Kint."

²) Bezold a. a. O. S. 94.

³) Buddensieg, Wiclif S. 141 f. Lechler, Johann von Wiclif ıc. I, 597 f.

seiner Sätze nachdrücklich gewarnt. „Aller Besitz beruht allein, sagt er, auf Gnade"[1]). Gott allein sei die Quelle jeden Gutes und er, nicht Kaiser oder Papst teile den Besitz unter seine Gehorsamen aus. Der ungehorsame Todsünder verliert sein Besitzrecht, welches allein in der evangelischen Gerechtigkeit oder Rechtbeschaffenheit (justitia) seinen Grund habe. Ist aber Gott der Herr aller Dinge, so ist das menschliche Besitzrecht keine Herrschaft (dominium), die Gott allein zusteht, sondern nur ein anvertrautes Lehen (ministerium), dessen Verlust durch die Todsünde bei Jedem, sei er wer er sei, auch beim Papste, herbeigeführt werde. Wer ist nun berechtigt, dem ungehorsamen Lehensmann sein Eigenthum zu nehmen? Wiclif gesteht dies keineswegs dem Einzelnen zu, sondern die staatlichen Gewalten: König, Parlament, Synoden und Koncilien haben darüber zu wachen, daß das Lehen nicht in eine Herrschaft, das Ministerium nicht in ein Dominium verwandelt werde. Die Königsgewalt ist ebenso göttlich und heilig, wie die päpstliche und steht über ihr in den weltlichen Dingen: sie hat darüber zu wachen, daß das der Kirche durch fromme Stiftungen anvertraute Gut zum Besten der Kirche und Gemeinde verwendet werde[2]). Wiclif verheimlicht hiebei nicht, daß ihm als das wahre Ideal eines „evangelischen Staatswesens" (politia evangelica) die Gütergemeinschaft vorschwebe mit Ausschluß jedes Sondereigens — respublica habens omnia in communi —; denn die Reichen versäumen trotz der göttlichen Vorschriften ihre Pflichten gegen die Armen. „Christus heißt alle, die es vermögen, arme hungrige Menschen speisen;

---

[1]) Dominion is founded alone in grace.

[2]) Wie Janssen die Dinge nach seinem Sinn zu drehen versteht, beweist er II, 394 A. 1, wo er Wiclifs Theorieen bespricht. Nach ihm lehrt W., weltliche Herren seien nicht blos berechtigt!, sondern verpflichtet der Kirche, wenn diese beharrlich fehle (soll das Todsünde wiedergeben?), ihre Güter zu nehmen, Klöster aufzuheben und das Klostergut einzuziehen. Auch seien sie d. h. die weltlichen Herren befugt, Geistliche, welche der Religion Christi sich entfremdet haben, ihres Amtes zu entsetzen. J. verschleiert hier 1) daß Wiclif von einem Einschreiten gegen die Geistlichen nur im Fall einer Todsünde spricht und 2) daß es sich nicht um beliebige „weltliche Herren" beim Einzug des Kirchengutes, sondern um die gottgesetzten Autoritäten (König und Parlament) und um ein geordnetes Verfahren (Synoden) handelt.

der Feind aber und die Seinigen lehren köstliche Feste anstellen... und die Armen vor Hunger und Elend verderben lassen". Hus stellt sich auf denselben Boden der Begründung seiner socialen Anschauungen wie Wiclif, die ihm freilich nicht blos theoretische Untersuchungen sein sollen. Auch Hus geht von der Todsünde aus; durch sie verliert sein geistliches Amt und seinen weltlichen Besitz, wer es auch sei, denn "seine weltliche oder geistliche Herrschaft, sein Amt und seine Würde wird von Gott nicht gebilligt". Diejenigen "welche ihren Besitz gegen göttliches Gebot verwalten und gebrauchen, haben kein Recht an diesem Besitz"; "der Besitz irgend eines Gutes von seiten eines Ungerechten und Gottlosen (ist) ein Diebstahl und ein Raub". Hus erörtert nun nicht etwa blos theoretisch, was sich gegen das Kirchengut vorbringen lasse, sondern er weist auf die Verhältnisse in Böhmen hin und schuldigt den Klerus an, die Verarmung des Landes durch seinen großen Besitz herbeigeführt zu haben. Der Klerus, sagt er, "hat jetzt schon den vierten oder gar den dritten Teil aller Einkünfte des Königreiches inne und die Gefahr liegt nahe, daß der sämtliche Besitz sich in Kirchengut umwandle, weil das keiner Erbteilung unterworfene Vermögen des Klerus von Tag zu Tag wachsen muß, während das der Weltlichen abnimmt". Die Ueberhandnahme des kirchlichen Besitzes ruinirt aber auch den Adel moralisch, "indem die weltlichen Herren verarmen und gezwungen werden zu Diebstahl, Raub und Bedrückung ihrer Unterthanen"[1]. Brachte es Hus durch diese Darstellung fertig, auch den Adel als schwer geschädigt hinzustellen und seine Begierde nach dem Kirchengut zu reizen, so mußte der gemeine Mann darin erst recht ein Grundübel und die Quelle aller seiner Leiden erblicken. Eine recht drastische Aeußerung der Taboriten über die Schädlichkeit des kirchlichen Besitzes[2] darf deshalb hier nicht unterdrückt werden, obwol sie erst einem Manifest aus dem Jahre 1431 entstammt: "Die Priester thun wie die Hunde; so lange dieje den Knochen im Maul haben und benagen, sind sie still und können nicht bellen; die Könige, Fürsten,

---

[1] Zöllner a. a. O. 30.
[2] Aus Monum. concil. gener. saec. XV. I, 161 bei Bezold S. 17.

Herren und Städte würden daher ein großes Werk der Barmherzigkeit thun, wenn sie ihnen den Knochen aus dem Schlunde zögen, mögen sie auch darüber zornig werden, wie die Hunde knurren, wenn man ihnen den Knochen nehmen will". Indem Hus die allgemeinen Sätze Wiclifs verläßt und die Gedanken ausschließlich auf die Geistlichkeit richtet, hat er auch die Besserung derselben im Auge gehabt, da sie dann weniger Anlaß zu Stolz, Uebermut und Ueppigkeit habe. Allein er benahm seinem System dadurch die Consequenz und, vom sittlichen Standpunkt aus betrachtet, auch die Gerechtigkeit: die geistlichen trieben es zum mindesten nicht ärger als die weltlichen Herren, eine Reform der mittelalterlichen Gesellschaftsordnung mußte die beiden privilegirten Stände zugleich treffen, nicht einen allein. Die Inconsequenz der Doctrinen Hus' trat auch darin zu Tag, daß er nicht mit Klarheit aussprach, wem das Urteil über die durch Todsünde ihres Besitzrechtes verlustig gewordenen zufalle. Wiclif wies ganz folgerichtig die Entscheidung über diese den weltlichen Besitzstand betreffenden Fragen der weltlichen Gewalt, dem König und Parlamente zu; Hus, auf der einen Seite durch die Ausnahmsstellung gebunden, welche er dem Adel eingeräumt hatte, fand auf der andern keinen deckenden Begriff, keine entsprechende Autorität. So sah er sich gedrängt gleichsam die seiner Lehre innewohnende Unklarheit selbst einzugestehen, indem er den Richterspruch „dem gläubigen Volk" zuwies. Dieses „auserwählte Volk Gottes" faßte seine Aufgabe aber bald als „Krieg gegen die Philister". „Der Tag der Rache, von Gott gesendet, sei endlich gekommen". „Verflucht ist jeder Gläubige, der sein Schwert vom Blute der Widersacher Christi fern hält, er muß vielmehr seine Hände in ihrem Blute baden und heiligen"[1]). Es mochte Hus eine Art theokratischen Staates vorschweben, jedoch ließ er es selbst an dem Versuche fehlen diesem Gedanken eine klare Gestalt zu geben. Eine weite Kluft, die kaum zu überbrücken war, zog sich durch seine Lehre hindurch. Eine radikale und eine gemäßigte Partei bildeten sich notwendigerweise von Anfang an. Jene, die Taboriten genannt, suchte im demokratischen Geiste nach einer

---

[1]) Janssen II, 394.

Neuordnung der Dinge, tastete unsicher und ohne bestimmtes Ziel in allen möglichen Projekten, selbst in der Aufrichtung einer völlig communistischen Gesellschaft umher und artete in ihren extremen Elementen bis zu den Greueln der Adamiten aus: die gemäßigte Partei aber brachte es nur zu einigen notbürftigen kirchlichen Reformen. Die Verdrängung des Deutschtums aus Böhmen und die Einziehung des Kirchengutes ausgenommen, haben die beiden Parteien nichts Gemeinsames durchsetzen können. Als schließlich die Revolution ihre eigenen Kinder verzehrte, blieb sonst von ihr nichts wesentliches übrig. Der alte trostlose Zustand kehrte verstärkt wieder zurück. Die bäuerische Bevölkerung, welcher Hus hatte helfen wollen, verfiel einem noch traurigeren Loos wie vorher. Die Leibeigenschaft wurde härter und drückender und der Adel rücksichtsloser als je zuvor. Am Ende des 15. Jahrhunderts entwirft ein böhmischer Schriftsteller[1] folgendes düstere Bild von der Lage des Landvolks: „Aus der Bedrückung mit Robot, einem früher in Böhmen unerhörten Unrecht, entsteht großes Uebel, so daß die Menschen, die solche neue unbarmherzige Lasten nicht ertragen können, ihre Habe verlassen, von ihren Gründen fliehen und nach der Flucht dem Morde, der Brandstiftung und andern Verbrechen sich ergeben, das Land dadurch verödet und Teurung und Hungersnot entstehen, Diebstähle und Mord sich mehren". Andere greifen, sagt er, zu den Waffen, und schon sei es vorgekommen, daß ein Herr von seinen Bauern erschlagen worden sei. An dem Dualismus einerseits, der die socialen Lehren Hus' zerklüftete, und an der Störung durch Kriege anderseits scheiterte das Husitentum. Wissenschaftlich angesehen sind die Lehren des Hus gegenüber denen seines englischen Vorgängers eher ein Rückschritt zu nennen als das Gegenteil. Die Instanz, welche Wiclif für die Reform sich denkt, muß in Böhmen einem so verwirrten Begriffe, wie „das Volk Gottes", Platz machen. Die Unklarheiten seiner Theorie, ihr Mangel an Consequenz konnten nicht etwa bei der Ausführung gebessert oder gehoben werden: sie erschwerten von vorneherein

---

[1] Cornelius Victorin von Vsehrd bei Chlumecky: Carl von Zierotin und seine Zeit. S. 39 A. 2. Zöllner a. a. O. S. 63.

die Reform. Sollte irgendwo die mittelalterliche Gesellschafts=
ordnung verändert werden, so war dies mit nichten auf Grund
der husitischen Ideen möglich, die selbst einer starken Läuterung
und Klärung bedurften.

Dennoch verschwand, was in Böhmen gesagt und geschehen
war, nicht ohne Wirkung von der Bildfläche. Das Schicksal
Hus' und die Husitenkriege hatten die Welt zu sehr in Mitleiden=
schaft gesetzt, als daß man achtlos daran hätte vorübergehen
können. War auch der sociale Reformversuch mißglückt, so
konnte man doch demselben seine Berechtigung nicht abstreiten.
Und weil auch in Deutschland dem Bauernstande sein Loos
immer unerträglicher vorkam, weil auch hier die sociale Frage
immer brennender wurde und eine Lösung heischte, deshalb drang
das „böhmische Gift" ohne Zweifel auf vielen Wegen in den
Körper der deutschen Gesellschaft ein. Männer wie der sächsische Geist=
liche Johann Drändorf und Peter Turnau in Speyer verbreiteten
nachweislich die husitischen Lehren in Deutschland[1]). Es gab
genug begierige Ohren und empfängliche Herzen, und zwar nicht
allein unter dem Bauernvolke, für das, was aus Böhmen ge=
meldet wurde. Die klingenberger Chronik[2]) läßt sich darüber
folgendermaßen aus: „Also wurden nun die Böhmen als stark
und als mächtig und ward ihr Uebermut als groß, daß man
sie allenthalben fürchtete und alle frommen Leute sich entsetzten,
daß die Büberei und das Ungefährt in andern Landen auch
aufstände und die Frommen und die Gerechten und die Reichen
drückten. Denn es war ein Lauf für arme üppige Leute, die
nicht arbeiten mochten und doch hoffärtig, üppig und öd waren;
denn man fand viel Leute in allen Landen, die als grob und
schnöd waren und den Böhmen ihrer Ketzerei und ihres Un=
glaubens geständen, so sie glimpflichst konnten; und wo sie das
nicht öffentlich zu thun wagten, da thaten sie es heimlich, denn
sie mußten die Frommen und Gerechten fast darin scheuen. Also
hatten die Böhmen viel grober Leute, die ihre heimlichen Gönner

---

[1]) Theolog. Studien u. Kritiken, Jahrgg. 1869. S. 133. Ulmann,
d. Ref. vor d. Reform. I, 311. Haupt a. a. O. S. 32.

[2]) Henne von Saargans S. 198., vergl. Bezold in der Sybel'schen
Zeitschrift S. 16.

waren. — Wie man denn in denselben Zeiten fast geneigt war wider die Pfaffen und es das gemeine Volk desto lieber hörte, hatten sie die Pfaffen zu Wort und wie jedermann mit den andern teilen sollte sein Gut; was auch viel schnöden Leuten wohl gefallen hätte und auch wohl gekommen wäre. Also regte sich der alte Haß, den die Bauern und die Pfaffen zu einander haben". Die husitischen Lehren fielen eben gerade in Deutschland deshalb auf einen wohl vorbereiteten Boden, weil dort seit langen Jahren im Stillen das Waldensertum weite Gebiete ergriffen und die verschiedensten Formen der Ketzerei und Sekten groß gezogen hatte. „Was unmeßlicher Bosheit, Schalckheit, Büberei — sagt ein Bericht des 15. Jahrhunderts[1]) — die Beckgart(en) und Lollhart(en) treiben und die Winkelprediger vor dem Behamer Wald, will ich zu diesem Mal nit von schreiben, denn es bedorft (bedürfte, wäre nötig) meh(r) zu schreiben, denn ein Biblia inhält. Und der Verkehrer und Winkelprediger seint (sind) fast viel vor dem Behamer Walde besonders umb Eger und in der Vogt Lande". „Desgleichen zu Ulme und voraus in dem Schwartz= wald und Wirtenbergischem Lande seint über die Maßen viel Lollhart, Beckhart und Begein, von denen man viel Uebels sagt mit Unkeuschheit und ander Büberei zu vollbringen". Im Jahre 1446 verbreitete ein gewaltiger Volksredner, Friedrich Müller, in Neustadt an der Aisch, in Windsheim und Rothenburg, und in der Markgrafschaft Ansbach husitische Lehren mit solchem Erfolge, daß ihm viele Leute zufielen. Als der Bischof von Würzburg gegen ihn einschritt, mußte der Prediger sich flüchten; 130 seiner Anhänger wurden nach Würzburg gebracht und dort zum Widerrufe gezwungen[2]). Solche Bestrafungen einzelner nütz= ten wenig; denn der Verkehr zwischen Böhmen und Deutschland war so rege, daß man allen Verbreitern husitischer Anschauungen nicht auf die Spur kommen konnte. Besonders wurden die böhmischen Soldknechte „Bettler und Buben", welche in den zahlreichen Fehden und Kriegen jener Zeit sich von deutschen

---

[1]) Quellen zur bayer. und deutschen Geschichte II, 109. 111, zu vergl. Haupt die religiösen Sekten in Franken vor der Reformation.

[2]) Hagen, Deutschland's lit. u. religiöse Verhältnisse im Reform. zalter I, 169.

Herren anwerben ließen, die Apostel ihres heimatlichen Evangeliums, die Verkündiger des göttlichen Rechts und Gesetzes[1]). Es war ihnen nicht schwer gemacht sich Zuhörer zu verschaffen. Ein pessimistischer Zug hielt alle Gemüter gefangen. Der Empfindung von der Unhaltbarkeit der Zustände und einer bevorstehenden Katastrophe begegnet man überall und in den verschiedensten Formen der Aeußerung. Nikolaus von Cues spricht sie unverholen aus; das Reich erliege, sagt er, der Selbstsucht der Fürsten, die Unterthanen seien mit Lasten überbürdet, der Arme finde nirgends sein Recht. „Wie die Fürsten das Reich verschlingen, so verschlingt einst das Volk die Fürsten". Aehnliche Prophezeiungen gingen in großer Anzahl im Schwange: Furcht, Erbitterung und Trauer schufen sie. Man sagte und glaubte, daß der Kaiser Friedrich kommen, dem Regiment der „Pfaffen" ein Ende machen und dem armen Manne Beistand thun werde. „Man meint wohl, daß vor dem jüngsten Tage ein mächtiger Kaiser der Christenheit werden solle, der Frieden machen werde unter den Fürsten, der werde eine Meerfahrt machen und das heilige Grab gewinnen. Man nenne ihn Friedrich um des Friedens willen, den er macht, ob er gleich nicht also getauft ist". Es geschahen Zeichen und Wunder, die allgemein geglaubt wurden, von den Gebildeten wie den Ungebildeten. Besonders verkündeten die Sterne Unheil und Verderben. Ihre Stellung hatte ja nach der Astrologie entscheidenden Einfluß auf die menschlichen Geschicke. In Amberg predigte 1439 ein Geistlicher, daß jetzt der Planet Luna herrsche und in Folge dessen große Veränderungen eintreten würden; der furchtbare, pfaffenfeindliche Kaiser Friedrich werde erscheinen und die Dinge der Welt vollständig umändern: eine Erwartung, die schon 1348 allgemein gehegt wurde[2]). Friedrich, hoffte man schon damals,

---

[1]) Die Böhmen und Stradioten (Albanesen) galten als besonders brauchbares Kriegsvolk. „Ist ein gut Volk auf die Bauern, — schreibt im Bauernkrieg der bayrische Kanzler Dr. L. v. Eck seinem Herzog — denn wollte sich eine Empörung im Fürstentum erheben, ist mit Niemand besser, denn mit fremden Leuten, als Stradioten und Böhmen zu stillen". Vogt bayr. Politik S. 396.

[2]) Haupt a. a. O. S. 15.

werde wieder den deutschen Thron besteigen, er werde die Tochter des Armen dem Reichen und die reiche dem Armen geben, er werde Nonnen und Mönche verheiraten, Wittwen, Waisen und Beraubten ihr Gut zurückgeben und allen Menschen zu ihrem Rechte verhelfen. Die Kleriker aber werde er verfolgen. Alle möglichen Gattungen von Schriften, — denn bald zeigte sich die Wirkung der neuen deutschen Kunst, des Bücherdrucks, — trugen derartige Vorherverkündigungen unter das Volk: astrologische Büchlein, Prognostiken, Praktiken und Ephemeriden mit ihrem Wetterkalneder.

Da erschien 1476 zum ersten Male eine Schrift im Drucke, die bereits 1438 verfaßt war und deren Inhalt ihr Verfasser auf seinen Wanderzügen durch die deutschen Lande schon mündlich verbreitet hatte. Sie darf als die hauptsächlichste Trägerin und Vermittlerin des husitischen Geistes in Deutschland angesehen werden; man hat sie nicht mit Unrecht die Trompete des Bauernkrieges genannt. Wegen ihrer Bedeutung und Wirkung ist ihr besondere Aufmerksamkeit zu schenken. Nachgewiesenermaßen wurde „Friedrich Reiser's Reformation des Kaisers Sigmund"[1]), so ist die Schrift am besten zu betiteln, im Druck aufgelegt 1476, 1480, 1484, 1490, 1497 und vielfach noch im ersten Viertel des 16. Jahrhunderts. An jenen Volksglauben von der Ankunft eines friedenstiftenden Kaisers knüpfte der Verfasser seine Schrift an; Sigmund ist der erwartete Erneurer des geistlichen und weltlichen Standes und die Schrift „Reformation" sein Programm.. Nichts bezeugt die gesamte Stimmung der Zeit mehr, als daß man an der Echtheit der Reformation Sigmunds nicht den mindesten Zweifel hegte und daß dieselbe auch im sechzehnten Jahrhundert, den bekannten Cochläus abgerechnet, keinerlei Anfechtung erlitt, obwohl doch schon Trithemius an ihr aussetzte, daß sie eines Husiten würdiger sei, als eines

---

[1]) Böhm W., F. R. Reform. d. K. Sigmund. Die Autorschaft Reiser's wird entgegen der Ansicht Böhm's in der Jenaer Litteratur-Zeitung 1876, S. 792 stark in Zweifel gezogen. Ich kann mich bis jetzt nicht davon überzeugen, daß Böhm's Meinung unhaltbar sei; behalte mir aber eine eingehende Besprechung der Sache an einem andern Orte vor. Auch Haupt a. a. O. S. 44 nennt einfach Reiser den Verfasser der Schrift.

Christen; gegen die Geistlichkeit herrsche kein aufrichtiger Sinn darin; sie empfehle mehr, was dazu diene, die Kirche und den gesamten Klerus zu vertilgen, als sie zu reformieren. Zweifellos legte sie das Messer schonungslos an, die Schäden der Kirche auszuschneiden; aber sie begnügte sich damit nicht. Auch was am weltlichen Stand d. h. an der Gesamtheit der Stände vom obersten bis zum untersten herab mangelhaft ist, muß gebessert werden: nicht mit kleinen Mittelchen, sondern mit radikalen Heilmitteln, welche die Uebel bei ihrer Wurzel angreifen. Was Concilien und Reichstage nicht zu wege gebracht haben, das bringt die „Reformation" zu stande mit einem Schlag. Es kann nicht bestritten werden, daß sie von taboritischen Lehrmeinungen, hauptsächlich soweit es sich um das sociale und politische Gebiet handelt, ihren Ausgangspunkt nimmt, während sie in kirchlichen Dingen sich vom böhmischen Radikalismus frei erhält; aber sie wahrt sich ihre Selbständigkeit doch überall, auch der Kirche und dem Klerus gegenüber. Die ganze Schrift zeugt von vertrauter Kenntnis der bestehenden Verhältnisse; ihr Verfasser ist ein erfahrener Mann, den das Leben viel umgetrieben hat: er weiß, wie es steht und was er will. Schon daß er eine durchgreifende Scheidung zwischen Geistlichem und Weltlichem verlangt, legt einen unanfechtbaren Beweis von seiner Einsicht ab. Friedrich Reiser, der Verfasser dieser Schrift, war ein geborener Schwabe. Sein Vater gehörte sicherlich zu der im südlichen Deutschland weit verbreiteten Sekte der „Winkeler", d. i. der deutschen Waldenser, mit deren Lehren er seinen Sohn, als er siebzehn Jahre alt war, bekannt machte und ihn zum Verbreiter derselben bestimmte. Aeußerlich ergriff er den Beruf eines Kaufmanns in einem Nürnberger Haus, wo er mit dem bekannten Prager Magister Peter Payne, der „schon damals die Herstellung einer Union zwischen den Husiten und deutschen Waldensern eifrig betrieb", zusammentraf und von ihm als Lehrer durch den Genuß des Abendmahls förmlich geweiht wurde. Von nun an trieb er sein doppeltes Geschäft als Kaufmann und Lehrer in der Schweiz und verschiedenen Gegenden Deutschlands, bis er im Jahre 1430 einen Gesinnungsgenossen, Johannes von Plauen, suchend, der in böhmische Gefangenschaft geraten war, von den Husiten selbst gefangen genommen wurde. Während seines Aufenthaltes in Böhmen wurde er zum Priester geweiht und folgte im Jahre 1433 den Gesandten der Husiten zum Concil nach Basel. Nach Böhmen zurückgekehrt fand er einen Wirkungskreis in dem Städtchen Landscron; er habe, sagt er, „den Leuten das Sakrament geben und die Hostien gesegnet nach seiner Gewonheit und er sei mehr denn ein Jahr da gewesen". Abermals begab er sich dann zu längerem Aufenthalte nach Basel, zog dann nach Straßburg durch Schwaben, nach Franken, überall bestrebt sich mit seinen Gesinnungsgenossen ins Benehmen zu setzen, die kleinen Häuflein derselben zu Gemeinden zu sammeln und sie in Verbindung mit der taboritischen Kirche in Böhmen zu bringen. Er war auf seinen Wanderzügen zu der festen Ueberzeugung gekommen, daß nur durch eine solche Vereinigung das deutsche Waldensertum zu gedeihlicher Blüte sich entfalten könne. Es wird daher wohl auch seiner Anregung zuzuschreiben sein, daß in Tabor die Aufstellung einer Anzahl von Wander= oder Reiseprediger beschlossen wurde, über die vier Bischöfe die Aufsicht führen sollten. Ihm selbst wurde die oberste Leitung der waldensischen Kirche anvertraut; er führte deshalb den Titel: Friedrich, von Gottes Gnaden Bischof der Gläubigen in der römischen Kirche, welche die Schenkung Constantius verwerfen[1]). Seine Organisationsentwürfe in dieser Hinsicht führten trotz seiner unermüdlichen Thätigkeit aus verschiedenen Ursachen zu keinem günstigen Resultat. Im Jahre 1457 fiel er den Ketzerrichtern zu Straßburg in die Hände, die ihn grausam processierten und zuletzt verbrannten. Im wesentlichen enthält wohl seine Schrift die Lehren, welche er als Wanderprediger auf seinen Reisen mündlich ausgebreitet hatte; so wurde der Inhalt derselben nicht erst bekannt, als sie durch den Druck veröffentlicht wurde, ein Umstand, der nicht übersehen werden darf. Ihre Wirkung aber beruht vor Allem darin, daß eine Reform des Verhältnisses zwischen Staat und Kirche in keiner andern Richtung denkbar erschien, als sie Reiser verlangte, und daß gerade Kaiser Sigmund ähnliche Reformpläne gehegt hat[2]).

---

[1]) Haupt a. v. O. S. 46.
[2]) Böhm a. a. O. S. 113.

Der Name des Kaisers, unbedenklich als authentisch hingenommen, verlieh dem Schriftstück ein außerordentliches Gewicht und benahm demselben den Makel taboritischer Ketzerei: das erste, weil die Reform auf unmittelbare göttliche Eingebung und Erweckung hin erfolgte, denn im Traum hatte Sigmund eine Stimme vernommen, die zu ihm sprach: „Sigmund, stand (steh') auf, bekenn' Gott, bereit' einen Weg der göttlichen Ordnung"; das zweite aber, weil sich die „Reformation" von jedem Uebergriff auf das kirchliche Lehrgebiet vollständig frei hielt. An allen Stellen, wo die „Reformation" ansetzte, waren es thatsächliche Verhältnisse, welche dringend einer Verbesserung bedurften. Es wurden nicht neue Fragen aufgeworfen, sondern längst gestellte beantwortet, Fragen, welche auch der gemeine Mann bestens kannte. Er mußte dazu diese „Reformation" um so leichter verstehen, als sie durchweg volkstümlich geschrieben war.

Es kann nun nicht unsere Aufgabe sein den gesamten Inhalt der umfangreichen Schrift zu skizzieren; dagegen haben wir den Geist derselben zu zeichnen und diejenigen Partien namentlich hervorzuheben, welche sich auf die sociale Frage beziehen. Der Verfasser geht von dem Grundgedanken aus, daß eine neue Ordnung unabweisbar notwendig ist. „Gehorsamkeit ist todt; Gerechtigkeit leidet Not; nichts stat (steht) in seiner rechten Ordnung". „Man soll wissen, daß es nit mehr wohl gehen mag, man habe denn eine rechte Ordnung des geistlichen und weltlichen Standes". „Die Häupter sind alle in die Gruben gefallen mit dem Unrecht". „Das Haupt ist zu krank, die geistlichen und weltlichen Häupter lassen fallen, was ihnen von Gott empfohlen ist'. Dem Kaiser haben die Fürsten die Macht genommen, so daß er nichts auszurichten vermag; alle Hoffnung steht daher auf dem Bürgertum, auf „den Reichsstädten: wann die schliefen und nit wacheten, so wär die Christenheit Gottes und aller seiner Gnaden entfremdet". Die Reichsstädte werden sich dieser hohen Pflicht nicht entziehen; aber wenn dies der Fall sein sollte, wenn sie die Gebrechen in ihrer eigenen Mitte nicht abschaffen, die Vorrechte Einzelner nicht aufheben werden, so muß sich die Gemeine ins Mittel schlagen. „Ich mein wohl, wollten Herren und Reichsstädt nicht darzu thun, man fände getreu Christen in der Gemeine". „Wenn die Großen schlafen, so müssen die Kleinen wachen, daß es doch je gehen muß". „Greif es mit der Gemein an, und kecklich ohn' alles Ablan (Ablassen, Unterlassen)".

Die Notwendigkeit der neuen Ordnung bedingt auch die rücksichtslose Einführung derselben, wer sich ihr widersetzt, wird ohne Schonung gerichtet. Solche Strenge ist ein verdienstliches Werk. „Es soll auch ein jeglicher Fürst oder Herr, Land oder Stadt diese Ordnung... lassen abschreiben umb das, daß die Presten (Gebrechen) verhütet mögen werden, ob Jemand ungehorsam wäre. Wo sich das fände, es wäre an geistlichem oder an weltlichem Stand oder an weltlichen Häuptern, so soll sein Leid männiglich empfohlen sein und sein Gut anzugreifen und abzunehmen von der Welt. Denn die Ungehorsamen sind Gott nit nutz. Sind sie aber geistliche Häupter, so soll man sie aber berauben ihrer Pfründen, und umb die Aempter kommen sein, es seien auch Bischof, Doctores oder Priester. Sind es Klöster, so soll man sie zerstören ganz und gar". „Da dienet man auch Gott an (damit), daß man sie vertreibt und abthut".

Nach dem Grundsatze: „Es soll sich lauter in allweg scheiden das geistlich und weltlich", wird der gesamte geistliche Stand vom Papst bis zum Gemeindegeistlichen herab reformirt und zwar so, daß die weltliche Herrschaft des Klerus durchweg aufgehoben, derselbe mit einem festen Gehalt bedacht und auf die strenge Ausübung des geistlichen Berufs angewiesen wird. „Man soll auch wissen, daß es notturftig ist von den Bischöfen und Aebten und den geistlichen Häuptern, daß sie kein Schloß, Feste noch Städt, Zwing (Gebiet) noch Bann nicht haben sollen noch recht ist. Sie sollen alle stehen und fallen auf einen römischen König zu dem Reich; der soll sie zu Lehen machen Herren, Rittern und Knechten und Reichsstädten, daß sie dem Reich beiständig seien". „Die Bischof dürfen keine Steuer mehr nehmen, sie dürfen nit mehr kriegen mit keinem; die Lehen von ihnen gehabt haben, sollen nun dem Reich mit ihrem Lehen gehorsam sein; Bischof sollen Gott dienen". Der Verfasser tritt im weiteren durchgehends für eine ernste Auffassung des geistlichen Amtes und für wahrhaft christliches Leben des Klerus ein.

Den Orden ist er im Ganzen wenig günstig gesinnt. Am liebsten sähe er ihre Abschaffung: „man thu sie gleich ab, das ist nit wider Gott". Je tiefer er das geistliche Amt aufgefaßt wissen will, um so mehr sucht er die Geistlichkeit von Allem, was weltlich heißt, zu trennen. Müßiggang und sinnlicher Genuß sind ihm ein Greuel, sie schicken sich für den Geistlichen nicht. Im Dienste Gottes und seines Amtes soll jeder seine Kräfte brauchen. Das ihm anvertraute Amt soll jeder selbst verwalten. Die Pfründenhäufung ist durchaus verboten. Ordenskleriker sollen weder Bischöfe noch Päpste werden können. Die simonistische Aemtervergebung ist eine grobe Sünde; sie führt unfähige und schädliche Menschen ins geistliche Amt: „die haben nun das Evangeli nit können predigen, noch die Sakrament der Kirchen beschicken noch beordnen. Darumb ist an viel Stätten ketzerlicher Glaub aufgestanden". „O ihr edlen Christen, gedenket dies fürzusehen, daß man Niemand mehr laß denn eine Pfründe, und daß auch die verdienet werd". Biß ins Einzelnste verfolgt die „Reformation" die Pflichten des Klerus. Ausschließlich auf das rein Geistliche und Kirchliche wird er verwiesen. Dagegen spricht die „Reformation" den eigentlichen Besitz irdischen Gutes lediglich dem weltlichen Stand, den Nichtklerikern zu. Sie allein sollen erwerben und besitzen. Die Form auch dieser Gesellschaftsordnung ist das Lehenssystem. Vom Kaiser geht die Uebertragung der Lehen aus; es bleiben Grafen, Ritter, Reichsstände und Unterthanen bestehen; ob auch die Fürsten, darüber ist eigentlich nichts gesagt. Aber an dem Lehenssystem soll alles Mißbräuchliche und Maßlose beseitigt, in erster Linie die Leibeigenschaft, aufgehoben werden. Die Freiheit für Jedermann ist das Grundprinzip. „Es ist eine ungehörte Sach, daß man es in der heiligen Christenheit öffnen (offenbaren) muß das große Unrecht, so gar fürgeht, daß einer so geherzt ist vor Gott, daß er gedar (wagt) sprechen zu Einem: Du bist mein eigen. Denn gedenkt man, daß unser Herr Gott so schwerlich mit seinem Tod und seinen Wunden um unsertwillen williglich gelitten hat umb das, daß er uns freiet und von allen Banden löset und hierinnen Niemand füro(hin) erhebt (erhöhet) ist einer für den andern, denn wir in gleichem Stand (sind) in der

Erlösung und Freiheit, er sei edel oder unedel, reich oder arm, groß oder klein. Wer getauft ist und glaubt, die sind in (zu) Christo Jesu Glieder gezählt. Darum wisse Jedermann, wer der ist, der seinen Mitchristen eigen spricht, daß der nit Christi ist und ist Christi wider und sind alle Gedot Gottes an ihm verloren". Daß auch Klöster eigene Leute genommen haben, muß ihnen als eine besonders große Sünde angerechnet werden und ist nicht länger zu dulden. Den Adeligen, welcher seinen Leibeignen die Freiheit nicht wiedergeben will, soll man „abnehmen und ganz abthun; ist es aber ein Kloster, das nicht ganz absteht, so soll man es ganz und gar zerstören; das ist göttlich Werk". „Man soll es nit mehr vertragen noch leiden an Niemand weder an Geistlichen noch an Weltlichen. Lasset uns unsers Frommen wahrnehmen und unser großen Freiheit leben". Auch die übermäßige Belastung des Bodens mit Zinsen ist eine Sünde. Alles, was der Bauersmann mit seinem Vieh bebaut, ist mit Zinsen überladen. Wunne, Weide und Holz sind verbannet"[1]). „Man soll aber wissen, daß man weder Holz noch Feld in keinen Bann legen soll". „Item man verbannt auch die Wasser, die ihren Gang müssen haben, die allen Ländern dienen, und es Niemand wenden mag noch kann, als es Gott geordnet hat. Die sollen nun freistehen". Es ist notwendig, daß die Bauern von diesen Lasten befreit werden; denn, man lebt doch ihrer Arbeit. Denn ohne sie mag Niemand bestehen". „Aber, es ist leider dazu kommen, mocht (vermöchte) man das ganz Erdreich zwingen und die Wasser, man zwänge sie. Nun sehen wir wohl, wie es Gott geordnet hat, das hält man nit, und sind dawider. Es sollten schier unvernünftig Tiere über uns schreien und rufen: frommen und getreuen Christen, lasset euch zu Herzen gehen alles groß Unrecht, während es an der Zeit ist, ehe daß es Gott schwerlich räche".

Wie mit den Zinsen, steht es auch mit den Zöllen. Man weiß, „daß alle Lande schwerlich übersetzet sind mit Zöllen. In

---

[1]) d. h. der freie allgemeine Gebrauch ist ausgeschlossen, die Benutzung nur gegen Vergütung gestattet.

jeglicher Stätten (an j. Ort) ist schier ein Zoll". Die Zölle sind die berechtigten Abgaben für Weg und Brückenbau; alles andere ist Unrecht und Mißbrauch, „ist Wucher". „Nun nehmen Geistlich und Weltlich unmäßig Zoll wider Gott dennoch frevent= lich". Wer Zoll einnimmt ohne zum angegebenen Zwecke, ist „ein offener Sünder und Wucherer". Zwei Drittel davon soll man abthun; es genügt ein Drittel. Will ihn dennoch ein Herr mit Gewalt erzwingen, „so mag ihn jedermann angreifen und (soll ihm) erlaubt sein das seine"; den Geistlichen aber soll man das Zollrecht überhaupt nehmen und der nächstgelegenen Reichsstadt geben „an des Reiches Statt, denn all Zoll soll das Reich versorgen", auch die Herren haben ihn nur vom Reich „lehen= weiß".

Mit den Privilegien sucht die Reformation überhaupt mög= lichst aufzuräumen. Sie sind meistenteils dem Gemeinwohl nicht zuträglich. Jeder aber soll, so gut es geht, zu seinem Rechte kommen. In Stadt und Land soll jeder „sein eigenes Gewerb und Handwerk treiben". „Es sind die Handwerk darum erdacht, daß Jederman sein täglich Brod damit gewinn, und soll Niemand dem andern greifen in sein Handwerk". „Ist einer ein Wein= mann, so geh' (er) darmit um und treib kein Ding darzu. Ist er ein Brodbäck, dasselbe". „Ein Baumann soll seinen Acker bauen, ein Rebmann seinen Weingarten". Das ist es, „was kaiserliches Recht gebietet, — unsere Vordern sind nit Narren gewesen".

Wenn die Kaufleute die Preise der Waren, die sie einführen, zu ihrem eigenen Vorteil und zum Schaden des gemeinen Mannes untereinander ausmachen, so muß das in Zukunft durch obrig= keitliche Taxierung verhindert werden. Auch die großen Handels= gesellschaften in den Städten müssen „gebrochen" werden, denn sie kommen „aller Gemein in den Städten und auf dem Land übel". Durch sie werden die Preise nach ihrem Belieben und zu ihrem Nutzen verteuert: diese „Aufsätze" thun aber „allen Landen weh". Aus dem gleichen Grund kann „das Fürkaufen" nicht mehr gestattet sein; dadurch schlägt man „ungewöhnlich Gewinn" auf das zum Leben Notwendige und „dringet den armen Mann". Wer durch den Fürkauf seinen Nächsten wissentlich und absichtlich „schätzt", bricht „das Gebot Gottes, uud ist eine Todsünde". Deshalb soll auch der Preis der Lebensmittel durch weise und fromme Männer, welche eidlich zu verpflichten sind, festgesetzt werden, also von „Korn und Wein und alle ander Ding, das ässig (eßbar) sei; daß der Baumann (Bauer) und Rebmann (Winzer) bestehen mögen bei ihrer Arbeit und jeder Handwerksmann bei seinem Lohn bestehen mag", dem letzteren soll ebenfalls für seine Arbeit der Lohn „gesetzt" werden.

Auch über das Münz=, Paß=, Gerichts= und Notariatswesen verbreitet sich „die Reformation". Schuldner dürfen nicht mit kirchlichen Strafen der Schulden halber belegt werden. „Man soll Niemand bannen um Geldschuld"[1]). Dem Banne verfallen Kirchenräuber, offene Wucherer, Ehebrecher und Gotteslästerer. Alle diese Dinge haben das Absehen, dem gemeinen Manne das Dasein zu erleichtern; überall befand er sich bisher im Nachteil. Selbst in den Reichsstädten, auf welche der Reformer doch große Stücke hält, ist nicht Alles in der rechten Ordnung. Besonders findet das Zunftwesen keine Gnade vor ihm, es ist eine Bevorrechtung, ein Privilegium: una parcialitas nennt er es, „und nit ein rechte Gemeinsamkeit". Eine Zunft hilft der andern; „damit ist dann die Gemein betrogen". Aber nach dem Recht soll „Jedermann dem andern gleich sein".

Die Gleichheit und Freiheit ist nach der „Reformation" die einzig berechtigte Form des Daseins, Frieden und Glückseligkeit schon hier auf Erden ihr Ziel. Friedrich soll der König genannt werden, weil er „reichlich alle Land zu Frieden setzt." In diesem Friedensreiche ist die „Freiheit groß", Glaube und Liebe steht recht in allen Punkten. Den „gewaltigen Häuptern" ist die Kraft genommen. Die Menschheit genießt die Freiheit, die ihr Christus „aus väterlicher Weisheit zugesetzt" hat. „Das ewige

---

[1]) Dieser Mißbrauch kirchlicher Strafen zu unkirchlichen Zwecken treibt auch den Memminger Bürger Sebastian Lotzer, der zu den berühmten 12 Bauernartikeln in einem sehr nahen Verhältnis steht, in seinem „Beschirm= büchlein auf 31 Artikel" (1524) im 15. Artikel zu der mit Reiser fast wörtlich übereinstimmenden Forderung: „Man sollt Niemand um Geldschuld bannen, nur allein in öffentlichen Sünden." Vergl. hierüber meinen Aufsatz in Zeit= schrift f. kirchl. Wissenschaft und kirchl. Leben. Jahrg. 1885 S. 483.

Leben liegt vor uns. Wer nun nicht ermahnt sein will, der heißt billig nit ein Christ; der soll wissen, daß ihm die Hölle offen ist. Darumb edlen, freien Christen thut darzu, als (in dem Maß als) wir gern wollten kommen zur ewigen Ruh."

So weit im wesentlichen der Inhalt der Schrift Friedrich Reiser's, die trotz einzelner Abweichungen sich in der Sphäre der husitischen Gedankenwelt bewegt, was durch den Aufenthalt des Verfassers in Böhmen ja schon äußerlich nahe gelegt ist. Husitisch ist vor Allem der Radikalismus der nationalökonomischen Forderungen in Bezug auf die Einziehung des Kirchengutes; husitisch die Connivenz, mit welcher Stellung und Besitz des Adels behandelt wird; husitisch ist der demokratische Zug, der in letzter Instanz die Ausführung dieser neuen Ordnung von der „Gemeine" erwartet; husitisch endlich der Appell an die Gewalt und die mystische Vorstellung, daß der Gebrauch der Gewalt, wenn es die Notwendigkeit erheischt, ein Gott wohlgefälliges Werk, ein Gottesdienst sei. So läuft auch diese Reformation schließlich auf einen Vernichtungskrieg des Bestehenden hinaus, obwohl der Verfasser sich enthält diese Consequenz offen auszusprechen. Die verschiedenen Gründe, welche den Verfasser veranlaßten seine Schrift bei Lebzeiten nicht öffentlich ausgehen zu lassen, leuchten von selbst ein. Er brauchte dies nicht zu thun, so lange er selbst der lebendige Träger und Vermittler seiner Ideen war und sie tagtäglich und an vielen Orten im persönlichen Verkehr ausbreitete. Als ein Zeichen von dem nachhaltigen Eindrucke dieser Lehren wird der Umstand neben anderm zu betrachten sein, daß sie nach dem Tod Friedrich Reiser's gedruckt, vielfach aufgelegt und gelesen wurden. So setzte sich die Wirkung, man darf sagen, fast ein ganzes Jahrhundert ununterbrochen fort.

Man wird also bekennen müssen, daß dem husitischen Geist eine wesentliche Beeinflußung der öffentlichen Meinung in Deutschland zuzuschreiben ist. Zu diesen mystisch-religiösen Vorstellungen trat noch um so wirksamer, weil sich Gegensätze gern ergänzen und berühren, eine nüchterne und praktische Anreizung hinzu: die Erinnerung an die ruhmwürdigen Kämpfe der Schweizer um Recht und Freiheit, an ihre glänzenden Siege, die sie über ihre Bedrücker im vierzehnten Jahrhundert davon getragen hatten.

Zunächst und zumeist zeigte das sich naturgemäß im deutschen Südwesten, der überhaupt in wirtschaftlicher und kultureller Beziehung der entwickeltste Teil Deutschlands damals war: man denke nur z. B. an den lebhaften Verkehr mit Italien.[1]) Indessen blieb dies Beispiel auch in weiteren Kreisen durchaus nicht unbeachtet. Vielmehr darf man sagen: die Husiten auf der einen Seite als Vorkämpfer der religiösen und socialen Freiheit, die Schweizer auf der andern als die Vorkämpfer der politischen Freiheit standen dem deutschen Bürger- und Bauernvolk als lebendige Vorbilder stets vor der Seele. Deßhalb wurden die beiden Namen Schlagwörter, in denen der gemeine Mann kurz und bündig sein ganzes Dichten und Trachten zusammenfaßte. Besser wußte er seine Stimmung nicht auszudrücken, als indem er auf das hinwies, was in der Schweiz und in Böhmen geschehen war. Dem Abte Trithiems sagte einmal ein Bauer[2]): „Was man Alles, wenn man den Bundschuh aufwirft, gewinnen kann, muß das Glück lehren; zum wenigsten aber müssen wir frei sein wie die Schweizer und auch in geistlichen Dingen mitregieren wie die Husiten." Man deutete sprichwörtlich, was man von der Zukunft erwartete, z. B. dadurch an, daß man sagte, diese oder jene Gegend, etwa der Schwanberg, werde „bald in der Schweitz" liegen,[3]) d. i. „gantz Deuschland wird Schweitz werden," „denn ein gemein Gerücht ist selten erlogen." Als die Kärnthner und Ennsthaler Bauern sich wider ihre Herren verbündeten, war nach dem Bericht eines Chronisten[4]) „die gemayn Sag, sy wolten sich nach der treulosen Sweytzer Gewonhayten halten." Die Unterthanen des Bistums Speyer, unzufrieden mit ihrer Lage, drohten, sie wollten Schweizer sein. Auch bei den oberen Ständen wurde Schweizerart ein Stichwort, mit dem man die Neuerungssucht, das Freiheitsgelüste, den Trieb nach Selbstständigkeit im Bürger- und Bauernstande verschrie, verhöhnte oder auch fürchtete. Der Begriff Schweiz bezeichnete ihnen einen politischen und socialen Zustand, den man in Deutschland nimmermehr aufkommen lassen

---

[1]) Roscher, Nationlökonomik S. 27.
[2]) Janssen II, 399.
[3]) Agrikola, Sprichwörter S. 214. Nr. 389.
[4]) Hahn, collect. monument. tom. I, 634.

Vogt, Vorgesch. d. Bauernkrieges.

dürfe. So steht z. B. die aufstrebende Reichsstadt Nürnberg bei dem Markgrafen von Ansbach im Geruche der Schweizerei. Der Hochmut dieser „dummen stolzen Bauern und Feigensäcke" sei überaus groß geworden; der Markgraf, feuert ihn ein anonymer Dichter[1]) an, würde sich ein Verdienst erwerben, wenn er sie in einem Kriegszuge seine starke Hand fühlen lasse:

>„Ihr seid desto höher zu schätzen,
>Wo ihr sie über die Rüssel schlagt
>Und sie euch unterthänig macht.
>Es werden sunft ganz Schweizer darauß!"

Es genügte, von Unterthanen, gleichviel ob mit Recht oder Unrecht, dies landläufige Schlagwort zu gebrauchen, wenn man sie in den Verdacht zu bringen suchte, als wollten sie sich ihrer Pflichten oder gar ihrer Herren entledigen. Die Bewohner des fränkischen Fleckens Heidingsfeld wurden auf diese Weise bezichtigt, als sie einen Herrn von Gutenstein gefangen nahmen:[2])

>„Der Schweizer Art will sich regen
>Und die Böswicht erwegen
>Gegen ihren Herrn empören;
>Ist Schand von Franken zu hören,
>Die man hat vorher geehrt!
>Helft ihr Herrn, daß es werd gewehrt.
>Und nähet es zu rechter Zeit,
>Eh' das Loch werd zu weit."

Ohne Zweifel bemächtigte sich mehr und mehr der Masse des niedrigen Volks ein Geist, welcher den bestehenden Einrichtungen in Staat, Kirche und Gesellschaft sehr feindselig gesinnt war. Die drohende Gefahr bestand darin, daß es sich nicht etwa blos um demagogische Hetzereien handelte, welche da und dort ein williges Ohr fanden, sondern daß in der That die Stellung des Bauernstandes auf keiner festen und gesunden Grundlage mehr beruhte und daher die Unzufriedenheit nicht erst mit künstlichen Mitteln hervorgerufen werden mußte. Die herrschenden Klassen hatten aber keinen Sinn für die Leiden und Lasten der Masse. Man spürte und sah den wachsenden Groll

---

[1]) Liliencron, hist. Volkslieder II, 338.
[2]) Liliencron a. a. O. S. 360 u. d. Einleitung.

und Zorn derselben, wußte aber von keinem anderen Mittel, das Uebel zu beseitigen, als von Gewalt und Zwang. Es war ein ganz richtiges Gefühl, daß Friedrich Reiser die Reformation dem Kaiser zuschob; aber weder Sigmund, noch viel weniger der lässige Friedrich empfanden die Pflicht in ihrem vollen Umfang, dem unabwendbar drohenden Verderben gewissenhaft zu steuern. Man ließ die Dinge ihren Weg gehen. Die Spannung im ganzen Körper des Reichs mehrte sich zusehends, der Druck von oben blieb nicht unerwidert. In einzelnen Gegenden ließ sich der Bauernstand schon seit den dreißiger Jahren des fünfzehnten Jahrhunderts hinreißen zur Selbsthilfe zu greifen, um lokale Uebelstände abzuwenden. Allein aus der Summe dieser lokalen Uebelstände setzte sich der ganze Notstand zusammen; es zeigte sich, daß in den meisten Fällen eine allgemeine Beschwerde war, was am einzelnen Ort zur gewaltthätigen Abwehr getrieben hatte. So verbreiteten diese Aufstände im Kleinen das Bewußtsein der gleichen Not im ganzen Bauernstand. Zugleich ließen diese Erhebungen nicht nur ein schließliche furchtbare Katastrophe vorausahnen, sondern sie bewiesen schon mit entsetzlicher Deutlichkeit, daß die sociale Frage kaum auf friedlichem Wege gelöst werden könne. Reformversuche, Forderungen, Programme gehen diesen Gewaltthätigkeiten stets voraus, manchmal nur in der Form eines Schlagwortes oder in der Gestalt eines sichtbaren Bildes. Auch insofern zeigen sie eine Entwickelung, die lehrreich ist. Wir ersehen aus den Absichten, um derentwillen die Waffen erhoben wurden und Rottirungen stattfanden, wie weit die sociale Frage theoretisch gediehen war; wir erkennen, in welcher Richtung nach der Meinung der Masse oder wenigstens ihrer Führer sich die Reform der Agrarverhältnisse zu vollziehen habe. Am besten wird sein, bei Betrachtung dieser Vorspiele des großen Bauernkrieges einfach die Zeitfolge einzuhalten.

Viertes Kapitel.
Die Vorspiele des Bauernkrieges.
1. Die ersten Tumulte.

Als die erste größere Bauernerhebung, die mit Recht als das früheste Vorspiel des großen Bauernkriegs aufgefaßt wurde, ist der Angriff des rheinischen Landvolks auf die Stadt Worms zu nennen.[1]) Er galt namentlich den Juden, welchen die Bauern dieser Landesart sehr verschuldet gewesen zu sein scheinen. Am 20. Dezember 1431 erschien ein gewaltiger, mit Spießen und Armbrust bewaffneter Bauernhaufe vor der Stadt Worms. Sie führten ein Panier mit dem Bilde des Gekreuzigten und mochten etwa 3000 Mann stark sein. Zwei Adelige, ein Ritter Wernherr Wunher und Konrad von Rotenstein, — auch ein Siegfried vom Stein wird genannt — hatten dem Anscheine nach sogar das Amt der Führerschaft übernommen. Als sie dem Rat der Stadt durch Gesandte entbieten ließen, er solle ihnen die Juden ausliefern, wandte dieser sich an Speier und den Kurfürsten Ludwig zu Heidelberg, dessen Unterthanen die rebellischen Bauern waren. Dieselben wurden nun zwar zur Heimkehr bewogen, rottirten sich

---

[1]) Zeitschrift f. Gesch. des Oberrheins Bd. 27, 159—149 (Bezold). Wenn Janssen in seiner bekannten Manier, Alles auf die Ketzerei zurückzuführen, den Angriff als eine unmittelbare Folge der husitischen Wirksamkeit des Johannes von Drändorf hinstellt (II, 398), so fehlt hierfür ein sicherer Anhaltspunkt. In den 18 ketzerischen Artikeln desselben werden lediglich kirchliche Punkte besprochen, höchstens den 4. Artikel ausgenommen, in welchem er die weltliche Herrschaft der Geistlichen schlechtweg verwirft. Von den Juden ist darin mit keinem Wort die Rede.

aber bald wieder zusammen, forderten sogar im weiteren Kreis zum Beitritt auf und drohten der Stadt ihren Willen abzunötigen, selbst wenn sie darüber Not und Tod leiden würden. Die Wormser erschracken auf das höchste und fürchteten nicht blos für die Juden, sondern für sich selbst und ihre Gerechtsame. Städtetage und Verhandlungen zogen die Sache bis ins nächste Jahr (1433) hin, wo eine Vergleichung eintrat. Angesichts der Husitenkriege mit ihren Greueln erregte dieser bewaffnete Aufstand überall Entsetzen. Man fürchtete ähnliches Unheil in Deutschland, wie es eben in Böhmen angerichtet worden war, daß nämlich dieses Unwesen, wenn man nicht bei Zeiten vorbeuge, „der Christenheit, der Geistlichkeit, dem Adel und männiglich" großen Schaden bringen werde. „Wenn das Conzil (zu Basel) nicht Vorsorge trifft, so ist zu befürchten, daß alle diese deutsche Bauern die Partei der Husiten ergreifen werden." Mit andern Worten: man traute schon damals, — was sehr beachtenswert ist — dem deutschen Bauernstande die Fähigkeit zu, sich ganz und gar dem Communismus zu ergeben, dessen Hauptangriff sich je und je gegen alles, was Vermögen besitzt, zu wenden pflegt. Aus diesem Grunde betrachteten gerade die reichen Städte diese Bewegung mit mißtrauischen Blicken. Die Stadt Ulm, damals der Vorort „der Vereinigung (der Städte) in Schwaben," schrieb auf die erste Nachricht von dem Tumult an den Rat der Stadt zu Speier, was es mit der „Versammlung, die um Worms entstanden sei", für eine Bewandtnis habe. Als von dort und von Worms nur die Antwort einlief, es sei eine gegen die Juden gerichtete Bewegung der Rheinbauern, ließen sich die Ulmer dadurch keineswegs beruhigen. Ihnen kam die Sache durchaus nicht so einfach vor. Sie wollten es nicht recht glauben, daß es blos auf die Juden abgesehen sei, denn die Bauern hätten den Wormsern überhaupt „ihren Zins und Gülten von ihren Gütern und ihrem Eigentum, ihre Schulden und, was sie ihnen pflichtig seien, vorenthalten." In Böhmen und anderswo seien diese „Unläufe" wider Gott und den heiligen Glauben, wider alle Ehrbarkeit, geistliche und weltliche, „doch allermeist über die Geistlichkeit und auch die Ehrbarkeit aller Commun und Städte", gerichtet. Der Ulmer Rat kannte die Feinde der Städte und der Ehrbarkeiten, und suchte sie nicht blos in den unteren, sondern auch in den oberen Schichten der Gesellschaft. Nach dem, was erst vor nicht zu langen Jahren die schwäbischen Reichsstädte durchzukämpfen gehabt hatten, und angesichts der husitischen Revolution konnte man es den Ulmern auch nicht verargen, wenn sie die Dinge sehr schwarz ansahen. Es fiel ihnen auf, daß die Bauernschaft in dem „weiten Flachland", wo es doch leicht „zu wenden wäre", sich solches unterstanden habe: sie deuteten an, daß ein geheimes Verbündnis des Adels mit der Bauernschaft dahinter stecken müsse und daß selbst die Fürsten, am meisten wohl der pfälzische Kurfürst, der Sache nicht ferne stünden, weil sie keinen Ernst dagegen zeigten, sondern ruhig zusahen und nicht einschritten; also daß man „gedenken muß, daß es etwas Grund habe." Thatsächlich mochte es wohl sein, daß die Ulmer, leicht ängstlich gemacht, die Gefahr übertrieben; aber begreifen kann man sie. Nach den nur zu spärlichen Nachrichten, die über den Aufstand noch vorhanden sind, handelte es sich in Wahrheit lediglich um die Juden, an denen die Bauern allerdings blutige Rache zu nehmen anfangs fest entschlossen waren. Eine andere Absicht sprachen sie selbst nicht aus, eine weitergehende Beschuldigung zeigen im Grunde auch die Aussagen der Wormser nicht, und etwas anderes traute man den Bauern auch am pfälzischen Hof nicht zu, mochte nun der von demselben ausgehende Vergleichsvorschlag vom Kurfürsten selbst oder nur von seinen Räten herrühren, daß nämlich der Rat der Stadt Worms, weil das Volk arm und die Not groß sei, die Juden bestimmen solle, auf die Zinsen zu verzichten und sich mit der Heimzahlung des Kapitals zu begnügen. Auf anderes erlaubt auch der endliche Ausgleich nicht zu schließen, worin der Wormser Rat den Bauern eine Verlängerung der Frist, innerhalb deren sie die geliehenen Kapitalien zurückzuzahlen hätten, und den gänzlichen Erlaß der aufgelaufenen Wucherzinsen gewährte. Die Aufständischen wollten sich an den Juden für die wucherische Aussaugung rächen, der sie sich — wer weiß, seit welcher Zeit — ausgesetzt sahen. Dabei mag ihnen wohl die Hoffnung vorgeschwebt haben, sich aller Verpflichtungen gegen die Juden völlig zu entledigen. Lokale Begrenzung, das ist sicher, hatte dieser Aufstand der Rheinbauern, aber keineswegs nur lokale Bedeutung. Ueber Wucherzinsen und Aussaugung hatten nicht blos die Rheinländer zu klagen. Die unerträgliche Ausbeutung durch den Kapitalismus beschränkte sich nämlich nicht auf die rheinische Gegend und deshalb kommt der Erhebung der pfälzischen Bauern thatsächlich eine allgemeinere Bedeutung zu. Denn diesem Beispiele folgte man bald auch anderwärts. Ja es gewann den Anschein, als spitze sich alles lediglich auf die Judenfrage zu. Volle dreißig Jahre rührte sich dann auch keine Bauernschaft mehr, als die Obrigkeiten selbst energisch gegen die Juden vorgingen. Die Juden wurden ihres Wuchers wegen 1432 aus Sachsen, 1435 aus Zürich und Speier, 1438 aus Mainz, 1439 aus Augsburg, 1450 aus dem Herzogtum Bayern, 1453 aus dem Bistum Würzburg, 1454 aus Brünn und Olmütz, 1457 aus Schweidnitz, 1458 aus Erfurt, 1468 aus Neisse, 1470 aus dem Erzstift Mainz ausgetrieben.[1]) Hierauf folgten noch weitere Maßregeln gegen die Juden. An dieser weitgehenden Wirkung erkennt man leicht, daß der rheinische Bauernaufstand nicht als ein Vorgang von rein lokaler Bedeutung[2]) angesehen werden darf; darüber hinaus geht auch, daß die Bauern in großen Haufen sich sammelten, daß sie durch das Bild des Gekreuzigten ihrer Sache einen christlichen Stempel aufzudrücken suchten und daß sie laut zum Beitritt zu ihrer Versammlung auffordern ließen. Und das Alles geschieht, ohne daß vorher auch nur der Versuch, auf gütlichem Wege den Zweck zu erreichen, gemacht worden wäre. Der offene Appell an die Gewalt und an die Waffen ist ein Zeichen der Zeit, in welcher man begann nach dem Muster der Husiten mit dem Schwert in der Hand, auch in Deutschland sein Recht zu ertrotzen oder zu erzwingen. So eröffnet diese bewaffnete Erhebung die Reihe jener bäuerlichen Aufstände, die im Verlaufe des fünfzehnten Jahrhunderts bald da bald dort in Deutschland, immer erst noch vereinzelt, aber doch schon als ein Beweis für die Gesinnung, welche im Bauernstand mehr und mehr sich verbreitete, ausbrachen.

---

[1]) Stobbe, die Juden in Deutschland während des Mittelalters ꝛc. S. 192—193.

[2]) Hierin hat Bezold gegen Zöllner recht, obwohl sonst dem ersteren die ganze Würdigung der Erhebung nicht gelungen ist.

Dadurch daß die Herrschaften den Antrieb, den sie zur Vertreibung der Juden von bäuerischer Seite empfangen hatten, befolgten, goßen sie eigentlich, ohne zu wissen, was sie thaten, Oel in's Feuer. Denn sie zeigten durch diese rechtswidrige Gewaltthätigkeit dem armen Manne, daß man zur Abwehr der Bedrückung oder, mit dem technischen Ausdruck gesprochen, zur Lösung einer socialen Frage am ehesten komme, wenn man kurzer Hand zugreife. Die Bauern lernten nicht blos von den Husiten, sie lernten auch von den höheren Ständen: von den Herren und den Reichsstädten. In der Verfolgung der Juden hatten diese schon im vierzehnten Jahrhundert hinreichende Beispiele gegeben. Von den Fürsten und Adeligen lernten sie ferner, sich in Bündnissen zu vereinigen, in Schaaren aufzutreten und sich Hauptleute zu setzen, also eine gewisse Ordnung zu machen, wenn sie etwas im Schilde führten, „daß man sich zusammenthun müßt in Haufen und einen eigen Bundesbrief machen und eigen Panier haben, daran man erkennen möcht, wes Standes man wäre und was man wollt gewinnen durch die Sammlung".

Dieses erwachende Standesbewußtsein, dieses Gefühl der Zusammengehörigkeit ergriff den Bauernstand zuletzt, aber nachdrücklich, und wurde zur Grundbedingung für die weitere Entwickelung der Bauernbewegung. Wenn auch nur landschaftlich zusammengeschlossen, konnte eine solche Vereinigung, wie es in Worms geschehen, zunächst gegen das auftreten, was man im engeren Kreise als beschwerlich und unerträglich ansah. Als im Jahre 1462 der Erzbischof [von Salzburg[1]) Steuern ausschrieb, welche seinen Unterthanen ungerecht und unerschwinglich vorkamen, da rottirten sich die Bewohner des Pongaues, Pinzgaues und im Brixenthal und verweigerten mit bewaffneter Hand die Zahlung der ihnen auferlegten Steuern. So stark war bereits die Bauerneinigung, daß der Erzbischof mit seinen Hilfsmitteln ihrer nicht mehr Herr wurde. Erst dem bayrischen Herzog Ludwig gelang es, die Widerspänstigen zu Paaren zu treiben und ihnen eine Strafe von mehr als 2000 Gulden aufzuerlegen.

Ueber den Charakter einer anderen Bauernerhebung, die

---

[1]) Pez: Scriptores rer. Austr. II, 465.

sechs Jahre später, 1468, in Elsaß stattgefunden hat, verbreiten die uns zu Gebote stehenden Berichte[1]) nicht genügendes Licht. Im äußersten Südwesten Deutschlands gingen die Wogen jenes verderblichen Unfugs, durch den die allgemeine Fehdewut dem deutschen Reich die schwersten Wunden schlug, besonders hoch: die Oesterreicher und Schweizer, die Reichsstädte und der Adel führten hier unaufhörlich kleine Kriege wider einander. Die von Mühlhausen hatten sich mit den Schweizern verbunden „waren nublich Schwitz worden" und bekriegten den Herzog Sigmund und den österreichischen Adel trotz des aufgerichteten Friedens. Acht Tage vor Himmelfahrt des genannten Jahres mußten die Städte Solothurn und Bern der Reichsstadt Mühlhausen zweihundert Mann wider den benachbarten Adel zu Hilfe schicken. Es scheint, daß der Adel hier die Bauern für seine Sache zu gewinnen wußte, ein Beweis, daß die Furcht der Ulmer vor einer Verbindung des städtefeindlichen Adels mit der Masse der Bauern unter Umständen nicht gänzlich unbegründet erschien, freilich nur da, wo die Feindschaft gegen die Städtebürger die einzige Triebfeder gemeinsamen Kampfes gegen sie war. Wir lesen, daß sich der österreichische Adel um Mühlhausen verstärkte und in der Umgebung der Stadt alles zu Grunde richtete, und daß ein neuer Feind von besonderer Gattung entstand. Der Edle Anselm von Masmünster habe ein Banner mit einem „Bauernschuh" aufgeworfen und einen Edeln von Zäsingen zum Mithauptmann angenommen. Bei zweitausend Bauern hätten sie aus der Landschaft Masmünster, Thann und Sennheim aufgewiegelt und einander zugeschworen: „Sie wollten aller Welt Feind sein". Ueber den weitern Erfolg dieses Tumultes fehlen die Nachrichten[2]). Aber merkwürdig erscheint er aus zwei Ursachen: erstens nämlich, daß die Rädelsführer durch ein Schlagwort, wie das angeführte, die Gemüter erhitzten und in demselben gleichsam ihre Absicht aussprachen und zweitens, daß

---

[1]) Ochs, Geschichte der Stadt Basel 4. Bd., S. 176. Chronik von Maternus Berler im Code Historique et diplom. de la ville de Strassbourg S. 79 ff.

[2]) Maternus Berler weiß von dem Bundschuh kein Wort zu erzählen, obwohl er sonst diese Mühlhauser Fehde genaustens schildert.

zum allerersten Mal der Bauern- oder Bundschuh als das Bannerzeichen, als das Symbol vorkommt, unter dem Bauern hernach sich zu vereinigen und ihre Sache zu führen liebten. Wo der Bundschuh auf die Fahne gemalt war oder auf einer Stange dem Haufen vorangetragen wurde, da ward angedeutet, daß das Bewußtsein des socialen Gegensatzes die Gemüter beherrsche, daß man mit den höheren Ständen aus Klassenhaß Abrechnung halten wolle. Denn der Bundschuh[1]) stand als die derbere und unschönere Fußbekleidung des Landvolks im Gegensatz zum feineren und zierlicheren Brißschuh der bessern Stände: so konnte er mit Recht als Merkmal, als Feldzeichen des Bauernstandes verwendet werden; in gemein verständlicher Weise wurde dadurch der Unterschied der Stände vor Augen gestellt.

Im Jahre 1478 röttirten sich die Kärnthner Bauern gegen ihren Herrn, den Kaiser Friedrich[2]), der eine Münzveränderung vornahm, indem er einen „Agler Pfennig"[3]) für zwei gemeine Pfennig setzte, während die Bauern dafür „nur drey Helbling" geben wollten. Sofort machten sie einen Bund bei Villach, der sich täglich mehrte. Wer in denselben trat, schwur bei einem blosen Schwert, das zwischen zwei Stangen aufgehängt war und vom Schwörenden berührt wurde, und mußte eine Geldabgabe entrichten. Man vermeinte, die Bauern seien „all unsynig und (es) wäre kein Teufel in der Hölle". Ihre Obersten waren Peter Wunderlich, ein Bauer, und der Schmied Matthias Hensel. Sie machten Artikel und schickten dieselben zu andern Bauern, z. B. ins Ennsthal, wo gleiche aufrührerische Gelüste durch einen Bauern Namens Meinhardt unter der Bevölkerung hervorgerufen waren. Unter dem Vorgeben, ihr Bund sei wider die Türken errichtet, betrogen sie „manchen einfältigen Mann". Sie hatten aber den Willen sich das geistliche und weltliche Gericht anzueignen; „man sol umb al Händel den Bundherrn klagen und

---

[1]) Der Bundschuh hatte „auf beiden Seiten Riemen, dreyer Ellbogen lang, die flocht man und schnürt sie umb die Bein und seine Hosen kreuzweis herumb wie ein Gatter." Die Brißschuhe dagegen wurden eingebreifelt, geschnürt. Schmeller-Frommann.
[2]) Hahn, collectio monumentorum tom. I, p. 631—642.
[3]) Agler = denarius aquilegiensis. Grimm WB. 190.

sunst Nyemanten, weder Herrn noch Richtern, und sprachen selbs, sy wolten all Richter und Boten abthuen, und in jedem Gericht vier Bauern zu Richtern setzen. Sy wolten auch Pfarrer und all Prysterschaft setzen und entsetzen"; „sy wolten den Adel unterdrückt haben und die Priesterschaft selbs geregieret haben". In den Bund kamen „viel verzagter Bueben, dye vormalen im Land und in den Gerichten" nicht wagen durften zu bleiben. Dieses Bauernverbündnis breitete sich von Tag zu Tag weiter aus: „die untreuen Bauren reckten ihre Händ vor Freuden auf, da sy in den Bundt kumen solten". Den geistlichen und weltlichen Herren zu Kärnthen „ging die Sach fast zu Hertzen," und ließen dem Kaiser die bedenkliche Sache vortragen. Dieser schickte sofort ein Mandat an alle Stände und Unterthanen des Reiches, in welchem er ihnen gedot, aus dem Bund zu treten „bey Verliesung Leybs und Guets und Straffung Weib und Kindt". Aber die Bauern erklärten das kaiserliche Schreiben für unecht: sie selbst hätten des Kaisers Brief, „daß sy mit dem Bund eylen solten". Die Folge davon war, daß, „wer vor nicht in dem Bundt was, der kam darein". Der größte Teil von Kärnthen gehörte dazu. Allein da kam nach der Aussage unseres bauernfeindlichen Gewährsmannes die Strafe Gottes. Am Tag des Apostels St. Jakob brachen die Türken ins Land, als eben 3000 Bauern beieinander waren, welche dem Feind allein entgegentreten wollten. Den heroischen Entschluß führten allerdings nur sechshundert aus und sie alle wurden erschlagen und gefangen, die übrigen „ehrlos und treulos, flohen zu Städten, und Geschlossen, die sich (sie) vor vermainten zu stören (zerstören) und zu brechen". Die Türken aber verbrannten Städte und Dörfer, Schlösser und Kirchen. Bei St. Jakob im Rasttal stellte sich ihnen trotzdem wieder ein Bauernhaufen entgegen, aber er wurde ebenfalls vernichtet. Daß unser Berichterstatter, der seinem Haß gegen die Bauern den schärfsten Ausdruck verleiht, bei der Schilderung des bäurischen Bundes und seines Zweckes sehr übertreibt, dürfte wohl anzunehmen sein. Jedenfalls benahmen sich die Bauern gegen die Türken tapferer, als die Herren, die zwar keine Hand regten dem Feinde zu begegnen, aber hinterher ihrer Tapferkeit gegen die eigenen Landsleute ungezügelten Lauf ließen. Natürlich: der Einfall der Türken war nur für die Bauern „ein besundre Straff, von Gott, der die übermütigen, die sich selbst nicht erkennen wollen, (er)niedert". Unter dieser Voraussetzung waren die Herren wohl im Recht mit harter Strafe den Vorwitz der Bauern zu ahnden. Etliche ihrer Obersten wurden gefangen, auf der Folter gefragt und eingesperrt, etliche „an Leyb und an Guet gestrafft". „Noch get der Bund den Bauern in Sinn, und müssen doch darzu geschweygen".

Die Autorität der Regierungen, die geschlossene Gewalt der oberen Stände wurde mit diesen mehr zornmütigen, als organisirten Versuchen der Selbsthülfe immer wieder und verhältnismäßig leichtfertig.

2. Der Pauker von Niklashausen.

Judenwucher, Wucherzinsen, Steuerdruck, Münzverschlechterung gehörten entschieden zur Bauernfrage, sie waren wesentliche Teile derselben; aber diese selbst war mehr, bedeutete noch etwas ganz anderes. Selbst wenn diese Dinge behoben, diese Beschwerden weggeschafft waren, so war mit nichten die Frage selbst gelöst, ja die Lösung nicht einmal um etwas Nennenswertes gefördert, ihrem Ziele näher gerückt. Wohl beabsichtigte die dem Kaiser Sigmund untergeschobene Reformation eine gänzliche Veränderung der mittelalterlichen Gesellschaftsordnung, und ihr Verfasser hatte bei Lebzeiten seine Lehren selbst in weiten Kreisen ausgebreitet, aber ein praktischer Versuch nach diesem Programme oder nach Gesichtspunkten, die von diesem angeregt waren, war bis in das Jahr 1476, wo jene Schrift zum ersten Male in die Welt ging, noch nicht angestellt worden. Ein Zufall, der immerhin angemerkt zu werden verdient, wollte es, daß im Jahre 1476 dieser im Zuge befindliche Prozeß eine entscheidende Wendung einschlug.

Es taucht nämlich in diesem Jahre mitten in Deutschland, in Franken, ein Mann aus dem Volke auf, der ohne bestimmten äußern Anlaß eine Bewegung hervorrief, die zum ersten Male einen allgemeinen und principiellen Charakter an sich trägt. Nicht einzelne Reformen erstrebt jener Volksmann, dem die Massen wie einem Propheten zuströmen und wie einem Messias anhangen, sondern die Revolution will er im letzten Grunde und zwar die kirchliche, die politische und die sociale Revolution. Radikal ist er in Allem: ein Bußprediger, der Askese fordert wie der strengste Mönch, und doch den Haß schürt gegen Alles, was dem geistlichen Stand angehört, ein radikaler Demokrat, der Kaiser, Päpste und Fürsten als Betrüger und Bedränger des Volks hinstellt, und selbst die Menge durch erdichtete Wunderthaten hintergeht; ein radikaler Streiter wider die päpstliche Hierarchie, der aber selbst auf ein Zerrbild der Hierarchie hinauskommt, indem er sich an die Stelle des Papstes und sein fränkisches Dorf an Rom's Stelle setzen will. Neben der Einsicht in die Bedürfnisse des Bauernstandes und die Mittel, wie die Lage desselben zu verbessern sei, steht bei ihm eine unglaubliche Unwissenheit über den Abgrund, in den er die ganze Gesellschaft hinabstürzen mußte. Ohne die geringste Bildung, ja weder im Stande zu lesen noch zu schreiben, verfügt er über eine überwältigende, Alles beherrschende Beredtsamkeit und verschmäht auch als Heiliger nicht, seine Gedanken in die Form volkstümlicher Gesänge zu fassen, durch diese Lieder auf die Massen zu wirken. Wie ein Evangelium wird sein Wort verehrt und befolgt, denn sein Leben erscheint wie das eines Heiligen. Zuerst der Welt und ihrem Dienst ergeben, wendet er sich von der Ueberzeugung ergriffen, daß dieses Alles Sünde sei, davon ab und sucht sich und seine Brüder von der Eitelkeit zu Gott und seinem Dienste zu führen. Aber er ist weit entfernt, als Bußprediger nur vor der Sünde zu warnen und zu einem Gott wohlgefälligeren Leben zu ermahnen; vielmehr hält er sich berufen die Welt wegen ihrer Sünden zu strafen, die Geißel des göttlichen Zornes über die Verstockten zu schwingen, das Alte und Verrottete zu stürzen und eine neue Ordnung der Dinge herzustellen. Ihn beseelt nicht blos die Leidenschaft der Rede, sondern auch der That: er will seine Anhänger nicht nur zu seinem Glauben begeistern, sondern auch zu Werkzeugen seines Willens und Vollstreckern seiner Pläne machen, Welt und Kirche mit ihnen umgestalten und ein Reich brüderlicher Liebe auf Erden aufrichten. Mit dieser utopistischen Verheißung eines theokratischen Staates gewann er in kurzer Zeit Anhänger nach vielen Tausenden, welche in seinem Blendwerk mit Beifall das ideale Bild eines Zustandes erblickten, den die Welt nur durch die Schlechtigkeit und Herrschsucht der oberen Stände entbehren mußte. Verderblichere Lehren waren selbst in diesen aufgeregten Zeiten in Deutschland noch nicht vorgetragen worden; die Gefahr, mit welcher dieser wunderliche Kopf Alles bedrohte, war um so schwerer, als das seltsame Gemisch von Widersprüchen in ihm die Menge verblenden und verdrehen mußte. Und doch war er von Haus aus nur ein Hirte, der nebendem an Hochzeiten, Kirchweihen, Feiertagen und Messen mit der Handpauke und der Sackpfeife zum Tanz aufspielte oder zur Kurzweil allerlei lustige Lieder zu singen wußte. Hans Böhm[1]) (Behaim, Beham) war sein Name. Ob er selbst in Franken geboren war, oder wie manche aus seinem Namen entnehmen wollen, aus Böhmen stammte, läßt sich nicht entscheiden. Im schönen Taubergrund lebte er, hütete die ihm übergebene Heerde und sang und musicirte bei festlichen Gelegenheiten, so oft man ihn dazu nötig hatte. Da drang, so wird erzählt, zu ihm in die Einsamkeit seines Hirtenlebens auch die Kunde von den Wundern, welche durch das Feuer seiner Predigten der Bruder Capistranus an seinen Zuhörern vor mehreren Jahrzehnten gewirkt hatte, wie sie Würfel und Karten, Schmuck und kostbare Kleidungen von sich warfen und fromme Uebungen anstellten[2]). Es bleibt freilich zweifelhaft, ob das Beispiel dieses Mannes thatsächlich in dem Hirten und Pauker einen ähnlichen Eifer gegen die Sünden in der Welt und den Entschluß sie zu bekämpfen hervorrief oder ob ein paar listige Hintermänner in dem geschickten und erregbaren Jüngling ein Werkzeug ihrer von Eigensucht nicht freien Gedanken erblickten und deshalb in ihm die böse Flamme geistlichen Hochmuts und die Eitelkeit, es jenem Bußprediger nachzuthun, anfachten. Genug,

---

[1]) Barack, Hans Böhm und die Wallfahrt nach Niklashausen im J. 1476. Archiv des hist. Vereins von Unterfranken und Aschaffenburg XIV. Bd. Jahrg. 1858. Zu vergl. Ullmann, Reform. v. d. Reform. I. Bd. und Zöllner a. a. O. S. 76. Gothein, relig. Volksbewegungen vor der Reformation S. 10 ff.

[2]) Chroniken deutscher Städte. II, 412.

er verbrannte am Sonntag Lätare den 24. März 1476 vor der Kirche zu Niklashausen, dem Grafen von Wertheim zugehörig, seine Pauke und begann zum Volke öffentlich zu reden, das sich aus der Umgegend vor dem wunderthätigen Gnadenbilde der heiligen Jungfrau in der Dorfkirche zu versammeln pflegte, seitdem diese Verehrung mit einem päpstlichen Ablaß begnadet worden war. Mit dreierlei Mitteln wirkte er: durch seine Predigt, durch Wunderthaten und durch Gesänge. Mit dem ersten Mittel regte er die Massen bis auf den Grund auf; durch das zweite legitimirte er seinen vorgeblich göttlichen Beruf; in den Liedern die er selbst verfaßte und gleich zum Singen einrichtete, trugen die massenhaften Wallfahrer, die sich bald einstellten, leichtfaßliche und gefährliche Sätze bis in weitentfernte Gegenden. In den ersten Predigten erzählte er seine Bekehrung und Berufung. Die Jungfrau Maria sei ihm mehrmals erschienen, als er Nachts die Heerde geweidet, habe ihn zum Propheten erkoren und ermahnt, von seinem sündlichen Leben abzustehen, seine Pauke zu vernichten, das Aufspielen zum Tanz zu lassen und Gottes Wort dem Volk zu verkündigen. Der Zorn Gottes sei über die Menschen und sonderlich die Priesterschaft entbrannt. Gott habe schon die strafende Hand ausstrecken und Wein und Korn durch Kälte verderben wollen, aber auf sein Gebet hin seinen Grimm noch abgewendet. Im Tauberthal, in Niklashausen, wolle Gott eine besondere Gnadenquelle fließen lassen, reichlicher als in Rom oder sonstwo. Wer hierher komme, erlange ihre ganze Segensfülle, und wenn er sterbe, so gehe seine Seele sofort zum Himmel ein. Vom Fegfeuer wollte er nichts wissen. Himmel oder Hölle ist nach den Worten des Paukers das Loos des Menschen, wer er auch sei. Neben Niklashausen vergaß er voll Selbstgefühl nicht die ihm anvertraute Macht zu rühmen. Wäre eine Seele in der Hölle, sagte er, so wolle er sie mit der Hand herausführen. Das Alles machte schon einen außerordentlichen Eindruck auf die Zuhörer, deren Zahl von Sonntag zu Sonntag sich vergrößerte, angelockt nicht blos durch seine Worte, sondern auch durch die Wunder und Zeichen, von denen man sich zu erzählen wußte. Vor Allem trat er in die Fußtapfen der Bußprediger aller Zeiten, indem er gegen den Luxus und die Ueppigkeit seine Stimme erhob und aufforderte, der Hoffart in der Kleidung zu entsagen und den goldenen Schmuck, die seidenen Gewänder, Brusttücher und die spitzigen Schuhe abzulegen. Dem Landvolk, das ihm zuhörte, griff er damit wenig ans Herz, denn der Luxus war ja zumeist bei den höheren Ständen zu Haus, aber er lenkte den Sinn seiner Zuhörer auf diejenigen, gegen die sie überhaupt erbittert waren. Diese Wendung war nicht ohne Absicht und Wirkung. Zunächst steigerte sie die Abneigung gegen die Geistlichkeit, deren Habsucht, Uebermut und unchristliches Leben eine bequeme Zielscheibe darbot. Es sei leichter einen Juden zu belehren, als einen Geistlichen oder Gelehrten. Aber wenn sie sich nicht bessern, werde ihretwegen bald große Not über die Welt hereinbrechen. Es werde dahin kommen, daß alle Priester getötet würden und wer dreißig Priester töte, ernte Gotteslohn. Die Priester sagen: „ich sei ein Ketzer und wollen mich verbrennen; wüßten sie, was ein Ketzer wäre, (so) erkenneten sie, daß sie Ketzer wären und ich keiner. Verbrennen sie mich aber, (dann) wehe ihnen, sie werden wohl inne, was sie gethan haben und das wird an ihnen ausgehen". Der kirchliche Bann sei ohne Wert und die kirchliche Ehescheidung ohne Recht, das stehe allein Gott zu. Auch den schwer empfundenen Mißbrauch der Pfründenhäufung tadelte er scharf und mit Recht verlangte er, es solle einer nicht mehr als eine Pfründe haben. In dem Allen unterschied er sich noch nicht von dem, was auch andere seiner Zeitgenossen wider die Kirche und den Klerus öffentlich, mündlich oder schriftlich, zu sagen wagten. Und selbst wenn er der Geistlichkeit wegen ihres Wandels und Unglaubens mit einer schrecklichen Heimsuchung drohte: „Sie werden erschlagen und in Kürze wird es dazu kommen, daß der Priester mocht die Platte bedecken mit der Hand; thät er gern, daß man ihn nit kennet", — so erregten so scharfe Worte wenig Anstoß, denn jene Zeit war an Freimut gewöhnt und die Mißstände gestatteten eine bittere Kritik. Allein der „heilige Jüngling" beschränkte sich nicht darauf.

Als er des Beifalls der Menge sicher war, griff er die bestehende Ordnung nach jeder Richtung mit unerhörter Kühnheit an. Aus den wenigen Sätzen, die uns über den Inhalt seiner

Predigten überliefert sind, wird klar, daß er den Unterschied der Stände verwarf, selbst die Grundsäulen des mittelalterlichen Gesellschafts- und Staatengebäudes umstürzen und Alles im communistischen Sinne eingerichtet wissen wollte. Vor Gott lehrte er, ist Papst und Kaiser wie ein anderer Mensch. Werden sie an ihrem letzten Ende fromm erfunden, so fahren sie unmittelbar in den Himmel. „Werden sie aber bös funden, so fahren sie ohn Mittel (unmittelbar) in die Hölle". Daraus ersieht man, setzt der Berichterstatter bei, daß „er nichts vom Fegfeuer hält". Thatsächlich ist ihm aber der Kaiser „ein Bösewicht" und „mit dem Papst ist es nichts". Ergibt sich nun aus der letzteren Behauptung die Leugnung des Glaubens, daß dem Papste ein besonderer Schatz himmlischer Gnadengüter zu Gebote stehe und die Schlußfolgerung, daß „im Taubertal so große, vollkommene Gnade und mehr sein soll, dann zu Rom", so stellt er andrerseits das ganze Lehenswesen, das in dem Kaiser, dem „Böswicht", seine Spitze und Zusammenfassung hat, als eine verwerfliche Bedrückung des gemeinen Volkes dar, dem dadurch das Leben schwer und unglückselig gemacht werde. Der Kaiser gibt „einem Fürsten, Grafen, Ritter und Knecht, geistlich, weltlich, Zoll und Auflegung über das gemein Volk" — ein beschwerlicher Zustand: „ach weh ihr armen Teufel!" ruft er daher mit bitterem Seufzen aus. Wäre das irdische Gut gleichmäßig verteilt, so würde der Unterschied zwischen Reichen und Armen wegfallen, denn alle besäßen hinreichend, was sie brauchen. „Die Fürsten, geistlich und weltlich, auch Grafen und Ritter haben so viel; hätte(n) das die Gemein, so hätten wir alle gleich genug". Aber er begnügt sich nicht, diese Ungleichheit zu schildern, er fordert vielmehr unzweideutig ihre Aufhebung: „es muß geschehen", „es kommt dazu, daß die Fürsten und Herren noch umb einen Taglohn müssen arbeiten". So redete er dem crassesten Communismus das Wort, verwarf das Sondereigen (Privateigentum) schlechtweg und lehrte die Gemeinschaft des Besitzes als sein letztes Ziel; denn in dem neuen Reiche Gottes auf Erden sollten alle Menschen wie Geschwister beieinander wohnen in gleicher Freiheit und in gleichem Besitze. Ueber die Begründung, mit welcher der radikale Redner diese Sätze vor seinen Zuhörern des Näheren ausführte, wissen wir nichts; indessen reichen diese Schlagwörter, deren epigrammatische Kürze sie zu rascher Verbreitung überaus geeignet machte, vollkommen aus, uns über den Geist und die Tendenz dieser Lehren zu unterrichten. Weil die Voraussetzungen, auf die er seine Forderungen gründete, der wahren Sachlage vielfach nur allzusehr entsprachen, weil seine Kritik die unleugbar vorhandenen Schäden aufdeckte, mußte die fanatische Begeisterung dieses Propheten die Leute verführen, ihm, an dessen Lippen sie hingen, unbedingten Glauben zu schenken. Es konnte sich keiner der Zuhörer der Ueberzeugung entschlagen, daß man nur auf dem angegebenen Wege vom allgemeinen Verderben, vom gänzlichen Untergange befreit werden könne. Die logische, schrittweise vorgehende Entwickelung, wenn der Ausdruck gestattet ist, mit welcher der zum Demagogen gewordene Pauker seine Lehren vortrug und einen Satz auf den andern baute, ohne ein Mittelglied auszulassen, ohne eine Schlußfolgerung zu bald einzusetzen, wirkte auf die Menge mit einer wahrhaft dämonischen Gewalt.

Es kam ja noch dazu, daß dem Manne außergewöhnliche Kräfte verliehen zu sein schienen. In den Wundern, die er selbst oder seine Nähe gewirkt haben sollte, erkannte der Aberglaube der Zeit die zweifellose Bestätigung des Himmels. Nachts sah man, so bekannten hinterher Augenzeugen, im Pfarrhofe und in der Kirche zu Niklashausen Lichter brennen. Ein Kind ferner, erzählte man sich von Mund zu Mund, welches ertrunken war, sei zu Niklashausen zum Leben zurückgerufen, also auferweckt, ein lahmer Mann wieder hergestellt, ein blind geborenes Kind wieder sehend, einem Stummen die Rede wieder gegeben worden. Auf einem Berge in der Nähe des Dorfes entsprang plötzlich ein Quell, der vorher nicht vorhanden gewesen war. Diese und wahrscheinlich noch mehr Zeichen wurden berichtet, verbreitet und geglaubt; das lockte an. Wenn sie sich auch bei der Untersuchung nachmals als unwahre Erfindungen oder sogar als Betrügereien solcher, die davon Nutzen zogen, erwiesen haben, wenn es vor Allem den Anschein gewinnt, als habe der Pfarrer von Niklashausen in Gemeinschaft mit dem auch als Begharde bezeichneten, geheimnisvollen Predigermönch, der in dieser Bewegung eine nicht ganz aufgeklärte Rolle spielte, in eigennütziger Absicht und ohne Wissen des Paukers einen Teil dieser Wunderthaten veranstaltet, so dienten sie im Augenblick doch dazu, die göttliche Sendung des Propheten zu beglaubigen und sein Ansehen über alle Zweifel zu erheben. Ausgeschlossen ist allerdings die Möglichkeit nicht, daß er diesen Wunderschwindel wenigstens stillschweigend geschehen ließ. Oder vielleicht war er selbst der Betrogene und glaubte, was ihm der Pfarrer und der Mönch als göttliche Gnadenwirkungen vorspiegelten: ein Betrüger und ein Betrogener zugleich?

Erwähnt muß noch werden, daß der heilige Jüngling nicht vergaß, die unheilige Kunst, die er zur Weltfreude ehemals geübt, in den Dienst seines prophetischen Amtes zu ziehen, indem er die zahlreichen Wallfahrer, welche zu ihm kamen, allerlei Lieder lehrte, in denen dieselben Gedanken den Inhalt bildeten wie in seinen Predigten, Lieder, „welche dieselbige Ketzerei und Täuscherei gedichtet hatten". Mit diesen Liedern zogen die Waller in die Heimat zurück, ließen sie ertönen, wenn sie durch Dörfer, Weiler und Höfe kamen, und streuten so überall den Samen der neuen Lehre aus. Eine Chronik der Stadt Schwäbisch-Hall erzählt, daß „die Wäller unter andern ihren Creuzliedern öffentlich sungen:

> Wir wollen Gott vom Himmel klagen,
> Kyrie eleyson,
> Daß wir Pfaffen nit sollen zu todt schlagen,
> Kyrie eleyson."

Schärfer als in diesem Vierzeiler konnte der Haß gegen die Geistlichkeit, wie ihn Böhm lehrte, nicht ausgesprochen werden. Es ist bedauerlich, daß diese „Kreuzlieder" verloren gegangen sind; sie würden unsere Kenntnis von dem, was der heilige Jüngling im Schilde führte, vorzüglich ergänzen. Sie wurden ebenso eifrig gesungen, als nachmals unterdrückt. In fast allen Verboten, die Lehre Böhm's auszubreiten, geschah der Gesänge namentliche Erwähnung. „Wollet verbieten,' schreibt der Bischof Rudolph von Würzburg an den Grafen von Wertheim, daß Niemands fürter mehr von (dieser) Walfahrt rede oder singe." Nichtsnutzig waren nach der Meinung desselben Bischofs die „Reden und Gesänge, so man in diesen Wallzeiten erdichtet hat." Auf der Tagfahrt zu Aschaffenburg, welche des Böhm halber im Juni desselben Jahres abgehalten worden ist, wurde ausdrücklich bestimmt, daß „Niemands die Lieblein und Cantilene, von dem Pauker gedichtet, singe." Vorerst allerdings, so lange die Wallfahrt nach Niklashausen noch in Blüte stand, waren sie ein wirksames und weitreichendes Mittel, den Ruf derselben zu verbreiten, die Neugierde zu wecken und die Menge herbeizulocken.

Von allen Seiten sollen die Massen herbeigeströmt sein: nicht blos aus Ostfranken, also der Umgebung, sondern auch aus Bayern und Schwaben, aus dem Elsaß und den Rheinländern, aus Hessen, Thüringen und Sachsen — ganze Familien, ganze Dorfschaften. Auf viele Tausende schätzte man an einzelnen Tagen die Ankömmlinge.[1]) Es war, als ergreise die Wut oder die Begeisterung, dämonische Leidenschaft oder eine himmlische Inspiration jeden, sobald er Kunde davon erhielt; von der Arbeit hinweg, noch im Arbeitsgewand mit ihren Werkzeugen, ohne Nahrung und Geld kamen sie daher gelaufen. Weder Warnungen noch Verbote vermochten den Zulauf zu hindern.

Die meisten Wallfahrer kamen übrigens nicht mit leeren Händen. Es lag im Sinne der Zeit, der neuen Gnadenstätte Weihgeschenke und Opfer aller Art darzubringen: Geld, Kleinodien und kostbare Gewänder, besonders auch Wachskerzen, darunter manche von solcher Größe, daß mehrere Männer nötig waren sie zu tragen, wurden der Mutter Gottes und ihrem begnadeten Diener, dem heiligen Jüngling, gespendet. Noch mehr als jene wurde dieser verehrt. Sie fielen vor ihm auf die Kniee und flehten ihn um seinen Segen oder die Absolution an. „Bitte für uns, heiliger Mann" — so wird von dem Abte Tritheim,[2]) der kein Augenzeuge war, berichtet — habe man ihn angerufen,

---

[1]) Tritheim, Chron. Hirsaug.: uno die frequenter 10 000 hominum, aliquando 20 000, nonnunquam etiam 30 000.

[2]) Tritheim lebte von 1462—1516. Das Rechtfertigungsgedicht auf das Vorgehen des Würzburger Bischofs. (Liliencron, d. histor. Volkslieder d. D. II, 115.) erwähnt von dem Allem nichts, und doch würde sich der Dichter nicht haben entgehen lassen, diese abscheuliche Vergötterung als belastendes Moment gegen den Niklashauser Propheten hervorzuheben. Die Glaubwürdigkeit Tritheim's ist überall fragwürdig. Geiger: Renaissance und Humanismus S. 446.

oder: „Du Mann Gottes, sei uns gnädig und barmherzig"; darauf habe er über die Menge der Flehenden das Kreuzeszeichen gemacht. Aber damit, ihn zu sehen und von ihm gesegnet zu werden, begnügten sich die aufgeregtesten unter den Wallfahrern nicht. Man wollte ihn berühren, Reliquien und Erinnerungszeichen von ihm haben, etwa ein Stück von seinem Kleid oder Mantel.

In der Dorfkirche selbst ist er nicht aufgetreten; das wäre schon bei der Menge, die sich alsbald um ihn sammelte, nicht möglich gewesen. Nach dem „Receß und Abschied" der Tagfahrt von Aschaffenburg zu schließen (Juni 1476), bediente er sich „Meß zu halten" gerne eines tragbaren Altars[1],) der auf freiem Feld aufgestellt wurde. Auch von einem Baume herab oder vom Fenster oder Dach eines Hauses aus hat er nach Tritheim's Bericht gepredigt, weil ihm dabei der öfter erwähnte Predigermönch die Worte zuflüstern konnte.[2]) Hauptsächlich an Fest- und Sonntagen strömten in Niklashausen die Leute in hellen Haufen zusammen. Das Dorf konnte sie nicht beherbergen, so daß sie sich außerhalb desselben lagern mußten. Um die leiblichen Bedürfnisse der Waller zu befriedigen, schlugen Wirte und Krämer ihre Buden auf: das sah dann aus wie ein Feldlager, in welchem es manchmal unordentlich, ja ausschweifend hergegangen sein mag.

Natürlicherweise lenkten die Vorgänge in Nilashausen auch die Aufmerksamkeit der weltlichen und geistlichen Herrschaften auf sich, zunächst der benachbarten. Zwar der Graf Johann von Wertheim, welchem das Dorf zugehörte, sah ruhig zu und mußte sich deshalb später harten Tadel gefallen lassen, aber nicht so der Erzbischof von Mainz, in dessen Diöcese der neue Gnadenort lag, noch der Bischof von Würzburg, dessen Unterthan der heilige Schwärmer war. Dem letzteren übertrug der Mainzer Kurfürst

---

[1]) Ob er auch eine umgestürzte Weinkufe benutzte, wie die Fries'sche Chronik abbildet, erscheint sehr zweifelhaft. Die gleichzeitigen Quellen wissen nichts davon.

[2]) Tritheim und Fries — der letztere nennt als Einbläser den Dorfpfarrer — machen J. Böhm zu einer hirnlosen Marionette. Das ist lächerlich und nimmt ihren Berichten die Glaubwürdigkeit. Ein reiner Thor, der aus sich selbst nichts weiß und kann, ruft keine solche Bewegung hervor.

Diether von Isenburg die gefängliche Einziehung Johann Böhm's und seiner Helfershelfer und überhaupt das Predigen und Messelesen unter freiem Himmel zu verbieten. Ende Juni wurde sodann von Abgesandten der genannten geistlichen Fürsten ein Tag in Aschaffenburg gehalten und neben andern Bestimmungen gegen die Niklashauser Wallfahrt beschlossen, erstens durch beglaubigte Zeugen demnächst eine Predigt des Johann Böhm im Geheimen belauschen und bezeugen zu lassen, und zweitens, daß der Pauker „gefangen und herab gen Aschaffenburg geführt" werden solle.

So leicht war das nicht. Das gemeine Volk hing dem schwärmerischen Prediger an und war unter Umständen zu seinem Schutze bereit. Die warme Jahreszeit gestattete gerade jetzt großen Massen den Zuzug. Man besorgte ernste Dinge. Der Rat der Stadt Würzburg z. B. sah sich durch „die schweren Läuft, die vorhanden sind der Wallfahrt halben und wie viel seltsam Volk durchziehe" veranlaßt für die Sicherheit der Stadt energische Maßregeln zu ergreifen (29. Juni); sollte es zu einem bewaffneten Tumult kommen, so wollte er sich nicht unbewaffnet überrumpeln lassen. Die Dinge spitzten sich immermehr zu. Ob Böhm von der ihm drohenden Verhaftung eine Ahnung hatte, wissen wir nicht; aber soviel geht aus den Berichten hervor, daß auch er seinerseits zum entscheidenden Schlage ausholte, daß er die Notwendigkeit erkannte, vom Wort zur That überzugehen. Am Schluß der Predigt, die er am Sonntag vor dem Kilianstag (7. Juli) hielt, forderte er die Männer unter seinen Zuhörern auf, am folgenden Samstag Weiber und Kinder zu Haus zu lassen und allein mit ihren Waffen zu erscheinen; denn auf Befehl der Jungfrau Maria habe er ihnen drei ernste Worte mitzuteilen. Ueberall verbreitete sich das Gebot des Propheten, der mit dieser Mahnung eine für ihn verderbliche Thorheit begangen hatte. Der Bischof Rudolf von Würzburg — gerade diese Predigt war amtlich belauscht worden — wollte nicht säumen, der Gefahr zuvorzukommen und den aufrührerischen Pauker mit Gewalt ausheben zu lassen, noch bevor seine Anhänger in Wehr und Waffen sich um ihn gesammelt hätten. Am 12. Juli schickte er insgeheim vierunddreißig Reisige zu Pferd nach Niklashausen und ließ den schlafenden Prediger aus dem Bett holen und gefangen nehmen. Er wurde auf ein Pferd gebunden und eiligst davon geführt. Obwohl bereits mehrere tausend Waller angekommen und durch den Tumult wach geworden waren, so blieb der Versuch den fast angebeteten Propheten zu befreien doch erfolglos, die Reisigen ließen sich ihren Gefangenen nicht mehr abjagen, nur das Roß eines Reiterknechts wurde verwundet. Der Dorfpfarrer wurde ebenfalls verhaftet; der Predigermönch entzog sich in der Dunkelheit der Gefangennahme, wurde aber auf der Flucht ergriffen und nach Mainz gebracht: mit einem Griff hatte man das böse Nest ausgenommen.

Am nächsten Morgen, — der Margarethentag war der für die Zusammenkunft bestimmte Termin — erschienen dem Rufe ihres Führers gehorsam viele seiner Jünger. Aber mit Entsetzen vernahmen sie, was geschehen war und wußten nicht, was sie thun sollten. Die Einen kehrten ratlos in ihre Heimat zurück, die Entschlosseneren blieben und beratschlagten, was zu thun sei. Da trat unter ihnen ein Bauersmann auf und verkündigte ihnen, es sei ihm die heilige Dreifaltigkeit erschienen und habe ihm gesagt, die Brüder sollten nicht verzagen, sondern im festen Vertrauen auf die göttliche Hilfe mit ihren Wehren nach Würzburg ziehen und den heiligen Jüngling befreien. Die Mauern der Stadt würden einfallen wie die von Jericho, die Thore von selbst sich öffnen, und im Triumph werde der Prophet aus seinem Gefängnis hervorgehen. Eine stattliche Anzahl, — die zuverlässigen Angaben sprechen von 12000 Mann, — ließ sich bereit finden den Zug mitzumachen, der bald wie eine Fahrt Bittflehender, bald wie der Anzug entschlossener Gegner aussah. Die 500 Kerzen, welche sie aus der Dorfkirche mitnahmen und angezündet dem Haufen vorantragen ließen, machten den Eindruck, als komme eine fromme Kirchfahrt des Weges. Die tausende Bewaffneter, welche folgten, an ihrer Spitze vier Adelige aus dem Hochstift Würzburg: Kunz von Thunfeld, einer von Vestenberg und zwei von Stetten, legten die Vermutung nahe, daß sie entschlossen seien unter Umständen sich nicht blos auf das Bitten zu verlegen. Am frühen Morgen langten sie vor Stadt und Schloß an. Beide waren befestigt und wohl verwahrt, denn die Kunde war dem Bauernhaufen vorausgeeilt. Der Bischof ließ ihn durch seinen

Hofmarschall Georg von Gebsattel fragen, was sein Begehren sei. Man wolle, so lautete die Antwort, den gefangenen Jüngling befreien; wenn er nicht gutwillig ausgeliefert werde, würde man ihn mit der Hilfe der heiligen Jungfrau gewaltsam befreien. Als der Marschall ihnen über ihre Drohung Vorstellungen machen wollte, warfen sie mit Steinen nach ihm und zwangen ihn sich eiligst zurückzuziehen. Trotzdem schickte der Bischof einen zweiten Abgesandten in der Person des Konrad von Hutten zu dem Haufen, der die Bauern aufforderte, sich nach Haus zu begeben, da sie ohne schweres Geschütz der Festung nichts anhaben könnten: der gefangene Pauker werde nicht frei gegeben, sondern nach Gebühr bestraft werden. Wenn sie nicht abzögen, würden die schweren Geschütze wider sie gerichtet werden. Ein guter Teil ließ sich zur Heimkehr bewegen, die Uebrigen verblieben vor der Festung. Zuerst suchte man sie durch einige Schüsse zu schrecken; als aber dies nichts fruchtete, feuerte man in die Reihen der der Bauern und ließ sie gleichzeitig durch Reisige angreifen. In wilde Flucht löste sich nun der Haufen auf, eine Anzahl Todte und Verwundete zurücklassend. Sie wurden verfolgt und, als sie sich im Kirchhof zu Waldbittelbronn verschanzten, angegriffen, über= wältigt und über hundert von ihnen auf die Festung geführt. Schmachvoll waren die adeligen Anführer entflohen. Von den eingebrachten wurden nur zwei, ein Bauer, welcher das Pferd des Reisigen beim Ueberfall in Niklashausen verwundet hatte, und jener andere, der sich gerühmt hatte, daß ihm die Dreieinig= keit erschienen sei, zur Strafe zurückbehalten, die übrigen durften heimkehren. Nun wurde dem Pauker der Prozeß gemacht. Die Anklage lautete auf Ketzerei und Zauberei, das Urteil auf den Tod durch das Feuer. Am 19. Juli 1476 wurden zuerst seine zwei Genossen vor seinen Augen enthauptet. Voll Angst und Entsetzen sah er dem Schauspiele zu und fragte den Henker: „Willst du mir nun auch so thun?" „Nein", antwortete dieser, „dir ist ein anderes Bad bereitet." Er wurde an einen Pfahl gebunden, der mit einem Holzstoß umgeben war. Als das Feuer angezündet wurde, begann er ein Marienlied zu singen, brach aber bald in laute Schmerzensrufe aus, welche der Rauch in

kurzem erstickte. Er endete ohne Mut und Würde: in der Unter=
suchung legte er sich auf das Leugnen, beim Sterben auf das
Klagen. Die Teilnahme, welche eine mutige und standhafte Ver=
antwortung erweckt hätte, blieb ihm deshalb versagt. Mit Recht
zogen aus seinem letzten Benehmen Augenzeugen den Schluß
zur Verurteilung seines Werkes. Wäre es von Gott gewesen,
steht im Ratsbuch der Stadt Würzburg verzeichnet, „so gestünde
er der Rede, die er vor viel tausent Menschen getrieben hat, der
er, Furcht halben seines Lebens, alles in Leugnen steht. Es
haben das aber die lieben Zwölfboten und andere heilige Mär=
tirer nit getan. Was sie gesagt, haben sie nicht widersprochen
und sein darumb gestorben." Das Laufen nach Niklashausen
hörte erst allmählig auf, als dies durch strenge Verbote und
Strafen untersagt war und der Erzbischof von Mainz zuerst die
Dorfkirche geschlossen und mit dem Interdikt belegt und schließlich
als eine „Pflanz= und Zufluchtsstätte des Irrtums" hatte nieder=
reißen lassen. Es ist unglaublich, bis auf welche Entfernung der
Prophet aus dem Taubergrund gewirkt hat. In Sachsen und
sogar in Bayern spürte man seinen Geist unter dem Landvolk:
ja selbst im damaligen Rom empfand man einen leisen Schauer
vor dem fränkischen Bauernjungen. Daß ein solcher Mensch in
kurzer Zeit eine tiefgehende und schnell sich ausbreitende Bewegung
hervorzurufen vermochte, war in Deutschland unerhört, wirst aber
ein helles Licht auf die Zustände und den Geist der Zeit. Man
traute seinen mystisch=demokratischen Verheißungen und übersah
das tolle Blendwerk, mit dem er täuschte, weil seinem scharfen
Tadel in vielen Dingen die Wahrheit zur Seite stand. Wie
die Not gehoben, die vielen Schäden gebessert werden sollten und
könnten, wußte Niemand, auch der Pauker nicht. Aber schon das
Eine, daß er Wandel schaffen wollte und daß er die Uebel auf=
deckte, verschaffte ihm den großen Beifall. Scheitern mußte er
und scheitern seine Pläne an seiner eigenen Unklarheit und der
seiner Zeit. Der Retter aus der Not hätte aus ganz anderm
Stoff zusammengesetzt sein müssen. Denn kläglich war sein Ende
und kläglich, was er als Bild der besseren Zukunft sich vorstellte
und versprach. Es fehlte ihm die Selbständigkeit der Anschau=

ung, die Sicherheit der Ueberzeugung und die Unerschütterlichkeit des Charakters.

Zunächst drang ihm nicht aus der eigenen Seele, was er sagte. Der Begharde oder Predigermönch aus einem deutsch= böhmischen Dorf hatte sich den Pauker zum Werkzeug erkoren. Der erregbare Junge, der bekannte und gewandte Spielmann und Sänger schien ihm, nicht mit Unrecht, die richtige Mittels= person, durch die sich die husitischen Lehren unter das fränkische Landvolk am leichtesten und besten leiten ließen. Rasch faßte der gelehrige Schüler den Stoff und ersetzte, was ihm an Bildung abging, durch Lebhaftigkeit und Begeisterung. Nur diese persön= lichen Eigenschaften und was von ihnen gewirkt wird, sind an dem Pauker originell, die Grundgedanken dessen, was er vortrug, stammen aus Böhmen, sind taboritisch. Die destruktiven Lehren des Paukers decken sich mit denen des radikalen Taboritentums in Böhmen, konnten aber für die Dauer einen Boden in Deutsch= land nicht finden. Sein Anstoß wirkte rasch, ja plötzlich, aber nicht auf lange Zeit; die Bewegung in Deutschland nahm eine andere Richtung und Gestalt. Schon der erste Punkt seiner Lehre, durchaus taboritisch, Papsttum und Kaisertum zu verwerfen wurde nach wenig Dezennien vom süddeutschen Bundschuh aus= drücklichst abgelehnt: Kaiser und Papst sollten vielmehr die ein= zigen Gewalten auf weltlichem und geistlichem Gebiete werden, wenn die Reform in ihrem Sinne durchging. Böhm wollte ein Reich Gottes auf Erden stiften, den Unterschied der Stände abschaffen, das Sondereigen aufheben und einen communistischen Staat gründen, wie es die Taboriten beabsichtigten und Ziska zum Teil durchgeführt hatte. Allein abgesehen davon, daß das Ende des taboritischen Ideales in Böhmen nicht zur Nacheiferung anspornte, fehlte dem Charakter der deutschen Bauernschaft die Ueberspanntheit des taboritischen Radikalismus.

Dennoch verwehte der Wind den ausgestreuten Samen nicht spurlos. Die Idee des Communismus wucherte unter dem Land= volke fort, d. h. sie erzeugte Reformgedanken und Reformversuche im deutschen Sinne und den deutschen Agrarverhältnissen ent= sprechend. Es blieb der Satz Böhm's, daß die „Fisch in dem Wasser und das Wild auf dem Felde sollen gemein sein", bestehen und wurde noch ausgedehnt auf Wunne,¹) Weide und Wald, d. h. die deutschen Bauern verlangten jetzt ihre verlorenen Markrechte wieder. Neben dem Sondereigen waren bis ins 15. Jahrhundert herein in den meisten Gegenden Deutschlands Wald und Weide, Wege und Wasser, Moore (Möser) und Heiden Gemeineigen geblieben, an dem jeder Dorfgenosse seinen Anteil hatte. Die Grundherrschaften hatten aber, wie im Eingang gezeigt worden ist, die bäuerlichen, vollfreien Grundbesitzer zu verdrängen verstanden und die Markrechte, also jenes Gemeineigen, sich angeeignet oder wenigstens die ausschließliche Verfügung darüber zu ihrem Vorrechte gemacht. Zuerst war das Jagd- uud Fischereirecht verloren gegangen, das erstere ist schon in den Landfrieden von 1395 und 1398 nur noch den Fürsten, Grafen und Herren, der Geistlichkeit und den Reichsstädten zugesprochen. Aehnlich erging es mit der Fischerei und mit dem Nutzungsrecht an Wald und Weide. Es leuchtet ein, daß diese Umwandlung und Entziehung früherer Rechte zu einem täglich empfundenen Verlust und Nachteil jedes einzelnen Bauern werden mußte. Zu ihrem Vergnügen hegten die Herren das Wild, welches den Samen abfraß und die Felder verheerte. Die Selbsthilfe war dem schwer getroffenen Bauern nicht gestattet und auf seine Klagen wurde nur selten ein Gewicht gelegt. Auf die gemeinen Weideplätze hatte er früher sein Vieh in der guten Jahreszeit getrieben und dadurch viel an Futter erspart; jetzt verwehrte ihm dies der Grundherr entweder ganz und gar oder er gestattete es nur gegen eine Leistung in Geld oder anderer Art. Im Wald durfte der Bauer früher sein Bau- und Nutzholz unentgeldlich schlagen, jetzt mußte er auch dafür zahlen. Es war ganz natürlich, daß die Erinnerung an diese verlorenen Rechte den lautesten Widerhall bei der ländlichen Bevölkerung fand. Stimmte ihr doch, wenn auch vereinzelt dastehend, hierin ein Mann wie Gabriel Biel bei, der es für eine Ungerechtigkeit erklärte, daß die Obrigkeiten ihren Unterthanen die alten Rechte an Wald, Wasser und Weide verkürze oder ganz nehme, und daß die Gutsherren den Bauern keinen

---

¹) Wunne = durch Sichel und Sense zu gewinnendes oder abzuweidendes Gras. Schmeller-Frommann.

Ersatz für den Wildschaden leisten oder ihnen das Wild zu schießen verwehren wollten.[1]) Die klare und bestimmte Rückforderung derselben, welche Böhm zuerst in Deutschland aussprach, verstummte seitdem nicht mehr; sie ist die größte und beinahe die einzige Nachwirkung der Predigt des Niklashauser Propheten gewesen, und zwar keine unfruchtbare. Das Jahr 1476 wurde in dieser Beziehung zu einem bedeutungsvollen Wendepunkt in der nicht mehr zum Stillstand gebrachten agrarischen Bewegung, die hierin wenigstens diese eine Klärung gewonnen, dieses eine positive Ergebnis erreicht hatte. Soweit die radikalen Auswüchse, die gefährlichen Phantastereien des Taboritentums vom deutschen Landvolk abgewiesen wurden, muß man in dieser Beschränkung der socialen Frage eine heilsame und gesunde Reaktion erblicken, welche eine Gewähr für die Durchführung einer maßvollen und berechtigten Reform auf den ersten Blick zu leisten scheint. Aber selbst diese Beschränkung auf die Wiederherstellung der alten Markrechte führte doch wieder mit Notwendigkeit zur Revolution, nicht zur Reform; denn die letztere war selbst auf dieser Grundlage unmöglich. Das Besitzrecht der Grundherrschaften, auf welche Weise es auch entstanden sein mochte, ließ sich nur durch eine gewaltsame Umwälzung wieder außer Kraft setzen und die Wiedereinführung der Markgenossenschaft wäre ebensowenig auf friedlichem Wege möglich gewesen. So lag selbst in dem geringen Reste von dem, was aus der Niklashauser Wallfahrt sich als nachhaltig erwies, ohne Zweifel der Keim der socialen Revolution.

Bald da bald dort blitzt es schon wie Wetterleuchten am dunkeln Himmel auf: das waren die Vorboten des Gewitters, das sich immer dichter und schwerer zusammenzog. Besonders im Südwesten Deutschlands, wo die Agrarverhältnisse, die wirtschaftliche und kulturelle Entwickelung und die Nähe der Schweiz zusammenwirkten. Nirgends in deutschen Landen hatte die Güterverteilung und die Kleinstaaterei eine solche Ausdehnung erlangt wie hier. Herrschaft saß bei Herrschaft meist in der Selbständigkeit eines

---

[1]) Biel starb 1495. Sein Hauptwerk collectorium sententiarum erschien 1501 zu Straßburg.

unabhängigen Reichsstandes: ein über ein großes Territorium gebietender Landesherr, der die Grundherrschaften im Zaum gehalten hätte, fehlte. Das ehemalige große Herzogtum Schwaben war in eine Unmasse kleiner Gebiete auseinander gefallen; im größten derselben, dem Herzogtum Würtemberg, waltete in Bälde ein gefährlicher Tyrann. In solcher Lage schaute das Landvolk auf die Bürger- und Bauernfreiheit der benachbarten Schweizer mit wachsender Begierde, sie nachzuahmen[1]). Dort hatten die Thalgemeinden es verstanden sich ihre alten Freiheiten zu erhalten; die nämlichen hatten auch in Schwaben bestanden, waren aber von den Grundherrschaften aufgehoben worden: Grund genug für die geistig lebhafte Bevölkerung ihre Emancipation als unverrücktes Ziel im Auge zu behalten und selbst auf gewaltsame Weise durchzusetzen. Nebendem übte auch das Bürgertum, das sich in den Städten Ulm, Augsburg, Kolmar, Straßburg und andern bedeutsam und vielseitig entwickelt hatte, seinen Einfluß, wie nicht minder, was bedeutende Männer wie Geiler, Brand, Bebel, zu geschweigen der kleineren Geister, in Wort und Schrift zum Volk in seiner Sprache redeten. Es kann also die Wahrnehmung nicht überraschen, daß gerade im südwestlichen Deutschland immer wieder die Versuche auftauchten die Lage des Bauernstandes günstiger zu gestalten und daß der Hauptheerd dessen, was man die Vorspiele der socialen Revolution genannt hat, in diesem Teile Deutschlands zu finden ist.

3. Neues Wetterleuchten.

Die Reihenfolge der Begebenheiten führt uns zunächst an den Lech, welcher Schwaben seit alter Zeit von dem Herzogtum Bayern trennte. Die Bauern, welche am schwäbischen Ufer desselben wohnten, gehörten verschiedenen Herren; auch die bayrischen Herzoge besaßen Unterthanen unter denselben. Im Jahre 1486 erhoben sie sich, angestiftet von einem Augsburger Prediger, der nach den geringen Nachrichten, die über ihn erhalten sind, gegen das Papsttum, besonders gegen Gregor VII. und

---

[1]) Roscher, Geschichte der Nationalökonomik S. 21.

gegen die Geistlichkeit aufregende Worte unter das Volk warf. Zweierlei Forderungen stellten sie. Sie wollten die kirchlichen Abgaben auf den Levitenzehnten beschränken und die Abgaben an ihre Grundherren in eine Geldleistung umwandeln: d. h. den Zehnten abschaffen und einen firirten Bodenzins einführen. Ferner verlangten sie, ihre Richter selbst und zwar aus ihres gleichen wählen zu dürfen: sie wollten also in dieser Zeit der Rechtsunsicherheit und der allgemeinen Abneigung gegen gesetzte Richter ohne Umschweif zur altgermanischen Gerichtsverfassung und Rechtsprechung zurückkehren. Merkwürdig ist, daß die Augsburger Jahrbücher eines Sender und Gasser nichts von dieser Erhebung berichten. „Im 1486. Jar — erzählt eine chronistische Aufzeichnung[1]) — ist auch ain Bayerischer Aufrur gewesen. Die Pauren stunden auf und wolten den Geistlichen nit mehr, dann (als) den Zehnten geben, und jeder seinem Herrn nit mehr, dann zwainzig Pfennig und ein(e) Hennen; und wolten nur vier Gericht des Jars. Und wolt ain jeder Fleck von den ihren dreizehn Männer haben, die solt man wählen und darzu nehmen und aller Gebot und Urteils erwarten. Die dreizehn wolten sie ihren Herrn schicken, daß sie darunter einen Ammann oder Richter erwelet (erwählten), der bei den zwölfen säß. Das hat ain Maister zu Augspurg geprediget und auf die Bahn gebracht, der hieß Maister Matheis Korsang"[2]). Natürlicher Weise gingen die Herrschaften auf diese Forderungen nicht ein, sondern ließen ihre armen Leute durch Gelehrte aus der heiligen Schrift, dem kaiserlichen und päpstlichen Recht über ihre „Gerechtigkeit" d. h. Rechtsansprüche belehren und mit Drohungen zum Gehorsam

---

[1]) Hormayr, Taschenbuch für die vaterländische Geschichte Jahrg. 1834, S. 147. Meine Bemühungen näheres zu erfahren waren bisher erfolglos, bes. auch in Betreff des Magister Math. Korsang. Manches ist in dem angeführten Bericht räthselhaft; ich werde hierüber an einem andern Ort zu reden haben.

[2]) Von diesem Matthäus Korsang berichtet v. Stetten, Geschichte der Reichstadt Augsburg I S. 55 nach Crusius, Ann. Sueviae lib. paral. C. XVIII, er habe zu Zeiten Heinrichs IV. diesen Kaiser wider den Papst in Predigten und Schriften öffentlich vertheidigt und deßwegen beinahe einen Aufruhr unter dem gemeinen Mann angerichtet. In der Zeitangabe irrt Stetten gewaltig, denn Korsang gehört ins 15. Jahrhundert.

auffordern. Daraufhin rottirten sich die Bauern geführt von einem Heinz von Stein. Die Bauern wurden geschlagen: „der Adel und die ordentlich Obrigkeit lag ob". Den Hauptmann der Bauern fing man, „der sagt ihnen alle der Bauern Geheimnisse und Anschläg, die sie hatten". — Also auch hier ein kaiserlich gesinnter Geistlicher, der gegen die Ansprüche der Hierarchie das weltliche Recht vertritt; auch hier die naturgemäße Verbindung kirchlicher und weltlicher Forderungen; auch hier das Verlangen nach Autonomie; endlich auch hier die absolute Weigerung seitens der Herren, auch nur das geringste Zugeständnis zu machen Obwohl wir über den Anstifter dieser Bewegung so viel wie nichts wissen: das ergibt sich doch mit Sicherheit, daß auch er zu der großen Zahl jener ernsten Männer gehörte, welche unentwegt eine „Reformation an Haupt und Gliedern" verlangten und sich von dieser Forderung durch nichts, auch nicht durch die diplomatischen Kunststücke der Hierarchie abbringen ließen. Kaum fünf Jahre darnach (1491) erhob sich lang verhaltener Unwille in der nächsten Nachbarschaft dieser Gegend. —

Im Gebiete der Abtei Kempten war die Bauernquälerei seit langem heimisch; dort wurde sie systematisch betrieben[1]). Die geistlichen Herren dieser Landschaft übertrafen noch die weltlichen in der Verschlagenheit und Hinterlist; ihre Unterthanen um Recht und Freiheit zu betrügen. Als in den achtziger Jahren des fünfzehnten Jahrhunderts der Abt Johannes die Regierung übernahm, glaubten manche durch sein versöhnliches Auftreten bewogen, er werde durch gerechtes Regiment das viele und grobe Unrecht seiner Vorgänger gut und vergessen machen; aber bald „verwandelte sich das Schaf in einen Wolf". Er überbot noch das Verfahren früherer Aebte, die freien Bauern zu Zinsern und die Zinser zu Leibeigenen herabzudrücken. Wer sich gegen diese tyrannische Willkür sträubte, wurde vom geistlichen Gericht so lange gequält, bis er nachgab oder Haus und Hof verließ. Die Zinser, welche ein Gotteshausgut in Pacht nahmen, mußten sich zu unerschwinglichen Lasten bequemen. Die freien Leute

---

[1]) Haggenmüller, Geschichte der Stadt und gefürst. Grafschaft Kempten I, 408 ff. Zimmermann, Geschichte des großen Bauernkriegs I, 14.

betrog man um ihre Freiheit, wo man konnte; vater- und mutterlose Waisen wurden ihres Erbes beraubt und samt ihren Vormündern gezwungen sich in die Leibeigenschaft zu verschreiben. Leibeigene beerbte nach ihrem Tod der Abt zur Hälfte. Die Zinsen und Steuern wurden nach Willkür ins Ungemessene erhöht und was sonst des Unrechts noch mehr war. Den Klagen hierüber setzte man mit schamloser Offenheit die Rede entgegen, der Abt mache es nur wie andere Herren. In den Jahren 1489—91 brach dazu noch Teurung und Hungersnot herein infolge einer Mißernte, die bis über den Rhein hinüber sich erstreckte, und trotzdem forderte der Abt eine neue, jetzt unerschwingliche Steuer. Die erschöpfte Geduld trieb nun die Unterthanen zum Aufstand, d. h. sie beschlossen zwar aufs neue den Rechtsweg einzuschlagen, aber diesem Versuch durch bewaffnete Vereinigung mehr Nachdruck und Ernst zu verleihen. Im November 1491, während ihr Herr abwesend war, versammelte sich die ganze Landschaft an der alten Malstätte zu Luibas und pflegte Rats, „wie sie sich mit einander vereinen möchte, Recht zu begehren von Herren und Städten des schwäbischen Bundes, damit sie bei den Stiftbriefen geschützt würde". Das Bündnis wurde beschworen, bei Durach bezogen die Bauern ein Lager. Die Stadt hielt zu ihnen. An ihrer Spitze stund ein Hauptmann, Jörg Hug von Unterasried, den der Abt den „Hus von Unterasried" nannte, weil er mit kluger Rede die Sache der Bauern vor dem schwäbischen Bunde vertrat. Allein letzterer ließ sich nur mit Mühe bewegen, die Klagen der gepeinigten Bauern anzuhören und sein Entscheid fiel lediglich zu Gunsten des Bedrückers aus. Kein Wunder, daß die Bauern sich entschlossen ihre Sache vor den Kaiser zu bringen. Ihr erster Abgesandter, Heinrich Schmid von Luibas, wurde aber unterwegs niedergeworfen und verschwand spurlos; sei es, daß der Abt ihn sogleich töten ließ oder daß er in einem dunkeln Verlies langsam verschmachtete. Mehr Glück hatte der zweite; er drang dis zum Kaiser vor und kehrte nach langer Zeit unversehrt heim. Obwohl der Abt zur Verantwortung vor den Kaiser geladen war, mischte sich der schwäbische Bund wieder in die Sache, zog sie Monate lang hin und ließ zuletzt die Nichtsahnenden von

Reitern und Fußgängern in ihren Behausungen überfallen, sie zum Teil gefangennehmen und an Hab und Gut beschädigen. Auf 30000 Gulden wurde der vorgeblich angerichtete Schaden geschätzt. Hernach wurde abermals ein Tag von Bundes wegen in Memmingen gehalten. Neben den Bundeshauptleuten und einer Anzahl von Bnndesräten erschienen der Abt und sein Convent einerseits und zweihundertzweiundfünfzig Vertreter der Landschaft aus den Dörfern andrerseits. Der gütliche „Austrag", der getroffen wurde, war dem Abte weit günstiger als seinen Unterthanen. Von den unrechtmäßigen Lasten wurde im Grunde keine hinweggenommen, gegen neue Gewaltthaten keine schützende Schranke aufgerichtet. Das Schiedsgericht von sechs unparteiischen Männern, welches bestellt wurde, die Klagen und das Verhältnis der streitenden Parteien in Ordnung zu bringen, war höchstens geeignet die Angelegenheiten ins Unendliche zu verschleppen: eine Aenderung oder Besserung ließ sich nicht von ihm erwarten. In der That blieb so ziemlich Alles beim Alten. „Der Abt setzte die früheren Bedrückungen fort, ließ sich bei Verleihung der Bestandgüter über die angemaßten Rechte Verschreibungen von Freien und Zinsern ausstellen; Zinser, welche wegen eines Vergehens zur Strafe gezogen wurden, mußten sich zu Fall- und Hauptrecht verpflichten; man zwang Zinserinnen sich als Leibeigene, freie Frauen sich in die Zinserschaft an das Gotteshaus zu ergeben und die Vogtleute zur Zahlung eines erhöhten Schirmgeldes". So wurde das Letzte beinahe ärger als das Erste. Für den Augenblick hatte man den Widerstand gebrochen, aber der Gedanke ihn zu erneuern erfüllte alle. Löste bei irgend einer Gelegenheit der Wein die Zunge, dann kam es zu Tage, daß man unablässig darauf sann, „mit dem Abte abzurechnen", ja man wagte es dann sogar wieder das Zeichen des Aufruhrs, den Bundschuh, aufzupflanzen, wie es bei einer Hochzeit in der Vorstadt Kempten bald darnach geschah[1]). Zündstoff war mehr als genug vorhanden; ihn wegzuräumen fiel weder Abt noch Convent ein; im Gegenteil, im Uebermut wurde er vermehrt, als ob es keine Gerechtigkeit und keinen Tag der Rache geben

---

[1]) Haggenmüller, a. a. O. S. 415.

Vogt, Vorgesch. d. Bauernkrieges.

könne. Wir werden aber sehen, daß dieser Tag doch hereinbrach; freilich erst nach Dezennien war das Maß voll. Es wäre nichts Erstaunliches gewesen, wenn diese Kemptener Bauern schon jetzt zu den Waffen gegriffen hätten. Sie thaten es nicht; aber andere ließen sich nicht so lange foltern.

Im Jahre 1486 verursachte, wie schon angedeutet worden ist, eine Mißernte durch ganz Deutschland eine große Theurung, welche sich in den folgenden Jahren in einigen Gegenden bis zur Hungersnot steigerte. Das Mitleid der Herren milderte nur in seltenen Fällen die Not ihrer Unterthanen. Unbarmherzig wurden die Abgaben verlangt, obwohl sie nicht zu erschwingen waren. Die Erbitterung erzeugte den Gedanken an Widerstand und Bündnisse der Notleidenden und Unterdrückten. Um Schlettstadt begegnete man im Jahre 1493 einer solchen schon mächtig angewachsenen Vereinigung,[1] die nicht blos Bauern, Unterthanen des Bischofs von Straßburg, umfaßte, sondern auch Bürger, selbst den Bürgermeister Hans Ulmann von Schlettstadt; sie reichte von Andlau bis Villé. Aus dieser ganzen Gegend hatten sich die Bauern dem Bunde angeschlossen, darunter „viele verdorbene Leute, die sich zu heimlichen Anschlägen mit Eiden verpflichteten." Am einsamen Hungerberg hielten sie ihre Zusammenkünfte; der Ort war nicht ohne Absicht gewählt. Es war auf große Dinge abgesehen. Als Bundeszeichen wurde ein Banner mit dem Bild des Bundschuhes gewählt, „damit der gemeine Mann zuliefe". Ganz Elsaß sollte in den Bund gebracht werden und wenn er auch dann noch nicht stark genug wäre seine Pläne durchzusetzen, sollten die schweizerischen Eidgenossen herbeigerufen werden. Die Pläne selbst waren weitgreifend und ihrem Wesen nach demokratisch, wohl nach schweizerischem Muster. Das bestimmter sich gestaltende Programm ist ein Anzeichen des fortschreitenden Prozesses. Im Vordergrund steht die Ausrottung der Juden, dann sollte ein Jubeljahr eingeführt, Zoll und Umgeld aufgehoben und alle Schuldbriefe vernichtet werden. In

---

[1] Chronik von M. Berler im code historique et dipl. d. l. ville d. Strassbourg I, 104. Zimmermann, Geschichte des großen Bauernkriegs I, 19 ff.

Zukunft solle das Volk nach eigener freier Bewilligung steuern und jede Gemeine sich selbst richten: also auch hier die Selbstverwaltung und das Volksgericht. Das geistliche und weltliche Recht war gleich verhaßt; darum seien abzuthun „erstlich alle Prozessen, Mahnbrief, Ladbrief oder Bannbrief des geistlichen Rechts zu Straßburg, darnach das kaiserlich Hofgericht zu Rottweil. Auch so sollten todt und ab. sein alle unverzogen Recht."[1]) Nebendem wollten sie an die allgemein empfundenen Mißstände in kirchlicher Hinsicht die Hand anlegen. Aber sie forderten nicht nur die Abschaffung der Pfründenhäufung in ihrem fünften Artikel: „Welcher Pfaff mehr dann eine Pfründ hätte, dem sollten sie genommen und ihm nicht weiter, dann des Jahrs fünfzig oder sechzig Gulden gegeben werden," sondern sie griffen auch kirchliche Institute in kühner Weise an mit dem Verlangen, die Klöster „abzuthun", und die kirchliche Lehre durch die Verwerfung der Ohrenbeichte.[2]) Die Anklänge dieser Forderungen an die Reformation des Kaisers Sigmund sind nicht zu verkennen.

Man sieht, diese Elsäßer Bauern dachten in ihren Versammlungen an eine Veränderung von Grund aus und zwar auf gewaltsamem Weg; anders wäre das auch bei ihrer Absicht nicht möglich gewesen. Zunächst wollten sie sich, um einen festen Platz und die nötigen Mittel zu gewinnen, in den Besitz des wohlbefestigten Schlettstadt setzen und dort das städtische Vermögen und den Besitz der Klöster an sich reißen. Von diesem Mittelpunkte aus konnte dann, so meinten sie, das Werk weiter fortgesetzt werden. — In der Charwoche wollte man zuerst Schlettstadt nehmen. Allein bevor dies geschah, war der Anschlag durch Verrat oder Ausplauderei zu nichte gemacht. Die Verschworenen wurden gefangen genommen, soweit sie sich nicht im letzten Augenblick durch die Flucht in Sicherheit brachten. Die Strafen waren schwer: Enthauptung, Landesverweisung, Verstümmlung an

---

[1]) verzûgen (verziugen) mit Zeugnis überwinden, überführen. Sachsenspiegel I, 7,46. ed. Weiske=Hildebrand Glossar S. 193. Also unverzogen = nicht bewiesen, unbewiesen, unbezeugt.

[2]) Siehe die fünf (offenbar nicht vollständigen) Artikel bei Schreiber, der Bundschuh zu Lehen. S. 43.

Händen und Fingern. Der eine der Führer, ein Bauer Namens Claus Ziegler, wurde zu Schlettstadt geviertteilt; den andern, den schon genannten Bürgermeister Ulmann, traf das gleiche Loos zu Basel. Furchtlos starben die beiden und in der festen Ueberzeugung, daß der Tag der Rache kommen werde und keine Gewalt das Werk hindern könne, welches nach ihrer Ansicht unabwendbar war. „Man sagt — erzählt Matern Berler — daß diese beid an ihren letzten Enden hätten gesprochen: Der Bundschuh müßt ein Fürgang haben, es stund lang oder kurz (an)." In dieser ahnungsvollen Ueberzeugung lag nicht blos ein Trost für diese Unglücklichen im Tod, sondern auch etwas Bewundernswürdiges für den Zuschauer. —

An den sogenannten Käse= und Brodvolkkrieg[1]) muß an dieser Stelle auch erinnert werden, obwohl er nur eine bewaffnete Volkserhebung gegen unerträglichen Steuerdruck ist und uns bis hinab in die Niederlande führt: er fällt in das Jahr 1492. Als der nachmalige Kaiser Maximilian I. zur Unterhaltung seiner Reiter von den Niederländern neue Steuern forderte, erhoben sich die Westfriesen, Kennemern und Waterländer, da sie sich außer Stand fühlten zu bezahlen. Denn infolge der fortwährenden Kriege war die Bevölkerung verarmt und Maximilian hatte gegen das Recht den Geldwert um ein Drittel herabgesetzt. Die Unzufriedenen, welche sich in Alkmaar sammelten, führten ein Brod und einen Käse in ihrer Fahne. Durch das Versprechen des Statthalters Johann von Egmont, die verhaßte Steuer werde zurückgezogen werden, ließen sie sich beschwichtigen. Als aber dies nicht geschah, griff Alles zu den Waffen. In Haarlem öffnete der Säbel dem wütenden Bauernvolk die Thore, während die Bewohner von Leyden sich tapfer und mit Erfolg der Einnahme ihrer Stadt erwehrten. Da rückte Albrecht von Sachsen mit Heeresmacht heran; vor dem Schrecken seines Namens schon beugten sich die Aufständischen und streckten die Waffen. Der Schlußakt war nun auch hier wie anderwärts Demütigung und Strafe. Barfuß und mit einem Strick um den Hals mußten die Abgeordneten der Dörfer und Städte ihren Frevel abbitten, außerdem aber alle Beteiligten eine ungeheure Geldbuße leisten. —

---
[1]) Wenzelburger, Geschichte der Niederlande I, 387.

Die Abtei Ochsenhausen lag in Oberschwaben an dem Flüßchen Rottum, das von Süden her der Donau zufließt. Sie hatte viele Hintersaßen, gegen welche die Aebte und ihre Beamte sich mannigfache Uebergriffe zu schulden kommen ließen, ohne daß es trotz mancher Späne zu größeren Händeln gekommen wäre. Als aber 1497 die Schwiegermutter des Heinz Dinkmuth starb[1]) und „merklich Hab und Gut, namentlich auch eine merkliche Summe Gelds in einem Säcklein" hinterließ, da nahmen die Amtleute des Abts die ganze Hinterlassenschaft, obwohl die Tochter der Erblasserin, nämlich die Ehefrau des genannten Heinz Dinkmuth, noch am Leben war. Dieser ließ die brutale Rechtsverletzung nicht ruhig geschehen, sondern rief den Rat der nahe gelegenen Reichstadt Ulm als Schiedsrichter an. Bei der Untersuchung kamen schlimme Dinge über unberechtigte Ansprüche auf den Heuzehnten, auf Bezahlung des Brenn= und Bauholzes an's Licht, besonders aber daß die letzten vier Aebte das alte Herkommen in Erbschaftssachen umgestoßen und ihnen nicht gehörendes Eigentum an sich gerissen hätten. Die Verteidigung des Abtes war kläglich, den Eid, den er auf seine vermeintlichen Rechte leisten wollte, nahm mißtrauisch die Klagpartei nicht an und wendete sich an den schwäbischen Bund, mit ihr 500 Gotteshausleute, die sich aus 38 Ortschaften nächtlicher Weile unter den Waffen zusammengeschworen hatten, „um die mancherlei Irrungen und Späne, darinnen sie ohne Entscheid mit dem Abt hingen, zur Entscheidung zu bringen." Während des langen Rechtsstreites verweigerten sie alle diejenigen Abgaben, die sie als unberechtigte Forderungen anfochten, und trieben einmütig zusammenstehend die Vögte des Abtes mit bewaffneter Hand ab, so oft diese die beanspruchten Abgaben mit Gewalt eintreiben wollten. Es war nahe daran, daß es zwischen dem Abt, dem der schwäbische Bund Kriegsleute zuschickte, und seinen Unterthanen zum offenen Kriege gekommen wäre. Das energische Dazwischentreten der Städte Memmingen und Ulm verhinderte dies; die Ulmer aber erklärten rundweg: „Hinlegung der Irrung sei nur in Milderung der Beschwerden zu finden." Es kam zu einem

---
[1]) Zimmermann a. a. O. S. 25 ff. Stälin, Wirtemberg. Gesch. IV, 93

geschriebenen Vertrag durch schiedsrichterlichen Spruch im Jahre 1502. Die Hintersassen mußten zwar barhaupt und barfuß allesamt vor dem Abt erscheinen und ihn fußfällig um Verzeihung bitten, neu huldigen und eine Geldstrafe zahlen, aber in der Hauptsache gewannen doch die Gotteshausleute. Alle Dinge, welche der Abt gegen das Herkommen bisher verlangt hatte, wurden ihm abgesprochen, in erster Linie die Beerbung; die Falllehen wurden in Erblehen umgewandelt, und jedem die freie Verfügung über seine fahrende Habe zugestanden. Es war ein seltener Fall, daß derartige Irrungen einen solchen Ausgang nahmen. —

Im nämlichen Jahre, in welchem die Gotteshausleute von Ochsenhausen sich gegen ihren Abt zusammenschwuren, wurde im Bistum Speyer eine schon weitverbreitete und viel gefährlichere Bauernverschwörung entdeckt. Sie trägt deutlich den Stempel an sich, daß sie eine Fortsetzung des Schlettstadter Bündnisses gewesen ist: der gleiche Geist beherrscht sie. Als Beweggrund ihres Vornehmens gaben die Führer die unerträgliche Last der Fronen an: sie seien so beschwert, daß die vierte Stunde der Arbeit ihnen nicht mehr gehöre. Im Bruchrain zu Untergrumbach nahe bei der bischöflichen Stadt Bruchsal war die Geburtsstätte eines Geheimbundes,[1] der in Schnelligkeit bis zu einer Anzahl von 7000 Männern — auch 400 Weiber gehörten dazu — anwuchs und auch Unterthanen der benachbarten Herrschaften umschloß. Die Erfahrung machte die Verschworenen klug und vorsichtig. Mit der größten Heimlichkeit betrieben sie ihr Werk, das nach Art der radikaler denkenden Rheinbauern nicht blos die Abstellung einiger Mißbräuche bezweckte, sondern von Grund aus dem gemeinen Manne helfen und Kirche und Reich umändern, wenn nicht stürzen sollte. Das Losungswort, an welchem die Bundeszugehörigen sich erkannten, drückte bündig ihre Absicht aus. „Loset — fragte man den Begegneten — was ist nun für ein Wesen?" Gab er die Antwort; „Wir mögen vor Pfaffen und Adel nit genesen", so wußte der Fragende, mit

---

[1] Geissel, der Kaiserdom zu Speyer S. 242 ff. Zimmermann a. a. O. S. 37.

wem er es zu thun habe. Die Verbrüderung nannte sich Bundschuh und wählte sich als Bundeszeichen eine blauweiße Fahne, auf welcher das Bild des Gekreuzigten abgemalt war, auf der einen Seite desselben ein Bundschuh, während auf der andern ein Bauer kniete und die Hände emporhielt; darüber standen die Worte geschrieben: „Nichts dann die Gerechtigkeit Gottes." An der Spitze des Bundes befanden sich zwei Hauptleute, in deren Hände alle den Eid der Treue und der unweigerlichen Heeresfolge schwuren, sobald sie dazu aufgeboten würden. Die uns erhaltenen Bundessatzungen gewähren den besten Einblick in Geist und Wesen dieser Verbrüderung: „Den Bundschuh — heißt es in denselben — haben wir zusammengethan, auf daß wir frei sein mögen; drum wollen wir, wann wir in der Zahl mächtig werden, alle Joch der Leibeigenschaft zerbrechen und mit Waffen uns freien, weil wir Schweizer sein wollen. Wer in den Bund geschworen hat, betet täglich fünf Vater unser und ebenso viel Ave zum Gedächtnis der vornehmsten Wunden unsres Herrn andächtiglich, knieend, auf daß Gott der Allmächtige unserm Fürnemen Viktorie und Sieg verleihe. Unsere Schutzheiligen sollen sein die Himmelskönigin und der h. Zwölfbote Johannes. Alle Landsobrigkeit und Herrschaft wollen wir abtun und austilgen und wider dieselben ziehen mit Heereskraft und gewehrter Hand unter unserm Banner; und alle, so uns nicht huldigen und schwören, soll man todtschlagen. Niemals mehr wollen wir Obrigkeit über uns dulden und Niemand Zins, Zehnt, Steuer, Zoll noch ander Bete bezahlen, sondern uns aller dieser Beschwernisse auf ewiglich entledigen. Zuerst soll man auf den Bischof von Speyer ziehen gen Bruchsal, weil die Hälfte dieser Stadt unsre Eidgenossen sind; und ist Bruchsal, leicht wird es geschehen, in unsrer Hand, dann trifft die Reihe den Markgrafen von Baden, in dessen Land nichts geschont wird. Sind die Fürsten und Edelleute gebrochen und ab, so geht der Zug auf die Domherren, die Stifter und Abteien, die wollen wir gewalten und austreiben oder todtschlagen samt allen Pfaffen und Mönchen; ihre Güter wollen wir teilen und die Dienstleute der Kirchen unschädlich machen; auch wollen wir die Leutpriester ringern, so viel man vermag. In erobrten Plätzen, sowie auf der Wahlstatt nach der Schlacht, wenn uns Gott Sieg giebt, bleibt der Heerhaufen nicht über 24 Stunden liegen; er soll weiter rücken, bis alles gehorcht. Die Stifter, Abteien, Klöster und andere Gotteshäuser müssen fallen und ausbrennen. Zehnt, Zins, Gült und sonst Steuer, so den Pfaffen und Mönchen seither zugestanden, sind ab und tot für immer. Wasser, Wald, Waid und Haid, Wildbann, Vogeln, Birschen und Fischerei, so seitdem von Fürsten und Herren und Pfaffen gebannt gewesen, sollen frei und offen und Jedermanns sein, so daß jeder Bauer holzen, jagen und fischen mag, wo und wann er will, ohne Bann oder Hinderung, allzeit und überall. Zuletzt wollen wir auf die Stadt Speyer ziehen, sie mit Heereskraft gewalten, die Domherren und alle Pfaffen und Ratsherren und die Reichsten von den Burgern davon jagen; ihre Habe, fahrende und liegende, wollen wir teilen, und forthin soll im Münster, wie in den andern Gotteshäusern, aller Chorgesang schweigen, und nur ein Leutpriester mag dort die Messe singen und sagen. Wer nicht in unsern Bund schwört und sich ihm widersetzt, mit dem soll man machen, wie mit einem bösen Manne und Durchächter der Gerechtigkeit; er muß sterben ohne Barmherzigkeit. In Summa, wo wir getrauen etwas zu finden, das wollen wir sackmann machen.[1]" — Abschaffung der Fürsten und des Adels, der hohen Geistlichkeit und des gesamten Klosterwesens; Herstellung eines vereinfachten Gottesdienstes und eines Weltklerus ohne hierarchische Rangstufen; Aufhebung aller Sondervorrechte und Leistungen, unbeschränkte persönliche Freiheit des gemeinen Mannes; wilde Gier nach fremdem Eigentum und Verschleuderung desselben durch Verteilung; radikale Gleichmacherei und grausame Blutgier sind die Grundzüge dieses Programms, dessen Ausführung, wenn sie möglich gewesen wäre, zunächst die Welt in einen Trümmerhaufen verwandelt und dann eine wüste Anarchie herbeigeführt hätte. Die Armut an positiven Gedanken läßt dieses Programm als das Produkt der Unbesonnenheit und Unfähigkeit erscheinen, die erhitzte Leidenschaft hat jede Ueberlegung verdrängt. Nicht einmal darüber sprechen sich die Urheber aus,

---

[1] = rauben, plündern.

ob die beiden großen Gewalten der Welt, Papsttum und Kaisertum, das Loos der kleineren Autoritäten teilen sollten oder nicht.

Am Vorabend des Georgitages 1502 sollten mit gewehrter Hand die, welche zum Bund geschworen hatten, sich versammeln, um Bruchsal zu überfallen. Aber bevor der Tag gekommen war, hatte ein Verschworener, von seinem Gewissen gepeinigt, dem Bischof Alles entdeckt. Dieser hatte schleunige Mitteilung an den Kurfürsten von der Pfalz und die benachbarten Landesherren gemacht und mit ihnen energische Maßregeln getroffen[1]). Ehe die Hauptleute und Rädelsführer des Bundes das geringste ahnten, wurden sie nächtlicher Weile aufgehoben und in sicheres Gefängnis gelegt. Die Uebrigen erschraken über das Geschick ihrer Führer dermaßen, daß einige flohen, die meisten den Bischof um Gnade anflehten. Bund und Verschwörung waren dahin. Der Kaiser, dem genauer Bericht erstattet wurde, hielt die strengste Strafe für geboten. In einem Mandat an den Bischof befahl er: „Alle und jede, die in den Bundschuh geschworen, sollen sterben, wenn es sich ausweist, daß sie sechzehn Jahre alt und freien Willens waren, als sie den Schwur gethan". Die Rädelsführer sollten geviertteilt, ihre Kinder aus dem Land vertrieben, die Hauptleute des Bundes durch Pferde zu Tod geschleift werden. Wer irgend wie schuldig war, empfing seine Strafe nach des Kaisers Befehl. Die Bauern ließ man meistens laufen, weil sie verleitet worden seien. Gegen eine künftige Wiederholung ähnlicher Verschwörungen traf der rheinische Kurfürst mit den benachbarten Fürsten Vorsorge auf einem Tag zu Heidelberg (30. Mai.) Dennoch war dieser Geist nicht mehr zu bannen.

---

4. Der Bundschuh zu Lehen und der arme Konrad.

Ein richtiges Gefühl beseelte diejenigen, welche die beiden letzten Verschwörungen angezettelt hatten, daß man möglichst viel Anhänger gewinnen müsse, um etwas auszurichten. Allein bis

---

[1]) Auf einem Fürsten- und Städtetag zu Schlettstadt am 29. April 1502. s. d. Abschied Janssen, Frankfurt. Reichscorresp. II, 667.

jetzt hatte der Mann gefehlt, der mit Klugheit und weitschauendem Verständnis die Fäden gesponnen, mit rastlosem Eifer von Dorf zu Dorf, von Landschaft zu Landschaft Genossen gesammelt und überhaupt die Vorbereitungen, die ein Gelingen gewährleisten konnten, getroffen hätte. In der Stunde der Entscheidung versagten bisher die Werkzeuge und die Einrichtungen den Dienst. Ueber Nacht entstanden, brachen die Verschwörungen im Elsaß und am Bruchrain auch in einer Stunde kraft- und haltlos zusammen. Der Gedanke dem vorzubeugen trieb einen Genossen der letzten Unternehmung zu jahrelanger, unermüdlicher Thätigkeit an. Joß Fritz aus Untergrumbach hatte aus seiner Heimat fliehen müssen[1]); seine hervorragende Teilnahme an der Verschwörung verschloß ihm die Rückkehr für immer. Aber er wollte sich nicht thatenlos im Elend verzehren. Was einmal fehlgeschlagen war, mußte nicht immer mißlingen. Mut und Ausdauer, Welterfahrung und Vertrautheit mit dem Waffenhandwerk standen ihm bei. Seit den Tagen des Niklashauser Paukers hatte keiner so Großes sich vorgenommen wie Joß Fritz. Und dieser erfahrene Kriegsmann war größer, umsichtiger, besonnener und mutiger als jener Prophet aus dem Tauberthal. Nicht durch Zeichen und Wunder, durch verzückte Predigten und weltstürmende Brandreden gewann er die Menge, sondern durch eine stille Wirksamkeit, die von Haus zu Haus ging und im Geheimen einen Genossen um den andern warb[2]). „Willst du — fragte er etwa den, an welchen er sich gemacht hatte — uns auch helfen zu der göttlichen Gerechtigkeit, so mußt du schweigen und davon Niemand nichts sagen. Denn du siehest, wie es uns geht, und daß wir heut um dies und morgen um das ander kommen und daß man uns nit will lassen bei unsern alten Bräuchen, Rechten und Herkommen". Oder er versprach, falls der Angeredete zu schweigen gelobe, ihm eine Sache zu eröffnen, die für ihn und viel fromme Leute wäre, eine Sache, die göttlich, ziemlich und recht sei. „Denn sie anders nichts handlen wollten, dann das, so die heilig Geschrift inhielt und auch für sich selbs göttlich,

---

[1]) Schreiber, der Bundschuh zu Lehen, bes. b. Beilagen.
[2]) a. a. O. S. 74, 81.

billig und recht wäre". Lange Zeit hatte Joß Fritz sich unter dem Volk auf dem Schwarzwald herumgetrieben, in Hord und Villingen gelebt, in Lenzkirch oder Stockach sogar geheiratet. Dann war er in den Breisgau gezogen und hatte in dem Dorfe Lehen, nur eine Stunde von Freiburg entfernt, bei Balthasar von Blumeneck die Stelle eines Bannwartes angenommen. Wer ihn sah, ja sogar beobachtete und hörte, hätte kaum in ihm den "rechten Ursächer" einer Verschwörung vermutet. Denn listig und vorsichtig trieb er seine Sache, ein Beweis für seine Gegner, daß er "aus argem Einsprechen des Teufels" seine "Bübereien" übte. "Unter einem guten Schein" wußte er Gehör und Vertrauen der armen Bauersleute zu erschmeicheln, indem er seine Reden oft und abwechselnd wiederholte und sich dabei ganz einfältig stellte. Gewöhnlich begann er über die Zunahme der Sittenlosigkeit zu klagen, daß "Gotteslästern, Zutrinken, Wuchern Ehebrechen und ander Uebelthaten so mercklich überhand nehmen und von den Obern nicht gestraft werden". Von dieser Saumseligkeit der Obern lenkte er das Gespräch dann geschickt auf die Beschwerden des gemeinen Mannes gegen die Herrschaften. Die ihm aufgelegten Lasten seien so groß, sagte er, "daß dadurch am letzten ein schwer End begegnen und der gemeine Mann selbs darein sehen muß". Denen nun, welche ihm zufielen, nahm er das Versprechen des Stillschweigens ab und legte ihnen dar, was geschehen müsse und "was ihnen zu Nutzen und gut kommen möcht". Mit "süßer Rede angethan" überzeugte er gar leicht, denn er wußte, "wo den armen Mann der Schuh drücket und wo selbiger von Juden und anderen Wucherern, von Advokaten und Beutelschneidern, von Fürsten, von adeligen und geistlichen Herren allzusehr mit Lasten und Fronden beschwert worden". Auf diese Weise bereitete er sich den Boden und fesselte die Bauersleute an sich, besonders solche, welche "ihre Gemüter allweg auf viel Zehrung und wenig Arbeit gestellt", auf jene verdorbenen oder wenigstens verschuldeten Leute, die "ihre Güter mehr, dann sie ertragen mögen, versetzt" und mit Pfändern und Schulden belastet hatten. Allmählich rückte er dann mit "seinem alten Handel, mit dem Bundschuh" heraus; diese Verbindung der Bauern, zeigte er, sei der einzige Weg zur

Besserung. Nach einem gleichzeitigen, ihm allerdings feindlich gesinnten Bericht[1]) muß Joß Fritz eine außerordentliche Gabe zu überreden hiebei an den Tag gelegt haben; ein Teil seines Erfolges wird aber wohl der allgemein vorhandenen Empfänglichkeit der Herzen für solche Worte zuzuschreiben sein. Er habe, so erzählt unsere Quelle, seine Sache „so süß" vorzubringen verstanden, daß jeder seiner Zuhörer „gemeint von Stund an selig und reich zu werden". Mehr noch als diese Verführungskunst versetzt sein Programm in Verwunderung. Es beweist, daß er in der Verbannung das, was er wollte, tief durchdacht hat: er war reifer geworden. Die Projekte von Untergrumbach, Schlettstadt und Niklashausen überragt sein Verbesserungsplan sehr weit. Seine Forderungen sind klarer und positiver und deshalb dem Bereiche der Möglichkeit näher gerückt als jene; von communistischer Ueberspanntheit halten sie sich frei. Die göttliche Gerechtigkeit, die heilige Schrift, das alte Recht und Herkommen, Schlagwörter, die er mit Vorliebe einfließen ließ, waren verfängliche Begriffe, weil an sich gegen sie mit gutem Grund nichts eingewendet werden konnte; sie waren Instanzen von unerschütterlichem Ansehen. Im Hintergrund seines Zukunftstraumes steht nicht der Moloch der Anarchie, sondern eine staatliche, kirchliche und sociale Ordnung, deren Bestand an sich wohl denkbar war, deren Aufrichtung aber immer wieder durch die Revolution bedingt wurde. Es wird klar, daß an dieser Klippe jede Reform scheitern mußte. Staat und Kirche denkt sich Joß Fritz als die beiden notwendigen und höchsten Gewalten, die im Papst und Kaiser ihre Träger haben, aber nicht durch Untergewalten ihm bedingt erscheinen; für geistliche und weltliche Fürsten hat er keinen Platz, im letzteren Punkt erkennen wir in Joß Fritz den Vorläufer des Wendel Hippler, des Vaters des Heilbronner Entwurfes. Man soll, sagt jener, „keinen Herrn denn Papst und Kaiser und vorab Gott haben". Die Fürsten sind also abzuschaffen, die Geistlichen, lediglich ihrem Berufe zugewiesen, sollen weiter nichts besitzen und empfangen, als was sie notwendig haben, die Pfründenhäufung wird verboten. Ihr Gut,

---

[1]) Schreiber, a. a. O. S. 45.

also das Kirchengut, sollte „unter ihren Hufen" d. h. gemeinschaftlich unter das Volk ausgeteilt werden. Die Lasten des landwirtschaftlichen Besitzes gedachte er auf das geringste Maaß zu beschränken, ferner eine allgemeine Schuldenerleichterung nach dem Muster der altrömischen Rogationen des Licinius dadurch herbeizuführen, daß die schon bezahlten Zinsen von dem Kapital abzuziehen seien oder, wie er sich selbst ausdrückt, daß „auch kein Zins mehr" gegeben werden soll, „da der Zins so lang genossen, daß das Hauptgut eingenommen wär" (das Kapital längst zurückbezahlt worden wäre). Zugleich forderte er, an den Sackpfeifer aus dem Taubergrund anknüpfend, die alten Markrechte wieder zurück: „die Holz, Feld, Wasser, Vogel, Jagen und dergleichen Sachen (sollen) den Armen und Reichen gemein (sein)". Das „Rotweilisch, desgleichen geistlich Gericht" will er abschaffen, dagegen das „göttlich Recht" in Kraft treten lassen. Von Gewaltthaten will er nur gegen diejenigen etwas wissen, die sich seiner Reform widersetzen würden: „welcher ihrem Vornehmen nicht Folge thun (würde), den wollten sie zu todt schlagen", also die bestimmte Ahnung, daß es doch ohne Blutvergießen nicht abgehen werde, obwohl es nachher auf „einen beständigen Friden in der ganzen Christenheit" abgesehen war.

Noch schwieriger als der Entwurf eines Programmes war die Organisation des Bundes. Man muß es bekennen: Joß Fritz war das Muster eines Parteigängers, ja eines Parteiführers. Er besaß eine Geschicklichkeit und Ueberlegtheit, die ihn wahrhaft gefährlich machte. Es ist sehr fraglich, ob selbst unter den nachmaligen Bauernführern im Kriege des Jahres 1525 ein einziger ihm gleichgestellt werden kann. Im Mittelpunkte der Verschwörung stand er selbst zu Lehen im Breisgau; er entwarf den Operationsplan und überwachte die Ausführung seiner Befehle. Seine persönliche Haltung scheint sein Vornehmen wesentlich unterstützt zu haben; erklärte doch sogar der Pfarrer von Lehen das, was Joß Fritz wollte, für ein „göttliches Ding", denn die Gerechtigkeit würde dadurch befördert werden, und Gott selbst wolle es. Auch habe man in der Schrift gefunden, daß es Fortgang gewinnen müsse. Nach allen Seiten sandte er seine Gehilfen aus als Boten des Geheimbundes zu wirken und zu werden. Hieronymus, ein Bäckerknecht aus dem Etschland, ein weitgereister Handwerksbursche, lockte im Breisgau das Volk zum Bündnis. Unter den Missionären, die weithin ins Land zogen, zeichnete sich ferner ein Freiburger Namens Stoffel Veltlin aus, der über den Schwarzwald bis nach Ehingen in Schwaben seine Wanderzüge ausdehnte, daneben ein Enderlin „von Schwein=furt[1]) aus der Reichsstadt am Mayn", dann einer aus Bretten „aus des Pfalzgrafen Landen", Hans von Ulm „ein Sprecher", ein Straßburger Namens Heinrich und verschiedene Wirte in den Dorfschaften und Thälern[2]). Zu diesen ihm nahestehenden Emissären gesellte er äußerst geschickt eine Anzahl an sich ganz unverdächtiger Leute, die täglich ohne Aufsehen überall ein= und auszogen — fahrendes Volk, Hausierer, Pfeifer nnd Wander=burschen; und vor Allem die Landplage der damaligen Zeit, das Volk der Bettler, die förmlich organisiert und unter zehn Haupt=leute (Hauptmann=Bettler) gestellt wurden. Denen war nicht blos die Aufgabe zugewiesen für die Verbreitung des Bündnisses zu sorgen, sondern auch am Tag der Erhebung im „Elsaß, in der Markgrafschaft und im Breisgau Feuer anzulegen". Dieser ganzen Gesellschaft fehlte es nicht an einem äußerlichen Erkennungs=zeichen und einem Losungswort, das ganz ähnlich lautete wie das von Untergrumbach. Mit dem Allen aber hatte sich der erfinderische Geist dieser Verschwörung noch nicht erschöpft. Um unerkannt und ungestört zu sein, nahm man noch das Mittel der Verkleidung zu Hilfe. Jene Rädelsführer, welche Joß Fritz zunächst standen, hatten verschiedene Anzüge, die sie wechselten, um auf ihren Reisen nicht Verdacht zu erregen. Joß Fritz selbst bediente sich des gleichen Mittels, wenn er auszog, um sich von dem Stande der Dinge zu überzeugen oder selbst Mitverschworene zu gewinnen: er trug bald einen „schwarzen französischen Rock mit weißen Hosen", bald ein rothes, bald ein „ziegelfarb Kleid". Bis nach Heilbronn in Schwaben erstreckten sich seine Züge. Natürlich durfte dem Bunde auch eine Fahne nicht fehlen, denn „sobald sie das Fähnlein fliegen ließen, würden

---

[1]) In Schweinfurt war im nämlichen Jahre ein Aufstand der Ge=meinde wider den Rat und die Geschlechter. Liliencron a. a. O. III, 120.

[2]) Schreiber a. a. O. S. 49.

die Armen all auf ihre Partei fallen". Es war nicht leicht die Fahne zu beschaffen; zwei Maler weigerten sich den gefährlichen Bundschuh zu malen, erst ein dritter zu Heilbronn that dies, als Joß Fritz ihn durch eine erlogene Vorspiegelung zu überreden wußte.

Die Verschwörung verbreitete sich auf diese Weise außerordentlich rasch. Zu beiden Seiten des Rheins, im Kinzigthal, um den Kaiserstuhl, in der Markgrafschaft Baden, im Elsaß und besonders im Hochstift Straßburg waren zahlreiche Anhänger geworben worden, selbst bis nach Bretten hinab und nach Schwaben hinüber reichte das Bündnis. Die Bauerschaft, schrieb der Kaiser Maximilian dem Frankfurter Rat, wolle sich "den ganzen Rheinstrom ab mit Bündnus und Verstentnus gegeneinander wider die Geistlichkeit und den Adel zusammentuen".[1]) Sogar ein Edelmann in der Nähe von Bretten gehörte dazu und es gab auch Geistliche, die um die Sache wußten.

Die Häupter des Bundes versammelten sich zur Nachtzeit auf der Hartmatte bei dem Dorfe Lehen. Die Versammlungen wurden immer zahlreicher besucht. Dort wurden die Bundesartikel festgesetzt und mitgeteilt und die Pläne für die Ausführung des Werkes beraten. In der Hitze der Diskussion verstieg sich die Phantasie zuweilen zu den seltsamsten Gedanken; man glaubte selbst den Kaiser für den Bund und sein Programm gewinnen zu können. Es wurde beschlossen, "kaiserliche Majestät, sobald der Hause zusammenkommt, der gemeinen Gesellschaft Vorhaben zuzuschreiben und, sofern ihre Majestät den Bund nicht annehmen würde, zu den Schweizern[2]) zu rücken."

"Auch mainten sie in ihrem Bund zu haben
Die Eidgenossenschaft[3]) mit manchem wilden Knaben."

Ob diese Hoffnung auf das Reichsoberhaupt ernst gemeint war, läßt sich nicht mit Sicherheit annehmen. Möglicher Weise glaubten

---

[1]) Frankfurter Reichscorresp. II, 897.

[2]) In der Schweiz gährte es zur selben Zeit sehr stark unter dem Landvolk. Im Sommer d. J. 1513 erhoben sich die Bauerschaften in den Kantonen Bern, Luzern und Solothurn bewaffnet wider die Stadtherren. Zimmermann I, 57 ff.

[3]) Pamphilus Gengenbach, Lied v. Bundschuh.

einzelne der Verschworenen unfehlbar an das Gelingen: sie rühmten, daß „ihr Bundschuh bis gen Köln hinabging", ja fabelten davon, daß durch „einen Bundschuh folt das heilig Grab gewonnen werden." Vorerst war dazu noch keine Aussicht vorhanden; zunächst mußte der erste Schritt zur That gemacht werden. Im Oktober 1513 waren „alle Fäden" soweit gesponnen, daß man dazu übergehen konnte. Welcher Stadt man sich bemächtigen wolle, war noch nicht festgesetzt. Freiburg, Breisach oder Endingen waren in Aussicht genommen. Immer geschäftiger wurden die Verschworenen. Bei ihrer großen Anzahl mußte durch ihr Treiben eine unruhige Bewegung in der Bevölkerung hervorgerufen werden, welche den Obrigkeiten nicht entging. Zudem hielten nicht alle ihr Schweigen, das sie geschworen hatten. Der Rat der Stadt Freiburg war schon eingeweiht; er warnte die benachbarten Stände und traf Vorkehrungen gegen einen unvermuteten Ueberfall. Diese Maßregeln erschütterten das Fundament des Bundes. Bei einer Versammlung auf der Hartmatte, die in Abwesenheit des Hauptmanns Joß Fritz abgehalten wurde, wagte die Mutlosigkeit Einzelner schon den Vorschlag, den Handel ganz zu unterdrücken. Während die Verschworenen zauderten und schwankten, gingen ihre Gegner: die Stadt Freiburg, der Markgraf von Baden, die kaiserliche Regierung zu Ensisheim mit Entschlossenheit vor. Der Rat von Freiburg entschloß sich zu einem kühnen Handstreich; er schickte in nächtlicher Zeit 200 bewaffnete Bürger nach Lehen, die sich der Rädelsführer bemächtigen sollten. Ein Teil derselben, darunter auch der oberste Hauptmann Joß Fritz, war nicht zu Hause, sei es zufällig oder daß sie heimlich gewarnt worden waren und sich in Sicherheit gebracht hatten. Die übrigen wurden gefangen genommen und nach Freiburg gebracht. Gleichzeitig ging auch der Markgraf von Baden gegen seine, der Teilnahme verdächtigen Unterthanen vor. Die Gefangenen wurden peinlich befragt und machten Aussagen, durch welche die hervorragenden Mitglieder der Verschwörung bekannt wurden. Ueberall fahndete man auf dieselben; bis in die Schweiz hinein verfolgte man die Einzelnen. Der Rat von Basel bekam zwei in seine Hände und ließ sich von Freiburg und der kaiserlichen Regierung bewegen, sie zu enthaupten. In Schaffhausen wurden zwei andere ergriffen und hingerichtet. Mit besonders großer Strenge ging der Rat von Freiburg gegen diejenigen vor, welche in seine Hände gefallen waren; augenscheinlich wollte man sich an ihnen für die Gefahr, in welcher die Stadt geschwebt hatte, bitter rächen und ein warnendes Exempel statuiren. „Alle — erzählt eine Freiburger Chronik — wurden zum Tod verurteilt, viele in vier Teile zergliedert und aufgehenkt; andern aber aus Gnad der Kopf abgeschlagen."

Noch lange dauerten Nachspürung und Verfolgung fort. Der Eifer der Regierungen schien sich erst genug gethan zu haben, als auch der letzte Verdächtige bestraft und, wie sie glaubten, der Feuerbrand gründlich ausgelöscht war. Nur einer entkam allen Nachstellungen: Joß Fritz, die Seele der Verschwörung zu Lehen, war spurlos verschwunden. Es gelang nicht, ihn zu entdecken. „Der recht Hauptsächer entrann, Jopst Fritz, der's Fähnlein bei ihm hat[1])" — sagt ein Lied vom Bundschuh zu Lehen. In der That trug er das Fähnlein des Aufruhrs immer noch und wiederum auf geheimen Schleichwegen im Lande herum; man spürte ihn auf dem Schwarzwald und in der obern Schweiz mit seinen Gesellen noch Jahre lang.[2])

Der aufrührerische Sinn war überhaupt nicht mehr auszurotten. Die strengen Strafen fruchteten nichts. Seit der Bund gesprengt war, waren keine sechs Monate vergangen, als nicht sehr weit vom Breisgau in der Markgrafschaft Baden ein verwegener Bauer den Versuch machte Unruhen zu stiften[3]). Ju Bühl, südlich von Rastadt, suchte sich ein Bauer, Gugel-Bastian genannt, mit einigen Gesellen den Fronden zu entziehen, die sie ihrer Herrschaft zu leisten hatten. Wenn es auf Bastian angekommen wäre, so hätte er zweifellos einen Bundschuh aufgerichtet. Der Anfang dazu wurde gemacht. „Plan, ihr Gesellen — rief er — ihr habt gehört und gesehen, wie ich mit dem Vogt geredet; nun will ich der arme Kunz sein." Die neuen Zölle auf Wein und Getreide, die Steigerung der Fronden, der

---

[1]) Liliencron a. a. O. III, 137.
[2]) Schreiber a. a. O. S. 121 f.
[3]) Schreiber a. a. O. S. 31.

unerträgliche Wildschaden, eine neue Erbordnung riefen auch in der Markgrafschaft Unzufriedenheit und Erbitterung hervor. Es waren acht beanstandete Punkte, unter denen die vornehmsten folgende sind: „So einem in seinem Weinberg ein Gewild schadet, soll er Macht haben, es zu scheuchen, zu schießen oder zu fangen, wie er's umbringen mag; und so er's umbringt, soll er's, ohne zu freveln, für sich selbst behalten dürfen, und nur, wann er will, dem Vogt davon verehren". „Die neue Erb= ordnung soll, da ein Ehegemahl das andere nicht erben soll, abgethan sein". „Die Gültbriefe, deren Zinse dem Hauptgut gleichgekommen, sollten abgethan sein". Auf einer Versammlung, welche Bastian im Juni 1514 in Bühl abhielt, waren von den Anwesenden diese Beschwerden und gemäßigten Forderungen gestellt worden. Man entschloß sich zum Versuch das Recht zu erwirken oder Gewalt zu brauchen. Schon plante der Führer dieser Ortenauer Bauern die Einberufung einer zweiten Ver= sammlung. Allein die Regierung wußte um die Absicht. Mark= graf Philipp schreckte durch einen reisigen Zug die Bauern und nahm einige derselben gefangen, während Bastian entkam. Aber nach einigen Wochen fiel er in die Hände der Freiburger, welche ihn enthaupten ließen, „weil er Auflauf und Conspiration gemacht". Während das Haupt des Gugel=Bastian zu Freiburg fiel, stand in Würtemberg der arme Konrad auf.

An Gefahr und Ausdehnung sollte alle bisherigen Erhebungs= versuche in Deutschland der arme Konrad[1]) übertreffen, welcher im Jahre 1514 im Herzogtum Würtemberg auffam. Dieser Ausdruck bedeutet die Besitzlosigkeit, die Armut: Konrad oder Kunz geht nicht auf eine historische Persönlichkeit.[2]) Mit dieser Selbstbenennung trotzten die „verdorbenen Leute" über ihre Armut den Besitzenden und Reichen gegenüber, um gegen sie alle gleich= gestellten Elemente znm Kampfe herauszufordern. So wurde der arme Konrad oder Kunz durchaus ein communistisches Schlag= wort, die Firma der communistischen Partei in Stadt und Land,

---

[1]) Stälin, Wirtemberg. Gesch. IV, 92—116. Zimmermann, Gesch. b. Bauernkrieges I, 51—111.

[2]) Vergleiche Ausdrücke, die noch heute gebräuchlich sind, wie reicher Kunz, guter Kerl, wo beides einfach Mensch oder Mann bedeutet.

welche den Reichen ihr Geld und Gut nehmen und unter sich austeilen wollte. Halb Scherz halb Ernst bestand diese Gesellschaft schon ziemlich lange; die ersten Spuren des armen Konrad führen bis zum Jahre 1503 zurück. Es waren liederliche Brüder, die bei Würfelspiel und Wein, wenn dazu ein Pfennig vorhanden war, sich über ihre Armut lüstig machten, sich mit den Gütern, die sie „im Monde besaßen" oder mit ihren Aeckern und Weinbergen auf dem „Hungerberg", am „Bettelrain" oder in der „Fehlhalde" trösteten, aber doch leicht geneigt waren aus leichtsinnigem Scherz blutigen Ernst zu machen. Der Haß gegen die Reichen steckte als tiefer Stachel in ihren Herzen. Ihr Wunsch war doch: „Es müsse Gleichheit werden und die reichen Schelme müssen mit den Armen teilen." Mit dieser Gesellschaft mochte der geordnete Bauernstand keine Gemeinschaft haben, so lange ihm die Verhältnisse keinen zwingenden Grund zur Unzufriedenheit darboten; aber trat man sein Recht mit Füßen, wurde der Druck von oben immer stärker und unerträglicher, so bemächtigten sich, wie eben damals die Zeit war, selbst des soliden Bauernstandes leicht Bundschuh-Gedanken und -Gelüste. Diese Stimmung aber, wo sie sich zeigte, benutzte der arme Kunz geschickt, er half einen Bundschuh aufrichten und spielte in der Verbrüderung eine hervorragende Rolle. Daß die an sich conservativen Bauerschaften so häufig der weit geringeren radikalen Partei als Beute zufielen, daran trugen die Herrschaften die meiste Schuld. In Würtemberg bewirkte eine verlotterte Beamtenwirtschaft und die Tyrannei eines gewissenlosen und verschwenderischen Fürsten, daß vom armen Kunz ein Bundschuh ins Leben gerufen wurde und von ihm sogar den Namen behielt.

Obwohl die Zeichen der Zeit den Herzog Ulrich mahnten, ein weises und gerechtes Regiment zu führen, vernachlässigte er seine Pflichten in jugendlichem Leichtsinn und Uebermut auf frevelhafte Weise. Die Regierung überließ er seinen Günstlingen, die sich im Amte schamlos bereicherten, Gewalt für Recht gehen ließen und „dem jungen mutwilligen Fürsten zu seinem Verderben zulugten und rieten, eignen Nutz und Gewalt suchend." Der Herzog, seufzte das Volk, lasse in Luxus und Glanz seinen Vorgänger weit hinter sich, der doch nach dem Ausspruche des

Kaisers Maximilian solches Unwesen getrieben hätte, daß „davon zu reden erbärmlich wäre." Feste auf Feste folgten am Hofe: Bankette, Turniere, Fastnachtsspiele und Jagden. Fremde Sänger und Pfeifer, Jäger und Falkner, Pferde und Hunde kosteten ungeheure Summen. Zahlreiche und vornehme Gäste kehrten häufig beim Herzog ein und wurden verschwenderisch bewirtet. Wenn er selbst einen Reichstag oder einen fremden Hof besuchte, trat er mit einer Pracht auf, die weit über seine Kräfte ging. Als er im Jahre 1511 mit einer bayrischen Prinzessin Hochzeit hielt, dauerten die Festlichkeiten vierzehn Tage, in denen 7000 vornehme Gäste verschwenderisch beherbergt wurden: viele meinten damals, „man sollte mit diesen unmenschlichen Kosten ein ganzes Land verthan haben". Kriege, Leistungen für den Kaiser und Anforderungen seitens des schwäbischen Bundes kamen hinzu, so daß die Schuldenlast eine „überschwengliche" wurde. 300000 fl. hatte Ulrich angetreten, 600000 fl. eigener Schulden bis zum Jahre 1514 hinzugefügt.

Der üblen Wirtschaft ging eine freche Behandlung des Volkes durch das Heer der herzoglichen Günstlinge und Beamten zur Seite. Ihrer Willkür war Bürger und Bauer recht= und schutzlos preisgegeben. Die Aecker und Weinberge wurden von dem gehegten Wild verwüstet, die Eigentümer aber hart bestraft, wenn sie dasselbe mit Hunden zu verjagen oder gar zu schießen sich unterstanden. Die Gemeindenutzungen an Wald und Waide eigneten sich die fürstlichen Diener an und vergaben sie zu ihrem eigenen Vorteil. Die Forstmeister bestraften und plagten die Leute, wo und wie sie konnten. Das Recht war feil, die Richter bestechlich. „Was zwölf Jahre zuvor mit zwölf Pfennigen ge= richtet ward, kostete jetzt im Wege Rechtens über zehn Gulden." Die Verfassung mit ihren Freiheiten mißachtete der Herzog; er sah darin einen Raub an seiner fürstlichen Macht. Wie ein Despot des achtzehnten Jahrhunderts geberdete er sich; aber das Volk jener früheren Tage ertrug solche Tyrannei noch nicht mit der dumpfen Resignation der Nachkommen.

Nach zwölfjähriger Regierung hatte Herzog Ulrich nichts zu Stande gebracht als eine Schuldenlast von fast einer Million Gulden — eine ungeheure Summe für die damalige Zeit und ein so kleines Fürstentum. Ohne den Landtag einzuberufen und nur mit dem Rate der bedeutenderen Städte verhandelnd suchte der Herzog eine Vermögenssteuer — einen Pfennig von jedem Gulden für das Jahr — durchzusetzen. Der allgemeine Unwille zwang ihn darauf zu verzichten; er probierte es nun mit einer Lebensmittelsteuer auf Fleisch, Mehl und Wein. Durch Verkleinerung des Maßes und Gewichtes sollte dies ohne Preissteigerung erreicht werden; allein so thöricht waren die Schwaben nicht, daß sie diese Maßregel nicht nach ihrem vollem Wert geschätzt hätten. Schlechte Weinjahre, die vorausgegangen waren, erhöhten noch die Erbitterung. Das neue Maß und Gewicht wurde im Lande herumgeschickt und gab den Bewohnern des Remsthales zuerst Veranlassung, ihre Meinung unter der Maske eines Scherzes zu offenbaren. Der arme Konrad machte den Witz und gewann das Landvolk, dessen Unwille bis zum Ueberlaufen voll war, für sich. Den schwäbischen Bauern war der Geist nicht mehr fremd, welcher die Bauern am Rhein zu den geschilderten Erhebungsversuchen fortgerissen hatte. In Beutelsbach, von Schorndorf nicht weit entfernt, wohnte Gaispeter, der „eine sehr aufrührerische Zunge hatte, auf seinen Gütern aber viele Schulden", wie seine Gegner ihm nachsagten. Der rief durch Trommelschlag und Pfeifen am Ostersamstag des Jahres 1514 (15. April) die Dorfbewohner zusammen und schlug ihnen vor, das Recht der neuen Gewichte durch ein Gottesurteil, die Wasserprobe, zu prüfen. Die Zusammengelaufenen stimmten zu, holten die neuen Gewichte herbei und zogen, Gaispeter an ihrer Spitze, hinaus an die Rems. Der Führer warf die Gewichte in's Wasser, indem er sprach: „Haben wir Bauern recht, so fall' zu Boden; hat aber unser Herzog recht, so schwimm empor." Als wie natürlich das erstere geschah, jubelte die Menge: „Wir haben gewonnen." Gaispeter forderte nun alsbald zum Zuge nach Schorndorf auf und, ein Beweis, daß die Sache nicht unvorbereitet war, auch aus andern Dörfern zogen am nämlichen Abend noch vor Schorndorf bewaffnete Bauernschaaren, willens in die Stadt einzudringen. Aber die Thore waren versperrt und den Bauern gab man Brot und Wein, nicht ohne sie zu vertrösten, daß man ihre Beschwerden vor den Herzog bringen wolle. Sie kehrten nach Hause zurück, scheinbar beruhigt; allein es war dem nicht so. Im Gegenteil, aller Orten wurde der arme Kunz organisirt; der Boden zeigte sich über Erwarten unterwühlt. In Markgröningen predigte am Ostersonntag und an Jubilate (7. Mai) sogar der Stadtpfarrer im Geiste des gemeinen Mannes. Der Herzog und seine verhaßten Räte spürten und fürchteten die Gewalt, welche noch im Dunkeln sich regte. Jener verweilte im kritischen Augenblick am hessischen Hofe, sah sich aber nach seiner Rückkehr veranlaßt, persönlich zu den Bauern im Remsthal zu reiten, das neue Maß und Gewicht wieder abzuschaffen und einen allgemeinen Landtag auszuschreiben, daneben freilich auch sich kriegerisch zu rüsten. So wenig vertrauensvoll sah man die Lage an, und mit Recht. Denn schon war es nicht mehr mit der Abschaffung übereilter Maßregeln gethan. Man wollte eine Aenderung des ganzen Regierungssystems und der unleidlichen Verhältnisse. Die Forderungen des bäuerlichen Bundschuhes vermischten sich mit den communistischen und socialen Hintergedanken des armen Konrad; in der Erbitterung über das, was geschehen, flossen die beiden Strömungen zusammen. „Was ain angang (einen angeht), sol den andern auch angehen und einander nit zu verlassen" schwur man gegenseitig.[1]) Jagd, Wasser und Wald sollte freigegeben, der Druck der Abgaben und Fronen abgeschafft werden. Außerdem richtete sich aber die Bewegung in ihren radikaleren Elementen wider die Ehrbarkeiten d. h. die reichen Bürger in den Städten, wider die Regierung, den Herzog und seine drei Räte, den Kanzler Lamparter, den Erbmarschall von Thumb und den Landschreiber Lorcher. Man redete von einer Absetzung des Herzogs, falls er nicht nachgeben würde. Wenn der arme Konrad 20000 bis 30000 Mann umfasse, glaubte man sich stark genug mit dem Herzog ins Gericht zu gehen und darnach mit der Geistlichkeit. Man beabsichtigte dann, „durch das Land zu ziehen in Städt und Dörfer, dem Herzog Ulrich, den Mönchen, Pfaffen und Edelleuten das Ihre zu nehmen; und wer's ihnen nit mit Lieb gebe, dem wollten sie's mit Gewalt nehmen." Selbst auf das Leben des Landesfürsten sollte ein

---

[1]) Sattler, Gesch. d. Herz. Würtemberg II. Abt. S. 170.

Anschlag gemacht werden. Im Hintergrund standen auch hier die üppigsten Phantasieen des radikalen Commünismus: „Alle Dinge gemein machen; mit allen denen, so mehr denn sie haben, mitessen, trinken (und) sonst teilen oder gar nehmen; die so es nit dulden, zu tod schlagen."

Obwohl durch herzogliches Mandat Rottirungen aller Art strenge verboten wurden, so besuchte doch das Volk aus weitem Umkreise die Kirchweihen, so diejenige von Untertürckheim, (25. Mai) und trug Gedanken und Pläne der Verbrüderung hinaus in das Land. An vielen Orten stellten sich beherzte Führer an die Spitze, ratschlagten in geheimen Zusammenkünften und vermehrten täglich den armen Kunz. Im Mittelpunkt des Bundes stand Schorndorf, wo im Hause des Genossen Pregizer, des armen Konrad Kanzlei genannt, die Hauptmänner der ganzen Verbrüderung zusammenkamen und die Vorbereitungen trafen. Die Untertürckheimer Kirchweihe war von ihnen als erster allgemeiner Versammlungstag bestimmt worden. Die Anzahl der sogar von weither gekommenen Gesinnungsgenossen bewies die rasche Verbreitung der Sache. Der erste Schritt, der beschlossen wurde, war die Amtsstädte einzunehmen und den Vögten die Schlüssel abzunehmen. Schnell folgte die That. In einzelnen Städten wie in Calw, Backnang, gelang sie; in andern wie Urach, Waiblingen schlug sie fehl. Wie östlich von Stuttgart in Schorndorf, so wurde nun auch westlich davon in Leonberg eine Kanzlei errichtet. An einzelnen Orten kam es zu sehr tumultuarischen Auftritten; man hörte schon häufig böse Reden: „Die Reichen müssen mit uns teilen; wir wollen einmal die großen Köpfe stechen.... Jetzt haben wir das Schwert in der Hand, jetzt steht die Sonn in unserem Zeichen; andere Rät, Amtleut, Schultheißen müssen werden und nicht mehr die Suppenesser." „Der Herr ist kein Nutz' und der Marschall wird reich." Fast überall wurden die Vögte abgesetzt und dafür „bis auf den Landtag Verwalter und Statthalter" verordnet; nur in Stuttgart und Tübingen glückten diese Versuche nicht.

Soviel fühlten verständige Männer, daß zur Beruhigung etwas geschehen müsse. In den Städten bei den Bürgern brach sich diese Einsicht Bahn. Deshalb traten in Marbach Abgeordnete aus 14 Städten zusammen, um eine Vorlage für den bevorstehenden Landtag zu beraten, worin die hauptsächlichsten Beschwerden des Volkes niedergelegt wurden, sie hofften dadurch „dem unnützen Volk sein thöricht Fürnehmen mit ernstlichen Mitteln" niederzulegen. Dem Herzog fiel es schwer sich nachgiebig zu zeigen und den Landtag auf den 25. Juni einzuberufen. Allein die Not zwang ihn. Schon vorher schaffte er das Anstößigste in den Augen seines Volkes ab: das Rennhaus zu Marbach und die Fuggerei; seine zahlreichen Sänger entließ er. Außerdem suchte er sich allerdings im Geheimen die Hilfe des Kaisers und benachbarter Reichsstände zu sichern — für alle Fälle. Zum Landtag, der in Tübingen gehalten wurde, trafen kaiserliche und reichsständische Abgeordnete in großer Anzahl ein, was in mancher Hinsicht von Vorteil war. Die Ritterschaft des Landes erschien aus Besorgnis, Steuern übernehmen zu müssen, nicht. Es bestand somit die Landschaft nur aus Prälaten und den Städteabgeordneten; denn Vertreter der Bauerschaft wurden nicht zugelassen, weil es wider das Herkommen laufe. Dennoch hatten auch die Dörfer Abgeordnete geschickt, welche nun in Stuttgart bleiben mußten, aber ihre Beschwerden dem Landtag schriftlich einreichen durften. Die Landschaft selbst redete eine freimütige Sprache und hielt furchtlos dem Herzog und seiner Regierung ihr Sündenregister vor. Es kam ein Vergleich und infolge dessen „der Tübinger Vertrag" — die Grundsäule der würtembergischen Landesfreiheiten — zu Stande. Es ist nicht die Aufgabe, auf das Nähere hier einzugehen. Konnten sich die Städter im Großen und Ganzen mit dem Vertrag zufrieden geben, so sahen die Bauerschaften ihre Anliegen darin wenig oder gar nicht berücksichtigt. Der Widerspruch gegen dieses Verfahren erhob sich wieder laut. Auf dem Engelberg bei Leonberg lagerten sich 4000 Unzufriedene, und von allen Seiten erhielten sie Zufluß. Selbst manche Städte zeigten wenig Eile den Vertrag anzunehmen. Es waren unterdessen die letzten Tage des Monats Juli herangekommen, und Hilfsvölker zogen dem Herzog von der Pfalz, aus Baden und Würzburg zu. Die Remsthaler ließen sich dadurch nicht schrecken. Zu Tausenden waren sie vor Schorndorf zusammengelaufen und hatten trotz des Verbotes ihre Waffen mitgebracht. Man muß gestehen, daß der Herzog ein tapferes Herz hatte. Von seinem Kanzler und Marschall begleitet, ritt er selbst in den Ring des aufgeregten Bauernhaufens. Unliebe Reden, laute Klagen bekam er zu hören: er soll sogar in Lebensgefahr gekommen sein, indem einer die Büchse auf ihn anschlug. Die Bauern gaben nicht nach, und zu ihnen gesellte sich ein Teil der Bewohner von Schorndorf. Man zog auf den Kappelberg bei Beutelsbach mit klingendem Spiele, wo im Bauernlager Hans Volmar das Amt des Hauptmanns innehatte und eifrig bemüht war, sich Zuzug auch aus dem Gebiete anderer Herrschaften zu verschaffen. Es schien, als ob nun die Waffen das letzte Wort zu sprechen hätten. Mit der fremden Hilfe sammelte sich das Landesaufgebot dem Kappelberg gegenüber; nur die Bauern, welche gehuldigt hatten, verweigerten den Zuzug, weil ihr „Gemüt nicht stund wider Brüder zu fechten". Noch einmal versuchten Abgeordnete von Städten, den Sinn der Bauern von gewaltthätiger Handlung abzubringen. Da zeigte sich doch, daß die Unzufriedenen nicht alle Eines Sinnes waren. Die milder Gesinnten ließen sich überzeugen, daß ein Vergleich besser sei als ein Krieg: und diese Meinung trug den Sieg davon. Die Bauerschaft ergab sich in die Gnade der Landschaft und erwartete heimziehend den Ausgleichsspruch derselben. Er verdient wenig Lob, denn er lief nur auf Zwang und Strafe hinaus. Stadt und Amt Schorndorf sollte den Tübinger Vertrag, wider den sie sich gesetzt hatten, beschwören, dem Herzog wurde die Befugnis eingeräumt, diejenigen, welche sich nach dem genannten Vertrag aufgelehnt hatten, vermöge seiner „Regalien" und „eines jeden Verschulden" zu strafen. Das war Alles, für den Herzog genug für die Bauern mehr als genug.

Mit einer großen Anzahl Reisiger und andern Kriegern rückte er ungesäumt in das verhaßte Remsthal. Der Bauernhauptmann Volmar von Beutelsbach wurde gefangen genommen, Schorndorf besetzt und das Landvolk des Remsthales auf den Wasen vor der Stadt entboten. Der größere Teil desselben durfte sofort ungestraft nach Hause zurückkehren. Ueber die übrigen wurde ein strenges Strafgericht gehalten. Ohne Speise und Trank ließ man sie in den heißen Augusttagen auf dem Wasen stehen; 46 wurden in Ketten gelegt. Die Gefängnisse faßten kaum die Menge der Verhafteten. Die „Bauernkanzlei" wurde bis auf den Grund niedergerissen, sonst in den Häusern Angeschuldigter geplündert. Am 7. August erschien der Herzog selbst mit einem stattlichen Gefolge. Auf den Knieen riefen die Schuldigen seine Gnade an. Viele wurden um Geld und mit dem Verluste ihrer Waffen gestraft, Volmar, sein Waibel und Fähnrich aber zum Tod verurteilt und auf dem Platze alsbald gerichtet. Ihnen folgten des andern Tages noch sieben und am dritten noch sechs Personen, welche in Stuttgart auf offenem Markte mit dem Richtbeil enthauptet wurden. Gar viele waren entflohen und fanden nach mancher Irrfahrt in der Schweiz eine Zuflucht: der Kaiser erklärte diese „Ausgetretenen" in Acht und Aberacht.

Ruhe und Frieden war äußerlich hergestellt; aber schwere Leiden brachen bald darauf über das Land wieder herein durch die Schuld des Herzogs, der für Pflicht und Recht wenig Sinn hatte. —

Weit entfernt von dem Schauplatz des armen Konrad regte sich gleichzeitig in Ungarn, in der windischen Mark, in Steiermark, Kärnthen und Krain derselbe Geist gegen die nämlichen Uebel der Gesellschaftsordnung.[1]) Schon 1514 erhoben sich in Ungarn die Hörigen und Leibeigenen gegen den hohen Adel. Es kam zu blutigen Kämpfen und schonungslosen Strafgerichten, in denen von den überwältigten Bauern an 60000(!) ihr Leben lassen mußten. 1503 und 1513 hatten bereits die windischen Bauern, „mit täglicher Schätzung und Schinderei" bedrängt, wider ihre Herren die Waffen ergriffen: umsonst. Aber schon im nächsten Jahr verbündeten sich die drei Landschaften Steiermark, Kärnthen und Krain — Deutsche und Slaven — zunächst auf friedlichem Wege ihre Sache zu führen: die „alte Gerechtigkeit" forderten jene, das „alte Recht" (strara pravda) diese. Aber statt zu hören, begegneten die Amtsleute den bittenden Land=

---

[1]) Zimmermann a. a. O. S. 113. Chmel, oester. Notizenbl. 1851. S. 111 f.

leuten mit grausamen Gewaltthaten. Da erschlugen die Bauern einen Vogt und einen Pfleger und traten zu vielen Tausenden in Waffen zusammen. Bevor sie losschlugen, fragten sie noch einmal, ob man ihnen ihr altes Recht wieder geben werde. Man einigte sich, dem Kaiser, der gerade in Augsburg weilte, durch Boten von beiden Seiten die Sache vorzulegen. Dieser lieh den Beschwerden der Bauerngesandten ein gnädiges Ohr und versprach ihnen Abhilfe und Wiederherstellung der alten Gerechtigkeit. In den Bergen war die Freude über diese frohe Potschaft allgemein, aber sie sollte nicht lange währen. Noch ehe der Kaiser kam und Ordnung machte, kehrte bei den Herren der alte Uebermut wieder. Da bemächtigte sich eine unbeschreibliche Wut des Bauernstandes: vom Frühling bis zum Herbst 1515 führten sie, getrennt in den drei Landschaften, ihren Rachekrieg; in Krain insbesondere mit einer Unerbittlichkeit ohne Maß. Viele Schlösser gingen in Flammen auf; auch Klöster wurden nicht verschont. Wenn Edelleute in ihre Hände fielen, so wurden sie ohne Erbarmen hingerichtet; selbst Frauen und Kinder fanden keine Gnade: es war, als wollten die Bauern den Adel mit Stumpf und Stiel ausrotten. Der Kaiser sah diesen Greueln ruhig zu. Erst als die Bauern sich nicht begnügten, „die Schuldigen unter dem Adel zu strafen, sondern greulich gegen Jedermann tyrannisirten", da schritt er mit Heeresmacht ein. Sie wurden von einem kaiserlichen Heer überfallen und furchtbar gestraft. „Da that man nichts, denn in die Verjagten, Wehrlosen hauen und stechen, und war ein solcher Jammer, daß alles ermordet ward, das man ankam", erzählt ein Chronist. Dies geschah hauptsächlich in Krain, wo der Bauernstand so vermindert wurde, daß das Land an vielen Orten unbebaut liegen bleiben mußte und verödete. In Steiermark und Kärnthen kamen die Bauern besser davon, weil sie sich selbst nicht so großer Grausamkeit schuldig gemacht hatten; sie mußten zum ewigen Gedächtnis ihres Bundes eine jährliche Steuer von acht Pfennigen zahlen; Bundpfennig wurde die neue, verhaßte Auflage genannt.

So endigten auch in den Bergen die Versuche des Landvolkes, seine alten Rechte wiederzuerlangen und die neuen Lasten abzuwerfen, mit dem Siege der Herrschaften.

Rückblick und Ausblick.

Die Spannung dauerte fort, die Frage war ungelöst. Es blieben die Beschwerden und die haßerfüllten Gefühle des Landvolkes. Die Versuche eine Aenderung herbeizuführen waren zwar alle fehlgeschlagen; aber daß diese Versuche schon ausnahmlos zu blutigen Erhebungen geführt hatten, gewährte keine günstige Aussicht für die Zukunft. Wenn auch die Obrigkeiten, der Kaiser und die Landesherren, mit wachsamem Auge die Vorgänge in den unteren Volksschichten beobachteten und durch strenge Verbote vor Verführung und Ungehorsam warnten, so konnten sie doch nicht verhindern, daß die treibenden Elemente mit größerer Vorsicht im Geheimen thätig waren. Leute wie Joß Fritz standen von ihrem Beginnen nicht ab. Bald da bald dort tauchten solche unheimliche Gesellen auf oder hielten Versammlungen mit Gesinnungsgenossen ab, wie jene auf dem Kniebis im Schwarzwald im Jahre 1517. Schon der Umstand redete für sich selbst, daß man jener Leute nicht habhaft werden konnte. Es fand sich Niemand, der sie verriet. Auf den Kirchweihen, bei Hochzeiten, auf Märkten und in den Schenken, wo sie zusammenkamen, redeten die Bauern von ihrem Anliegen allezeit. Mit Selbstgefühl, ja Trotz wagten sie aufzutreten; denn sie hofften viel und fürchteten wenig. Adel und Geistlichkeit war ihnen verhaßt und daß dieses Gefühl nicht erstarb, dafür wirkten nicht blos die täglichen Erfahrungen, sondern auch zahlreiche anonyme Flugblätter, welche unter das Volk geschleudert wurden und nicht dazu beitrugen, eine ruhigere Gesinnung aufkommen zu lassen. Der Haß war ihr Grundton und der Protest gegen das Bestehende ihr Inhalt.

„Sie poltern und pochen — schrieb ein solches Flugblatt[1] — viel auf ihre Herrlichkeit und Gewalt aus vermöge der Schrift, — aber wo bleiben hie die Wehrwölf, der Behemot Hauf mit ihrer Finanz, die eine neue Beschwerde über die andere auf arme Leut richten? ... In welchem Buch hat Gott ihr Herr

---

[1] Zimmermann a. a. O. S. 131.

141

ihnen solche Gewalt gegeben, daß wir Armen ihnen zu Frondienst ihre Güter bauen müssen und zwar nur bei schönem Wetter, aber bei Regenwetter unsrer Armut den erarbeiteten blutigen Schweiß im Feld verderben lassen sollten? Gott mag in seiner Gerechtigkeit dies greuliche babylonische Gefängnis nicht gedulden, daß wir Armen also sollen vertrieben sein, ihre Wiesen abzumähen und zu hauen, die Aecker zu bauen, den Flachs darin zu säen, wieder herauszuraufen, zu rifseln, zu röseln, zu waschen, zu brechen und zu spinnen, Erbsen zu klauben, Mohren und Spargeln zu brechen. Hilf Gott, wo ist doch des Jammers je erhört worden? Sie schätzen und reißen den Armen das Mark aus den Beinen.... Dazu müssen wir Armen ihnen steuern, zinsen und Gült geben, und soll der Arme nichts minder weder Brod, Salz noch Schmalz daheim haben, mitsamt ihren Weibern und kleinen unerzogenen Kindern. Wo bleiben hie die mit ihrem Handlehen und Hauptrecht? Ja verflucht sei ihr Schandlehen und Raubrecht. Wo bleiben hie die Tyrannen und Wütriche, die ihnen selbst zueignen Steuer, Zoll und Umgeld, und das so schändlich und lästerlich verthun .... und daß sich ja keiner dawider rümpfe, oder gar flugs geht's mit ihm, als mit einem verräterischen Buben, ans Pflöcken, Köpfen, Vierteilen. .... Hat ihnen Gott solche Gewalt gegeben, in welchem Kappenzipfel steht doch das geschrieben? Ja ihre Gewalt ist von Gott, aber doch so fern, daß sie des Teufels Söldner sind und Satanas ihr Hauptmann."

Mit solchen aufreizenden Worten mußte die Kluft erweitert werden, welche zwischen den Oberen und Unteren sich schon längst aufgethan hatte. Gefühl- und teilnahmlos standen sie sich gegenüber; ja es kam nicht selten vor, daß das Unglück des Einen dem Andern sogar Freude machte, daß man in der Stunde der Gefährdung des Lebens und des Eigentums des Nächsten das Gefühl des Mitleids, den Antrieb der Hilfe unterdrückte. In Bobingen, dem Bischof von Augsburg zugehörig und nur drei Stunden von dieser Stadt entfernt, war im Jahre 1515 nach der Ernte in einem Zehent-Stadel Feuer ausgebrochen. Als sein Amtmann — so klagte der Bischof über seine Leute vor dem schwäbischen Bund[1]) — die Bauern zum Löschen und zur Rettung aufgeboten habe, hätten sie sich nicht gerührt, sondern den Stadel und das Getreide und alles, was darin war, ruhig verbrennen lassen, seien mit untergeschlagenen Armen dabei gestanden, hätten zugesehen und ihr Gespött damit getrieben. In solcher und ähnlicher Weise machte sich der Haß Luft, gar manchmal äußerte er sich noch viel schlimmer. Mit Strafen, welche der schwäbische Bund als einziges Heilmittel dagegen verordnete, war nicht mehr zu helfen: sie schütteten Oel in das Feuer; denn sie zeigten, daß die Oberen in keinem Wege nachzugeben entschlossen seien. Die Strenge von oben nährte die Unbotmäßigkeit von unten und den Glauben, daß es Recht sei Gewalt mit Gewalt zu vertreiben. Daraus zog man den weiteren Schluß, daß das Bestehende einer gründlichen Umänderung unterworfen werden müsse. Mochten auch viele oder die meisten unter den südwestdeutschen Bauer= schaften — denn hier hatte der Geist seine Heimstätte im eigent= liche Sinne — sich mit dem Gedanken an eine Wiederherstellung der alten Markrechte befriedigen, so schloß sich doch an ihn mit einer Art Notwendigkeit die Hoffnung, dem ganzen Zustande ein Ende zu machen, der die Entfremdung dieser alten Rechte herbeigeführt hatte. Jede, auch die geringste Reform auf dem socialen Gebiet griff aber schon auf das politische und selbst das kirchliche Gebiet über. Denn Adel und Geistlichkeit, um deren Gewalt und Besitz es sich dabei handelte, waren zugleich auch politische und kirch= liche Faktoren. Es war daher ganz folgerichtig, wenn der Bund= schuh zu Lehen in seinem Programm die Aussicht eröffnet hatte, daß nur Kaiser und Papst als Obrigkeit übrig bleiben dürften. Auf welchem Wege dies geschehen sollte, wußte Niemand mit Bestimmtheit anzugeben; aber alle hatten das Gefühl, daß in letzter Instanz die Gewalt entscheiden werde und müsse. Nicht erst die Reformation, das Jahr 1517 mit dem, was ihm folgte, hat diese Fragen so zugespitzt; die Dinge standen auf diesem gefährlichen Punkt schon länger, unzweifelhaft aber schon seit dem Jahre 1513 und 1514.

---

[1]) Klüpfel, Urkunden z. Gesch. d. schwäb. Bundes S. 108.

Was die Astrologen aus den Sternen lasen und als eine Wirkung der Constellation mit Sicherheit prophezeiten, war im Grunde das lebendige Gefühl von dem Herannahen einer Katastrophe.[1] Schon 1480 wahrsagte Antonius Torquatus: „In diesen Zeiten werden viel und groß Aufruhr in deutschen Landen erwachsen. Die Bauern werden sich wider den Adel setzen." „Die Geistlichen (werden) gehaßt und verachtet werden von aller Welt." Grünbeck, ein Priester, Geheimschreiber und Astrolog des Kaisers Maximilian I., schreibt, es gehe die gemeine Sage, „daß St. Peters Schifflein zu diesen Zeiten soll an vielen Felsen der Ungefälle zerstoßen." Es werde kommen, daß „der minderste und verachtete Mensch nicht achten wird, seine Schuhe an der obersten Gewalt, sie sei geistlich oder weltlich, höchsten Zier zu säubern." Der Mathematiker Stöffler von Tübingen weissagte eine große Ueberschwemmung für das Jahr 1524: „Die Sterne drohen Veränderungen und Wandlungen in allen Gebieten, da dies ohne Zweifel auch unsere Sünden notwendig machen."

Zu diesen Prophezeiungen traten noch Wunder und Zeichen, welche da und dort geschahen und Schreckliches erwarten ließen. Am Himmel war eine Krone erschienen; drei große und grausame Wolken stießen mit einem erschrecklichen Sausen zusammen, worauf Hagel und Fallen von Steinen mit seltsamen Figuren, wie Kreuze, Monstranzen, folgte. Ein ander Mal fielen Steine vom Gewicht eines Pfundes, drei in Manneslänge(!) und wie Speere gestaltet vom Himmel. Oder die Leute wollten zwei mit einander streitende Heere am Himmel erblickt haben.

Alle diese Dinge waren Wirkungen der allgemeinen Stimmung und Ahnung. Die bestehende Ordnung in Gesellschaft, Staat und Kirche war bis in ihr innerstes Gefüge hin-

---

[1] Friedrich, Astrologie und Reformation. S. 58 ff. Daß die Astrologie eine bestimmende und bewirkende Ursache des Bauernkrieges sei, diese Behauptung scheint mir das Verhältnis umzukehren.

ein erschüttert; man spürte, wie der Boden wankte und bebte. Da trat der Wittenberger Mönch auf und lenkte die Aufmerksamkeit der Nation, ja der christlichen Welt plötzlich auf den einen Punkt der kirchlichen Frage. Durch die kirchliche Reformbewegung ist jene drohende Katastrophe für einige Jahre verschoben, aufgehalten worden; ob sie dadurch auch abgewendet werden konnte, blieb fraglich.

Nr. 21. Preis: Mk. 1,60.

Schriften
des
Vereins für Reformationsgeschichte.
Fünfter Jahrgang. Viertes Stück.

Wilibald Pirkheimer,

ein Lebensbild

aus dem Zeitalter des Humanismus und der Reformation.

Von

Friedrich Roth.

Halle 1887.
In Commissionsverlag von Max Niemeyer.

An unsere Mitglieder!

Wir ersuchen um Einzahlung aller noch rückständigen Beiträge, und zwar sind dieselben da, wo Pflegerschaften bestehen, an die Herren Pfleger, wo solche nicht bestehen, an unseren Schatzmeister Herrn Max Niemeyer in Halle a. S. einzuzahlen.

Der Vorstand.

Satzungen
des Vereins für Reformationsgeschichte.

§ 1. Der Verein hat zum Zweck, die Resultate gesicherter Forschung über die Entstehung unserer evangelischen Kirche, über die Persönlichkeiten und Thatsachen der Reformation und über ihre Wirkungen auf allen Gebieten des Volkslebens dem größeren Publikum zugänglicher zu machen, um das evangelische Bewußtsein durch unmittelbare Einführung in die Geschichte unserer Kirche zu befestigen und zu stärken.

§ 2. Diesen Zweck sucht der Verein durch Herstellung und Verbreitung von Publikationen, namentlich und zunächst durch Herausgabe kleinerer, in sich abgeschlossener historischer Schriften zu erreichen, die durch gemeinverständliche und ansprechende Darstellung und mäßigen Preis zur Verbreitung in weiteren Kreisen geeignet sein sollen. Jährlich soll eine Anzahl größerer oder kleinerer Hefte in freier Reihenfolge erscheinen.

§ 3. Die Mitgliedschaft verpflichtet zu einem jährlichen Beitrag von mindestens **3 Mark,** wofür die Schriften des Vereins unentgeltlich geliefert werden. Freiwillige höhere Beiträge sind erwünscht. An- und Abmeldung der Mitglieder erfolgt beim Schriftführer. Der Austritt kann jedoch nur am Schlusse des Jahres erfolgen.

§ 4. Der Vorstand des Vereins besteht aus wenigstens 15 Mitgliedern, die je auf 3 Jahre von der ordentlichen Generalversammlung gewählt werden. Derselbe ist befugt, sich nach Bedürfnis durch Cooptation aus der Zahl der Vereinsmitglieder zu erweitern. Scheiden Mitglieder in der Zwischenzeit aus, so ergänzt sich der Vorstand ebenso durch Cooptation. Die Wahl eines Vorsitzenden und die Verteilung der Geschäfte, namentlich die Einsetzung eines Redaktionskomitees, bleibt dem Vorstande überlassen.

§ 5. Die Mitgliederbeiträge sind alljährlich zu Ostern an den Schatzmeister abzuführen. Derselbe hat das Recht, sie durch Postauftrag einzuziehen, falls ihre Übersendung nach einmaliger Aufforderung nicht erfolgt ist.

Schriften

des

Vereins für Reformationsgeschichte.

V. Jahrgang.

Vereinsjahr 1887—1888.

Halle a. S.

Inhalt.

Schrift 18:
Karl Benrath, Geschichte der Reformation in Venedig.

Schrift 19:
D. Erdmann, Luther und seine Beziehungen zu Schlesien, insbesondere zu Breslau.

Schrift 20:
Wilhelm Vogt, Die Vorgeschichte des Bauernkrieges.

Schrift 21:
Friedrich Roth, Wilibald Pirkheimer, ein Lebensbild aus dem Zeitalter des Humanismus und der Reformation.

Wilibald Pirkheimer,

ein Lebensbild

aus dem Zeitalter des Humanismus und der Reformation.

Von

Friedrich Roth.

Halle 1887.
Verein für Reformationsgeschichte.

Vorrede.

Wilibald Pirkheimer gehört zu jenen in der Reformations=
geschichte hervortretenden Persönlichkeiten, die zuerst die Refor=
mation mit Begeisterung begrüßten, später an ihr irre wurden.
Protestantische Schriftsteller haben bei der Darstellung seines
Verhältnisses zu derselben meistens auf seine Aeußerungen in dem
ersteren Stadium, katholische auf die in dem letzteren das Haupt
gewicht gelegt, wodurch es kam, daß das Bild dieses Mannes
sowohl von der einen wie von der anderen Seite mehr oder
weniger verzeichnet wurde. Dann hat man sich auch fast durchweg
zu wenig Mühe gegeben, Pirkheimers menschliche Individualität
zu erfassen, um die historische darnach zu beurteilen, was — die
vorliegende Darstellung wird es erkennen lassen — nicht ungestraft
unterlassen wurde.

Quellenmaterial ist zur Genüge vorhanden: außer den in
verschiedenen Actenserien des Nürnberger Kreisarchives auf Pirk=
heimer bezüglichen Schriftstücken, die jedoch weder an Zahl noch
an Wert so erheblich sind, wie dann und wann angenommen
wurde, besitzen wir in seinen zahlreichen wissenschaftlichen Schriften,
seinen Aufsätzen, Briefen u. s. w. Zeugnisse genug, um uns über
das Wesen und Wirken dieses Mannes in den Hauptpunkten
ein einigermaßen sicheres Urteil bilden zu können.

Der weitaus größte Teil des Pirkheimerschen schriftlichen
Nachlasses ist jetzt ediert, aber freilich nicht so, wie man es

wünschen möchte. Er kam zuerst, wie auch die Bibliothek und die Kunstkammer durch Erbschaft an die Familie Imhof, aus welcher wir Pirkheimers Enkel Wilibald hervorheben, gleich ihm ein Freund der Wissenschaften und als ein hervorragender Sammler und Kenner von Kunstwerken aller Art, Münzen, Medaillen u. s. w. bekannt; er kommt für uns in Betracht als Autor des „Tugend= büchleins", das außer Pirkheimers deutschen Uebersetzungen grie= chischer und lateinischer Schriften eine aus der Familientradition und dem ihm vorliegenden schriftlichen Nachlaß geschöpfte Bio= graphie desselben enthält. Diese ist trotz des Imhof zu Gebote stehenden ausgezeichneten Quellenmaterials doch nur insofern nicht ganz ohne Wert, als sie uns einige, allerdings nur ziemlich dürftige Nachrichten über die Jugendzeit Pirkheimers bietet, von welcher wir außerdem soviel wie nichts wüßten. Sonst ist diese Biographie nur ein in der unendlich redseligen Weise jener Zeit sich ergießender Panegyrikus, äußerst unvollständig und lückenhaft, Wichtiges nur andeutend oder ganz übergehend, während Unwesent= liches oder Ueberflüssiges mit behaglicher Geschwätzigkeit ins Breite gezogen ist. Bald nach dem Erscheinen dieses Buches wurde von dem bekannten Melchior Goldast aus Pirkheimers Schriften das, was diesem erheblich und geeignet schien, in einem ziemlich starken Folianten herausgegeben und von dem ihm dabei zur Seite stehenden Conrad Ritterhausen mit einer einleitenden Bio= graphie versehen. Schon die Einteilung der Pirkheimerschen Schriften in „Politica, Historica, Philologica und Epistolica" beweist, daß die Herausgeber sich ihrer Aufgabe in einer für unsere Begriffe ziemlich naiven Weise entledigt haben; so figuriert z. B. das humoristisch=satirische „Lob des Podagra" unter den Politicis. Auch sonst spricht der Text allen Anforderungen, die man heut zu Tage an derartige Arbeiten stellt, geradezu Hohn, so daß eine neue Edition der Pirkheimerschen Schriften einem dringenden wissenschaftlichen Bedürfnisse entgegenkäme. Die er=

wähnte Ritterhausensche Biographie ist eigentlich nichts als eine lateinische Uebersetzung und Bearbeitung der Imhoffchen.

Fast anderthalb Jahrhunderte lang blieben nun, wie es scheint, die Pirkheimerschen Papiere unberührt; sie wurden, wahrscheinlich während des dreißigjährigen Krieges, im Imhoffchen Hause eingemauert und fielen gänzlich der Vergessenheit anheim. Endlich wurden sie, als das Haus an die Haller, die Erben der Imhofe, übergegangen war, durch einen glücklichen Zufall wieder entdeckt und wissenschaftlicher Durchforschung zugänglich gemacht. Es war die Zeit, in der man nach langer Pause derartigen literarischen Funden wieder lebhaftes Interesse entgegenbrachte, die Zeit der periodischen wissenschaftlichen Sammelschriften, in denen namentlich die Genealogie, Bibliographie und Specialgeschichte mit wahrem Bieneneifer bearbeitet wurden. Die Reichsstadt Nürnberg hatte Gelegenheit, sich an diesen Bestrebungen besonders erfolgreich zu beteiligen, da sie zu Altdorf eine eigene Hochschule besaß, die vielfach anregend wirkte und gerade zu jener Zeit hiefür sehr geeignete Fachgelehrte aufzuweisen hatte. Die Namen eines Heumann, Niederer, Will, eines Waldau, Strobel 2c. sind auf diesem Gebiete allbekannt. Sie haben teils durch Editionen, teils durch selbständige Arbeiten sämtlich mehr oder weniger zu unserer jetzigen Kenntnis der historischen Persönlichkeit Pirkheimers beigetragen. An sie reiht sich der Polyhistor Gottlieb von Murr, der durch seine unheilvolle literarische Thätigkeit berüchtigte Ernst Münch, Campe, Karl Hagen, Soden, der ausgezeichnete Nürnberger Spezialhistoriker Karl Lochner, Böcking in seiner Ausgabe der Huttenschen Werke und zuletzt Rudolf Hagen in den „Mitteilungen des Vereins für Geschichte der Stadt Nürnberg." Gegenwärtig befindet sich Pirkheimers literarischer Nachlaß — jedoch nicht mehr vollständig — auf der Nürnberger Stadtbibliothek, die ihn bei der Hallerschen Auktion im Jahre 1861 erwarb; seine Bibliothek und die Kunstkammer wurden von seinen Erben im Jahre 1636 an Thomas Arundel, Grafen von Surrey, verkauft, wie Lochner mit Recht sagt „zu ihrem Spott und der Stadt kleinem Ruhm." Vieles aus seinem Nachlaß wird sich anderweitig in Privatbesitz befinden, was derjenige, der eine erschöpfende, streng wissenschaftliche Biographie Pirkheimers — etwa ein Seitenstück zu Strauß' Hutten — wagen will, erst mühsam wird aufspüren müssen. Der Verfasser des vorliegenden Schriftchens mußte sich schon in Rücksicht auf den ihm zu Gebote stehenden geringen Raum begnügen, statt einer ins Einzelne gehenden Darstellung eine Skizze zu bieten, die jedoch, wenn der Verfasser einigermaßen das Ziel, das ihm vor Augen schwebte, erreicht hat, genügen dürfte, seinen Lesern das Bild des berühmten Mannes zu vergegenwärtigen. In die Anmerkungen ist nur das aufgenommen worden, was zur Orientierung oder zur Begründung einer von der allgemeinen Auffassung abweichenden Ansicht nötig schien. Im Uebrigen wird bezüglich der im Verlaufe der Erzählung angedeuteten Nebenumstände und ausführlicherer Citate auf des Verfassers „Einführung der Reformation in Nürnberg 1517 bis 1528", Würzburg 1885 verwiesen, aus welcher Schrift die vorliegende gleichsam herausgewachsen ist.

Schließlich gestattet sich der Verfasser allen denjenigen, welche ihm bei seiner Arbeit irgendwie förderlich waren, seinen verbindlichsten Dank abzustatten. Vor allem dem hochverehrten Herrn Professor Kluckhohn, der die Anregung dazu gab, dann dem Directorium der königlichen Staatsbibliothek in München, dem Herrn Custos Hörhammer daselbst und dem Herrn Custos Priem an der Nürnberger Stadtbibliothek.

München, im Mai 1886.

Dr. **Friedrich Roth.**

Inhalt.

Erstes Kapitel.
Ratsherr, Kriegsmann und Humanist 1

Zweites Kapitel.
Der Freund der Reformation 26

Drittes Kapitel.
Der alte Mann, der Gegner der Reformation 55

Erstes Kapitel.

Ratsherr, Kriegsmann und Humanist.

> Gewiß, wenn wir uns im ganzen Reiche nach mannigfaltiger Gelehrsamkeit, Rednergabe, Staatsklugheit, und hinwieder nach Ahnenruhm, Reichtum und ausnehmender Gestalt umsehen, so werden wir kaum Einen diesem Manne vorziehen, Wenige ihm gleichstellen können. Christoph Scheurl.

Wir betreten die Wirkungsstätte Pirkheimers, die altehrwürdige Reichsstadt Nürnberg, zur Zeit ihrer höchsten Blüte um die Wende des fünfzehnten und sechszehnten Jahrhunderts. Sie wurde damals gepriesen als der glänzendste Edelstein des Landes, als die Königin der oberdeutschen Städte. In ihr waren die Reichsinsignien aufbewahrt: so galt sie, ohnedies im Herzen Deutschlands gelegen, als idealer Mittelpunkt des Reichs; eine Anzahl der wichtigsten Reichstage wurde hier abgehalten, auch das neu errichtete Reichsregiment hatte seinen Sitz in ihren Mauern. An politischer Bedeutung konnten sich nur wenige deutsche Städte mit ihr messen, an Territorialbesitz übertraf sie seit den Erwerbungen im bayrischen Erbfolgekrieg alle. Die Kraft zu dieser Machtentfaltung zog die Stadt aus ihrem großartigen Handel, einem Welthandel, der durch die Folgen des eben entdeckten Seewegs nach Ostindien noch wenig berührt wurde; noch nahmen die Waren des Orients ihren Weg über die Alpen nach Augsburg und Nürnberg, um von hier aus nach allen Ländern Europas verbreitet zu werden.

Roth, Pirkheimer.

Zugleich blühten in der Stadt alle Gewerbe, manche davon, wie die Baukunst und alle Arten der Bildnerei im idealsten Zusammenhange mit der Kunst; mehrere wichtigere Erfindungen gingen aus ihr hervor; der Nürnberger „Tand" war schon damals weltberühmt.[1])

Und mitten in diesem geschäftigen Getriebe des Handels und Gewerbes, mitten in dem Gewühle eines Weltverkehres, der diese Stadt einem Luther als „das Auge und Ohr Deutschlands" erscheinen ließ, gedieh ein reiches Geistesleben, das gerade in der von uns ins Auge gefaßten Zeit in Kunst und Wissenschaft den Höhepunkt erreichte.

Es war die Zeit, in der Peter Vischer, Veit Stoß und Adam Kraft, in der ein Albrecht Dürer, „der deutsche Apelles", ihre unsterblichen Meisterwerke schufen.[2])

Nicht minder groß war der Ruf der Stadt als Pflegerin der Wissenschaften.[3]) Sie wurde von Hutten als eine der ersten Stätten in Deutschland genannt, die ihnen ihre Thore öffneten. Er meint zunächst die von Italien ausgegangene humanistische Geistesrichtung, die in der That schon verhältnismäßig früh Vertreter in Nürnberg fand; sie standen fast alle mehr oder minder in geistiger Berührung mit Aeneas Sylvius, der teils mittelbar, teils unmittelbar den größten Einfluß auf die Förderung des Humanismus in Deutschland ausübte. Sie gewann in Nürnberg viele eifrige Jünger, namentlich unter den Patriziern, von denen sich mehrere in der Reihe der Humanisten einen geachteten Namen erworben haben. Unter den zahlreichen in der Stadt ansässigen Druckern, von denen die meisten zugleich Buchhändler und Verleger waren, fanden sie vor allen in dem „Buchdruckerfürsten" Anton Koberger einen Mann, wie sie ihn für ihre Tendenzen nur wünschen konnten.[4])

Einen neuen Anstoß zu wissenschaftlichen Studien, und zwar anderer Art als die von diesen Männern kultivierten, ging von Johann Müller, genannt Regiomontanus, aus, dem „Wunder seines Jahrhunderts", der im Juni 1471 seinen Wohnsitz für mehrere Jahre in Nürnberg aufschlug; er ist als der Begründer der neueren mathematischen und astronomischen Wissenschaften zu betrachten, dessen Ideen mächtig bestimmend auf die großartigen

Entdeckungen des Copernikus einwirkten. Er entfaltete in Nürnberg eine ebenso energische als fruchtbare Thätigkeit. So errichtete er hier die erste wissenschaftlich geleitete Sternwarte, legte eine Werkstätte zur Herstellung mathematischer und astronomischer Instrumente, sowie eine eigene ihm und seinen Schülern dienende Druckerei an, wurde der Begründer des modernen Kalenders und suchte durch volkstümliche Anregungen aller Art das Interesse für seine Wissenschaft in allen Kreisen der Bevölkerung zu erwecken. Sein Erfolg war großartig; bald sammelten sich ausgezeichnete Schüler um ihn, von denen hier nur an den Kosmographen und Seefahrer Martin Behaim und an den Astronomen Johann Schöner erinnert sei, und reiche Patrizier, wie Bernhard Walther, unterstützten ihn auf das freigebigste in seinen Bestrebungen. Der Anstoß, den er gab, wirkte lange Zeit fort; Nürnberg erscheint in den nächsten Dezennien als ein Mittelpunkt mathematischer Bildung, mit dem keine Universität wetteifern konnte.[5])

Daneben blühte eine reiche volkstümliche Litteratur; hier ist die eigentliche Heimat der im 15. Jahrhundert in Aufschwung kommenden Fastnachtsspiele und der Sitz einer der bedeutendsten Meistersingerschulen; nur auf einem solchen Boden ist ein Hans Sachs denkbar; auch die der Zeit eigentümliche von Männern aus dem Bürgerstande gepflegte Geschichtsschreibung brachte hier im Wetteifer mit der gelehrten, wie sie durch Sigmund Meisterlin vertreten erscheint, mehrere ihrer besten Erzeugnisse hervor.

So strömt uns von allen Seiten ein frischer erquickender Luftstrom entgegen. Wir befinden uns eben in der Zeit, von der ein Hutten ausruft: „O Jahrhundert, o Wissenschaft — es ist eine Freude zu leben!" und an einem Orte, wo diese herrliche Zeit vollauf verstanden und geschätzt wurde: hier lebte und wirkte Wilibald Pirkheimer.

Die Pirkheimer waren ein patrizisches Geschlecht, das schon in der zweiten Hälfte des 14. Jahrhunderts im Nürnberger Stadtrate vertreten ist. Wahrscheinlich betrieben sie, wie die meisten anderen Patrizier, Handel und brachten es bald dahin, daß sie den reichsten Familien beigezählt wurden; doch nannte man sie auch unter den gebildetsten.[6]) Das 15. Jahrhundert war die

Zeit, in der das Studium des Rechts allmählich die unerläßliche Vorbildung für jede staatsmännische und höhere Beamtenlaufbahn zu werden begann: es bildete sich ein eigener Juristenstand, der bald sowohl bei den Fürsten und den größeren Reichsstädten als auch am kaiserlichen Hofe die einflußreichsten Stellen in Besitz nahm. Unter den vielen Patriziern, die sich dem neuen Berufe zuwandten, werden auch mehrere Pirkheimer als hervorragende Juristen gepriesen, vor allen der Großvater und der Vater unseres Pirkheimer, beide mit dem Namen Johann. Der Vater erwarb sich an der Universität Padua 1465 die juristische Doktorwürde, erhielt bald nach seiner Rückkehr in die Vaterstadt die Stelle eines Rates bei dem Bischof von Eichstett und trat einige Jahre später in die Dienste des Herzogs Albrecht von Bayern und des Erzherzogs Sigmund von Oestreich, au deren beider Hoflagern zu München und zu Innsbruck er abwechselnd verweilte; außerdem führten ihn zahlreiche Missionen an andere Fürstenhöfe weit umher. Neben dieser ziemlich aufreibenden Geschäftsthätigkeit fand er noch Zeit zu eingehenden humanistischen Studien, zu denen er auch andere gerne mit Rat und That aufmunterte. Er gehört mit dem Patrizier Sebald Schreyer und Hartmann Schedel, dem berühmten Verfasser der neuen Weltchronik, zu den eifrigsten Nürnberger Humanisten jener Zeit; so konnte man ihn wohl einen „weisen und gelehrten Mann" nennen, der sich, wenn freilich äußerlich etwas rauh, auch durch schöne Vorzüge des Gemüts, durch Güte und Menschenfreundlichkeit, geraden Sinn und gottesfürchtiges Wesen ausgezeichnet haben soll. Er lebte in glücklicher Ehe mit Barbara Löffelholz, die ihn mit sieben Töchtern und einem einzigen, gewiß sehnsüchtig erwarteten Sohne beschenkte, dessen Lebensbild diese Blätter entrollen sollen. Er ward geboren am 5. Dezember 1470 zu Eichstett und erhielt bei der Taufe den Namen des ersten Bischofs und Patrons von Eichstett: Wilibald. Ueber seine Jugendjahre sind wir nur höchst dürftig und unzuverlässig unterrichtet. Doch so viel ist gewiß, daß er, wie auch seine Geschwister, eine nach jeder Richtung hin ausgezeichnete Erziehung genoß. Der wissenschaftliche Geist, der den Vater erfüllte, wurde auch den Kindern eingepflanzt; selbst die Mädchen erhielten Unterricht in der lateinischen Sprache, und von zweien wenigstens, von Charitas und Clara, ist bekannt, daß sie dieselbe nicht nur vollständig verstanden, sondern sich sogar gewandt darin auszudrücken vermochten. Besondere Sorgfalt wurde in diesen Dingen selbstverständlich auf Wilibald verwendet. Doch sollte er nicht unter den Büchern verkümmern: er durfte den Vater auf dessen Reisen begleiten, lernte auf diese Weise schon frühe allerlei Land und Leute kennen und gewann manchen anregenden Einblick in das Getriebe der Welthändel.

Noch fehlte bei dieser Erziehung ein Bildungselement, das man in jener gewaltthätigen, kampflustigen Zeit, wo Raubzüge, Ueberfall und Kleinkrieg an der Tagesordnung waren, wohl zu schätzen wußte, das ritterliche. Um sich auch dieses zu erwerden, wurde er in seinem 18. Lebensjahre von seinem Vater an den Hof des der Familie noch von früher her wohl gewogenen Bischofs von Eichstett gebracht, wo er sich nun zwei Jahre lang aufhielt: er lernte hier höfische Sitte, die Waffen führen, das Roß tummeln und bei den mancherlei Fehden, die der Bischof auszufechten hatte, die Elemente der damaligen Kriegskunst; doch scheint er auch die bereits liebgewonnenen Wissenschaften nicht ganz vernachlässigt zu haben. Dem lebhaften Geiste des Jünglings gefiel dieses abwechslungsreiche Leben; er hätte sich gerne auf einem größeren Schauplatze versucht, wozu eben damals der Krieg Maximilians gegen die aufständischen Flandrer lockende Gelegenheit bot. Sein Vater verweigerte jedoch die Einwilligung hiezu und sandte ihn statt dessen nach Italien, dem damals vielgepriesenen Eldorado der Wissenschaft, wohin jährlich Scharen von deutschen Jünglingen wanderten, um ihren Wissensdurst zu stillen. Zunächst bezog Wilibald die Universität Padua, wo er sich mit größtem Eifer den Studien widmete, jedoch nicht, wie sein Vater gewünscht hatte, vorzüglich juristischen, sondern philologischen Disziplinen; er mußte daher nach dreijährigem Aufenthalt Padua mit dem für juristische Studien geeigneteren Pavia vertauschen, was ihm schwer genug gefallen sein mag. Viele Humanisten hatten Abneigung gegen die Rechtswissenschaft; abgesehn von dem barbarischen Latein der Juristen und ihrer damals fast sprichwörtlichen Geldgier bildete schon die realistische Sphäre, in der sie sich naturgemäß bewegt, einen tiefgehenden Gegensatz zu dem

Idealismus der ersteren. Einem Reuchlin erschien sie den anderen Wissenschaften gegenüber als „seichte Kunst"; Erasmus und Hutten sprechen nur in geringschätzigster Weise von ihr; ein anderer Humanist riet einem angehenden Juristen ironisch an: „Lerne nichts, schwatze, lüge und betrüge!" Doch gab es einen vermittelnden Standpunkt, der es ermöglichte, trotz alledem den Geschmack an den eigentlichen humanistischen Studien mit den rechtswissenschaftlichen auszusöhnen, ja diese sogar als eine notwendige Ergänzung zu den ersteren zu betrachten: man mußte nur das römische Recht, dessen Studium damals in erster Linie betrieben wurde, als ein aus dem Altertum herübergerettetes großartiges litterarisches Denkmal auffassen, welches einen weiteren und tieferen Einblick in den Geist und in die Kulturverhältnisse des römischen Volkes gestattet, als viele andere hochgeschätzte Ueberreste. Diesen Standpunkt wußte auch Pirkheimer allmählich zu gewinnen, und so betrieb er denn die Rechtsstudien mit demselben Eifer, wie bisher die philologischen. Vier Jahre weilte er zu Pavia, rastlos thätig, jede Ablenkung von seinem Ziele meidend, so daß er manchem seiner deutschen Landsleute, die auch in der Fremde das „gottlose Spielen, Saufen und Banquettieren" nicht lassen konnten, wegen seiner Zurückhaltung ein Dorn im Auge war.

Endlich nach siebenjähriger Abwesenheit kam er, in jeder Beziehung zum Manne gereift, in die Heimat zurück. Er betrachtete als solche Nürnberg, die Stadt, wo die Traditionen seines Geschlechtes wurzelten, und wo auch zur Zeit seiner Rückkehr sein hochbejahrter Großvater noch lebte und sein Vater, der seine bisherigen Stellen niedergelegt hatte, als Rechtsconsulent wirkte.

Pirkheimer machte auf alle, die ihm näher traten, einen imponierenden Eindruck. Er war von mächtiger, großer Gestalt; in dem gedrungenen Kopfe, wie ihn uns Dürers Hand verewigt hat, kommt Kraft und Energie zum sprechenden Ausdruck; aber auch der lucianische Schalk, der in manchen seiner Schriften sein Wesen treibt, verleugnet sich in dem Mienenspiel um die Mundwinkel nicht.[7])

Er erscheint als eine durchaus genial angelegte Natur, die in manchen ihrer Aeußerungen künstlerisches Gepräge trägt: er war ein Freund der Poesie und kleidete selbst dann und wann seine Gedanken, im Ernste und im Scherz, in das Gewand von Versen; er war ein Liebhaber und Kenner der Musik, bekannt als vorzüglicher Spieler auf der Laute; er strebte nach Eleganz und Formvollendung in seinen Schriften, bewegte sich mit Behagen im Kreise von Künstlern und hatte Freude an Kunstwerken.

Der Grundzug seiner Weltanschauung war jene heitere Sinnlichkeit, wie sie derartigen Naturen häufig genug eigentümlich ist; sie zeigt sich in gar manchen Stellen seines Briefwechsels und vor allem in seinem Lob des Podagra — es war ein damals beliebtes Spiel des Witzes, schädliche Dinge lobend zu erheben —, in welchem er die gehaßte Krankheit mit witziger Selbstironie als Spenderin geistiger und gemütlicher Freuden preist.[8]) Doch macht sich dabei überall ein nachdenklicher philosophischer Zug geltend, der den in die Tiefe der Dinge spähenden Denker verrät.

Dann und wann flüchtete er sich aus dem Gewühle der Stadt hinaus in die Stille des Landlebens, um sich einige Zeit ganz dem Genuß der Natur und der Wissenschaften hinzugeben. Wir sehen ihn hier Vormittags in die Lektüre Platos versunken, nach Tische an dem Fenster der hohen Burg, behaglich das geschäftige Treiben der Landleute auf den Feldern betrachtend; dann und wann empfängt er Besuche aus der Stadt, die er reichlich bewirtet, oder er bereitet den Bauern einen Schmaus, sich an ihrer fröhlichen Weise ergötzend. Kommt dann der Abend heran so zieht er sich wieder zurück zu seinen lieben Alten, meistens zu ihren Geschichtsschreibern, oder beschäftigt sich mit solchen Büchern, „die von den Sitten der Menschen oder der Herrlichkeit der Natur handeln".[9])

Er hatte solche Zeiten der Sammlung und Erholung nötig; denn in ihm wallte heißes Blut, das ihn nicht selten zu leidenschaftlicher Rede und Handlung verleitete. Er besaß einen hohen Grad von Selbstgefälligkeit, sowohl in Bezug auf seine geistigen wie seine körperlichen Vorzüge. Wie leicht war er hier verletzbar, selbst von Seite derjenigen, die seinem Herzen am nächsten standen, und wie schwer wieder zu begütigen! Er scheute nicht zurück, den Gegenstand seines Zornes mit den unwürdigsten

Schmähungen zu verfolgen; ja einmal ließ er sich hinreißen, im Wortwechsel einen Mann mit der Faust in einer Weise zu traktieren, daß ihn der Rat zur Strafe auf zwei Tage ins Loch stecken mußte.[10])

Wenn auch manche dieser Züge erst später in voller Schärfe hervortraten, so waren sie bei dem nun fünfundzwanzigjährigen Manne schon entwickelt genug, um seine Erscheinung und sein Auftreten zu bestimmen. Wir betrachten Pirkheimer zunächst im Kreise der Seinen. Auf das Andrängen seines Vaters vermählte er sich schon bald mit der Patriziertochter Crescentia Rieter, die er am 13. Oktober 1495 heimführte. Aus dieser Ehe entsprossen fünf Töchter, ein todtgeborener Knabe kostete der Mutter am 17. Mai 1504 das Leben; ein unerwarteter Schlag für Wilibald, der ihn für den Augenblick schwer traf, wenn auch seine elastische Natur sich bald wieder emporraffte. Seit dieser Zeit entbehrte er eines eigentlichen Familienlebens, da er keine zweite Ehe einging und seine nächsten Angehörigen — es waren seit dem Heimgange seines Großvaters und seines Vaters (im Jahre 1501) nur mehr weibliche vorhanden — sich fast alle, so zahlreich sie sind, dem Klosterleben widmeten, zum Teil sich schon hinter den Klostermauern befanden; für den ersten Blick befremdlich genug. Doch findet sich, wenn wir in den Familiengeschichten blättern, daß Patrizische Geschlechter ihre Töchter gerne den Klöstern, die man als eine Art Versorgungsanstalten betrachtete, übergaben. Pirkheimers Vater, der sich selbst kurz vor seinem Ableben in das Nürnberger Franziskanerkloster zurückgezogen, um sich in stiller Beschaulichkeit auf sein Ende vorzubereiten, hatte von seinen sieben Töchtern sechs dem Klosterleben geweiht und Wilibald folgte diesem Beispiele, indem er von seinen fünf Töchtern drei den Schleier nehmen ließ; die zwei übrigen verheirateten sich, und zwar die eine, Felicitas, an den angesehenen Patrizier Hans Imhof, die andere, Barbara, an Hans Straub, einen reichen Bürger. Seine Schwester Charitas und Clara sowie seine Töchter Katharina und Crescentia lebten im Nürnberger Claraklofter, während die andern in auswärtigen Conventen untergebracht waren. Er erscheint, wenigstens bis zur Reformation, als ein liebevoller Vater und Bruder, obwohl auch im Verkehre mit diesen ihm so eng verbundenen Wesen die herben Seiten seiner Natur manchmal scharf zu Tage treten. Er konnte keinen Widerspruch ertragen, und wäre er noch so wohlgemeint gewesen. Unter allen standen ihm am nächsten die Nürnberger Clarissinnen und unter diesen wieder seine Schwester Charitas, seit 1503 Aebtissin, in welcher Würde ihr später Clara und Catharina folgten; sie war eine hochgebildete Frau, „gleich ausgezeichnet durch Geist und Charakter, durch Wissen und Seelenschönheit". Die vornehmsten und hervorragendsten Männer der Stadt, wie die beiden ersten Ratsherren Ebner und Nützel, mehrere der Tucher, der Probst Anton Kreß, Albrecht Dürer, der einflußreiche Ratsschreiber Lazarus Spengler, der Ratskonsulent und Humanist Christoph Scheurl und andere, die teils Töchter, teils Verwandte in dem Kloster hatten, zählten zu ihren Verehrern; in den Kreisen der Gelehrten wurde sie weithin gepriesen, selbst von Größen wie Erasmus, Reuchlin und dem schon ihrem Vater befreundeten Celtes, von dem ihr Bücher gewidmet werden. Er spricht sie bei dieser Gelegenheit in einer Ode an:

„Jungfrau, wohlgeübt in der Römersprache,
Du der Frauen leuchtender Stern und Krone."

Pirkheimer selbst betrachtete sie als seine echte Geistesverwandte. „Nicht allein deshalb", sagt er einmal, „bist Du mir teuer, geliebteste Charitas, weil Du meine leibliche Schwester, von den gleichen Eltern entsprossen, durch das innigste Band der Natur mir verknüpft bist, sondern auch weil Du neben Deinem Lebensberufe den Studien Dich hingibst und ein besonderes Verlangen nach den schönen Wissenschaften trägst." Und Charitas wiederum nennt ihn ihren geliebtesten Bruder, den sie nicht nur mit schwesterlicher Liebe als ihren einzigen Bruder umfaßt, sondern auch als ihren treubesorgten Vater und hochwerten Meister verehrt, dessen Zucht sie sich in allem demütig unterwirft. Pirkheimer gab seiner Zuneigung zu dieser Schwester und seinem Stolze auf die gelehrige Schülerin auch öffentlich Ausdruck, indem er ihr zwei seiner Schriften mit außerordentlich ehrenden Zueignungsworten widmete. Charitas vergalt solche Zeichen brüderlicher Liebe durch innigste Anteilnahme an dem Wohl und Wehe Wilibalds und vor allem durch heilsame Tröstungen, die sie aus den Tiefen ihres reichen und frommen Herzens zu spenden wußte, wenn Stunden körperlichen oder geistigen Leidens an ihn herantraten. Wir können dieses Verhältnis nicht besser veranschaulichen als durch eine Stelle aus einem von ihm an Charitas nach schwerer Krankheit gerichteten Briefe. „Wie die Schiffer", heißt es hier, „die von mancherlei Stürmen umhergetrieben und von endlosen Mühen erschöpft, durch Gelübde und Gebete von den drohenden Gefahren gerettet worden sind, endlich, wenn sie wider Erwarten und Hoffen, das freundliche Land erreicht haben, durch wechselseitige Klagen sich trösten und, kaum erst in Sicherheit, noch von den Schrecken des Schiffbruches durchzittert, im Angesichte des noch immer rasenden Sturmes und der tiefaufgehenden Wogen unter frommen Freudenthränen sich begrüßen — so umarme ich mit frommer Liebe Dich, teuerste Schwester und bester Teil meiner tiefbetrübten Seele, der ich, von vielen Mühsalen erschöpft, wenn auch den Gefahren entrissen, noch immer zwischen Furcht und Hoffnung schwebe, und begrüße Dich mit thränenerstickten Worten. Daß Du mich beglückwünschest und so geschwisterlich mich tröstest, war mir herzquickender als ich Dir zu schreiben vermag." Auch mit seiner jüngeren Schwester Clara, ebenfalls „einem Mädchen von großen Anlagen, in derselben Schule gebildet wie Charitas, von aufgewecktem Geiste, verständig und mit Mutterwitz begabt" unterhielt er regen geistigen Verkehr. Von Pirkheimers Töchtern war die genannte Katharina die bedeutendste, die sich zur Freude des Vaters unter der Leitung dieser Tanten zu hoher Vortrefflichkeit entwickelte; auch sie wurde in begeisterten Versen besungen: alle suchten gleichsam mit dem berühmten Vater und Bruder zu wetteifern, um dem aussterbenden Geschlechte ein dauernd rühmliches Andenken zu sichern.[11])

* * *

Mancher Weg stand dem vielseitig gebildeten Wilibald offen, als er nach seiner Heimkehr aus Italien sich anschickte, einen Beruf zu wählen. Er beabsichtigte zuerst, die juristische Doktorwürde zu erwerben und dann in den kaiserlichen Hofdienst zu treten; doch redete ihm sein erfahrener Vater davon ab und riet ihm, in Nürnberg zu bleiben und nach einem seinen Fähigkeiten und Neigungen entsprechenden Wirkungskreis im Rat zu trachten. Er gab nach und bei der nächsten Osterwahl nach seiner Verheiratung — ledige Männer waren nach dem Herkommen vom Rate ausgeschlossen — wurde er wirklich gewählt (1496).

Das Stadtregiment, dem er nun angehörte, lag von Alters her in den Händen des Patriziats. Um die Mitte des 14. Jahrhunderts hatten die Zünfte, dem demokratischen Zug der Zeit folgend, den Versuch gemacht, die Herrschaft an sich zu reißen, doch ohne Erfolg; denn der Anteil am Regiment, den ihnen die siegreichen Patrizier in weiser Mäßigung von nun an gewährten, war doch nur ein recht untergeordneter. Die eigentliche Obrigkeit übte der sogenannte kleine Rat aus, der aus zweiundvierzig Gliedern bestand; aus sechsundzwanzig „Bürgermeistern", dreizehn „alten" und dreizehn „jüngeren", aus acht außerdem zugeteilten Patriziern „den alten Genannten" und acht Männern aus den Zünften. Zu den wirklich einflußreichen höchsten Würden konnte man nur aus der Reihe der „alten Bürgermeister" emporsteigen: aus ihnen gingen die Glieder des engsten Rates hervor, die sieben „Aelteren Herren", denen dann, als Spitze der Pyramide, die drei „Obristhauptleute" entnommen wurden, nämlich der erste und der zweite Losunger — sie waren die Verwalter der Schatzkammer und der Finanzen — sowie der Kriegshauptmann der Stadt. Die sechsundzwanzig Bürgermeister führten die laufenden Geschäfte in der Art, daß aus der Reihe der „alten" und der „jüngeren" je einer ungefähr vier Wochen lang mit dem anderen als „Frager" thätig war. Die acht Zünftler konnten keines der genannten Aemter erlangen; ihre eigentliche Bedeutung bei Beratungen und Beschlüssen bestand mehr in der einfachen Präsenz, die unter Umständen allerdings auch schon von Wert war, als in der thätigen Teilnahme. Zu diesem kleinen Rate kam dann noch der größere aus der ganzen Gemeinde hervorgegangene „Rat der Genannten", der jedoch nur selten einberufen wurde und im Allgemeinen ebenfalls nur von geringer Bedeutung war.[12])

Pirkheimer gehörte dem kleinen Rate an und bekleidete darin eine Zeit lang, die Stelle eines „jüngeren Bürgermeisters". Außerdem war er, wie auch andere juristisch gebildete Glieder des Rates, vielfach in diplomatischen Geschäften verwendet, bald an Fürstenhöfen, bald an Reichs-, Kreis- und Bundestagen. Seine feinen weltgewandten Manieren, sein stattliches Auftreten, eine gute Rednergabe, schnelle Fassungskraft, ungewöhnlicher Scharfsinn und ein ausgezeichnetes Gedächtnis befähigten ihn hiezu aufs beste: mit Bewunderung erzählte man sich, wie er einstmals auf einem Tage zu Augsburg auf 48 Streitpunkte, die ihm vorgetragen wurden, folgenden Tages frei aus dem Gedächtnis antwortete und zwanzig Gegenklagen aufstellte. Ganz unerwartet erhielt er auch Gelegenheit zu beweisen, daß er seine Lehrzeit an dem ritterlichen Bischofshofe zu Eichstett gut angewendet. Er wurde vom Rate zum Hauptmann der zwar nicht großen, aber desto stattlicher ausgerüsteten Schar ernannt — 400 Mann Fußvolk und 60 Reiter —, welche die Stadt Nürnberg im Jahre 1499 dem Kaiser Maximilian gegen die Schweizer zu Hilfe sandte; selbstverständlich wurden ihm sachkundige Führer zur Seite gegeben, unter denen der Ritter Hans von Weichsdorf die erste Stelle einnahm. So viel ersichtlich war Pirkheimers Haltung bei diesem für den Kaiser bekanntlich unglücklich verlaufenen Feldzug, der sich teilweise sehr gefahrvoll und anstrengend erwies, eine durchaus ehrenvolle. Unerquicklicher noch als die Lösung der kriegerischen Aufgaben, die ihm hiebei zufielen, waren die diplomatischen dem kaiserlichen Hofe gegenüber, indem er die von Nürnberger Feinden eingeflüsterten Verleumdungen, als halte es die Stadt insgeheim mit seinen Gegnern, zu bekämpfen hatte. Er scheint in dieser Beziehung Erfolg gehabt zu haben. Der Kaiser, mit dem er während das Feldzuges öfter in persönlichen Verkehr kam, fand offenbar Gefallen an dem feingebildeten Kriegsmann: er erwähnte in dem Dankschreiben, das er den Nürnbergern für das so schleunig zugesandte Contingent nach Beendigung des Feldzuges zustellte, der kriegerischen Thätigkeit Pirkheimers in der anerkennendsten Weise, ernannte ihn außerdem zu seinem Rate und zog ihn später in den Kreis der Künstler und Gelehrten, die er mit der Ausführung der zur Verherrlichung seiner Person bestimmten literarischen und künstlerischen Pläne betraute.

Was Pirkheimer in diesem Feldzuge erlebte, hat tiefe, unvergeßliche Eindrücke auf ihn hervorgebracht; die zügellose Roh-

heit des Söldnerwesens und das ganze Elend, wie es die Kriegs=
barbarei jener Zeit mit sich brachte, traten in furchtbarster
Unmittelbarkeit an ihn heran: mit Gebärden des Abscheues und
Thränen des Mitleids wendete er sich davon ab. Was die
Ursache war, daß er sich nach der Heimkehr in seiner früheren
Stellung als Ratsherr nicht mehr behaglich fühlte, ist nicht zu
ersehen; vielleicht fand er für die diplomatischen Bestrebungen, die
er mit so großem Eifer verfolgt hatte, nicht den erwarteten Dank
— genug er zog es vor, zurückzutreten.[13]) Gerade während der
für Nürnberg so ereignisvollen Jahre 1502—1504 lebte er ganz
der Wissenschaft und seiner Familie und ließ sich erst nach dem
im letzteren Jahre erfolgten Tode seiner Frau wieder in den
Rat wählen. Jedoch war seine Stellung in dieser zweiten
Periode seiner öffentlichen Thätigkeit eine minder hervorragende
als in der ersten; er erscheint von nun an nur unter den „alten
Genannten", die verhältnismäßig wenig mit Kommissionen betraut
wurden und mit dem Bürgermeisteramte gar nichts zu thun
hatten; doch kam er in einigen wichtigeren Fällen auch in dieser
Stellung noch in diplomatische Verwendung.

Er verstand es nicht, sich im Rate beliebt zu machen. Die
Ursachen hievon lagen ebenso in den Vorzügen wie in den Fehlern
seines Charakters und seiner Anschauungsweise. Von den mora=
lischen und rechtlichen Pflichten einer obrigkeitlichen Person hatte
er eine strenge Ansicht; im Gegensatz zu dem laxen Grundsatz,
der sich in jedem oligarchischen Regiment mehr oder minder
geltend macht, daß „eine Hand die andere wäscht", verlangt er
volle Uneigennützigkeit und Unparteilichkeit; wo diese fehlen, da
verschuldet nach seiner Ansicht die Obrigkeit selbst die unaus=
bleibliche Corruption des gemeinen Mannes, die dann verhäng=
nisvoll werden kann. Wer in dieser Rücksicht fehlte, mußte von
ihm zuweilen „spitzige" Worte entgegennehmen; so schuf er sich
viele Feinde. Auch erweckten seine hervorragenden Geistesgaben,
mit denen er oft Schwieriges spielend überwand, in manchem
ehrgeizigen Amtsgenossen Neid und jenes Gefühl des Mißbehagens
und Verdrusses, das aus dem Bewußtsein, mit einem überlegenen
Nebenbuhler vergebens zu wetteifern, zu entspringen pflegt.

Viel allerdings verdarb auch seine Neigung, sich keck über

die Formen des Hergebrachten hinwegzusetzen — bei dem peinlichen Ceremoniell eines reichsstädtischen ehrbaren Rates kein kleines Vergehen. Während der Beratungen plauderte er mit seinem Nachbar, dem Sprechenden fiel er in die Rede: öfter, wenn ihm die Sache zu langweilig wurde, ging er unterdessen im Rathause spazieren oder ganz fort. Dazu kam sein manchmal etwas hochfahrendes, selbstbewußtes Auftreten, das ihm sogar den Vorwurf zuzog, er wolle sich zum Herren von Nürnberg machen.

Sein gefährlichster Feind im Rate — man kann von einer förmlichen Todfeindschaft sprechen — war Anton Tetzel, ein außerordentlich einflußreicher und thätiger, aber auch rücksichtslos ehrgeiziger und ränkevoller Mann; er bekleidete die höchsten Würden im Rate, zuletzt die des ersten Losungers. Tetzel verfolgte Pirkheimer in jeder Weise, bald durch offene, bald durch versteckte Angriffe, um ihn gewaltsam aus dem Rate zu verdrängen oder zum freiwilligen Ausscheiden zu veranlassen. Er mußte es durchzusetzen, daß die Thätigkeit seines Feindes schließlich vollständig brach gelegt wurde und dieser „wie ein Stock" im Rate sitzen mußte. Den Höhepunkt erreichte dieses Treiben, als es ihm gelang, in der Person eines herabgekommenen Kaufmanns, den der Rat selbst als seinen „ungehorsamen Bürger" bezeichnete, einen Strohman zu finden, der eine von den boshaftesten und gemeinsten Verleumdungen strotzende Schrift gegen Pirkheimer schleuderte und diese in einer Anzahl von Exemplaren an den Rat und solche Personen, an deren Achtung Pirkheimer am meisten liegen mußte, versandte. Er wird in dieser Schrift unter anderem als ein meineidiger Schuft und als ein rabulistischer Advokat hingestellt, dessen ganzes Sinnen nur auf schamlose Bereicherung gerichtet sei. Allerdings betrieb Pirkheimer zahlreiche Rechtshändel, wie er selbst sagte, meistens zum Frommen von Wittwen und Waisen „um Gotteswillen", in manchen Fällen wie es scheint, aus Interesse an der Sache und um andere zu ärgern, aber, wie er überzeugend nachweist, keinen Falles zum Erwerd, den er nicht nötig hatte: einen armen Teufel, der ihm aus Erkenntlichkeit ein paar Ellen Damast verehren wollte, jagte er zum Hause hinaus. Der Rat erkannte sogleich aus freien Stücken Pirkheimers Schuldlosigkeit an, wenn er auch das

„Advocieren" eines Ratsherrn wegen der daraus entspringenden mancherlei Unzuträglichkeiten nicht leiden wollte. Die Rechtfertigungsschrift, die Pirkheimer dem Rate unterbreitete, ist ebenso treffend als für ihren Verfasser charakteristisch. Schonungslos deckt er das Gewebe der gegen ihn gesponnenen Intriguen auf und weist Punkt für Punkt die Unrichtigkeit oder Böswilligkeit der gegen ihn erhobenen Vorwürfe nach. In nicht mißzuverstehender Weise bringt er „seinen Herren" die Bedeutung seiner Persönlichkeit, die ehrbarer „hinter der Thür sitze, als mancher vor der Thür" zum Bewußtsein und fertigt bei dieser Gelegenheit die vorgebrachte Klage, daß er sich zu hohe Titel beilegen lasse, mit der höhnischen Bemerkung ab, daß es seine Feinde nichts angehe, selbst wenn er mit „Bischof" angesprochen werde. Zwar hatte er die Genugthuung, den Sturz seines Hauptgegners bald zu erleben (1514), aber zur Ruhe kam er deshalb noch nicht; immer neue Widerwärtigkeiten traten an ihn heran, und als ihm endlich auch noch körperliche Leiden die Teilnahme am Rate erschwerten, trat er 1523 zum zweitenmale und diesmal für immer aus.[14]) Bei alledem waren die Verdienste, die er sich um die Stadt erworben hatte, nicht übersehen worden; er erhielt öfter, wie dies der Brauch war, für besonders anstrengende Dienstleistungen öffentliche Anerkennungen, Ehrungen und Geschenke, und es wurde bei seinem zweiten Rücktritt decretiert: man würde ihn seiner Einsicht und Geschicklichkeit halber gern länger im Rate behalten haben; dessen ungeachtet aber setze man in ihn das Vertrauen, wenn man je zu Zeiten seines Rates bedürfe und darum nachsuche, so werde er sich darin ebenso gutwillig zeigen, wie er bisher gethan. Eine feste Bestallung, die ihm hiefür angeboten wurde, wies er zurück.[15])

Einem Manne von dem leidenschaftlichen Charakter Pirkheimers konnten solche Mißhelligkeiten das Leben gründlich verbittern; man sieht dies aus seinen Aeußerungen an den Rat selbst, dem er vorwirft, daß man ihm bei den „Heiden und Türken" besser gedankt hätte, als in seiner Vaterstadt, und vor allem in seinen Briefen an Freunde, unter denen einer an Bernhard Adelmann, zugleich eine Rechtfertigungsschrift gegen die allenthalben über ihn ausgesprengten nachteiligen Gerüchte, seine erregte Stimmung am besten spiegelt.[16]) Nicht besser äußert er sich über seine Stellung zum kaiserlichen Hofe, obwohl er nach seinen eigenen Worten, wie auch sonst glaublich, bei dem Kaiser selbst eine gern gesehene Persönlichkeit war. „Du wagst es", heißt es in einem Schreiben an Hutten, „die Nachteile des Hoflebens zu schildern und hast die Unbilden desselben noch nicht empfunden? Was würdest Du thun, wenn Du, wie ich, tausendmal betrogen, in Ungnade gefallen, weggewiesen, zurück- oder vielmehr ausgestoßen worden wärest? Das hättest Du alles erfahren müssen; hättest auch wie ich zwanzig Jahre einem undankbaren Hofe dienen müssen, wenn Du eine rechte „Aula" hättest schreiben wollen."[17])

Wie atmete Pirkheimer auf, wenn er sich aus solchem Intriguengetriebe hinausretten konnte in die reine Atmosphäre der Wissenschaft, wo er sein eigentliches Lebenselement fand.[18])

Sein Berufsstudium war, wie wir wissen, die Rechtswissenschaft. Die von ihm viel, vielleicht zu viel ausgeübte Praxis vermochte ihn nicht, wie so viele andere, zum handwerksmäßigen Juristen herabzudrücken; er erhielt sich Zeit seines Lebens die humanistische Auffassung dieser Wissenschaft, die er einst als Jüngling gelernt. Als der berühmte Jurist Haloander nach Nürnberg kam, um den Rat um materielle Unterstützung für seine geplante neue kritische Ausgabe der Pandekten zu bitten, da war es hauptsächlich Pirkheimer, auf dessen Gutachten hin ihm die nötigen Mittel in liberalster Weise geboten wurden. Auch stand er Haloander bei der Herausgabe mit seinem Rate zur Seite. So hat Pirkheimer indirekt einen nicht unbedeutenden Anteil an dem für die damalige Zeit außerordentlich wichtigen und anregenden Werke Haloanders, der es zuerst wagte, „die Justinianischen Quellen auf einer von den Traditionen des Mittelalters unabhängigen Grundlage herzustellen und sie in dieser befreiten Gestalt seinen Zeitgenossen in die Hand zu geben."[19])

In der gesammten römischen und, was man damals verhältnismäßig selten antraf, der griechischen Literatur, war er wie wenige bewandert; seine Lieblingslektüre war Homer, Plato und Herodot. Nach dem Vorgange von Erasmus übersetzte er eine

Anzahl griechischer Schriftwerke ins Lateinische, mit besonderer Vorliebe aus Lucian, dann aus Plutarch und Xenophon, andere ins Deutsche. Er hielt sich dabei, wie auch Erasmus, weniger an das Wort als an den Sinn des Textes und lieferte so Arbeiten, die dem Besten aus der damaligen Uebersetzungsliteratur zur Seite gestellt werden können; ist auch sein lateinischer Stil nicht durchaus tadellos, so zeigte er doch oft „einen klassischen Strich und römische Würde." Auch im Aufspüren und Herausgeben alter Handschriften war er thätig.[20] Leider entging ihm die reiche, durch Tritheim von allen Seiten aus Klöstern entnommene Sammlung, die er nach dessen Tode erwerben wollte, bis auf einen einzigen Codex; besonders wertvoll ist die Herausgabe der ersten 15 Kapitel der Theophrastischen Charakterschilderungen, der erste Druck dieses bis dahin völlig unbekannten Werkes. Wer weiß, mit welchen Opfern an Geld, Zeit und Mühe damals derartige Arbeiten verbunden waren, wird sie dem zeitweise so viel beschäftigten Manne um so höher anrechnen.

Seine Bibliothek, zu der bereits sein Vater den Grund gelegt, war eine der reichhaltigsten und kostbarsten in ganz Deutschland. Er benützte seine weitläufigen Verbindungen dazu, um sich von überall her die neuesten Drucke zu verschaffen. Vor allen reizten ihn die bei den Bücherfreunden so hochgeschätzten Aldinischen Ausgaben griechischer Autoren;[21] er konnte sich im Jahre 1504 rühmen, alle griechischen Bücher zu besitzen, die in Italien gedruckt worden seien.[22] Auch als Inschriftensammler ist er bekannt; er begann damit während seines Aufenthaltes in Italien und kam auch in späteren Jahren wieder darauf zurück; ferner besaß er eine kostbare Münzsammlung, die ihm Anstoß zu einer Abhandlung über den Wert römischer Münzen im Verhältnis zur Nürnberger Währung gab, und eine Kollektion antiker Kunstwerke, die einen wertvollen Schmuck seines Hauses bildete.[23]

Seine philologischen Studien, namentlich die Beschäftigung mit Plato, dessen „Gotteslehre" ihn besonders ansprach, führten ihn unmerklich manchmal in die Theologie hinüber und legten bei ihm, wie bei vielen andern Humanisten, den Grund zu einer freieren religiösen Anschauung, die er charakteristisch in die Worte zusammenfaßt: „Die Alten sind vom Christentume nicht weit weg." So ist sein theologischer Standpunkt ein durchaus humanistischer. Da sich die Theologie als Wissenschaft über alles Göttliche und Menschliche im weitesten Sinne dieser Begriffe zu verbreiten hat, so muß nach seiner Meinung ein echter Theologe die Quintessenz aller Wissenschaften in sich aufnehmen. Wenn das Zurückgehen zu den Quellen eine Hauptforderung des Humanismus auf allen Wissensgebieten bildet, so ist dies unerläßlich für den Theologen; die heilige Schrift muß die Hauptgrundlage aller seiner Studien bilden.[24] Damit ist auch schon Pirkheimers Stellung zum Scholastizismus des Mittelalters gekennzeichnet; er findet nicht Worte genug zu dessen Verurteilung: „Die Hebräer und Mohamedaner studieren täglich das Gesetz: unsere Theologen aber glauben, daß es weit vorzüglichere, subtilere und erhabene Dinge gebe als die Lehre des Evangeliums. Das ganze Wesen der Theologie setzen sie in die Spekulation, durch die sie Himmel und Erde regieren." Und gegen Erasmus äußert er sich einmal: „Sie (die Pseudotheologen) haben es durch ihre Schuld dahin gebracht, daß nicht nur für gewöhnlich der herrliche Name der Theologie ein Spottname ist, sondern auch die Theologen selbst für ärger gehalten werden als alle Possenreißer und Taugenichtse zusammen."[25]

Pirkheimers Beschäftigung mit altchristlichen Kirchenschriftstellern wurde, wie bei den meisten andern Humanisten jener Zeit, sicher mehr durch das Gefallen an der Sprache der Alten und durch historisches Interesse als durch religiöse Impulse veranlaßt. Er gab den Fulgentius aus der Handschrift heraus und übersetzte mehrere patristische Schriften ins Lateinische und Deutsche, darunter die Reden des Gregor von Nazianz, der ihn am meisten anzog. Er hatte dabei auch praktische Zwecke im Auge, indem er so dem frommen Wisseneifer seiner Schwestern entgegenkam und ihnen passende Lektüre bot: den Fulgentius widmete er seiner Schwester Charitas, die lateinische Uebersetzung der moralischen Sprüche des Bischofs und Märtyrers Nilus seiner Schwester Clara.

Neben der heiligen Schrift erschien ihm als nicht zu verkennde „Stimme Gottes" die Geschichte. Von dem Wesen und der Aufgabe dieser Wissenschaft hat er eine hohe Meinung, getragen von echtem Patriotismus, wie er bei den historischen Bestrebungen dieser Zeit vielfach zu Tage tritt. Auch ist er einer der Wenigen, die sich um die Theorie der Geschichtsschreibung kümmerten;[25a]) die lateinische Uebersetzung der Plutarch'schen Schrift über Geschichtsschreibung, die er dem Kaiser Maximilian widmete, liefert hierfür ein charakteristisches Zeugnis. Er trat auch selbst als Geschichtsschreiber auf. Wenn er auch leider seine Absicht, eine Geschichte seiner Zeit zu schreiben, nicht zur Ausführung gebracht hat, so liegt in seiner Darstellung des Schweizerkrieges doch immerhin ein Bruchstück vor, das ihn den bedeutendsten gleichzeitigen Historikern ebenbürtig macht.[26]) Trotz der Anlehnung an alte Muster tritt der originelle Geist des „Nürnberger Xenophon" in „kräftigen Lichtblitzen einer neuen Welt von Empfindungen und Ideen" überall hervor. Die Erzählung ist lebhaft und formgewandt, und der materielle Wert der Schrift läßt sich trotz mancher Ausstellungen, die in neuerer Zeit sich erhoben haben,[27]) dahin bestimmen, daß wir in ihr die erste in künstlerische Form gekleidete geschichtliche Monographie über ein wichtiges, zeitgenössisches Ereignis besitzen, geschrieben von einem mithandelnden hervorragenden Manne der neuen Schule.[28]) Die Arbeiten anderer Historiker, z. B. des Irenikus und des Beatus Rhenanus förderte er mit Rat und That.

Teilweise in engem Anschluß an diese historischen Bestrebungen betrieb Pirkheimer das Studium der Geographie, wobei er ebenfalls seine Aufmerksamkeit zunächst auf Deutschland richtete: eine Feststellung der Wohnsitze der alten deutschen Völker legt, selbst nach dem heute üblichen Maßstabe gemessen, ein rühmliches Zeugnis von dem ihm überhaupt eigenen kritischen Forschergeist ab, mit dem er in solchen Dingen zu verfahren pflegte. Von solchen Spezialarbeiten sich wegwendend suchte er sich in die geographische Wissenschaft in ihrer Allgemeinheit zu vertiefen, indem er eine mit vielen Schwierigkeiten verbundene Uebersetzung der Geographie des Ptolemäus anfertigte[29]). Ein interessanter Briefwechsel mit den auf diesen Wissensgebieten bedeutendsten Männern bot immer neue Anregung; die gleichzeitigen Seereisen und Entdeckungen verfolgte er mit Spannung.[30])

Auch die andere Gruppe der in Nürnberg blühenden Studien, die mathematisch-naturwissenschaftliche, fand in Pirkheimer einen eifrigen Vertreter.

Ganz besonders fesselte ihn die Astronomie; oft konnte man ihn nach des Tages Luft und Mühe, namentlich wenn er sich auf dem Lande aufhielt, einsam am Fenster stehen sehen, mit seinen astronomischen Instrumenten, deren er viele und kostbare besaß, beschäftigt. Den ihm befreundeten Mathematiker Schoner, der solche verfertigte, unterstützte er in jeder Weise; auch erwarb er Einiges aus dem Nachlasse des großen Regiomontan.

Hand in Hand mit dieser Neigung zur Astronomie ging sein Glaube an die Astrologie; er rühmt sich, die Kriegsschrecken der zwanziger Jahre vorausgesehen zu haben, „und nicht etwa von ungefähr, sondern auf astrologische Principien gestützt." So ließ er es sich auch nicht nehmen, seinen sämtlichen Kindern das Horoskop zu stellen.[31])

Auch den strengeren mathematischen Disciplinen brachte er ebenso viel Interesse als Verständnis entgegen, so daß er sich hierin verhältnismäßig bedeutende Kenntnisse erwarb. Ebenso streifte er auch dann und wann in das Gebiet der eigentlichen Naturwissenschaften und zwar, gleich anderen Humanisten, durch die Ueberreste der einschlägigen klassischen Litteratur angeregt, vor allem in das der Botanik und der Medicin; er war hier so bewandert, daß ihn einer seiner Freunde auffordern konnte, Schriften griechischer Aerzte ins Lateinische zu übersetzen. Auch stand er, der Sitte oder vielmehr Unsitte der Zeit entsprechend, seinen Freunden bei Krankheitsfällen gern mit ärztlichen Ratschlägen bei.

So sehen wir, daß Pirkheimer sich nicht an eine einzelne Wissenschaft anklammert und in ihr aufgeht, sondern daß er sich bemüht, das Gesamtwissen seiner Zeit, wie es sich innerhalb der weiten Peripherie der humanistischen Geistesrichtung entwickelt hatte, in sich aufzunehmen. Er gehört zu den Wenigen, die mit Recht von sich sagen konnten, sie hätten das stolze humanistische „Ergründen der Dinge" sich zur ernsten Lebensaufgabe gemacht.

Doch mit dieser positiven Thätigkeit Pirkheimers ist sein Wirken als Humanist, wie wir noch sehen werden, nicht erschöpft. Unterscheidet man in der damaligen humanistischen Bewegung zwei Hauptströmungen, eine mehr wissenschaftliche, die ohne tendenziöse Abneigung gegen andere Geistesrichtungen die Wissenschaft als solche sich zum Ziele setzt, und eine mehr polemische, die gegen die Wissenschaft des Mittelalters, zumeist die kirchliche, und zwar nicht nur gegen ihre Formen, sondern hauptsächlich gegen ihren Geist, Front macht, so muß man sagen, daß Pirkheimer beiden angehört; in Zeiten des Friedens im Reiche der Wissenschaften, ruhig und behaglich genießend und schaffend der einen, wenn man zum Kampfe rief, sei es zur Verteidigung, sei es zum Angriff, spottend und rücksichtslos niederreißend, der andern.

Leben und Wissenschaft schmolz bei Pirkheimer in eins zusammen; weit entfernt, im Bücherstaub allmählich als Studengelehrter zu verdorren, verstand er es meisterhaft, den geistigen Gehalt, den er aus dem Umgang mit den Alten zog, in die Unmittelbarkeit des alltäglichen Lebens umzusetzen und sie so in sich und um sich im eigentlichsten Sinne des Wortes lebendig zu machen; so charakterisiert es ihn vortrefflich, wenn er zur moralischen Vernichtung seiner Widersacher im Stadtrate diesen mit einer Uebersetzung von Plutarchs Abhandlung über die langsam strafende Gerechtigkeit der Gottheit entgegentrat.

Aus derselben praktischen Richtung Pirkheimers gingen auch seine Verdienste um die Hebung des Schulwesens in Nürnberg hervor. Schon sein Vater hatte die Errichtung einer Lehrstelle für die alten Sprachen durchgesetzt, die aber mit den eigentlichen Stadtschulen in keiner Verbindung gestanden zu sein scheint und bald wieder einging. In Folge der Bemühungen Wilibalds, die namentlich der auch sonst hochverdiente Probst bei St. Lorenz, Anton Kreß, unterstützte, wurde an zwei der vier Nürnberger Schulen, nämlich bei St. Lorenz und St. Sebald „in arte humanitatis" gelehrt und die Aufsicht über diesen neuen Unterrichtszweig hauptsächlich ihm übertragen; auch an der Aufstellung der neuen daran anknüpfenden Schulordnung und der Berufung tüchtiger Lehrer, wie eines Cochläus, hatte er jedenfalls hervorragenden Anteil. Er selbst machte sich ein Vergnügen daraus, seinen Neffen als Lehrer im Griechischen zu nützen, wie er auch für sie einen eigenen Abriß der Rhetorik verfaßte.[32])

Einem solchen Manne mußte die Rolle eines der bedeutend=

sten Stimmführer in dem Kampfe mit der „Barbarei und Unwissenheit", wie die Humanisten selbst gern ihre Stellung zu den Anhängern der alten Geistesrichtung bezeichneten, fast von selbst zufallen. Vielleicht nicht an Gelehrsamkeit, aber sicher an Einfluß nimmt er die erste Stelle hinter Erasmus von Rotterdam ein.

Nicht leicht kommt eine einigermaßen bekannte Persönlichkeit nach dem so günstig gelegenen Nürnberg, ohne in Pirkheimers Haus, „der allgemeinen Zufluchtsstätte der Poeten", vorzusprechen und wärmste Aufnahme zu finden. Er steht in litterarischem und persönlichem Verkehr mit den Gelehrten an der Donau und am Rhein, wobei häufig Celtes das vermittelnde Band herstellte, mit den wichtigsten Universitäten, wie mit Ingolstadt, von wo aus Eck mit ihm in Verbindung tritt, mit Leipzig, wo er Emser, mit Erfurt, wo er Spalatin, mit Wittenberg, wo er Scheurl, Staupitz und bald auch Luther in den Kreis seiner Bekanntschaften zieht; ja er konnte sich rühmen, Freunde nicht nur in ganz Deutschland, sondern in ganz Europa zu besitzen, Freunde, die sein Stolz waren, die er höher schätzte als die Gunst der mächtigsten Fürsten. Mit mehreren der bekanntesten italienischen Humanisten verknüpften ihn persönliche Verbindungen von seinem Aufenthalt in Italien her, mit französischen und englischen meist die Vermittlung des Erasmus. Diese so weit ausgesponnenen Beziehungen brachten es mit sich, daß Pirkheimer von allen Bewegungen auf dem ganzen weiten Gebiete des Humanismus und dessen Gegnerschaft immer aufs genaueste unterrichtet war, daß er von allen Seiten Anfragen, Bitten um Ratschläge, Mitteilung von Neuigkeiten erhielt und daß nichts Bedeutenderes in diesen Kreisen vorgenommen wurde, ohne daß er davon gewußt, oder teils mittelbar, teils unmittelbar seine Hand im Spiele gehabt hätte. Er war sich seiner Bedeutung vollkommen bewußt; dies zeigt sich vor allem in der Art, wie er in den verschiedenen Streitigkeiten, in die man ihn hineinzuziehen suchte, sich immer eine Stellung über den Parteien zu wahren bestrebt war, und in dem freimütigen Ton, den er selbst einem Erasmus und Reuchlin gegenüber manchmal anschlug, wenn ihm etwas an ihnen nicht gefiel.

Sein außerordentlich ausgedehnter Briefwechsel, von dem leider nur allzu viel verloren gegangen, gibt ein ebenso klares als anziehendes Bild von dem geistreichen Verkehr, der die genannten Kreise mit einander verband. Nirgends tritt uns die Individualität Pirkheimers plastischer, unmittelbarer und auch liebenswürdiger entgegen als hier. Mit wahrer Virtuosität, wie sie nur dem vollendeten Weltmann eigen ist, verkehrt er hier mit jedem in der für diesen passenden Weise; er versteht es ebenso gut, sich in scherzhaftem Plauderton, wie in lebhaften und ernsten Auseinandersetzungen zu bewegen, ohne je sein geistiges Uebergewicht wegzuwerfen oder in trockene Pedanterie zu verfallen. Dem Freunde gegenüder öffnet er das Herz, den Zagenden zieht er an sich und muntert ihn auf, den zu Raschen sucht er durch Mahnungen und Warnungen zurückzuhalten, dem Unbequemen weiß er in bündiger Art das „Noli me tangere!" zuzurufen.[33]

Seine Bibliothek stand jedem offen; während viele andere ihre Handschriften eifersüchtig verschlossen, machte es ihm Vergnügen, tauglichen Persönlichkeiten zur Herausgabe der einen oder der andern zu veranlassen;[34] auch unterzog er sich gern der Mühe, für wissenschaftliche Arbeiten eines auswärtigen Schützlings oder Freundes in dem an Druckern so reichen Nürnberg einen Verleger zu finden. Ebenso setzten ihn seine glücklichen Vermögensverhältnisse in den Stand, sich nach manchen Seiten hin als echten Mäcen zu bewähren. Berühmt waren seine Gastmähler, bei denen er den ganzen Prunk seines reichen Hauses zu entfalten liebte, vielgepriesen die Freigebigkeit, mit der er dürftige Gelehrte unterstützte. „Alles ist großartig bei meinem Wilibald", schreibt einmal der von ihm beschenkte Reuchlin, „alles heroisch; Du hast auf das freigebigste alle meine Wünsche erfüllt. Um Silber bat ich — Gold hast Du mir geschickt und noch weiteres versprochen, wenn ich es bedürfen sollte. Auf Löschpapier, wo die Tinte durchschlug, mußte ich bisher schreiben — Du schickst mir die köstlichsten Blätter; um Pfauenfedern bat ich, um etwas Gelesenes niederzuschreiben — Du schenkst mir Schwanenfedern, und zwar ganz vortreffliche vom Nil oder aus Cnidus .... Wenn ich so betrachte, was Du mir bestimmt hast, breche ich aus in die Worte des 102. Psalmes: „Er streuet aus und gibt den Armen."![35]

Derartige Lobeserhebungen, in Prosa und in Versen, wurden

unserm Pirkheimer, als einem „seltenen Vogel des Jahrhunderts, Fürsten der Gelehrten, Patron der Musen, Orakel der Wissenschaften", häufig genug zu Teil, so daß er, obwohl für Schmeicheleien nicht ganz unempfänglich, wohl selbst manchmal darüber lachte[36]) und sich eines Gefühles der Uebersättigung nicht erwehren konnte.

Von der ganzen Schar seiner literarischen Bekannten, Freunde, Bewunderer und Schützlinge standen ihm unter den älteren Bernhard Adelmann, dann Erasmus und Reuchlin „die beiden Augen Germaniens", unter den jüngeren Hutten und Cochläus vielleicht am nächsten: er hatte in seiner Vielseitigkeit Raum für alle Schattierungen des Humanismus, wie sie sich in diesen Namen repräsentieren.

Sein eigentlichster Herzensfreund aber — eines solchen hatte ihn das Glück für würdig erachtet — war kein geringerer als der herrliche Albrecht Dürer. Ein wirklich schönes Verhältnis zwischen den beiden Männern: jeder schätzte den anderen in dessen ganzer Bedeutung und suchte sich an ihm zu heben; der Maler erweiterte seine Ideen durch den Einblick in den Geist des Humanismus, der Gelehrte veredelte seinen Geschmack durch die ihm nahetretende Gedankenwelt des Künstlers. Dürer porträtierte den Freund, malte die Sterbescene von dessen Frau, verfertigte ihm ein Bücherzeichen und verehrte ihm und seiner Familie außerdem manches Bildchen und manche Zeichnung; Pirkheimer half ihm in knappen Zeiten aus, verbesserte des Malers Reime, gab ihm im Auftrag des Kaisers die allegorischen Anweisungen zu dem von Dürer zu zeichnenden Triumphwagen[37]) und war ihm bei der Redigierung und Drucklegung seiner Bücher behilflich. Beide widmeten sich gegenseitig wertvolle Schriften. In den Ernst ihres geistigen Verkehres mischte sich dann und wann ein köstlicher Humor, der freilich unserem Geschmack entsetzlich derb erscheint, aber ganz jener kräftigen Zeit entspricht. Wir haben ein überaus interessantes Zeugnis hiefür in den Briefen, die Dürer von Italien aus (1506) an Pirkheimer schrieb; es werden darin die uns schon bekannten Schwächen Pirkheimers auf das ergötzlichste gegeißelt; gutmütiger Spott, beißende Satire und feine Ironie wechseln in burlesker

Weise mit einander ab, wie auch die deutsche Sprache mit dem komischsten Kauderwälsch.

Dürers Lieblingsthema sind in dieser Beziehung die galanten Bemühungen des bereits verwittweten Pirkheimer gegen Nürnberger Mädchen und Frauen, von denen er in Venedig gehört hat. Fast in jedem Briefe kommt er darauf zu sprechen. Das Buhlen stehe diesem an, meint er einmal, wie dem großen zottigen Hofhund das Spielen mit dem Kätzchen. Fast ebenso oft spottet er über Pirkheimers Eitelkeit. Bald verlangte dieser die Uebersendung von Kranichfedern zum Hutputz, „Narrenfederle", wie sie Dürer nennt, bald kostbaren Schmuck, bald italienischen Parfum. „Es reimt sich gar übel", schreibt er ihm in Bezug auf letzteren, „wenn sich solche Landsknechte mit Zibet schmieren." Auch die Ruhmredigkeit des Freundes wegen diplomatischer Erfolge gibt ihm Stoff zu mancher heitern Auslassung. „So mir Gott heim hilft", heißt es in einer dieser Stellen, „weiß ich nicht, wie ich mit euch leben soll — eurer großen Weisheit halben."[38] In diesem Tone durfte mit Pirkheimer niemand sprechen als Dürer, der allerdings, wie aus dem Grundtone sämtlicher Briefe wohl herausklingt, selbst da, wo er am weitesten geht, die überlegene Stellung des Freundes nie außer Acht läßt. Seine Spöttereien wurden in jovialer Weise aufgenommen und mit nicht feineren Späßen erwidert. So verstanden sich diese beiden Männer auf das trefflichste im Ernste und im Scherz. Ihre Freundschaft dauerte ohne Trübung bis an den Tod.[39]

Fürwahr ein erhebender Anblick, zwei solche Gestalten aus dem Zeitalter des Humanismus und der Renaissance Hand in Hand neben einander wandeln zu sehen! Der innige geistige Zusammenhang zwischen Wissenschaft und Kunst, wie er gerade in jener Epoche so charakteristisch zum Ausdruck kommt, erscheint gleichsam in der Freundschaft dieser Männer symbolisiert.

Zweites Kapitel.

Der Freund der Reformation.

> Die Unordnung, so unter uns seind, die werden mit keiner Ordnung, sondern müßen mit Unordnung gebessert werden.
> Wilibald Pirkheimer.

Die Grundideen, aus denen die religiöse Oppositon der Reformation und die wissenschaftliche des Humanismus entsprangen, waren, wenn man seinen Blick auf die Hauptsache richtet, grundverschieden, wie auch die Ziele, denen sie entgegensteuerten: in einem Punkte jedoch trafen diese beiden Geistesrichtungen zusammen, im Kampfe gegen einen gemeinschaftlichen Feind, mit dem sie um ihre Existenz ringen mußten — gegen den Scholasticismus des Mittelalters. So erscheinen die Humanisten in ihren Fehden gegen die „Sophisten", wie sie ihre Gegner nannten, als Vorboten, Bahnbrecher und Verbündete der von Luther ausgehenden Bewegnng.

Nirgends zeigt sich dies charakteristischer als in dem Streite, der in den letzten Jahren vor dem Hervortreten Luthers zwischen den scholastischen Kölner Theologen und dem unter den Humanisten so hoch angesehenen Reuchlin entbrannte.[1] Dieser hatte die ihm zu einem Gutachten unterstellte Frage, ob nicht alle Bücher der Juden, außer dem alten Testamente („alle gegen den christlichen Glauben zuwiderlaufende Bücher", wie es in dem Mandat Kaiser Maximilians von 1509 heißt) vernichtet werden sollten, verneinend beantwortet und dadurch, wie durch seine hebräischen Studien überhaupt, bei den Kölnern den Argwohn

erweckt, als hege er zu Gunsten des Judaismus christenfeindliche
Gesinnungen. Der von beiden Seiten mit leidenschaftlicher
Energie geführte Streit erhielt die ganze gelehrte Welt mehrere
Jahre hindurch in unglaublicher Aufregung. Pirkheimer stand,
wie fast alle Humanisten, von Anfang an auf Seite Reuchlins.[1a]
Bei dieser Gelegenheit kommt seine tiefe Verachtung gegen die
ihm schon längst verhaßten Gegner zum herbsten Ausdruck. Er
tadelt geradezu den sich gegen sie verteidigenden Reuchlin, daß
er so viele und heftige Worte an solche Menschen verschwende.
„Die Epheser verboten, den Namen jenes Verruchten zu nennen,
der den Tempel der Diana angezündet hatte, damit er nicht aus
jener Frevelthat ein ewiges Gedächtnis erwürbe; aber Du feierst
Deinen Gegner, der bisher allen Gelehrten unbekannt war und
von dem Erdboden hätte vertilgt werden müssen, zwar durch
Schmähungen, aber doch so, daß sein Name in der ganzen Welt
bekannt wird."[2] Und später (1516) äußerte er sich einem Freunde
gegenüber in ähnlichem Sinne: ein Reuchlinist genannt zu werden,
halte er für hohen Ruhm. Die Sophisten hasse er; aber mit
der vollen Entrüstung beleidigter Tugend, verletzter Ehre ihnen
entgegen zu treten, halte er nicht für Recht. Die Gegner richten
sich selbst durch ihre verleumderischen, lügenhaften Angriffe.[3]

Trotzdem konnte auch er sich nicht enthalten, gleich anderen
Humanisten später thätig in den Kampf einzutreten: vielleicht
schon anonym als Mitarbeiter an den berühmten von den „Poeten"
gegen ihre Gegner geschleuderten „Briefen der dunklen Männer",
mit deren Autoren er zum mindesten in Fühlung stand[4]), und
später öffentlich durch seine „Apologie Reuchlins"; die Kölner,
die von ihm als von einem gewissen unbekannten Wilibald
sprachen, hatten seine Eigenliebe zu sehr beleidigt, als daß er
länger stillschweigend hätte zusehen können.[5]

Die Apologie[6] war ganz dazu angethan, bei beiden Parteien,
natürlich im entgegengesetzten Sinne, den tiefsten Eindruck zu
machen: bei den Humanisten wurde sie enthusiastisch aufgenommen,
bei den Sophisten erregte sie den tiefsten Unwillen.

Er geißelt in dieser Schrift zunächst mit den schärfsten
Worten die heuchlerische, verlogene und verläumderische Erbärm=
lichkeit der „Nostraten", — der Leute von den „Unsern", wie

die Kölner sich untereinander selbst benannten, — die sich gebärden, als wenn sie alle Tugend und Weisheit in Erbpacht hätten, jener Menschen, die mit jedem ihrer Worte und Handlungen den Lehren des Christentums ins Gesicht schlagen und mit allen wahrhaft guten Menschen im Kriege leben. Wie konnte ein Reuchlin von ihnen verschont bleiben? Nun folgt die eigentliche Verteidigung Reuchlins, welche sich schließlich zu einer ebenso mutigen wie verletzenden Kritik der in den gegnerischen Kreisen herrschenden Theologie gestaltet, der er seine, uns bereits bekannte, Anschauung von der wahren Natur dieser erhabenen Wissenschaft gegenüberstellt. Daran reiht sich ein Verzeichnis von Gelehrten, die nach seiner Meinung Vertreter der echten Theologie seien und unter diesen finden sich — zwei Pole einander gewaltsam genähert — die Namen eines Luther und Eck. So groß der Beifall war, mit dem Pirkheimers Apologie von den Reuchlinisten aufgenommen wurde, so war doch dieses Verzeichnis, namentlich die Nennung Ecks, nicht nach aller Geschmack. Was mag Pirkheimer dazu veranlaßt haben?

Betrachten wir zuerst sein Verhältnis zu Luther. Diesen mochte er infolge seiner Verbindungen mit Erfurt und Wittenberg zunächst als entschiedenen Reuchlinisten kennen. Luther hatte sich schon im Jahre 1514 über einen der Kölner Theologen, der ein Schmähgedicht gegen Reuchlin verfaßt, offen geäußert: er habe jenen bisher für einen Esel gehalten, jetzt zeige sich derselbe als ein Hund, ja als Wolf und Krokodil, während er vergeblich die Majestät des Löwen anzunehmen sich bemühe. Er sah in ihm ein warnendes Exempel des Neides, der sich am unsinnigsten da gebärde, wo er schaden wolle und nicht könne. Und ein andermal äußerte er: Gott werde wahrhaftig sein und sein Werk thun trotz des Widerspruches und vergeblichen Schweißes von tausendmal tausend Kölnern.[*]) Dies war ganz im Sinne Pirkheimers gesprochen.

Dazu hatte Luther seine aus Augustinischen und mystischen Wurzeln erwachsende neue Theologie damals bereits vollständig in sich ausgebildet. Schon hatte er, mit einzelnen Hauptsätzen derselben hervortretend, Aufsehen erregt, schon begann sie auch außerhalb der Universität Wittenberg, wo sie mehr und mehr

Wurzel faßte, Anhänger zu finden. Nirgends mehr als in Nürnberg.

Hier lebte Christoph Scheurl, früher Professor in Wittenberg, als solcher Kollege Luthers, der mit Stolz auf ihn hinwies und sich um seine Freundschaft bewarb; hier predigte öfter der damals innig mit Luther verbundene Staupitz, den seine Pflichten als Generalvikar der deutschen Augustinerkongregation öfter in die Stadt führten; so zuletzt wieder im Advent 1516 und im Frühling des nächsten Jahres. Die Augustinerkirche, wo er auftrat, war überfüllt, und namentlich in den gebildeten Kreisen der Stadt fand er den größten Beifall. Das Augustinerkloster wurde der Sammelplatz der auserlesensten Gesellschaft, die sich um Staupitz scharte. Scheurl meinte, daß seit seinem Aufenthalte in Nürnberg nie jemandem solche Auszeichnungen erwiesen worden seien wie Staupitz; man nannte ihn den Schüler, ja die Zunge des Apostels Paulus, einen Herold des Evangeliums, einen echten Gottesmann. So entstand in Nürnberg eine „Staupitzianische Gesellschaft", die sich bald auch die „Augustinianische" nannte. Die uns schon bekannten Freunde des Claraklosters gehörten ihr fast sämtlich an, auch Pirkheimer stand ihr nahe. In diesem Kreise nun wies Staupitz, wie auch auf andere ihm geistesverwandte Theologen, hauptsächlich auf seinen Luther hin, als auf einen Gelehrten, der die „Briefe des Mannes von Tarsus" mit wunderbarem Talente kommentiere. So bedeutend war der Eindruck, den man aus Staupitz' Aeußerungen von Luther gewann, daß Scheurl an einen Freund schreiben konnte, er sei überzeugt, daß, wie Luther es erstrebe, eine große Umwälzung des theologischen Studiums bevorstehe. Wenn Pirkheimer einen solchen Mann unter den vorzüglichen Theologen aufführte, so that er es aus vollster Ueberzeugung;[5]) ganz anders verhielt es sich mit Eck.

Auch Eck war ohne Zweifel eine geistig hervorragende Persönlichkeit; doch gehörte er seinem Bildungsgang und seiner Denkweise nach ganz dem Scholastizismus an; seine Berührungen mit dem Humanismus sind nur äußerliche, der Geist desselben ist ihm völlig fremd. Nach damaliger Gelehrtensitte stand er mit den meisten namhaften Männern Deutschlands in literarischem

Verkehr, so auch mit Wilibald. Ihre Beziehungen waren ziemlich lose, aber doch gerade hinreichend, um sie den Gegensatz ihres Wesens und Denkens vollständig erkennen zu lassen und den Grund zu einer gegenseitigen Abneigung zu legen, die bald in offene Feindschaft und in Haß ausarten sollte.

Daß ihn Pirkheimer dennoch in seinem Theologenverzeichnis aufführt, hat seinen Grund in einer gewissen schlau berechneten Taktik,[9]) die er uns mit seinen eigenen Worten darlegen mag, zumal sie ihn und die Kampfweise des Humanismus überhaupt trefflich charakterisiert.

„Ich weiß wohl", schreibt er an Erasmus, „daß ich Gelehrte und Ungelehrte, Gute und Schlechte, ja selbst Freunde und Feinde untereinander geworfen. Allein die Gelehrten und Wohlgesinnten habe ich des Lobes wegen genannt; die Wohlgesinnten und Einflußreichen, wenn auch nicht sehr Gelehrten, nannte ich, um sie gleichsam als Vormauern den Feinden entgegenzustellen; die Gelehrten, aber minder Gutgesinnten oder zweifelhafte Bundesgenossen wollte ich weisen oder befestigen, die Feinde aber den Feinden verdächtig machen. Und ich habe mich nicht betrogen. Die Schwankenden habe ich befestigt, viele Neue zu uns herübergezogen. Mehrere Gönner unserer Feinde habe ich in Verdacht gebracht, und worüber ich besonders lachen muß: die heiligen Männer sehen sich gezwungen, ihren Unwillen, den sie gegen uns haben, zu unterdrücken und das ihnen sehr lästige Lob mit heiterer Miene hinzunehmen, nicht sowohl weil sie mich lieben, als weil sie glauben, ich könnte ihnen nützen oder schaden."

Bei einer solchen Auswahl der „echten" Theologen war allerdings auch Raum für Eck. Dieser, dem die wahre Gesinnung Pirkheimers gegen ihn nicht unbekannt war, mochte wohl durchschauen, wie die ihm erwiesene Ehre gemeint sei. Doch selbst abgesehen davon hätte ihn die so herbe Verurteilung der ganzen scholastischen Theologie und ihrer Anhänger, die den Kern der „Apologie" bildet, an sich schon auf das tiefste verletzen müssen: Pirkheimer gehört seit dem Reuchlinistischen Streit, der bekanntlich mit der Niederlage der „Sophisten" endete, zu den unter ihnen am meisten verhaßten Humanisten; schon fingen sie an, seine Briefe aufzufangen und nach Verdächtigem zu suchen, um ihm zu schaden.

Fast gleichzeitig trafen Pirkheimer und Eck auf einem anderen Feld als Gegner zusammen; es ist die Frage vom Zinsnehmen oder Wucher, wie man dieses kurzweg bezeichnete.

Während des ganzen Mittelalters galt das Zinsnehmen als unbedingt verwerflich. Infolge des großen Umschwunges auf dem Gebiete des Handels und Verkehres, wie er sich im 15. und am Anfange des 16. Jahrhunderts vollzog, wurden die so einfachen Geldverhältnisse des Mittelalters vollständig verändert und damit die Zinsfrage in ein neues Stadium gerückt. Die öffentliche Meinung beharrte zunächst noch unerschüttert auf dem alten Standpunkte und war um so erbitterter gegen den „Wucher", als sie diesen fälschlich als die eigentliche Ursache des damaligen Steigens aller Preise betrachtete. Die Reformatoren, Luther und Melanchthon voran, bleiben der Hauptsache nach bei der Forderung Jesu, daß man „willig sich leihen solle ohne allen Ansatz der Zinse", wenn sie sich auch genötigt sahen, in einigen Punkten den veränderten Zeitverhältnissen einige Zugeständnisse zu machen. Da war es nun Eck, der sich dazu hergab,[10]) die Finanzspeculationen der Augsburger Kaufleute, zunächst der Fugger, die nach den dargelegten Ansichten allgemein als wucherisch erschienen, durch Disputationen zu verteidigen:

Er that dies sowohl aus Gewinnsucht, als auch aus Freude am Disputieren, wie er denn überhaupt „Disputationen mit den Augen eines geübten Fechters, als den Schauplatz eines unfehlbaren Sieges" betrachtete.[11])

Seine Thesen standen im Widerspruche mit dem kanonischen Rechte, das jede Art von Wucher verbot, wie auch mit den Anschauungen eines Ulrich Zasius und anderer bedeutender Gelehrten des weltlichen Rechtes. Auch die Theologen und Juristen von Bologna, vor denen er als Disputator auftrat, scheinen nicht sehr davon erbaut gewesen zu sein, wenigstens wußte ein von Cochläus nach Nürnberg an seine dortigen Gönner gesandtes Libell über die „schmutzige Disputation Eck's" nichts weniger als Rühmliches zu erzählen. Pirkheimer ergriff in dieser Frage nach seiner Weise durch eine Uebersetzung der Plutarchischen Schrift über Vermeidnng des Wuchers gegen Eck Partei.[12]) Auch sonst machte er kein Hehl aus seiner Gesinnung, ja er versagte es sich nicht, Eck selbst unter der Maske eines für seinen Ruf besorgten Freundes ziemlich harte Wahrheiten vorzuhalten. „Ich hätte gewünscht, daß Du Dich mit einem Gegenstande nicht befleckt hättest, der nur Schande bringt, zumal es sich bei ihm um das Heil der Seelen handelt.... Hättest Du, als ich vergangenes Jahr in Ingolstadt war, mir, dem Freund, gefolgt, der Dir freilich an Wissenschaft nachsteht, - aber nicht an Erfahrung, so wärest Du jedenfalls der schimpflichen Nachrede entgangen, welche Dich jetzt, wie Du wohl weißt, verfolgt."[13]) · Auch diesen neuen empfindlichen Hieb Pirkheimers hat Eck nicht verschmerzt.

Zum offenen Bruche zwischen den beiden kam es jedoch erst in Folge ihrer verschiedenen Stellungnahme in dem großen Reformationskampfe, in dem die ganze mittelalterliche Geisteswelt, die bisher bloß in einzelnen ihrer Erscheinungen angegriffen worden war, im Innersten ihres Wesens getroffen wurde.

Am 31. Oktober 1517 hatte Luther seine Ablaßthesen angeschlagen; sie fanden fast allenthalben die begeistertste Aufnahme, natürlich vor allem unter den Humanisten; im südlichen Deutschland am meisten in Straßburg, Augsburg und Nürnberg. Seit dem Herbste 1517 predigte hier der Augustiner Wenceslaus Link, der mit Staupitz und Luther auf das engste befreundet war. Die Nürnberger Verehrer Staupitz' hatten sich sofort an ihn angeschlossen und ihre für Staupitz gehegte Verehrung auf ihn übertragen; sie wollten keinen anderen Prediger mehr hören als ihn. Auch für den geselligen Verkehr dieser Männer bildete er und der Augustinerprior Volprecht, wie früher Staupitz, den Mittelpunkt; sie kamen zu Speise und Trank, zu fröhlicher und ernster Unterhaltung im Augustinerkloster zusammen. Daß in diesem Kreise die Thesen Luthers, den ja alle kannten, eine mächtige Wirkung hervorriefen, versteht sich von selbst. Sie wurden sofort ins Deutsche übersetzt und in der Stadt selbst, wie auch nach auswärts, schleunigst verbreitet. „Luther ist Deutschlands berühmtester Mann geworden", schreibt Scheurl, „er ist in Aller Mund..... Seine Freunde feiern ihn, sind bereit, für ihn alles zu bestehen, sie küssen seine Schriftchen, nennen ihn einen Herold der Wahrheit, eine Posaune des Evangeliums, einen Prediger des einzigen Christus, durch den allein der heilige Paulus redet." Lazarus Spengler, der angesehene und einflußreiche Ratschreiber der Stadt, einer der Hauptförderer der Reformation in Nürnberg, verfaßte bald eine kräftige, aus innerster Ueberzeugung hervorgegangene Schutzschrift für Luther; auch Dürer nnd Pirkheimer werden gleich Anfangs als seine Verehrer genannt.

Der weiteren Entwicklung des „Lutherschen Handels" sahen alle mit größtem Interesse entgegen; kaum wird ein Brief geschrieben, in dem nicht unter Kundgabe der herzlichsten Teilnahme für Luther davon die Rede war. Pirkheimer trat mit ihm, wahrscheinlich durch die Vermittlung Links, bald in lebhaften Briefwechsel, von dem jedoch leider nichts mehr erhalten ist. Durch seine Verbindung mit Spalatin, Peter Burkhardt und anderen Wittenbergern, mit Johann Lang in Erfurt und Mosellanus in Leipzig war er stets von Allem, was in beiden Lagern vorging, auf das beste unterrichtet; von allen Seiten erhielt er die neu erscheinenden polemischen Schriften zugeschickt. So wurde er bei der bekannten Zugänglichkeit seiner Bibliothek und bei dem großen Ansehen, das er genoß, wie in der Reuchlin'schen Sache, so nun in der Lutherischen, recht eigentlich ein Mittelpunkt der Bewegung und durch seine literarischen Beziehungen, gleich Scheurl, weithin eine Hauptquelle über den Gang der Dinge. Anfangs Oktober 1518 kam Luther selbst auf der Reise nach Augsburg, wo er sich vor dem Kardinal Cajetan verantworten sollte, in die Stadt und stieg im Augustinerkloster ab. Hier fand er warme Freunde; Spengler hatte damals eine Unterredung mit ihm, Link begleitete ihn auf seinem schweren Gang. Durch diesen erfuhr Pirkheimer, der mit Luther nicht in Nürnberg zusammengekommen zu sein scheint, den Verlauf der Augsburger Verhandlungen, welcher die in Cajetan verkörperte Gewaltthätigkeit der Romanisten in voller Nacktheit erkennen ließ. Ein solches Vorgehen gegen einen „Ketzer", den man nicht widerlegen konnte, mußte einen Mann von der Gesinnung Pirkheimers im Innersten empören. Was Cajetan mit Gewaltandrohung nicht durchgesetzt hatte, suchte Anfangs des nächsten Jahres der von der Curie abgesandte

Miltiz durch gütliche Vorstellungen zu erreichen. Auch er kam nach Nürnberg, wo er sich mit den dortigen „Martinianern", wie die Anhänger Luthers anfänglich genannt wurden, auf das eifrigste über Luthers Angelegenheit unterhielt; mit desto größerer Spannung folgte man seinen Unterhandlungen mit Luther. Einen Augenblick schien es, als sollten sie von Erfolg sein: Luther versprach einzuhalten und „die Sache selbst sich zu Tode bluten zu lassen, wenn auch der Widerpart schweige."

Da war es kein anderer als Johann Eck, der den Stein wieder ins Rollen brachte.

Zwischen Luther und Eck war kurz vor dem Anschlag der Ablaßthesen durch die Bemühungen des Beiden bekannten Scheurl eine freundschaftliche Annäherung hergestellt worden, die nun ein jähes Ende nahm. Eck war nämlich, ohne Luther irgendwie zuvor in Kenntnis zu setzen, gegen dessen Thesen mit einer kleinen Schrift, „den Obelisken", — eigentlich Spießchen, wie man sie zur Notierung verdächtiger Stellen in Handschriften und Büchern gebrauchte — aufgetreten, in welcher er ihn mit den alten scholastischen Waffen bekämpft und als einen Mann des Umsturzes verdächtig zu machen versucht; Luther, schmerzlich erregt über den tückischen Streich, antwortete darauf erst später auf Andringen seiner Freunde in einer Gegenschrift, den „Asterisken", und sandte diese an die Nürnberger Freunde, die sie dann an Eck übermittelten, wie auch des letzteren „Obelisken" durch diese in Luthers Hände gekommen waren; jedenfalls hat Pirkheimer diese Schriften damals gelesen.

Beide waren noch ungedruckt und konnten so keine allzu große Verbreitung finden; der Streit konnte hiermit beendet sein, und man riet beiden Teilen zum Frieden. Doch der Reiz, durch den Kampf gegen einen Ketzer — am päpstlichen Hofe galt Luther bereits als „Sohn des Satans" — sich Ruhm und den Dank der Kirche zu erwerben, war für Eck zu verführerisch. Und wenn er den Kampf weiter führte, was lag für ihn näher als eine Disputation mit Luther, die das allgemeinste Aufsehen erregen mußte. Er brachte es zuerst dahin, daß zwischen ihm und Luthers Kollegen Carlstadt, mit dem er seit Kurzem in einen theologischen Streit verwickelt war, eine Disputation an=

beraumt wurde und spitzte dann seine gegen diesen gerichteten Thesen so zu, daß der Angegriffene eigentlich Luther war. Es fällt dies in die Zeit unmittelbar nach den Abmachungen zwischen Miltiz und Luther. Dieser erachtete durch Ecks Vorgehen die Bedingung seines Schweigens für gebrochen und erschien mit Carlstadt selbst in der Arena: es entspann sich die folgenschwere Disputation zu Leipzig, im Verlauf deren Luther die Autorität der Kirche in Sachen des Glaubens vollständig verwarf und als einziges Fundament desselben die heilige Schrift aufstellte. Eck hatte dieses Bekenntnis, welches als entscheidende Lostrennung von der Kirche betrachtet werden muß, durch eine Art Ueberrumplung hervorgelockt; er erblickte darin seinen Sieg und spielte sich in seiner ruhmredigen Weise überall als Triumphator auf, was man ihm angesichts der wirklichen Sachlage vielfach sehr übel nahm; in Pirkheimers Briefwechsel figuriert er als ein „Monstrum", dessen Mund eine Cloake, dessen Auftreten das eines Schauspielers, dessen Vortrag halb Geschrei, halb Gemurmel ist.

Pirkheimer war mit allen Einzelheiten des Vorgefallenen wohl bekannt. Sowohl von Anderen, wie von Luther selbst, hatte er genaue Berichte über die Disputation zugesandt erhalten; er war gerade damals für Luther ungemein eingenommen. In einem Briefe an Emser rühmt er das mutige Auftreten Luthers und seiner Wittenberger Anhänger in fast überschwänglicher Weise: ihre Verdienste seien so wenig zu zählen, wie die Sterne am Himmel; es gereiche den Weisen von Wittenberg zu unsterblichem Ruhme, daß sie es seien, die nach so vielen Jahrhunderten zuerst dreist die Augen geöffnet hätten, um das Wahre vom Falschen zu unterscheiden.

Eck erschien ihm solchen Männern gegenüber um so verächtlicher, als er ihn nicht einmal für einen aufrichtigen Verfechter seiner Sache, sondern für einen Heuchler hielt. So konnte er es sich nicht mehr versagen, der gegen diesen gehegten Mißstimmung in seiner Art freien Lauf zu geben; es mag ihm ein förmliches Bedürfnis gewesen sein. So entstand eine der derbsten Satiren jener derben Zeit: „Der gehobelte Eck"[14] — ebenso gerichtet gegen den Theologen, wie gegen den Trinker und Mädchenjäger, als welcher Eck bekannt war. Die Einkleidung der Satire bildet ein sogenanntes Narrenschneiden, wie es in der damaligen Literatur öfter, z. B. auch bei Hans Sachs vorkommt.

Die Hitze bei der Disputation von Leipzig hat Eck eine furchtbare Fieberglut verursacht, die er nun als Trinker von Beruf mit sächsischem Bier vertreiben will. Ein schrecklicher Rausch, den er sich auf diese Weise zuzieht, macht seinen Zustand noch unerträglicher, und nun sendet er, um sich Rates und Hilfe zu erholen, nach seinen Freunden. Nur wenige kommen, und diese, die den Zustand Ecks als einen äußerst bedenklichen erkennen, raten ihm, einen geschickten Arzt kommen zu lassen, etwa aus Salzburg, aus Nürnberg oder Augsburg. Auf diese Städte hat jedoch Eck kein Vertrauen, weil man dort lutherisch gesinnt sei; ein Arzt aus Leipzig, der ihm schließlich vorgeschlagen wird, findet dagegen seinen vollsten Beifall. Es ist Rubeus, einer seiner besten Freunde, ein Genosse der Kölner, Luthers grimmiger Gegner, ein Esel, wie ihn dieser nennt. Die in Ecks Diensten stehende Hexe Canidia fährt auf einem Bock aus Emsers Geschlecht durch die Luft nach Leipzig zu Rubeus, der sich bereit erklärt, begleitet von einem tüchtigen Chirurgen, die Kur Ecks zu übernehmen. Allerdings wird er etwas stutzig, wie er hört, daß er den Weg nach Ingolstadt auf dem Bock Canidias zurücklegen soll, doch überwindet schließlich die Freundschaft zu Eck seine Angst, und nun geht es flugs zu dem Kranken: die Hexe sitzt als Lenkerin auf dem Kopfe des Bockes, der Arzt auf dem Rücken, der Chirurg hält sich am Schwanze an. Bei der Begrüßung des Kranken entpuppen sich der Arzt und sein Gehilfe als eine Art Doktor Eisenbart; Ecks Krankheit scheint ihnen äußerst gefährlich, sie könne nur durch eine Radikalkur geheilt werden: da der Erfolg sehr zweifelhaft sei, empfehle es sich, zuvor einen Beichtvater zu rufen. Köstlich wird das Selbstbewußtsein eines Nostraten von dem Schlage Ecks in den Worten gezeichnet, mit denen der Kranke seine Beichte beginnt: „Ich, Johann Eck, Magister der freien Künste und Doktor der heiligen Theologie, Eichstädter Canonicus, Cancellarius, Ordinarius, Doktor des kanonischen Rechts, im bürgerlichen auf das beste bewandert, Triumphator von Italien, Oestreich, Sachsen und überall", so daß ihn der

Beichtvater ganz erstaunt unterbricht: „Eitler Narr, heißt das Deine Sünden beichten? Das ist ja geprahlt und nicht gebeichtet!" In der nun folgenden Unterredung zwischen den Beiden, bei welcher der Beichtiger sich als Lutheraner verrät, werden die schlimmen Eigenschaften Ecks in ebenso rücksichtsloser wie beißender Art ans Licht gezogen; vor allem sein Hochmut, der ihm auch schließlich eine Absolution überflüssig erscheinen läßt.

Und nun beginnt der Chirurg seine haarsträubende Procedur. Sieben baumstarke Kerle werden hereingerufen und bearbeiten den jämmerlich Schreienden mit tüchtigen Knitteln, um ihm zunächst die vielen Ecken und Kanten wegzuschlagen und ihn so für die Operation handlicher zu machen; dann kommt ein Bader, der ihm die Haupthaare abscheeren muß. Welches Wunder! Da kommen zahllos, gleich Läusen, „Sophismen, Syllogismen, Propositionen, Corrollaria, Porismata und dergleichen dummes Zeug" zum Vorschein, die zeugen, wie entsetzlich unrein dieser Kopf ist. Nun wird ihm ein Hunds- oder Sauzahn ausgezogen und dann ein Stück seiner schwarzen galligen Theologenzunge mit der Zange abgezwickt. So ist der Kopf einigermaßen in Ordnung gebracht. Er erhält nun eine stärkende Arznei, die zugleich eine reinigende Wirkung hervorbringt. Da zeigt sich, daß es im Magen nicht minder schlimm aussieht als im Kopfe; er gibt dialektische Commentarien, eine „negative Theologie", ja sogar ein rotes Barett von sich — den Doktorhut des kanonischen Rechtes und — einen Ablaß. Nun wird ihm die Haut von der Brust abgezogen, um das noch Uebrige aus dem Innern heraus zu schneiden und zu brennen. Wie viel ist da noch zu thun! Stolz, Eitelkeit, Cabale, Eigenliebe, Luxus, Heuchelei, Schmeichelei, Betrügerei, Unverschämtheit, Neid und andere Laster in Menge kommen hervor. Nachdem noch eine weitere, hier nicht näher zu schildernde Operation, für Eck noch schmerzlicher als die vorhergehenden, vorgenommen worden, ist der Kranke hergestellt. Er entläßt seine Retter mit vielen Danksagungen, indem er noch bittet, die Sache geheim zu halten, da sonst Hutten eine Komödie daraus mache.

In diesem Rahmen bemüht sich Pirkheimer, die ihm so überaus verhaßte und verächtliche Persönlichkeit Ecks mit grellen Farben in einem karikierten Portrait vorzuführen; namentlich die Beichte Ecks ist ein getreuer Seelenspiegel des Mannes, wie ihn Pirkheimer auffaßte. Seine Vorzüge werden durch groteske Darstellung ins Possenhafte verzerrt oder ganz ignoriert, seine Fehler in breiter, behaglicher und markiger Weise zum Ausdruck gebracht: da fehlt kein Zug von dem geistlichen und geistigen Hochmut des Mannes bis zu seiner Schwäche für Mädchen und Wein. Die Leidenschaftlichkeit, mit der der Maler des Bildes den Pinsel führte, verleiht dem Ganzen ein warmes Colorit, führt ihn aber doch nur zu oft über die ästhetischen und ethischen Grenzen des Erlaubten hinaus, selbst für die damalige Zeit, in der eine für unser Gefühl oft abschreckende Derbheit den Grundton bildet. Als literarisches Produkt nach seinem künstlerischen Werte betrachtet, dürfte es ungefähr auf die Stufe der „Briefe der dunklen Männer" zu stellen sein.

In den humanistischen Kreisen wurde die Schrift allenthalben mit großem Vergnügen und mit Schadenfreude aufgenommen. Selbst Luther, der diese Art vorzugehen nicht billigte, indem er meinte, ein offener ehrlicher Angriff sei besser als ein heimlicher Biß, schickte das Büchlein unter seinen Bekannten herum.

Diese Satire mußte Eck ins Herz greifen, wie keine andere; die kurz vorher von Augsburg ausgegangene Schrift, der von ihm wegen ihrer Hinneigung zu Luther verunglimpften, „ungelehrten Domherren",[14a] die ihm nach seinem eigenen Geständnis so wehe gethan, war im Vergleich damit nur ein harmloses Vorspiel.

Pirkheimer war sich der Gefahr, einen von den Nostraten in dieser Weise anzugreifen, wohl bewußt; er hütete sich daher sorgfältig, sich irgend jemandem als Verfasser zu bekennen, selbst seinen genauesten Freunden, wie einem Bernhard Adelmann, gegenüber. Doch umsonst, er wurde erkannt. Denn daß Pirkheimer wirklich der Verfasser des gehobelten Eck ist, kann kaum einem Zweifel unterliegen:[15] er hat, wie sich aus seinem Briefwechsel mit Bernhard Adelmann ergibt, den Dialog vor dem Druck in den Händen gehabt; verschiedene darin vorkommende nebensächliche Umstände deuten auf einen Nürnberger als Verfasser hin, und davon konnte wieder Einiges Niemand so bekannt sein wie eben Pirkheimer; ja zu manchen Stellen ergibt sich geradezu der erwähnte Briefwechsel als Quelle und dient uns zur Erklärung sonst ziemlich dunkler Anspielungen. Zudem fand sich unter Pirkheimers Papieren das Concept zu einer Art Fortsetzung zum gehobelten Eck. Unter den Humanisten galt seine Autorschaft von Anfang an als eine ausgemachte Sache; auch Luther glaubte sofort nach dem Erscheinen des Büchleins in Pirkheimer den Verfasser erkennen zu dürfen. Der derbe satirische Zug, der durch den Dialog geht, entspricht ganz der Art dieses Mannes, wie wir sie aus vielen anderen uns erhaltenen Aeußerungen kennen. Auch ist die Manier, wie er sich gegen die Autorschaft verwahrt, durchaus nicht geeignet, einen überzeugenden Eindruck hervorzurufen, sondern erweckt im Gegenteil das Gefühl, daß er in dieser Sache mehr auf die Schwierigkeit, überwiesen werden zu können, als auf seine Unschuld pocht.

Eck hatte nun Manches mit ihm abzurechnen, und leider bekam er gerade damals eine nur zu schneidige Waffe in die Hand, um die von Pirkheimer erhaltenen Hiebe zurückzugeben. Eck erwirkte nämlich vom Papste, zu dem er sich persönlich begeben hatte, für Luther den Bann (vom 15. Juni 1520 datiert) und für sich die Ehre, die Bannbulle als päpstlicher Protonotarius oder, wie sich Adelmann ausdrückte, „als Henkersknecht" nach Deutschland zu überbringen. Dazu hatte er aber auch noch die Vollmacht erhalten, aus eigenem Ermessen solche Männer, die als besonders eifrige und gefährliche Anhänger Luthers bekannt seien, wie diesen mit dem Bann zu belegen.

Welch eine Gelegenheit für einen Mann von der niedrigen Gesinnung Ecks, seine persönlichen Feinde auf das empfindlichste zu treffen! Unter den sechs Opfern, die er sich aussah, befanden sich außer Bernhard Adelmann, der den Anstoß zu den canonici indocti gegeben hatte, auch Spengler und Pirkheimer. Die in diesem Act an und für sich schon liegende Gehässigkeit wurde noch dadurch verschärft, daß Eck die Namen der so Betroffenen an mehreren Orten publicierte, ehe diese von dem Vorgefallenen überhaupt etwas erfuhren: zuerst in Meißen am 21. September, dann zu Merseburg und Brandenburg am 25. bezw 29. des gleichen Monats.[16])

Die erste Nachricht hievon erhielt Pirkheimer durch einen Privatbrief des ihm persönlich verpflichteten Karl von Miltitz (vom 9. Oktober), ohne jedoch, trotz seiner Bemühungen, eine Copie der Bulle zu Gesicht bekommen zu können. Erst am 19. Oktober traf die officielle Zuschrift Ecks an den Nürnberger Rat ein, zu gleicher Zeit kam eine Anzeige des zuständigen Ordinarius, des Bischofs von Bamberg, und ein Brief des damals zufällig sich in Ingolstadt aufhaltenden Bernhard Baumgartner, der den Rat vorsorglich vorbereiten wollte. Innerhalb 60 Tagen nach der ersten Publikation der Bulle mußten sie ihre Irrtümer widerrufen, binnen weiterer 60 Tage mußte die Urkunde des Widerrufes in Händen des Papstes sein, sonst sollten sie, wie Luther selbst, von jeglichem Christgläubigen für notorische, hartnäckige, verdammte Ketzer angesehen und allen Strafen, welche das Recht über solche verhänge, unterworfen werden. — Alle Obrigkeiten u. f. w., Bürger, Landeseinwohner werden unter der Strafandrohung des Bannes ermahnt, ihn und seine Genossen fest zu nehmen und dem apostolischen Stuhl zu überliefern, wofür dieser sie würdig belohnen werde. Von dem ersten Termin war nun fast die Hälfte schon verflossen, durch absichtliches Verschulden Ecks, der die schwierige Lage seiner Opfer dadurch noch mehr zu verwickeln gedachte.[17])

Der Rat wurde im ersten Augenblick durch den so unerwarteten Angriff Ecks auf zwei der angesehensten Bürger, von denen der eine selbst im Rate saß, der andere im Dienste des Rates eine hervorragende Stelle versah, auf das unangenehmste überrascht, stellte sich aber, nachdem er den wahren Sachverhalt in seinen Einzelheiten kennen gelernt hatte, in wohlwollendster Weise auf Seite der Gebannten, allerdings mit ängstlicher Vorsicht jeden Schritt vermeidend, der ihm einigermaßen bedenklich schien. Pirkheimer und Spengler nahmen dagegen die Sache anfänglich leicht, wie die Briefe des Letzteren an den damals gerade in Neuhof weilenden Schicksalsgenossen hinlänglich beweisen: Pirkheimer ließ sich in dem Genusse seiner Muße nicht im mindesten stören. Die beiden beschlossen, durchweg gemeinsam vorzugehen.

Die gegen sie erhobene Anklage war sehr allgemein gehalten: sie hätten „die Lutherische irrig verführerische Lehr mehr denn ziemlich gelobt, gefördert und aufgeblasen." Sie verfaßten, nachdem sie von mehreren Seiten, so auch von Wittenberg, Ratschläge eingeholt hatten, zunächst eine Verantwortung, in der sie sich in vorsichtigster Weise als durchaus getreue Söhne der Kirche und des Papstes hinstellen, die nur denjenigen Lehrmeinungen Luthers ihren Beifall nicht versagt hätten, welche mit dem christlichen Glauben und der evangelischen Wahrheit übereinstimmten. Diese Schrift ließen sie zur Verteilung an den Rat und ihre Freunde drucken und sandten sie, in entsprechender Weise modificiert, an den Bischof von Bamberg. Der Rat, der schon zuvor in dieser Angelegenheit mit dem letzteren mündliche Verhandlungen hatte pflegen lassen, legte ein kräftiges fürbittendes Schreiben bei. Der Bischof Georg von Limburg war ein Mann von freier Geistesrichtung, der das Vorgehen Ecks durchaus mißbilligte und von ihm nur mit Ausdrücken der höchsten Verachtung sprach. Er ließ den Gebannten die tröstlichsten Hoffnungen machen, so daß diese schon in nächster Zeit ohne jede moralische Demütigung von dem ihnen so verhaßten Geck, Keck, Unflat und dgl., wie sie Eck auch jetzt noch zu benennen pflegten, loszukommen hoffen durften. Bald zeigte sich jedoch, daß der Bischof seinen Einfluß auf Eck überschätzt hatte. Er mußte seinen Schützlingen melden, er könne Eck als einem päpstlichen Nuntius nicht gebieten, jedoch wolle er noch in der Weise auf ihn einzuwirken suchen, daß er ihm eine Copie ihrer Verantwortung nebst der Zuschrift des Rates zusende und ihn ersuche, ihre Rechtfertigung als genügend anzuerkennen. Wiederum vergebens. Der Bischof hatte sogar den Verdruß, eine sehr scharfe, in einigen Punkten geradezu höhnische Antwort hinnehmen zu müssen. Besonderen Anstoß erregte, wie man aus dieser Zuschrift entnehmen kann, bei Leuten von der Gesinnung Ecks, der Umstand, daß die beiden Gebannten als Laien sich erkühnt hätten, sich in geistlichen Dingen ein Urteil anzumaßen. Die Clausel, daß sie nur diejenigen Lehren Luthers billigen wollten, die in der heiligen Schrift begründet wären, sei durchaus unzulässig; denn nie habe ein Ketzer zugegeben, daß seine Lehre dem christlichen Glauben widerstreite. Sie müßten zur Erlangung der Absolution denselben Weg einschlagen wie der unterdessen von ihm absolvierte Bernhard

Adelmann. Wie es dieser angefangen, konnten sie nicht erfahren, da Eck selbst hierüber sich nicht äußerte und dem Adelmann verboten hatte, darüber Mitteilungen zu machen. Mit der Uebersendung einer Copie dieses Schriftstückes an Pirkheimer und Spengler endete der Vermittlungsversuch des Bischofs.

Zu gleicher Zeit hatte sich der Rat in dieser Angelegenheit an den Herzog Wilhelm von Bayern, den Landesherrn Ecks, gewendet, der in dieser Zeit noch nicht feindlich gegen die in seinem Lande befindlichen Martinianer aufgetreten war. Es wurde auch wirklich erreicht, daß sich dieser schriftlich und mündlich auf das ernstlichste der ihm Empfohlenen Eck gegenüber annahm — ebenfalls ohne jeden Erfolg. Eck blieb dabei, daß er, ohne seine Pflicht zu verletzen, auf das ihm vorliegende Erbieten der Gebannten hin ihre Absolution nicht erteilen könne. Unterdessen hatten diese noch einen dritten Versuch gemacht, der direkten Verhandlung mit Eck auszuweichen: sie appellierten an den Papst, wie es vordem Luther nach dem Verhör vor dem Cardinal Cajetan gethan hatte. Es lag dieser Schritt für sie um so näher, als sie vom Papste selbst noch nicht als Ketzer erklärt waren und durchaus nicht außer allem Zweifel stand, ob Eck zu ihrer Bannung wirklich Vollmacht gehabt habe. Am 1. Dezember wurde die Appellation im Rathause zu Nürnberg ausgefertigt und nebst einer Widerlegung des Eck'schen Schreibens an den Bischof von Bamberg abgesandt, der es dem Eck übermittelte. Von einer weiteren Appellation an ein Conzil mußten sie nach Lage der Verhältnisse, mit denen sie zu rechnen hatten, schon deshalb abstehen, weil nach den Bestimmungen Pius II. und Julius II. eine solche Erdreistung an und für sich schon die Strafe der Ketzerei nach sich ziehen sollte.

Unterdessen hatten sich die Verhältnisse für die Gebannten immer mehr verschlimmert. Der Bischof von Bamberg war auf einer Zusammenkunft mit dem der neuen Lehre feindlich gesinnten Bischof von Würzburg ebenfalls gegen die Neuerer verdrießlich gemacht worden, was sofort seine Rückwirkung auf den Nürnberger Rat ausübte. So mußten sie denn, so sehr es ihnen gegen den Mann ging, „über den Hunger essen" und sich auf Drängen des Rates doch noch dazu verstehen, sich mit Eck selbst ins Be=

nehmen zu setzen. Der Nürnberger Consulent Martin Rohrer wurde bevollmächtigt, in ihrem Namen mit Eck zu unterhandeln. Wie schwer Pirkheimer diese Demütigung fiel, sieht man am besten aus einer für diesen Zweck angefertigten Instruktion, in der seine volle Verachtung Ecks wieder in sprechendster Weise zum Vorschein kommt. Eck ließ es nicht nur zu keiner Erörterung dieser Instruktion kommen, sondern verschob die ganze Sache sogar noch einmal, indem er vorgab, die Absolution nur auf ein ganz bestimmtes Erdieten hin, wie es Bernhard Adelmann vorgelegt, erteilen zu können. Die einzige Frucht dieser Bemühungen war die, daß man endlich einmal eine Copie des Adelmann'schen Instrumentes erhielt. Es blieb Pirkheimer und Spengler nichts übrig, als sich, der Forderung des Rates entsprechend, in gleicher Weise mit Eck abzufinden. Demgemäß stellten Beide eine neue Vollmacht aus, die einem gewissen Dr. Voit zur Erledigung der Sache übergeben wurde.

Es gab drei Wege, die Lossprechung zu erlangen; nämlich die „absolutio simplex", in welchem Falle sie sich schlechtweg schuldig bekennen mußten; das wollten sie nicht. Ferner die „purgatio" oder Rechtfertigung; diese hatten sie sowohl in ihrem Erdieten an Eck, wie in ihrer Appellation an den Papst versucht. Endlich die „absolutio ad cautelam." Diese Art der Lossprechung kam meist dann zur Anwendung, wenn der mit dem Bann Bedrohte aus irgend einem Grunde gegen die Verhängung desselben Einsprache erhoben hatte, um ihn bis zum Austrage seiner Sache vor den Folgen der Exkommunikation sicher zu stellen; jedoch mußte er eidlich geloben, sich dem künftigen Richterspruche zu unterwerfen, und für den Fall, daß die Exkommunikation als zu Recht bestehend erkannt würde, die ihm aufzuerlegende Genugthuung unweigerlich zu leisten. Um diese „vorläufige" Absolution nun suchten Pirkheimer und Spengler, die noch immer auf einen günstigen Erfolg ihrer Appellation hoffen mochten, nach. Als letzter Termin zur Erledigung dieser Sache war ihnen von Eck der 27. Januar bestimmt worden. Voit konnte jedoch mit dem entsprechenden Mandat, dessen Festsetzung sich infolge einer Krankheit Pirkheimers bis zum 26. Januar hinausgezogen hatte, erst am 1. Februar vor Eck erscheinen, und nun erklärte dieser, die

Exkommunikation sei nach Ablauf des anberaumten Termines rechts=
kräftig geworden, weshalb er nur mehr zur Erteilung der „absolutio simplex" befugt sei. So mußten sie gegen ihre innere
Ueberzeugung Luthers Lehre als Ketzerei anerkennen und sie
förmlich abschwören.[18])

Bevor jedoch die Nachricht von ihrer Lossprechung nach
Rom gelangen konnte, traf bei dem auf dem Wormser Reichstag
weilenden päpstlichen Nuntius Aleander eine neue Bulle ein
(am 10. Februar 1521), die ihre Namen wieder enthielt. Speng=
ler der sich damals als Vertreter der Stadt Nürnberg ebenfalls
in Worms befand, wandte sich deshalb an den Kaiser, der ihn
an Aleander verwies. Dieser bedauerte, ihn nicht absolvieren
zu können, da der Papst seine und Pirkheimers Absolution aus=
drücklich sich selbst vorbehalten habe, und riet ihm, ein neues
Gesuch nebst der vorgeschriebenen Abschwörung bei dem Papste
selbst einzureichen, er wolle ihm dabei durch Fürsprache förderlich
sein. Der Ausgang der Sache läßt sich mit Bestimmtheit nicht
sagen; nur soviel ist gewiß, daß sie bei dem Tode des Papstes
Leo X. (Dez. 1521) noch auf dem alten Stande war. Ob später
noch eine päpstliche Absolution erfolgte, ob die Curie die Eck'sche
Absolution stillschweigend anerkannte oder ob endlich die Ge=
bannten angesichts der in der nächsten Zeit sich schnell zu ihren
Gunsten ändernden Verhältnisse die Sache einfach beruhen ließen,
kann nur vermutet werden.

Pirkheimer wurde durch die erlittene Niederlage schwer ge=
troffen. Er findet es nötig, sich seinen Freunden gegenüber wegen
seines Rückzuges förmlich zu entschuldigen. So schrieb er an
Hutten: „Sie haben alle Minen springen lassen, um mir zu
schaden. Aber Gott hat mich bisher noch immer vor ihren
Ränken bewahrt und wird mich, wie ich hoffe, in Zukunft ganz
davon befreien. In bin zwar in einem freien Staate geboren,
darf aber doch nicht ganz frei über mich verfügen. Ich habe
dem Rate gehorchen müssen, der mehr Klugheit als Männlichkeit
an den Tag legte. Auch hat mir die Freundschaft mit Luther
nicht so viel geschadet als die Freundschaft mit Reuchlin, denn
dessen Feinde haben mich am meisten befehdet. Aber alles dieses
rechne ich mir zur Ehre an. . . . So haben also die Feinde

von allen Seiten auf mich einen solchen Angriff gemacht, daß auch ein fester Mann wohl erschreckt werden konnte. Aber noch lebe ich und genieße die Himmelsluft, obgleich jene mich noch stets berennen."[19])

Auch ist aus dieser Zeit ein Bruchstück eines, wie es scheint, in der Bannangelegenheit an Papst Hadrian gerichteten Rechtfertigungsschreibens vorhanden, das jedoch wegen des inzwischen eingetretenen Todes des letzteren nicht beendet und abgesandt wurde. Es legt die Ansicht der Humanisten über die Reformation, so weit sich diese bis dahin entwickelt hatte, in ungemein charakteristischer Weise klar und kann als eine Kundgebung gelten, mit der, der Hauptsache nach, wohl den meisten derselben aus dem Herzen gesprochen war.

Die Dominikaner, heißt es hier, sind es, die eigentlich alle in Deutschland entstehenden Unruhen und Zwistigkeiten verschuldet haben. Diese Menschen sind von einem brennenden Hasse gegen alle schönen Wissenschaften entflammt, unterdrücken alle wahren Gelehrten als ihren Machinationen hinderlich und haben deshalb den vortrefflichen Reuchlin feindselig angegriffen. So haben sie sich den allgemeinen Haß aller Guten zugezogen, dem Papst Leo und Rom Unehre gemacht und es dahin gebracht, daß nunmehr jeder rechtliche und gelehrte Mann sich auf Seite Luthers neigt. Denn nach dem Reuchlinschen Handel haben sie sogleich wieder ein anderes Trauerspiel auf die Bühne gebracht, nämlich den Mißbrauch des Ablasses; darin sind sie soweit gegangen, daß sie behaupteten, sie könnten selbst demjenigen, der die Jungfrau Maria geschändet, Vergebung erteilen, auch seien sie in allem ebenso mächtig als Christus u. s. w. Solche gotteslästerliche Reden sind notwendig den Ohren aller guten Christen anstößig gewesen, und so hat sich auch Luther ihnen, und zwar anfangs auf das bescheidenste, entgegengestellt. Diese Gelegenheit haben sie mit Freuden ergriffen, diesen guten und gelehrten Mann mit ihrer giftigen Galle zu begießen und ihn schließlich so weit zu bringen, daß er weit kühnere Wagestücke unternommen. Da sie nun gemerkt, daß ihre Unverschämtheit allein nicht hinreiche, Luther, der ihnen an Gelehrsamkeit und Bildung weit überlegen, mit Erfolg zu bekriegen, so haben sie, wie gewöhnlich, zur List ihre

Zuflucht genommen und einige Neidische und Ruhmesbegierige gegen ihn aufgehetzt, die aber gleichfalls sehr bald erkennen mußten, daß sie bei weitem mehr sich selbst und dem Römischen Stuhl als Luther geschadet. Endlich kam zum Glück oder Unglück ein gewisser Kardinal Cajetan, von dem sie geglaubt, daß er Luther sogleich mit einem Streiche niederschlagen werde; aber dieser gute Mann hat, statt durch Bescheidenheit und Kraft des Geistes einen solchen Brand zu löschen, ihn vielmehr so angefacht, daß er nun schon zum Dache hinausschlägt. Was Prierias und seine Genossen geschrieben, diene nur zum Zeugnis, daß es ihnen an Treu und Glauben, an Wahrheitsliebe und gesunder Gelehrsamkeit fehle. . . . Und nun kommt er auf Eck zu sprechen: Um nichts unversucht zu lassen, wodurch aus dem Rauche die Flamme gelockt werden könnte, haben die Dominikaner ihren Vortänzer Eck nach Rom geschickt, weil sie von ihm gewußt, daß er in aller Art von Bubenstücken Meister sei, und weil sie in der Leipziger Disputation gemerkt, daß er ihnen selbst an Unverschämtheit und Frechheit nicht nachstehe. Der hat dann zu Rom Alles mit Lügen, Geschrei und leeren Versprechungen erfüllt und ist, mit Bullen beladen, nach Deutschland zurückgekommen, mit denen er nicht etwa bloß die Lutheraner traf, sondern jeden, auf den er entweder wegen dessen Rechtschaffenheit oder Gelehrsamkeit einen Groll gehabt. Diese hat er vermittels der Bullen angegriffen, um seinem Privathaß öffentliche Autorität zu verleihen.[20])

Noch eine andere auf diese Vorgänge sich beziehende Schrift findet sich unter Pirkheimers Papieren, die dem ganzen Tone nach wohl von ihm selbst verfaßt ist: es wird darin die Bulle als das Werk einer Partei bezeichnet, an deren Spitze sich die unlautersten Elemente befänden: Cajetan, Prierias, die Kölner und Löwener Theologen und die Fugger in Augsburg; in dieser aller Auftrag habe sich Eck nach Rom begeben, um den Bannstrahl, der Luther vernichten sollte, zu erwirken.

Wir sehen, der Schlag, mit dem man Pirkheimer zermalmen wollte, vermochte seinen Oppositionsgeist nicht im mindesten zu zähmen; im Gegenteil zeigt er gerade in der Zeit unmittelbar darauf eine fast an Verbissenheit grenzende Leidenschaftlichkeit, wie sie aus dem Bewußtsein, eine unverdiente Mißhandlung erlitten zu haben, häufig genug entspringt; er hatte die ganze Niederträchtigkeit der „Romanisten" nun an seiner eigenen Person erfahren und sich eine Demütigung auferlegen müssen, die sein stolzer, hochfahrender Geist nie vergessen konnte. So mochte er die Vorgänge der nächsten Jahre, durch welche jene schwere Niederlagen an Ansehen und Macht erlitten, mit einer gewissen Genugthuung, um nicht zu sagen Schadenfreude, betrachten.

Infolge der mit der neuen Lehre sympathisierenden Haltung des in Nürnberg tagenden neu errichteten Reichsregimentes und der ebenfalls für sie günstigen Reichstagsabschiede von 1523 und 1524 wurde die Ausführung des Wormser Edikts, das die ganze Bewegung mit einem Schlage zu vernichten drohte, vorläufig hintangehalten und Zeit und Raum für ihre Weiterentwicklung gewonnen. Nürnberg, das wegen seiner „Frömmigkeit" einst von Hans Rosenblüt mit einem Jerusalem, Rom, Köln und Trier gleichgestellt worden, war eine der ersten Städte Deutschlands, die die neue Lehre in sich aufnahmen, zum Durchbruch brachten und, wie eine alte Chronik sich ausdrückt, „dem Papste Urlaub gaben". Die Patrizier, voran die beiden Losunger Ebner und Nützel, blieben der Sache, die sie einmal als recht erkannt hatten, unwandelbar treu, ebenso Lazarus Spengler, der, so wenig wie Pirkheimer, durch den erlittenen Angriff erschüttert, als das Triebrad der sich nun schnell vollziehenden Neuerungen erscheint. Die Zahl der Geistlichen, die sich auf Seite Luthers schlugen, wurde immer größer und — was besonders in's Gewicht fällt — auch die Pröpste an den beiden Hauptkirchen St. Lorenz und St. Sebald waren ebenso mutige wie einflußreiche Verfechter der neuen Lehre.

Schon wurde das „Evangelium" unter den Augen der Reichsversammlung und der päpstlichen Legaten von mehreren Kanzeln verkündet, schon weilte auch der Mann in der Stadt, der als ihr eigentlicher theologischer Reformator zu betrachten ist — der geistreiche und gelehrte, aber auch bis zur Brutalität energische Osiander. Schon erfolgten zahlreiche Austritte aus den Klöstern der Stadt, schon begann man im Sinne Luthers tiefeingreifende gottesdienstliche Aenderungen einzuführen: so wurde das Abendmahl unter beiderlei Gestalt gereicht, der Canon der Messe weggelassen, die Vigilien, Seelenmessen und Jahrtage für die Verstorbenen abgeschafft, in deutscher Sprache getauft u. s. w. Die durch den Bischof von Bamberg erfolgte Exkommunicierung der beiden Pröpste, die dem Allen Vorschub geleistet, machte nicht den mindesten Eindruck mehr, sie blieben an ihren Stellen und appellierten frisch weg an ein „frei, sicher, christlich, gottselig Conzilium." Sie wußten dabei die ganze Bevölkerung hinter sich, deren Stimmung aus den Schriften eines Hans Sachs und anderer Männer aus dem Volke deutlich hervorleuchtet.

So war Nürnberg in diesen Jahren eine ebenso großartige wie interessante Schaubühne, auf die sich Aller Augen richteten. Man kann nicht sagen, daß Pirkheimer bei der Einführung der Reformation hier irgend eine bedeutendere Rolle gespielt hat; wir finden ihn wesentlich als Zuschauer, einen solchen freilich, der seiner Meinung lebhaften Ausdruck gibt und durch seine persönlichen Verbindungen im Stande ist, dann und wann einen Blick hinter die Coulissen zu werfen und Manches zu erfahren, was Anderen verborgen bleibt. Die Einzelheiten des Intriguen-Gewebes, welches das Wormser Edikt herbeiführte, erfuhr er sicher genau durch Spengler, der sich als Abgesandter Nürnbergs auf dem verhängnisvollen Reichstag befand. Pirkheimer wird sich darüber dasselbe Urteil gebildet haben, wie Ulrich von Hutten, der in einem Briefe an ihn in die Worte ausbricht: „Was werden die Auswärtigen sagen? Ich schäme mich allmählich meines Vaterlandes."[21] In die Verhandlungen des Reichsregimentes und der beiden Nürnberger Reichstage mag er genaueren Einblick gewonnen haben durch den ihm bekannten Johann Schwarzenberg, dem er auch eine seiner Schriften widmete — jenen merkwürdigen Mann, der die Seele des Reichsregimentes bildete, in diesem durch das Gewicht seiner Persönlichkeit eine für das „Evangelium" wirkende Partei zu begründen und ihr die Oberhand zu verschaffen wußte.

Abgesehen von dem Concept einer freimütigen Rede, die Pirkheimer im Auftrage des Rates zum Schutze der bedrohten „evangelischen" Nürnberger Prediger hielt,[22] besitzen wir Schriftstücke, in denen seine damalige Stimmung sich auf das klarste spiegelt. Ueber den ersten der genannten Reichstage äußert er sich in einem ausführlichen Brief an Erasmus; so sehr er hier, wie überall, wo er diesem gegenüber die religiöse Frage berührt, sich zu mäßigen versucht, blickt doch aus jeder Zeile die tiefste Erbitterung gegen Rom und den auf dem Reichstage anwesenden päpstlichen Nuntius, dessen Handlungsweise ihm so ungeschickt, herausfordernd, leichtfertig und verlogen dünkt, daß ihm die allgemeine Verachtung, unter der dieser in Nürnberg zu leiden hatte, wohl verdient erscheint.[23]) Höchst merkwürdig ist eine Schrift Pirkheimers über den zweiten Nürnberger Reichstag und die unmittelbar damit in Zusammenhang stehenden Ereignisse. Sie ist nichts anderes als eine Art Aufruf an die Nation, ja an die ganze Christenheit, in welchem er das Gebaren der Curie als einen direkt gegen Christus gerichteten frivolen Gewaltakt bezeichnet; sie mag in einer Stunde zorniger Aufwallung entstanden sein und blieb, wie so vieles Andere von Pirkheimers Hand, ruhig im Schreibtische liegen. Aber gerade weil sie so recht eigentlich als ein unmittelbarer Herzenserguß betrachtet werden muß, ist sie für die Beurteilung der damaligen Gesinnung Pirkheimers von größter Wichtigkeit.

Der Hauptinhalt ist ungefähr folgender: Anfangs bedienten sich die Hohenpriester, Schriftgelehrten u. s. w. gegen Jesum der List; nachher als List nichts fruchtete, ließen sie offen ihrer Wut die Zügel schießen und griffen zur Gewalt. Dabei suchten sie das eine: durch den Schein der Heiligkeit allen Menschen die Augen zu blenden, übrigens aber herrlich und in Freuden zu leben. In ihren Fußstapfen wandeln treulich nun einher einige deutsche Fürsten, Schriftgelehrte und Priester. Christum zwar können sie nicht mehr kreuzigen, aber nun versuchen sie, was noch schändlicher ist, das Wort Gottes auszurotten. Sie unterscheiden sich von den Juden dadurch, daß sie gleich zur Gewalt schreiten und dadurch, daß jene über Christi Würde allenfalls noch ungewiß sein konnten, diese aber, obwohl sie darüber nicht mehr im Zweifel sein können, dennoch, einzig und allein ihres weltlichen Vorteiles wegen, Gottes Wort vernichten wollen. Nun spricht Pirkheimer im Tone leidenschaftlichster Erregung von den hinterlistigen Wühlereien, die von der papistischen Partei — allerdings vergeblich — angewendet worden, um den Reichstag für ihre Absichten zu gewinnen und von den weiteren nnlauteren Machinationen, durch welche sie hinterher den ihnen unbequemen Reichstagsabschied illusorisch zu machen suchten. „Das sage ich, schließt er dann, „damit ihre Trugkünste allen aufgedeckt, die Unwissenden belehrt, die Kleingläubigen getröstet und alle Christen unterrichtet werden, daß jene so gottlosen Sätze nicht von der Reichsversammlung, sondern von einigen schlechten Menschen, ja vom Satan selbst herrühren. Wenn jener großer Prophet sich schon entschuldigt, nicht weil er geredet, sondern weil er geschwiegen, so verdiente mit allem Rechte ich, der ich mit jenem Heiligen mich nicht vergleichen kann, von Gott schwere Strafe, wenn ich so viele Dinge, die ich weiß, verbergen und nicht vielmehr allen Christen verkünden wollte, zumal da Jesaias nur zu dem Israe=litischen Volke redete, ich aber zu allen Deutschen und auch zu anderen christlichen Nationen meine Stimme erschallen lasse. Ich thue dies wohlgemut und werde das nicht fürchten, was mir Menschen thun, weil Gott mein Retter ist. Nur bitte ich, mich mit billigem Herzen zu hören und, wenn ich etwa zu heftig und bitter scheinen sollte, zu bedenken, daß es hier nicht eine weltliche und menschliche Sache, sondern den Ruhm Gottes und des himmlischen Königs betreffe, den jeder Christ, auch mit Vergie=ßung seines Blutes, verteidigen muß, und daß es sich hier um das Heil der Seelen handelt, um Rettung und Wahrheit, um Erhaltung des Wortes Gottes und der christlichen Freiheit.[24])

Ganz von demselben Standpunkte aus beurteilt Pirkheimer auch den Regensburger Convent: „Sie bemühen sich, die Sache mit Gewalt zu betreiben, da List wenig ausrichtet..... sie haben zu Regensburg deutlich gezeigt, was sie im Innersten ihres Herzens bergen."

Er hielt mit solchen Aeußerungen gegen Niemand zurück; auch nicht gegen seine von Anfang an gegen Luther eingenom=menen Schwestern und Töchter, denen er sogar, obwohl er ihre Gesinnung kannte, lutherische Büchlein zur Lectüre zusandte.

Durch seine Parteinahme wurde er mehreren ihm früher gut befreundeten Männern, die auf der gegnerischen Seite standen, entfremdet; so dem gelehrten Prior von Rebdorf, Kilian Leib, Emser und Cochläus, während er andrerseits mit mehreren der

hervorragendsten Wittenberger, vor allen mit Melanchthon und
Link, die er beide sehr hoch schätzte, in enge Verbindung trat.

Diejenigen, welche der Hauptsache nach mit ihm einer Mei=
nung waren, suchte er unter sich möglichst in Eintracht zu erhalten
und jeden, der in dem einen oder anderen Punkte Luther entgegen
treten wollte, unter Hinweis auf den guten Kern seiner Sache
zum Schweigen zu bewegen. Vor allem bemühte er sich, in dieser
Beziehung auf Erasmus einzuwirken, den gefeiertsten und charak=
teristischten Vertreter humanistischer Wissenschaft und Bildung.

Wir müssen einen Augenblick bei diesem Manne verweilen.
Die in eigentümlicher, aber konsequenter Weise vor sich gehende
Veränderung seiner Gesinnung gegen Luther von aufrichtigem
Wohlwollen zur heftigen Gegnerschaft ist für das innere Ver=
hältnis des Humanismus zur Reformation so bezeichnend, daß
wir Pirkheimer nicht ganz zu verstehen vermöchten, wenn wir
ihn nicht von dieser Seite beleuchteten.

Anfangs hielt Erasmus die Ziele Luthers für die seinen
und zollte ihm Beifall. Damals rief man ihm zu: „Erasmus
hat das Ei gelegt, Luther hat es ausgebrütet!" Bald jedoch
erkannte Erasmus seinen Irrtum, und er antwortete mit Recht:
„Allerdings habe ich ein Hühnerei gelegt, Luther aber hat ein
ganz unähnliches Junges ausgebrütet."

In der That, welch' ein großer Contrast zwischen Erasmus
und Luther in ihrem Wesen und Wollen! Um nur das Wichtigste
hervorzuheben: Erasmus war das Studium der schönen Wissen=
schaften Ziel und Zweck, das religiöse Element spielt dabei nur
die untergeordnete Rolle — gerade umgekehrt bei Luther. Eras=
mus' Angriffe auf Religion und Kirche sind meist satirisch —
Luther „weint und trauert" über das Elend und die Gebrechen
derselben. Erasmus gesteht öfter, zuweilen nicht ohne Anflug
von frivolem Spott, ihm sei die Gabe zum Martyrium versagt;
er macht daher seine Angriffe gern aus dem Versteck, sucht auch
durch andere, oft sehr bedenkliche Mittel ihre Folgen für sich
unschädlich zu machen und meint überhaupt, man müsse nicht
immer mit der Wahrheit hervortreten — Luther bekennt sich für
die Sache, die ihm über Alles heilig ist, offen vor aller Welt
und setzt entschlossen sein Leben dafür ein. Erasmus will in

erster Linie auf die Förderung eines wahrhaft sittlichen Lebens hinwirken — Luther auf die Erweckung eines wahrhaft christlichen Glaubens. Erasmus wagt kein Dogma ernsthaft anzugreifen — Luther erschüttert das alte Dogmengebäude in seinen Grundfesten. Erasmus vermag wohl Mißstände aufzudecken, aber nicht die Wahrheit zu lehren, wozu ihm die Tiefe des Glaubens und „die geistige Erkenntnis" fehlt — Luther setzt an die Stelle der von ihm verworfenen Dogmen sein „Evangelium", die Lehre von der menschlichen Sünde und Unfähigkeit, von der göttlichen Gnade und Glaubensgerechtigkeit. Erasmus will zwar eine Verbesserung der religiösen Zustände, aber nur durch das Haupt der Kirche, und wünscht, „Luther sollte das Werk Christi so betreiben, daß es von den Obern der Kirche entweder gebilligt oder wenigstens nicht mißbilligt werde", also keine Trennung von dem Papsttum — Luther will dem Papsttum, dessen Reich ihm geradezu als das des Antichrists erscheint, zum Trotz sein Werk, das er als Gottes Werk betrachtet, zum Ziele führen.

Bei solchen Gegensätzen mußte Erasmus Luthers Gegner werden, und wenn er so lange zögerte, offen gegen ihn aufzutreten, so war es hauptsächlich die Scheu vor den Widerwärtigkeiten, die der Kampf voraussichtlich mit sich bringen mußte; denn er suchte, wie Luther sich ausdrückte „nur immer Frieden, das Kreuz meidend". Trotzdem konnte er nicht länger schweigen, wenn er nicht nach der andern Seite hin, wo man ihn ohnehin schon verdächtigte, in Conflikt geraten wollte.

Für solche, die, wie Pirkheimer, bisher geglaubt hatten, Erasmianer und Lutheraner zugleich sein zu können, war dies überaus peinlich. Die Zeit der Entscheidung nahte heran. Wie diese für Pirkheimer ausfallen wird, ist vorauszusehen: denn wessen Züge trägt Pirkheimer nach allem, was wir von ihm wissen, die des Erasmus oder Luthers? Man kann nicht zweifeln. Pirkheimer selbst jedoch war sich, gleich vielen andern, der Situation noch nicht klar; er glaubte immer noch zwischen beiden stehen zu können.

So bot er denn, als er hörte, daß Erasmus eine Widerlegungsschrift gegen Luthers Lehre vom Gnadenratschluß Gottes und von der Unfreiheit des menschlichen Willens unter der

Féber habe, seine ganze Ueberredungskraft auf, um ihn davon zurückzuhalten. Vergeblich. Der letzte Versuch Pirkheimers, Erasmus gegen Luther versöhnlich zu stimmen, fällt in die Zeit (September 1524), in der des ersteren Büchlein „Ueber den freien Willen" bereits auf dem Wege nach Wittenberg war. Der Brief ist beachtenswert. Ohne für die unerfreulichen Erscheinungen der Oppositionsbewegung blind zu sein, tritt Pirkheimer nachdrucksvoll für ihre Notwendigkeit ein. Sein zu Tage tretendes Urteil ist so maßvoll und treffend, daß es heut zu Tage noch von jedem Unparteiischen unterschrieben werden könnte.

„Jedermann sieht",[25] heißt es hier, „wie viel Gefahr, Tumult und Zwietracht zu besorgen ist, da die Römlinge Alles für ihren Starrsinn und ihre offenbaren Irrtümer wagen, während die Evangelischen die Wahrheit lieber durch Worte als durch Thaten erfüllen wollen. Aber der Wille des Herrn geschehe, sein Name sei gepriesen! Daran zweifle ich nicht im geringsten, daß Luther Vieles, was sich seine Vorfechter unter dem Namen des Evangeliums erlauben, mißfallen muß: aber was kann er machen, wenn nicht Alles seiner Erwartung entspricht? Wächst doch der gute Same nie ohne Unkraut empor, wie sich auch Satan unter die Auserwählten einschlich. Aber, möchte man einwerfen, Luther hätte bescheidener zu Werke gehen und vorher an die nunmehrigen Folgen denken sollen. Nun gesetzt, es habe ihm an gereister Erfahrung gefehlt nnd seinen schönen Hoffnungen habe der Erfolg nicht entsprochen — hätte er dann stille schweigen und die Wahrheit für sich behalten sollen? So hätte man also bei Allem die Augen zudrücken, zu den augenscheinlichen Lastern der Kleriker stilleschweigen, ihre groben Verbrechen gar nicht rügen sollen? Sie selbst wissen es wohl, in wie viel Irrtümern sie stecken — wann haben sie aber jemals angefangen, auf Besserung zu denken? Was Wunder also, wenn Menschen Lärm machen, da selbst Steine nicht würden schweigen können. Ich bin zwar selbst der Meinung, man hätte überhaupt mit weit mehr Mäßigung vorgehen können, was auch Luther gesteht; aber wie hätte man die Allerunbescheidensten mit Bescheidenheit, die Hartnäckigsten mit Sanftmut behandeln können — Leute, die weder Ehrfurcht vor Gott, noch Scheu vor den Menschen haben?

.... Wahrlich, um so heftigen Zerrüttungen zu steuern, bedurfte es eben so starker Gegenmittel! .... Ich weiß, daß Luther dir nicht übel will, wenn er auch manchmal in seinen Schriften etwas zu bitter ist; aber auch du hast deinen Stachel, und es fehlt nicht an Leuten, die uns von allen Seiten aneinander zu hetzen suchen, die eure Briefe veröffentlichen, um euch gegenseitig zu reizen ..... Wahrlich, euren Feinden und den Feinden der Wissenschaft und der Wahrheit könnte jetzt nichts Angenehmeres widerfahren, als wenn sie euch beide zu gegenseitigem Kampfe brächten! Aber Gott und die Freunde werden, hoffe ich, ein solches Unglück verhindern."

In ähnlicher Weise beschwichtigend, scheint sich Pirkheimer auch an Luther gewandt zu haben; er ermahnte ihn überhaupt von Anfang an zur Mäßigung, und es sind Anzeichen vorhanden, daß es wegen ernster Vorstellungen, die er ihm in dieser Beziehung machte oder durch Link machen ließ, zu vorübergehenden Störungen des zwischen ihnen bestehenden guten Verhältnisses gekommen sei. Immerhin aber kann man sagen: Pirkheimer stand der Reformation, so weit er sie in sich aufgenommen hatte, bis zum Jahre 1525 im allgemeinen sympathisch gegenüber.

Drittes Kapitel.
Der alte Mann, der Gegner der Reformation.

> Gott behüt' alle frommen Menschen, Land und Leut', vor solcher Lehr, daß, wo die hinkommt, kein Fried, Ruh, noch Einigkeit sei." Pirkheimer.

Es durchzuckt uns ein schmerzliches Gefühl, wenn wir einen guten Bekannten sehen mit eingefallenen Zügen, gebrochen an Körper und Geist, den wir noch kurz vorher in der Vollkraft seines Wesens begrüßten. Unwillkürlich denken wir an die Leiden, die diesen Mann bestürmt haben müssen, um ihn so zu verwandeln. Mit solchen Gedanken begegnen wir unserm Pirkheimer wieder, etwa ein Jahr, nachdem wir ihn verlassen. „Der alte Mann läuft Dir nach", meinte seine eigene Schwester, als sie ihn wieder sah und er selbst hatte halb und halb mit der Welt abgeschlossen, als er seinem Dürer für das von diesem eben verfertigte Portrait wehmütig die Inschrift diktierte:

Vivitur ingenio, caetera mortis erunt.

Zunächst waren es schwere körperliche Leiden, die den starken Mann vor der Zeit zum Greise machten. Etwa seit 1520 schon verursachte ihm die Neigung zur Fettleibigkeit ernstliche Beschwerden, zu denen sich heftige Gichtschmerzen und später noch ein gefährliches Steinleiden gesellten. Monate lang war er „ein Gefangener Gottes", wie sich eine seiner Schwestern einmal ausdrückt, der das Zimmer nicht verlassen konnte, und wenn er es wagte, meistens nur zu Roß ins Freie durfte. Im Jahre 1524 erfolgten nun die ersten tötlichen Stöße gegen seine Gesundheit, die von da an so geschwächt war, daß er schon mehrere Jahre vor seinem Hinscheiden öfter sein letztes Stündlein gekommen glaubte. Da schwand mit der Kraft des Körpers alle Freudigkeit des Gemütes, und der ehemals so heitere, von Witz übersprudelnde Mann wird nun ein grämlicher Alter, zerfallen mit sich selbst und mit der Welt.

Und in diesem kranken Körper wühlten auch heftige innere Kämpfe, die ihn zu keinem Frieden kommen ließen — er war ein Gegner der Reformation geworden.

Ein nur scheinbar befremdender Umschwung der Gesinnung, der sich jedoch als natürliche Folge seiner humanistischen Denkweise und seines darin begründeten Verhältnisses zur Reformation ergibt.

Wir müssen daran festhalten: Pirkheimer war im Innersten seines Wesens Erasmianer. Er war so wenig wie Erasmus eine religiöse Natur. Die eigentlich theologischen Ideen Luthers waren ihm nie Herzenssache geworden, so daß man wohl sagen darf, er sei in die Tiefen der von der Reformation gebotenen Heilswahrheiten nie eingedrungen. Er hatte in Luther wesentlich einen Verbündeten und Vorkämpfer gegen die alten Feinde des Humanismus erblickt und deshalb für ihn sofort Partei ergriffen, wie einst für Reuchlin. Daß er sich in dieser Auffassung geirrt, wurde ihm nur allmählig klar. Erst der Streit des Erasmus mit Luther, den er eben noch zu verhüten gesucht hatte, zeigte ihm in einer jede fernere Täuschung ausschließenden Deutlichkeit, daß die Kluft zwischen seiner Art von Humanismus und der Reformation unüberbrückbar, der Zwiespalt zwischen Luther und der römischen Kirche unversöhnlich sei. Man sieht: der Humanismus, der ihn anfänglich zu Luther hingezogen, stieß ihn nun von diesem weg. Daß wir bei Pirkheimer auch in der Folge noch ein Festhalten an dem Seligwerden durch den Glauben sowie (in der noch zu besprechenden Schutzschrift für die Clarissinnen) an einer Luther sich annähernden Prädestinationslehre antreffen, darf uns nicht irre machen; diese Ideen blieben bei ihm ohne irgend eine tiefere Wirkung, weil sie nicht im Zusammenhange mit den Grundlehren gedacht waren, aus denen die Reformatoren diese Dogmen entwickelten.

Vieles und Gewaltiges allerdings traf um die Zeit, von der wir sprechen, zusammen, um Pirkheimer endlich „die Augen zu öffnen", daß die reformatorische Bewegung und die damit verknüpften Erscheinungen immer mehr und mehr mit den Hoffnungen und Wünschen, die er an eine Reformation knüpfte, in Widerspruch gerieten. Dazu kam noch, daß die Neuerungen und ihre Folgen ihn teilweise persönlich peinlich berührten und den von Natur reizbaren, wie alle Leute seines Schlages etwas egoistisch angelegten Mann dadurch allein schon gegen sich einzunehmen geeignet waren.[1])

Vor allem beunruhigte ihn der eben jetzt recht fühlbar werdende Verfall der von ihm so sehr geliebten und geschätzten schönen Wissenschaften, der durch das Vorherrschen des religiösen Interesses und die endlos sich hinziehenden Streitigkeiten herbeigeführt wurde. Die alte „Barbarei" mit ihrem ganzen traurigen Gefolge schien ihm wieder hereinzubrechen; was sein höchstes Lebensinteresse gewesen, schien in ein Nichts zerfallen zu sollen. Es war freilich ein Unglück, aber ein nach Lage der Dinge unvermeidliches, für das auch die Reformatoren ein offenes Auge und warmes Herz hatten.

Dann das Hinüberfluten der religiösen Bewegung auf das politische und soziale Gebiet. Erregte schon die Erhebung der Ritter mit ihren tiefeingreifenden Plänen die Besorgnis aller konservativ denkenden Männer, so noch in viel höherem Grade der Bauernaufstand, der eben blutig niedergeschlagen worden war. Er war mit seinen Schrecken bis dicht vor die Mauern Nürnbergs gedrungen und hatte in der großen Masse der Bevölkerung eine den „Ehrbaren" und den Besitzenden überhaupt äußerst gefährliche Stimmung hervorgebracht, die jeden Tag zu einer furchtbaren Katastrophe führen konnte. Einem Manne von Pirkheimers aristokratischer Gesinnung mußte diese ganze Bewegung, in der der demokratische Zug der Reformation, freilich sehr gegen den Willen ihres Urhebers, zu so furchtbarem Ausdrucke kam, an und für sich verhaßt sein, ganz abgesehn davon, daß er als reicher Mann an den radikalen und kommunistischen Gelüsten, die allerdings fast nur in den niedersten Schichten der Menge damals zu Tage traten, unmöglich Gefallen finden konnte.

Er kommt nach mehreren Jahren noch öfter auf diesen Punkt zu sprechen: „Der gemeine Mann ist also durch das Evangelium unterrichtet, daß er nichts anders gedenkt, denn wie eine gemeine Teilung geschehen möchte; und wahrlich, wo die große Fürsehung und Straf nicht wäre, es würde sich bald eine gemeine Brut erheben, wie denn an vielen Orten geschehen ist." Dabei geht er jedoch nicht so weit, Luther selbst mit diesen Vorgängen in einen schlimmen inneren Zusammenhang bringen zu wollen, was damals häufig genug vorkam; denn er bemerkt ausdrücklich, „wenn der Pöbel höre, daß man nichts mit ihm teilen wolle, so flucht er dem Luther und seinen Anhängern." Auch ist er human genug, das unbarmherzige Wüten der Herren gegen die Bauern zu mißbilligen und seinen Unwillen öfter in scharfen Worten auszusprechen.

Es erschienen ihm die Zustände in Deutschland trüber als je. In die vielbeklagte unselige politische Zerrissenheit war nun auch noch der religiöse Hader hineingeworfen, der, wie vorauszusehen war, am Mark des Reiches zehren mußte. „Es wäre besser gewesen," meint er ächt Erasmisch „inzwischen selbst eine gewisse Tyrannei ertragen zu haben, bis Gott sein Volk befreit hätte, oder bis durch einen Reichstag die Sache zu einem besseren Stand gebracht worden wäre." Das Landeskirchentum, wie es sich nun zu gestalten begann, mußte ihm nach seiner Denkweise durchaus widerstreben; er bezeichnete die nach dieser Richtung zielenden Bestrebungen als eine Auslieferung der Reformation an die Fürsten; dann war ihm auch das immer mehr überhandnehmende Sectenwesen ein Gegenstand des Aergernisses, so daß er unwillig ausruft: „die Papisten sind doch zum mindesten unter sich selbst eins, während die, so sich evangelisch nennen, auf das höchste unter einander uneins und in Secten zerteilt sind." Das Landeskirchentum wie das Sectenwesen waren ihm als Elemente, die das alte Kirchentum unheilbar zersetzen mußten, in gleicher Weise verhaßt.

Und nun die persönlichen Verstimmungen. In Nürnberg hatte der Rat, wie es auch anderswo geschah, durch ein sogenanntes Religionsgespräch zwischen theologischen Vertretern der beiden Parteien den Grund zu einer offiziellen Durchführung des Reformations=

werkes gelegt und war dann im allgemeinen maßvoll, aber wo es galt, schnell und energisch, an die Umgestaltung des alten Kirchenwesens herangetreten. Da ging denn freilich Manches in Trümmer, was durch alte Gewohnheit lieb geworden war, wurde plötzlich manches Recht angetastet, das für ewig gesichert galt, mancher Zwang auferlegt, der wegen seiner Neuheit noch unerträglicher erschien, als der alte, unter dem man aufgewachsen.

Pirkheimer wurde in seiner leidenschaftlichen Art gegen diejenigen, deren Stimme nach dieser Richtung hin maßgebend war, von einem brennenden Haß erfüllt, der ihm Alles, was fernerhin von ihnen ausging, ohne weitere Prüfung im schwärzesten Lichte erscheinen ließ. Es waren dies vornehmlich zwei Männer: Der energische Prediger Osiander und der charaktervolle, aber etwas „scharfkantige" Ratsschreiber Spengler, die in den kirchlichen Angelegenheiten der Stadt den Rat vollständig beherrschten. Mit ersterem war Pirkheimer wenigstens oberflächlich bekannt; noch im Jahre 1524 nannte er ihn in einem Briefe an Erasmus „einen wackeren Gelehrten und äußerst bescheidenen Mann"; mit letzterem, seinem Leidensgenossen in der Bannangelegenheit, war er Jahre lang in vertrautem Verhältnisse gestanden — und jetzt, welcher Wechsel der Gesinnung — ergeht er sich in Schmähungen gegen sie, die, wenn sie begründet wären, sie zu einem wahren Ausbund von Büberei stempeln müßten. Wenn er in einigen Reimen, die er im Unmut hinwirft, den einen „einen Pfaffen ohne alle Erfahrenheit," den andern als „einen stolzen Schreiber ohne Ehrbarkeit" hinstellt, so ist das noch das glimpflichste; er sah eben ihr ganzes Thun und Lassen nur durch die Brille des Hasses.

Mit demselben Ingrimm sah er auch herab auf die in der That manchmal widrigen Ausschreitungen übereifriger Prädikanten und anderer Zeloten, die auch in Nürnberg, trotz der energischen Haltung des Rates, nicht ganz vermieden werden konnten. „Was Wunder," äußert er sich in dieser Beziehung, „wenn auch unzüchtige und nichtswürdige Personen sich zum Lehramte hinzudrängen, da wir die gegenwärtige Zeit an ganzen Schwärmen von Lehrern so fruchtbar sehen, daß nicht nur schlechte, ungebildete und unwissende Männer Christi Volk zu unterrichten wagen, sondern auch — er hat hier einen bestimmten Vorfall im Auge — Weiber sich zu diesem Amte ganz geeignet glauben, und ohne Zweifel, wenn Pauli Ansehen nicht dagegen wäre, die Kanzel zum Predigen besteigen würde. Und warum denn nicht, da wir alle Gottesgelehrte sein müssen, und das weibliche Geschlecht ganz besondere Geschwätzigkeit besitzt?"

Und über die Häupter dieser ihm verhaßten Führer hinweg begann er allmählig die große Menge zu betrachten. Da vermißte er nun die versittlichende Wirkung der reformatorischen Ideen, welche die Anhänger derselben im ersten Enthusiasmus als selbstverständlich angesehen hatten. Da die heftigsten Klagen über diesen Punkt selbst in den Briefen der eigentlichen Reformatoren fast ein ständiges Thema bilden, so darf es uns nicht wundern, wenn sie von Pirkheimer mit besonders bitterem Beigeschmacke vorgebracht werden: man bedachte eben nicht, daß in der Verwirrung des Ueberganges aus dem Alten zum Neuen die gehoffte sittliche Läuterung, die nur auf dem Boden ruhiger Entwicklung reift, unmöglich gedeihen konnte. Was lag für die Feinde der Reformation näher, als für die unleugbaren Mißstände, die allerdings von vielen nicht verstandene oder heuchlerisch vorgeschützte lutherische Glaubenslehre verantwortlich zu machen? „Wir schmeicheln uns selbst auf das lieblichste,' legt Pirkheimer derartigen Leuten in den Mund, „und rühmen, daß Christus für uns alle genug gethan habe, damit wir wegen Vergießung seines kostbaren Blutes uns sicher aufs Ohr legen und, müßig und in allen Lüsten ersoffen, aufs angenehmste leben. Den Glauben also schützen wir vor, obgleich er ohne Werke todt ist, wie auch die Werke ohne den Glauben; die Liebe aber brennt so in unsern Herzen, daß aus unsern Werken klar wird, wie weit sich bei uns ihre Wirkung erstrecke."

Den meisten Aerger jedoch bereitete ihm die Klosterfrage, wegen seiner dabei beteiligten Schwestern und Töchter. Er spielt hier eine ziemlich bedenkliche Rolle: Theorie und Praxis stehen bei ihm in diesem Punkte teilweise geradezu in Widerspruch. So sehr er nämlich von der Verdienstlosigkeit und Zweckwidrigkeit des Ordenswesens innerlich überzeugt war, so sehr mußten ihm die Bedrückungen, die seine nächsten Verwandten im Fortgange der

Reformation zu erdulden hatten, wehe thun; auch kam es ihm niemals in den Sinn, ihren Austritt aus den Klöstern zu wünschen oder gar zu veranlassen, da er, abgesehen von anderen nahe liegenden Gründen, trotz seiner klosterfeindlichen Gesinnung der Meinung gewesen zu sein scheint, es sei ein einmal abgelegtes Gelübde unter allen Umständen verbindlich. So kam es, daß er für diejenigen von ihnen, welche in ihrer bisherigen Existenz bedroht wurden — die Nürnberger Clarissinnen —, als natürlicher Beschützer in die Schranken trat, während er mit seinen in auswärtigen Klöstern lebenden Angehörigen, die von anderen Beschwerungen als höheren Steuern befreit blieben, wegen ihrer Verteidigung des Ordenswesens in Unfrieden geriet.

Wir müssen diesen Verhältnissen näher treten, weil sie schon mehrmals in tendenziöser Weise gänzlich entstellt dargelegt wurden.

Die Bedrängnisse des Claraklosters, dessen Aebtissin Charitas, Wilibalds Schwester, als eine ebenso überzeugte wie energische Verfechterin des alten Glaubens den Anhängern des „Evangeliums" von Anfang an mißliebig geworden, begannen im Jahre 1524 immer drückender zu werden.[2]) Schon dachte man daran, Charitas abzusetzen und beschloß, die in Nürnberg ebenfalls verhaßten Franziskaner, welchen dem Herkommen nach die Seelsorge in dem Clarakloster zustand, davon auszuschließen. Letzteres führte der Rat nach dem Religionsgespräche, welches die Auflösung fast aller Nürnberger Klöster zur Folge hatte, wirklich durch, drängte den widerstrebenden Nonnen evangelische Prediger auf, bevollmächtigte die Eltern, ihre Töchter auch gegen deren Willen aus dem Kloster zu nehmen u. s. w. Bei alledem ging man mit unerbittlicher Entschiedenheit vor, die freilich viele Härten mit sich brachte. Da lag es denn für die Clarissinnen nahe genug, bei ihren vielen mündlichen und schriftlichen Rechtfertigungs- und Bittvorstellungen den angesehenen, rede- und schriftgewandten Wilibald um Hilfe anzuflehen. „Wir rufen Dich an", schreibt seine Schwester Clara an ihn, „als unsern besten und getreuesten Freund auf dieser Erden: komm uns zu Hilf und gib uns einen getreuen Rat, wie wir uns sollen halten und laß Dich unser Elend erbarmen. Gedenke, daß Du Dein Blut und Fleisch hinnen hast!" Sollte er sie im Stiche lassen? Zwar konnte er nicht viel für sie thun, da er seit 1523, wie wir wissen, nicht mehr dem Rate angehörte und in demselben nur gar wenig Anhänger besaß, die seine Sache unterstützen konnten oder wollten. So mußte er sich darauf beschränken, ihnen Winke zu geben und ihre Supplikationsschriften zu entwerfen oder zu verbessern. Am meisten nützte er ihnen noch mittelbar dadurch, daß er den beim Nürnberger Rate hochangesehenen Melanchthon, dem gegenüber er sich schon schriftlich über die Mißhandlung der Clarissinnen beklagt hatte, bewog, bei den maßgebenden Persönlichkeiten ein gutes Wort für sie einzulegen; damit wurde wenigstens erreicht, daß man mit ihnen, wie Charitas selbst sagt, von nun an nicht mehr so „rauh" war. Gar keinen Erfolg erzielte Pirkheimer mit einer Schutzschrift, die er Ende 1529 oder Anfang des nächsten Jahres, als man den Bestand des Klosters neuerdings bedrohte, im Namen der Nonnen dem Rate vorlegte. Trotzdem müssen wir diese Schrift näher ins Auge fassen, weil sie von katholischer Seite gleichsam als eine entscheidende Konversionsschrift bezeichnet wurde, durch die Pirkheimer seine vollständige Versöhnung mit der alten Kirche dokumentiert habe.[3])

Der Hauptgedankengang der Verteidigungsrede,[4]) die er den Nonnen in den Mund legt, ist folgender: Sprechen wir uns frei aus, so werden wir für hochmütig und frech gehalten, reden wir in Demut und fallen auf die Kniee nieder, so werden wir als listige Gleißnerinnen ausgelacht; schweigen wir aber ganz und dulden, so viel uns möglich, so werden wir verstockt und halsstarrig genannt; wir reden also oder schweigen, wir müssen immer Unrecht haben und strafbar sein. Da Ihr aber löblicher Weise selbst den zum Tode Verdammten noch Audienz gewährt, so flehen auch wir noch, ehe wir verderben, um ein letztes Gehör. Wessen beschuldigt man uns denn? Daß wir das Evangelium verachten und mehr auf unsre Werke bauen als auf den Glauben, daß wir dem Papst und seinen Dekreten zu viel gehorchen und den Menschensatzungen zu sehr anhangen, daß wir unser Kloster nicht verlassen, weltlichen Standes werden und heiraten. Darauf erwidern wir zum ersten: Wir glauben fest und wissen, daß die Summe unsres Heiles am Evangelium hängt; wir lesen es auch lateinisch und deutsch und bemühen uns, darnach zu leben. Doch glauben wir lieber den alten Auslegungen der heiligen Schrift als den neuen, zumal diese nur schlechte Früchte tragen, wie man bei der Erhebung der Bauern sah. Freilich den „evangelischen Prediger", den man uns gesandt, haben wir nicht hören mögen, denn sein Wort klang uns wie der Ruf des bösen Feindes in der Hölle, der uns von der rechten Bahn ablenken will. Auch war das Beispiel, das er uns in seiner Person gab, nichts weniger als erhebend. — Zum zweiten: Gesetzt, wir fallen vom Papste ab, was nehmen wir dadurch dem Uebermächtigen von seiner Macht? in ungerechten und gottlosen Dingen pflichten wir ihm ohnehin nicht bei; was verschlägt es uns also, ob der Papst der allerheiligste oder gottloseste Statthalter Christi ist? Und drückt er uns wirklich mit unleidlichem Joch, sollen wir es nicht lieber in Geduld tragen als uns dagegen empören? Was nun die Menschensatzungen betrifft, nach denen wir leben: eine bestimmte Ordnung muß in jedem Haushalt sein, um wie viel mehr in einem großen Kloster. Man wirft uns unser Fasten vor: wir erheben dadurch leichter unser Gemüt zu Gott, gewöhnen unsern Körper an Mäßigkeit, die eine Grundbedingung der Gesundheit ist, und leben weniger kostspielig, was uns schon wegen unsrer Dürftigkeit Not ist. Man wirft uns unser Beten und Wachen vor, während doch die heilige Schrift ausdrücklich dazu auffordert; unsere Kleider, die doch ebenso zulässig sind wie irgend welche andere, so weit sie ehrbar; unser Silentiumgebot, das ja für die der Geschwätzigkeit bezüchtigten Weiber die höchste Strafe ist. Zum dritten: Wir wissen ja, daß die Ehe ein ehrlich Ding ist; aber der jungfräuliche Stand ist nach der heiligen Schrift besser als diese, auch blieb Christus ledig und mochte nur von einer Jungfrau geboren werden. Wenn die hohe Gabe der Keuschheit nicht jedem gegeben ist, so ist sie auch nicht jedem versagt. Aber ist es wirklich die Sorge um unsere Keuschheit, welche die evangelischen Lehrer zu ihrem Vorgehen gegen uns bewegt? Gewiß nicht; das sieht man an ihrem schändlichen Benehmen gegen die Klosterleute, welche sich von ihnen verleiten lassen; sie wollen vielmehr nur ihr böses Beispiel bemänteln, indem sie auch andere auf ihren Weg locken und ihre Säckel mit den Erträgnissen der Klostergüter füllen; denn die Armen, die sie immer im Munde führen, bekommen gar wenig davon. Und übergeben wir das Kloster nun, was soll aus uns werden? Viele von uns sind alt und krank, die müßten verderben.. So laßt uns denn in unserem Kloster, wir dulden ja Alles, wir murren selbst nicht gegen den schweren Aufschlag auf unser Getränk, den wir kaum erschwingen können. Da wir nun aber niemand verletzen und mit Betteln beschweren, dagegen Vielen Gutes thun, so erbarmet Euch, edle Herren und Väter, über uns, damit auch Gott Euch in der letzten Stunde des Todes seine Barmherzigkeit nicht versage! Erbarmt Euch unseres Jammers und Elends! Seid eingedenk, daß ihr von Weibern empfangen, geboren und aus ihren Brüsten ernährt worden! Unwürdig ist es für uns, solche Dinge leiden zu müssen, noch unwürdiger aber ist es für euch, Solches geschehen zu lassen!

Man sieht, in die Tiefe der evangelischen Sätze, auf denen die Opposition gegen das Klosterwesen beruhte, wird nirgends eingedrungen. Pirkheimer wagt nicht, sie umzustoßen, wenn er auch in einigen wichtigen Punkten, wie in der Frage über die Verbindlichkeit der Klostergelübde mit Luther in offenen Widerspruch gerät. Er sucht überhaupt zunächst nur darzuthun, daß die Klöster an und für sich nicht schädlich seien; für die Nützlichkeit derselben wird wenig vorgebracht. So könnte man den Grundgedanken dieser Schrift kurz dahin zusammenfassen: Die den wahren christlichen Glauben haben und aus diesem heraus ein wahrhaft christliches Leben führen, vermögen das ebensowohl innerhalb als außerhalb der Klöster; darum lasse man diejenigen, die ihr Leben in einem Kloster verbringen wollen, ruhig gewähren — ein Gedanke, gegen den sich wenig Stichhaltiges einwenden läßt.

Die beste Aufklärung aber, wie es mit dieser „Schutzschrift" in Wirklichkeit bestellt ist, geben Pirkheimers Briefe an die Verwandten in den auswärtigen Klöstern, in denen er seine wahre Gesinnung hinsichtlich der Klöster auf das rückhaltsloseste ausspricht, vor allen in den Briefen an seine Schwester Sabina, Aebtissin von Bergen. Immer und immer wieder hält er ihr den Satz, daß vor Gott alle Werke gleich seien und unser Heil nur in dem Glauben an Christi Barmherzigkeit beruhe, vor Augen; immer wieder tadelt er ihre klösterlichen Werke als geistlichen Hochmut, ja als Gotteslästerung, die Gott furchtbar rächen werde. So groß wurde die dadurch hervorgerufene Spannung zwischen Bruder und Schwester, daß diese, die bis zur Reformationszeit mit ihm in schönster geschwisterlicher Eintracht gelebt, in ihren Briefen seit 1528 das gewohnte „Du" mit dem steifen „Ihr" und die Anrede „lieber Bruder" durch „mein lieber Herr und Bruder" ersetzt. Wilibald seinerseits war so auf sie erbittert, daß er noch nach ihrem, Ende 1529 am Schlagfluß erfolgten Tode sich nicht enthalten konnte, sich über sie in liebloseſter Weiſe zu äußern; er betrachtet ihren böſen Tod geradezu als eine wohlverdiente Strafe Gottes: „Wie wohl mir das Abſterben unſerer Schweſter", heißt es in einem Briefe an ſeine ebenfalls in Kloſter Bergen lebende Schweſter Euphemia, „nicht wenig leid ist, ſo hab ich mir doch etliche Zeit her nicht allein nichts Beſſeres ihrethalber verhofft, ſondern auch noch ein Aergeres beſorgt, aus Urſachen, die Ihr ſelbſt wißt; wiewohl das Euch beiden ein Geſpött geweſen ist, bin ich doch ein Prophet, aber leider kein guter geweſen; .... denn mich hat fürwahr Euer beider arger Wahn ſehr erſchreckt und mich gegen alle, die ſich geiſtlich nennen, über die Maßen erbittert." Dann gedenkt er ſeiner Bemühungen um das Claraklofter: „Nimm mir auch ein Gewiſſen, daß ich mich durch Euch beide habe aufhetzen laſſen, daß ich ſo ſtattlich für daſſelbe eingeſtanden bin, wie ich noch dafür einſtehen ſoll; denn ich find, daß dieſe Schuh alle über einen Leiſt gemacht ſind." Auf die Mitteilung Euphemias, daß ſie an Stelle der verſtorbenen Sabina zur Aebtiſſin gewählt worden, widmet er ihr folgende Gratulation: „Ich wollte Euch was Beſſeres gönnen, als daß Ihr an unſerer Schweſter ſtatt erwählt worden ſeid; denn die Sache ſteht jetzt aller Orten ſo, daß auch die, ſo nicht lutheriſch ſind, die Klöſter unterdrücken und wohl zu beſorgen ist, es werde zuletzt aus dem Euren auch ein Hundeſtall, wozu es ſich nicht übel ſchickt; der Wille Gottes geſchehe, deß Name ſei gebenedeiet in Ewigkeit!"[5])

* * *

Einen nicht minder unerfreulichen Eindruck als diese privaten Aeußerungen Pirkheimers, soweit sie sich in Briefen und ähnlichen Documenten erhalten haben, erregen die theologischen Schriften, mit denen er in den letzten Lebensjahren vor die Oeffentlichkeit trat. Wir meinen zunächst seine Beteiligung am Abendmahlsstreit, der die Anhänger des „Evangeliums" in zwei einander furchtbar befehdende feindliche Lager teilte. Karlstadt, Zwingli, Oekolampad standen auf der einen, Luther auf der andern Seite im Vordergrund.

In Nürnberg,[6]) wo die maßgebenden Persönlichkeiten im Rate und unter der Geistlichkeit für Luther eintraten, vermochte die Gegenpartei keinen festen Boden zu gewinnen. Vergebens suchte Zwingli auf Osiander, Oekolampad auf den ihm seit langem befreundeten Pirkheimer einzuwirken — das Resultat ihrer Annäherungsbestrebungen war nur ein heftiger Federkrieg, in den beide Paare miteinander verwickelt wurden.

Daß der allezeit kampfbereite Osiander in einer so wichtigen Frage ins Vordertreffen trat, war selbstverständlich; desto unerwarteter war das Hervortreten Pirkheimers, der noch dazu nicht wie Osiander als der angegriffene, sondern als der angreifende Teil die Waffen erhob und zwar gegen einen alten Freund.

Das Verhältnis der Beiden war zuerst erschüttert worden, als Pirkheimer zu Ohren kam, daß Oekolampad, wenn auch nur ganz flüchtig, mit dem bekannten Thomas Münzer in Berührung gekommen sei; er war über diesen Vorgang, der für Münzer und Oekolampad ohne jede Bedeutung war, offenbar falsch unterrichtet worden; denn er konnte sich seit jener Zeit nicht ausreden, daß ersterer von „Münzerschem Gifte" angesteckt sei. Auch machte er Oekolampad für die „Irrlehren" des Anfangs 1525 aus Nürnberg ausgewiesenen Schulmeisters Denk verantwortlich, der auf dessen Empfehlung durch die Verwendung Pirkheimers in die Stadt berufen worden war. Nichts desto weniger konnte er es sich nicht versagen, sich in einem größeren Kreise über die Form einer soeben erschienenen Oekolampadischen Schrift: „Ueber den wahren Sinn der Einsetzungsworte" günstig auszusprechen. Doch gerade dies führte den Bruch herbei. Man faßte, wenigstens nach Pirkheimers Darstellung, seine Aeußerung so auf, als wenn er sich dadurch als Anhänger der Schweizerischen Abendmahlslehre bekannt hätte und forderte ihn auf, diesen Verdacht durch offenes Auftreten gegen Oekolampad als falsch zu erweisen. Er that es, und so entstand Pirkheimers Schrift: „Ueber das wahre Fleisch und Blut Christi" u. f. w. Man merkt ihr an, wie sich der Verfasser zwingt, in verhältnismäßig ruhigem Tone zu sprechen; aber schon verraten hie und da verdächtige Funken die innere, nur mühsam zurückgehaltene Hitze des Schreibenden. Unparteiische Dogmatiker haben die hier in Betracht kommende Oekolampadische Schrift nach vielen Richtungen hin beanstandet; doch zeigt sie sich der Pirkheimerschen gegenüber weit überlegen. Diese erregt durchaus das Gefühl, daß man es mit der Arbeit eines Dilettanten, allerdings eines gewandten und hochgebildeten, zu thun hat. Desto peinlicher berührt es, daß Pirkheimer, von der unanfechtbaren Richtigkeit seiner Meinung ausgehend, die Sache Oekolampads, deren Irrtümlichkeit ja erst von ihm erwiesen werden sollte, als eine von Anfang an unhaltbare hinstellt und sich als Partei und Richter in einer Person darstellt. Das Material zu seiner Beweisführung entnimmt Pirkheimer ohne heikle Wahl aus der heil. Schrift, aus den Kirchenvätern, ja sogar aus den sonst von ihm so geschmähten Scholastikern, wie er sich denn einige Male Schlußfolgerungen gestattet, die bedenklich an das Verfahren der letzteren erinnern; häufig treten nur starke Behauptungen an Stelle von Beweisgründen, Verdrehungen von Aeußerungen des Gegners und Unterschiebungen von Dingen, die diesem ferne liegen. Den Vorwurf eines groben fleischlichen Genießens des Abendmahles weist Pirkheimer mit fast frivoler Derbheit zurück: Oekolampad werde schwerlich jemand finden, der in dem Abendmahle die Reize einer guten Küche suche. Wer daher aus Furcht, Christum zu zerfleischen, vor dem Abendmahle zurückscheue, der müsse thyestische Voraussetzungen mitbringen. Seine Deductionen führen ihn zu der Behauptung, daß Christus sich bei der Spendung des Abendmahles selbst in der Hand gehabt habe und schließlich zu der Lehre von der Allgegenwart des verklärten Leibes Christi, um daraus die räumliche Anwesenheit desselben beim Abendmahle abzuleiten. Am meisten ereifert er sich bei der Verurteilung der tropischen Deutung des Wörtchens

„sum"; erlaube man sich dies bei dem Dogma des heil. Abendmahles, so müsse es auch überall da gestattet sein, wo es in der Erzählung von Christi Geburt und Gottheit u. s. w. vorkomme; „So gibt es in der That kein Wort, aus dem gefährlichere Ketzereien entstanden sind, als aus dem Worte ‚sum'." Der Arianismus, Mohamedanismus u. s. w. stammen nach seiner Meinung alle aus dieser Quelle. Daneben her laufen die dringendsten Mahnungen an den früheren Freund, noch rechtzeitig von der falschen, verderblichen Bahn abzulenken und nicht auch andere mit in den Abgrund zu ziehen.

Diese Schrift Pirkheimers traf die Schweizer als ein gänzlich unerwarteter Pfeil, der Oekolampad im tiefsten Herzen verwundete. Schmerzbewegt richtet er einen Brief an den ihm früher so befreundeten Gegner, in welchem er seine Verwunderung darüber ausspricht, daß gerade dieser sich berufen gefühlt, in der Abendmahlsfrage gegen ihn aufzutreten, während es doch in Nürnberg so viele Prediger gebe, denen dies kraft ihres Amtes zugestanden wäre. Noch will er nicht an eine dauernde Störung ihrer Freundschaft glauben und läßt es dahingestellt, ob er Pirkheimer öffentlich entgegentreten werde. Aber gerade damit traf er bei diesem den wunden Fleck. Er deutete diese Aeußerung so, als wenn der berühmte Theologe Oekolampad es verschmähe mit ihm, einem Laien, die Waffen zu messen: sein Selbstbewußtsein war wieder einmal schwer verletzt. Aus dieser Stimmung heraus beantwortet er Oekolampads Zuschrift in einem langen Briefe, Punkt für Punkt herausgreifend, um ihn in bitterem, zuweilen recht höhnischem Tone zurückzuweisen. Was er früher nur angedeutet, das spricht er jetzt offen aus: Oekolampad ist gänzlich vom Geiste Münzers und Carlstadts gefangen, vor deren Schicksal er sich hüten möge.

Inzwischen hatte Oekolampad schon vor Empfang dieses bitteren Briefes eine Widerlegung der Pirkheimerschen Schrift erscheinen lassen. Sie war verhältnismäßig in ruhigem und bescheidenem Tone gehalten, aber da sie dem Gegner nicht die mindesten Concessionen machte, trotzdem durchaus nicht geeignet, eine Verständigung anzubahnen. Hatte Pirkheimer Oekolampads Lehren als gottlos und ketzerisch bezeichnet, so kann dieser des ersteren Argumente nicht anders denn ungereimt und töricht finden. So nahm denn dieser unerquickliche und aussichtslose Streit seinen Fortgang. Pirkheimer schleuderte noch zwei Schriften gegen Oekolampad, eine heftiger als die andere. Die giftigsten Schmähungen und Verleumdungen, eines Mannes wie Pirkheimer durchaus unwürdig, bilden den häßlichen Hauptinhalt derselben; der feingebildete Humanist bebt nicht davor zurück, den früheren Freund in feierlichster Weise als Ketzer dem Teufel zu überantworten.

Wir sehen hier an einem schlagenden Beispiel die furchtbare Leidenschaftlichkeit, von der gerade der Abendmahlsstreit durchglüht ist — sie war im Stande, Männer, die sonst nicht eben als Fanatiker erscheinen, aus guten Freunden in unversöhnliche Feinde umzuwandeln. Selbst mit dem ihm aufs engste verbundenen Dürer geriet Pirkheimer über diesen Punkt in Wortwechsel, wie er überhaupt hierin von niemandem den geringsten Widerspruch duldete: „Ich klammere mich", äußerte er bei einer solchen Gelegenheit einmal, „an Christi Worte als meines Lehrers und glaube so fest an die Wahrheit dessen, was er gesagt hat, daß ich seinen Worten nicht mißtrauen würde, wenn auch die ganze Welt dawider wäre!"

Dieser erbitterte Streit warf weithin seine Schatten. Jeder der beiden Gegner fand Anhänger, die teilweise an Leidenschaftlichkeit ihrem Vorkämpfer nicht nachstanden. Von allen Seiten ließen sich billigende und tadelnde Stimmen vernehmen, bis von Italien und England her. Luther selbst spricht sich über Pirkheimers erste Schrift sehr lobend aus: er hatte ihm den Ernst in religiösen Dingen, den er eben gezeigt, nicht zugetraut; der Augsburger Prediger Urbanus Rhegius dankt ihm für seine erste gegen Oekolampad geschleuderte Schrift; unter den Nürnberger Geistlichen und Gelehrten, die fast sämtlich auf Seite Luthers standen, spendete man ihm laute Anerkennung: manche stellten ihn in dieser Sache auf gleiche Stufe mit Luther selbst. Auch sein Freund Zasius, dessen Stimme viel bei ihm galt, zollte ihm in hyperbolischen Ausdrücken unbedingtes Lob.

Die Altgläubigen und diejenigen, die in diesem Punkte als solche gelten wollten, fanden sein Vorgehen wegen des dabei wenigstens teilweise eingenommenen lutherischen Standpunktes nicht unbedenklich. So schreibt ihm einer aus diesen Kreisen: „Mir hat Dein Buch (Pirkheimers erste Schrift gegen Oekolampad) ausnehmend gefallen: aber das hat mir nicht gefallen, daß Du in Betreff der Transsubstantation gegen die Kirche mit Luther denkst, ... denn es ist weder ehrenvoll, noch heilbringend, in einer so hochwichtigen Sache gegen die katholische Kirche, welche der Apostel die Grundfeste und Säule der Wahrheit nennt, einerlei Meinung mit einem Häretiker zu sein." Auch Erasmus ist nicht mit ihm zufrieden. Höchst bezeichnend für den Standpunkt, den dieser Mann anzunehmen beliebte, wenn es ihm eben paßte, heißt es einmal: „Mir würde die Meinung Oekolampads nicht mißfallen, wenn nicht der Consens der Kirche entgegenstände ... Was die Autorität der Kirche bei andern gilt, weiß ich nicht: bei mir aber gilt sie soviel, daß ich auch mit den Arianern oder Pelagianern übereinstimmen könnte, wenn die Kirche das, was jene lehrten, gebilligt hätte."

Den Zwinglianern natürlich konnte das Vorgehen Pirkheimers nicht anders als ganz verwerflich erscheinen. Wir finden selbst bei solchen Männern dieser Partei, die ihm sonst persönlich nahe standen, die heftigsten Schmähungen über ihn: sie konnten nicht anders glauben als daß er einzig aus Streitlust und Ehrsucht die Feder gegen Oekolampad ergriffen habe.

Andere in das theologische Gebiet einschlagende Arbeiten Pirkheimers aus der letzten Zeit sind zu unbedeutend als daß sie hier besprochen werden könnten, abgesehen davon, daß seine Autorschaft nicht bei allen sicher zu erweisen ist.[7])

*   *   *

Natürlich machte man von Seite der Altgläubigen, sobald man Pirkheimers reformationsfreundliche Gesinnung erschüttert sah, alle möglichen Anstrengungen, um ihn zur alten Kirche zurückzuführen. Da waren zunächst seine im Kloster befindlichen Schwestern und Töchter, die erleichtert aufathmeten, als sie eine Wandlung seiner Gesinnung zu bemerken glaubten; dann nahestehende Freunde, Gegner der Reformation, die ihm nun beständig mit Einflüsterungen in den Ohren lagen und durch stark aufgetragene Schilderungen der in ihrer Umgebung auftretenden Unordnungen ihm immer neuen Stoff zur Unzufriedenheit zutrugen. Abgebrochene Verbindungen wurden wieder angeknüpft, so mit Emser, mit Kilian Leib, mit Cochläus. Namentlich der Letztere mußte sich durch seine unermüdlich betriebenen Seelenrettungsversuche bei Pirkheimer einiges Gehör zu verschaffen, allerdings nur mit bedeutendem Aufwande von Schmeicheleien. Obwohl er selbst (1529) bekennen muß, daß er in dem Streite der Dogmen, welche die Kirche zu definieren hat, es nicht wagen möchte, in allen Stücken Pirkheimers Meinung zu folgen, da dieser von den Entscheidungen der Kirche zuweilen so weit abweiche, macht er ihm doch den Vorschlag, gleichsam als Vorkämpfer im Dienste der alten Kirche aufzutreten und im engen Anschluß an sie zu einer durchgreifenden Reformation des sittlichen Lebens aller Christen den Anstoß zu geben, was einen um so eigentümlicheren Eindruck macht, wenn man Pirkheimers Persönlichkeit ins Auge faßt, der in diesem Punkte mit sich selbst nicht eben strenge war.

„Du siehst", redet er ihn an,[5]) „wie die gesamte kirchliche Zucht, wie das ehedem gebräuchliche Maßhalten bei den Fürsten, die Ehrbarkeit im öffentlichen Leben und die Einfachheit in den Familien, wie Sorgfalt bei der Erziehung und dem Unterricht der Jugend in Verfall geraten ist. Ich wünschte darum, daß Du für eine sittliche Reformation in der ganzen Kirche Deinen ganzen Scharfsinn aufwendetest. Nimmt man dazu Deine geübte Beredsamkeit, Deine in Geschäften erprobte Klugheit und Deine durch so lange Zeit und bei so schwierigen Angelegenheiten erworbene Erfahrung, so bist Du, glaube ich, unter den jetzt Lebenden am meisten geeignet, heilsame Ratschläge über diese Dinge zusammen zu stellen. Ich meine nicht, daß Du sie bald in die Oeffentlichkeit gelangen lassest, sondern für ein allgemeines Conzil aufbewahrtest, dessen wir nicht lange mehr entraten können und durch dessen Autorität sie dann wirksam zur Ausführung gebracht werden könnten."

Nächst Cochläus war es Erasmus, der ihn, sei es absichtlich oder unabsichtlich, durch die Art und Weise, wie er sich seit seinem Auftreten gegen Luther über diesen und das Reformationswerk zu äußern pflegte, immer mehr gegen die Neuerungen aufreizte.

Schon der von dieser Seite sich öfter wiederholende Hinweis, daß die religiösen Wirren das Grab der schönen Studien seien, mußte auf einen Mann wie Pirkheimer, dem die Wissenschaft höher als alles Andere stand, einen tiefen Eindruck machen. Es ist deshalb auch nicht unmöglich, daß, wie Erasmus vermutet, einige seiner Briefe an Pirkheimer, die diesen besonders mißmutig gegen die Reformation machen mußten, von fanatischen Anhängern derselben, durch deren Hände sie gingen, unterschlagen worden sind.

Von den „Evangelischen" erfuhren nur die ihm persönlich Näherstehenden seine Sinnesänderung; in den weiteren Kreisen betrachtete man ihn nach wie vor als entschiedenen Anhänger der Reformation, da er es vermied, sich diesen gegenüber irgendwie in demonstrativer Weise auszulassen; wenn die eine oder die andere mißmutige Aeußerung bekannt wurde, legte man nicht viel Gewicht darauf, da er fast in demselben Athem über die „römische Barbarei, die Schalkheit, Gleißnerei und Listigkeit der papistischen Pfaffen und Mönche spricht, deren Wesen nichts taugte und wohl einer Besserung bedürfte", und mit einer Art Genugthuung darauf hinweist, daß ein großer Teil der Päpste Ketzer gewesen, abgesetzt, verurteilt und verbrannt worden sei. Als ihn einige Monate vor seinem Tode Melanchthon und Jonas besuchten, konnte der erstere an Luther berichten: „er denkt über Dich und Deine Sache ehrenvoll." Halten wir diese letzte Aeußerung mit ungefähr gleichzeitigen zusammen, die Pirkheimer über Luther dessen Feinden gegenüber gemacht hat, so haben wir wieder einen deutlichen Beleg für die widerliche Doppelzüngigkeit, wie sie Leuten von dem Schlage eines Erasmus und Pirkheimer eigentümlich ist.

Die letzte ausführliche Kundgebung Pirkheimers über die Reformation findet sich in seinem bekannten Brief an den Wiener Baumeister Tzerte,[9]) der uns noch einmal die furchtbare, in trüben Stunden an Verzweiflung grenzende Gereiztheit seines Seelenzustandes erkennen läßt. In dem ganzen langen Brief, in dem er auf alles Mögliche zu sprechen kommt, findet sich kein einziger lichter Punkt: ob er sich über die allgemeine Lage des Reiches ausläßt oder über die religiösen Zustände seiner Vaterstadt, über die häuslichen Verhältnisse Dürers und über Lazarus Spengler oder über die alte Kirche und den Papst

— es ist ihm bei Allem die Tinte zur Galle geworden. Dieser Brief ist es, der den Anlaß zu der Fabel von Dürers „Xanthippe" gegeben hat.[10]) Es ist schlagend nachgewiesen worden, daß Pirkheimers über Dürers Gattin gemachte Aeußerungen einzig in seiner verbitterten Stimmung ihren Grund haben, und mit Recht wurde darauf hingewiesen, welche Vorstellung wir uns wohl von den in diesem Briefe berührten Ereignissen und Personen machen müßten, wenn wir einzig auf diese Quelle angewiesen wären; wie würden uns das Zeitalter der Reformation überhaupt, die Verhältnisse in Nürnberg, der Rat der Stadt, ein Lazarus Spengler und Pirkheimer selbst in seiner Stellung zur Reformation erscheinen müssen? Was er in dieser Beziehung vorbringt, ist genau von demselben Werte, wie seine Verleumdungen über Dürers Frau — sein Gemüt krankte eben wie sein Körper an einem unheilbaren Leiden.

Bindend kann für uns nur das sein, was er über sein eigenes Verhältnis zur Reformation, wie es sich schließlich gestaltet hat, vorbringt. Da sehen wir denn noch einmal, daß er vollständig damit gebrochen hat. Alle Aeußerungen über die Erscheinungen und Folgen derselben, über ihre Anhänger und Förderer, die sich sonst bei ihm zahlreich vorfinden, sind hier gleichsam in einen einzigen mächtigen Klage= und Entrüstungsruf zusammengepreßt. Sein Urteil gipfelt in den Worten: „Gott behüt' alle frommen Menschen, Land und Leut vor solcher Lehr, daß, wo die hinkommt, kein Fried', Ruh', noch Einigkeit sei."

So ist er wieder zurückgekehrt zum Katholizismus? Das läßt sich bejahen, insofern er sich in Folge seiner Abneigung gegen die Reformation energisch als ein Glied der alten katholischen Kirchengemeinschaft erkannte und als solches gelten wollte. Daß er damit auch innerlich zum katholischen Glauben zurückgekehrt sei und in dessen Dogmensystem ein religiöses Genügen gefunden habe, ist aus nichts ersichtlich und nach seinem ganzen Wesen und Denken auch nicht wahrscheinlich. Er blieb eben auch der katholischen Kirche gegenüber der Humanist, der er der Reformation gegenüber gewesen war.

Zu diesen inneren Kämpfen kamen noch äußere Widerwärtigkeiten, die seinen Lebensabend trübten. So wurde er in die berüchtigten Pack'schen Händel verwickelt, indem ihn Christoph Scheurl, der dabei eine mindestens recht zweideutige Rolle spielte, offenbar ganz ohne Grund bezichtigte, in dieser Sache eine grobe, der Stadt schädliche Indiscretion begangen zu haben. Pirkheimer geriet bei dieser Gelegenheit mit Scheurl, dessen Wesen ihm nie recht zusagte, in tötliche Feindschaft und nannte ihn nicht nur in seiner Rechtfertigung „einen unwahrhaften Mann und leichtfertigen Angeber", sondern beschuldigte ihn auch, wie es scheint auf leeres Gerede hin, in der gröblichsten Weise des Ehebruches, und nur mit Mühe brachte der Rat einen Vergleich zu Stande, durch den ein gerichtlicher Proceßhandel, aus dem wohl beide mit Unehren hervorgegangen wären, vermieden wurde.[11])

Dazu häusliches Unglück, Schlag auf Schlag. Im Jahre 1526 starb sein Schwiegersohn Xaver Imhof; dessen Wittwe Felicitas sollte sich zum zweiten Male mit einem gewissen Hans Derrer vermählen; dieser machte bei einem Abschiedsschmause, den er kurz vor der beabsichtigen Hochzeit seinen Freunden gab, einen unglücklichen Sprung, der nach ein paar Tagen seinen Tod herbeiführte (2. Juli 1528). Nun wurde ein anderer Bräutigam auserkoren — Hans Kleeberger — der mit ihr auch wirklich im September desselben Jahres getraut wurde, aber am nächsten Tage verschwand und seine junge Frau — man hat nie erfahren warum — sitzen ließ. Diese verwand die ihr zugefügte Kränkung nimmer, sie siechte langsam dahin und starb im Jahre 1530 noch vor ihrem Vater.[12]) Immer einsamer wurde es um ihn her, immer stiller. Im Juli 1529 sank nach langem Leiden seine im Claraklofter lebende Tochter Crescentia ins Grab, im Dezember desselben Jahres, wie wir schon sahen, plötzlich seine Schwester Sabina. Und nun die schwerste Heimsuchung: der Tod seines Dürer, des Mannes, den er selbst als den köstlichsten Teil seiner Seele bezeichnet. Dieser war unerwartet schnell verschieden, ehe der Freund ihm die Hand zum letzten Lebewohl reichen konnte. Die Worte, in denen Pirkheimer seinen Schmerz schildert, sind ein wahrhaft ergreifender Herzenserguß und zeigen noch einmal recht, was beide Männer sich im Leben gewesen. „Obgleich ich durch den Tod einer großen Anzahl der Meinigen schon oft geprüft bin, glaube ich doch niemals bis heute einen solchen

75

Schmerz empfunden zu haben wie den, welchen mir der plötzliche Verlust unseres besten und teuersten Dürer verursacht. Er ist dahin unser Albrecht! O unerbittliche Ordnung des Schicksals, o erbärmliches Menschenloos, o unbarmherzige Härte des Todes! Ein solcher Mann, ja solch ein Mann ist uns entrissen, indeß so viele unnütze und nichtsnutzige Menschen eines dauernden Glückes und eines nur allzu langen Lebens genießen." Er ehrte das Andenken des Freundes durch eine sinnreiche Grabschrift und eine tiefempfundene Elegie.[13]) Sein Letztes war mit Dürer ins Grab gesunken. Er selbst fühlte sich so müde und lebensüber= drüssig, daß er den Tod als Erlöser herbeisehnte. Der hinge= schiedene Freund scheint ihm beneidenswert:

> Wir noch irren umher, hinfällig im Schatten des Todes
> Auf den Wogen des Meers, schaukelnd im schwankenden Kahn,
> Bis uns die Gnade des Herrn, des allbarmherzigen, winket,
> Daß wir wandeln den Weg, den Du betreten vor uns.

So redet er ihn in dem erwähnten Gedichte an. Er mußte seine Bürde noch länger tragen, als er glaubte. Seine einzige Zerstreuung fand er in der Befriedigung seines Sammeleifers, der schließlich in eine förmliche Leidenschaft ausartete und sich nun auf alles Mögliche, so insbesondere auf schöne Hirschgeweihe erstreckte, seinen einzigen Trost in der Pflege der Wissenschaft, der er bis zum Ende treu blieb. Sein körperlicher Zustand wurde täglich schlimmer; zuletzt konnte der reiche Mann nur noch so viel zu sich nehmen, daß er eben nicht verhungerte. Trotz aller Schwäche wurde er nicht eigentlich bettlägerig, und so kam es, daß ihn der so lang ersehnte Tod doch unerwartet überschlich. Es war am 21. Dezember — als ihn Abends plötzlich eine solche Ohnmacht überfiel, daß man ihn nur mit Mühe zu Bette bringen konnte; bald darauf lag er in den letzten Zügen und hauchte in der Nacht sein Leben aus. Er hatte kein Testament gemacht, nicht mehr die Sakramente empfangen, — sondern starb, wie eine gleichzeitige Nachricht sich ausdrückt „sine crux et lux," wenige Wochen über sechzig Jahre alt.[14]) Seine letzten Worte sollen gewesen sein: O möge es nach meinem Tode meinem Vater= lande wohl ergehen, möge die Kirche Frieden finden![15])

Am Tage darauf wurde er als der letzte seines Namens

und seines Stammes auf dem Johannisfriedhof „ehrlich" begraben, nicht weit von der Stätte, wo sein geliebter Dürer ruhte.[16] Hier vermoderte, „was an ihm sterblich war"; sein Andenken aber lebt fort und wird fortleben. Wenn auch seine Eigenart als Mensch und seine Stellung zu den geistigen Bewegungen seiner Zeit durchaus nicht die Feuerprobe einer nachsichtslosen Kritik erträgt — was er den Zeitgenossen im Reiche der Wissenschaft war, wird mit unverwischlichen Lettern eingetragen bleiben in der Geschichte des Humanismus, und die Stadt, die er als seine Vaterstadt betrachtete, wird ihn für alle Zeiten mit Stolz unter ihren trefflichsten Bürgern nennen.

Anmerkungen.

1. Kapitel.

Anm. 1. (Seite 2). Siehe aus der neueren Literatur: Kleinschmidt, Augsburg, Nürnberg und ihre Handelsfürsten im XV. und XVI. Jahrhrt. Kassel 1881.

2. (2). Ueber die Nürnberger Kunstverhältnisse dieser Zeit siehe im allgemeinen: Thausing, Dürer, Geschichte seines Lebens und seiner Kunst, Leipzig 1876, S. 3—12.

3. (2). Siehe hierüber im allgemeinen: Karl Hagen, Deutschlands literarische und religiöse Zustände im Reformationszeitalter, Erlangen 1841—44, III Bde. und Geiger, Renaissance und Humanismus in Onckens allgemeiner Geschichte II, 8, S. 374—386.

4. (2). Hase, Die Koburger, Leipzig 1869.

5. (3). Wolf, Geschichte der Astronomie, München 1877, S. 82 ff.

6. (3). Lochner, Lebensläufe berühmter und verdienten Nürnberger, Nürnberg 1861, S. 27; es finden sich hier die verlässigsten Angaben sowohl über die Pirkheimer überhaupt als auch über die äußeren Lebensumstände unseres Wilibald. Die älteste ausführliche Lebensgeschichte des Letzteren findet sich, wie in der Vorrede erwähnt, in dem von seinem Enkel Wilibald verfaßten: Theatrum virtutis et honoris oder Tugendbüchlein 2c., Nürnberg MDCVI. (Das Verhältnis der Ritterhausenschen Biographie zu dieser Arbeit ist schon in der Vorrede besprochen); von neueren Arbeiten ist hervorzuheben: Wilibald Pirkheimer im Biograph III. Bd., Halle 1803.

Ueber Wilibalds Vater siehe auch: Sax, Die Bischöfe und Reichsfürsten von Eichstätt, 1884. Bd. I, unter dem Kapitel Wilhelm von Reichenau S. 333, 349 2c.

7. (6). Es ist uns erhalten: 1) Eine Zeichnung von Dürer (Profilskizze), etwa aus dem Jahre 1504, 2) ein Dürerscher Kupferstich aus dem Jahre 1524. Vgl. Thausing, Dürer, S. 244 bzw. 465. Ein Männerporträt in der Gallerie Borghese zu Rom, das man für ein Dürersches Porträt Pirkheimers hielt, stellt nach Thausing (Loc. cit. pag. 244 Anm.)

weder Pirkheimer dar, noch ist es von Dürers Hand. Ueber Münzen, die nach der Sitte der Zeit auf Pirkheimer geprägt wurden, vgl. etwa: Will, Nürnbergische Münzbelustigungen, I. Teil, S. 337 ff.

8. (7). Siehe: Karl Hagen, loc. cit. I, pag. 347 ff.

9. (7). Campe, Zu Wilibald Pirkheimers Andenken: Wilibald Pirkheimer an Bernhard Adelmann 1521, wo Pirkheimers Schilderung seines Landlebens in Neunhof neu abgedruckt, übersetzt und mit Erläuterungen versehen ist.

10. (8). Soden, Beiträge zur Geschichte der Reformation S. 9.

11. (10). Siehe über Charitas und die übrigen Schwestern Pirkheimers, wie auch über seine Töchter: Franz Binder, Charitas Pirkheimer, Freiburg 1878, wo die ganze einschlägige Literatur aufgeführt ist. Das Büchlein ist zwar gewandt und hübsch, jedoch von einseitig katholischem Standpunkt aus geschrieben.

12. (11). Ueber die Verfassung der Stadt siehe etwa Scheurls „Epistola ad Staupizium" vom 15. Dez. 1516 (Vergl. Nürnb. Chron. Bd. V, S. 781—804.)

13. (13). Vielleicht war es auch nur die Sehnsucht nach der Möglichkeit einer eifrigeren Pflege der Wissenschaften, was ihn zum Rücktritte bewog. Wenigstens äußert er sich nach dieser Richtung in einem Briefe an Vincent. Longinus (Pirkheimers opp. pag. 258), in welchem er davon spricht, daß er zur Erlangung des Doktorgrades nach Italien kommen wolle.

14. (15). Sein Verhältnis zum Rate erkennt man am besten aus Münch, Pirkheimers Schweizerkrieg und Ehrenhandel mit seinen Feinden, Basel 1826, wo S. 207 ff. die einschlägigen Aktenstücke abgedruckt sind.

15. (15). Soden, loc. cit. pag. 9.

16. (16). Pirkheimer an Adelmann: Pirkheimer, opp., pag. 333 ff. Vgl. auch Pirkheimer an Vincent Longimus, ibid. pag. 400.

17. (16). Vergl. David Strauß, Ulrich von Hutten 1871, S. 246.

18. (16). Als Hauptquelle für Pirkheimers Stellung als Humanist dienen natürlich seine Schriften: Illustris Bilibaldi Pirkheimeri etc., opera collecta etc., a Melchiore Goldasto Haiminsfeldio. Frankofurti MDCX. — Heumann documenta litteraria, Altdorfii 1758 (aus Pirkheimers Briefschaften herausgehoben). Eine Darstellung Pirkheimers als Humanist wurde in neuerer Zeit geboten von Karl Hagen in seinem bereits angeführten Werke, das teilweise mit besonderer Hervorhebung Pirkheimers geschrieben ist, von Geiger, loc. cit. und Rudolf Hagen, Wilibald Pirkheimer in seinem Verhältnis zum Humanismus und zur Reformation in den „Mitteilungen des Vereins für Gesch. der Stadt Nürnberg", Viertes Heft, 1882. eine ziemlich umfang- und inhaltsreiche Abhandlung. In bibliographischer Beziehung vergl.: Will, Nürnberger Gelehrtenlexikon, Artikel Pirkheimer. Die übrige hieher gehörige Literatur wird geeigneten Ortes vorgeführt werden.

19. (16). Ueber Pirkheimer, den Juristen, siehe: Stintzing, Rechtsgeschichte S. 180 ff.

20. (17). Siehe darüber im allgemeinen: Otto Jahn, Aus der Altertumswissenschaft. Bonn 1868 (den Aufsatz: Bedeutung und Stellung der Altertumsstudien in Deutschland).

21. (17). Geiger, Beziehungen zwischen Deutschland und Italien in Müller, Zeitschrift für die Kulturgeschichte. Neue Folge. IV. Jahrgang, S. 114.

22. (17). Pirkh. an Celtes in Klüpfel, Vita C. Celtes II, pag. 82 ff.

23. (17). Bursian, Geschichte der klassischen Philologie I, S. 163.

24. (18). Siehe Pirkheimers später zu besprechende Apologie Reuchlins, die bei Karl Hagen I, S. 567—474 und bei Rudolf Hagen, S. 97—104 ausführlich behandelt ist. Vergl. auch Otto, Cochläus, S. 92 ff.

25. (18). Pirkheimer an Erasmus in Pirkh. opp. pag. 403.

Pirkheimer war in seinen theologischen Anschauungen entschieden beeinflußt von den eigentümlichen auf Grundlage der Platonischen Philosophie fußenden religiösen Ideen des Pico von Mirandola, durch den er mit der Platonischen Akademie in Florenz bekannt gemacht worden zu sein scheint. (Siehe Rudolf Hagen, loc. cit. pag. 72).

25a. (19). Pirkheimer opp. pag. 64 ff.: Quo pacto historia conscribi oporteat.

26. (19). Pirkheimer opp. pag. 64 ff.; deutsch in Münch, Pirkheimers Schweizerkrieg, S. 72 ff.

27. (19). Ranke, Zur Kritik neuerer Geschichtsschreiber der romanischen und germanischen Völker von 1494—1554 (2. Aufl.), S. 119.

28. (19). Wegele, Gesch. d. deutschen Historiographie, S. 122.

29. (19). Bursian, loc. cit. I, pag. 148.

30. (19). Georg Geuder an Pirkheimer in Heumann, doc. litt. pag. 327.

31. (20). Pirkheimer an Endres Imhof, Tugendbüchlein S. 86.

32. (21). Pirkheimers Verdienste um Hebung des Schulwesens sind ausführlich dargethan von Rudolf Hagen, loc. cit. pag. 79 ff. Ueber die von ihm besprochene Schulordnung, die er teilweise abdruckt, siehe: Otto, Cochläus, S. 11 ff. Dieses Buch scheint Hagen unbekannt geblieben zu sein.

33. (23). Siehe über Pirkheimers Briefwechsel die Bemerkungen Rudolf Hagens, loc. cit. pag. 84 ff. und 167, Anm. 98.

34. (23). Siehe z. B. Opsopöus an Pirkheimer in Pirkheimers opp. pag. 336.

35. (23). Reuchlin an Pirkheimer (1520) in Pirkh. opp. pag. 259.

36. (24). Krause, Helius Eobanus Hessus 1879, I, S. 256.

37. (24). Thausing, Dürer, S. 388 ff.

38. (25). Zuerst abgedruckt bei Murr, Journal X ic., zuletzt bei Thausing, Dürers Briefe ic. Vergl. auch Thausing, Dürer, S. 277 ff.

39. (25). Vergl. über Dürers Verhältnis zu Pirkheimer neben Thausing auch Ehe, Leben und Wirken Albrecht Dürers, S. 220 ff. und 482 ff.

2. Kapitel.

1. (26). Siehe über diesen Streit im allgemeinen: Geiger, Johann Reuchlin, S. 206 ff. und in Bezug auf Pirkheimer hauptsächlich Rudolf Hagen, loc. cit. pag. 88 ff.

2. (27). Pirkh. an Reuchlin in Pirkh. opp. pag. 213.

3. (27). Pirkheimer ad amicum in Pirkh. opp. pag. 401.

4. (27). Siehe über Pirkheimers Verhältnis zu den epp. obsc. virorum Rudolf Hagen, loc. cit. pag. 95 ff. nebst den entsprechenden Anmerkungen.

5. (27). Daß er in dem oben citierten Briefe an einen Freund (Pirkh. opp. pag. 401) seine Empfindlichkeit gegen derartige Angriffe in Abrede stellt, steht dieser Auffassung natürlich nicht im Wege.

6. (27). Siehe Anmerkungen: Kapitel I, 24. Diese Apologie „epistola apologetica" ist eigentlich ein Brief Pirkheimers an Lorenz Behaim, den er seiner Uebersetzung des Lucianischen Gespräches „Der Fischer" vorausschickte, (1517).

7. (28). Köstlin, Luther I, S. 139.

8. (29). Siehe: Kolbe, die deutsche Augustiner-Congregation und Joh. von Staupitz. Gotha 1879, 2. Kapitel.

9. (30). Siehe: Karl Hagen, loc. cit. I, pag. 469.

10. (31). Albert, Aus welchem Grunde disputierte Eck gegen Luther? in Zeitschrift für die historische Theologie, Jahrg. 1873, 1. Heft, S. 382 ff. (Speziell die Bologner Disputation S. 385 ff.).

11. (31). Ranke, Deutsche Gesch. im Zeitalter der Reform. I, S. 280.

12. (32). Pirkh. opp. pag. 232.

13. (32). Strobel, Beitr. zur Lit. 1784, S. 493. Vergl. Otto, Cochläus, S. 65 ff.

14. (35). Eccius dedolatus. Autore Joanne Francisco Cottalambergio, Poeta laureato. Acta decimo Calendas Martii Anno 1520 in Occipitio Germaniae. Siehe über die einschlägige Literatur: Roth, Einf. der Ref. ꝛc. S. 71, Anm. Dazu kommt Rudolf Hagen, loc. cit. 109 ff. — pag. 175 ff. ist die Satire ins Deutsche übersetzt.

14a. (38). Sie wurde hervorgerufen durch eine „in Ecks Schrift wider Luthers unvernünftige Jagd" gemachte verächtliche Äußerung über gewisse „ungelehrte Domherrn", die zunächst auf Bernhard Adelmann, seinen alten Feind, gemünzt war. Der eigentliche Verfasser der „canonici indocti" (so heißt der Titel der Schrift) ist der nachmals so berühmt gewordene Reformator Oekolompad, der damals als Prediger in Augsburg wirkte.]

15. (38). Siehe über Pirkheimers Autorschaft etwa Rudolf Hagen, loc. cit. pag. 108 ff.

16. (39). Die Hauptquelle für diese Banngeschichte ist: Riederer, Beitrag zu den Ref. Urkunden betr. die Händel, welche Dr. Eck bei Publikation der päpstlichen Bulle wider den sel. Dr. Luther im Jahre 1520 erregt hat ꝛc. Altdorf 1762 und Riederer, Nachrichten zur Kirchen-, Gelehrten- und Bücher-Geschichte, Altd. 1765 ꝛc. I, S. 167 ff., 318 ff., 438 ff. — II, S. 54 ff.,

179 ff. — alles aus den Pirkheimerschen Papieren ediert. Vergl. auch Rud. Hagen, loc. cit. pag. 111 ff.

17. (40). Siehe etwa: Köstlin, Luther I, S. 381 ff.

18. (44). Siehe über diese Erledigung der Bannangelegenheit: Albert, loc. cit., pag. 438.

19. (45). Pirkheimer an Hutten in Pirkh. opp. pag. 405 Vergl. auch Pirkh. an Eoban Hessus in Riederer, Beitrag ꝛc. S. 140.

20. (46). Epistola ad S. D. N. Adrianum P. M. de Motibus in Germania, per Dominicanos, & horum complices excitatis, & de occasione Lutheranismi in Pirkh. opp. pag. 372 ff.

21. (48). Hutten an Pirkheimer, in Böcking, Hutteni opp. II, pag. 59.

22. (48). Oratio ad S. C. Maiest. Locumtenentem generalem, habita in legatione pro Repl. Norimbergensi adversus eum infestantes etc. in Pirkh. opp. pag. 198.

23. (49). Pirkheimer an Erasmus in Strobel, Vermischte Beiträge, S. 161 ff.

24. (50). De Persecutoribus evangelicae veritatis, eorum consiliis et machinationibus in Pirk. opp. pag. 385.

25. (53). Heß, Erasmus von Roterdam, Zürich, 1790. II, S. 102 ff. Vergl. ibidem, pag. 95 u. 104.

3. Kapitel.

1. (57). Ich beschränke mich hier bezüglich derjenigen Aeußerungen Pirkheimers, welche das Reformationswerk abfällig beurteilen, im allgemeinen hinzuweisen auf Döllinger, Die Reformation, ihre Entwicklung und ihre Wirkungen im Umfange des Lutherischen Bekenntnisses. Regensburg 1846. Bd. I, S. 162—174, wo das Wichtigste in deutscher Uebersetzung zusammengestellt ist, und auf Räß, Die Convertiten seit der Reformation. Freiburg 1866, I, S. 1—50, wo sich zu dem Döllinger Entnommenen manche beachtenswerte Ergänzungen finden. (Pirkheimer wird hier zum Convertiten gestempelt.) Vergl. ferner zu dem ganzen Abschnitt noch: Rub. Hagen, loc. cit. pag. 134—150.

2. (61). Binder, loc. cit. pag. 102 ff. und Lochner, Briefe der Aebtissin Sabina im Kloster zum hl. Kreuz in Bergen an ihren Bruder Wil. Pirkh. in. Zeitschr. f. hist. Theol., 1866, S. 518 ff.

3. (62). Räß, S. 10.

4. (62). Oratio apologetica, Monialium nomine scripta a Bilibaldo, qua vitae ac fidei ipsarum ratio redditur etc. in Pirkh. opp. pag. 375 ff. Deutsch in Waldau, Verm. Beitr. zur Gesch. der Stadt Nürnberg 1788, III, S. 495 ff. Eine andere Uebersetzung mit Anmerkungen bei Räß, loc. cit. 11—35.

5. (65). Lochner, Br. der Sabina ꝛc., loc. cit. pag. 365.

6. (66). Siehe: Roth, Die Einf. der Refor. ꝛc., S. 223 ff. und die dort verzeichnete Literatur.

7. (70). Siehe: Otto, Cochläus, S. 142. Vergl. die in den Anm. angeführte Literatur.

8. (71). Heumann, loc. cit. pag. 56.

9. (72). Pirkheimer an den Baumeister Tzerte in Wien, zuletzt abgedruckt von Lochner in Woltmann, Repertorium für Kunstwissenschaft Bd. II, Heft II, S. 35 ff.; auch ist hier ausführlich erwiesen, daß der Brief in das Jahr 1530 — Pirkheimers Todesjahr — zu verlegen ist, nicht wie es früher geschah, in das Jahr 1528.

10. (73). Siehe hierüber Thausing, Dürer, S. 117 ff.

11. (74). Soden, loc. cit. pag. 306 ff.

12. (74). Lochner, Lebensläufe ꝛc., S. 39.

13. (75). Thausing, Dürer, S. 493 ff.

14. (75). Soden, loc. cit. pag. 317.

15. (75). Erasmus an den Herz. von Sachsen in Pirkh. opp. pag. 43.

46. (76). Ueber seine Hinterlassenschaft siehe Campe, loc. cit. pag. 17—55.

Druck von Ehrhardt Karras, Halle a. S.